競争法における「脆弱な消費者」の法理

顧客誘引に対する
規制と規律の複線化の考察

岩本 諭 [著]

成文堂

はしがき

　本書は、「脆弱な消費者」という消費者概念を視座として、現代経済社会における消費者の立ち位置と、消費者にとって「あるべき法制度」について、競争法の立場から考察するものである。

　競争法制度の中核に位置付けられる独占禁止法は、1947年に、日本で初めて「公正且つ自由な競争」の促進と、「一般消費者の利益」の確保を法目的に掲げた法律であり、1962年には同法の特例法として景品表示法が制定された。高度経済成長期に発生した様々な消費者問題に対応すべく、1968年に消費者保護基本法が制定され、その後、事業者規制と民事規律の両面から、消費者保護の立法が行われてきた。また、21世紀に入り、消費者庁の設置により消費者行政の体制が一新され、また適格消費者団体制度が創設されるなど、消費者保護・救済の仕組みが整備されてきている。

　消費者問題に対する国家による規制（行政規制）と民事規律の整備という「規制と規律の複線化」が進捗していく中で、近年の独占禁止法の運用が主に事業者間の競争と取引に対する行政規制に重きを置く傾向を示していることから、同法の「消費者保護機能」のあり方が問われている。

　本書は、この問題についての考察の手がかりを「消費者」に求めている。消費者保護のための法と政策のあり方を検討するにあたって、その対象となる消費者に焦点を当てることは最も基本的な着眼点であるが、日本の競争法は消費者に関する規定を持たない。「消費者とは何か」の考察に際して、事業者との関係においてだけではなく、年齢、性別、国籍、貧困などさまざまな特性を有する「生身の人間」として消費者を捉えるによって、消費者と国家の向き合い方を問い直す必要があるということが、本書の問題意識である。この考察の拠りどころとなったのは、EUの競争法――公正競争法――に定められている「脆弱な消費者」と「平均的な消費者」という二つの消費者概念である。EUの消費者概念は、一般に「消費者像」と呼ばれ判例法の蓄積の中で形成されたものであり、「消費者の定義」とは異なる考え方であ

る。またEU指令において「子ども」が「脆弱な消費者」の典型であると明記されていることから、「脆弱な消費者」概念は子どもを対象とする顧客誘引に対する公正・不公正の判断基準として重要な意味を持つ。EU競争法の消費者概念は、消費者概念の不在に起因する日本の競争法の課題を明らかにする上で、また消費者の特性に応じた顧客誘引に対する規制と規律のあり方を検討する上で、重要な示唆を与えるものといえる。

　また、本書では、「消費者の権利」を競争法の消費者保護機能のあり方に関する考察の重要な手がかりとして位置付けている。長らく日本の立法、行政、司法において、消費者は「権利の主体」ではなく「保護の対象」と見られてきた。第35代アメリカ合衆国大統領・ケネディが1962年の特別教書で主唱した「消費者の権利」は、世界各国の消費者に関する法と政策の指導理念となっているが、この権利が日本で認められたのは、2004年に制定された消費者基本法においてである。同法では消費者に関わる法と政策が「消費者の権利」の理念の下で遂行されることとされており、競争法もその例外ではない。競争法の運用や解釈がこの理念に基づいて行われているかどうかという視点もまた、消費者のための法制度のあり方を考察する上で重要である。

　本書は、競争法の観点から考察してきた論文と、「脆弱な消費者」を手がかりとして書き下ろした論文から構成されている。既出論文については、消費者庁設置や法律改正などの動向を踏まえて、公表当時の内容を大幅に修正・加筆する必要があったことから、原型をとどめていないものが多い。

　「消費者」をテーマとする法学研究に取り組むことになった契機は、故・正田彬先生との出会いである。早稲田大学大学院政治学研究科に在籍していた当時、同大学院法学研究科の「経済法」の講義を非常勤講師として担当されていたのが、慶応義塾大学教授を退官され上智大学に赴任されたばかりの正田先生であった。この御縁がきっかけとなり、早稲田大学大学院修了後に、上智大学大学院法学研究科博士後期課程に進学し、御指導を賜る機会に恵まれた。正田先生の経済法学の中心にあったのは「消費者」であり、「消費者の権利」であった。正田先生に心から感謝を申し上げたい。

　本書に収められている論文は、毎月定期的に開催されている二つの研究会

──東京経済法研究会と経済法判例研究会──において報告する機会を頂戴し、多くの御指導と御鞭撻を頂いた御蔭により執筆できたものばかりである。前者の研究会の座長を務めておられる舟田正之・立教大学名誉教授、後者の座長である金井貴嗣・中央大学法科大学院教授に感謝を申し上げたい。

　土田和博・早稲田大学法学学術院教授には、土田先生が研究代表者を務められた「経済法、比較・国際経済法とフェアコノミー：自由、公正、責任の競争法秩序」（2014年度～2017年度、基盤研究（A）課題番号26245006）への参加と報告の機会を頂戴し、この機会が本書執筆の大きな原動力となった。また、本書の執筆・刊行について快く相談に乗って頂き、御指導とともに数々の貴重なアドバイスを授かった。心から感謝を申し上げたい。

　研究履歴を遡るが、私の研究者としての第一歩は、早稲田大学大学院政治学研究科において、行政学の泰斗である片岡寛光・早稲田大学名誉教授の研究室から始まった。本書に収められている消費者行政に関する論文は、片岡先生の門下生の矜持として執筆させて頂いたものである。

　また、日本消費者教育学会・元会長の故小木紀之先生は、「消費者の権利」に関する拙稿をお読みいただき、同学会に御誘い下さった。消費者教育推進法の制定に尽力をされた同学会の前会長である西村隆男・横浜国立大学名誉教授からは、先生の大著に拙稿を掲載する機会を頂戴した。本書の消費者教育に関する論文は、両先生による御指導の賜物である。

　本書の刊行は、御世話になった株式会社成文堂の相馬孝夫様との御縁に始まる。御担当頂いた小林等様には、暖かい励ましと懇切丁寧な御指導を頂いた。同社代表取締役社長・阿部成一様の出版の御快諾と小林様の叱咤激励がなければ、本書が日の目を見ることはなかった。心から御礼を申し上げたい。

　本書は、佐賀大学経済学会から研究助成を頂き、同学会叢書第21号として刊行されるものである。学部の諸先輩と同僚各位に御礼を申し上げる。

　最後に、研究者の道を歩むことを暖かく見守ってくれた父、母と妹、そして日々支えてくれた妻と子どもたちに本書を捧げたい。

　　2019年6月30日

著者記す

目　次

はしがき　i
初出一覧　xviii

序　章　考察の背景と目的 …………………………………………… 1

第1節　本書の考察の背景とモチーフ ……………………………… 1
第2節　本書における考察の視座 …………………………………… 7
　(1)　競争法における「消費者概念」としての「脆弱な消費者」概念の意義に関する考察　7
　(2)　競争法の消費者保護機能に関する考察　8
　(3)　「脆弱な消費者」の権利と利益の実現に向けた法制度の考察　9
　(4)　「消費者の年齢その他の特性への配慮」を実現するための行政規制と民事規律の「複線化」の基盤整備に関する考察　9
　(5)　個々の消費者の特性を前提とした権利の実現に向けた知的基盤整備に関する考察　10

第1部
競争法と「脆弱な消費者」──問題領域の俯瞰

第1章　競争法における消費者保護の射程と「脆弱な消費者」をめぐる問題 …………………… 13

第1節　本章における考察の対象 …………………………………… 13
第2節　日本における消費者保護の法制度の生成と展開 ………… 15
　(1)　消費者問題の性格・領域　15

(2) 消費者保護法制の成立と展開　17
  (3) 独占禁止法の消費者保護機能をめぐる公正取引委員会の考え方　22

第3節　競争法における消費者の立ち位置
　　　——利益と権利の「はざま」の消費者 …………………………… 24
  (1) 利益を享受する主体／利益を確保される客体としての消費者　25
  (2) 権利の主体としての消費者　26
  (3) 小括——日本の競争法における「脆弱な消費者」概念に関する議論の下地はあるか　27

第4節　「脆弱な消費者」をめぐる競争法制度の
　　　構築に向けた社会的要請 …………………………………………… 29
  (1) 若年者の消費者被害の傾向と民法における成年年齢の引下げ　29
  (2) 顧客誘引の秩序化に対する消費者教育の観点からの要請　34

第5節　「脆弱な消費者」問題に対する競争法の
　　　対応をめぐる論点整理 ……………………………………………… 38
  (1) 「消費者の年齢その他の特性への配慮」の理念と独占禁止法・景品表示法　39
  (2) 競争法における顧客誘引行為の性格の再検討と法秩序形成　42

第6節　本章のおわりに ……………………………………………………… 45

第2章　競争法の体系
　　　——ドイツ・EUの法制度の概観と日本法との比較 ……… 47

第1節　「競争法」の定義 ………………………………………………… 48
第2節　競争法の目的——競争の「公正」と「自由」の確保 …………… 51
  (1) 「公正競争」保護の沿革　51
  (2) 自由競争の確保——市場競争秩序の形成　53
  (3) 二つの競争の確保と消費者利益　55
第3節　競争法の射程と消費者保護 ……………………………………… 57
  (1) 競争法と消費者問題　57
  (2) EUにおける公正競争法と消費者保護　57

⑶　ドイツの競争法の沿革と公正競争法における消費者保護　62
第4節　日本における競争を保護法益とする法制度……………… 63
　　⑴　不正競争防止法と独占禁止法の関係について　63
　　⑵　日本の独占禁止法と消費者法
　　　　──両者の接点と問題解決アプローチの相違　66
第5節　「競争法」の捉え方
　　　　──ドイツ・EUと日本の異同について ……………………… 68

第3章　競争法における消費者概念
　　　　──「脆弱な消費者」と「平均的な消費者」 ……………… 71

第1節　本章の視点
　　　　──多様な消費者と法律における消費者概念 ……………… 71
第2節　ドイツ競争法（公正競争法）とEU指令の
　　　　消費者の「定義」………………………………………………… 72
　　⑴　ドイツ不正競争防止法における消費者の「定義」　72
　　⑵　ドイツ競争制限防止法の場合　74
　　⑶　EU指令（2005年不公正取引慣行指令）における消費者の「定義」　74
第3節　ドイツとEUにおける「消費者概念」…………………………… 75
　　⑴　ドイツにおける初期の消費者像──消費者概念　75
　　⑵　EUにおける消費者像──消費者概念　76
第4節　ドイツ不正競争防止法における
　　　　消費者概念の導入と「子ども」概念 ………………………… 84
　　⑴　EU指令に基づく不正競争防止法改正の動向　84
　　⑵　ドイツ不正競争防止法における公正概念と消費者概念　88
　　⑶　「子ども」の概念　97
第5節　消費者像
　　　　──消費者概念を持たない日本の競争法への示唆 ………… 98
　　⑴　競争法における消費者像＝消費者概念の「不在」が持つ意味　98
　　⑵　消費者基本法を手がかりとする消費者像──消費者概念についての問題提起　103

第4章 「消費者の権利」と消費者概念 …………… 105

第1節 問題の所在と検討の視角 ………………………… 105
第2節 ケネディ特別教書と「消費者の権利」の国際的潮流 …… 108
第3節 日本における「消費者の権利」をめぐる状況 ………… 109
　⑴ 消費者基本法以前における「消費者の権利」をめぐる議論　109
　⑵ 消費者基本法における8つの権利の規定　112
第4節 「消費者の権利」の性格 ……………………………… 113
　⑴ 消費者概念と「消費者の権利」　113
　⑵ 請求権としての「消費者の権利」　115
　⑶ 消費者基本法における8つの権利の性格　116
　⑷ 消費者政策の評価指標としての「消費者の権利」　117
第5節 「消費者の権利」と競争法の関係と課題 …………… 119
　⑴ 一般消費者の利益と「消費者の権利」の関係性　119
　⑵ 「消費者の権利」から見た独占禁止法と競争政策の課題　124
第6節 本章の総括
　　　——日本における「消費者の権利」の意義と機能の再確認の必要性
　　　……………………………………………………………… 133
　⑴ 独占禁止法における行政規制と民事規律の複線化の視点　133
　⑵ 消費者基本法の理念に基づく独占禁止法のあり方の視点　135

第2部
ドイツとEUにおける子どもを対象とする顧客誘引に対する規制と規律

第5章 ドイツ・EUの競争法における顧客誘引規制と消費者保護 …………… 139

第1節 本章における問題認識と考察対象 ………………… 139
第2節 ドイツにおける景品令の制定 ……………………… 140

(1) 景品・懸賞付販売と公正競争概念　140
　　(2) ドイツ不正競争防止法の制定　142
　　(3) ドイツ景品令の制定　144
　　(4) ドイツ景品令の内容　147
　　(5) ドイツ景品令の目的・保護法益と性格　148
　第3節　EUにおける競争と消費者保護をめぐる動向と
　　　　　ドイツ景品規制の転換 ……………………………………… 151
　　(1) 利益広告に対する規律の展開と景品規制　151
　　(2) EU不公正取引慣行指令のインパクト　153
　　(3) EU不公正取引慣行指令における景品・懸賞付販売に対する
　　　　考え方　154
　　(4) EU不公正取引慣行指令における公正概念の一般化と景品・懸賞付に対する規律
　　　　155
　第4節　競争法におけるポイントサービスの捉え方 ……………… 157
　　(1) ドイツ不正競争防止法におけるポイントサービスに対する規律　157
　　(2) ドイツ競争制限防止法におけるポイント提供型顧客誘引　161
　第5節　ドイツおよびEU競争法における
　　　　　景品・懸賞付販売に対する規律からの示唆 ………………… 163
　　(1) 公正概念の下での景品・懸賞付販売に対する規律　163
　　(2) 日本法への示唆　164

第6章　子どもを対象とする顧客誘引に関する法秩序 ……… 167

　第1節　問題の所在と検討の視角 …………………………………… 167
　第2節　広告と消費者問題——日本における問題の意味の確認 ……… 168
　　(1) 消費者問題としての子ども向け広告　168
　　(2) 子ども向け広告と消費者教育の立ち位置　169
　第3節　EUとドイツにおける子どもを対象とする
　　　　　広告と法秩序 ……………………………………………………… 171

x　目　次

　　(1)　2005年以前における EU 及び加盟国の法制度　171
　　(2)　2005年 EU 不公正取引慣行指令の概要と特徴　173
　　(3)　2005年不公正取引慣行指令（付表28号）の「子どもを対象とする広告」に対する規律の特徴　175
　　(4)　子ども向け広告に関する裁判例　180
　第4節　子ども向け広告をめぐる日本の状況と
　　　　　消費者教育の実質化に向けた課題 ……………………………… 188

第3部
日本の競争法における顧客誘引規制と「脆弱な消費者」

第7章　日本における景品・懸賞付販売の実態と競争法による規制 …………………………………………………………… 193

　第1節　問題の所在 ………………………………………………………… 193
　第2節　日本の景品・懸賞付販売ルールの特徴と課題 ……………… 195
　　(1)　景品表示法における景品・懸賞付販売に対する規制制度　196
　　(2)　景品表示法の規制基準と日本における景品付販売の特徴　197
　　(3)　景品・懸賞付販売に対する規制の問題点　202
　第3節　進化した景品——ボーナスポイント提供型顧客誘引に
　　　　　対する競争法の視点について ……………………………………… 210
　　(1)　日本の法制度におけるポイントサービスの捉え方　211
　　(2)　ポイントサービスに関する判例　217
　第4節　本章における論点整理と今後の検討課題 …………………… 218
　　(1)　論点の整理　218
　　(2)　今後の課題　220

第8章　広告規制と競争法 ………………………………………………… 225

第 1 節　考察の背景——現代における広告問題の多様性と法の対応状況 ……………………………………………………………………… 225
第 2 節　景品表示法における広告規制
　　　　——「表示としての広告」に対する規制 ……………………… 227
　⑴　景品表示法の規制制度　227
　⑵　広告規制における景品表示法の特徴と限界　229
第 3 節　独占禁止法と広告規制 ………………………………………… 234
　⑴　不当な顧客誘引に対する規制の枠組　234
　⑵　「顧客誘引行為としての広告」規制　235
　⑶　一般指定 8 項の立ち位置　236
　⑷　「力の濫用行為としての広告」規制　236
第 4 節　日本における広告規制の視点
　　　　——「消費者の年齢その他の特性への配慮」について ……… 237

第 9 章　日本の競争法における消費者保護機能の射程と課題 ……… 241

第 1 節　独占禁止法による「力の格差」への対応状況 …………… 241
　⑴　独占禁止法の消費者保護機能の変遷　241
　⑵　消費者取引と表示・広告に対する事業法規制の整備　243
第 2 節　民法領域における民事消費者法の整備の進展 …………… 244
第 3 節　消費者保護における独占禁止法と
　　　　景品表示法の機能不全の要因 ………………………………… 246
　⑴　独占禁止法による「3 つの格差」への対応状況——第 1 の要因　247
　⑵　独占禁止法における消費者概念の不在——第 2 の要因　251
　⑶　実定法における「消費者の権利」の取扱い——第 3 の要因　256
　⑷　独占禁止法の運用上および解釈上の制約——第 4 の要因　257
　⑸　独占禁止法違反に対する消費者による民事請求の不調
　　　——第 5 の要因　259

第10章　顧客誘引規制における規制枠組の論点
　　　　——独占禁止法と景品表示法の関係 …………………… 263

　第1節　問題の所在——広告その他の顧客誘引に対する規制の枠組 …… 263
　第2節　独占禁止法と景品表示法における
　　　　　顧客誘引規制をめぐる立法等の状況 ………………………… 264
　　(1)　独占禁止法の制定（1947年）から同法・
　　　　第3次改正前（1953年）まで　264
　　(2)　独占禁止法・第3次改正（1953年）から景品表示法制定前
　　　　（1962年）まで　265
　　(3)　景品表示法制定の目的　266
　第3節　景品表示法の消費者庁移管と法改正（2009年および2014年）
　　　　　——法律の位置付けをめぐる問題点 ………………………… 268
　　(1)　消費者庁設置以前の枠組——独占禁止法の「特例」としての
　　　　位置付け　268
　　(2)　2009年改正景品表示法の概要　271
　　(3)　2014年景品表示法改正によって導入された新たな制度と規定　276
　第4節　改正景品表示法の性格をめぐる問題点の整理 ……………… 280
　　(1)　景品表示法の「位置付け」の変化　280
　　(2)　独占禁止法と景品表示法の「適用」をめぐる問題　282
　第5節　一般指定8項及び9項の射程と課題 ………………………… 287
　　(1)　一般指定8項と9項の射程——景品表示法との関係　287
　　(2)　消費者取引に適用する場合の「公正競争阻害性」の捉え方　289

第4部
競争法と消費者行政の課題——「消費者の権利」の視点からの考察

第11章　競争法と消費者行政 ……………………………………… 295

第1節　問題の所在と検討範囲 …………………………………… 296
　第2節　消費者基本法と消費者行政の展開 …………………………… 299
　　(1)　消費者基本法の理念　299
　　(2)　「消費者の権利」規定の導入　300
　　(3)　消費者行政に現れる「消費者像」と「消費者の定義」　301
　　(4)　消費者行政理念の中核概念としての「消費者の自立」　311
　第3節　消費者基本法における消費者行政の枠組 ………………… 313
　　(1)　消費者政策のカテゴリーと国の実施体制――2009年8月まで　313
　　(2)　消費者庁設置による政策執行に係る業務仕分け
　　　　――2009年9月以降　316
　第4節　消費者基本法と競争政策 ……………………………………… 317
　　(1)　基本法における競争政策　317
　　(2)　基本法制定当時の公正取引委員会の考え方(1)
　　　　――競争政策のグランド・デザイン　318
　　(3)　基本法制定当時の公正取引委員会の考え方(2)
　　　　――消費者取引と競争政策　319
　第5節　消費者庁設置を契機とする競争政策と
　　　　　消費者政策の関係性の変容 ………………………………… 322
　　(1)　表示規制を接点とする競争政策と消費者政策　322
　　(2)　景品表示法の移管後の競争政策と消費者政策の課題　327
　　(3)　消費者取引に対する独占禁止法のスタンス　330
　第6節　行政規制と民事規律による競争秩序の確保 ……………… 336

第12章　自治体における競争政策と消費者政策 ………………… 341

　第1節　自治体における競争政策 ……………………………………… 342
　第2節　自治体における消費者行政の特徴
　　　　　――（1）法律に基づく委任行政 ……………………………… 346
　　(1)　自治体の消費者行政の沿革と現状　346

(2) 自治体における法律に基づく行政の現状　348
第3節　自治体における消費者行政の特徴
　　　　──（2）条例に基づく自治行政 …………………………………… 354
  (1) 消費生活条例に定められている主な内容　354
  (2) 消費生活条例の特徴と傾向　364
第4節　消費生活条例の意義と自治体行政の本旨 ……………… 368
  (1) 自治体消費者行政の「本旨」と消費生活条例　368
  (2) 消費生活条例に関わる問題整理　369
第5節　おわりに──自治体における消費者行政の喫緊課題の確認 …… 381
  (1) 自治体における「消費者の年齢その他の特性への配慮」規定の
      具体化の要請　383
  (2) 自治体消費者行政を補完する適格消費者団体に対する認識の必要性
      386
  (3) 消費者教育推進政策の実効性の確保　389
  (4) 自治体の消費者行政に対する評価・検証と説明責任
      ──自主財源の確保のための視点　391

第13章　適格消費者団体の役割と制度上の課題
　　　　──「消費者の権利」と「消費者の年齢その他の
　　　　特性への配慮」からの問題整理 ………………………………… 395

第1節　考察の目的および視角 ……………………………………………… 395
第2節　消費者問題の質的・量的な領域拡大と
　　　　消費者行政の限界──本考察の背景事情 ………………… 396
  (1) 競争法規制が及ばない問題領域の増加　398
  (2) 消費者の「特性」ないし「多様性」への対応の要請　399
  (3) 小括──「消費者の自立」支援行政の推進と民事規律の制度拡充　401
第3節　消費者行政のフレームワークとしての
　　　　消費者基本法の2つの理念 ……………………………………… 402
  (1) 日本における消費者行政の沿革と転換　402

⑵　日本における「消費者の権利」と「消費者の年齢その他の特性への配慮」規定の意味と内容　404
　⑶　小括　406
第 4 節　消費者団体と適格消費者団体制度の関係性
　　　　――消費者運動の変容の視点から……………………………… 406
　⑴　適格消費者団体制度創出に至る背景　407
　⑵　消費者団体の設立件数、設立形態の動向　408
　⑶　近年（2008年および2014年）の消費者団体の状況　409
　⑷　消費者団体の活動内容の変化　410
　⑸　適格消費者団体の存在意義
　　　――「消費者の組織化」の観点からの諸見解　412
第 5 節　適格消費者団体制度と「消費者の権利」……………………… 415
　⑴　適格消費者団体制度の趣旨　415
　⑵　適格消費者団体の権限と「消費者の権利」　416
第 6 節　適格消費者団体制度の存続と実質化に向けた課題 ……… 419

第 5 部
消費者政策としての消費者教育の意義と展開

第14章　消費者の「保護」と「自立」
　　　　――消費者政策の方向性と課題 ………………………………… 427

第 1 節　問題の所在と考察の視点 ……………………………………… 427
第 2 節　日本の消費者政策の理念としての「自立」の意味 ……… 429
　⑴　消費者政策の理念と消費者――「保護」と「自立」の関係について　429
　⑵　「消費者の権利」と消費者の自立性　434
第 2 節　日本の消費者政策の理念・方向性と課題 …………………… 438
　⑴　「消費者の自立」から見た独占禁止法に基づく消費者政策　438
　⑵　「消費者の自立」から見た景品表示法　440

xvi　目　次

　　(3) 「消費者の自立」から見たその他の広告・表示規制——個別法における事前規制型　443
　　(4) 「消費者の自立」から見た消費者取引と安全確保の法制度　444
　第3節　消費者の「自由」と「権利」のための
　　　　　基盤整備の必要性 …………………………………………… 448
　　(1) 「消費者の権利」のための消費者行政の構築　448
　　(2) 消費者教育推進法の目的・理念と「消費者の権利」の関係　450

第15章　消費者基本法と消費者教育の意義 ……………… 453

　第1節　本章の目的——法学の視座からの問題整理 ……………… 453
　第2節　「消費者の権利」と消費者教育 …………………………… 454
　　(1) 「消費者教育を受ける権利」と消費者教育推進法　454
　　(2) 消費者行政の理念と消費者教育　457
　第3節　消費者教育領域における消費者市民社会の
　　　　　意味と位置付け …………………………………………… 460
　　(1) 消費者教育推進法制定以前の「消費者市民社会」　460
　　(2) 消費者教育推進法における「消費者市民社会」概念　461
　　(3) シチズンシップの前提としての市民社会と日本の状況　463
　　(4) 消費者市民社会を理念とする日本の消費者教育の役割　464
　第4節　推進法制定後の消費者教育政策の課題 …………………… 466
　　(1) 民法「成年年齢引下げ」に対応した消費者教育の実質化の要請　466
　　(2) 教育内容の充実化の要請　468
　第5節　法学領域における消費者市民社会の受容と検討課題 …… 470
　　(1) 「消費者の権利」と消費者概念　470
　　(2) 消費者市民社会と市民社会の関係性について　473
　　(3) 「消費者の権利」と「事業者の権利」について　475
　　(4) 法学における「消費者」と「権利」の新たな位置付けに向けて　476

結　章　消費者のための法秩序の構築に向けて……………… 477

第 1 節　「脆弱な消費者」の法理の意味 ……………………… 477
⑴　消費者基本法の基本理念と競争法の整合確保の視点　477
⑵　競争法における行政規制と民事規律の複線化の視点　480

第 2 節　消費者概念の変容——今後の検討課題として ………………… 483
⑴　「消費者の自立」についての理解の試論　484
⑵　消費者市民社会における「消費者」の捉え方——今後の考察のための視点　486

主要参考文献一覧　491
事項索引　510

初出一覧

序　章　書き下ろし

第1部

第1章
- 「脆弱な消費者―子どもと法的視座」日本消費者教育学会編『九州における消費者教育30年の歩み』（花書院、2015年）187-196頁

第2章　書き下ろし

第3章
- 「脆弱な消費者―子どもを対象とする顧客誘引に対する規制のあり方」平成24～26年度基盤研究（C）一般（課題番号24530061、研究代表者・岩本諭）報告書

第4章
- 「『消費者の権利』と独占禁止法」舟田正之先生古稀記念論文集（有斐閣、2017年）37-55頁

第2部

第5章
- 「EU・ドイツにおける景品規制」舟田正之＝土田和博編著『独占禁止法とフェアコノミー』（日本評論社、2017年）241-261頁

第6章
- 「子どもに対する広告規制の理念と展開」日本消費者教育学会編『消費者教育』第35刷（中部日本教育文化会、2015年）33-42頁

第3部

第7章
- 「今日の競争・取引実態に基づく景品・懸賞付販売に対する法規制」平成16～18年度基盤研究（C）一般（課題番号16530038、研究代表者・岩本諭）報告書
- 「進化した景品―マイレージサービス規制」平成21～23年度基盤研究（C）一般（課題番号21530059、研究代表者・岩本諭）報告書

第8章
- 「経済法における広告規制―法制度の枠組みと審・判決の動向―」現代消費者法6号（民事法研究会、2010年）59-67頁

初出一覧　xix

- 「広告規制と経済法―広告問題に対する射程の考察―」現代消費者法32号（民事法研究会、2016年）30〜37頁
- 「日本における広告規制と経済法」日本消費者法学会「消費者法第9号」（民事法研究会、2017年）20-24頁

第9章　書き下ろし
第10章　書き下ろし
第4部
第11章
- 「自治体における消費者行政の展開と競争政策―消費者基本法の制定を契機として」片岡寛光先生古希祝賀記念『行政の未来』（成文堂、2006年）265-290頁

第12章
- 「『消費者の権利』と消費者行政の再構築」佐賀大学経済論集第39巻4・5合併号（2007年）221-246頁
- 「『消費者の権利』と消費者行政の再構築」日本消費者問題基礎資料集成6―別冊解題・資料（すいれん舎、2007年）
- 「自治体における競争政策への内省―わが国の競争政策の『底上げ』に向けて―」九州法学会「九州法学会会報2010年」（2010年）71-74頁

第13章
- 「適格消費者団体の設立がもたらす自治体消費者行政に対する影響―『消費者の権利』の観点からの問題整理―」佐賀大学経済学部地域経済研究センターWorking Paper Series Vol.FY2018-04（2018年）1-20頁

第5部
第14章
- 「消費者の保護と自立―経済法学の立場から」菅冨美枝編著『成年後見制度の新たなグランド・デザイン』（法政大学出版局、2013年）141-172頁

第15章
- 「法学―消費者と市民を架橋する消費者教育」西村隆男編著『消費者教育学の地平』（慶應義塾大学出版会、2017年）225-242頁

結章　書き下ろし

序　章　考察の背景と目的

第1節　本書の考察の背景とモチーフ

　消費者とは何か。消費者問題とは何か。この問いかけは、消費者をめぐる諸問題に対峙する者にとって、最も基本的な問題の一つであるが、同時に、質問を向けられた者の立場の如何によって、様々な回答が発出されるであろう。本書は、この問いかけへの答えを思考するプロセスにおいて次々と惹起してきた新たな問題を整理し、法学とりわけ「競争法」の立場から検討を試みる、消費者に関する一考察である。

　消費者は、事業者とともに市場参加者（市場プレイヤー）であるといわれる。市場メカニズムは、競争を通じて、様々な利益——良いものがより安く、技術革新、効率性、雇用、経済厚生の実現など——をもたらす。消費者は、市場メカニズムによる様々な利益を享受する一方、事業者と消費者との間の力——市場力（価格支配力）、情報力、交渉力——の格差に起因する様々な問題に直面する。また、製品の安全の確保は、市場メカニズムの前提であるが、安全が損なわれることにより、消費者の生命、身体、財産は侵害されることになる。

　消費者が直面するこれらの問題は、価格、契約や取引、食品の安全、食品以外の製品の安全、多重債務など多くの問題があり、またそれぞれの問題は、関わる消費者一人ひとりの特性——生活マネジメントの能力、ITへの対応力やスキル、経済力や貧困など——によって、問題の深刻度や被害額等の態様は異なり、問題解決に至る救済方法、救済のプロセスや時間、コスト等にも差異が生じることになる。そこで、本書は、市場経済の中で、消費者の権利や利益がいかなる法制度の下で、いかなる規範に基づいて保護されているか、それと同時に、今日これらの法制度や規範がいかなる課題を抱えて

いるかについて、市場における競争秩序に関する法制度である競争法の立場から考察することを目的とする。

競争法は、独占禁止法を中心とする法領域であり、日本では「経済法」ともいわれる。独占禁止法1条は「公正かつ自由な競争を促進し、……以て、一般消費者の利益を確保するとともに、経済の民主的な発達を促進することを目的とする。」という法目的を定めているように、「競争」と「一般消費者の利益」を保護法益とした日本で最初の法律である。

経済憲法ともいわれる独占禁止法が、法目的に掲げられた消費者保護の役割を積極的に果たしてきたか、あるいは今日その役割を十分に担っているかという問題については、評価が分かれるところであろう。同法の運用機関である公正取引委員会が同法を適切に運用することにより、一般消費者の利益は常に確保され、安全・安心な消費生活が保証されるということはできない。このことは、公正取引委員会による同法の運用が不十分であるということではない。経済社会の進展に伴い、事業者と消費者との間の格差に起因する問題もまた、市場で扱われる商品・サービス自体の高性能化・高度技術化、取引の手法の複雑化などによって、その時代ごと、商品・サービスごとに特有の様相を惹起させており、独占禁止法による消費者利益の確保についても、問題状況に対応した考え方と法運用が必要とされるが、これまでの独占禁止法の運用上の考え方だけでは十分に対応できない問題も多い。

現在、日本には、消費者行政と消費者政策の大枠を定めた消費者基本法、具体的な消費者行政の執行体制を定めた消費者安全法が制定されており、食品衛生法、農林物資規格法、特定商取引法などの多くの事業者規制法（業法）、また事業者と消費者との間の契約を規律する消費者契約法など、多くの個別法律が制定され、日本における消費者法の領域が構築されている。したがって、独占禁止法による消費者保護の役割は他の消費者法の役割との関係において整合する守備範囲を保っており、今日の同法の運用はその守備範囲において消費者保護の役割を果たしている、という見方が成り立つ。その一方で、独占禁止法による消費者保護の役割は、同法の運用上や同法の解釈の面における制約によって、本来果たすことが期待されていた役割を十分に果たすことができない状況にある、という見方も可能となる。

本論文の背景には、この独占禁止法による消費者保護の役割の捉え方と評価に関する問題がある。「消費者とは何か」という問いかけは、独占禁止法の保護法益である「一般消費者の利益」とは何かという問いかけであり、独占禁止法の消費者保護機能を評価・検証する際の最初の検討課題である。

　この「消費者とは何か」という問いかけは、EUおよびドイツの競争法や消費者法の領域では、一般に「消費者概念（Verbraucherbegriff）」の問題として整理される。「消費者概念」をめぐる問題には、二つの考察アプローチが見られる。一つには「消費者の定義（Definition der Verbraucher）」の問題として——主に消費者法の分野において——考察の対象とされている。また、「消費者概念」の問題は、「消費者像（Verbraucherleitbild）」の問題として取り上げられる。EUおよびドイツにおいて「消費者像」は、年齢、障害、取引上の経験の有無や程度その他の「消費者の特性」を踏まえた消費者の類型を意味しており、消費者問題をめぐる司法判断の中で形成されてきた概念である。この「消費者像」概念はEU法やドイツ法に「消費者の定義」が導入される以前から判例法の中で醸成されてきた。「消費者像」の意味での「消費者概念」をめぐる問題は、これまで日本においても、「弱い消費者」あるいは「賢い消費者」という表現や「生身の人間」という用語に見られるように、消費者の性格付けのための説明がなされてきており、また他方において「事業者」との対置関係を前提として消費者を「自然人」や「個人」と捉える考察がなされてきている。日本の競争法の領域においては、「消費者の定義」、「消費者像」が論点として取り上げられる機会はきわめて乏しく、また、競争政策および消費者政策においても、かかる視点が実務上取り上げられることはほどんどなかった。

　この消費者概念が日本法の中で「検討されるべき課題」として徐々に認識され始めてきたことには、国内外の動向が背景にある。

　第一の背景事情として、EUの公正競争法の中心的立法である「不公正取引慣行指令」（2005年制定）の中に「消費者像」として2つの「消費者像」の類型——「平均的な消費者」と「脆弱な消費者」——が明確に示されるとともに、「消費者像」を前提とした、違法判断基準を含む規律が明確化されたことが挙げられる。1990年代以降のEU判例において形成されてきた「消費

者像」が、同指令において立法化されたことは、EU 加盟国の国内法への波及効果（すなわち EU 指令と国内法との調和の実現）をもたらすこととなった。この２つの「消費者像」の類型から構成される「消費者概念」は、今日、加盟各国の国内法における調和のための立法が整備されたことから、EU において「平準化」されたといえる。こうした EU 公正競争法において「消費者像」の意味での「消費者概念」が立法を通じて明確化されたことは、日本の競争法（独占禁止法および同法の特例として制定された景品表示法）に共通する保護法益である「一般消費者（の利益）」とは何かを考察する重要な契機となっている。

　第二の背景事情として、2004年に旧・消費者保護基本法の改正によって制定された消費者基本法は、従来の消費者保護行政から「自立の支援」行政への理念の転換（パラダイム・シフト）を図った基本法といわれるが、その理念転換の基底にあるのは、消費者を「保護の対象」から「自立の主体」へと捉え直す消費者の位置付けの転換である。この消費者の捉え直しは、同法の立法趣旨で述べられる自立の主体＝「消費者の権利」の主体という捉え方を前提としており、同法は「消費者像」を明文化した最初の法律である。また、同法は、「消費者の権利の尊重」に関する規定（同法２条１項）と「消費者の年齢その他の特性への配慮」に関する規定（同条２項）を定めている。この二つの規定は、消費者政策の推進に際して考慮される事項として定められており、同法の「基本的施策」（同法11条～23条）の一つに掲げている「公正自由な競争の促進等」（同法16条）においても「消費者の権利の尊重」と「消費者の年齢その他の特性への配慮」についての考慮が必要とされることになる。すなわち、今日の日本の消費者行政と消費者政策の基本方針を定めた基本法が、上記 EU 指令の公布と前後する時期に、基本理念として消費者の特性への配慮を法律に定めていたことは、比較法的に見ても特徴的な立法であったということができる。同法の諸規定はいわゆる「プログラム規定」であり、個々の政策の内容は個別の法律において具体化されていくことが求められる。金融商品取引法や特定商取引法等において「適合性の原則」に関する条項が導入されている一方、競争法の領域において「消費者の年齢その他の特性への配慮」の条項がどのようなかたちで受容され、立法あるいは法の運

用に反映されていくかが問われているが、基本法制定から15年以上が経過した今日、かかる問題意識に基づく議論や検討が進んでいないという実情がある。

　第三の背景事情として、2008年の「平成20年度国民生活白書」、および2012年に制定された消費者教育推進法に掲げられた「消費者市民」および「消費者市民社会」という概念・用語の登場が挙げられる。前者は国民生活白書として初めて「消費者」を中心テーマに取り上げたものであり、日本社会の向かうべき方向を示す鍵概念として「消費者市民社会」を掲げ、この社会構築をけん引する者が「消費者市民」であるとしている[1]。また後者の法律は、日本における消費者教育の推進に関する実定法であるが、同法2条2項に「消費者市民社会」が定義され、消費者教育が「消費者が主体的に消費者市民社会の形成に参画することの重要性について理解及び関心を深めるための教育」であると定義（同法2条1項）されている。この国民生活白書と消費者教育推進法の「消費者市民社会」という概念は、今日、消費者行政では消費者政策の理念や方向性を示す用語として多く用いられており、また法律学、法哲学、市民社会論、消費者教育学などの様々な学問領域において、考察の対象となりつつある。消費者契約法や消費者安全法に規定される「消費者の定義」とは別に、「主体性」や社会形成への「参画」をメルクマールとする消費者のあるべき姿が法律の中で明確化されたことは、日本におけるある種の「消費者像」の提示がなされたものと見ることができる。しかしながら、この法概念としての「消費者市民社会」とその3つのメルクマールが、消費者基本法に定められた「消費者の権利」とどのような関係性を有するかについて消費者教育推進法の立法趣旨は明らかにしておらず、このため、「消費者市民社会」という法概念については、この用語を用いる者がそれぞれの立場からの理解や認識を示しており、概念の希薄化が危惧される状況が見受けられる。

　第四の背景事情として、2007年に成立した「日本国憲法の改正手続に関する法律」（国民投票法）の制定を契機として始まった成年年齢の引下げに向け

（1）　内閣府「平成20年度国民生活白書」（2008年）3頁以下。

た民法改正をめぐる議論と検討の中で、成年年齢引下げに伴う未成年者の消費者被害の防止のための諸策が重要な立法と政策上の課題として位置付けられた国内事情がある。第一から第三の動向が共鳴するかたちで、「脆弱な消費者」としての子どもをめぐる問題が抽出され、その問題への対応策の検討が国家の重要課題とされたことにより、脆弱な消費者＝「子ども」という構図が、消費者法制度や消費者教育の分野に定着しつつある。EUやドイツでは、「脆弱な消費者」の典型として「子ども」を挙げており、また日本の消費者教育推進法はライフステージごとの消費者教育の実践を通じて消費者市民社会の担い手となる消費者市民としての人材育成を教育理念・目的として掲げており、「子ども」に対する消費者教育を主要な柱の一つとしている。また、子どもの消費者性というテーマは、法学のみならず、経済学・経営学の分野においても、拡大する「子ども市場」の動向やマーケティングの手法・戦略をめぐる研究対象となっている。民法の成年年齢引下げに関する法改正をめぐる議論が、年齢に限らず、消費者の様々な特性を競争法や消費者法において考慮する余地ないしは必要性があるかという問題提起と検討の機会を付与したということができる。

　第五の背景事情として、子どもを対象とする事業活動が活発になり、市場の規模拡大や成長が国民経済に利益をもたらす一方、成人年齢の引下げにより、子どもの消費者被害が増加することは消費生活の安全と安心の確保の面から看過できない事態である。近年増加傾向にあるインターネット上の取引は、スマートフォンの急速な普及拡大によって、大人だけでなく、低年齢層にまで浸透しつつあり、この結果、インターネット利用による消費者被害は年齢層を問わず高止まり傾向を示している。

　こうした契約トラブルに至る前段階として、事業者による広告、勧誘、また付加価値（例えば、ポイントの提供、サンプルの提供）や景品・懸賞付などの顧客誘引行為が先行していることが少なくない。事業者の広告、利益提供によって、消費者は、十分な情報に基づく適切な商品・サービスに関する意思決定を行う前に購入や契約に導かれやすい。消費者の商品選択の意思決定に働きかける広告や利益提供による顧客誘引行為は、独占禁止法と景品表示法による行政規制の対象とされているが、これらの法律による規制が、消費者被

害の防止という消費者保護の観点から十分に機能しているかどうかについては検討の余地がある。近時の最高裁判決（2017年）において、事業者の広告が消費者契約法の「勧誘」という観点からも問題となりうることが示された。広告に対する一般法がない中で、消費者向けの広告を始めとする顧客誘引行為に対して、これまでの国家による行政規制に加えて、民事規律によるアプローチが図られようとしている。

しかしながら、子どもにとって、広告は商品・サービスの選択のための情報源であり、景品・懸賞付販売やポイントサービスは、付加価値・追加利益の獲得の機会であり、事業者による顧客誘引の手段の一つであること、またそれが場合によって違法な手段であることについて認識することは少ない。

顧客誘引による消費者被害の未然防止にとって、最も効果的な自衛策の一つは、広告や利益提供、景品・懸賞付販売などの顧客誘引に関する知識の習得であり、そのための場と機会は教育－消費者教育である。現在の消費者教育推進の基本施策の中に、顧客誘引についての教育内容は盛り込まれてはいない。

上記の五つの背景事情を踏まえて、本書は、子どもを対象とする顧客誘引に対する規制と規律のあり方を考察することが喫緊の課題であるとの認識の下、「消費者概念」とりわけ「脆弱な消費者」概念を手がかりとして、日本における競争法による「消費者の年齢その他の特性への配慮」を理念とする消費者保護をめぐる現状と課題を整理することを目的とする。

第2節　本書における考察の視座

そこで、本書の視座と考察の対象について述べる。

(1) 競争法における「消費者概念」としての「脆弱な消費者」概念の意義に関する考察

日本の少年法、労働法、社会福祉法などの法・政策の領域は、「子ども」を矯正や監督、保護や庇護の対象としている。市場における「子ども」は、事業者にとって大きな顧客層となっており、子どもを対象とするマーケティ

ングが活発におこなわれている。競争法の領域では、これまで「子ども」の特性に着目してその消費者性が取り上げられたことはない。その一方、ドイツやEUの競争法では、「子ども」を対象とする顧客誘引に対する規律のあり方が模索され、2005年のEU不公正取引慣行指令を契機に、子ども＝「脆弱な消費者」と捉える消費者概念が生まれた。日本の競争法制度、また国－自治体における消費者保護制度の中に、かかる消費者概念は存在するのか、あるいは「脆弱な消費者」という概念は、日本の競争法制度と消費者保護制度にとって有用な概念とはいえず、こうした考え方を取り入れることがなくても、「脆弱な消費者」とされる消費者の層や集団は保護されている現状にあるのか、という視座は、本書の中核的モチーフとなる。本書第1部（「競争法と「脆弱な消費者」——問題領域の俯瞰」）では、この視座に基づいて検討する。

(2) 競争法の消費者保護機能に関する考察

比較対象であるEUおよびドイツの競争法は、日本の独占禁止法に相当する競争制限防止法、景品表示法が規制対象とする広告・表示を含む消費者取引に関する規律を有する不正競争防止法の2つの法制度から成るが、前者は行政規制を中心とし、後者は民事規律としており、日本の競争法とは法の趣旨や内容、さらに保護法益について共通・類似する部分と異なる部分が見られる。また、EU不公正取引慣行指令への「脆弱な消費者」概念の導入によって、競争と取引における「公正」の基準の明確化が図られるとともに、判例における解釈と理論の積み重ねが見られる。

本書では、EUとドイツの動向を踏まえながら、日本の競争法——ここでは、独占禁止法と景品表示法を指す——における広告や景品・懸賞付販売を典型とする顧客誘引に対する規制制度が存在することを前提として、かかる規制制度自体と制度運用上の問題についての検討を通じて、競争法の消費者保護機能の現状と課題を明らかにする。日本の競争法における消費者保護機能の特徴と限界の検討において、こうした競争法制度の比較は意味を持つ。すなわち、行政規制と民事規律の両面からのアプローチは、競争法の規制と民事消費者法の規律の「複線化」が消費者保護の拡充につながるかどうかの検討の重要な手がかりであるといえる。本書第2部（ドイツとEUにおける子ど

もを対象とする顧客誘引に対する規制と規律」）では、顧客誘引に対する民事規律を中心とするEUとドイツの公正競争法制度を比較の対象として取り上げるとともに、特に「脆弱な消費者」の保護の法理との関係に着目した考察を行う。

(3) 「脆弱な消費者」の権利と利益の実現に向けた法制度の考察

消費者保護の拡充は、法律の整備のみで実現させることはできない。法律の目的・理念に基づき、行政主体によって政策が立案され展開されて初めて、消費者保護のための法制度は実質化される。競争法の規制に基づく消費者保護の行政主体は、国だけはでない。自治体もその担い手として、国からの委任に基づき、または自治事務として法執行を行うこととされ、国－自治体による消費者保護の体制は整備されて久しい。消費者基本法は、国－自治体の二元体制に基づく消費者行政の枠組を示す根拠法であるとともに、競争政策を消費者政策の一環として位置付けている。この基本法に定められた「消費者の権利の尊重」（同法2条1項）と「消費者の年齢その他の特性への配慮」（同法2条2項）が具体的にどのようなかたちで個別法や政策を通じて実現されるのか、とりわけ競争法に基づく競争政策の中でどのように具現化されるのかかについて、国と自治体の双方について、実態を含めて確認される必要がある。地方分権改革が漸進し、国と地方の関係が変化する中にあって、消費者保護の「現場」である自治体は、基本法の理念に基づく政策をどのように具体化し展開しているかについて、現状と課題を検討する。

本書第3部（「日本の競争法における顧客誘引規制と「脆弱な消費者」」）では、第2部で検討したEUとドイツの法制度の状況を踏まえ、日本法における問題の所在を明らかにしたい。

(4) 「消費者の年齢その他の特性への配慮」を実現するための行政規制と民事規律の「複線化」の基盤整備に関する考察

消費者の生活は、市場メカニズムと不可分に成り立っており、そこでは私法秩序の「契約の自由」が原則である。同時に、市場メカニズムは、事業者と消費者の間の「力の格差」を生みだしており、消費者は「力の格差」を所

与として消費生活を営むことを余儀なくされている。この格差が起因する消費生活上の不利益を除去し回避する上で、重要なことは、消費者が「実質的な自由」の主体としての認識と知識を共有し、行動することである。また、消費者保護の拡充を実現するための方策として考えられる規制と規律の「複線化」は、権利の主体である消費者のコミットメントがあって実質的な意味を持つものである。特に、顧客誘引に対する規制面で、景品表示法の適用対象となる問題については、適格消費者団体による差止請求の途が開かれているが、同法の適用対象とはならない顧客誘引に起因する問題領域は今後さらに広がりつつあり、国レベル、自治体レベルでの消費者行政の資源には制約がある状況下において、消費者による権利の実現が実質的な意味を持つための基盤の整備が不可欠である。

　これまで日本では、消費者団体が個々の消費者の代弁者として、消費者運動のかたちで権利の実現のための役割を果たしていた。今日の適格消費者団体は、その基本的使命に併せて、その運動の「引き継ぎ手」としての機能を有しているのかどうかは、民事規律のための制度の拡充を通じた規律の「複線化」の実効性を考える上で重要な検討課題である。本書第4部（「競争法と消費者行政の課題──「消費者の権利」の視点からの考察」）では、かかる視座から消費者の権利を実現するための法的・行政的な基盤整備の現状と課題を取り上げ、権利行使の複線化の実効性を確保するための方向性を探ることにする。

⑸　個々の消費者の特性を前提とした権利の実現に向けた知的基盤整備に関する考察

　この主体としての認識は、「消費者の権利」の主体としての認識であり、またそのための知識は教育を通じて得られるものである。また、情報と知識の習得は「消費者の権利」の行使に不可欠の作用である。そこで、本書第5部（「消費者政策としての消費者教育の意義と展開」）では、この課題の検討を行うことにより、「消費者とは何か」という冒頭の問いかけに対する応答として、「消費者の権利」の意味と、消費者教育の意義について考察する。

第 1 部

競争法と「脆弱な消費者」
——問題領域の俯瞰

第1章　競争法における消費者保護の射程と「脆弱な消費者」をめぐる問題

第1節　本章における考察の対象

　「脆弱な消費者」という概念は、EUにおける消費者保護を目的とする法律と政策が形成され発展していく中で登場した概念である。EU条約が掲げる「消費者保護の水準」はいかなる消費者を念頭に置いて設定されるべきかという議論の中で、「平均的消費者」という一つの指標となる消費者概念が1990年代に欧州裁判所の判例に用いられ、その積み重ねの後に、2005年のEU指令（不公正取引慣行指令）において、「平均的消費者」の対概念として明記されたのが「脆弱な消費者」である。ドイツにおいては1970年代から、「子ども（Kinder）」を対象とする景品・懸賞付販売や広告に対する裁判例が見られるようになり、子どもに対する消費者保護のあり方は民事規律である公正競争法における重要な論点として位置付けられていた。2005年EU指令が「脆弱な消費者」の典型例として「子ども」を挙げたのは、ドイツのみならずEU加盟国に共通する問題領域として、成人に比して取引当事者としての脆弱性が認められる子どもに対する法政策の形成が喫緊の課題であるとの認識に基づくものであったことによる。
　日本において「脆弱な消費者」という用語がしばしば用いられるようになったのは、民法の成年年齢の引下げに向けた法制度改革の動向が明らかになってからである。もっとも、民法では意思能力の問題として、刑法では責任能力の観点から、子どもや未成年者は取り上げられていたが、これらの若年者を消費者保護または消費者法の中でどのように取り上げ、位置付けるかについての議論が加速化したのは成年年齢引下げをめぐる法改正を契機とする。

「脆弱な消費者」の典型例は「子ども」であるとしても、消費者としての脆弱性は年齢だけに限定されるものではなく、性別、国籍、経済的な状況など、さまざまな人間の特性や置かれた状況に見られる[1]。さまざまな特性を有する消費者、換言すれば消費者の「多様性」について、日本の消費者保護を目的とする法律はどのように対峙してきたのであろうか。

EUやドイツの消費者保護を目的とする法律は公正競争法をはじめとする民事規律を中心とするのに対して、日本の消費者保護を目的とする法律は長らく行政規制を内容としてきた。この最も中核となる法律が独占禁止法である。

そこで、競争法における「脆弱な消費者」の取扱いについて考察する上で、独占禁止法の消費者保護機能に目を向け、独占禁止法における消費者の位置付けについて確認する必要がある。市場における公正で自由な競争が消費者利益もたらすことから、競争を維持することは市場メカニズムを採用する国にとって最も基本的かつ重要な国家作用の一つである。今日、競争法に基づく消費者利益の確保だけではなく、「消費者の権利」の実現に資する法制度や政策は複合的・重層的な形成と展開の様相を示している。

本章では、日本における消費者をめぐる法と制度について、「消費者保護」の意味とそのための法の体系について、競争法の視点から整理し、今日所在する問題を抽出することを目的とする。競争法に視点を置く趣旨は、日本の独占禁止法の沿革と性格にある。独占禁止法は、法律の明文をもって競争と消費者の関係を定めた日本で最初の法律であり、法目的の中に消費者の利益の確保を法律としては、当時世界的にも類を見ないものであった。今日、日本では、独占禁止法を中心とする競争法──ここでは独占禁止法、景品表示法を中心とする法制度の意味で「日本の競争法」という──の展開とならんで、消費者保護を目的とする法制度が徐々に整備され、「消費者法」といわれる法領域・法学分野が形成されている。そこで、本章では、日本の競争法における消費者保護の沿革と現状を概観し、競争法による消費者保護の課題

---

(1) 河上正二「人間の『能力』と未成年者、若年消費者の支援・保護について」河上正二責任編集『消費者法研究第2号』(信山社、2017年) 3頁。

を明らかにすることを通じて、本書のテーマである競争法における「脆弱な消費者」の取扱いをめぐる考察の視点を整理したい。

第2節　日本における消費者保護の法制度の生成と展開

　最初に目を向ける必要があるのは、「消費者保護」の意味についてであり、法の沿革という視点からは今日「消費者法」といわれる消費者保護のための法制度の成り立ちについてである。学説においても、消費者保護のための法制度は、問題に対処するための法制度（「問題指向の法」）[2]、と説明されてきている。そこで、前提とされている消費者問題とはいかなる問題領域であるのかについて見ることにする。

(1) 消費者問題の性格・領域

　日本において「消費者問題」という用語として認識されるようになったのは、1955年の「ドライミルク事件」、1960年の「にせ牛缶事件」等が続いた高度経済成長期を迎える直前の頃である。この時期は、消費者物価の上昇も大きな消費者問題の一つであった[3]。

　消費者の生命・健康に関わる問題や不当表示・広告の問題、また物価上昇などの問題は、今日においても重要な消費者問題であるが、技術の高度の発展、急速な情報化に伴う商品・サービスの変化、インターネットが社会の基盤となったことによる取引方法の多様化とこれに対応した個々人の生活様式の質的・量的な変化が急速に進む中で、様々な形態や特徴を有する新たな消費者問題も次々と出現している。消費者問題は事業者と消費者の間に惹起する問題（B to C または B2C の問題と称されることがある。）が、その問題領域は広汎に亘る。消費者問題の領域には、契約や取引に関わるもの、製品等の安全

（2）大村敦志『消費者法〔第4版〕』（有斐閣、2011年）12頁。北川善太郎＝及川昭伍編『消費者保護法の基礎』（青林書院、1977年）64頁は、昭和40年代後半に公害法よりやや遅れて、「一つの問題領域として「消費者保護法」が生成された」、とする。同旨、竹内昭夫『消費者保護の理論』（有斐閣、1995年）12頁以下。
（3）消費者物価は1960年を基点として、年率してほぼ毎年5％超の上昇傾向を示していた。公正取引委員会事務総局編『公正取引委員会50年史』（公正取引協会、1997年）132頁。

に関わるもの、表示・広告に関わるもの、景品・懸賞付販売に関わるもの、価格に関するものなどがある。また、商品・役務の観点からは、消費生活のために提供される生活用品（食品、食品以外）、ライフラインに関わる役務、融資や金融商品をめぐる取引、医療サービス、介護サービス、教育サービスなど多種の問題が見られる。さらに、国民生活センターや自治体の消費生活センターが取り扱う問題には、上記例のほか、不当請求、架空請求、電話勧誘詐欺、多重債務問題なども挙げられる。

　このような多様な問題の分類を試みると、例えば①契約型事例か非契約型事例か[4]、②消費者の相手方は事業者か非事業者か[5]、③消費者に起こりうる被害が身体〈生命、健康〉に影響をもたらすおそれのある事例か、財産被害をもたらすおそれのある事例か、被害が発生しない事例か、といった整理は一応可能である。ただし、これらの分類も絶対的かつ画一的な意味を持つものではない。例えば、不当な広告・表示は、非契約型事例ではあるが、虚偽の表示内容を信用して契約に至った場合には契約型事例として解約・返金請求の問題が惹起することとなる。また不当な広告・表示の発信は、消費者の側に誤った情報を伝達するものであるが、同時に虚偽情報に基づき当該商品を摂取したことにより身体に影響がもたらされ、併せて財産上の損害が発生する場合がある。このように、消費者問題の中には複合的な影響を惹起するものがあり、その意味で上記の分類は問題整理に際しての目安にすぎない。

　さらに、かかる複合的な影響をもたらす消費者問題については、その当事者である消費者が有する様々な特性が変数となって、その問題の深刻度や解決手法は異なるという特徴が見られる点も指摘できる。

（4）非契約型事例については、契約締結前の問題として整理される場合もある。若林亜理砂「電気通信サービスと消費者—スマートフォン時代における安心・安全な利用環境の在り方に関するWGにおける議論を中心に」ジュリスト1461号（2013年）41頁。

（5）ここでの非事業者型事例は架空請求や劇場型詐欺などを典型とする。これらの事案は犯罪組織（やその下部組織）によって行われている犯罪行為そのものであり、「事業者」を行為主体とするものではないことから、厳密には消費者問題とはいえない。しかしながら、消費者の側からは相手方の実体を判別することは容易ではないことから、国民生活センターや自治体の消費生活センターでは非事業者事案についても消費者問題として広く把握している。

このような多様かつ複合的な問題の性質を持ち、また事案の特徴と当事者である消費者の特性に応じた解決手法が必要とされるのが、今日の消費者問題の実相であり、消費者保護はかかる消費者問題に対応するための作用である。そこで次に、消費者問題に対応するための消費者保護に関する法制度の生成について概観する。

(2) 消費者保護法制の成立と展開
① 消費者保護基本法の制定と改正

　消費者の生命・健康や財産を侵害する問題が、消費者保護の観点から対応すべき消費者問題として捉えられ、そのための法制度の必要性が認識されるようになったのは、1960年代に入ってからである。その背景には、国内における消費者問題の多発[6]や高度経済成長に伴う物価上昇・物価対策の要請と消費者運動の隆盛[7]があり、また米国における動向があった。

　消費者保護に関する政府の最初の考え方が示されたのは、経済企画庁の国民生活向上対策審議会（1961年設置）が、経済企画庁官に行った答申（「消費者保護に関する答申」1963年6月15日）である。この答申は、1961年12月の「経済の成長発展ならびに技術の革新に伴う消費生活の多様化傾向、新しい消費物資の出現、販売競争の激化などに対処し、消費者保護のためとるべき対策の基本的方向」に関する経済企画庁長官の諮問に対するものであり、ⅰ）消費者保護の意義、ⅱ）消費者の権利と消費者保護、ⅲ）消費者保護の方法、ⅳ）消費者保行政の現状と問題点、ⅴ）消費者保護のための基本的方策を内容とするものであった。1964年9月に、臨時行政調査会が「消費者行政の改

---

(6) 日本で最初の生命・健康被害が発生した事件が「森永ドライミルク事件」（1955年）であり、また食品の虚偽広告・表示の最初の事件が「にせ牛缶事件」（1960年）であった。整腸薬（キノホルム）の服用による健康被害は1955年頃から発生していたが、これが薬害事件（スモン病事件）であることが明らかになったのは1970年である。

(7) 第二次大戦以前から消費者の組織体は存在していた。細川幸一『消費者政策学』（成文堂、2007年）84頁以下。消費者運動の始動といわれる時期は終戦直後からである。食料不足をめぐる運動（「米よこせ風呂敷デモ」1945年）、不良マッチ不買運動（1948年）など主婦を中心とした消費者運動の機運が高まりを見せていた。1948年に主婦連合会が、また1956年には全国消費者団体連絡会が結成され、1957年には「全国消費者大会」が開催され「消費者宣言」が採択された。細川・前掲書84頁、原山浩介『消費者の戦後史』（日本経済評論社、2011年）53頁。

革に関する意見」を公表し、各省の消費者行政を統一的見地から調整するために経済企画庁に消費者局を設けること等を勧告した。これらの答申と勧告が契機となって、議員立法で制定されたのが消費者保護基本法（1968年制定）であった[8]。

消費者保護基本法1条は同法の目的を以下のとおり定めていた。

>「この法律は、消費者の利益の擁護及び増進に関し、国、地方公共団体及び事業者の果たすべき責務並びに消費者の果たすべき役割を明らかにするとともにその施策の基本となる事項を定めることにより、消費者の利益の擁護及び増進に関する対策の総合的推進を図り、もって国民の消費生活の安定及び向上を確保することを目的とする。」

「国の責務」（同法2条）、「地方公共団体の責務」（同3条）が置かれており、消費者行政が国と地方公共団体の二元体制の中で行われることが明記された。消費者保護政策として掲げられていたのは、「危害の防止」（同法7条）、「計量の適正化」（同8条）、「規格の適正化」（同9条）、「表示の適正化等」（同10条）、「公正自由な競争の確保等」（同11条）、「啓発活動及び教育の推進」（同12条）、「意見の反映」（同13条）、「試験、検査等の施設の整備等」（同14条）、「苦情処理体制の整備等」（同15条1～3項）の9項目であった。

この9つの政策の中に、「表示の適正化等」と「公正自由な競争の確保等」が置かれている。前者の規定は、「にせ牛缶事件」における不当表示問題と、当時過熱していた景品・懸賞付販売に対処するため、既に1962年に制定されていた景品表示法および食品衛生法などの事業法の適切な運用によって実現されることを確認したものである。後者は、独占禁止法に基づく競争政策の遂行のほか、物価対策をその内容とするものであった。消費者保護基本法に掲げられる各政策は、他に多く見られる基本法と同様、いわゆる「プログラム規定」として定められたものであり、政策の内容は個別の法令の制定をとおして実現されるものである。その意味で、消費者保護基本法は、日本における消費者行政の枠組と消費者政策の大枠を定めたものといえる。独占

---

(8) 1964年第46国会で最初に提出された法案の名称は「消費者基本法案」であった（第54回で審議未了廃案）。1968年第58国会で成立した消費者保護基本法の法案は、自民、社会、民社、公明の4党共同議員提出によるものであった。

禁止法と景品表示法は、同基本法の制定時には既に存在していた法律であるが、基本法の大枠の中に位置付けられていたものであり、二つの法律は消費者保護法の体系に属するもの、ということができる。

　消費者保護基本法は、政府規制改革の進展と、社会問題化した消費者問題の多発の中、2004年に、法律の名称とともに「消費者基本法」に改正された。消費者基本法の目的（1条）は以下のとおりである。

　　「この法律は、<u>消費者と事業者との間の情報の質及び量並びに交渉力等の格差</u>にかんがみ、消費者の利益の擁護及び増進に関し、<u>消費者の権利の尊重及びその自立の支援その他の基本理念を定め</u>、国、地方公共団体及び事業者の責務等を明らかにするとともに、その施策の基本となる事項を定めることにより、消費者の利益の擁護及び増進に関する総合的な施策の推進を図り、もって国民の消費生活の安定及び向上を確保することを目的とする。」（条文中の下線は著者が施した。）

　改正前の前記・目的規定と比較すると、改正された基本法は、消費者問題が消費者と事業者との間の二つの格差（情報格差、交渉力格差）に起因するものであることを前提として、「消費者の権利」の尊重と「消費者の自立」の支援が消費者行政と消費者政策の基本理念であることを明記した点に大きな特徴がある。基本理念（2条）には、消費者の「8つの権利」（同条1項）が、また「消費者の年齢その他の特性への配慮」（同条2項）が定められている。

　個々の消費者政策については、改正前の9つの政策は据え置かれた（条文の条数は変更されている。）ほか、新たに「高度情報通信社会の進展への的確な対応」（改正基本法20条）「国際的な連携の確保」（同法21条）「環境の保全への配慮」（同法22条）の3つの政策が追加されている。

　この基本法の改正、とりわけ基本法の目的・理念が転換したことを契機として、改正基本法制定以降の消費者政策関連立法が、基本法の目的・理念を実現するための法趣旨をもって定められており[9]、また改正前から存在する

---

(9) この典型となる立法例が消費者教育推進法（2012年制定）である。同法の内容と消費者教育の動向については、本書第14章および第15章を参照されたい。

関連法律については、そのための必要な改正や運用の方針を定めることが要請されている、ということが確認される必要がある。

　この基本法の改正については、改正の青写真となった国民生活審議会報告書が示した「消費者の保護から自立へ」というキャッチフレーズが強調されるかたちで取り上げられ、またその意味内容についての十分な説明がなされなかったこともあり、消費者行政の現場に混乱をもたらし、また批判的に捉えられた経緯がある[10]。「保護」と「自立」は二律背反するものではなく、従来の消費者行政に欠如していた、消費者の権利主体性および消費者の自立性を尊重する理念に基づく政策を重視するというのが改正基本法の立法趣旨として理解される必要がある。

　基本法の改正以降、それまで研究や実務の分野で用いられることが多かった「消費者保護法」という用語が用いられる頻度は小さくなり、これに代わり「消費者法」の表記が今日一般的となっている。この名称の変化の背景には、国家と消費者との関係、すなわち立法・行政・司法における消費者の位置付けや捉え方の転換——消費者を国家による保護の対象と位置付ける「弱者論」またはパターナリズム（Paternalism）と評されていた従来の消費者行政からの脱却——と、この変化に対応した消費者の利益と権利をめぐる法制度の理念そのものの転換（パラダイム・シフト）があると見ることもできよう[11]。

　②　基本法の目的・理念の転換と独占禁止法と景品表示法

　「広告その他の表示の適正化等」（同法15条）と「公正自由な競争の促進等」（同法16条）も改正前と基本的な内容を維持して改正法に定められており、独占禁止法と景品表示法の運用が消費者政策に位置付けられている点は改正前と変わっていない。しかしながら、基本法の目的・理念が転換したことを受けて、独占禁止法と景品表示法の立法と運用に何らかの影響ないし変化がも

----

[10] 及川昭伍＝田口義明『消費者事件　歴史の証言』（民事法研究会、2015年）94頁。また、政府規制改革の潮流の中で基本法の目的や理念が改正されたことに言及するものとして、近藤充代「『消費者市民社会』論の批判的検討」広渡清吾・浅倉むつ子・今村与一編『日本社会と市民法学　清水誠先生追悼論集』（日本評論社、2013年）259頁がある。

[11] 落合誠一「消費者法の課題と展望」ジュリスト1139号5頁（1998年）、細川・前掲注（7）65頁。

たらされたかどうか、具体的には「消費者の権利」の尊重と「消費者の自立」の支援、「消費者の年齢その他の特性への配慮」という改正基本法の目的・理念に沿うかたちで、二つの法律の内容と運用についての見直しが行われたかが問われることになるが、かかる基本法の改正を契機とした動向は確認できていない。このことは、独占禁止法と景品表示法における消費者保護機能の一貫性ないし不変性は、基本法の改正の影響を受けないことを意味するものであるのか、あるいは独占禁止法と景品表示法の消費者保護は基本法とは無関係に、または独自の意味や内容を持つものとして展開――発展ないし後退――していることを示すものであるか、という疑問を惹起させる。

2009年に消費者庁が設置されたことに伴い、景品表示法の運用機関は公正取引委員会から同庁に変更された。また、それまで景品表示法は独占禁止法の「特例」とされていたが、消費者庁への移管によりこの「特例」としての関係は切断され、景品表示法の目的規定や規制要件も修正を施された。2014年の同法の改正では、課徴金制度と消費者への自主返金制度が導入される等の大改正がなされた。

消費者庁に移管された後の景品表示法の位置付けについて、立法担当者は「競争政策ではなく、消費者政策のための法律」に位置付けが変更されたとする説明を行っている[12]。この説明は、消費者庁移管前の景品表示法は独占禁止法とともに「競争政策」のための法律であったことを前提としているとすれば、独占禁止法はそもそも消費者政策のための法律ではないことも前提となっている、とも読める。「競争政策に関する法律」と「消費者政策に関する法律」との関係についての立法者の基本認識は明らかとはなっていないが、両者の関係についての捉え方の如何が、独占禁止法の消費者保護機能についてのこれまでの検証とこれからの展望を考える上で重要な意味を持つことになる。

---

(12) 大元慎二編著『景品表示法〔第5版〕』（商事法務、2017年）27頁。この説明は消費者庁移管後からの刊行である同書第2版から変わっていない。

(3) 独占禁止法の消費者保護機能をめぐる公正取引委員会の考え方

独占禁止法の消費者保護機能について公正取引委員会が真正面から示した見解は見られないが、消費者保護基本法の制定時（1968年）に示された考え方[13]と、政府規制改革推進の最中（消費者保護基本法の改正直前、2002年）に出された報告書[14]の中に、捉え方の手がかりを見ることができる。

前者の考え方では、独占禁止政策には「競争秩序維持的側面」と「消費者保護的側面」があり、前者は独占禁止法の直接目的であるが、消費者保護基本法の制定によって「今後の独禁政策の遂行が従来以上に消費者保護的側面を強く意識した方向で行われることが要請される」との見方が示されていた[15]。

後者の報告書は、公正取引委員会が策定した「21世紀における競争政策のグランド・デザイン」（2001年。以下「競争政策GD」という。）[16]の翌年に作成されたものであり、競争政策GDで示された方向性に基づき、消費者取引に対する独占禁止法の適用可能性を検討したものである。

同報告書は、「事業者間の競争を維持・促進することにより市場メカニズムを有効に機能させることを主眼とする、いわば『狭義』の競争政策」と、「消費者が主体的・合理的に意思決定できる環境を創出・確保するという『広義』の競争政策」があり、「公正かつ自由な競争を促進する競争政策と一体のものとして、消費者が適正な選択を行える意思決定環境の創出・確保する（ママ）消費者政策を積極的に推進する必要性」があるとの考え方を述べている。同報告書では、消費者政策の具体的内容として、景品表示法の運用

---

(13) 公取委景表課「消費者保護基本法と独禁政策」公正取引214号（1968年）18頁。
(14) 公正取引委員会「消費者政策の積極的推進へ向けて―消費者取引問題研究会報告書―」2002年。この報告書の概要は、森貴＝中園裕子「『消費者政策の積極的な推進へ向けて―消費者取引問題研究会報告書―』の概要」公正取引627号（2003年）53頁に掲載されている。
(15) 公取委景表課・前掲注(13) 14頁、19頁。
(16) この競争政策GDは、小泉純一郎総理大臣（当時）の所信表明演説（2001年5月7日）における「市場の番人たる公正取引委員会の体制を強化し、21世紀にふさわしい競争政策」を確立する旨の発言を受けたものであり、「21世紀にふさわしい競争政策を考える懇談会」（会長　一橋大学名誉教授・宮澤健一）で検討されたものである。2001年11月14日公正取引委員会公表。同懇談会の提言の概要については、舟橋和幸「『21世紀にふさわしい競争政策を考える懇談会』の提言の概要」公正取引614号（2001年）15頁を参照されたい。

だけでなく、独占禁止法の優越的地位の濫用規制が消費者取引に適用される可能性が検討課題として提起されていた。

しかしながら、消費者庁の設置以降、この報告書に示されていた方向性に基づく独占禁止法による消費者政策の推進や具体的な検討は行われておらず、公正取引委員会が2010年に策定した「優越的地位の濫用ガイドライン」では事実上消費者取引に対する適用可能性は否定されている[17]。

上記に見た公正取引委員会の独占禁止政策ないし競争政策と消費者政策の関係についての捉え方は必ずしも一貫しているとはいえず、消費者庁の設置とこれに伴う景品表示法の移管によって、消費者政策または「広義の競争政策」は後退の途上にあると見ることも可能な状況を呈している。2018年に公正取引委員会が公表した「携帯電話市場における競争政策上の課題について（平成30年度調査）」[18]は、いわゆる携帯電話・スマートフォンの契約に普及している「2年縛り」「4年縛り」に関する競争政策上の問題と考え方を整理したものであるが、この中で消費者取引の実態と消費者の意識・選好に関する調査に基づく独占禁止法の課題が示されている。例えば、通信と端末のセット販売については、「消費者が契約内容やその負担額の大きさについて情報が不十分なため、本来の選好に沿った選択がなされていないことが考えられる」として携帯サービスを提供する情報通信事業者各社は「期間拘束契約をする場合には、当該期間において利用者が支払う通信役務と端末代金の費用総額の目安を消費者に示すこと」および「契約の更新時においても同様に、更新後の拘束期間中において利用者が支払う通信役務と端末代金の費用総額の目安を消費者に示すこと」が望ましいとする[19]。また、期間拘束・自動更新付契約（いわゆる「2年縛り」）については、「2年縛りの自動更新が実質的に消費者を拘束すること以外に合理的な目的はないと判断される場合に、他の事業者の事業活動を困難にさせるときには、独占禁止法上問題となるおそれがある（私的独占、取引妨害等）。」としている[20]。この公表資料は、

---

(17) この点については、本書第9章を参照されたい。
(18) 公正取引委員会「携帯電話市場における競争政策上の課題について（平成30年度調査）」（2018年6月28日）。
(19) 公正取引委員会・前掲注(18) 14頁。

消費者に対する料金プランに関する情報提供の不足の実態に言及し、また2年縛り契約には消費者を拘束する性質があることを踏まえた独占禁止法（私的独占、取引妨害等）による事業者規制の可能性を示唆する等、消費者利益の確保を念頭に置いた考え方を明らかにしている点に特徴がある。この考え方が、公正取引委員会による独占禁止法による消費者保護の新たな方向性を示したものといえるかについては、今後の法運用を見る必要があるが、独占禁止法の消費者保護機能を考察する上で重要な手がかりが新たに提供されたといえる。

第3節　競争法における消費者の立ち位置
――利益と権利の「はざま」の消費者

　独占禁止法の保護法益は、前記のとおり「一般消費者の利益」である。独占禁止法の特例として制定された景品表示法（1条）、また食品表示に関する表示規制を一元化することを目的として制定された食品表示法（1条）も「一般消費者の利益」の確保を法目的としている。この「一般消費者」及び「一般消費者の利益」については、いずれの法律においても定義規定はない。また、その意味内容については、独占禁止法では、同法の直接目的ともいわれる「公正且つ自由な競争」との関係において、究極目的である「一般消費者の利益」の位置付けや意味が説明される場合があり、また「一般消費者の利益」の意味を積極的に理解しようとする見解がある。景品表示法の「一般消費者の利益」は、同法が独占禁止法の特例であった時期は、独占禁止法の「一般消費者の利益」と同義として理解されるのが一般的であったが、同法の主務官庁が消費者庁に移管され、これに対応した法改正が施された現行法の「一般消費者の利益」の意味は改正前と変更はないとする見方がある一方、改正前後で同法の位置付けや捉え方については検討の余地があるとする見方がある。また、食品表示法の「一般消費者の利益（の増進）」（1条）については、同条が「食品の表示が食品を摂取する際の安全の確保及び

---

(20) 公正取引委員会・前掲注 (18) 16頁。

自主的かつ合理的な食品の選択の機会の確保に関し重要な役割を果たしていることに鑑み」という文言を置いていることから、「食品を摂取する際の安全確保」及び「自主的かつ合理的な食品の選択の機会の確保」として説明する見解がある[21]。

(1) 利益を享受する主体／利益を確保される客体としての消費者

　独占禁止法および景品表示法の「一般消費者の利益」について、判例上および一部学説には競争保護によってもたらされる「反射的利益」であると捉える考え方が示されている。また、独占禁止法に違反する行為の影響が相当程度の消費者に対して及ぶこととなる場合（すなわち、前記の「行為の広がり」が認められた場合）にはじめて法適用がなされる運用状況があることから、「一般消費者の利益」の侵害は、一個人である消費者の利益の侵害と同程度のものとはいえず、一定の消費者の量的規模に対する影響をもって認定されているのではないかと思われる。「一般消費者」と「消費者」は同一の概念であるかどうかは、競争法の分野における論点として取り上げられたことはほとんどなく、その概念上の異同は明確ではない。ドイツの自由競争の確保のための法律である競争制限防止法（GWB）は「消費者」や「消費者の利益」を保護することを目的とする規定を持たず、したがって法律上「消費者」の定義も規定されていないが[22]、公正競争法である不正競争防止法（UWG）における消費者は「自然人」として定義されている。「公正且つ自由な競争」の確保を目的とする、すなわちドイツのGWBとUWGの二つの法律の目的と性格を併せ持つ独占禁止法は「消費者」と「一般消費者」の定義規定を持たず、その意味内容についても明確にされていない。このことは「一般消費者の利益」の確保を目的とする景品表示法についてもいえることから、日本の競争法における「消費者の定義」と「消費者概念」の不在は、

---

[21] 石川直基＝的早剛由＝川合裕之『食品表示の法律・実務ガイドブック』（レクシスネクシスジャパン、2016年）52頁。
[22] ドイツの学説上、GWBの「消費者」は、取引の相手方である事業者と最終消費者の両方を包含する「需要者」と同義であると説明される。*Immenga/Mestmcker*, Wettbewerbsrecht GWB Kommentar 4. Aufl., S.33.

比較法的視点からも特徴的といえる（ドイツとEUの「消費者の定義」と「消費者概念」については、第3章で検討する。）

　生身の人間である消費者の目線から、法制度や行政・政策のあり方を評価し、また検討の対象とする場合には、「一般消費者の利益」の確保だけでなく、消費者個々人の利益の確保や保護の観点も同時に重要である。かかる「生身の人間」である消費者が安全・安心な消費生活を営むための法制度と行政・政策の指導理念となるのが、「消費者の権利」という考え方である。

　1962年の米国ケネディ大統領特別教書によって示された「消費者の権利」は、各国の消費者保護をめぐる法制度や政策に大きな影響を与えたことは周知のとおりである。日本では、1968年に消費者保護基本法が制定されて消費者行政の体制が導入されたものの、同法の中には消費者の「権利」の語は用いられず、その代わりに「消費者の利益」を擁護する旨の文言が用いられた。また、司法においても、国による事業者規制によって消費者はその「反射的利益」を享受するに過ぎないとする最高裁の判断が示されていた。日本における「消費者の権利」は、2004年に改正・制定された消費者基本法2条の中に8つの権利として導入された。同法は、それまでの消費者保護基本法が議員立法によって改正されたものであり、行政と司法における従来からの「消費者の権利」に対する消極的な立場が、立法のかたちで修正されたと見ることができる。これにより、「消費者の権利」は、立法・行政・司法という国の基本的枠組の中で、消費者と消費生活の安全・安心を確保するために不可欠な指導理念としての位置付けを一応得ることができたといえる。

(2)　権利の主体としての消費者

　本章第1節で見たように、消費者基本法が定める基本的施策（11条から23条）の一つとして「公正自由な競争の促進等」（16条）の規定が置かれている。同条1項は、「国は、商品及び役務について消費者の自主的かつ合理的な選択の機会の拡大を図るため、公正かつ自由な競争を促進するために必要な施策を講ずるものとする。」と定める。前記のとおり基本法の諸規定はプログラム規定としての性質を有することから、同条の「消費者の自主的かつ合理的な選択の機会の拡大を図るため、……必要な施策を講ずる」ことが、

競争当局に求められている。

　また、同法16条を含む全ての施策は、8つの「消費者の権利」（同法2条1項）と「消費者の年齢その他の特性への配慮」（同法2条2項）という基本理念に基づいて推進されることが、関係行政機関に求められている。

　現行基本法の体系に位置付けられている独占禁止法、景品表示法（および食品表示法）において、消費者は「一般消費者」としてその利益を確保される立場にあると同時に、「消費者の権利」の主体としての立場にある。しかしながら、これまでの日本の競争法制度が、「生身の人間」である消費者の「権利の主体性」に着目した法運用や法の解釈を重視してきたとは言いがたい側面がある。生身の人間が有する様々な特性は「消費者としての特性」と密接な関係にあり、このことは「消費者の特性」を踏まえた「一般消費者」とその「利益」を理解する必要があることを示している。また、「消費者の権利」が法定され、個々の権利が「行使される権利」であることが国民－消費者の共通の認識として定着することが望まれるものの、実態として、かかる認識を定着させるための施策や、実際に権利が行使されるための基盤が十分に整備されていない状況にある。公正自由な競争による「利益」を享受しつつも、自主的かつ合理的な選択をはじめとする「権利」の行使の機会が乏しい競争法制度における消費者の立ち位置に目を向けることが求められている。「消費者の年齢その他の特性への配慮」の規定が導入されたことは、これまでの「一般消費者の利益」概念の枠組において、日本の競争法において取り上げられることのなかった問題、消費者の特性が競争法の中で考慮される余地はあるかという問題についての重要な考察の入口を示すものといえる。すなわち、独占禁止法もまた、消費者基本法を枠組法とする消費者の権利の実現と利益の確保を目的とする法体系に位置付けられていることについて、確認する必要があることを示唆するものといえる。

(3)　小括──日本の競争法における「脆弱な消費者」概念に関する議論の下地はあるか

　独占禁止法には、制定当初から無過失損害賠償請求訴訟制度（同法25条）が定められており、2000年には差止請求制度（同法24条）が導入されたが、

いずれも制度においても消費者の原告適格は認められているが、消費者を原告とする訴訟件数は極めて少なく、また勝訴した事例はない。また、独占禁止法違反行為は適格消費者団体の差止請求や特定適格消費者団体による集団的被害回復制度の対象とされていない。景品表示法については、2008年に同法が禁止する不当表示に対する適格消費者団体の差止請求権の行使が認められたことによって、適格消費者団体をとおした権利の行使を可能とする民事規律の途が開かれた。景品表示法において、消費者が「救済される権利」を行使する機会が確保されたものの、独占禁止法ではかかる権利行使は事実上困難といえる状況が続いている。

　その一方、学説では、独占禁止法の「一般消費者の利益」の意味内容に「選択する権利」と「知らされる権利」が含まれるとする立場が有力となっている(23)。競争当局による行政規制によって「一般消費者の利益」が確保されることが、個々の消費者の選択や情報に関する権利を実現することにつながるためには、競争当局の側において、かかる認識を前提とした法の適用と執行が行われ、あるいは制度上の欠陥に対する治癒が行われる必要があり、また消費者の側においても、主体的に権利を行使するための法的かつ社会的な基盤が整備されていることが必要となる。しかしながら、現状において、いずれの側についても、必要な条件が整っているとはいえない。

　このような競争法における消費者の不安定な立ち位置は、消費者保護基本法が制定され、さらに同法の改正によって「消費者の権利」規定が定められた消費者基本法の制定後も変わっていない。また、権利規定とともに基本理念として定められた「消費者の年齢その他の特性への配慮」規定についても、競争法の領域においてどのようなかたちでその理念と趣旨が具体化されるかについても、未着手の課題となっている。しかしながら、独占禁止法に

---

(23) 根岸哲＝舟田正之『独占禁止法概説〔第5版〕』（有斐閣、2015年）28頁、土田和博＝岡田外司博『演習ノート経済法〔第2版〕』（法学書院、2014年）3頁（土田和博執筆）、金井貴嗣「現代における競争秩序と法」正田彬＝金井貴嗣＝畠山武道＝藤原淳一郎『現代経済社会と法〔現代経済法講座1〕』（三省堂、1990年）125頁などがある。「権利」という用語は用いていないが、和田健夫「独占禁止法と消費者」日本経済法学会年報第29号（有斐閣、2008年）39頁は同旨を述べている。「一般消費者の利益」の考え方を整理するものとして、泉水文雄「展開講座経済法入門(1)」法学教室 No.415（2015年4月号）116頁がある。

おける消費者の立ち位置を、利益享受の客体（行政規制による保護の対象）としてだけではなく、権利の主体として積極的に捉える方向性が見出されることは、この課題を克服するための下地があることを示唆するものといえる。

第 4 節　「脆弱な消費者」をめぐる競争法制度の構築に向けた社会的要請

　そこで、今日の日本の競争法の領域において、「消費者の年齢その他の特性への配慮」を理念とする法の運用や解釈、および権利行使のための基盤整備が必要とされる背景事情について見ることにしたい。

⑴　**若年者の消費者被害の傾向と民法における成年年齢の引下げ**

　もっとも直接的かつ喫緊の背景事情として、近年の消費者被害の傾向と、民法の成年年齢引下げに関する法改正の動向がある。後者の法改正をめぐる議論において、前者の消費者被害の状況が拡大する懸念が示されており、両者は密接した社会的背景として取り上げることができる。

　①　近年の消費者被害の傾向と若年者の消費者問題の現状

　消費者庁「平成30年度版消費者白書」[24]によると、「インターネットの生活への一層の浸透」が見られ、「特にスマートフォンの普及により、SNSを通じたコミュニケーション、インターネット通販での商品の購入やサービスの予約が、高齢者を含めた幅広い年齢層でより身近で日常的なもの」となっている（【表1】）。さらに、取引の売手と買手の双方が消費者個人である、いわゆる個人売買サービスのプラットフォームを利用する「CtoC 取引市場」が拡大したことが背景となって、インターネットをめぐるトラブルが、各年代層において上位を占めている傾向が見られる[25]。

---

[24]　消費者白書の内容は毎年国会に提出・報告がなされている。平成30（2018）年度版は、消費者基本法10条の2に基づく「平成29年度消費者政策の実施の状況」および消費者安全法12条に基づく「平成29年度消費者事故等に関する情報の集約及び分析の取りまとめ結果の報告」という名称で、第196回国会（常会）に提出されたものである。以下では、この名称の報告書を「消費者白書」と略称する。

[25]　消費者白書・前掲注（24）25頁。

【表1】 全国の消費者相談件数（平成29年度）の状況

総数		65歳以上		20歳未満		20歳代	
商品・サービス	件数	商品・サービス	件数	商品・サービス	件数	商品・サービス	件数
総件数	910,564	総件数	265,625	総件数	16,924	総件数	73,993
デジタルコンテンツ	158,432	商品一般	39,706	デジタルコンテンツ	6,567	デジタルコンテンツ	13,128
商品一般	99,760	デジタルコンテンツ	37,746	他の健康食品	719	不動産貸借	5,862
不動産貸借	38,126	インターネット接続回線	12,153	テレビ放送サービス	607	エステティックサービス	5,284
インターネット接続回線	36,200	工事・建築	10,152	商品一般	420	フリーローン・サラ金	2,705
フリーローン・サラ金	26,039	新聞	5,398	他の化粧品	410	商品一般	2,567
工事・建築	24,716	フリーローン・サラ金	4,936	ビジネス教室	326	インターネット接続回線	2,211
他の健康食品	16,856	修理サービス	4,813	不動産貸借	315	四輪自動車	1,803
携帯電話サービス	15,714	他の健康食品	4,778	コンサート	227	他の健康食品	1,534
四輪自動車	13,016	不動産貸借	4,655	携帯電話サービス	202	モバイルデータ通信	1,499
相談その他（全般）	12,145	相談その他（全般）	4,158	インターネット接続回線	198	携帯電話サービス	1,315

出典：消費者庁「平成30年度版消費者白書」30頁掲載【図表Ⅰ-1-3-7】のデータを基に、消費相談件数のうち「総数」「65歳以上」「20歳未満」「20代」の件数を抽出し、著者が作成した。なお、同頁には、元データの数値が国民生活センターのPIO-NETに登録された消費生活相談情報（2018年3月31日までの登録分）に拠るものとの説明がある。

　若年消費者（15～29歳）の相談事例を見ると、15～19歳、20～24歳、25～29歳の男女いずれについても「デジタルコンテンツ」に関するものが上位3位以内に、また「アダルト情報サイト」は25～29歳の女性を除いて5位以内にランクされている（【表2】）。「オンラインゲーム」や「出会い系サイト」などのインターネット利用に係る相談事例も10位以内に含まれている[26]。また、SNSの利用を通じた消費生活相談が増加傾向にあり、平成29年度では20歳代が30.2％と最も多く（20歳未満は6.3％）、20歳代の相談事例の5.8％は「SNSが何らかの形で関連」している。具体例として、SNS広告の「お試し」の表示に勧誘されて商品を購入したところ「定期購入」契約であった、「マルチ取引等」に至った事案が挙げられている[27]。

　このように、若年消費者の消費生活相談はインターネットの利用に関する内容が大きなウエイトを占めているが、ここに挙げられた数字は若年者またはその保護者が消費生活センター等に相談した実数であり、相談等を行っていない潜在的なトラブルは少なくないものと思われる[28]。若年消費者の相

---

[26] 消費者白書・前掲注（24）31頁。
[27] 消費者白書・前掲注（24）50頁。
[28] 若年消費者の相談件数自体は高齢者に比して少ないが、高齢者の場合には、公開講座等への参加や民生委員等からの情報提供等の機会が多く、また地域の高齢者見守り支援体制の整備が進んでいることから（消費者白書・前掲注〔24〕227頁、285頁）、消費生活センター等に自発的にまたは家族や支援者を通じて相談する傾向があるのではないかと推測できる。

【表２】 若者の消費者相談の動向（平成29年度）

男性

15-19歳		20-24歳		25-29歳	
件数	6,643	件数	16,823	件数	16,389
アダルト情報サイト	1,022	賃貸アパート	1,082	賃貸アパート	1,665
デジタルコンテンツ（全般）	432	デジタルコンテンツ（全般）	974	デジタルコンテンツ（全般）	1,002
オンラインゲーム	353	アダルト情報サイト	935	フリーローン・サラ金	953
テレビ放送サービス（全般）	306	フリーローン・サラ金	884	アダルト情報サイト	627
ビジネス教室	269	商品一般	743	商品一般	569
他のデジタルコンテンツ	239	普通・小型自動車	591	光ファイバー	497
出会い系サイト	180	出会い系サイト	523	普通・小型自動車	477
商品一般	175	他のデジタルコンテンツ	506	他のデジタルコンテンツ	463
賃貸アパート	148	光ファイバー	472	携帯電話サービス	367
普通・小型自動車	102	他の内職・副業	404	出会い系サイト	322

女性

15-19歳		20-24歳		25-29歳	
件数	6,120	件数	20,583	件数	19,830
他の健康食品	567	脱毛エステ	2,084	賃貸アパート	1,601
アダルト情報サイト	525	デジタルコンテンツ（全般）	1,255	脱毛エステ	1,368
デジタルコンテンツ（全般）	474	賃貸アパート	1,125	デジタルコンテンツ（全般）	1,331
テレビ放送サービス（全般）	191	出会い系サイト	926	商品一般	651
他のデジタルコンテンツ	186	アダルト情報サイト	764	出会い系サイト	620
コンサート	184	他のデジタルコンテンツ	666	他のデジタルコンテンツ	589
脱毛剤	179	他の健康食品	656	他の健康食品	560
商品一般	155	商品一般	592	アダルト情報サイト	532
出会い系サイト	153	痩身エステ	454	フリーローン・サラ金	472
賃貸アパート	146	モバイルデータ通信	443	モバイルデータ通信	394

出典：消費者庁「平成30年度版消費者白書」31頁掲載【図表Ⅰ-1-3-8）のデータを基に、著者が引用しレイアウトを変更した。なお、同頁には、元データの数値が国民生活センターのPIO-NETに登録された消費生活相談情報（2018年3月31日までの登録分）に拠るものとの説明がある。

談件数自体は高齢者に比して少ないが、高齢者の場合には、公開講座等への参加や民生委員等からの情報提供等の機会が多く、また地域の高齢者見守り支援体制の整備が進んでいることから、消費生活センター等に自発的にまたは家族や支援者を通じて相談する傾向があるのではないかと推測できる。

② 成年年齢引下げに伴う若年消費者の消費者被害拡大のおそれへの対応

民法4条に規定されている成年年齢を、現在の20歳から18歳に引き下げる法改正が検討されていたが[29]、2018年に改正法が成立した[30]。この法改正の動向の中、消費者庁からの諮問を受けた内閣府消費者委員会は、「成年年

齢引下げ対応検討ワーキング・グループ」を設置し、報告書を策定・公表している(31)。同報告書は、成年年齢の引下げにより、特段の措置が講じられない限り、新たに成年となる18〜19歳は、民法が定める未成年者取消権（民法5条2項）が行使できなくなること、消費者法における成年年齢の引下げに対応した法整備が不十分であること、また消費者教育推進法に基づく消費者教育の取組が不十分に状況であること等の課題を示し、「望ましい対応策」として、必要な法制度の整備、事業者に対する規制強化、消費者教育の充実ならびに事業者の自主的取組の促進を挙げている。

前記の消費者白書は、未成年者が親権者等の法定代理人の同意を得ずに締結した契約は、事業者の行為の不当性の有無にかかわらず、取り消すことができるが、20歳に達した若者の消費生活相談件数は未成年者と比べて多くなっており（【グラフ1】）、また、その契約金額も高額になる傾向を示してい

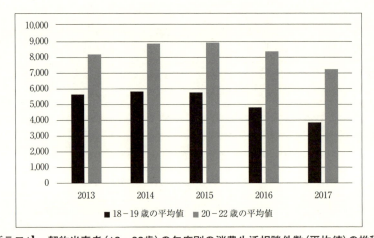

【グラフ1】 契約当事者（18〜22歳）の年度別の消費生活相談件数（平均値）の推移
出典：消費者庁「平成30年度版消費者白書」191頁掲載【図表Ⅱ-1-5-1】のデータを基に、著者が引用しレイアウトを変更した。なお、同頁には、元データの数値が国民生活センターのPIO-NETに登録された消費生活相談情報（2018年3月31日までの登録分）に拠るものとの説明がある。

---

(29) 法制審議会「民法成年年齢部会」最終報告書「民法の成年年齢の引下げについての意見」2009年10月。日本弁護士連合会は、同法案に対して反対の立場を表明していた。
(30) 2018年6月15日成立。2022年4月1日から成年年齢引下げが施行される。
(31) 内閣府消費者委員会「成年年齢引下げ対応検討ワーキング・グループ報告書」2017年1月。

る[32]。また、同白書は、未成年者取消権による保護がなくなる満20歳を迎えた直後に、悪質な事業者のターゲットとなった事例が見られることから、民法の成年年齢引下げに伴い、これまで未成年者取消権で保護されていた18歳、19歳の若者が保護の対象から外れるため、消費者被害の拡大を防止するため関係法律の改正をはじめとする「万全の対応」が必要であるとしている[33]。前記の消費者委員会の答申を受けて、2018年に消費者契約法が改正され、新たに、取り消しうる不当な勧誘行為として「社会生活上の経験不足の不当な利用」による勧誘行為となる場合が追加された[34]。同法の改正で導入された勧誘行為に対する取消要件である「社会生活上の経験不足」は、若年消費者のみについて判断されるものではないが、本改正の趣旨は、就職セミナーやデート商法等の若年消費者が巻き込まれやすい消費者取引の実態を踏まえて取消権の対象となる場合を追加したものであり、成年年齢の引下げに伴う被害防止に主眼が置かれた改正である[35]。

　この改正は契約締結後の当該消費者取引の申込みまたは意思表示の取消権の対象となる行為の範囲を拡充したものであるが、成年年齢引下げに伴う問題として、契約に至る前の段階の広告その他の顧客誘引そのものが、とりわけ子ども・未成年者に対して影響を及ぼすことについては取り上げられていない。子どもを対象とする広告その他の顧客誘引に関して一定の法秩序を形成する必要があることは以前から指摘されており[36]、1994年に日本が「児童の権利に関する条約（子どもの権利条約）」に批准した後、同条約に基づく国内法の整備は徐々に進められている部分は見られるものの[37]、広告やマ

---

(32) 消費者白書・前掲注（24）191頁。
(33) 消費者白書・前掲注（24）191頁。
(34) 2018年6月15日公布。改正された消費者契約法4条3項および4項は「社会生活上の経験が乏しいことから」の文言を。また、同条5項は「加齢又は心身の故障によりその判断能力が著しく低下していることから」の文言を有する規定として新設された。
(35) 消費者白書・前掲注（24）192頁。
(36) 向田直範「子供向けテレビCMの規制を考える」月刊国民生活1981年11巻4号27頁、佐藤知恭「児童対象テレビCMの規制をめぐって」月刊国民生活1978年8巻10号18頁、嶋田道子「母親から見た子ども向けCM」月刊国民生活1978年8巻10号12頁。
(37) 同条約に基づく国内法の整備の状況について、棚村政行『子どもと法』（日本加除出版、2012年）55頁以下を参照されたい。

ーケティングなどの分野についての対応はほとんど行われていない[38]。2016年11月に民間団体が「子どもに影響のある広告およびマーケティングに関するガイドライン」[39]を策定・公表しているが、これは条約に対応する国内法の不在を民間レベルにおいて補完しようとする試みである。

　成年年齢の引下げの動向を契機として、子どもを含む若年消費者の保護については、契約締結と締結後の問題のみならず、契約締結に至る勧誘、広告その他の顧客誘引の問題を「一体」として捉えた検討が必要であり、その検討に際しては、民事的な規律・救済による対応と、行政規制による対応の双方向から法秩序の形成に関する検討が求められる。

(2) 顧客誘引の秩序化に対する消費者教育の観点からの要請

　成年年齢の引下げに伴う若年消費者保護に関する前記・消費者委員会の報告書は、「望ましい対応策」の一つとして、「消費者教育の充実」を挙げている。消費者教育は、国および自治体が責務を有する消費者政策の一つである（旧・消費者保護基本法12条、消費者基本法17条）であるが、2012年に消費者教育推進法が制定されたことにより、プログラム規定であった消費者教育が具体的な政策として遂行されることとなった。以下では、消費者教育の実質化を図る観点から、広告その他の顧客誘引に対する法秩序の形成が喫緊の課題であることについて見ることにする。

　消費者教育は、以下の二つの意味において、競争法と密接な関わりがある。

　第一に、消費者が消費生活を営む上で必要な情報・知識を修得すること

---

(38)　「子どもの権利条約」は、「締結国は、大衆媒体（マス・メディア）の果たす重要な機能を認め、児童が国の内外の多様な情報源からの情報及び資料、特に児童の社会面、精神面及び道徳面の福祉並びに心身の健康の促進を目的とした情報及び資料を利用することができることを確保する。」（同条約17条）とし、締結国は「児童の福祉に有害な情報及び資料から児童を保護するための適当な指針を発展させることを奨励する。」（同条 e 号）と定めている。条文の日本語版は、日本弁護士連合会編著『子どもの権利条約ガイドブック』（明石書店、2006年）の巻末資料を参照した。

(39)　公益社団法人セーブ・ザ・チルドレン・ジャパン発行。同ガイドラインは、2015年に設置された「子どもの権利とマーケティング広告検討委員会」（座長・松本恒雄　国民生活センター理事長）において策定されたものである。

は、消費者問題を回避することを可能にし、また被害回復に際して適切な対応をとることを可能にする。アメリカ、EU を始めとする諸外国において、「消費者教育を受ける権利」が「消費者の権利」の一つとされており、日本においても消費者基本法2条1項に規定されている。

　第二に、消費者教育の内容において重要なウエイトを占めるのは、消費者や消費生活に関わる規範・ルールに関する事項である。契約・取引、表示、安全等の問題について教育を行う場合に、それぞれに関する法律の趣旨、規制や禁止の意味・内容、対応・解決の方法等が知識として教授されるのが、消費者教育の一般的な内容である[40]。消費者教育は全世代を対象としてライフステージに合わせた教育を行うこととされているが、とりわけ子どもを対象とする顧客誘引に対する規制や規律は、消費者である子どもの権利または利益を事業者の力の優位性と力の格差に起因するトラブルから保護する機能を有するが、同時に、子どもがルールとしての規制や規律を認識・学習し、消費者として行動する上での規範としての役割を併せ持つ。後者の役割の1つの担い手は、教育である。実態として、消費者問題の中には、法律が未整備のものや改正が行われておらず実態に対応できていないものがあり、こうした分野についての教育は不十分な内容にとどまり、あるいは消費者教育では取り上げられないことになる。消費者庁が作成した成年年齢引下げの動向を踏まえて作成した高校生向け消費者教育テキストのモデル教材の内容は、契約締結と締結後の対応策が中心とされており、契約締結前の勧誘や広告その他の勧誘行為の意味やルールについての記載はほとんど見られない[41]。

　消費者教育推進法は、「この法律は、消費者教育が、事業者と消費者との間の情報の質および量並びに交渉力の格差等に起因する消費者被害を防止するとともに、消費者が自らの利益の擁護及び増進のため自主的かつ合理的に

---

[40] 消費者教育は、小学校、中学校、高校の社会科目や技術・家庭等の科目に取り入れられており、近年は学指導要領が改定されるごとにその内容の質・量ともに充実される傾向が見られる。このほか、モデル教材として制作された消費者庁「社会への扉」（生徒向け）および「同・教師用解説書」（ともに2017年3月発行、同年12月改定）があり、これを利用している自治体も見られる。

[41] 消費者庁「社会への扉」の内容と課題については、第15章を参照されたい。

行動することができるその自立を支援する上で重要であることに鑑み、消費者教育の機会が提供されることが消費者の権利であることを踏まえ、消費者教育に関し、基本理念を定め、並びに国及び地方公共団体の責務等を明らかにするとともに、基本方針の策定その他の消費者教育の推進に関し必要な事項を定めることにより、消費者教育を総合的かつ一体的に推進し、もって国民の消費生活の安定及び向上に寄与することを目的とする。」(同法1条)と定めている。同法は、消費者教育を「消費者の自立を支援するために行われる教育(消費者が主体的に消費者市民社会の形成に参画することの重要性について理解及び関心を深めるための教育を含む。)及びこれに準ずる啓発活動をいう。」(同法2条1項)と定義している[42]。翌年には同法に基づく「消費者教育の推進に関する基本的な方針(以下、「基本方針」という。)」が策定された[43]。都道府県は、基本方針の趣旨と内容を踏まえて自治体が取り組む消費者教育基本計画を策定している。

　基本方針は、これまで行われてきた消費者教育を「総合的・一体的に推進する」ことを目的とし、「幼児期から高齢期までの生涯を通じて」それぞれのライフステージごとに推進する旨を明らかにしている。また、基本方針は、今日の日本では高度情報化社会の進展に伴いインターネット関連の消費者被害が増加していることを前提としつつ、消費者トラブルから消費者を保護するために、国は「必要に応じて法令、規則等を定めルールを整備しなければなら」[44]ず、また消費者も「それぞれの生活実態の中で、消費者被害を防止し、自ら安全・安心を確保するために、ルールを知る努力をし、適切な意思決定をし、行動することが求められている」[45]と述べている。また、基本方針は、消費者教育推進の基本的な方向として、「商品等やサービスの情報収集に努め、内在する危険を予見し、安全性に関する表示等を確認し、危険を回避できる力」[46]、「高度情報化社会における情報や通信技術の重要

---

(42) この消費者教育の定義に掲げられる「消費者市民社会」の意味と内容については、本書第14章と第15章を参照されたい。
(43) 「消費者教育の推進に関する基本的な方針」閣議決定(2013年6月28日)。以下、「基本方針」と略称する。
(44) 基本方針・前掲注(43) Ⅰ「消費者教育の推進の意義」1(4)。
(45) 基本方針・前掲注(43) Ⅰ「消費者教育の推進の意義」1(4)。

性を理解し、情報の収集・発信により消費生活の向上に役立てることができる力」と「情報、メディアを批判的に吟味して適切な行動をとるとともに、個人情報管理や知的財産保護等、様々な情報を読み解く力を身に付け、活用できる力」を「消費者教育が育むべき力」として挙げている[47]。その際には、「年齢、性別、障害の有無のほか、場合によっては、消費生活に関する知識の量、就業の形態等、居住形態、時間的余裕の有無、情報通信機器の利用可能の状況」などの「消費者の特性」に配慮することが述べられている[48]。

　子どもを対象とする顧客誘引に起因する消費者問題が増加する中、これに対する消費者教育の推進によって消費者被害の防止が図られるために、基本方針は、国による「ルール」の整備と、消費者の側の「ルールを知る努力」の必要性を述べている。前記のとおり、景品・懸賞付販売に関するルールは景品表示法による過大な景品・懸賞付販売に対する規制であり、広告に関するルールは、広告を表示の一類型と定義して「不当表示」に該当する場合にこれを禁止するという景品表示法の規制が該当する。基本方針は、商品の「内在する危険」を予見し、表示等を確認して、危険を回避できる力を育成することを消費者被害の回避と予防にとって重要な教育上の施策としているが、成人に比して生活経験や商品選択の場面における判断能力が乏しい子どもが、景品・懸賞付商品や広告の対象である商品の「内在する危険」を予見することは、現在の学校教育の「指導要領」の内容からは容易であるとはいえず、教育する側の経験や知識に左右されることになる。この点、子どもを対象とする景品・懸賞付販売や広告が差止請求の対象となり判例が蓄積され、また子どもを対象とする顧客誘引が「攻撃的取引方法」に該当する立法を有するドイツやEUにおいては、「ルール」の存在を所与とした消費者教育が可能となる一方、こうしたルールを持たない日本においては、過剰な景品・懸賞付販売が規制されていること、不当表示に該当する広告は「不当表示として」禁止されるという現行法の規定内容について教育することにな

---

(46)　基本方針・前掲注（43）Ⅱ「消費者教育の推進の基本的な方向」1（1）②ア。
(47)　基本方針・前掲注（43）Ⅱ「消費者教育の推進の基本的な方向」1（1）④。
(48)　基本方針・前掲注（43）Ⅱ「消費者教育の推進の基本的な方向」1（3）。

り、「子どもを対象とする」顧客誘引が「一般消費者を対象とする」顧客誘引とは区別して規律されることについての教育には至らない。

　競争法と消費者法制度による子どもを含む全ての消費者の保護と、消費者教育による自立的・主体的な消費者の育成が実現するためにも、顧客誘引の秩序化と消費者教育の内容への反映は、民法の成年年齢引下げを契機とする消費者教育の実質的な推進が見られる現在、重要な課題といえる。

第5節　「脆弱な消費者」問題に対する競争法の対応をめぐる論点整理

　第3節では、日本の法と政策における消費者の立ち位置について、また前節では、子どもや若年消費者の保護をめぐる動向と社会的な要請に目を向けることにより、日本の競争法として対峙すべき問題の所在を確認した。消費者法（消費者保護法）は「問題指向の法」であるとともに、消費者問題に対する法的手段の多種多様性から「複合領域性」を具備していると同時に、消費者紛争に対するより現実的な見方が要請されることから「現代法としての性格」が見られると説明されることがある[49]。子どもや若年消費者の保護は、消費者契約法をはじめとする関連諸法の改正等によって、また消費者教育の推進などの政策を通じて対応が進められており、また適格消費者団体制度のもとで消費者被害の防止と個別の救済を実現する仕組みは存在する。しかしながら、子どもや若年消費者の保護に関する「望ましい」かつ「万全の」対応を実現する上で考慮される必要があるのは、契約締結の前の問題、その典型である広告その他の顧客誘引に対する規制または規律に関わる問題である。この問題を規制する法律として、独占禁止法および景品表示法がある。第2節で見たように、これらの法律は、消費者基本法の基本理念に基づく法運用が求められる法律であることから、日本における競争法における「脆弱な消費者」への対応は、基本法が定める「消費者の年齢その他の特性への配慮」条項が、独占禁止法と景品表示法においてどのように具体化され

---

(49)　大村・前掲注（2）12頁。

実現されるかという問題である、と捉えることができよう。

　それでは、これらの法律に関するこれまでの解釈と運用に基づいて、この問題に対して「望ましい」「万全の」対応が今後可能であるかという点については、民間団体による前記「広告ガイドライン」の存在が示すように、いくつかの課題の解決、克服が図られないかぎり、十分な対応は期待できないという見方を示さざるをえない。以下では、「消費者の年齢その他の特性への配慮」という基本法の理念が、独占禁止法および景品表示法の解釈や運用の面に反映されない事由について、2つの観点から簡略に整理したい。

(1) 「消費者の年齢その他の特性への配慮」の理念と独占禁止法・景品表示法

① 法目的「一般消費者の利益」の意味・内容

　独占禁止法と景品表示法（以下では2つの法律を「日本の競争法」という場合がある。）の目的は「一般消費者の利益」の確保であるが、その意味内容は、競争による利益、効率性、技術革新、消費者利益や消費者厚生などが挙げられて説明されることが一般的である[50]。また近時は前述のとおり「選択する権利」や「知らされる権利」の2つの「消費者の権利」として理解される見解がある。その一方、これまでの判例や学説には事業者・事業者団体に対する法適用によってもたらされる「反射的利益」にすぎないとする見解がある。2つの「消費者の権利」を「一般消費者の利益」と捉える立場に依拠しても、これが個々の消費者が権利を主張して権利内容を実現することを意味するかどうかは必ずしも明らかではない。

　景品表示法が禁止する不当表示については、2008年に適格消費者団体の差止請求の対象とされたため、消費者が適格消費者団体に情報提供することによって不当表示行為を差し止めることが可能となった。また、2014年の法改正によって、同法に課徴金徴収制度が導入され、不当表示行為が課徴金対象行為となるとともに、当該事業者が消費者に対して自主返金する仕組みも設けられたことにより、個々の消費者の財産的利益が回復される機会も付与さ

---

(50) 金井貴嗣＝川濱昇＝泉水文雄編著『独占禁止法〔第5版〕』（弘文堂、2015年）6頁以下。

れている。これは消費者の「救済される権利」に関わる制度といえるが、同法の目的である「一般消費者の利益」は行政規制によって享受する利益だけでなく、自主返金制度と組み合わさった課徴金徴収制度の導入によって個別の消費者の権利または利益の実現を図る制度と見ることができる。

　独占禁止法については、同法制定当時から民法709条の特則である無過失損害賠償制度（独占禁止法25条）があるが、消費者が原告となった訴訟はきわめて少なく、また勝訴事例はない。差止請求制度は2000年に導入されたが、消費者による訴訟提起の事例はない。独占禁止法25条および24条のいずれの訴訟についても、消費者団体の原告適格は否定されており、独占禁止法違反行為について適格消費者団体による差止請求または特定適格消費者団体による集団的被害回復（損害賠償請求）の対象とするかどうかについての検討は現在行われていない。

　基本法の「消費者の年齢その他の特性への配慮」は個々の消費者について考慮されるのか、あるいはある種の特性を有する消費者の「集団」を基準として判断されるのかについて、基本法自体に考え方は示されていない。2018年の消費者契約法の改正によって新たに盛り込まれた勧誘行為に対する取消要件である「社会生活上の経験不足」は、「当該消費者」（同法4条1項）について判断されるものである。ところで、2005年のEU指令（不公正取引慣行指令）における事業者の行為が「公正／不公正」に該当するかどうかの判断は、「特定の消費者の集団に用いられる場合にはその集団の平均的構成員」（同指令3条2項）を基準にして行われると定めている。同指令と同内容の条文を定めているドイツ不正競争防止法（UWG）は、消費者個人の差止請求（UWG8条1項）や利益返還請求（UWG10条1項）に係る訴訟の原告適格は認めていないが[51]、一定の要件を充足する消費者団体が訴訟当事者（UWG8条3項）となる。

　独占禁止法において、「消費者の年齢その他の特性への配慮」が法解釈と法運用の場面においてどのように考慮されるかは、同法の「一般消費者の利益」の意味内容の捉え方と密接に関わる問題である。また、ある種の特性を

---

(51) 宗田貴行『団体訴訟の新展開』（慶應義塾大学出版会、2006年）191頁以下。

有する消費者個人に着目するのか、あるいは一定の集団を画定して判断するかどうかという問題についても、同法の「一般消費者」とは何かについての考察を前提とした議論が求められよう。

②　独占禁止法の違法判断基準（特に公正競争阻害性）と消費者・消費者特性

広告その他の顧客誘引は、独占禁止法は不公正な取引方法（一般指定8項および9項）の適用対象である。事業者が消費者に対して行う不当表示や景品・懸賞付販売については景品表示法が適用され、独占禁止法は適用されないとする見解があるが、通説では独占禁止法の適用が肯定されている。しかしながら、公正取引委員会による独占禁止法の運用は、前者の立場に依拠していると思われる。景品表示法の運用機関が消費者庁に移管されたことに伴う2つの法律の関係についての確認と整理が求められる。

独占禁止法の顧客誘引規制の違法判断基準は、「不当性」すなわち公正競争阻害性の有無である。公正競争阻害性は、公正取引委員会の見解では、自由競争減殺、競争手段の不公正さ（能率競争の侵害）、競争基盤の侵害の3つに分類されるが、顧客誘引規制の不当性は競争手段の不公正さ（能率競争の侵害）である。子どもや若年消費者を対象とする広告その他の顧客誘引が行われた場合、その行為の不当性はいかなる消費者を基準として判断されることになるかという問題がある。例えば、事業者が提供するオンラインゲームのユーザーには大人も子どもの双方が含まれるが、当該サービスの広告の内容に子どもの誤認を惹起する内容が含まれていた場合に、当該広告に対して独占禁止法の一般指定8項（あるいは景品表示法5条1号ないし2号）の適用の可能性はあるか、ある場合にはその不当性は誰を基準として認定されるかという問題が想定される。この問題は、前記①の「一般消費者（の利益）」をめぐる問題と併せて検討されるものともいえる。

前述したEUやドイツにおける「脆弱な消費者」の典型とされる「子ども(Kinder)」の定義は法律上定められていない。支配的な立場は「14歳未満」の者であるとされ、「14歳以上18歳未満」は「青少年（Jugend）」と区分するが、「18歳未満」は全て「子ども」と見るべきとする説もある。「子ども」を対象とする顧客誘引に対する「不公正」の判断基準は、一般的な基準設定の

拠りどころである「平均的な消費者」とは別の基準として設定されている。日本の競争法は、事業者の行為に対する「不公正」の判断基準を消費者の年齢層に応じて設定する枠組を有しておらず、また行政規制の適用に際して特定の年齢層の消費者（の集団）ないし消費者特性を有する消費者（の集団）を念頭に置いた運用は行われていないが、この問題は、競争法における「消費者の年齢その他の特性への配慮」への対応を考察する必要がある課題といえる。

(2) 競争法における顧客誘引行為の性格の再検討と法秩序形成
① 多様な顧客誘引の手法と競争法の対応

今日、インターネットの利活用の機会は、スマートフォンの普及により急速に拡大し、ライフスタイル、流通の変革がもたらされている。このような生活環境の変化によって、消費者問題の内容も様変わりしており、インターネットの利活用を契機とする契約や取引上のトラブルが上位を占める傾向が続いている。

また、インターネット取引は、店舗で直接商品に接して購入する形態ではなく、インターネット上で提示されるデジタル情報に基づいて商品の選択を行い、また自らインターネット画面において購入の申込みから契約に至る手続を行うバーチャル取引である。インターネット取引の特徴は、商品やサービスに関する情報の圧倒的な量の多さにある。テレビ、新聞・雑誌等のメディアを通じて発出される従来型の広告は、放送時間、誌面の大きさなどによって提供される情報量は制約を受けるが、インターネット上の広告にはこうした制約はない。また、国内の事業者だけではなく、海外の事業者のホームページにも容易にアクセスし閲覧することが可能であり、消費者にとっては実際の店舗に出向くことなく、商品やサービスに関する大量の情報に接して選択し購入する機会が与えられている。

インターネット上の広告には、従来型の広告がデジタル画像や動画として配信されるものもある一方、個々の顧客に対応した広告（顧客の過去の取引履歴や商品検索履歴を元に提供する情報をカスタマイズした広告）、人気ランキング広告、ある商品情報サイトから他の商品サイトに誘導する広告（いわゆるアフィ

リエイト広告）、提供される情報が一般個人の感想や印象であるように見せながら、実際は当該商品の供給者またはその関係者（有名人等である場合も多い。）が実際の情報提供者であるような広告（いわゆるステルス・マーケティング）など、インターネット特有の広告が拡大している。また、オンラインゲーム上で実施されることが多いガチャポン企画や懸賞企画を内容とする広告も見られる。

　日本の競争法に広告そのものの定義はないが、景品表示法2条4項の「表示」の定義の中に「この法律で「表示」とは、顧客を誘引するための手段として、事業者が……行う広告その他の表示であって、内閣総理大臣が指定するものをいう。」という定めがあり、この定めが独占禁止法および景品表示法における広告に対する規制の根拠となっている。

　上述したように、今日の広告問題とりわけ不当な顧客誘引の観点から見た問題の領域は、表示としての広告の問題にとどまるものではない。これらの多様な手法に基づく広告について、現在の景品表示法の不当表示規制が、これらの問題領域に十分に対応できるかどうかについては疑問がある。広告の機能と実態に着目して、不当表示規制の枠組に必ずしも捕われることなく、競争法の顧客誘引行為という観点からの規制または規律のあり方が検討される必要がある。

　近年、消費者庁は、雑誌誌面上の懸賞企画[52]について、またオンラインゲーム上の懸賞企画[53]について、景品表示法の不当表示規制を適用している。これらの適用事例は、懸賞企画の広告内容が実際とは異なっていた点を不当表示として捉えたものであり、広告に対する規制の一つの方向性を示したもの、と見ることもできる。他方、景品・懸賞付販売に対する景品表示法の規制は、本体の商品・サービスの価額と提供される景品の価額を基準として、それぞれの価額を超えた場合には「過剰な景品・懸賞付販売」として禁止するものであるが、それぞれの価額を超えた場合になぜ不当といえるか、すなわちこれらの価額の超過が現行の景品表示法の規制基準である「一般消

---

(52) 秋田書店に対する景品表示法に基づく消費者庁措置命令（2013年8月20日）および竹書房事件に対する景品表示法に基づく消費者庁措置命令（2015年3月13日）。
(53) グリー株式会社に対する景品表示法に基づく消費者庁措置命令（2017年7月19日）。

費者の自主的かつ合理的な選択の阻害」であるといえるかについて、明確で合理的な説明がなされているとはいえない。景品・懸賞付販売に対して、これを広告の一類型として規制の網をかけるとすれば、現在の価額基準に基づく景品・懸賞付販売に対する規制の根拠を明確にする必要があり、景品・懸賞付販売に対する規制制度そのものの存在意義に関わる論点として検討を要する課題と見ることもできる。

② 消費者教育推進の要請への対応

消費者教育からの要請、すなわち消費者教育の内容として、広告その他の顧客誘引に関する規制または規律の基本的な考え方が反映される必要があるとする要請については、競争法が存在すること、および競争法の不当性（公正競争阻害性）の説明によって足りるか、という視点からの検討が必要となる。とくに、景品・懸賞付販売に対する規制は、本体の商品・サービスの価額と提供される景品類の価額の基準を超えた場合に禁止する内容となっているが、これは当該価額の基準内で実施される景品・懸賞付販売は原則自由であること（すなわち違法ではないこと）を意味する。子どもや若年消費者に向けた景品・懸賞付販売との接し方を教育する場合に、現行の景品表示法の規制基準を説明するだけでは十分とはいえないと思われる。また、オンラインゲームでは一般的なガチャポンは、景品表示法上違法とはされていないが、偶然性を利用する当該企画の射幸性は社会問題の一つであり、これによる高額課金の被害事例は多い。

ポイント・サービスについても同様の点が指摘できる。ポイント・サービスは、景品としての性格、電子マネー、値引き（割引）、他の商品・サービスとの交換、顧客優遇当のプレミアなどの多面的な性格を有している。景品表示法は景品の観点から、独占禁止法は値引き（割引）の観点から規制対象となる考え方が示されているが、ポイント・サービスそのものを正面から規制または規律する法制度は存在しない。ポイント・サービスに関する一般法の立法をめぐる議論は別にして、競争法が射程に置く顧客誘引に対する規制の観点から、ポイント・サービスの性格を明らかにすることは、消費者教育の内容を充実させる上で必要な対応といえる。

また、広告についても、子どもが広告に登場し消費者である子どもに向か

って商品購入に向けた心理的な働きかけをする場合が見られるが、こうした広告について消費者教育の立場から問題視されることはあっても、独占禁止法や景品表示法において問題として取り上げられたことはない。

　広告その他の法秩序形成は、競争法の領域だけが関わる問題ではないが、顧客誘引規制を有する日本の競争法において、まずは検討に着手されるべき問題と見ることもできる。また、公正取引委員会と消費者庁による法運用の一定の蓄積が、法秩序形成に重要な役割を果たすということも認識される必要がある。

第6節　本章のおわりに

　第5節で整理した競争法における「消費者の年齢その他の特性への配慮」への対応、および広告その他の顧客誘引に対する規制または規律をめぐる問題について、本書の各章の中で、さらに一歩踏み込んだ考察を進めることにしたい。

第 2 章　競争法の体系
―― ドイツ・EU の法制度の概観と日本法との比較

　比較法の観点から広告や景品・懸賞付販売に対する規律に目を向けると、ドイツにおいては民事規制を中心とした公正競争法制度が存在し、この法制度の影響を受けた EU 法が整備されてきた。また、子どもを対象とする顧客誘引に関する規律については、ドイツにおける学説・判例が蓄積されていく中で、EU 法が「脆弱な消費者」という新たな概念の下で不公正取引に関する指令を制定し、また同指令に基づく加盟各国の国内法が整備された状況にある。

　ドイツおよび EU では、競争法とりわけ公正競争の確保を目的とする法制度の下で、顧客誘引に対する規律のあり方が議論され、公正競争法の領域において規制制度が構築されてきたこと、また消費者に関する定義規定を有していること、さらに子どもを「脆弱な消費者」と捉える消費者概念を明確するとともに、子どもを対象とする顧客誘引に対する規律を定めていることに特徴があるといえる。日本の独占禁止法 1 条の目的規定は「公正且つ自由な競争」の確保を保護法益としており、ドイツおよび EU と同様に公正競争に関する法制度である点において共通する。その一方、独占禁止法は「一般消費者の利益の確保」を保護法益として定めている一方、「一般消費者」あるいは「消費者」に関する概念規定を置いておらず、また「一般消費者の利益」についても定義規定は定められていない。

　本書は、議論の蓄積と関連規定を有するドイツおよび EU の競争法を比較検討と対象とすることにより、子どもを対象とする顧客誘引に対する規律をめぐる法制度の基本的考え方と制度のあり方を明らかにすることを目的としているが、本章ではその考察の前提として、消費者概念、消費者保護および顧客誘引に対する規制ないし規律という論点を俯瞰する法制度である「競争法」という制度そのものに着目することにより、比較法的視座からその概観

を明らかにしたい。

第 1 節　「競争法」の定義

　競争法（Wettbewerbsrecht, Competition Law）という用語は、ドイツにおいて、そしてドイツにおける法制度の研究の影響を受けた EU において用いられることが多い[1]。今日、ドイツ、EU では、「公正な（unlauterer、unfair）競争」の確保を目的とする法制度（例えば、ドイツ不正競争防止法）と「自由な（freier、free）競争」の確保を目的とする法制度（ドイツ競争制限防止法）の 2 つを総称して競争法と呼ぶ場合がある（上位概念（Oberbegriff）としての競争法）[2]。その一方、それぞれの法制度をもって競争法と称する場合もある[3]。
　日本において競争法の用語が使用される機会は必ずしもはなく、伝統的な「経済法」という用語が用いられることが一般的である。この場合、経済法＝独占禁止法として理解されているのが通例である。日本における競争法の用語が「広く市民権を得るには至っていない」[4]ことについて、白石忠志教授は競争法の用語が「多義的であり、論者によっては、内外の独禁法の総称としてではなく、ひとつの国の中で競争政策に関与する諸法令の総称とし

（ 1 ）　1958年の欧州経済共同体条約の発効の前後から、ドイツ（ミュンヒェン）にあるマックスプランク研究所（Max-Planc-Institute）において、同条約に当時加盟していた 6 か国の競争に関する法制度の調和に関する包括的研究が行われたこと、また1965年にはドイツの研究者であるオイケン・ウルマー（*Euken Ulmer*）教授を中心とする各国の不正競争防止法の統一化に向けた研究報告がなされていたことなどから、ドイツにおける法制度と議論が EU における競争法の成立に影響している。*Volker Emmerich*, Unlauter Wettbewerb, 9. Aufl., 2012, S.8. ウルマー報告書は、*Ulmer, Eugen*, Das Recht des unlauteren Wettbewerbs in den Mitgliedataaten der Europäischen Wirtschaftsgemeinschaft, Band I Vergleichende Darstellung mit Vorschlägen zur Rechtangleichung, 1965.

（ 2 ）　*Emmerich,* a.a.O. (Fn. 1), S.1.

（ 3 ）　例えば、*Hefermehl/Köhler/Bornkamm* の共編著書である Wettbewerbsrecht, 24. Aufl.（2006年）は不正競争防止法の代表的コンメンタールであり、*Immenga/Mestmäcker*, Wettbewerbsrecht EG. Teil 1-2, 4. Aufl.（2007年）は EU の独占禁止法のコンメンタールである。他方、不正競争防止法と競争制限防止（独占禁止法）の両方を取り上げる *Fikentscher* の概説書（1983年）のタイトルは Wirtschaftsrecht であり、日本で一般的な「経済法」の名称である。

（ 4 ）　白石忠志『独占禁止法〔第 2 版〕』（有斐閣、2009年） 1 頁。

て、競争促進を目指す事業法や知的財産法などを含めた上で「競争法」と呼ぶ例もある。」と説明されている[5]。また、同教授は、「最近では、独禁法と同様の地位を占める世界各国の法令の総称として」競争法の用語が普及しているとも述べている[6]。競争政策の用語は研究レベルだけではなく、公正取引委員会やその他の経済官庁においても用いられており、また競争政策には公正取引委員会による独占禁止法の運用を内容とする競争秩序の維持を目的とするものや経済産業書や国土交通省などによる産業規制を目的とするもの等[7]、広範な競争に関する政策内容が含まれており、これらの政策を実現するための諸法を「総称」した競争法という用語は、結局のところ、この用語を用いる論者による説明や定義を別途必要とすることから、日本において定着していないものと思われる[8]。

さらに、競争法の用語が日本で定着しにくい点については、実定法の観点から、次の3点が指摘できよう。第一に、ドイツでは、公正競争に関する法制度の形成が先行し、約50年後に自由競争に関する法制度が導入・整備されてきた沿革があり、また前者は民事規律を柱とし、後者は国家規制に基づいているという制度上の違いがあるのに対して、日本の独占禁止法は、同法制定時点において、「公正且つ自由な競争」の促進（1条）を目的として定め、「公正な競争」と「自由な競争」の確保はいずれも国家規制によって実現されるものとされている。したがって、ドイツのように、「公正競争法」と「自由競争法」を総称する「上位概念」としての競争法が特段必要とされなかったのではないかと推察できる。

第二は、日本にも、独占禁止法の制定（1947年）以前から、不正競争防止法（1932年制定）が存在する点である。旧不正競争防止法は1934年に「工業所

---

(5) 白石・前掲注（4）1頁（脚注2）。
(6) 白石忠志『独占禁止法〔第3版〕』（有斐閣、2016年）2頁。
(7) 経済規制法には競争秩序法と産業規制法があり、前者はさらに競争秩序維持法とカルテル容認法に分類されることがある。正田彬『経済法講義』（日本評論社、1999年）48頁。
(8) 日本では競争法ではなく経済法の用語が一般的である。経済法の意味や定義については、独占禁止法と同義であったり、独占禁止法を中心とする法制度として用いられたり、さらに公益事業規制、知的財産法、中小企業保護を含むもの等、様々である。競争法とは何かという問題は経済法に置き換えた場合にも同様に惹起すると思われる。

有権の保護に関するパリ条約の改正ヘーグ条約」の批准に際して整備されたものである。同法は1993年に大改正され、その後数次の改正を経て現在に至る。この「(不正)競争」を法律名称に持つ不正競争防止法を日本の競争法の中に位置付ける立場もあるが[9]、独占禁止法と経済法をほとんど同じものとして捉える多くの文献の立場からは、これら2つの法律を「競争法」という上位概念で捉える必要性や実益は乏しいという意識があるのではないかと推察される。

本稿がこの点について言及するのは、法律の名称は同じであっても、ドイツその他のEU加盟各国の不正競争防止法と日本の法律との間には、法律の機能・役割という点で、すなわち消費者保護を保護法益としているかという点において基本的な相違があるが、この相違の把握を出発点として、消費者の目線から日本における競争法の領域の外延を確定する必要があるとする比較法の視座に由来する。

第三は、いわゆる「消費者法」の領域と競争法の領域の関係がどのように整理され把握されるかという問題意識に起因にする。ドイツ、EUの公正競争法である不正競争防止法が今日「消費者法」の分野の重要な法律と見られる一方、自由競争法である独占禁止法（例えば、ドイツ競争制限防止法）には消費者の保護または消費者利益の確保を意味する条文や文言は目的や法益の中に掲げられていない。このため、ドイツやEUの独占禁止法を消費者法または消費者保護立法として見る見解はほとんど見られない。他方、日本の独占禁止法は「公正且つ自由な競争を促進し」「もつて」「一般消費者の利益を確保」することを法目的として掲げたわが国最初の法律であり[10]、また2009年に消費者庁に移管されるまでは景品表示法を補完立法としてきた経緯がる。とりわけ、本書で取り上げる広告と景品・懸賞付販売に対する規制制度を定める景品表示法については、2009年の法改正によって競争政策の領域から消費者法の領域にシフトしたとの立法担当者の解説があるが[11]、この解説を前提とすれば、独占禁止法および2009年改正以前の景品表示法は消費者

---

(9) 田村善之『競争法の思考形式』(有斐閣、1999年) 1頁、35頁、46頁。
(10) 丹宗暁信＝伊従寛『経済法総論』(青林書院、1999年) 401頁、404頁。
(11) 大元慎二編著『景品表示法〔第5版〕』(商事法務、2017年) 27頁。

法の領域にはなかったとの反対解釈が一応可能となる。「自由な競争」と「公正な競争」の確保および「一般消費者の利益」の確保を保護法益とする日本の独占禁止法が消費者法の領域外に位置付けられるとすれば、日本における競争法と消費者法がいかなる関係にあるかが明らかにされなければならない。すなわち、この問題提起は、本書の考察対象である子どもを典型とする「脆弱な消費者」は、独占禁止法の保護法益である「一般消費者」に含まれるのか、仮に含まれないとした場合に「脆弱な消費者」の権利または利益の保護は「公正且つ自由な競争」の確保とは別の次元において考慮されなければならないのかという論点に至る。

そこで、ドイツおよびEUにおける公正競争法と自由競争法がいかなる沿革の下で成立してきたか、またそれぞれの法制度の保護法益は何かについて、概観することにする。

第2節　競争法の目的——競争の「公正」と「自由」の確保

(1) 「公正競争」保護の沿革

今日、「自由競争」と「公正競争」の二つの保護法益の確保のための法制度——ここでは広く「競争法」と称する——を有する国は多いが、その成り立ちには、自由と公正の共鳴と緊張の関係の中での制定経緯を見ることができる[12]。

産業革命後の19世紀の西欧では、競争と取引についての自由な事業活動が爆発的な経済発展を支えた一方、行き過ぎた自由の代償としての、または過剰な競争の結果としての不誠実な事業活動（誇大広告、不当表示、景品・懸賞付販売の波及などの誤認惹起を誘発する競争・取引手段の横行）や、事業者同士の競争回避（価格一斉引上げ等のカルテル形成）などが多発することとなった。

産業革命を支えていたほとんど唯一のルールは、契約の自由と所有の絶対性を柱とする民法（市民法）であり、かかる事業者の誤認惹起行為やカルテルに対する法的な解決——事後的な救済と新たな立法——を求められた国で

---

[12] *Fritz Rittner*, Wettbewerbs-und Kartellrecht, 6. Aufl., 1999, S.28.

は、事業者の自由（競争の自由）がどこまで容認されるかどうかの判断枠組と自由を制約する法理は何かを示すこととともに、立法による対応の可能性を模索することが求められることとなった。

　フランスでは、事業者のライバルに対する中傷広告が「競争として許された範囲」を超えたものとした判決（1850年）、また商標法の要件に合致しない混同表記を行った事業者の行為が「商業における誠実」に違背するとした判決（1851年）をはじめとして、事業者の競争手段が不法行為（フランス民法1382条違反）に該当するとした裁判例が相次いだ[13]。これらの司法判断は、事業者の事業活動の自由（自由競争）が競争の「公正さ」の観点から制約されることを示したものである。その意味で、「公正競争」概念は、フランス判例法において形成されたといえる[14]。

　ドイツ、オーストリア、スイスでは、当初フランスで形成された「公正競争」概念は異質なものとされていた。特に、ドイツは、「営業の自由（Gewerbefreiheit）」を保障した1871年の営業令（1条1項）が大きな意味を持ち、公正のみならず不公正な事業活動がドイツ全体を席巻することとなった[15]。1894年にドイツでは、商標模倣を禁止する「商標保護法（Gesetz zum Schutz der Warenzeichnung）」を制定されたが、同法による詐欺的な広告（schwindlehafte Reklame）に対する抑止効果は限定的であったため、2年後の1896年に「不公正な競争に対処するための法律」（Gesetz zur Bekämpfung des unlauteren Wettbewerbs、1896年）が制定された。同法は、不正な表示（unrichtigen Angaben）（同法1-4条）、商品の量の偽装、悪質情報の伝達、事業秘密の暴露等の禁止（同法5-10条）等、特定の行為を列挙して禁止するとともに被害者である事業者に違反行為の差止請求と損害賠償請求の権利を認めていたが、同法の目的は「激しい競争の結果として増加した過度の濫用行為」の抑止にあり、「営業の自由」の制約への懸念から公正競争の確保に関する一般条項は置かれなかった[16]。しかしながら、同法についても、不公

---

[13] *Köhler/Bornkamm*, Gesetz gegen unlauterern Wettbewerb, 32. Aufl., S.72. *Axel Beater*, Unlauter Wettbewerb, S.108, S.157.

[14] *Volker Emmerich*, Unlauter Wettbewerb, 9. Aufl., S.2.

[15] *Köhler/Bornkamm*, a.a.O. (Fn. 13), S.29. Beater a.a.O. (Fn 13), S.157.

正な事業活動の「一部を掻い摘んだ法律（kasuistischer Gesetz）」に過ぎないとの批判[17]がなされ、一般条項を有する法律制定に向けた議論がなされることとなった。1909年に1896年法の改正法として制定された不正競争防止法（Gesetz gegen unlauterern Wettbewerb、UWG）は、フランス法の影響を受けつつ、事業活動の公正・不公正の判断基準を「良俗違反（Sittenwidrigkeit）」に求める一般条項（同法1条）を定め、1896年法に規定されていた違反行為類型に該当しない行為については、一般条項に基づく裁判所の判断に委ねる枠組を定めたものである[18]。この1909年法は、2004年に大改正されるまで、ドイツにおける公正競争に関する基本秩序法として位置付けられる。

　イギリスでは、競争事業者による事業活動の侵害を不法行為の問題として捉える判例が蓄積される一方、競争に対する公正・不公正の判断には裁判官は介入しないとの考え方が支配的であったことから、公正競争に関する一般的な判断枠組は形成されなかった。

　このように19世紀から20世紀前半の西欧では、フランスにおける不法行為法の下での「公正競争」に関する判例法の形成、またドイツ、スイス、オーストリアにおける不法行為法の特別法としての公正競争法（Lauterkeitsrecht）といわれる法制度の整備が見られ、事業者の自由な事業活動（自由競争）に対する一定の制約法理として「公正競争」の考え方が民法、特に不法行為法の下で形成されることとなった[19]。

(2)　自由競争の確保――市場競争秩序の形成

　アメリカでは、19世紀中期以降、複数州にまたがる事業者の独占行為やカルテルが顕著となったことから、独占行為やカルテルを禁止し市場経済システムを維持するため、国家が法律をとおして市場を間接的にコントロールする必要性が認識されていた。1890年に制定されたシャーマン法は、事業者の

---

(16)　*Beater* a.a.O. (Fn. 13.), S.290. *Johannes Matz*, Der Regulierung der akzessorischen Wertreklame, 2005, S.38.
(17)　*Adolf Baumbach*, Kommentar zum Wettbewerbsrecht, 1929, S.124.
(18)　*Köhler/Bornkamm*, a.a.O. (Fn. 13), S.38. *Beater,* a.a.O. (Fn. 13), S.117.
(19)　*Rittner,* a.a.O. (Fn. 12), S.6

カルテル（競争制限目的の協定、結合、共謀）の禁止（1条）、事業者の独占行為（及び独占の企図）の禁止（2条）を定め、違反行為者（事業者、従業員等）に対する刑事罰を規定することにより、市場における自由な競争を確保することを目的としている。1914年には、不公正な競争行為を規制する連邦取引委員会法、市場に対する反競争効果をもたらす合併等のM&Aを規制するクレイトン法が制定され、シャーマン法とともに「反トラスト法制度」が整備された。

　このシャーマン法を中心とする反トラスト法をモデルとした自由競争秩序維持法（独占禁止法）が各国に伝播・導入されたのは第二次世界大戦以降である。ドイツでは、第二次世界大戦以前から、経済力濫用防止令（Verordnung gegen Mißbrauch wirtschaftlicher Machtstellung、1923年）の下でカルテルを容認する一方、一定の場合すなわちドイツ国民経済上容認できない影響をもたらす場合には当該カルテルを禁止する方針をとってきたが、1933年にナチス政権の下で強制カルテル法（Zwangskartellgesetz）が制定され、国家の経済政策の中にカルテルが用いられる体制となった。1945年のドイツ敗戦により、占領政策として、戦前の経済体制への反省から、自由競争の確保のための法制度の導入が検討された。1949年の検討委員会が示した法律草案は、「業績競争の確保のための法律案」と、「独占庁に関する法律案」の二本から構成されていた。1947年の占領軍指令として公布されたドイツ経済力過度集中禁止法の時期を経て、1957年[20]に競争制限防止法（Gesetz gegen Wettbewerbsbeschränkungen、GWB）が制定された[21]。GWBは、カルテル契約を禁止の対象としている点、市場支配力の濫用規制や企業集中に対する許可制度を定めているなどの点において、ドイツのそれまでのカルテル立法やアメリカのシャーマン法とは関連付けない法律であり、ドイツで発展・形成されたオル

---

(20) *Rittner*, a.a.O. (Fn. 12), S.123. 舟田正之『不公正な取引方法』（有斐閣、2009年）122頁、鈴木孝之「西ドイツ競争制限禁止法の論理（1）」公正取引384号（1982年）22頁、高橋岩和『競争制限禁止法の成立と構造』（三省堂、1997年）145頁以下。

(21) 法案検討から法律制定までの10年間は、1947年の占領軍指令として公布されたドイツ経済力過度集中禁止法が機能していた。同法は、カルテル・トラスト・シンジケートなどの禁止、再販売価格拘束、ボイコット等の禁止を定めていた。この経済力過度集中禁止法の制定以降、GWBの制定に至る立法過程と背景事情については、高橋・前掲注（20）20頁以下を参照されたい。

ドー自由主義（Ordo-Liberalismus）といわれる経済思想に基づく法制度として位置付けられている。

ドイツでは、競争の自由の確保と競争利益の享受は GWB の下での国家の役割であるとされる一方、公正な競争の確保は UWG に基づく民事規律を基本とする２つの競争法制度が構築され、今日まで維持されている。

(3) 二つの競争の確保と消費者利益

以上で概観したように、消費者政策が国の政策として位置付けられる以前の西欧においては、公正競争の確保に関する判例法と立法の形成が先行し、市場競争秩序の維持の観点に立つ自由競争の確保は、シャーマン法の考え方が第二次大戦後に浸透し定着することとなった。

前者の公正競争の確保は、競争の質（公正）が確保されていること（「いかなる競争か」を問題とする）、また後者の自由競争は、競争が存在すること（「市場に競争があるか否か」を問題とする）をそれぞれ保護の射程に置く[22]（表１）。

また、消費者の視点から二つの競争を整理すると以下の点が指摘できよう。第一に、公正競争の確保は、競争行為を含む事業者の事業活動が他の事業者——競争業者や取引業者——の事業活動や利益を侵害するかどうかの判断基準を「公正」に求めるものであり、その訴権者は事業者または事業者団体である。個々の消費者にはこの訴権は認められていない（ドイツでは1965年に消費者団体に差止請求権が、また2008年に利益剥奪請求権が付与された）。したがって、事業者や事業者団体が、商品選択の場面における消費者の自由で適正な意思決定に影響を及ぼす誇大広告や景品・懸賞付販売を行う事業活動に対して差止や損害賠償を請求し、裁判所がこれに対して実定法または判例法に基づき不公正（違法）との判断を行えば、これにより当該事業活動は中止に至り、かかる事業活動により消費者の自由で適正な判断に対する危険は除去されることになる。その意味で、立法または判例法における公正競争の確保は、事業活動に対する民事的規律をとおして、間接的に消費者の利益を保護するものといえる。

---

[22] *Tobias Lettl*, Wettbewerbsrecht, 2009, S.20.

【表1】 UWGとGWBの特徴

不正競争防止法（UWG）	競争制限防止法（GWB）
〔保護法益／対象〕 ・A説 　公正な競争（lauter Wettbewerb）　←→ ・B説 　競争における事業者の行為　←→ (Verhalten im Wettbewerb "wie") 競争の場においてどのような行為が行われるか	〔保護法益／対象〕 ・自由な競争（freier Wettbwerb） ・競争の成立・確保 (Bestehen von Wettbewerb "ob") 　競争が生起するかどうか 　市場の競争が維持されるかどうか
―民事請求が中心 ①差止請求権（8条、現実の差止請求、予防的妨害排除請求）、 　・訴権者 全ての競業者、団体、適格消費者団体、各種商工会議所等 　・損害賠償請求権（9条） 　競業者のみ ②利益剥奪請求権（10条　※2004年改正） 　適格消費者団体のみ ―刑事責任 （誤認惹起表示、連鎖販売を行った者に対して2年以下の自由刑又は罰金……16条、企業秘密等漏洩を行った者に対して3年以下又は罰金……17条）、金型等不正使用（2年以下又は罰金……18条）、情報漏えい教唆・ほう助（2年以下又は罰金……19条）	―行政規制（カルテル庁）が中心 ②利益剥奪請求権（34条……カルテル庁、34a条……適格消費者団体） ―秩序罰

出典：*Tobias Lettl*, Wettbewerbsrecht, C.H.Beck, 2009, S.24の図を参考に著者が加筆の上、作成した。

　第二に、市場において展開される自由な競争は、消費者を含む全ての市場参加者に「競争の利益」をもたらす一つのシステムであり、このシステムは、当事者による訴訟をまって確保できる性質のものではない。したがって、自由競争確保の担い手は国家であること、また国家が直接市場に介入するのではなく、法律をとおして市場競争を制限又は排除する事業者や事業者団体の行為を規制することによって市場経済システムを維持することが求められる。アメリカ合衆国のシャーマン法を中心とする反トラスト法は、まさに市場において自由な競争が存在し、維持されることの必要性を示したものである。

このように、競争法——公正競争と自由競争の確保——は、消費者の個別の利益ではなく、競争を通じてもたらされる消費者全体の利益を保護することを、その機能の一部としているといえよう。

第3節　競争法の射程と消費者保護

(1) 競争法と消費者問題

前述のように、競争法は、消費者利益の保護のために一定の役割を果たしてきたが、20世紀中期以降、商品・サービス自体の技術革新や新たな取引方法の出現等によって、市場の競争や取引の変化することとなり、それに伴い、価格、消費者契約・取引、安全確保から環境など消費生活に関わる様々な問題が「消費者問題」というかたちで現われ、これに対して組織化した消費者団体を中心とした消費者運動が隆盛を見せることとなった。自由競争と公正競争の確保というこれまでの競争法の機能だけでは対応することが困難な問題領域が存在する事実と、これに対処するために消費者と消費生活の保護を直接の目的とした政策の必要性は共通の認識となり、各国において消費者政策が次第に展開されていくこととなった。

アメリカでは、反トラスト法制度の下で市場競争の確保が図られていたが、1960年前後から消費者運動が高まり、同法制度のより積極的な運用が求められた。特に、1962年のケネディ大統領の「大統領特別教書」が4つの「消費者の権利」（本書第4章）を宣言したことが、消費者重視の競争政策の展開をいっそう進めることとなった[23]。

そこで、競争法と消費者政策の関係について、EUとドイツの公正競争の確保を目的とする法制度について例に整理を進める。

(2) EUにおける公正競争法と消費者保護

EUでは、ドイツを始めとする大陸諸国の沿革とは異なり、「公正競争」

---

[23] 正田彬編著『アメリカ・EU独占禁止法と国際比較』（三省堂、1996年）4頁以下（金井貴嗣執筆部分）。

よりも「自由競争」に関する立法が先行した。「自由競争」のためのルールは、1957年の欧州経済共同体（EEC）条約——カルテルの禁止（同条約85条）と市場支配力の濫用（同86条）——当初から導入され、1993年のマーストリヒト条約を経て、2010年のリスボン条約（欧州機能条約、AEUV）に受け継がれている（AEUV101条、102条以下）。公正競争に関するルールについては、1960年代に加盟各国に共通する公正競争概念の統一化に向けた試みがなされたものの統一化には至らず、各国の規律に委ねられていた[24]。

その一方で、1970年代に入ってEUは、消費者保護政策（Verbraucheschutzpolitik）に目を向けるようになった。1972年の欧州閣僚理事会において消費者保護の必要性が確認され、1975年には一貫性のある効果的な消費者保護政策を共通認識とした最初の「消費者政策戦略予備プログラム」が採択された。予備プログラムは、加盟国間の商品・サービスの移動の自由化と共通市場の拡大に伴って生じた事業者と消費者との間の力のアンバランスやカルテル等の競争制限の問題の解決は経済政策、契約、競争といったそれぞれの側面的アプローチでは解決できないとの認識に基づき、独立した消費者政策の必要性を示したものであった。同プログラムは、このような共同体市場における消費者環境を踏まえて、共同体政策全般における消費者の保護を提案するとともに、消費者政策が「消費者の権利」に基づくことを示した点に特徴がある[25]。

この後、3～5年程度を期間とする消費者計画が立案されて施策が展開されていくこととなったが、1993年のマーストリヒト条約において初めて消費者保護に関する独立した条文が定められ[26]、それに伴い、従来EU競争当局に置かれていた消費者政策担当セクションが消費者政策総局に格上げされ

---

(24) Ulmer, a.a.O. (Fn. 1), S.231.
(25) 提案された「消費者の権利」は、1）消費者の健康と安全の保護についての権利、2）消費者の経済的利益の保護についての権利、3）救済の権利、4）消費者のための情報と教育についての権利、5）意見を表明する権利（聞いてもらう権利）、の5つの権利である。これらを世界で最初に主唱されたケネディ大統領特別教書（1962年）の「消費者の権利」——「安全の権利」「知る権利」「選択する権利」（及び政府規制分野における公正な価格の保障の権利）」「聞いてもらう権利」——の4つの権利と比較すると、予備プログラムには「選択する権利」がない一方で、大統領教書には見られない「消費者の経済的利益の保護」「救済」および「消費者のための教育」に関する権利が置かれていることがわかる。

た。さらに1999年のアムステルダム条約では、マーストリヒト条約と同様に「消費者保護の高い水準の達成」の目標が掲げられたが、さらに、条約として初めて「消費者の権利」——情報の権利、消費者教育の権利、消費者が組織化する権利——が明文化された（153条）。この政策目標と権利規定は、2010年のリスボン条約（169条）に継承されている。

EUの競争法と消費者政策の関係については、以下の特徴が指摘できる。

第一に、EU創設の目的の一つはEU域内の共通市場の設立であり、この目的のため、前記の競争に関する条約（AEUV101条、102条以下）のほか、域内における「商品流通の自由（Warenverkehrsfreiheit）」（同34条）と「サービスの自由（Dienstleistungsfreiheit）」（同56条）を定めている[27]。また、「消費者保護」（同169条）も、この単一の共通市場の実現のための個別政策の一つである[28]。

第二に、このEU共通市場の創設と活性化のためには、積極的な競争政策が必要であり、競争法の整備が不可欠である。そのため、自由競争については、共同体が排他的権限を行使することによって確保されることを条約（一次法）で明記し、公正競争については、消費者保護政策の一つとして位置付けられ、指令（二次法）として各国法のハーモナイゼーションを実現することとされた。1976年から現在に至るまで、消費者取引や製品安全に関して、個別の商品やサービスについて20を超える指令が出されており、さらに2005年には消費者取引（B to C 取引）を対象とした一般法的な性格を持つ「不公正取引慣行指令（以下、「2005年EU指令」という。）」が制定され、2008年を期限として加盟各国が同指令に適合した各国の公正競争法が整備された現状にある。

第三に、一次法で定められた「商品流通の自由」「サービスの自由」は、

---

(26) 同条約では「消費者保護の高い水準の達成」（129a条1項）が条文に盛り込まれ、そのための施策として「消費者の健康、安全および経済的利益の保護」と「十分な情報の提供」が定められている（同項(b)）。

(27) *Axel Nordemann/Jan Bernd Nordemann/Anke Nordemann-Schiffel*, Wettbewerbsrecht Markenrecht. 11. aufl., 2012, S.37.

(28) EUの基本理念・目的と諸政策について体系的整理がされた文献として、中西優美子『EU法』〔新世社法学叢書17〕（新世社、2012年）がある。

域内市場における市場の自由（Marktfreiheit）であり、国境を超えた自由として確保されるものであり、したがって各国の公正競争法と、この市場の自由が衝突する可能性がある[29]。各国の公正競争法による市場の自由に対する制約と介入がどの程度認められるかについては、欧州裁判所（EuGH）による判例形成が重要な役割を果たしている。判例上、国内法の規制が、商品・サービスに関するものである場合には、条約の市場の自由が優先し、販売の態様に関するものである場合には、当該規制が(i)当該国の全ての事業参加者に適用されており、かつ(ii)当該国の商品の販売と他の加盟国の商品の販売に法律上・事実上同程度関連していること、を充たす場合には当該国の公正競争ルールが有効とされる、とする判断基準が見られる。この判例の考え方は、国内法が公正競争に関する規制のみならず、安全規制等の消費者保護に関する規制についても同様に当てはまる。その意味で、「公正競争」や「消費者保護」に関する国内ルールは、市場の自由に対する制約の正当化事由（Rechtfertigungsgründe）としての意味を持つということができる[30]。

第四に、この2005年 EU 指令は、保護の対象となる消費者として「平均的な消費者（適切に情報が付与され、合理的に注意深くかつ理性的な消費者）」と「特別な消費者（又は脆弱な消費者）」という二つの消費者の集合があるとしている点である（第3章参照）[31]。後者の典型として「子ども」が例示されているが、判断能力が十分とはいえない消費者等が含まれる。その上で、同指令は、「不公正」の定義規定を置き、事業活動が不公正（unlauter）であるとは、「事業活動が、(a) 職業上の注意義務に反していること、かつ、(b) 商品に関連して、平均的な消費者の経済活動に対して実質的に影響する又は実質的に影響することとなる場合」（同指令3条）であると定めている[32]。

---

(29) Lettl, a.a.O. (Fn. 22), S.4.
(30) Lettl, a.a.O. (Fn. 22), S.6.
(31) この「平均的」「脆弱性」は統計的になデータに基づいて判断されるものではないとされる（不公正取引指令「前文」(18)パラグラフ）。この点については第3章を参照されたい。
(32) この定義については、それまで各国の判例法や立法の「公正」の判断基準（例えばドイツの場合は「良俗違反」）とは異なった「公正」概念であるとする見方や、司法判断基準としての妥当性の観点から疑問が提起されているほか、事業者サイドからも判断基準の明確さを欠くことへの危惧が示されている。なお、同指令3条の訳出については、本書第3章第3節脚注(32)を参照されたい。

第五に、EU 消費者政策は、「消費者の利益」と「消費者の権利」の保護を基礎として展開されてきたとともに、近年の消費者基本計画（「2007-2013」及び「2014-2020」）では、消費者のエンパワー（empowering consumer）を政策目標に掲げている点である。消費者のエンパワーメントは、「消費者の権利」の問題であるとともに、権利を行使し利益を獲得する環境を構築すること（「2014-2020」）である。市場の透明性と市場への信頼を確保するとともに、商品・サービスの安全が確保され、教育・情報・市場への知見が消費者に提供されること、各国行政による「消費者の権利」行使のための支援と消費者団体の協力が、消費者のエンパワーメントを効果的に行う前提条件であるとしている。

　本章では、競争法が消費者利益の確保に一定の役割を果たしてきた西欧の沿革と、その役割が現在にも継承されてきていることについて見てきた。自由競争の確保については共同体と国家による規制が、公正競争の確保については各国不正競争防止法や EU 指令といった規律が定められているが、これらは事業者規制型の政策を通じた消費者利益の保護の一つのあり方といえる。競争法の規律を通じた政策のみでは対応できない消費者や消費生活に対する不利益やリスクに対しては、安全規制や環境規制といった競争確保の観点以外からの事業者規制が必要される。さらに、EU においては、「消費者保護の高い水準」（AEUV169条）の確保の目的の下、消費者が自ら有する権利を行使するための基盤整備のための政策（非規制型政策）が比重を増している。こうした EU の競争法と消費者政策の展開は、消費者利益と「消費者の権利」の保護と、消費者の権利行使に向けた支援が、共同体と国家の政策の中で両立することを示している。しかしながら、消費者保護が、EU 共通市場における「商品流通の自由」「サービスの自由」の保護との比較衡量において判断されるという欧州裁判所の判決例が少なくなく、特に、広告や景品・懸賞付販売をめぐる事案に対する判断に際して用いられる「平均的な消費者」にとっての合理性が、消費者保護の基準として妥当かどうかについては疑問や批判的な見方がある。

(3) ドイツの競争法の沿革と公正競争法における消費者保護

19世紀から「営業の自由」の保障と事業活動の「公正」の確保の衝突の中で惹起する事業者間の問題に対して、不法行為責任の問題として——すなわちB2Bの問題として——差止めや損害賠償をめぐる判例を蓄積してきたのがドイツをはじめとする欧州の国々である。

20世紀初頭に、ドイツにおいて不正競争防止法（UWG）が制定され（1909年）、同法の下で広告が「公正競争」の確保という保護法益の下で規律されることとなり、また景品・懸賞付販売については不正競争防止法の規律の対象とするか否かの長い論争の結果、同法とは別に立法された景品令（ZugabeVO、1932年）の下で原則禁止する規律が定められるという経緯の中で、ドイツでは事業者の顧客誘引が、「民事法としての競争法」の射程に置かれるという法の枠組みが20世紀前半に形成された。不正競争防止法、景品令は、いずれも差止請求と損害賠償請求を基本とする民事法である。ドイツのかかる立法動向はオーストリア、スイスなど他の欧州諸国にも同様の規律の形成を促す契機となった。

第二次世界大戦後に、アメリカ合衆国のシャーマン法制度（反トラスト法制度）の影響を受けて、「自由競争」の確保を目的とするドイツ競争制限防止法（GWB）が1957年に制定されたが、同法はドイツ連邦カルテル庁を競争当局とする行政規制法である。ドイツの競争法（Wettbewerbsrecht）は、民事規制を中心とする不正競争防止法——公正法（Lauterkeitsrecht）といわれることがある——と国家規制を中心とする競争制限防止法——カルテル法（Kartellgesetz）といわれることがある——を2本の柱とする法制度として構築されて現在に至る。

ドイツの2つの競争法のうち、消費者保護法としての役割は、不正競争防止法が担っている。事業者による広告や景品・懸賞付販売をめぐる消費者団体による差止請求訴訟が積み重ねられていく中で、2004年の不正競争防止法の改正によって、同法は消費者保護（Verbraucherschutz）を「本法の目的」として明記し、その役割を明確にしている。この法改正は、EUにおける消費者保護の強化政策に対応したものである。

しかしながら、ドイツを始めとする加盟国にとって、国境を越えた事案に

ついては、国内での司法判断に先立ち欧州裁判所に対して「先決」を求めることが少なくなく、前述のとおり、EUにおける消費者保護が「商品流通の自由」「サービスの自由」の保護との比較衡量において判断されるという欧州裁判所の判決例の影響を受けることから、EU指令に基づく消費者保護の法制度の調和と平準化が、それ以前の国内法での判例解釈と整合しない場合もあり、国内法の改正の必要性が生じる場合もある（この例として第3章第3節を参照されたい）。

第4節　日本における競争を保護法益とする法制度

ドイツおよびEUにおける不正競争防止法（公正競争法）と独占禁止法（自由競争法）の沿革と関係について、また公正競争法が消費者保護法としての機能と役割を持ち合わせている現在の状況について概観したが、ここでは日本の制度について、はじめに競争を保護法益とする2つの法律――不正競争防止法と独占禁止法――の関係について、また独占禁止法と消費者法の関係について整理する。

(1) 不正競争防止法と独占禁止法の関係について

1932年に制定された不正競争防止法（旧法）は、「営業上ノ利益ヲ害セラルル虞アル者ハ其ノ行為ヲ止ムベキコトヲ請求スルコトヲ得」（第1条1文）とされ、具体的な営業上の利益の侵害に該当する行為が列挙されるかたちで条文が構成されていた。不正競争防止法は1993年に大改正されており、1条には法律の「目的」規定が置かれた。現在の不正競争防止法（現行法）の1条は、

> 「この法律は、事業者間の公正な競争およびこれに関する国際約束の的確な実施を確保するため、不正競争の防止及び不正競争に係る損害賠償に関する措置を講じ、もって国民経済の健全な発展に寄与することを目的とする。」

と規定している。また、第2条は、「この法律において「不正競争」とは次に掲げるものをいう。」として、同条1項に具体的な行為が掲げられてい

る。不正競争防止法の目的について、同法の主務官庁である経済産業省は、

> 「独占禁止法は、カルテル、私的独占等の自由競争を制限する行為を禁止するとともに、公正な競争を阻害する行為を不公正な取引方法として禁止し、もって、『公正且つ自由な』競争秩序の維持をはかることを目的とするものである。これに対し、本法は、『公正な』競争の促進を図るものである。」

と説明している[33]。その上で、独占禁止法が行政規制を中心としているのに対して、不正競争防止法は「公益に対する侵害の程度が高いものについては刑事罰の対象とするとともに、私益の侵害にとどまるものについては事業者間の差止請求、損害賠償請求等の民事的請求に任せるものである。」と述べて、2つの法律の執行力の差異を説明している。

不正競争防止法は、旧法、現行法のいずれについても、個別具体的な不正競争の行為又は類型を列挙して「不正競争」の内容を明らかにしているが、「不正(競争)」についての定義を有していない。旧法、現行法も私益を侵害されるおそれがある者に差止請求権および損害賠償請求権を認めていることから、「不正」の意味内容は事業者の営業上の利益の侵害と見ることができる。その一方で、経済産業省の現行法にかかる上記説明では、不正競争防止法の目的が「公正な競争」の促進を図ることにあるとされている。独占禁止法には「公正な競争」の定義はなく、不公正な取引方法の違法基準である「公正な競争を阻害するおそれ(公正競争阻害性)」の立法説明および学説において、「公正な競争」の意味内容が示されている。通説では、「公正な競争」には、①自由な競争、②公正な手段に基づく競争(能率競争ともいわれる)、③自由競争基盤が確保されていること、の3つの類型があるとされている。したがって、公正競争阻害性とは、①自由競争の減殺、②不公正な競争手段に基づく競争(能率競争の侵害)、③自由競争基盤の侵害の3つを指す。不正競争防止法の保護法益である「公正な競争」が、独占禁止法の「公正な競争」の3つの類型のいずれに該当するのか、または3つ全部を包摂したものを意

---

[33] 経済産業省知的財産政策室編『逐条解説不正競争防止法——平成27年度版——』(商事法務、2016年) 32頁。

味するのかという議論は、独占禁止法の立場においてなされることは少ない[34]。

　また、2つの法律は、競争侵害に対して、国家規制という執行力を有する点で共通する。独占禁止法は、公正取引委員会による行政処分（排除措置命令）と、カルテル、私的独占および事業者団体の行為に対する刑事罰規定（公正取引委員会による検事総長に対する専属告発を前提とする）を定めており、また不正競争防止法もまた刑事罰を定めている。しかしながら、独占禁止法の不公正な取引方法には刑事罰はない点で両者には違いがある。

　さらに、不正競争防止法は「私益の侵害」にとどまるものについては差止請求と損害賠償請求を定めているが、独占禁止法は不公正な取引方法についてのみ差止請求が認められており（独占禁止法24条）、損害賠償請求は不公正な取引方法を含む独占禁止法違反行為を対象としている（同法25条）。

　2つの法律の目的と規制対象については、不正競争防止法は「emulationに相当する個別の競い合いの関係から出発」するのに対して、独占禁止法は「competitionに相当する市場における競争を守ることから出発する」とする見解[35]、不正競争防止法は「市場参加者が自己の利益を自ら擁護するための法律」であるのに対して独占禁止法の不公正な取引方法は「市場参加者の地位の侵害を全体としての市場の観点を含めて行政権が競争秩序の破壊として捉えなおして介入するための法」であるが、両者は「多少指導理念を異にしながら共存することによって相互に補強」しあう関係であるとする見解[36]、私法としての不正競争防止法と公法としての独占禁止法はともに競争秩序に関する法制度である点で共通し、その執行力の面での違いはあるものの、「独占禁止法のみを取り上げて競争法を体系化することは、今や実態

---

[34] 公正競争阻害性の3類型説ではなく、2類型説に基づく学説はある。これによると、不公正な取引方法には「不当需要喚起行為」と「競争減殺行為」があり、前者は「偽装行為」と「その他の行為」に分けられる。この「偽装行為」に該当する品質等の欺罔行為に対しては不正競争防止法による規律が併存すると説明されている。田村善之『不正競争防止法概説』（有斐閣、1994年）274頁。

[35] 鈴木孝之「不正競争防止法と独占禁止法の交錯」白鷗大学法科大学院紀要第6号（2012年）28頁。

[36] 満田重昭『不正競業法の研究』（発明協会、1985年）55頁。

に即しない」とする見解[37]などがある。

　以上のとおり、日本の不正競争防止法は、事業者間の事業活動において惹起する競争上の問題を規律対象としているが、事業者——消費者の間の取引の「公正」を保護法益を対象としていない。したがって、本論文では、ドイツ・EUにおける競争法概念との比較を前提とした場合、日本の独占禁止法と不正競争防止法は「競争法」という上位概念に包摂されると捉えることができるとの立場を示した上で、今日のドイツ不正競争防止法（UWG）が消費者取引を規律の対象としている点が、日本の不正競争防止法とドイツの不正競争防止法の相違であることを指摘しておきたい。すなわち、この相違は、広告に対する規制と規律の観点からは、ドイツUWGが一般法的な位置付けにあるのに対して、日本の場合は、消費者を対象とする広告については独占禁止法と景品表示法が、また事業者間の広告・表示については不正競争防止法が根拠法となること、また2017年の「クロレラチラシ配付事件」最高裁判決（2017年1月24日民集第71巻1号1頁）によって広告が消費者契約法の「勧誘」に該当する考え方が示されたことなど、これらの法律が「健全な市場の形成を共通の目的」としつつ、「その目的を異にすることから、それらの要件と効果が体系的に整序されていない」状況として理解することができよう[38]。

(2)　日本の独占禁止法と消費者法——両者の接点と問題解決アプローチの相違

　契約締結に至る過程において行われる広告や景品・懸賞付販売が消費者の商品・サービスの選択を歪めるおそれがある場合には、広告や景品・懸賞付販売を「事業者の行為」として、市場における公正かつ自由な競争秩序の観点から規律——日本の場合は国家の行政規制——することが、消費者の合理的で適正な選択を確保する上で重要な意味を持ち、かかる消費者の選択の歪みの惹起に対する予防効果をも持つことになる。

---

(37)　金井重彦＝山口三恵子＝小倉秀夫編著『不正競争防止法コンメンタール』（レクシスネクシスジャパン、2004年）4頁（金井重彦執筆）。
(38)　中田邦博「日本における広告規制の概要—消費者法の観点から—」現代消費者法 No.32（民事法研究会、2016年）12頁。

独占禁止法は公正かつ自由な競争の確保を通じて一般消費者の利益の保護することを日本で最初に保護法益に掲げた法律であり、日本の市場経済の基本原則を定めた法典である。同法は、私的独占、カルテル・入札談合、企業集中といった市場における競争の実質的制限を惹起する事業者や事業者団体の行為や結合を規制するとともに、市場をかたちづくる個々の取引の場面における公正な競争を阻害するおそそれのある事業者の行為を規制するための法制度を定めている。顧客誘引の態様として、インターネットや雑誌媒体の広告、景品・懸賞付販売などがあるが、かかる典型的顧客誘引に対する一般法的な事後規制制度（不当な顧客誘引取引に対する規制）が最初に定められた法律が独占禁止法（不公正な取引方法）である。

　独占禁止法による不当な顧客誘引規制のうち、景品・懸賞付販売に対する規制は、同法制定から数年間、事業者向け（B to B）の景品・懸賞付販売の事案について発動され、消費者向けの事案についての適用事例は少なかった。高度経済成長期に消費者向けの景品・懸賞付販売が隆盛したが、公正取引委員会による法適用は積極的とはいえなった。また、広告・表示に対する不当な顧客誘引規制の適用事例は、皆無に等しい状況であった。1960年の「ニセ牛缶事件」を契機に、独占禁止法による消費者向けの景品・懸賞付販売や広告・表示に対する法適用の低調を補完する目的で1962年に制定された景品表示法は独占禁止法の特例法として位置付けられた。景品表示法は、2009年に運用機関が消費者庁に移管され、同時に一部の法改正も行われたことにより競争法の領域から消費者法の領域に位置付けが変更されたが、同法の沿革から、また移管後の運用面においても競争法との密接な関係性を有している[39]。

　上述のとおり、独占禁止法の不当な顧客誘引規制の適用事例は少ないが、その一例としてマルチ商法に対する適用事例がある[40]。日本に広まりつつあったマルチ商法に対して、公正競争阻害性の観点から独占禁止法が適用された最初の事案となったが、その翌年（1976年）に訪問販売法が制定され、

---

[39] 消費者庁への移管の前後において、景品表示法の適用範囲は変わらないとする立法担当者の考え方について、本書第10章第4節を参照されたい
[40] 「ホリディ・マジック事件」公取委勧告審決（1975年6月13日審決集22巻11頁）。

マルチ商法に対する規制制度が盛り込まれた。訪問販売法は2001年に特定商取引法に名称変更されたが、消費者法の中心立法である同法が規制の射程に置くマルチ商法が、独占禁止法の適用対象であったということから、消費者法領域と独占禁止法を中核とする競争法の領域は明確に区分される関係ではなく、顧客誘引に関わる問題が独占禁止法と消費者法の接点となる領域であるといえる。また、同時に、顧客誘引の問題について、独占禁止法が不公正な取引方法に対する差止請求制度を定めているものの、消費者による請求事例がないことから、独占禁止法は行政規制、民事消費者法は民事規律によるアプローチが中心であると整理することができる。

第5節 「競争法」の捉え方──ドイツ・EUと日本の異同について

本章では、ドイツおよびEUにおける「公正な競争」と「自由な競争」を確保するそれぞれの法律を形成過程と、前者の法制度が消費者法としての役割を担っている現在の法制度の現状を概観してきた。日本の「競争法」の中心となる独占禁止法は、「公正な競争」と「自由な競争」を促進すること、および「一般消費者の利益」を確保することという二つの目的を定めている。また、日本の不正競争防止法とドイツの不正競争防止法（UWG）は、今日のドイツUWGが消費者保護法の機能を併せ持つという点において、両者には違いがある。

「自由な競争」の確保は、ドイツでは連邦カルテル庁、EUでは欧州委員会の規制（行政規制）によって行われている一方、「公正な競争」の確保は、ドイツでは民事法の規律（差止請求と損害賠償請求）を基本としており、EUレベルでは各種指令に基づき加盟各国が国内法を整備することによりEU域内における調和が図られている。日本の場合、公正取引委員会の行政規制は、「自由な競争」と「公正な競争」の両方に及ぶ。2000年の独占禁止法の改正によって、差止請求制度（同法24条）が導入され、差止請求の対象は不公正な取引方法（同法2条9項各号）に限定されている。このことから、独占禁止法は、行政規制のみならず民事規律によっても公正な競争の確保を図る仕組みが備わったことになり、制度の外観上、ドイツやEUよりも手厚い制度を

有している、という見方も一応可能となる。

　それでは、日本の競争法——独占禁止法、景品表示法——は消費者保護の面で十分な機能を果たしているといえるのであろうか。本書のテーマである「脆弱な消費者」の保護は、EUとドイツにおける法律と判例を通じて法理となるものが形成されてきている（この点については、次章で検討する）。日本では、消費者基本法2条2項が定める「消費者の年齢その他の特性への配慮」の規定が存在する。独占禁止法（および景品表示法）は、この規定の趣旨をどのようなかたちで取り込んでいるか、また公正取引委員会と消費者庁はその趣旨に基づく法の運用と政策遂行を行っているかどうかが、日本の競争法が有する消費者保護機能を明らかにする手がかりとなる。

　次章では、競争法における消費者概念に焦点を当てて、この問題についての考察を続けたい。

第3章　競争法における消費者概念
―― 「脆弱な消費者」と「平均的な消費者」

第1節　本章の視点――多様な消費者と法律における消費者概念

　子どもを対象とする顧客誘引に対する規制のあり方を考察する上で、まず「消費者とは何か」について整理することが入口となる。この問いかけへの回答の一つは、実定法に定められている「消費者の定義」である。この消費者の法律上の定義から、定義規定を定めている法律における消費者の当事者性は一応把握することはできる。ところで、ドイツ、EUにおいては、「消費者の定義」が法律や指令の中に置かれるようになったのは、21世紀に入ってからであるが、定義規定が定められる以前から、「消費者とは何か」という問題は、競争法、消費者法の領域で重要な考察に対象とされてきている。この問題は、一般に「消費者概念（Verbraucherbegriff）」といわれる。

　また、「消費者概念」は、「消費者の権利」との関係で取り上げられることがある。ケネディ大統領が1962年に発した「消費者の権利」に関する大統領特別教書は、「私たちは全て消費者である。(Consumers by definition include us all.)」で始まるが、この一文は、消費者の法的な定義としての意味を有してはいないが、現代社会に生きる者全てが消費者であることを述べたものであり、一つの消費者の捉え方ということができる。

　本章では、「消費者概念」について、ドイツとEUにおける考え方を手がかりとして検討する（「消費者の権利」については次章で検討する）。考察の始めに実定法の「消費者の定義」についての検討を行い、その後に「消費者概念」の考察を行いたい。

第2節 ドイツ競争法（公正競争法）と EU 指令の消費者の「定義」

EU においては、「自由な競争」の確保については、EU 条約（現リスボン条約では101条以下）に定めが置かれており、EU 競争委員会が違反行為に対して直接権限を行使する制度が採られている一方、「公正な競争」の確保については、同条約の二次法としての性格を有する指令（Richtlinie）に委ねられている[1]。2005年の EU 不公正取引慣行指令は、広告を含む事業者－消費者の間の公正取引の確保に関する二次法として制定されたものである[2]。

(1) ドイツ不正競争防止法における消費者の「定義」

ドイツにおいて消費者保護の必要性が認識されていたのは19世紀中期であり、消費者の保護を目的とする立法をめぐる議論は20世紀に入り活発となった。この間、消費者を当事者とする裁判例が蓄積されてきた。しかしながら、市民法として19世紀末に制定され1900年に施行されたドイツ民法（BGB）の中に消費者の定義が置かれたのは21世紀初頭（2002年）であり、またドイツ競争法に消費者の法律上の定義が設けられたのは2年後の2004年のドイツ不正競争防止法（UWG）改正時である。

---

(1) 二次法のうち、加盟国に対する拘束力を有するものとしては、規則（Regelung）、指令、決定（Beschluss）がある。規則は、採択されると各国に直接適用されるものである。指令は、それ自体直接適用されるものではないが、指令採択の後、加盟国は指令に対応した国内法の整備を一定の期限内に求められる。決定は、一部の加盟国ないし関係者に対して適用されるものである。EU 法の仕組みの解説として、中西優美『EU 法』（新世社、2012年）がある。

(2) 公正競争法の EU レベルでの一本化の最初の試みは1965年に遡る。当時の EEC 委員会からの付託を受け、オイゲン・ウルマー（Eugen Ulmer）を中心とした検討部会が設置され、各国の公正競争概念の統一化試案が公表されたが、その後同試案に基づく公正競争に関する一般条項化には至らず、事業者－消費者間の取引（BtoC）に関してその都度問題となった個別の分野毎に二次法レベルでルール化するという方向に向かうこととなった。Ulmer 案が各国の国内法の存置を前提としつつ、表示、広告、景品などの部分領域における共通化を前提としていたことが、見送られた一つの要因であるとする見方もあるが、結果として、共同体レベルでの公正競争に関する基本ルール導入の失敗と二次法による複数の個別ルールの乱立という事態に至ることになった。
Eugen Ulmer, Die vergleichende Darstellung, 1965.

第3章　競争法における消費者概念　73

　消費者の法律上の定義が21世紀まで持ち越された背景には、ドイツにおける消費者像として説明される消費者の基本的性格が統一的に捉えられる機会が1990年代に至るまでもたらされなかった点にある。すなわち、一つの法律概念として定義する上で、消費者をめぐる問題領域が広く、その外延が明確ではなかったこと、EUにおける消費者政策の高まりが見られる中でドイツにおける従来から定着した消費者像に基づいて法概念化を図ることには困難が伴っていたこと、また一つの定義規定を出発点として消費者保護のための法律や政策が展開していく中で、保護され利益を確保される消費者が存在する一方、それらの適用範囲の外に置かれる消費者を法律の中でどのように位置付けるかの一致点が見出しにくかったことなどが挙げられる[3]。

　不正競争防止法の「消費者の定義」（同法2条2項）は、BGB13条を準用する旨を定めている。ドイツ民法（BGB）13条の規定は以下のとおりである。

　　「消費者とは、事業上の活動および自立した職業上の活動ではない目的のために法律行為を締結する（abschließt）自然人である。」

　ドイツ民法は、消費者を「自然人」であると定めている。この消費者の定義は、事業者概念との対比による定義であり、「事業上の……ではない目的のために」という規定の仕方から「消極的定義」といわれることがある[4]。条文中の「自立した職業上の活動」は、自営業（Freiberufer）を指す[5]。

　この「消費者の定義」は、BGBに定められている事業者と消費者の間で締結される契約（Verbraucherverträge）のための規定であり、条文上「締結」の用語が用いられている。この定義規定が、不正競争防止法に準用されていることについては、「締結する自然人」とされていることから、民法の契約型定義が「事業者と消費者の間の取引」を規律する競争法の定義として持ち込まれることは、適切ではないとする批判的がある[6]。

---

(3)　*Schmoeckel/Rckert/Zimmermamm*, Kommentar zum BGB, 2003, S.221ff, 228.
(4)　*Tobias Lettl*, Der Schutz der Verbraucher nach der UWG-Reform, 2004, S.451.
(5)　*Helmut Köhler*, BGB Allgemeiner Teil, 2003, S.11.
(6)　*Lettl*, a.a.O. (Fn. 4), S.451.

(2) ドイツ競争制限防止法の場合

ドイツ競争制限防止法（GWB）は、消費者の定義規定を置いていない。同法における「消費者」は、大規模事業者から個人商人（Groß- und Einzelhändler）、そして最終消費者（Endverbracher）の全てが含まれるとされており、自然人である消費者には限定されることのない広義の消費者概念が示されている[7]。

(3) EU 指令（2005年不公正取引慣行指令）における消費者の「定義」

同指令2条a項は、以下のとおり定める。

> 「本指令における消費者とは、本指令における商取引において、事業、手工業または専門的職業活動としての目的以外の目的で取引行為を行う（handelt）自然人である。」

同指令も消費者が「自然人」であるとする。また、事業者との関係で消費者を定義している点は前記・不正競争防止法の定義と同じである。不正競争防止法と異なる第一点は、自営業者に関する文言がないことである。この点については、本指令において消費者と対比される「事業者」の捉え方は、不正競争防止法の方が包括的な定義の仕方であるとする見解がある[8]。自営業者が本指令の消費者に該当するかどうかについては、その自営業者が職業を離れた個人の立場で取引を行うかどうか（例えば、旅行契約をする場合には、本人の休暇目的であるかどうかなど）といった私的領域（Privatsphäre）に着目した適用上の区分が必要となるとされる[9]。

本指令と不正競争防止法との第二の相違点は、本指令が「取引する自然人」としている点である。本指令と不正競争防止法はともに、事業者と消費者との間の取引における公正を確保することを目的としており、消費者を契約締結に仕向ける競争的行為の方法（wettbewerbsliche Verhaltensweisen）を問題とする法律であることから、「契約の締結」ではなく「取引」の主体とし

---

(7) *Immenga/Mestmcker*, Wettbewerbsrecht GWB Kommentar 4. Aufl., 2007, S.33.
(8) *Volker Emmerich*, Unlauterer Wettbewerb, 9. Aufl., 2012, S.21.
(9) *Lettl*, a.a.O. (Fn. 4), S.451., *Emmerich*, a.a.O. (Fn. 8), S.22.

て消費者を捉える指令の定義が適切であり、このことは「広告」における消費者の当事者性から明らかであるという見解がある[10]。

取引の当事者となる消費者は、事業者から商品・サービスを購入（Bezug）する消費者だけでなく、事業者に対して商品・サービスを供給する消費者も、本指令の消費者に該当するとされている[11]。すなわち、本指令における消費者は、事業者との取引の主体となる自然人を指しているということができる。

第3節　ドイツとEUにおける「消費者概念」

ドイツ法とEU法における「消費者概念（Verbraucherbegriff）」は、第2節で見た「消費者の定義」と、定義とは別の「消費者像（Verbraucherleitbild）」という用語の双方の意味で用いられるのが一般である。「消費者像」という概念は、「消費者の定義」がドイツ法やEU指令に置かれる以前から学説と判例の中で用いられてきた用語であり、消費者保護の尺度として、またその反映としての消費者政策の水準と方向性を示す指標として用いられてきた経緯がある[12]。

(1)　ドイツにおける初期の消費者像——消費者概念

長らくドイツでは、消費者は事業者の競争によって影響を受ける存在であるものの、「礼節のある（anständig）事業者」を競争上保護することが不正競争防止法の法目的であり、したがって、事業者の事業活動の「公正」を確保することが同法の保護法益であって、これにより消費者の利益がもたらされることはあるが、消費者——一般大衆（Publikum）の直接の保護は同法とは別の法制度の役割であるとされてきた[13]。

---

[10] *Lettl*, a.a.O. (Fn. 4), S.451., *Lettl*, Wettbewerbsrecht, 2009, S.41.
[11] *Lettl*, a.a.O. (Fn. 4), S.452. 日本の事例では、質屋での商品の提供（買取）や「訪問購入（押し買い）」が該当する。
[12] *Simon Menke*, Wettbewerbsrechtlicher Verbracherschutz, Bedarf es seiner Aktivlegitimierung des Verbrauchers im UWG ?, S.18. *Lettl*, a.a.O. (Fn. 10), S.46.
[13] *Adolf Baumbach*, Kommentar zum Wettbewerbsrecht, 1929, S.128.

不正競争防止法における初期の学説や司法では、主に、欺まん的または消費者の誤認惹起につながる広告・表示に対する規律の考え方をめぐって、また広告や表示が不正競争防止法に違反するかどうかをめぐる裁判の中で、消費者は「無頓着（flüchtig）であり無批判な（unkritisch）な」存在[14]として捉えられることが少なくなかった[15]。その一方、景品・懸賞付販売を初めとする利益広告（Wertreklame）との関係では、消費者は「合理的な判断」を行うべき存在として説明される場合[16]もあった。こうした「矛盾をはらんだ」消費者の捉え方[17]は、不正競争防止法における消費者の位置付けをめぐる議論にも影響し、一致点を見いだせない状況は1990年代前半まで続いていた[18]。このことは、競争法と消費者法における消費者保護の基準（ベンチマーク）をどのように設定するかが不明確であることを意味し、また消費者取引における事業者の事業活動に対する規律の基準が設定できないことをも意味していた[19]。すなわち、競争法における消費者像‐消費者概念は、「消費者の利益」と、いかなる行為が禁止されるかという意味での「事業者の競争活動」との比較衡量のための補助手段としての意味を有していたといえる[20]。

このドイツにおける消費者像‐消費者概念をめぐる議論に影響を与えたのが、EU条約とこれに基づく消費者保護を目的とした一連の指令であった。

(2) EUにおける消費者像――消費者概念

EU2005年不公正取引慣行指令は、「高水準の消費者保護」と「消費者の権利」――情報の権利、消費者教育の権利および消費者が組織化する権利――を定めたEU条約（1999年アムステル条約）153条を受けたものである（第

---

(14) 「flüchtig」には、ここで用いた訳語のほか、「逃げ足の速い」「一時的な／かりそめの」「うわべだけの」「軽率な」などの訳出がある。
(15) *Hefermehl/ Köhler / Borkmann*, Gesetz gegen unlauteren Wettbewerb UWG 24.Aufl., 2006, S.118. *Axel Beater*, Unlauterer Wettbewerb, 2011, S.426.
(16) BGH vom 18.10.1990 („Biowerbung mit Fahrpreiserstattung"), NJW 1991, S.701.
(17) *Beater*, a.a.O. (Fn. 15), 2011, S.426.
(18) *Volker Emmerich*, Das Recht des unlauteren Wettbewerbs, 5. Aufl, 1998, S.14.
(19) *Beater*, a.a.O. (Fn. 15), S.411.
(20) *Beater*, a.a.O. (Fn. 15), S.423.

2章参照)。

　本指令は、条文（1～21条）から構成される法律本体と、条文に先立つ「前文（Preambel）」の部分（(1)～(25)パラグラフ）から構成されている。

　同指令は、「消費者の定義」（2条a項）とは別に、その前文（(18)パラグラフ）の中で、「同指令において保護される消費者」を明らかにしている。これはEUの「消費者像」（Verbraucherleitbild）といわれる。この「消費者像」は、2つの消費者概念――平均的な消費者、脆弱な消費者――を設定している。そこで、この二つの消費者概念が示す消費者像について見る。

① 「平均的な消費者」概念

　同指令「前文」に述べられる「平均的な消費者（durchschnittlicher Verbraucher、average consumer）」とは、「合理的に十分な情報を受け、十分に注意深く、かつ批判的な消費者」であり、同時に「社会的、文化的かつ言語上の要因について考慮ができる消費者」である（前文(18)パラグラフ）。この「平均的な消費者」概念――と後述の「脆弱な消費者」の概念――は、これまでのEUにおける司法判断において形成された適合性原則の考え方を基にするものであり、消費者保護の有効な方法としての「擬制された典型的な消費者（einen fiktiven typischen Verbraucher）」であるとしている（同パラグラフ）。

　この「前文」が述べているように、「平均的な消費者」は、同指令において初めて用いられたものではなく、1980年代から欧州裁判所におけるEU条約の下での消費者保護のあり方、すなわち欧州共同体形成の重要な目的である単一の共通市場における「商品流通の自由」「サービスの自由」の実現の中で、この自由の確保と衝突する可能性のある消費者保護をどのように実現するかというベンチマークの模索のプロセスと判例の積み重ねの中で生み出された概念である[21]。そして、「平均的な消費者」は、前述したドイツの消費者像である「無頓着（flüchtig）な消費者」を手がかりとして、欧州裁判所（EuGH）が「合理的な程度に注意深い消費者」を仮想として「平均的な消費者」概念を導き出したとする見解がある[22]。この当時は「高水準の消費者

---

[21] Lettl, a.a.O. (Fn. 10), S.4. Beater, a.a.O. (Fn. 17), S.422. Emmerich, a.a.O. (Fn. 8), S.209. Peter Rott, Der „Durchschnittsverbraucher" – ein Auslaufmodell angesichts personalisierten Marketings ?, VuR 5/2015, S.163.

保護」を政策目標に掲げたマーストリヒト条約の成立前の時期であり、したがって、「平均的な消費者」概念は、欧州裁判所における消費者政策の水準の考慮の結果ではなく、市場における国境を越えた事業活動の自由と消費者保護の「比較衡量のための帰結」[23]として、あるいは「正当であるとはいえない消費者保護の基準」[24]として形成されたものとして評価されることがある。

　欧州裁判所判決の「平均的な消費者」概念は、事業者の誤認惹起広告に関するいくつかの判例に見られた争点、すなわち事業者の広告を「誰が、どのように理解するか」[25]に関する司法判断の積み重ねによって、「平均的に情報が与えられ、十分に注意深く、かつ理性的な平均的消費者」が基準となった[26]。

　2005年 EU 指令は、こうした欧州裁判所判例の蓄積と、マーストリヒト条約において掲げられその後も継承されている高水準の消費者保護政策、さらにアムステルダム条約に盛り込まれ継承されている3つの「消費者の権利」を背景として、「平均的な消費者」の考え方を同指令の「前文」で示したものである[27]。この「前文」は指令本体の条文ではないが、同指令の基本的な考え方を示したものとされる。この指令で示された「平均的な消費者」と、欧州裁判所の判例の「平均的な消費者」は、共通する内容をもつものの、同指令が「社会的、文化的かつ言語上の要因について考慮ができる消費者」を追加していたため、両者の関係と取扱いが注目されていたが、2011年の欧州裁判所が同指令の概念を用いたことから[28]、同指令の「平均的な消

---

(22) *Karl-Heinz Feser*, Das wettbewerbsrechtliche Irreführungsverbot al sein normatives Modell des verständigen Verbrauchers im Europäischen Unionsrecht, Zugleich eine Besprechung der Entscheidung „Mars" des EuGH vom 6.Juli 1995, WRP 1995, S.671.
(23) *Lettl*, a.a.O. (Fn. 4), S.453.
(24) *Rott*, a.a.O. (Fn. 21), S.163.
(25) *Emmerich*, a.a.O. (Fn. 8), S.209.
(26) EuGH vom 24.11.1993 („Keck"), NJW 1994, S.121, EuGH vom 16.07.1998 („Gut-Springenheide"), WRP 1998, S.848, EuGH vom 19.09.2006 („Lidl Belgium/Colruyt"), WRP 2006, S.1348.
(27) 鹿野菜穂子「EU における広告規制」中田邦博＝鹿野菜穂子編『ヨーロッパ消費者法・広告規制法の動向と日本法』（日本評論社、2011年）259頁。
(28) EuGH vom 12.05.2011 („Konsumentombudsmann/Ving Sverige AB"), WRP 2012, S.189.

費者」概念が今後EUにおける消費者保護のベンチマークとなることの見方が示されている[29]。

② 「脆弱な消費者」概念

2005年EU指令の「前文(18)パラグラフ」には、「平均的な消費者」とともに、「脆弱な消費者」の考え方が示されている。該当箇所の英語版では「vulnerable（脆弱な）」と表現され、またドイツ語版では「besonders anfällig（特に抵抗力のない）」と表現されているが、通常は「特別の配慮を必要とする（besonders schutzbedürftige）」という意味で説明されている[30]。この中（同パラグラフ）で、「脆弱な消費者」の典型例として「子ども」が挙げられている。

また、同指令は、「前文(19)パラグラフ」において、消費者には、年齢、精神上または身体的上の障害、軽信（だまされやすさ）などの「個々の特性」があり[31]、この消費者特性ゆえに事業活動や製品に対する抵抗力がなく、これらの消費者だけがその消費行動に影響を受けることになることから、これらの消費者の集団の「平均」を基準として保護されるとしている。

欧州においては、EU設立の以前から、青少年の保護を目的・法益とした法秩序の必要性の議論とルールの形成が共同体と加盟国で行われていた（第6章参照）。本指令は、その延長線上に位置付けられるが、「脆弱な消費者」の概念を提示したこと、その一例として「子ども」を明記したこと、および「脆弱な消費者」に対する保護の必要性と基準を示した点に特徴がある。この「脆弱な消費者」概念がEU消費者法制度の中に置かれたことは、適合性原則を踏まえた消費者の多様性に配慮した消費者法制度のモデルを示したともいえる。

③ 2005年EU指令における取引の「不公正」の判断基準と消費者概念

本指令5条1項は、「不公正な事業活動は禁止する。」と定めている。「不公正」の定義規定（5条2項）は、事業活動が「(a) 職業上の注意義務（beruflichen Sorgfaltspflicht／(英) professional diligence）に反していること[32]、か

---

[29] *Emmerich*, a.a.O. (Fn. 8), S.209.
[30] *Beater*, a.a.O. (Fn. 15), S.462., *Emmerich*, a.a.O. (Fn. 8), S.173.
[31] *Lettl*, a.a.O. (Fn. 4), S.454は、このほか「疾病を有する者」を例示する。

つ、(b) 商品に関連して、平均的消費者の経済活動に対して実質的に影響する又は実質的に影響することとなる場合」であると定めている(33)。

　本指令の「前文(18)パラグラフ」は子どもを、また「前文(19)パラグラフ」は年齢、障害、軽信などの消費者の特性を例示しているが、本指令は子ども、かかる特性を有する個々の消費者を保護する趣旨ではない(34)。不公正取引からの保護にあたっては、これらの消費者の集団（Verbrauchergruppe）の「平均」を基準として行うものとされ（前文(18)および(19)パラグラフ）、また特別の保護が必要とされる消費者に向けた事業活動の「不公正」該当性の判断に際しては、当該事業活動が「事業者から見て思慮分別をもって予見することが可能な方法で特別の保護が必要とされる消費者の集団の平均とされる消費者の経済行動に影響を与える事業活動」であることについて、特に集団の「平均」の観点から考慮される（5条3項）。

　したがって、ある年齢層の子ども向けの広告が本指令の「不公正」に該当するかどうかは、その年齢層の「平均」を基準して判断され、当該年齢層の「平均的な子ども」であれば、当該広告の情報をどのように受け止め、また当該広告に対してどの程度の注意を払い、理解力を有するかどうかが判断要因となる(35)。しかしながら、ある広告が消費者全体を対象とする場合には、消費者全体の「平均」を基準とすることから、全体の中の「子ども」に

---

(32) EU指令の英語版は professional diligence（職業上／専門家としての勤勉さ）と表現されているが、ドイツ語版の表現についての訳語としては「職業上／専門家としての注意義務」が用いられていることから、本書では「職業上の注意義務」を用いる。アンスガ・オーリー（原田昌和・訳）「ヨーロッパ不正競争防止法―消費者保護の平準化、競争法者保護の多様性」中田邦博＝鹿野菜穂子編『消費者法の現代化と集団的権利保護』（日本評論社、2016年）92頁。

(33) この定義については、それまで各国の判例法や立法の「公正」の判断基準（例えばドイツの場合は「良俗違反」）とは異なった「公正」概念であるとする見方や、司法判断基準としての妥当性の観点から疑問が提起されているほか、事業者サイドからも判断基準の明確さを欠くことへの危惧が示されている。

(34) 消費者の特性として生活困窮、貧困などの「経済的な脆弱性」を挙げ、こうした経済的底辺に位置する消費者は「貧困者はより支払う」という原理が妥当する可能性を指摘し、本指令の脆弱な消費者概念がこのような消費者を含む概念といえるかどうかという観点から問題を提起している。ノルベルト・ライヒ／角田美穂子訳「EU法における『脆弱な消費者』について」（翻訳）一橋法学第15巻第2号（2016年7月）979頁以下。

(35) *Lettl*, a.a.O. (Fn. 4), S.454.

とって「不公正」かどうかの判断が行われるわけではない[36]。

また、「注意力」や「理解力」は当該広告の文面だけではなく、当該広告の対象である商品・サービスについて考慮されることから、商品・サービスごとに「不公正」の判断が行われることになる[37]。本指令に示されるこのような判断基準と方法は、本指令の前に出された欧州裁判所の先例[38]で示された判断枠組を前提としたものといえる[39]。

本指令は、「脆弱な消費者」であるかどうかの判断は、「統計的に判断されるものではなく」（前文(18)パラグラフ）（「平均的な消費者テスト」といわれる）、この判断は、EU法の先例および各国の国内法や判例に委ねられているとする（前文(18)パラグラフ）。「脆弱な消費者」に該当する人的範囲すなわち脆弱性の概念の捉え方については、後述のドイツ不正競争防止法の「消費者概念」の部分で検討する。

本指令は、上記の「不公正取引」の一般的定義のほか、「特に不公正」である具体的な類型として、大きく二つのカテゴリー――「誤認惹起」（5条4号（a）、6条、7条）と「攻撃的取引行為（5条4号（b）、8条、9条）」――を挙げ、本指令の別添（Anhang I）として掲げている。別添の1〜23が「誤認惹起行為」、24〜31が「攻撃的取引行為」である。後者の28が子どもを対象とする広告を「攻撃的取引行為」として禁止する規定である（この点については、第6章で検討する）。

④ 2005年EU指令の問題点

本指令は、EUの二次法であり、本指令に基づき加盟各国は国内法を整備する義務を負う。国内法の整備に当たっては、国内法の自律的立法や、指令の内容を回避する規範整備の余地は与えられていない[40]。

前記のとおり、「平均的な消費者」と「脆弱な消費者」の判断、また消費

---

[36] Lettl, a.a.O. (Fn. 4), S.454.
[37] Lettl, a.a.O. (Fn. 4), S.453.
[38] EuGH vom 16.07.1998 („Gut-Springenheide"), WRP 1998, S.848, EuGH vom 19.09.2006 („Lidl Belgium/Colruyt"), WRP 2006, S.1348.
[39] Lettl, a.a.O. (Fn. 4), S.453. 欧州裁判所の裁判例について、川名功子「消費者像についての一考察（二・完）」同志社法学63巻4号114頁以下を参照されたい。
[40] Lettl, a.a.O. (Fn. 10), S.48.

者に対する事業活動の「不公正」の判断は、EU 裁判所の先例および国内法の適用例を踏まえて行われることが予定されている。

　ここで危惧されるのは、EU 裁判所の消費者保護に関する過去の判例が、共同体市場における「商品流通の自由」「サービスの自由」の保障に対する制約事由として消費者保護を位置付けている点である。こうした過去の判例を尺度として、欧州裁判所と各国司法が「脆弱な消費者」に対する事業活動の「公正／不公正」に関する判断を行うことになれば、これまでの欧州裁判所の判例の傾向、すなわち「事業者の利益」と「消費者の利益」の調整の枠組での判断となる可能性があるとする指摘[41]がある。

　また、本指令は、EU 条約（アムステルダム条約）153条1項が掲げる「高水準の消費者政策」に対応しているものの、判断の基礎は「脆弱な消費者」についてもその集団の「平均」に置かれており、これによって「高水準の消費者政策」の実現は期待できないとする見解もある[42]。

　その一方で、2005年 EU 指令後に見られる欧州裁判所の判例には、「消費者保護の名の下」で事業者の「取引の自由（Handlungsfreiheit）」を過剰に制約する事例が見られることへの懸念が示されている。

　「Deroo Blanquart/Sony 事件」[43]は、ソフトウェアが事前インストールされたラップトップ型パソコンを購入したフランスの消費者が、パソコンの画面上に表示された「最終ユーザーライセンス契約」への同意サインを拒否し、パソコンの販売価格のうち事前インストールされたソフトウェア相当額の支払いをメーカーに求めた事案である。メーカーは、パソコンとソフトウェアは一体不可分で供給されており、請求されたソフトウェア相当額の支払いを拒絶し、その代わりに当該商品全体の価格相当額の返還を申し出たものの、消費者側はこれを拒否し、事前インストールされていた全部のソフトウェア相当額の弁償とメーカーの不公正な取引行為による損害賠償を請求した。本事案で消費者側が主張した EU 指令に違反するとされる不公正な取引行為に該当する行為は、パソコンとソフトウェアの「カップリング提供

---

(41) *Lettl*, a.a.O. (Fn. 10), Wettbewebsrecht, S.48.
(42) *Köhler/Borrnkamm*, UWG. 32. Aufl., 2014, S.129.
(43) EuGH, GRUR 2016, S.1180.

(Koppelungsangebot)」、および本件パソコンの販売に際して個々のソフトウェアの価格が行われていなかった「価格表示の誤認惹起行為」である。

　フランスの裁判所（Cour de cassation）は、欧州司法裁判所（EuGH）に先決（Vorlageentscheidung）を求めた。欧州司法裁判所は、メーカーによるカップリング提供は、消費者が同一のパソコンをソフトウェアの事前インストールなしで購入する可能性がなくても、EU指令5条2項が禁止する「不公正な取引行為」に該当せず、また本件パソコンの販売に際して個々のソフトウェアの価格表示が行われていなかったことも同指令が禁止する5条4項および7条が禁止する「誤認惹起行為」に該当しないとする回答を行った。

　欧州裁判所は先決の中で、事業者の事業活動が「礼節のある市場の慣習（anständigen Marktgepflogenheit）」や信義則に反しているかどうか、すなわち「職業上の注意義務」に反しているかどうかについての審査は、「平均的な消費者の正当な予測（berechtigten Erwartungen）」に基づいて行われるとする考え方を示した上で、ソフトウェアが事前インストールされたパソコンの供給は、「ソフトウェアが事前インストールされていないパソコンよりも、事前インストールされたパソコンの方を好む消費者が多いことは当該市場の調査から明らかになる予測」に対応したものであることから、「職業上の注意義務」に反しないと述べている。先決の考え方は、事業者による商品の供給が消費者の選好に関する事前の「予測」に基づかずに行われ、その結果消費者に不利益が生じた場合には「不公正」となる可能性があることを暗示する。同判決の判示は、事業者のカップリング提供やその他の販売促進活動がEU指令に違反するかどうかは、平均的消費者の商品に対する予測に対応しているかどうかによって判断される枠組を提示したことになる[44]。この欧州裁判所の先決に対しては、判断の結論自体は妥当であるものの[45]、この中で述べられた「不公正」かどうかの審査が「職業上の注意義務」の判断ではなく、「平均的な消費者の予測」に求められた点で、また本件の消費者が本件商品についてどの程度の情報を持ち合わせていたかについて先決の中では述

---

(44) *Inge Scherer*, Unternehmerische Freiheit contra Verbraucherschutz？GRUR 6/2017, S.582.
(45) *Augenhofer*, GRUR 12/2016, S.1246.

べていないことから(46)、事業者の「取引の自由」を不当に制約し、事業活動を委縮させるおそれがあるとする見解がある(47)。これまで事業活動の自由を重視してきた欧州裁判所の立場は過去のものとなり、「高水準の消費者政策」という常套句（Topos）の下で、過剰に事業者の「取引の自由」を制約する判決が本判決以外にも見られることから、消費者保護と事業者の「取引の自由」は今日ある種の緊張関係にあるといえる(48)。

第4節　ドイツ不正競争防止法における消費者概念の導入と「子ども」概念

EU 指令の動向は、当然のことながら、EU 加盟各国の国内法のあり方に影響をもたらすことになった。本節では、ドイツ不正競争防止法の状況を概観する。

(1) EU 指令に基づく不正競争防止法改正の動向

ドイツ不正競争防止法は、2001年の景品令と割引法の廃止、EU における広告その他の販売促進活動の自由化への要請と消費者保護の展開の動向を踏まえて、2004年に同法の現代化を図ることを目的とした「大改正」が行われた(49)。競争事業者の保護、消費者の保護、その他の市場参加者の保護の3つの保護を同法の新たな目的として定めた（同法1条）ことにより、同法は、1909年法の目的である事業者間の公正競争の確保のための法律から、事業者間の公正確保の規律と、事業者と消費者の間の公正確保の規律を併存させた法律に生まれ変わることとなった。これに伴い、新たに「不公正」の定義（同法3条）を置くとともに、不公正な競争行為の11の類型（4条）に定めた。11類型のうち、1項から6項が事業者と消費者の間の取引に関するもの

---

(46) *Scherer*, a.a.O. (Fn. 44), S.582.
(47) *Scherer*, a.a.O. (Fn. 44), S.580.
(48) *Scherer*, a.a.O. (Fn. 44), S.582. *Ohly/Sattler*, 120 Jahre UWG Im Spiegel von 125 Jahren, GRUR 12/2016, S.1229.
(49) 2004年不正競争防止法改正に関する政府草案理由説明（BT-Drucksache15/1487, S.12.)。

であり、7項から11項が事業者間の競争と取引に関するものである。この類型の中に、特別の配慮を要する消費者に対する不公正な競争行為（同法4条2項）が含まれていた。

不正競争防止法は、2005年EU指令の発効後、同指令との整合を図る必要性から、2008年に改正された。競争事業者の保護と消費者の保護を統一的に規定する同法の基本的性格を維持しつつ、EU指令との調和を図ることが2008年改正の趣旨であった[50]。同改正の主な内容は、EU指令の内容に沿った「不公正」の定義の改正、4条2項の中に「消費者の精神的または身体的な障害、年齢」の項目の追加、同指令が「付表」に定める「誤認惹起行為」「攻撃的取引行為」に関する規定を同様に「付表」として導入したこと、である（【表1】参照）。

【表1】 UWGの改正内容

2004年 UWG 改正	2008年 UWG 改正
【1条　本法の目的】 この法律は、競争事業者、消費者その他の市場参加者を不公正な競争から保護することを目的とする。同時に、健全な競争に関する公共の利益を保護する。	（同左）
【3条　不公正な競争の禁止】 競争者、消費者またはその他の市場参加者に不利益となり、必ずしも軽微とはいえない程度に競争を侵害するに足る不公正な競争行為は許されない。 (2)～(3) （新設）	【3条　不公正な取引行為の禁止】 (1)競争者、消費者またはその他の市場参加者の利益を感知しうる程度に侵害するに足る不公正な事業行為は許されない。 (2)取引行為が事業者にとって有用とされる職業上の注意義務に応じたものではなく、かつ消費者が情報に基づいて決定する能力を感知しうる程度に侵害し、それによって消費者が――それがなければしなかったであろう――取引上の決定を行うように仕向けるに足る場合には、当該消費者に対する取引行為は許されない。この場合に、当該事業行為は、平均的消費者――特定の消費者の集団に用いられる場合にはその集団の平均的構成員――を

---

(50) 2008年不正競争防止法改正に関する政府草案理由説明（BT-Drucksache16/10145, S.15.）。本改正に関する論説として、原田昌和「ドイツ不正競争防止法の最近の展開」現代消費者法 No.7（民事法研究会、2010年）76頁、寺川永「消費者契約における『情報提供』、『不招請勧誘』および『適合性の原則』に関するドイツの法制度」（財）比較法研究センター＝潮見佳男編『諸外国の消費者法における情報提供・不招請勧誘・適合性の原則』（商事法務、2008年）3頁がある。

	対象とするものとする。事業者にとって、自己の取引行為が、精神的または身体的な障害、年齢、軽信を理由として特別の配慮を必要とする、かつこれと同一視できる消費者の集団にのみに関わる場合には、当該集団に属する平均的な構成員を対象とするものとする。 (3)この法律の付表（Anhng）に掲げられる消費者に対する取引行為は、常に許されない。
【4条　不公正な競争の類型】 3条にいわれる不公正な競争は、特に以下のものをいう。 (1)圧力の行使、人間の尊厳を損なうような方法で、またはその他不当に客観的とはいえない影響力の行使によって、消費者またはその他の市場参加者の決定の自由を侵害するに足る競争行為 (2)特に子どもや青少年の取引上の経験不足、消費者の軽信、不安または強制状態を利用すると認めるに足る競争行為 (3)競争行為の広告的性格の偽装 (4)値引、景品または贈答品のような販売促進手段について、その利用ための条件を明確かつ一義的に表示しないこと (5)広告としての性格を備えた懸賞やくじ引きについて、その参加条件を明確かつ一義的に表示しないこと (6)消費者の懸賞やくじ引きへの参加が商品の取得または役務の利用に附随していること。ただし、懸賞やくじ引きが当該商品または役務に必然的に関連している場合を除く。 ※(7)〜(11)は、事業者間の競争又は取引に関する規定（省略）	【4条　不公正な<u>取引行為</u>の類型】（改正部分に下線） 不公正な取引を行う者は以下の者である。 (1)圧力の行使、人間の尊厳を損なうような方法で、またはその他不当に客観的とはいえない影響力の行使によって、消費者またはその他の市場参加者の決定の自由を侵害するに足る<u>取引行為</u> (2)消費者の精神的または身体的な障害、年齢、軽信、不安または強制状態を利用すると認めるに足る<u>取引行為</u> (3)取引行為の広告的性格の偽装 (4)　同左 (5)　同左 (6)　同左
（新設）	【付表】※3条3項に基づく 28号 広告の中で、子ども自身が宣伝されている商品を取得するように、または役務を要求するように直接働きかけ、あるいは親やその他の成人に商品や役務を子どものために入手させるように直接働きかけること。

出典：著者の作成による。

　不正競争防止法は、さらに2015年に改正がなされている[51]。本改正は、

---

(51) 本改正に関する概要と解説について、中田邦博「ドイツにおける広告規制と消費者—2015年UWG改正を踏まえて—」現代消費者法 No.32（民事法研究会、2016年）48頁がある。

同指令との「完全な調和（vollständige Rechtsangleichung）」および同指令に基づく EU 判例との整合確保の必要性から行われたものである（【表2】参照）[52]。本改正では、事業者間の公正に関する規定と、事業者と消費者の間の取引の公正に関する規定の明確な区分が図られたほか、クローズド懸賞禁止の条項を含む「不公正な取引行為」に関する一部の類型が削除された。クローズド懸賞禁止条項の削除は、EU 指令の下での判例との整合確保の必要性に基づくものである（この点は第5章で検討する）。

【表2】 2015年 UWG の主な改正点

2015年 UWG 改正
【新4条　競争事業者の保護】 ・2008年 UWG の旧4条のうち、(1)～(6)は削除され、このうち(1)と(2)は4a条に吸収された。改正された新4条には、旧4条に定められていた事業者間の競争行為および取引行為に関する規定(7)～(10)が1項～4項に置かれた。これにより、新4条は事業者間の関係を、4a条は事業者と消費者の間の関係を規律することとなった。
【4a条　攻撃的取引行為】 (1)消費者またはその他の市場参加者に、当該行為がなければしなかったであろう決定をさせるように仕向けると認めるに足る攻撃的取引行為は不公正な行為である。ある取引行為が攻撃的であるとは、具体的事案において、全ての状況の考慮の下で、以下の各号の手段によって、消費者またはその他の市場参加者の決定の自由を重大な程度に侵害するに足る場合である。 ①困惑行為 ②身体的暴力の行使を含む強制 ③許されない影響 　「許されない影響」は、事業者が消費者またはその他の市場参加者に対して、圧力を行使し、また身体的暴力の行使または威嚇をしない場合であっても、消費者またはその他の市場参加者情報に基づいて決定することを実質的に制約する方法で、取引上の力を用いる場合に存在する。 (2)取引行為が攻撃的であるかどうかの判断は、以下の項目について行う。 ①行為の時期、場所、性質または継続性 ②威嚇的または侮辱的な表現や行為方法の使用 ③消費者またはその他の市場参加者の決定影響を与える目的の下で、具体的な不幸な状況や、判断力を損なうような困難な状況を意図的に用いること ④消費者またはその他の市場参加者が、契約解除、他の商品または役務または他の事業者への変更に関する契約上の権利を行使することを妨げるために契約とは無関係になされる、負担の大きいまたは過剰な阻止行為 ⑤法的に許されない行為を伴った威嚇 ③に基づいて考慮される事情には、特に、消費者の精神的または身体的な障害、年齢、取引上の経験不足、軽信、不安、および強制状態が含まれる。

出典：著者の作成による。

---

[52] 2015年不正競争防止法改正に関する政府草案理由説明（BT-Drucksache18/4535, S.8.）。

(2) ドイツ不正競争防止法における公正概念と消費者概念

　ドイツ不正競争防止法は、2005年EU指令への対応・調和の実現のほか、欧州裁判所の判決への対応という要請の下、数次の法改正を経験している。以下では、その動向とそれぞれの改正内容について概略して整理する。

① 2004年改正における「消費者の特性への配慮」規定の導入

　2004年改正は、1909年法の目的である公正競争の確保から、新たに「競争事業者の保護」、「消費者の保護」と「その他の市場参加者の保護」を同法の目的（「3つの保護〔Schutzzwecktrias〕」）に掲げたものであり、同法が明文規定をもって、消費者保護法であることを明らかにした改正であった。3条は、「競争者、消費者またはその他の市場参加者に不利益となり、必ずしも軽微とはいえない程度に競争を侵害するに足る不公正な競争行為は許されない。」と規定しており、事業者、消費者、公共の利益が不公正な競争行為から保護されることが示されている。同法の目的規定の第2文で保護される「公共の利益（das Interesse der Allgemeinheit）」は、一般に、競争事業者、消費者、その他の市場参加者が不公正な競争から保護されることが「健全な競争に関する公共の利益」であり、これ以外の利益の保護を意味するものではない[53]。

　2004年改正は、3条の一般条項に基づき、「不公正な競争行為」の11類型（4条）を定めたが、この中に「特に子どもや青少年の取引上の経験不足、消費者の軽信、不安または強制状態を利用すると認めるに足る競争行為」（同条2項）を列挙した。同条項の導入の意義について、政府草案理由書は、第一に、取引に際して、消費者の軽信（Leichtgläubigkeit）不安（Angust）やその他の強制状態（Zwanglage）といった例外的状況（Ausnahmesituationen）に置かれた消費者の保護の必要に言及する[54]。第二に、特に保護を必要とする消費者の集団すなわち、子どもや青少年、言語面でも取引上も不器用な同胞（Mitbürger）は、その経験不足ゆえに保護される必要があると説明する[55]。これらの消費者に向けられる事業者の「不公正な競争行為」の典型は、広告であるが、景品提供や、くじ引き、懸賞付き販売などの利益提供を内容とす

---

(53) *Emmerich*, a.a.O. (Fn. 8), S.20. *Lettl*, a.a.O. (Fn. 10), S.56.
(54) 2004年不正競争防止法改正に関する政府草案理由説明（BT-Drucksache15/1487, S.17）。
(55) 2004年不正競争防止法改正に関する政府草案理由説明（BT-Drucksache15/1487, S.17.）。

る広告活動が中心となる[56]。

② 2008年改正における「公正概念」と2つの消費者概念の導入

2008年の不正競争防止法の改正は、EU指令の発効後に行われたものであり、不公正な取引行為は「消費者、競争事業者の双方をともに侵害する」ものであることから、同法のこれまでの体系と構成を維持しながら、同指令に対応することを主眼としていた[57]。

第一の改正点は、これまで同法が用いてきた「競争行為（Wettbewerbshandlung）」の用語を、「取引行為（geschäftliche Handlung）」に置き換えたことである。EU指令2条dが「取引行為（Geschäftspraktiken）」の定義を定めていることに対応したものであるが[58]、同法改正草案理由書は、取引行為には競争と関係しない場合もあることを理由として挙げている[59]。

第二の改正点は、「不公正な競争行為の禁止」（3条）の規定を、新たに「不公正な取引方法」（3条）に改めるとともに、事業者との消費者との間の取引が「不公正」に該当するかどうかの判断に際しては、「平均的消費者」を基準とすること（同条2項2文）、また「精神的または身体的な障害、年齢、軽信を理由として特別の配慮を必要とする消費者」については、その消費者の集団の平均的な構成員を基準とすること（同3文）を規定したことである。

第三の改正点は、「不公正な取引行為」（4条）の一つである2項の規定について、改正前に置かれていた「特に子どもや青少年の経験不足」の文言に代えて、「<u>消費者の精神的または身体的な障害、年齢、軽信</u>、不安または強制状態を利用すると認めるに足る取引行為」（下線は著者挿入）に修正を施したことである。EU指令は「前文(18)パラグラフ」において「脆弱な消費者」の例示として「子ども」を挙げていたが、同指令の「不公正な取引行為の禁

---

[56] *Hefermehl/Köhler/Borkmann*, Gesetz gegen unlauteren Wettbewerb UWG 24. Aufl., 2006, S.279.
[57] 2008年不正競争防止法改正に関する政府草案理由説明（BT-Drucksache16/10145, S.16.）。
[58] *Volker Emmerich*, Unlauterer Wettbewerb, 8. Aufl., 2009, S.24.
[59] 2008年不正競争防止法改正に関する政府草案理由説明（BT-Drucksache16/10145, S.39.）。草案理由書・同頁は、同指令が用いるGeschäftspraktikenは、ドイツ語として適切な意味内容を伝える表現ではないとして、geschäftliche Handlungを用いる旨を説明している。

止」の条文（同指令5条3項）では、「子ども」や「青少年」の例示はなく、配慮項目として「年齢」の文言を置いていることから、不正競争防止法上これに対応したものである[60]。

　第四の改正点は、3条3項において、「常に許されない（stets unlässig）」不公正な取引行為（ブラックリスト〔schwarze Liste〕といわれる行為）である30類型を同法の「付表（Ahhang）」として明示したことである。既に、EU指令は、「付表」として31の行為類型を「誤認を惹起させる取引方法（1号〜23号）」「攻撃的取引方法（24号〜31号）」を規定しており、本改正はこの指令の内容に対応するものである[61]。

　本改正は、同法の中に、一般条項としての公正概念規定（3条）において、事業者の消費者に対する取引行為の「不公正」該当性を判断する基準として、「平均的な消費者」と「特別の保護を必要とする消費者（脆弱な消費者）」の2つの消費者概念を取り入れたが、これにより、同法は、この一般条項と、年齢等の消費者特性を利用した取引行為を「不公正」として禁止する行為類型（4条2項）を併せもつこととなった。

③　2015年改正の内容

　本改正は、2008年法におけるEU指令への対応の不備を是正することにより、同指令との「完全な調和」を実現することを目的としたものである。また、不正競争防止法が定めていたにクローズド懸賞の禁止（4条6項）がEU指令に基づく判例において同指令に違反することが明らかとなったため、同条項を削除することも本改正の重要な項目の一つである（この点については第5章で検討する）。ここでは、消費者概念に関する改正内容を取り上げる。

　第一の改正点は、2004年改正で導入され、2008年改正によって修正がなされた4条2項を削除したことである。2008年法の下では、年齢等の消費者特性から特別の保護を必要とする事業者の取引行為は、広告の例とすると、

---

(60) 2008年不正競争防止法改正に関する政府草案理由説明（BT-Drucksache16/10145, S.43.）。
(61) EU指令の「付表」の26号は電話、ファクス、電子メール等の手段による執拗な不招請勧誘を「攻撃的取引方法」と定めているが、不正競争防止法の「付表」にはこれに対応する規定が置かれていないため、同法はEU指令より1類型少ない。この指令の「付表」26号の内容は、同法7条2項が定める「過大な迷惑行為」の行為類型の中に既に規定されている。*Hefermehl/Köhler/Borkmann*, Gesetz gegen unlauteren Wettbewerb UWG 27. Aufl, 2009, S.182.

「攻撃的取引行為」に該当する場合（例えば28号の「子どもに直接働きかける広告」）には親規定である３条３項に該当し、「攻撃的取引方法」に該当しない場合（広告が一般消費者を対象としており、子ども対する働きかけが直接的とはいえない場合、または広告ではなくアンケート調査の形式で子どもに接近する場合など）には、一般条項である３条２項の判断基準に従って「不公正な取引行為」かどうかの判断に服し、「不公正」であると判断された場合には４条２項に該当するという法適用上の仕分けが求められていた。同条項については、2008年改正で導入された「攻撃的取引行為」28号が「子どもを対象とする広告」を適用対象としていることから、４条２項の「年齢」や「取引上の経験不足」に基づく判断の対象に「子ども」が含まれるのかどうか、「子ども」の定義によって「青少年」が含まれるのかどうかという点、また28号が「子どもへの直接の働きかけ」を要件としているもののその具体的な意味内容が法律上明確になっていないため、４条２項が対象とする子ども向け広告の範囲が明確になっていない点、さらに、同項の「精神的または身体的な障害」、「未経験」、「年齢」、「軽信」、「不安」、「強制利用」を同一の尺度で判断することが可能であるかという点、同条項の導入に際し立法趣旨に挙げられていた「言語上不器用な同胞」の保護はこの規定で可能かどうかといった問題点が指摘されていた[62]。本改正では、EU指令が「誤認」「攻撃的取引方法」以外に個別の「不公正な取引行為」の原則違法規定を定めていないことから４条２項は立法形式として指令とは相容れず、４条２項（および１項）は新たに新設される「攻撃的取引行為」（４a条）に取り込まれるべき性格の規定であること[63]、また４条２項の「精神的または身体的な障害」、「未経験」、「年齢」、「軽信」は３条３項の一般条項にある特別の保護を必要とする消費者の考慮規定において対応可能であることを理由として、同条項は削除された[64]。

　第二の改正点は、新たに「攻撃的取引行為」に関する規定（４a条）が導入されたことである。この規定は、EU指令の「攻撃的取引行為」に関する規定（８条および９条）に対応する内容を定めている。EU指令と本条の相違

---

(62) Emmerich, a.a.O. (Fn. 58), S.160.
(63) 2015年不正競争防止法改正に関する政府草案理由説明（BT-Drucksache18/4535, S.15.）。
(64) 2015年不正競争防止法改正に関する政府草案理由説明（BT-Drucksache18/4535, S.13.）。

点は、前者が「攻撃的取引行為」の相手方が消費者だけであるのに対して、後者は「消費者またはその他の市場参加者」（4a条1項2文）[65]とされており、相手方の範囲が拡張されている点にある[66]。

　4a条1項は、「攻撃的取引行為」が「不公正」であるとする（同項1文）。「攻撃的取引行為」は、①困惑行為、②身体的暴力の行使を含む強制、③許されない影響のいずれかの攻撃的手段（「行使手段〔Ausübungsmittel〕」）によって、消費者またはその他の市場参加者の決定の自由を重大な程度で侵害するに足る場合（「影響基準〔Einwirkungskriterium〕」）であって、消費者またはその他の市場参加者に、当該行為がなければしなかったであろう決定をさせるように仕向けると認めるに足る場合（「効果基準〔Auswirkungskriterium〕」）が認められる場合に存在する[67]。

　この「許されない影響（unzulässige Beeinflussung）」は、攻撃的手段のメルクマールとなる行使手段である。4a条1項3文は、「許されない影響」は、「事業者が消費者またはその他の市場参加者に対して、圧力を行使し、また身体的暴力の行使または威嚇をしない場合であっても、消費者またはその他の市場参加者情報に基づいて決定することを実質的に制約する方法で、取引上の力（Machtposition）を用いる場合に存在する。」と説明する。この攻撃的手段のメルクマールである「取引上の力」は、近時の学説によれば、事業者が取引の相手方に対してたんに「経済上優越（wirtschaftlicher Überlegenheit）」している場合をいうのではなく、取引関係において「構造的に（strukturell）または状況に条件付けられた（situationsbedingt）優越性」であることが求められると説明されている[68]。

---

(65)　「その他の市場参加者」を対象とすることは、2015年不正競争防止法改正に関する政府草案では予定されておらず、連邦議会・法律と消費者保護委員会草案の見直し最終報告（BT-Drucksache18/6571, S.15.）において簡潔に説明されているにすぎない。

(66)　4a条の「攻撃的取引行為」の手段である「許されない影響」が「取引上の力」をメルクマールとしている点および相手方に「（競争事業者以外の）その他の市場参加者」が含まれた点については、自由競争法である競争制限防止法（GWB）の市場力濫用規制（19条、20条）と本条との競合問題が惹起する可能性が指摘されている。*Fritzsche*, Aggressive Geschäftspraktiken nach dem neuen §4a UWG WRP 1/2016, S.4. *Köhler*, NJW 9/2016, S.596.

(67)　*Scherer*, Neuregelung der aggressiven geschäftlichen Handlungen in §4a UWG GRUR 3/2016, S.236. *Fritzsche*, a.a.O. (Fn. 66), S.2.

また、4a条2項は、事業者の取引行為が「攻撃的」であるかどうかの判断項目として、①行為の時期、場所、性質または継続性、②威嚇的または侮辱的な表現や行為方法の使用かどうか、③消費者またはその他の市場参加者の決定影響を与える目的の下で、具体的な不幸な状況や、判断力を損なうような困難な状況を意図的に用いているかどうか、④消費者またはその他の市場参加者が、契約解除、他の商品または役務または他の事業者への変更に関する契約上の権利を行使することを妨げるために契約とは無関係になされる、負担の大きいまたは過剰な阻止行為かどうか、⑤法的に許されない行為を伴った威嚇かどうか、を列挙している（同条2項）。この③の項目の判断に際して、削除された4条2項の要件にあった「消費者の精神的または身体的な障害、年齢、取引上の経験不足、軽信、不安、および強制状態」が考慮要因に挙げられている（4a条2項2文）。

　2015年改正において、「不公正な取引行為」（3条）と新設された「攻撃的取引行為」（4a条）の関係は、以下のとおり整理できる。事業者の取引行為が不正競争防止法に違反するかどうかについては、まず4a条の適否が検討され、4a条に該当しない場合に一般条項である3条の該当性が判断されることになる[69]。

　本改正については、批判的見解と肯定的見解がある。まず批判的見解を取り上げる。3条3項（本改正前は2項）は既にEU指令の「保護を必要とする消費者」の保護規定に十分対応しており、新たな4a条は、屋上屋を重ねるものであるとする批判がある[70]。また、4条2項の廃止は3条3項によって補完されると立法説明がなされているが、4条2項に記載されていた消費者の特性のうち「不安」や「強制利用」は3条3項の考慮要因には含まれていないこと、これらは4a条2項2文には挙げられているものの、「不公正な取引行為」の一般条項である3条3項には踏まれていないことから、「不安」や「強制利用」は一般条項における「特別の保護を必要とする消費者」に向けられた行為の評価尺度とされないことに関する批判がなされてい

---

(68) *Scherer*, a.a.O. (Fn. 67), S.238. *Fritzsche*, a.a.O. (Fn. 66), S.4.
(69) *Scherer*, a.a.O. (Fn. 67), S.234. 中田・前掲注（51）51頁。
(70) *Köhler*, a.a.O. (Fn. 66), S.596.

る(71)。さらに、不安や強制利用といった消費者が置かれた状況と、精神的または身体的な障害、年齢、取引上の経験不足、軽信はいずれも、判断能力の侵害で共通するが、本改正では、3条3項における特別の保護を必要とする消費者に対する考慮要因と、4a条の考慮要因を区別していることは合理的な理由があるとはいえず、前者は「保護を必要とする消費者」に、後者は「特別に保護を必要とする消費者」に対応するための規定と見ることができる、とする批判である(72)。

　他方、改正に肯定的な見方として、2008年改正の際の立法上の問題が取り除かれ、法適用に際しての明確さが確保されたとする見解がある(73)。また、「平均的な消費者」に対して特別の保護を必要とする消費者の「保護の必要性」は「個人的な特性」の存在ゆえであり、本改正では3条と4a条が置かれたことによりこの点が明確になったこと、またEU指令は、子どもを「特別の保護を必要としない消費者」とは異なる尺度で捉えて「攻撃的な取引行為」からの保護を導いており、本改正はかかる観点からEU指令の趣旨との一致を実現したことから、本改正の意義を評価する見解がある(74)。

　不正競争防止法の2015年改正における4条1項および2項の削除をめぐるドイツの学説の対立は、換言すれば、「特別の保護を必要とする消費者」の人的範囲をめぐる見解の対立ということができる。同項の削除に否定的な立場は、年齢等の個人的な特性に限定されず、「消費者が置かれている状況を考慮に入れた消費者の保護（situative Schutzbedürftigkeit）」の必要性を唱えるものであるのに対して、肯定的な立場は年齢や障害等の「個人的な欠損 (persönliches Defizite)」のみを重視すれば足りるとするものである(75)。EU指令は「特別の保護を必要とする消費者」の人的範囲や消費者の「脆弱性 (Vulnerability)」に関する定義や概念を示しておらず、これらは加盟国の国内法において考慮されるべきものとしているが、上記のとおりドイツにおいて

---

(71) *Fritzsche*, a.a.O. (Fn. 66), S.6.
(72) *Fritzsche*, a.a.O. (Fn. 66), S.6.
(73) *Ansgar Ohly*, Das neue UWG in Überblick, GRUR 1/2016. S.6. 中田・前掲注（51）50頁。
(74) *Inge Scherer*, Die besonders schutzbedürftigen Verbraucher nach der UWG-Novelle 2015, WRP 12/2016, S.1446.
(75) *Scherer*, a.a.O. (Fn. 74), S.1442.

はかかる学説上の対立があり、また判例もこの点で考え方の一致を見ていないが（第6章参照）、この考え方の相違はEU指令の解釈上の共通の論点であり、ドイツ固有の論点ではないということができる[76]。この点については、今後のドイツとEUにおける学説と判例の展開を見守る必要があると思われる。

④　ドイツ不正競争防止法における「消費者概念」の取り込み方

前記のとおり、ドイツでは、EU指令の影響の下、公正競争法である不正競争防止法の中に、「平均的な消費者」と「脆弱な消費者」（ドイツでは「特別の保護を必要とする消費者」）の概念を、事業者の事業活動の「公正」概念と関連づけるかたちで取り込んできたといえる。また、同法の数次の改正は、「特別の保護を必要とする消費者」の保護の必要性の説明と、その必要性に裏付けられた条文の構成と位置付けを、EU指令との整合性を図りながら実現しようとする営みであったということができる。EU指令では2つの「消費者概念」の定義は規定されておらず、この定義と内容の理解は加盟各国に委ねられているが、特にドイツにおける「消費者概念」をめぐる議論は、「特別の保護を必要とする消費者」の人的範囲を中心に行われている。

2008年改正で導入された不正競争防止法3条3項3文は、「事業者にとって、自己の取引行為が、精神的または身体的な障害、年齢、軽信を理由として特別の配慮を必要とする、かつこれと同一視できる消費者の集団にのみに関わる場合には、当該集団に属する平均的な構成員を対象とするものとする。」と規定しているが、この規定はEU指令5条の「公正概念」と同内容である。不正競争防止法の下で、事業者が取引行為を行う際に——例えば広告を行う際に——、当該事業者には、自己の広告の名宛人が誰であるか、どのような消費者を念頭に置いて広告を行うか、またその広告が公正かどうかについての事業上の判断を行うことが求められるが、この規定は、その際に考慮すべき特別の配慮事項すなわち「精神的または身体的な障害、年齢、軽信」を列挙したものである。同法、EU指令は、それぞれの特性を有する

---

(76) Lisa Waddington, Vulnerable and Confused: The Protection of "Vulnerable" Consumers under EU Law, 38 European Law Review. December 2013, p.757.

「消費者の集団」の平均的な構成員を基準とすることになる。ドイツの立法上の特徴は、この「公正概念」の導入前から、「特に子どもや青少年の取引上の経験不足、消費者の軽信、不安または強制状態」を利用する事業者の取引行為を原則違法とする規定（4条2項）に定めていた点にある。同条は、EU指令との整合確保の観点から、2008年改正において一部修正され、「<u>消費者の精神的または身体的な障害、年齢、軽信、不安または強制状態</u>」（修正箇所は下線部、著者挿入）に変更されたが、原則違法である点は改正されなかった（前記のとおりこの4条2項は、EU指令との「完全な調和」の実現のための2015年改正によって削除された）。

　2008年法によって改正された「不公正」の定義（3条）は、同指令の5条の「不公正」の規定と同内容となっている。この指令に対応した不正競争防止法の改正については、前述した指令に対する批判的評価と同様の見方が示されている。さらに、国内法に指令と同内容の「不公正」の定義が設けられたことについて、指令5条3項を受けた不正競争防止法3条2項の規定が「メディア広告」の原則許容につながる危険性を指摘する以下の見解がある。

　同法3条2項は、指令5条3項の規定と同じ規定を有する。すなわち、特別の保護が必要とされる消費者に向けた取引行為の「不公正」該当性の判断に際しては、当該取引行為が「事業者から見て思慮分別をもって予見することが可能な方法で特別の保護が必要とされる消費者の集団の平均とされる消費者の経済行動に影響を与える取引行為」であることについて、特に集団の「平均」の観点から考慮されるとする（3条2項）。事業者が行うメディア広告は、つねに消費者に対する影響を予見するものであり、事業者側において思慮分別をもって予見された広告であると主張された場合には、原則許容されることにつながる危険性がある。したがって、同条項は、特にメディア広告に関するものである場合には、限定的な解釈が求められ、特別の保護が必要とされる消費者の集団に向けられているかどうかについては、消費者の集団の側からの客観的な判断が必要であるとしている[77]。「脆弱な消費者」に対する保護が、「事業者側」の予見可能性を基準とする同法3条2項の問題

---

(77) Inge Scherer, Ende der Werbung in Massenmedien？ Überlegung zu Art. 5 Abs. 3 RLUnlGP/§3 Abs. 1 Satz 2 UWG-RefE, WRP 5/2008, S.571.

についての指摘は、そのままEU指令5条3項に当てはまるものであり、同指令の消費者概念そのものに対する見方に対する重要な視点となりうるものといえる。

(3) 「子ども」の概念

EU指令「前文(18)パラグラフ」は、「脆弱な消費者」の一例として「子ども（Kinder）」を挙げ、また特に「不公正」とされる「攻撃的取引方法」28号として「子ども向け広告」を定めている。この「子供向け広告」については第6章で考察するが、ここでは「子ども」の定義をめぐる論点整理を行う。

EU加盟国の成年年齢は18歳である。指令は「子ども」の定義を規定しないため、どの年齢を基準として「子ども」に該当するかを判断するかについては、大きく二つの見解が対立する。

第一に、14歳未満（unter 14 Jahren）、すなわち13歳以下を「子ども」とする立場である[78]。本指令の4年前に制定案が検討されていた販売促進令案（Vorschlag der Verkaufsförderungs VO）では14歳未満を「子ども」とする規定案が示されており、また酒類の販売に関する規定案では「未成年（Minderjährige）」の文言が用いられ、「子ども」と「未成年」が区別されていたことから、本指令における「子ども」は14歳未満であるとしている。

第二に、「子ども」は成年年齢である18歳未満であるとする立場である[79]。この立場は、「子ども」は「成年者（Erwachsenen）」ではないものを指し、このことは同指令の「攻撃的取引方法」28号において、「子どもを対象とする広告」が禁止される場合として、「成年者に対して子どもが購入を働きかける」場合を含むと規定していることからも導かれるとしている。さらに、「14歳未満」を「子ども」であるとした場合には、「14歳－17歳（18歳未満）」は、同指令の対象とはならないが、これによりこの年齢層は本指令の「脆弱な消費者」の保護から外れることになる点にも危惧を示している[80]。

---

[78] *Inge Scherer*, Kinder als Konsumenten und Kaufmotivatoren, WRP 4/2008, S.432.
[79] *Peter Mankowski*, Wer ist ein „Kind"? Zum Begriff des Kindes in der deutschen und der europäischen black list, WRP 12/2007, S.1403.

この第二の立場に対する反論が第一の立場からなされている。その趣旨は、「14歳－17歳」は、子どもの成長に関する心理学研究において、この年齢層は成年と同視できるとされていること、またこの年齢層については「攻撃的取引方法」の適用対象にはならないものの、「年齢」を消費者の特性の一つとして例示する指令5条3項、不正競争防止法3条2項の「脆弱な消費者」に対する「不公正」の判断枠組の中で考慮されることになるため、保護の対象から外れるものではないとする(81)。

　現在、ドイツの学説は第一の立場が通説である(82)。この「子ども」の定義をめぐる議論は、民法の成年年齢の18歳への引下げの動向が見られる日本において、若年消費者保護のあり方を検討する上で無視できない論点といえる。

第5節　消費者像——消費者概念を持たない日本の競争法への示唆

(1) 競争法における消費者像＝消費者概念の「不在」が持つ意味

　これまで検討してきたとおり、ドイツとEUの競争法においては、「消費者の定義」とは別に、消費者像＝消費者概念がEUの判例において「平均的な消費者」概念として形成され、2005年のEU指令においては「平均的な消費者」と「脆弱な消費者」という2つの概念が具体化されてきており、同指令との調和の要請の下、ドイツの国内法（不正競争防止法）の中にこの2つの消費者概念が取り込まれるというプロセスを辿っている。EUおよびドイツにおいて形成されてきた「消費者像」という意味での消費者概念は、「法的に保護される消費者」の基準または類型を提示する概念であり、司法（判例の形成）、立法（EU法および加盟国の国内法の整備）、行政（消費者政策）の「ベンチマーク」としての役割・機能を有するものといえる。

① 日本法における消費者概念をめぐる学説の状況

　日本法において「消費者概念」については、消費者の「定義」の観点から

---

(80) *Mankowski*, a.a.O. (Fn. 79), S.1404.
(81) *Scherer*, a.a.O. (Fn. 78), S.432. *Emmerich*, a.a.O. (Fn. 8), S.176.
(82) *Emmerich*, a.a.O. (Fn. 8), S.175.

説明される場合、消費者の特性ないし性格の観点から説明される場合、さらに理想的または期待される消費者像についての観点から説明される場合がある。消費者概念という用語自体が日本法において明確な立ち位置を示していないことが、議論の複層化の一因であるともいえるが[83]、別の見方をすれば、法の世界において「消費者」は様々な接近方法を可能とする考察対象であるともいえよう。がなされており、またそれぞれの観点が組み合わった考察しており行われてきている。以下では、これまで見られる消費者または消費者概念に関する接近方法について整理する。

第一に、消費者契約法の「消費者の定義」をめぐる考察アプローチがある[84]。日本において「消費者の定義」が最初に導入されたのが同法であることから、同法において定義上対置される消費者と事業者との関係性、消費者の特性等に着目することにより、消費者概念に包摂される人的範囲をめぐる問題（例えば、自然人事業者が含まれるかどうかといった問題）を中心に考察が行われている[85]。

第二に、民法における消費者の捉え方を視角とするアプローチによるものであり、民法上の「人」と消費者の関係性の検討をとおして、民法における消費者の位置付けと、民法と消費者法との関連性を明らかにしようとするものである[86]。

---

[83] 日本弁護士連合会編『消費者法講義〔第5版〕』（日本評論社、2018年）14頁は、「消費者概念を明確にするよりは、消費者の特性を明らかにしたり、消費者が置かれている状況や場面において生じる問題点を整理することにより、消費者法の適用範囲を画定し、……国家の介入や規制を行う目的、根拠、対象や方法などを導く原理を考察することの方が」学問的にも政策的にも実務的にも有益であると述べている（齋藤雅弘執筆部分）。日本における消費者概念をめぐる議論の複層する状況を言い表したものといえる。

[84] 大村敦志『消費者法〔第4版〕』（有斐閣、2011年）19頁以下では、「原理的消費者概念」と「技術的消費者概念」の二つの消費者概念を提示しているが、法律における「消費者の定義」は法律の適用範囲を画する後者の概念に位置付けられる。

[85] 谷本圭子「消費者概念の法的意義」鹿野菜穂子＝中田邦博＝松本克美編『消費者法と民法』（法律文化社、2013年）47頁、同「消費者概念の外延」河上正二責任編集『消費者法研究〔創刊第1号〕』（信山社、2016年）56頁。

[86] 河上正二「民法と消費者法」河上正二責任編集『消費者法研究〔創刊第1号〕』（信山社、2016年）2頁、中井美雄「消費者法制と民法上の『成年年齢』引下げの是非」現代消費者法3号民事法研究会16頁。「人」と「消費者」の関係に基づく捉え方は、大村・前掲注（84）では「原理的消費者概念」に基づく整理とされる（同書19頁）。

第三は、消費者の性格ないし特性の観点から捉えるアプローチである。消費者とは「人間が持っている一つの側面を切り出してきた概念」であり、また供給者との関係においては「較差」のある存在（弱者）であるとする学説である[87]。

　第四のアプローチは、消費者＝「生身の人間」であることを消費者概念の中核に位置付けることにより、法制度のあり方を考察するものである[88]。

　第五は、消費者のあるべき姿や期待される人間像という観点から説明するものである。伝統的な「弱者としての消費者観」ではなく「自立した自由な消費者像」を前提とした議論の必要性を説く見解[89]、市民としての消費者の主体性、市場秩序創成のための行動する消費者の能動性を説く見解[90]などがある。

　上記に見た消費者概念に関する考察の多くは、民法分野を中心に展開されたものであるが、競争法の分野では、消費者概念はどのように取り扱われているかについて、次に見ることにする。

② 日本の競争法における状況——消費者概念の不在

　日本の競争法の分野において、これまで「消費者概念」をめぐる問題は、学説上また実務上、取り上げられることも、議論の対象となることもなかったといえる。独占禁止法および景品表示法は、事業者の定義規定（独占禁止法2条1項、景品表示法2条1項）を置くが、消費者の定義規定を持たない。また、2つの法律は、ともに目的規定（1条）の中で「一般消費者の利益」の確保を掲げているが、「一般消費者」に関する定義は規定されていない。

　独占禁止法や競争政策の分野では、「一般消費者」そのものが考察の対象となることはなく、「一般消費者の利益」とは何かを中心とした議論がなさ

---

(87) 竹内昭夫『消費者保護法の理論』（有斐閣、1995年）7頁、13頁。また同書19頁には「消費者の特色の一つは、供給者に比べ愚かであるという点にある」とする記述がある。
(88) 後藤巻則『消費者契約と民法改正』（弘文堂、2013年）33頁、同「消費者法のパラドックス」法律時報80巻1号（2008年）33頁。正田彬『消費者の権利　新版』（岩波新書、2010年）17頁。河上・前掲注（85）7頁。
(89) 来生新「消費者主権と消費者保護」『岩波講座現代の法13　消費生活と法』（岩波書店、1997年）281頁。
(90) 吉田克己『市場・人格と民法学』（北海道大学出版会、2012年）220頁。

れている。学説では、「一般消費者の利益」とは競争によって良質廉価な商品・役務が供給される「最も直感的に理解できる消費者の利益」であるとする見解[91]があり、またこれに併せて競争のダイナミックな効果がもたらす「効率性」[92]や「技術革新」[93]であるとする見解が示されている。また、消費者が商品に関する適切な情報に基づき合理的な意思決定を行う環境確保のために不可欠な消費者の「選ぶ権利」と「知らされる権利」が「一般消費者の利益」であると見る見解がある[94]。これらの学説の見解は、排他的に唱えられているわけではなく、したがって「一般消費者の利益」は、その意味内容について、競争による利益や競争による効果の観点から説明することも、また「消費者の権利」（「選ぶ権利」と「知らされる権利」）から説明することも可能な概念であるということができる。判例では、「一般消費者の利益」は競争によってもたらされる「反射的利益」あるいは「事実上の利益」に過ぎないと捉えた判決[95]と、「公正且つ自由な競争」の促進は独占禁止法の「直接目的」であり、この競争促進によって達成される「一般消費者の利益」は独占禁止法の「究極目的」であるとする判決[96]がある。今日の通説的理解とされるのは後者の立場であるが、判例では「一般消費者の利益」の具体的な内容について踏み込んだ説明はなされておらず、その意味内容の解釈や理論の形成は学説に委ねられてきている。

　競争による利益や効果の観点から説明される「一般消費者の利益」は、消費者と事業者の双方にとっての利益であることから、「一般消費者の利益」は生身の人間である消費者に固有の利益ではなく、したがって「一般消費者」は「消費者」に限定されないのではないかという疑問が提起されうる。また、「一般消費者の利益」を「消費者の権利」と捉える場合には、「一般消

---

(91) 金井貴嗣＝川濱昇＝泉水文雄『独占禁止法〔第5版〕』（弘文堂、2015年）6頁、根岸哲＝舟田正之『独占禁止法概説〔第5版〕』（有斐閣、2015年）28頁は、「一般消費者の利益」をこのような意味内容だけで捉えることは消極的な見方であるとする。
(92) 金井＝川濱＝泉水・前掲注（91）8頁。
(93) 金井＝川濱＝泉水・前掲注（91）10頁。
(94) 根岸＝舟田・前掲注（91）28頁。
(95) 「ジュース表示事件」最高裁判決（1978年3月14日民集32巻2号211頁）。
(96) 「石油カルテル刑事事件」最高裁判決（1984年2月24日刑集38巻4号1287頁）。

費者」＝「消費者」であることを前提にしているといえるかどうか、その場合に「消費者」は生身の人間である「個人」としての消費者であるか、あるいは市場の需要者として想定しうる一定の個人の「集団」としての消費者であるか、といった問題が惹起する。

　独占禁止法の「一般消費者」が「消費者」と同義であるとした場合に惹起するもう1つの問題は、消費者契約法と消費者安全法の「消費者の定義」との関係性・整合性の問題である。2001年に制定された消費者契約法の消費者は「個人（事業として又は事業のために契約の当事者となる場合におけるものを除く。）」（消費者契約法2条1項）として、また、2009年に制定された消費者安全法の消費者は「個人（商業、工業、金融業その他の事業を行う場合におけるものを除く。）」として定義されているが[97]、これらの法律における「消費者の定義」と独占禁止法の「一般消費者」あるいは「消費者」との関係についての定説はない[98]。

　独占禁止法の学説には、一般消費者とは、「漠然とした日常語としての一般消費者ではなく、当該商品役務を購入するような人たちという意味で、限定された層の一般消費者である。」とする見解がある[99]。独占禁止法の違反行為の評価に際しては、当該行為が影響を及ぼす市場の範囲を決定する際に、「需要者代替性」の観点に基づいて市場を画定する作業が行われることとされている。したがって、この見解に依拠すると、独占禁止法違反行為の「不当性」は、例えばオンラインゲーム内での表示が、子どもにとっては理解することが困難な内容を示している場合には、子どもを「限定された層」の消費者と捉えて判断することが可能であると思われる。

---

[97] 消費者契約法と消費者安全法の「消費者の定義」の違いは、それぞれの法律の「事業者」の定義の差異に関わる。この点について第9章を参照されたい。
[98] 来生・前掲注（89）297頁は、消費者には「個別の個人である消費者」と、需要者として集合した「集合としての消費者」があり、後者は個人である消費者が「情報」を媒介して集合する存在であるとする。「集合としての消費者」と「一般消費者」との関係についての言及はないが、国家と企業は、個人としての消費者と集合としての消費者の双方と向き合う必要があると述べている（299頁）。
[99] 白石忠志『独占禁止法〔第2版〕』（有斐閣、2009年）225頁。

(2) 消費者基本法を手がかりとする消費者像――消費者概念についての問題提起

　2004年に制定された消費者基本法の趣旨は、消費者は従来からの消費者に対する見方であった「保護の対象」から「自立の主体」と位置付けが改められ、消費者は「自立の主体」＝「権利の主体」であることが明記された（同法1条）。また、同法は、「消費者の権利」に関する規定（同法2条1項）と「消費者の年齢その他の特性への配慮」に関する規定（同2項）を定めている。

　消費者基本法が「消費者の定義」規定を置かず、また特定の消費者像を挙げることなく、「消費者の権利」規定と「消費者の年齢その他の特性への配慮」規定を定めたことに、何らかの意図はあるのであろうか。本書は、「不変の消費者像」である「生身の人間」[100]が、同法の、すなわち日本の消費者に関する法と政策における消費者概念－消費者像であることを示唆するものではないかとその意図を推測する。本章の冒頭で見たように、「消費者の権利」を提唱したケネディ特別教書は、消費者は人間すなわち「生身の人間」であることを出発点としており、消費者基本法の立法過程でもそのことが前提とされている。

　また、「消費者の年齢その他の特性への配慮」規定は、個人の様々な特性への配慮の必要性を明記したものであり、消費者が「生身の人間」であることが当然の前提となった規定である。

　EUとドイツに見られる「平均的な消費者」と「脆弱な消費者」という二分化された消費者像－消費者概念ではなく、日本の消費者に関する法と政策は、消費者が「生身の人間」であり、個々の消費者が様々な特性を有することを前提とするものである、と見ることができると思われる。

　EUとドイツにおける「脆弱な消費者」概念に基づく立法や判例形成は、日本における「消費者の年齢その他の特性への配慮」の規定の趣旨を踏まえた個別の法律の解釈・運用の場面において重要な意味を持つ。とくに、子どもを対象とする広告その他の顧客誘引に対する行政規制あるいは民事規律に関する基本的視点を持たない日本の競争法の領域にとって、多くの先行事例

───────────
[100] 後藤・前掲注（88）33頁。

が蓄積するEUとドイツの「脆弱な消費者」に関する法理は貴重な手がかりといえる。

第4章 「消費者の権利」と消費者概念

第1節　問題の所在と検討の視角

　独占禁止法の保護法益は、公正かつ自由な競争の促進とこれによって実現される一般消費者の利益の確保と経済の民主的な発達の促進（同法1条）である。同法は、日本で最初に「競争」を保護法益とした法律であり、また同時に、日本で最初に「消費者」の利益の確保を法目的に掲げた法律である[1]。

　法制定から約70年の間、独占禁止法は数次に亙る弱体化と強化の改正の中にあって、同法の目的規定（1条）は制定当時のままの条文が維持されてきているが、独占禁止法制定時における一般消費者の利益を確保するための法の目的と役割は、変化してきている。同法の保護法益である「一般消費者の利益」の理解は制定当初のまま変わることなく、今日に至っているといえるのであろうか。

　「一般消費者の利益」の確保を保護法益とする独占禁止法の役割と機能は、競争当局である公正取引委員会による法運用と解釈を通じて、次第に事業者と事業者の間における競争と取引（B to B）を対象とした法としての機能に重心を置く方向を示してきており、事業者と消費者との間の取引（B to C）については、その後に制定され体系化が図られつつある消費者法の下での規制（行政規制）と規律（民事規律）に委ねられる傾向にある。

　1960年のニセ牛缶事件を契機とする不当表示問題への対策に際して、独占禁止法（不公正な取引方法の一つである顧客誘引）による規制の強化でなく、同法を補完する特例法と位置付けられた景品表示法が制定され、表示・景品・懸賞付販売に対する規制は景品表示法を中心として展開されることとなった。

---

(1)　丹宗暁信＝伊従寛『経済法総論』（青林書院、1999年）401頁、404頁。

消費者保護基本法（1968年）が制定され、国と自治体による消費者保護行政の二元体制が構築される中、表示や景品・懸賞付販売以外の顧客誘引問題、特に訪問販売、マルチ商法をはじめとする消費者取引に関わる問題群に対しては、独占禁止法が適用された唯一の事例である1975年の「ホリディ・マジック事件」[2]以降は、同事件の翌年に立法化された訪問販売法（1976年制定、現在の特定商取引法の前身）によりもっぱら規制が行われている。時代とともに複数の消費者保護を目的とする法律が制定されることにより、公正取引委員会を主務官庁とする独占禁止法の体系とは別に、「消費者法」と称される領域が構築される経過を辿っている。

1990年代に政府規制改革推進計画に基づく規制改革と競争政策が進展していく中で、公正取引委員会は「消費者政策の積極的推進」及び「競争政策と消費者政策の一体的取組」を主要政策目標として掲げ、その具体的検討項目として、第一に表示規制の強化を、第二に消費者の適正な選択を歪める行為の規制（ぎまん的勧誘行為、一方的不利益行為、困惑行為）を設定していた（公正取引委員会「消費者取引問題研究会」〔2002年11月報告書〕）。第一の項目は景品表示法の規制強化であり、第二の項目は景品表示法または不公正な取引方法による課題克服を主な内容とするものであった[3]。

しかしながら、その後も相次ぐ不当表示問題や、悪質商法、BSE、冷凍餃子などの食品安全、エレベータなどの製品安全に係る問題の頻発を受けて、消費者政策の強化と消費者行政の抜本的体制の強化の必要性が政府、国会において議論されることとなった。この結果、2009年9月に新たな司令塔機関として消費者庁が設置され、同庁の下に消費者法の多くの権限が集約され、独占禁止法の特例法であった景品表示法もこの時に移管された。この時期を境に、公正取引委員会において消費者政策と競争政策の一体的推進という政策目標が掲げられることはなくなり、公正取引委員会－独占禁止法、消費者庁－消費者法といった体制上の棲み分けを基本とした独占禁止法の運用が図られている状況が見受けられる。

（2）「ホリディ・マジック事件」公取委勧告審決（1975年6月13日、審決集22巻11頁）。
（3）同報告書の概要について、森貴＝中園裕子「『消費者政策の積極的な推進に向けて―消費者取引問題研究会報告書―』の概要」公正取引627号（2003年）53頁以下。

また、不公正な取引方法の一つである優越的地位の濫用の禁止については、従来から学説では事業者と消費者との間の取引も適用の射程に置かれるとする説が主流である一方、公正取引委員会はかかる適用は行ってきていない。近年の公正取引委員会「優越的地位の濫用ガイドライン」でも消費者を取引の相手方とする場合についての適用の可能性は示されておらず、むしろ同ガイドラインによって優越的地位の濫用はもっぱら事業者間の取引を適用対象とすることを念頭に置いたものとしての印象を強めた感がある。

　このように、今日の独占禁止法の運用をめぐる考え方には、事業者間の競争行為と取引行為をもっぱら法適用の対象とする法運用上の方向性が見られることから、事業者と消費者の間の取引に係る問題は、独占禁止法の領域ではなく、民法や消費者契約法による私人間の解決、又は特定商取引法、景品表示法・食品表示法による規制を基本とする消費者法の領域において対処される問題であるとの認識が前面に出始めているのではないかと思われる。

　独占禁止法が消費者法としての性格を具備するかという問題は、競争法と消費者法のコンバージェンスの問題として捉えられることもある。この点については、第 2 章および前章において検討したように、EU やドイツでは、2 つの競争法、すなわち「自由競争（freier Wettbewerb）」と「公正競争（unlauterer Wettbewerb）」のそれぞれの法秩序があり、市場における自由競争の確保が前者の、消費者保護については後者の領域において取り上げられるとする一定の峻別がなされていることと比較して、日本の独占禁止法が「公正かつ自由な競争」を保護法益としていることから、今もって、独占禁止法が競争法のみならず消費者法としての役割を有しているとする見方も否定されるものではない。

　本稿では、独占禁止法が消費者法としての性格を有していることを肯定した上で、独占禁止法の外形すなわち「一般消費者の利益を確保する」という法の目的規定の存在だけでなく、今後においても消費者法としての機能が期待できるかという観点から、独占禁止法の意味と役割について「消費者の権利」の視座から考察を行うものである[4]。

（4） 民法改正の議論においても、契約法と事業者規制法と二つの態様を併せ持つ消費者法領域を

なお、「消費者の権利」という用語には、ケネディ特別教書に由来する、いわゆる権利章典としての消費者の権利（Consumer Bill of Rights）と、消費者契約法（2001年制定）で用いられる消費者の権利（同法3条1、2項、10条）のように実定法上の権利として定められたものがある。前者の意味で用いる場合には、かぎ括弧書きで表記する。

第2節　ケネディ特別教書と「消費者の権利」の国際的潮流

ケネディ特別教書（1962年）を出発点として、「消費者の権利」という考え方が世界に広まったことは周知の事実である。同特別教書は、消費者には「安全の権利」「知らされる権利」「選択する権利」「意見を聞かれる権利」の4つの権利が存在すること、この権利を擁護し消費者保護を実現する上で国家・行政が取り組むべき施策について述べたものである。

アメリカ合衆国では、その後、フォード大統領の時代の1975年に「消費者教育を受ける権利」が追加され、現在5つの権利がある。

このケネディ特別教書の4つの権利は、1960年にアメリカ合衆国、英国、オランダ、ベルギー、オーストラリアの5か国の消費者団体を理事として設立された国際消費者機構（IOCU、1995年にコンシューマー・インターナショナル〔CI〕に改称）において、8つの「消費者の権利」に拡充された。

EUでは、1975年に欧州理事会で決議された「消費者保護及び情報政策に関する予備計画」において「健康と安全の権利」「経済的利益が保護される権利」「救済のされる権利」「情報と教育の権利」「意見表明の権利」が明記されたのが「消費者の権利」に関する最初の取り組みであった。EU条約レベルでは、2003年発効のニース条約153条1項に「情報」「教育」「消費者の組織化」の3つの「消費者の権利」規定が導入され、2010年発効の欧州機能条約（リスボン条約）169条1項に引き継がれている。

民法との関係においてどのように位置付けるかの視点からの議論が行われていたが、本章は日本の経済法と消費者法の関係を取り上げるものである。民法改正作業における消費者法の位置付けをめぐる議論について、鹿野菜穂子「消費者法と法典化」岩谷十郎＝片山直也＝北居功編『法典とは何か』（慶應義塾大学出版会、2014年）265頁を参照されたい。

各国の権利の宣言や法律としての制定の状況にはそれぞれ違いがある。このことは、それぞれの国における「消費者の権利」に対する認識と背景事情から、それぞれの国や共同体において必要とされた権利が宣言され、あるいは立法されてきたと理解することができる。

CIの8つの権利は、「Consumer Bill of Rights」（消費者の権利章典）と称されるように、先進国や途上国を問わず、グローバルな観点から、必要とされる権利を広く取り入れたいわば「消費者の権利」のカタログとしての性格を有するものといえよう。そこで、日本における「消費者の権利」をめぐる議論と立法の状況について見ることにする。

第3節　日本における「消費者の権利」をめぐる状況

(1) 消費者基本法以前における「消費者の権利」をめぐる議論

日本では、消費者運動の高まりの中で1957年に開催された第1回全国消費者大会において、消費者が主権者であるとする「消費者宣言」がなされたことが、消費者の存在が主権ないし権利との関係で認識される初期の出来事であったと思われる[5]。

昭和30年代に入ると、消費者の生命・健康に対する被害をもたらした食品公害ともいわれた「森永ドライミルク事件」（1955年）、日本における最初の不当な広告・表示事件となった「にせ牛缶事件」（1960年）が発生し、また高度成長期の中で出テレビの広告や景品・懸賞付販売など新たな販売手法を用いた競争が過熱し、さらに毎年の消費者物価が上昇するなど、消費生活に対する影響や環境変化が顕著となった。1960年に経済企画庁に国民生活向上対策審議会が設置され、同審議会は1963年6月に「消費者保護に関する答申」を経済企画庁長官に行った。この答申は、消費者が「権利」を有するものと考えられるとした上で、国や自治体が消費者保護を行う必要性は、これらの

---

[5] この「消費者宣言」は、労働者と消費者が資本主義、具体的には独占資本によるカルテルによる搾取に対抗する力を結集することの必要性を唱えているが、この宣言の締めくくりに「消費者大衆こそ主権者」であり、この権利をまもることが宣言されている。歴史背景を含めた詳細は、原山浩介『消費者の戦後史』（日本経済評論社、2011年）162頁参照。

権利の侵害に対処することに求められるとしている点に特徴がある。

同答申は、以下の3つの「消費者の権利」を掲げている（同答申Ⅱ1「消費者の権利」）。

> 「① 商品およびサービスが通常の社会人が一般に期待するような品質内容をもっており、かつ安全性や衛生の面などで消費者に不当に不利益を与えるものであってはならないこと。
> ② 商品およびサービスの価格その他の取引条件が自由かつ公平な競争によってもたらされるものであること。このことと関連して、価格のうちでも一般の商品やサービスと異なった価格決定機構をもっている公共料金などについては、その決定に当って消費者の意向が反映されることが必要である。さらに商品およびサービスの生産・流通過程が不合理なため不当に高い価格が形成されているものについては、生産・流通機構の合理化が図られること、また不当な便乗的値上げが行われるような場合はこれが排除されることが必要である。また、商品およびサービスの計算についても、取引単位が明確であり、適正な計算によるものであることが必要である。
> ③ 商品およびサービスの品質・内容および価格その他の取引条件に関する表示・広告についてそれが虚偽誇大なものでなく、かつそれにより必要な正しい知識をもちうるものであること。すなわち、商品およびサービスの広告が虚偽誇大であってはならず、かつそれらに添付される品質、性能、安全法、使用法、価格、量目などの表示が適正かつ妥当なものでなければならない。」

この答申はケネディの4つの権利宣言の翌年のものであり、日本で最初の「消費者の権利」を掲げた公文書であり、消費者行政の黎明期には「消費者の権利」が消費者保護行政の指導理念となるものであることが確認されていたといえる。

この答申および翌1964年の統一的見地からの消費者行政の改革に関する臨時行政調査会の意見・勧告が契機となって、消費者行政と消費者政策に関する基本的方針と行政枠組を定める「基本法」の制定が国会で審議され、1968年に消費者保護基本法が制定された。同法の審議過程において、消費者の「権利」の取扱いが争点の一つとなり、最終的に消費者の「利益（の擁護）」の表現を用いることで法案提出4党間の合意がなされ、法案成立に至った経

緯がある[6]。

「消費者の権利」が国民生活向上対策審議会答申に盛り込まれながら、基本法の中に取り入れられなかった立法時の事情から、学説においても、権利を肯定する積極的立場と否定的に捉える消極的立場が見られた。

否定説の論拠としては、消費者は国家・行政による保護の客体であって、法や政策に基づく保護の反射的利益を享受するに過ぎないとする見解、ケネディ特別教書の「消費者の権利」は理念にすぎず、民法をはじめとする実定法上の種々の権利行使によって消費者利益の回復や救済が可能であるとする見解、「消費者の権利」の主張を環境権などの新たな基本的人権の一つと見ることに否定的な見解などが挙げられる。

積極的に肯定する説としては、正田彬教授の学説がある。正田教授は、「安全」「表示」「公共料金等の取引条件の決定への参加」「情報」の４つの権利を主唱している（以下、この立場を「正田・４つの権利説」と称する）[7]。また、鈴木深雪教授は、「消費者として社会構造上受けるさまざまな不利益の被害者として有する権利を包括した総合的な権利」としてその意味を説明している[8]。これらの積極説は、「消費者の権利」と日本国憲法が定める基本的人権規定との関係性についても言及してきている。「消費者の権利」を幸福追求権（憲法13条）の１つとして説明する見解[9]、生存権（憲法25条）に根拠を有する基本的人権として理解する見解[10]、新たな人権として捉える立場などがある。さらに、「消費者の権利」は、「私法的権利」と「理念としての権利」に分けて考える必要があるとする整理の観点を示す見解がある[11]。

消費者保護基本法は2004年に改正され、新たに制定された消費者基本法に

---

(6) 及川昭伍＝田口義明『消費者事件　歴史の証言』（民事法研究会、2015年）14頁は、「消費者の権利」規定に対する業界を中心とした強い反発が見られる中で、「消費者の利益の擁護」の文言が権利規定の趣旨を踏まえたものとして導入された経緯を明らかにしている。なお同法は議員提出立法である。
(7) ４つの権利は、正田彬『消費者の権利』（岩波新書、1972年）、同『消費者の権利　新版』（岩波新書、2010年）の一貫した立場である。
(8) 鈴木深雪『消費者政策　消費者生活論〔第５版〕』（尚学社、2010年）19頁。
(9) 鈴木・前掲注（８）20頁。
(10) 正田彬『経済法講義』（日本評論社、1999年）31頁。
(11) 細川幸一『消費者政策学』（成文堂、2007年）21頁。

は、8つの権利を内容とする規定（同法2条1項）が定められた。現在は「消費者の権利」自体を否定する見解は見当たらない。今日の議論は、「消費者の権利」の性格、その意味内容の捉え方をめぐって展開されている。

(2) 消費者基本法における8つの権利の規定

消費者基本法2条1項の規定は、以下のとおりである。

> 「消費者の利益の擁護及び増進に関する総合的な施策（以下「消費者政策」という。）」の推進は、国民の消費生活における基本的な需要が満たされ、その健全な生活環境が確保される中で、消費者の安全が確保され、商品及び役務について消費者の自主的かつ合理的な選択の機会が確保され、消費者に対し必要な情報及び教育の機会が提供され、消費者の意見が消費者政策に反映され、並びに消費者に被害が生じた場合には適切かつ迅速に救済されることが消費者の権利であることを尊重するとともに消費者が自らの利益の擁護及び増進のため自主的かつ合理的に行動することができるよう消費者の自立を支援することを基本として行われなければならない。」

2条に付された条文タイトル「基本理念」の第1項の中に、一文の中に盛り込まれるかたちで8つの権利が規定されている。この規定の見方に関して、同法の制定時から、同法2条1項に記載されている「消費者の権利」は6つであるとする主張がある[12]。すなわち、同条項の「国民の消費生活における基本的な需要が満たされ、その健全な生活環境が確保される中で」の文言を取り出して、「消費生活の基本的需要が充たされる権利」及び「健全な生活環境が確保される権利」の2つの権利として見ることについては疑義があるとする考え方である[13]。消費者保護基本法の改正作業のベースとなった国民生活審議会消費者政策部会「21世紀型の消費者政策の在り方について」（2003年5月）が示した権利も6つであり、これら2つは含まれていないこともこの立場の論拠の一つである。これらの権利は、他の6つの権利の内容と比較すると、消費者政策として具体的な施策目標となりうるものではな

---

(12) 及川＝田口・前掲注（6）134頁。細川幸一「人権としての消費者の権利」江橋崇編著『グローバル・コンパクトの新展開』（法政大学出版局、2008年）228頁もこの立場である。
(13) 及川＝田口・前掲注（6）135頁。

く、また、先進国である日本にとっては既に実現し確保されているものとしての理解である。

基本法2条1項の「消費者の権利」が8つの権利であるか、6つの権利であるかという議論発生の要因の一つは、個々の権利を個別に規定するのではなく、包括的に一条文に羅列した規定ぶりにある。かかる規定の仕方については、理念として謳われる権利規定としての性格を強調したのではないかと推測される[14]。もう一つの要因は、そもそも「消費者の権利」規定の導入に際して、日本において立法化されるべき「消費者の権利」として何が必要であるかという検討がなされ、その上で、CIの8つの権利のカタログを参考にしつつ、日本において特に必要とされる、すなわち立法当時（2004年）において消費者の安全と安心の確保にとって不可欠な権利規定が立法化されるべきであったということが指摘できよう。

「国民の消費生活における……適切かつ迅速に救済されること」までの記載の中に、CIが掲げる8つの権利の内容が網羅されている。同法の立法担当者による解説においても、「立法の過程においては、国際消費者機構（CI）の8つの消費者の権利との関係が議論となり、基本法の2条1項には、その内容が余すところなく位置づけられることとなった。」ことが述べられており、日本における「消費者の権利」は8つの権利であることは明らかである[15]。この8つの権利のうち、議論とされた2つの権利については、今日の日本においてその意味を再確認する必要があると思われることから、第5節であらためて取り上げたい。

第4節　「消費者の権利」の性格

(1) 消費者概念と「消費者の権利」

ケネディ特別教書において、消費者に関する特段の説明はなされていないが、同教書は「消費者とは、我々全てを含んでいる。」という一文で始まる。

---

[14] 細川・前掲注（12）228頁は、同法2条1項は「権利規定と呼べるか疑問」とする。
[15] 吉田尚弘「消費者保護基本法の一部を改正する法律」ジュリスト1275号（2004年）273頁。

従来から、消費者概念については、生活者、市民といった概念との近似性又は類似性が取り上げられてきており、「消費者の権利」も生活者としての権利として説明されることもある[16]。さらに、近年、消費者市民（consumer citizen）という考え方が国民生活審議会や国民生活白書において取り上げられており、消費者教育推進法（2012年制定）では消費者市民社会の形成が消費者教育の理念とされている。

日本の法制度において消費者は、個別の法律において定義されており、全ての法律に共通する定義を有しているわけではない[17]。個別の法律ごとの定義において、文言と意味内容で共通していることは、消費者は事業者との関係において定義されていることである。最初に定義規定が置かれた消費者契約法2条1項は、「『消費者』とは、個人（事業として又は事業のために契約の当事者となる場合におけるものを除く。）をいう。」と定めている。この定義を準用した法律には電子消費者契約法2条2項、法の適用に関する通則法11条1項に、同様の定義規定がある。消費者行政法である消費者安全法2条1項の消費者の定義は、「個人（商業、工業、金融業その他の事業を行う場合におけるものを除く。）」と規定している。このように、事業者の対義語として消費者を定義する立法は、ドイツ、EUにおいても見られる。

これらの法律上の消費者の定義は、消費者が事業者とは区別される「個人」であること以上の内容を持つものではない。「個人」には性別、年齢といった属性以外にも、障がいの有無、判断能力の程度など様々な側面があり、かかる多様な属性は事業者との取引、消費生活の場面にも反映される。ケネディ特別教書の「消費者の権利」の消費者とは、消費者の多様性を捨象して画一的なモデルとしての——とりわけ市場における合理的判断を行うプレイヤーとしての——消費者ではなく、現代経済社会の中で消費生活を営む全ての人間の意味において理解することが可能である。

「消費者の権利」の1つである「消費者教育を受ける権利」は、日本の消費者基本法にも明記され、これを受けて2012年に消費者教育推進法が制定さ

---

[16] 消費者概念については、本書第3章を参照されたい。
[17] 永井和之編『法学入門』（中央経済社、2014年）115頁（遠藤研一郎執筆部分）。

れたが、その具体的な推進計画は、幼児教育、義務教育、高校、大学、職域、地域における消費者教育の実践を柱としており、また個々人の属性を踏まえた教育内容を備えたものとなっている。この点からも、「消費者の権利」は、多様な性格を示す消費者が行使すべき主体であることを前提としているものといえよう[18]。

(2) 請求権としての「消費者の権利」

「消費者の権利」の性格をめぐる捉え方には、理念としての権利説、私法上の権利説、憲法上の権利（人権）説がある[19]。理念としての権利説は、消費者政策・行政の意義と目的は「消費者の権利」の実現にあるが、それ以外の国の諸政策の立案と実施に際しても、「消費者の権利」を尊重し、権利を侵害しないことへの最大限の配慮が必要とされるとするものである。また、私法上の権利は、市場における事業者と消費者との関係、とりわけ市場力・情報力・交渉力の格差の存在を前提とした事業者と消費者の取引において、消費者の諸権利が侵害され、または侵害されるおそれがある場合に、消費者関係法を通じて事業者に対して被害の救済と被害から予防を求めることができる権利として捉えるものである。憲法上の人権として捉える立場は、日本国憲法には存在していない「消費者の権利」について、生存権として、幸福追求権として、あるいは新たな人権として、憲法上の根拠を明確にする必要性を唱えるものである。

これらの捉え方は、いずれも相互に排他的な関係にあるものではない。重要なことは、消費者とは何か、消費者が――たんなる「国民」と同じレベルで捉えるのではなく――現代の経済社会においていかなる存在であるかという基本認識の上に、「消費者の権利」の意義を確認することが、「消費者の権利」の法的な性格を考察する原点であるということである。

---

[18] 現在の日本において進行している貧困層の増大が「消費者の選択する権利」自体を有名無実化している実態が指摘されている。植田勝博「『消費者の権利』が崩壊する日」現代消費者法No.31（民事法研究会、2016年）53頁。

[19] 細川・前掲注(12) 228頁。岩本諭「消費者の権利と責任」岩本諭＝谷村賢治編著『消費者市民社会の構築と消費者教育』（晃洋書房、2013年）137頁。

前述のとおり、消費者は、個別の法律で事業者と対峙する関係において捉えられているが、こうした関係に着目すると、「消費者の権利」は事業者に対する請求権としての性格を有していることは否定できない。その一方で、8つの「消費者の権利」の個々の権利には、事業者に対する請求だけでは実現が困難な内容を有しているものが少なくない。例えば、「知らされる権利」の内容は、情報の権利や事業者に表示させる権利といわれることがあるが、消費者が事業者に対して商品・サービスに係る情報を過不足なく表示させることを求める場合に、その事業者の情報提供や表示の態様が消費者にとって不十分である場合には、行政による規制の強化や立法による法の不備の是正を求めることになろう。また、「消費者の権利」の中には、「消費者教育の権利」のように、そもそも事業者に対する請求によっては実現せず、国家の作用によって初めて実現可能な内容のものがある。したがって、「消費者の権利」の行使の相手方には、事業者のみならず、国家も含まれると見る必要がある。ここでの国家とは、立法、行政、司法を指すのであり、その意味において、「消費者の権利」の法的性格は、国家と消費者との関係において、三権に対する請求権という視点から明らかにすることもできよう。

(3) 消費者基本法における8つの権利の性格

上述した請求権としての性格を有する「消費者の権利」は、8つの権利を掲げた消費者基本法2条1項を根拠既定として、消費者が事業者に対して、または場合によっては国家を名宛人として、権利の侵害を理由として、あるいは権利内容の実現を求めて請求することができるかという論点について検討する。

一般に「基本法」の各規定は、いわゆる「プログラム規定」として定められたものであり、基本法に定められた規定内容は、さらに個別の法律によってその内容が具体化されることが必要であるとされる[20]。消費者保護基本法および改正された現行の消費者基本法についても、各規定は「プログラム規定」として定められており、同法の定めを根拠既定として裁判上の請求は

---

[20] 大村敦志『消費者法〔第4版〕』（有斐閣、2011年）33頁。

行うことはできないとするのが通説的な理解である(21)(22)。したがって、同法の各規定、すなわち8つの権利規定（2条1項）、「消費者の年齢その他の特性への配慮」（2条2項）などの権利に関する条項の内容をはじめとして消費者政策に関する規定の内容は、それぞれ個別の立法を通じてその実現が図られる必要がある(23)。

　ケネディ特別教書を契機とする「消費者の権利」の宣言が多くの国の消費者政策の基本理念として定着している中にあって、事業者や国家に対する請求権としての8つの権利が実質的意味を持つためには、立法による手当てとともに、それぞれの権利が行使できる社会基盤が確保されることも必要とされる。そのためには、8つの権利が消費者行政・政策の基本的な指標として位置付けられることが不可欠であろう。

(4) 消費者政策の評価指標としての「消費者の権利」

　消費者基本法の各規定が「プログラム規定」であることから、同法が定める8つの権利と消費者の特性への配慮に関する規定が消費者政策において実質的意味を持ち、また消費者が同法に基づき請求権を裁判上行使するためには、個々の権利内容に応じた立法の整備が必要とされる。また、すでに法制

---

(21) 中田邦博＝鹿野菜穂子編『基本講義消費者法〔第3版〕』（日本評論社、2018年）11頁。
(22) 学説には、基本法2条1項はプログラム規定ではないとする説（潮見佳男「消費者基本法について」月報司法書士393号2004年57頁）がある。この説は、「プログラム規定説」に対する「具体的権利性承認説」として整理される（吉田克己「消費者の権利をめぐって」河上正二責任編集『消費者法研究　創刊第1号』〔信山社、2016年〕23頁）。この「具体的権利性承認説」は、「消費者の権利」規定が基本法の基本理念のかたちで定められているが、国と自治体は、これらの権利保護のために実効性のある措置を講じるべきであり、また市民もこれらの権利の実現のための措置や権利実現が妨げられることを防止する措置ならびに権利侵害の場合の救済措置を求めることができるとする内容である（吉田克己・24頁）。同旨として、山里盛文「消費者保護と「消費者の権利」―消費者基本法2条1項の8つの権利の考察を通して」明治学院大学法律科学研究所年報29号2013年326頁がある。この二つの立場の違いは、基本法の各規定を直接の根拠として国や自治体に対して立法上の作為又は不作為を求めた裁判上の請求が可能かどうかという点にある。しかしながら、「消費者の権利」規定をプログラム規定と見る立場も、同規定がたんに基本理念にとどまるものではなく、個別の立法をとおして権利内容が具体化されることが必要であるとしており、この点において二つの立場に大きな違いはないと思われる。
(23) 向田直範「21世紀の消費者法と消費者政策」日本経済法学会年報第29号（有斐閣、2008年）7頁。

度が確立している場合には、当該法律に基づいて消費者が権利を行使できる基盤が整備されていることについての確認が求められる。そのためには、8つの権利が日本における消費者行政・政策の最も基本的な指標として位置付けられることが重要な意味を持つことになる。

それぞれの権利の内容が実現されるためには、個別の立法を通じて内容に関わる政策が具体化されることが必要となる。旧基本法に既に消費者に対する啓発・教育が基本施策として定められていたが消費者教育の組織的・体系的な実施には至らず、2012年に消費者教育推進法が成立したことにより、現行の基本法の「消費者の権利」の一つである「消費者教育を受ける権利」が立法によって実現された。翌年6月28日には「消費者教育推進に関する基本的な方針」が閣議決定され、同方針は、消費者教育の実施状況に関する調査、分析および評価を行い、おおむね5年ごとに基本方針の検討ないし報告を行うこととしている。2018年3月30日には、成年年齢引げに対応した「実践的な消費者教育を確実に行う」ことを内容とする同方針の改訂が実施されている。この一連の政府の消費者教育推進法に関する取組状況は、消費者教育に関する政策の分析、評価、検討といった、いわゆるP（Plan 計画）、D（Do 実施）、C（Check 評価）、A（Action 行動）から成るPDCAサイクルの下で政策遂行が行われている例ということができる。

この「消費者教育を受ける権利」に限らず、8つの権利の全てについて、立法を通じて、あるいは既存の法律についてはその運用において、必要な政策が立案され、その政策の達成度を評価・検証することによって、その権利の内容が具体化されていく必要がある[24]。

---

(24) 吉田・前掲注（22）45頁は、基本法の「消費者の権利」規定は、「立法行政に対する指針としての機能」を有すると述べているが、本書の立場はこの見解と同じ立場である。

第5節　「消費者の権利」と競争法の関係と課題

(1) 一般消費者の利益と「消費者の権利」の関係性
① 「一般消費者の利益」の意味内容と捉え方

　司法において、一般消費者の利益と「消費者の権利」の関係性について直接言及した判例はないが、一般消費者の利益という独占禁止法の保護法益の捉え方に関する判例として、3つの判決を時系列で取り上げる。

　景品表示法をめぐる民事事件に関わる最高裁判決として、1978年の「ジュース表示事件」最高裁判決がある[25]。同事件は、公正取引委員会が認定した果汁飲料等の表示に関する公正競争規約の内容に対して主婦連合会が不服申立てを行ったが、公正取引委員会がこれを却下する審決を出したことに対して、主婦連合会がその審決の取消を求めた行政訴訟事案である。上告審である最高裁判決は、独占禁止法及びその特例を定めた景品表示法の目的は「公正な競争秩序の維持すなわち、公共の利益の実現」を目的としているとした上で、景品表示法によって享受する一般消費者の利益は、「公益の保護の結果として生ずる反射的な利益ないし事実上の利益であって、本来私人等権利主体の個人的な利益を保護することを目的とする法規により保障される法律上保護された利益とはいえない。」と判示した。独占禁止法とその特例法であった2009年改正以前の景品表示法の目的・法益を同様のものと解した上で、最高裁判決は、一般消費者の利益を「反射的利益ないし事実上の利益」と見たものであり、この立場からは一般消費者の利益の意味・内容を積極的に捉えることは困難とならざるを得ない。

　独占禁止法1条の「一般消費者の利益」の捉え方を示したものとして、「石油カルテル刑事事件」最高裁判決（1984年2月24日刑集38巻4号1287頁）がある。この判決は「公共の利益」の解釈は独占禁止法1条の目的規定から導かれること、そして1条に定められる公正かつ自由な競争の促進を直接目的、一般消費者の利益の確保と経済の民主的発達の促進を究極目的として分類・

---

[25]「ジュース表示事件」最高裁判決（1978年3月14日、民集32巻2号211頁）。

整理して、公共の利益の要件はこの直接目的と究極目的の比較衡量において判断されることを示したものである。

「豊田商事事件」国家賠償請求訴訟は、金地金の現物の存在を前提としたペーパー商法を行っていた豊田商事を相手どって同商法の被害者が、同商法に対する公正取引委員会その他の国の機関が適切な規制権限を発動しなかったことを理由としてこれら行政機関に対して提起したものである。被告・公正取引委員会は、「被控訴人（注・原告被害者）らが独禁法・景表法の適用によって受ける利益は反射的ないし事実上の利益にすぎない」として同商法に対する規制権限発動の作為義務の不存在を主張した。大阪高裁判決（1998年1月29日審決集44巻611頁）は、豊田商事による金地金の現物の存在を前提とした取引の内容が有利誤認表示に該当するとした上で、独占禁止法及び景品表示法の一般消費者の利益を「究極目的」であるとし、「具体的事情の下において、個別の国民の権利利益との関係で、公取委の公務員が右規制権限を行使すべき条理上の法的作為義務があり、これを行使しないことが右独禁法等の究極目的に反し、著しく不合理である場合があることを全く否定することはできない」として公取委が主張した反射的利益論に基づく主張を退けた（なお、判決は、規制権限を発動しなかったことに対しては条理に反して不合理とはいえず権限不行使の違法性を否定し、原告の請求を退けた）。

このように、司法判断における一般消費者の利益の捉え方は、「石油カルテル事件」最高裁判決における独占禁止法の究極目的としての位置付けが示されて以降、下級審の国家賠償請求事件の事案ではあるものの「豊田商事事件」大阪高裁判決においては反射的利益論は採用されておらず、「ジュース事件」最高裁判決の見解に留まっているとはいえない。消費者基本法に「消費者の権利」規定が法定されたことによって、「消費者の権利」を一般消費者の利益の内容として捉えることになるかについては、今後の判例の動向が注目される。

学説の状況を見ると、大別して、一般消費者の利益について、競争の促進の反射的利益と見る立場（消極説）と、積極的に法の保護法益と捉える立場（積極説）がある。

（i）消極説　市場の競争が確保されることにより、商品や企業の選択、

良質・廉価な商品・サービスの入手が可能になるなどの競争の利益が生まれる。国による市場の競争の維持、競争制限の除去によって「公正かつ自由な競争」が確保されることによって、一般消費者はその作用によって競争の利益を享受することができるにすぎず、したがって一般消費者の利益は独占禁止法の運用による競争秩序の確保の反射的利益であるとするのが消極説の見方であり、前掲「ジュース表示事件」最高裁判決と同じ立場といえる。

　(ⅱ)　**積極説**　この積極説は、一般消費者の利益の確保は独占禁止法の反射的利益にとどまるものではなく、同法の最も重要な保護法益であるとする。そして、一般消費者の利益の意味・内容については、「消費者の権利」を含むとする見解[26]、「消費者の権利」のうち「選択の権利」と「知らされる権利」が一般消費者の利益の中核であるとする見解が見られる[27]。

　根岸＝舟田説は、民主的経済秩序と経済学の消費者主権を「法律的に捉え直し、消費者の『権利』という観点からみるならば、民主的な経済秩序を形成するためには、競争政策によって、個々の消費者に『選ぶ権利（競争法価格によって商品やサービスに接することが保障されること）』と、その前提としての『知らされる権利（不当な表示や広告から保護され、自主的かつ合理的な選択を行うために必要な情報が与えられること）』を確保することが不可欠になるというべき」であるとしている[28]。

　この見解と同様に、経済法制度の沿革、とりわけ市民社会の法秩序とその修正原理としての市場経済秩序、そして独占禁止法のもう一つの究極の保護法益である「経済民主主義の達成」との関係から、経済法制度における消費者の位置付けを明らかにする見解もある。この立場を採る金井貴嗣教授は、民主主義の精神と同様に、経済民主主義もまた経済社会の底辺にある消費者が秩序を自らつくり担う精神の実現にあり、「『一般消費者の利益』はア・プリオリにその内容が確定されているものではなく、基本的には『消費者の権利ないし自由』の実現を通して確保されるものと考えられる」とする[29]。

---

(26)　今村成和＝丹宗昭信＝実方謙二＝厚谷襄治編『注解経済法（上巻）』（青林書院、1985年）24頁（今村成和執筆部分）。
(27)　根岸哲＝舟田正之『独占禁止法概説〔第5版〕』（有斐閣、2015年）28頁。
(28)　根岸＝舟田・前掲注（27）28頁。

② 「一般消費者」と消費者の多様性——独占禁止法における適合性の原則の視座

独占禁止法、景品表示法、食品表示法などの目的規定でいわれる「一般消費者の利益」の一般消費者について、いずれの法律においても定義や説明はなされていない。これらの法律にいわれる一般消費者とは何を意味するかについて若干見ておきたい。

独占禁止法の学説、実務においては、「一般消費者の利益」として説明されることが通常であり、一般消費者そのものについての言及はあまりない。一般消費者の利益の確保の意義の説明として、一般消費者を「商品流通過程の底辺を構成し、ほかにその負担を転嫁しえない取引主体」として、また「いわば独占段階の取引社会における従属関係の底辺を形成するものとして」性格づけられるとする見解がある。この見解は一般消費者を現代経済社会における位置付けの中で捉えたものであるが、同時に消費者を「経済的従属者の典型」と見ていることから、一般消費者と消費者を明確に区別せず、同じものと捉えているといえよう[30]。

司法における一般消費者に関する踏み込んだ裁判例はないが、前掲「ジュース表示事件」最高裁判決は、「一般消費者の利益」について、「公正取引委員会による……公益の保護を通じ国民一般が共通してもつにいたる抽象的、平均的、一般的利益」と述べており、ここでは一般消費者は国民と同じレベルで認識されている。日本の国民は全て消費者であるという認識に立てば、国民＝消費者であることは間違いない。他方、国民と消費者とは量的規模として一致していても、消費者性は国民とは異なる性格であるということも否定できないと思われる。

独占禁止法（および景品表示法）の目的規定の「一般消費者」は消費者と全くの同義と捉えてよいのか、あるいは一般的な消費者モデル——そういうモデルが想定できるとすればではあるが——を意図した概念なのかについて

---

(29) 金井貴嗣「現代における競争秩序と法」正田彬＝金井貴嗣＝畠山武道＝藤原淳一郎『現代経済社会と法〔現代経済講座1〕』（三省堂、1990年）125頁、同「独占禁止法の目的と体系」日本経済法学会編『独禁法の理論と展開〔経済法講座第2巻〕』（三省堂、2002年）6頁。
(30) 正田彬『全訂独占禁止法Ⅰ』（日本評論社、1980年）121頁。

は、明らかではないが、検討の手がかりとなるのが EU の立法例である。

　事業者−消費者の間の不公正な取引に関する EU2005年指令は、「高水準の消費者保護」と「消費者の権利」（「情報」「消費者教育」「消費者の組織化」に関する3つの権利）を定めた EU 条約（2002年ニース条約）153条に基づいて定められたものである。同指令は保護される消費者について、2つのカテゴリーを設定している。同指令は、保護される消費者は「平均的な消費者」すなわち「合理的に十分に情報を提供され、かつ合理的に注意深く用心深い消費者」であり「社会的、文化的かつ言語上の要素に配慮する消費者」であるとする一方、消費者には子どもを典型とする「脆弱な消費者（vulnerable consuner）」が存在し、脆弱な消費者には格別の保護を必要とすること、その保護のための基準は、脆弱な消費者の集団における平均とすることを述べている[31]。この平均的消費者と脆弱な消費者の概念、及び両者の関係については議論があるが、現在の EU における消費者保護のベンチマークを示したものといえる。また、この「脆弱な消費者」というカテゴリーが EU 消費者法制度の中に置かれたことは、適合性の原則を踏まえた消費者の多様性に配慮した消費者法制の重要性を示したものといえる。

　日本法における「一般消費者」の用語が消費者と同義であり、また消費者が年齢、性別、所得・経済状況、判断能力などの面で多様な属性を有する個人であることから、それぞれの法律の目的である「一般消費者の利益」を正面から理解しようとすれば、かかる消費者の多様性を念頭に置いて法の解釈と運用を考慮する視点−適合性の原則が、独占禁止法や景品表示法等においても検討される必要性があると思われる。

　この点について、「一般消費者」とは、「漠然とした日常語としての一般消費者ではなく、当該商品役務を購入するような人たちという意味で、限定された層の一般消費者である。」とする見解がある[32]。この見解に立てば、事業者の行為とその行為の影響に対する評価を通じて、例えば子どもを顧客とする商品・サービス（玩具、あるいはオンライン・ゲームなど）をめぐる顧客誘引

---

[31] EU 不公正取引慣行指令（2005年）前文 para.18。「脆弱な消費者」概念については、本書第3章を、また子どもと消費者概念をめぐる問題については第5章を参照されたい。
[32] 白石忠志『独占禁止法〔第2版〕』（有斐閣、2009年）225頁。

行為とその行為の不当性を判断する際には、当該商品・サービスの需要者から構成される顧客層や市場を画定して法適用がなされることにより、これらの需要者の利益＝一般消費者の利益が確保できることになる。この見解は、現行の独占禁止法や景品表示法の解釈と適用によって、消費者の多様性に配慮した法運用の可能性を示すものということができる。

(2) 「消費者の権利」から見た独占禁止法と競争政策の課題

前述のとおり、独占禁止法の「一般消費者の利益」は、積極的に「消費者の権利」をその意味内容として見ることができるとするのが、今日の一般的な学説における理解であるということを踏まえて、本款においては、消費者基本法に定められている8つの「消費者の権利」の立場から、競争秩序を構成する法制度との関係について検討する。

今日の学説においては、8つの権利のうち選択に関する権利と知らされる権利が独占禁止法の「一般消費者の利益」の意味内容として取り上げられているが、その他の6つの権利については、前節(2)で概観したように、様々な性質・内容の権利が見られる。そこで、以下では、便宜上、8つの権利について、第一に公正かつ自由な競争と直接関係するもの、第二に公正かつ自由な競争を維持するための独占禁止法の諸制度と関係するもの、第三に広く競争政策に関係するもの、に三分類して、それぞれ検討してみたい。

〔I〕 公正かつ自由な競争と直接関係するもの——第1分類

8つの権利のうち、独占禁止法の直接目的である「公正かつ自由な競争」の促進によって実現される権利内容として最も関わりがあるのは、「選択の機会が確保される権利」と「知らされる権利」である。ここでは、「消費者の権利」から見た独占禁止法の実体規定の解釈と運用に関する課題を整理したい。

① 「選択の機会が確保される権利」の視点

選択の権利については、選択の自由と選択の適正さの確保の二面がある。前者の選択の自由は、市場における事業者による自由な事業活動、すなわち競争の機会が確保されることによって保障される。事業者または事業者団体の行為が競争制限・減殺を惹起した場合には、公正取引委員会が行政措置を

講じることによってこれらが排除され、競争が回復または生起することにより、選択の自由を享受する制度が定着している。したがって、公正取引委員会が独占禁止法を適切に運用することにより、選択の自由は確保されている。

　もう一つの選択の適正さは、事業者と消費者の間に存在する３つの力——市場（価格）支配力、情報力、交渉力——の格差の存在を市場経済の所与の要因として、これらの格差に起因する事業者と消費者の間の取引における「公正」を確保することによって担保される。

　独占禁止法の場合、この公正の確保は、公正競争の三つの性格すなわち自由競争、公正な競争手段、自由な競争基盤のうち、後二者の確保によって実現するものといえる。

　不公正な取引方法の旧一般指定６が事業者と消費者の間の取引をめぐる問題に適用された事案として「ホリデイ・マジック事件」（公取委勧告審決1975年６月13日審決集22巻11頁）があるが、同事件の後に、マルチ商法等を規律する旧訪問販売法（1976年制定、現在の特定商取引法）が整備されたこともあり、同種の事案に独占禁止法が適用されたことはない。特定商取引法は、いくつかの販売業種・形態を特定して規制する法律であり、同法の規制対象には含まれない事案も少なくない。その一例として、インターネットを含む通信販売の広告による勧誘の問題がある。今日、インターネット広告には、アフィリエイト、ステルスマーケティング、行動ターゲティングなど顧客を巧みに購入に誘引する型の広告が氾濫している。広告の内容に優良又は有利で誤認させる情報が含まれる場合には景品表示法による不当表示規制の問題となるが、これらのタイプの広告は、顧客への勧誘方法の問題として見るべき側面がある。特定商取引法には通信販売の広告に関する規定があるが、同法が定める通信販売業者の表示すべき事項についての表示義務（同法11条）が遵守されており、また同法の誇大広告等の禁止規定、すなわち当該商品や権利もしくは役務の内容、契約に関する事項等について「著しく事実に相違する表示をし、又は実際のものよりも著しく優良であり、若しくは有利であると人を誤認させるような表示をしてはならない。」（12条）とする規定に反しない限り違法となることはない。これらの広告や顧客誘引の手法が景品表示法の

「優良誤認」や「有利誤認」の禁止、特定商取引法の「表示義務」規定や「誇大広告」の禁止の諸規定に違反する場合には、主務官庁による行政処分が事業者に課せられることとなるが、これらの法律に基づく規制は消費者の誤認を惹起する広告を広く射程に置くものとはいえない。こうした法律の規制が基準に合致しない「すき間」事案を捕捉する法律として、独占禁止法の不公正な取引方法（特に、ぎまん的顧客誘引）がある。

独占禁止法の顧客誘引に関する規制制度については、これを不要とする見解もある[33]。公正取引委員会によるこれらの規制制度の運用が低調な実態があることは否めないが、独占禁止法と消費者法の体系と規制領域が不明確な現在の日本の法制度の状況を鑑みた場合、「消費者の権利」の観点からこれらの規制制度を不要と見ることはできない。

もっとも、ぎまん的顧客誘引（一般指定8項）に基づく規制制度の意義を積極的に肯定する場合であっても、競争当局による法の適用が行われないかぎり、広告に対する一般条項としての機能は意味を持たない。同項および不当利益による顧客誘引（一般指定9項）の発動については、不文の要件とされる「行為の広がり」の要件が充足される必要がある。この「行為の広がり」要件は違反行為の成立要件ではなく、あくまでも主務官庁による法適用に際しての要件であり、「適用事案の選別」としての意味として捉えられている。公正取引委員会は、この要件の性格について説明は行っていないが、この要件に基づく運用上の具体的な基準についても、それが質的なものか、量的なものであるかを含めて明確にしていない。インターネット上に氾濫するこの種の大量の誤認惹起を危殆する広告のうち、どの程度の基準に達した場合に、この「行為の広がり」要件を充足したといえるのかについては明確ではない現状から、誤認惹起広告に対する独占禁止法の適用をとおした事後規制の実効性を確保することは困難な現状にある。

また顧客誘引の問題は、優越的地位の濫用（独占禁止法2条9項5号）の射程と見ることもできる。学説の通説的理解では、優越的地位の濫用は事業者と消費者の間の取引を適用対象とされている。他方、公正取引委員会の運用例

---

(33) 村上正博編『条解独占禁止法』（弘文堂、2014年）215頁、218頁。

としてこれまで消費者取引に対して優越的地位の濫用の規定が適用されたことはない。公正取引委員会「優越的地位の濫用ガイドライン」では、もっぱら事業者間の取引を念頭に運用基準が策定されており、消費者を相手方とする取引に今後独占禁止法が適用される可能性は極めて乏しい（この点について第9章で詳述する）。本章の冒頭で触れたように、公正取引委員会において優越的地位の濫用による対消費者取引への適用が検討された経緯があるが、こうした運用方針のシフトは、独占禁止法と消費者法との間の関係整備が不十分な現在の状況からは、消費者にとって歓迎される事態とはいえない。

② 「知らされる権利」の視点

「知らされる権利」は、事業者の提供する商品・サービスに関する情報が、正確かつ過不足なく提供されることを確保するための権利である。通常は、商品・サービスに付される表示によって情報がもたらされるが、その情報が消費者を誤認させるものである場合には、不当表示として規制される。景品表示法が全ての業種に適用される表示の憲法としての役割を果たしている。この権利は、「選択する権利」の前提ともいえる権利であるが、ここでは前述した事項以外、とりわけ景品表示法と独占禁止法の関係に関わる事項について検討する。

景品表示法は、消費者庁設立とともに公正取引委員会から同庁に所掌が移管され、これに伴い景品表示法の改正が行われた。この改正は、同法が独占禁止法の特例でなくなったことによるものであり、目的規定、不当表示、景品・懸賞付販売の規制基準に及んでいる。

この改正については、立法担当者によると改正前後で同法の実体規制の範囲に「実質上変更ない」とされている[34]。しかしながら、目的規定（1条）、景品・懸賞付販売規制、不当表示の禁止の各条文において「公正な競争を確保」から「一般消費者による自主的かつ合理的な選択」への保護法益の変更がなされていること、また独占禁止法の特例ではなくなり消費者政策の法に位置付けられたことから、運用上の大幅な変更はないと思われるものの、法制度自体の変更がないと見ることには問題があると思われる。

---

(34) 大元慎二編著『景品表示法〔第5版〕』（商事法務、2017年）27頁。

不当表示規制を例にとると、不当表示行為の主体は、「表示内容の決定に関与した事業者」を基本として判断されている[35]。インターネット上の仮想ショッピングモールに出店した複数の事業者が不当表示を行った場合には、当該ショッピングモールの主催事業者は、個々の出店事業者の表示内容の決定に関わらない限り不当表示の行為主体とはならない。こうした事案が頻発する場合には、当該ショッピングモールでの販売行為自体が不当表示の温床といえるのであり、当該主催事業者が出店事業者の不当表示を放置していた場合には、その行為自体が欺まん的顧客誘引となる可能性がある。しかしながら、独占禁止法と移管された景品表示法の運用に変更がないとされた場合には、景品表示法の不当表示に該当しない事業者に対して独占禁止法による規制はなされる余地は少ないといえる。

独占禁止法との関係が切断され、法益も規制基準も変更された以上、別個の法律であることを前提とした法運用が行われなければ、法律のすき間を不本意に生み出すことになる。また、それにもかかわらず、実質的に、法解釈上も運用上も法改正の前後で法の性格や位置付けに変更がないとする見方を維持するのであれば、より明快な説明が求められよう。したがって、移管された景品表示法と独占禁止法の関係について、上記の問題点を踏まえて問い直すことが必要であると思われる[36]。

〔Ⅱ〕 公正かつ自由な競争を維持するための独占禁止法の諸制度と関係するもの——第2分類

この分類に属するのは、「救済される権利」と「意見を聞かれる権利」である。

① 「救済される権利」の視点

独占禁止法は、差止請求に関する規定（24条）と民法の特例である損害賠償請求に関する規定（25条）が置かれている。これらの制度が立法・導入当初に期待された通りの運用と成果が実現されているかについては、様々な評価が可能であろう。仮に、それぞれの制度の活用が期待されていた程度とい

---

(35) 例えば「ベイクルーズ事件」東京高裁判決（2008年5月23日、審決集55巻842頁）。
(36) 根岸＝舟田・前掲注（27）223頁は、景品表示法の位置付けについて「なお検討の余地がある」と指摘している。

えないとすれば、制度上の問題よりは、それ以外の理由によるのではないかと推察される。一つには、違反行為によって被った被害と訴訟によって解決に至るまでのコストが釣り合わないという実情が考えられる。もう一つは、訴訟による解決に対する日本人の意識に内在するある種の抵抗感ないしアレルギーが考えられる。こうした問題を克服する方策として導入された法制度が、一定の資格要件を備えた消費者団体に差止請求権を付与する適格消費者団体制度である。

　消費者契約法に基づき、内閣総理大臣から認定された適格消費者団体は、事業者の行為に対する差止請求権を行使することが認められている（消費者契約法12条）。現在、適格消費者団体の差止請求の対象となる事業者の行為は、消費者契約法、特定商取引法、景品表示法と食品表示法の規定に違反する場合である。したがって、独占禁止法違反行為はその対象とはされていない。独占禁止法24条の差止制度の導入に際しては、慎重論が根強く、そのため当面は不公正な取引方法のみを対象とすることで立法がなされた[37]。景品表示法を対象とする立法作業においても、独占禁止法に同制度を導入することは時期尚早とされていた（この点については、本書第9章第3節(5)を参照されたい）。

　消費者問題は、事業者と消費者の間に惹起する問題であり、契約、表示上のトラブルに限定されるものではない、とりわけ、価格に関する問題は、消費者個人によった対応できる問題ではなく、専門職を有する適格消費者団体が当事者となることによってはじめて、対応の糸口となる問題である。その意味において、不公正な取引方法にかぎらず、企業集中を含む全ての独占禁止法違反行為を適格消費者団体による差止請求の対象とする法制度の見直しに向けた検討は重要な取組課題といえる[38]。

　損害賠償請求についても、消費者による権利行使が容易ではないことは、差止権の場合と同様のことがいえる。消費者による損害回復の事案は、個々

---

[37] 根岸哲編『注釈独占禁止法』（有斐閣、2009年）578頁（泉水文雄執筆部分）。
[38] EU、ドイツにおける企業集中に対する消費者訴権については、岩本諭「競争当局による企業結合承認と第三者異議申立て制度に関する比較法的視座」（『現代企業法学の理論と動態』奥島孝康先生古稀記念論文集第一巻〈下篇〉（成文堂、2011年）899頁。

の被害が少額であることが少なくいことから、同一の事業者の行為による被害回復を容易になさしめるために、新たに特定の適格消費者団体による集団的被害回復制度が設けられた。同制度に基づいて訴訟提起を行うことができる特定適格消費者団体の認定は現在なされていないが、近い将来、この制度に基づく訴訟事例は登場しよう。同制度が消費者の損害回復にとって十分に機能するかどうかの見極めが必要であることは当然であるが、現行の独占禁止法25条及び民法709条に基づく消費者を原告とする損害賠償請求訴訟が制度として十分なものとはいえないことから、損害賠償請求訴訟についても、特定適格消費者団体を当事者とする新たな仕組みを検討する余地はあると思われる。

② 「意見を聞かれる権利」の視点

消費者にとって、自己にかかるトラブルの内容や被害が、いかなる行政機関が所管するしかなる法律の問題であるかは重要ではなく、また通常修得すべき知識や情報ともいえない。消費者にとって契約トラブル、勧誘行為、不当表示に限らず、価格、販売方法等、事業者に起因する問題は全て消費者問題であり、これらの問題に関する相談先は、基本的に、自治体に所在する消費生活センターである。消費生活センターは、都道府県については消費者安全法で必置が義務付けられ、市町村には設置の努力義務がある。

公正取引委員会はブロックごとに地方事務所が置かれているが、同委員会、消費者庁のいずれも、各都道府県に出先機関を設置していない。都道府県の消費生活センターは、国民生活センターとPIO-NETで結ばれており、自治体で受けた相談内容は国民生活センターに集約される仕組みとなっている。契約トラブル、多重債務といった相談以外にも、価格、表示、食品安全などの問題が、こうした組織と仕組みの中で国民生活センターに集約され、内容によって、それぞれの行政機関に適切に仕分けされ伝達されることが期待されている。

個々の消費者にとって、消費生活センターは、全ての消費者問題の窓口である。国民生活センターと消費者庁との間における情報共有体制は確立しているが、独占禁止法に関わる消費者問題が地域の消費生活センターに寄せられた場合の対応、特にかかる情報の取り扱いについては、遅滞なく公正取引

委員会に伝達・集約されるシステムが構築されているかについては、現状において十分といえる状況にはない。したがって、全国ブロックごとに置かれている公正取引委員会の地方事務所と地域の消費生活センターの直接的な情報ルートがまずは構築されることが必要であると思われる。

〔Ⅲ〕 広く競争政策に関係するもの――第3分類

この分類に属するのは、「安全が確保される権利」、「消費者教育を受ける権利」、「消費生活の基本的需要が充たされる権利」と「健全な生活環境が確保される権利」である。

① 「安全が確保される権利」の視点

商品・サービスが安全であることは、市場経済の前提である。同時に、安全は、市場機能によって確保されるものではないことから、安全確保のための規制は、市場の競争秩序とは別に必要とされる。

安全に関する法制度は、民事法である製造物責任法（1994年制定）、行政規律である食品安全基本法（2003年制定）、消費者安全法（2009年制定）などの法律が整備され、また消費者事故の調査権限を有する消費者安全調査委員会が設置（2012年改正・消費者安全法15条）される等、安全行政体制の強化が図られている。

消費者にとってその商品が安全であるかどうかは、当該商品に付された表示をほとんど唯一の判断の手がかりとなる。2015年に施行された食品表示法は、急遽整備された「機能性表示食品」に関する制度を含んでいるが、機能性表示食品は、特定保健用食品とは異なり、製造事業者による届出のみで販売することができる商品である。国の許可に係る特定保健用食品とは異なり、その食品の機能に関する証拠は事業者側の提出したデータで十分とされているものであることから、消費者側から懸念する意見表明がなされている。表示が適切であることと、その食品が安全であるかどうかは別個の問題であることから、機能性表示食品については、その表示の在り方を含めて、安全確保の観点から、規制制度の見直しの必要があることを指摘しておきたい。

② 「消費者教育を受ける権利」の視点

日本では、前述のとおり、2012年に議員提出立法として消費者教育推進法

が提出・審議され、同年に法律として制定された。2013年に前掲の「消費者教育推進に関する基本的方針基本計画」が閣議決定されたことを受けて、現在ほとんどの自治体（都道府県レベル）において消費者教育推進計画が策定された状況にある。

同法制定以前においても、かかる教育は、様々な行政機関によって実践されてきている。公正取引委員会も、学校のステージごとに独占禁止法に関する教育サービスを展開している。

「消費者教育を受ける権利」は、個々の消費者が「選択する権利」、「知らされる権利」や「救済を受ける権利」を適切に行使する上での基本的知識を習得するために不可欠な教育の機会を確保するためのものであり、広く競争政策の基盤（インフラストラクチャー）を深耕するものであるといえる。

③ 「消費生活の基本的需要が充たされる権利」と「健全な生活環境が確保される権利」の視点

前述したとおり、これらの権利については、権利内容についての具体性に乏しいことから、その必要性を含めて消極的ないし不要なものとして捉える立場がある。これらの権利は、事業者の対義語としての消費者の権利というよりは、国家との関係の中で理解される生活者としての権利の性格が強いということができる。

現在の日本において、これら2つの権利が重要な意味を持っていることについて言及しておきたい。震災、自然災害によるライフラインや交通網・流通網の寸断、食料不足は、消費者の生活基盤の喪失を惹起しており、また原発被災を原因とする土地や海洋などの放射能汚染は生命・健康を脅かす事態となっている。国民の消費生活の基本的需要、健全な生活環境の確保が喫緊の課題であるにもかかわらず、早急かつ着実な回復が図られない事態は消費者基本法制定後に見舞われた種々の不幸な自然災害後の対応状況を見ても深刻である。かかる事態については、消費者政策担当官庁も、この2つの権利の観点から必要な施策を実践する責務があるといえよう。

また、喫煙による健康被害に対する予防措置としての分煙や禁煙スペースの設置による「健全な生活環境の確保」は、事業者側の責務であるとともに、行政・立法による支援が必要とされる。使用後製品のリサイクルについ

ても、同様のことが指摘できる。また、生活環境の保全と向上は、事業者とエンドユーザーである消費者の双方による共通理解と行動が一定の方向に向かうことによって実現されるものである。

　これらの権利は、生活基盤の確保と生活環境の確保を実現するものであるが、国家の作用のみで実現できるものではなく、事業者と消費者の協働を必要とするものであり、競争政策の目線による関与が不可欠であると思われる。

第6節　本章の総括
——日本における「消費者の権利」の意義と機能の再確認の必要性

　本章では、「消費者の権利」を視座として、消費者と独占禁止法の関係を中心に検討してきた。独占禁止法と消費者法の関係は、現在の曖昧な境界線を維持していくことが消費者の保護と利益の確保にとって有効であるのか、あるいは明確なかたちで法制度が再構築される必要があるのかについては、さらに考察を進める必要がある。本章では、そのための視点となるものを整理して終わりたい。

⑴　独占禁止法における行政規制と民事規律の複線化の視点
　表示・広告、勧誘などの顧客誘引行為や消費者取引に対する競争当局による独占禁止法の執行上の限界が明らかになる一方で、消費者法の領域においては、食品表示法の制定（2013年）、特定商取引法の数次の改正など行政規制の強化が図られており、また民法の特例である消費者契約法の制定（2000年）と改正（2016年、2018年）により消費者による契約解除と無効主張による民事解決・救済のための規律の整備が図られている。また、適格消費者団体による差止請求制度（2008年）および特定適格消費者団体による集団的被害回復（損害賠償請求）のための制度（2015年）の導入により、民事救済制度の基盤が形成されてきている。かかる消費者法における法制度の拡充は、日本における消費者法の体系化・法典化の途上の成果であるとする評価がある[39]。

　「クロレラチラシ配付事件」最高裁判決（2017年、民集71巻1号1頁）は、「事

業者が、その記載内容全体から判断して消費者が当該事業者の商品等の内容や取引条件その他これらの取引に関する事項を具体的に認識し得るような新聞広告により不特定多数の消費者に向けて働きかけを行うときは、当該働きかけが個別の消費者の意思形成に直接影響を与えることもあり得るから、事業者等が不特定多数の消費者に向けて働きかけを行う場合」には「消費者契約法12条1項および2項にいう『勧誘』に当たらないということはできないというべきである。」と判示した。同判決は、不特定多数の消費者に向けたチラシ等の配布が「勧誘」に該当しないと判断した原審（大阪高裁）の判断について「法令の解釈適用を誤った違法」があるとしたが、原審の判断は消費者庁における公定解釈に依拠したものであったことから、本最高裁判決は消費者契約法の「勧誘」に関する従来の解釈を大きく変更したものということができる[40]。広告活動についても消費者契約法における勧誘に該当すると判断したものであり、かかる広告に基づく事業者との契約についても不当な勧誘と捉えて、かかる勧誘によって締結するに至った事業者との契約に対して消費者による取消権の行使が可能となった[41]。

　事業者による不当な勧誘行為は、独占禁止法による不当な顧客誘引（一般指定8項、同9項）および景品表示法の不当表示（同法5条）に基づく行政処分の対象であるが、公正取引委員会や消費者庁による行政規制が及ばない事案に対して、これらの不当な顧客誘引行為を「勧誘行為」と構成することにより消費者契約法に基づく民事規律、特に適格消費者団体による差止請求権が行使されることにより、個々の消費者の権利と利益が回復される可能性がも

---

(39) 鹿野・前掲注(4) 265頁。
(40) 鹿野菜穂子「不特定多数の消費者に向けられた事業者等による働きかけと消費者契約法12条の『勧誘』」私法判例リマークス56（2018〈上〉）34頁
(41) 本最高裁判決は、原審が容認しなかった適格消費者団体による本件チラシ配布行為に対する差止の必要性について、景品表示法30条および消費者契約法12条の差止請求の要件である「現に行い又は行うおそれ」があるとは認められないとして、原審の結論を妥当とした。後藤巻則「クロレラチラシ配布差止請求事件」平成29年度重要判例解説（ジュリスト1518号）69頁、中田邦博「消費者契約法・景品表示法における差止めの必要性—クロレラチラシ事件を素材に」ジュリスト1517号46頁。鹿野・前掲注(40) 34頁、宗田貴行「景表法上の適格消費者団体の差止請求権に係る『現に行い又は行うおそれ』の要件」私法判例リマークス55（2017〈下〉）54頁。岩本諭「適格消費者団体による景表法違反に対する差止請求」平成28年度重要判例解説（ジュリスト増刊）1505号268頁。

たらされたと見ることができよう。

　ただし、適格消費者団体による差止請求の対象となるのは、勧誘によって消費者が契約を締結した場合であり、契約締結以前の広告＝勧誘行為そのものは差止請求の対象とはならない。景品表示法が禁止する不当表示は適格消費者団体の差止請求の対象であるが、前述のとおり、不当表示（景品表示法5条1号と2号）の要件を充足する広告・表示のみがその対象となるのであって、インターネット上の誤認惹起広告が広く差止請求の対象となるわけではない。競争当局による独占禁止法の不当な顧客誘引規制の適用が発動されない法運用のあり方が問われる中で、一般指定8項や9項に違反する行為を適格消費者団体の差止請求の対象とするための制度改革は、独占禁止法における行政規制を補完する民事規律の拡充という視点から、今後の検討課題として位置付ける意味は小さくないと思われる。

(2)　消費者基本法の理念に基づく独占禁止法のあり方の視点

　本章では、消費者基本法の理念として明文化された「消費者の権利」規定（同法2条1項）と独占禁止法の保護法益および行政規制に関わる問題を整理し検討してきた。同基本法は、「消費者の権利」規定のほか、もう一つの理念規定として「消費者の年齢その他の特性への配慮」（同法2条2項）を定めている。

　すでに、金融商品取引法においては適合性原則に基づく制度の拡充が行われている。独占禁止法の「一般消費者の利益」には「選択する権利」と「知らされる権利」が含まれるとする学説が有力となっているが、これらの権利の主体は個々の消費者──生身の人間──であり、年齢だけではなく「その他の特性」を有する存在である。独占禁止法の行政規制と民事規律において、消費者の特性への配慮が具体的にどのようなかたちで実現されることになるかは、今後の独占禁止法の消費者保護の役割・機能のあり方を検討する上で重要な課題であると思われる。

第 2 部

ドイツと EU における子どもを対象とする
顧客誘引に対する規制と規律

第5章　ドイツ・EU の競争法における顧客誘引規制と消費者保護

第1節　本章における問題認識と考察対象

　景品・懸賞付販売は、日本の独占禁止法上、不公正な取引方法による規制射程の問題とされ、また独占禁止法の特例法として制定された景品表示法の規制対象とされてきた。すなわち、日本において景品・懸賞付販売は独占禁止法制度の保護法益である「公正且つ自由な競争」の観点から国家規制に服する事業活動として位置付けられてきたといえる。

　景品表示法は、2009年9月の消費者庁の設置に伴い同庁の所管となり、これに併せて、同法の目的および景品・懸賞付販売の規制基準に係る要件は、公正競争を内容とするものから「一般消費者の自主的かつ合理的な選択」を内容とするものに改正された。同法4条は、「内閣総理大臣は、……景品類の提供に関する事項を制限し、又は景品類の提供を禁止することができる」とし、この規定を受けた告示は、事業者が同法に違反することなく提供できる景品類（総付景品、一般懸賞、共同懸賞）の価額の範囲を定めている[1]。景品・懸賞付販売に対する規制の態様（「制限し、又は……禁止することができる」）および告示に基づく法運用は法改正以降も変更されていない。

　改正前の景品表示法における景品・懸賞付販売に対する規制は、告示が定める一定の価額を超えた場合に当該景品・懸賞を「過剰」とするものとして、これを「公正な競争を阻害するおそれ（公正競争阻害性）」があると捉えてきた。法改正による新たな規制は、「一般消費者の自主的かつ合理的な選

（1）2009年法改正により、規制権限は景品表示法の法文上は、消費者庁ではなく「内閣総理大臣」と定められている。

択の確保」に対する侵害が認められる場合に発動されるものであり、従来からの公正競争とは切り離された基準が設定されている。また、改正された景品表示法は、独占禁止法の「特例」ではなくなり、消費者政策の法領域へシフトされたと説明されている(2)。そこで、問題となるのは、消費者法としての景品表示法において景品・懸賞付販売に対して規制する根拠は何かである。

　この検討に際して重要な視点は、従来、日本における景品・懸賞付販売に対する規制が公正競争の確保とどのような関係にあったかについての再確認である。本章では、この検討の手がかりをドイツとEUにおける景品・懸賞付販売に対する規律制度に求めたい。ドイツは、1932年から2001年まで景品・懸賞付販売を原則禁止する法制度を有していた点に特色があり、またEU法制度は、ドイツにおいて約70年間維持されてきた原則禁止の法制度を転換させたという点に特色がある。また、ドイツ及びEUにおける法制度は、公正競争を保護法益とする、いわゆる公正法（Lauterkeitsrecht）を基礎として形成されてきた沿革を有する点で共通する(3)。

　本稿は、景品・懸賞付販売に対する規律をめぐるドイツにおける法制度の沿革と規律の概要、およびEUの制度と現在の状況について概観し、日本法における規制制度に関する考察に向けての示唆を得ることを目的とするものである。

第2節　ドイツにおける景品令の制定

(1)　景品・懸賞付販売と公正競争概念

　産業革命後の19世紀の西欧では、競争と取引についての自由な事業活動が爆発的な経済発展を支えた一方、行き過ぎた自由の代償としての、または過剰な競争の結果としての不誠実な事業活動（誇大広告、不当表示、景品・懸賞付販売の波及などの誤認惹起を誘発する競争・取引手段の横行）や、事業者同士の競争

（2）大元慎二編著『景品表示法〔第5版〕』（商事法務、2017年）27頁。
（3）ドイツ・EUで公正法は公正競争法ともいわれ、カルテル法（Kartellgesetz）と称される自由競争秩序維持法とともに、競争法（Wettberbsrecht）を形成している。

回避（価格一斉引上げ等のカルテル形成）などが多発することとなった。

　産業革命を支えていたほとんど唯一のルールは、契約の自由と所有の絶対性を柱とする民法（市民法）であり、かかる事業者の表示や景品・懸賞付販売などの誤認惹起行為に対する法的な解決——事後的な救済と新たな立法——を求められた国では、事業者の自由（競争の自由）の下での規制（規律）の可能性を模索することが求められることとなった。

　フランスでは、事業者のライバルに対する中傷広告が「競争として許された範囲」を超えたものとした判決（1850年）、また商標法の要件に合致しない混同表記を行った事業者の行為が「商業における誠実」に違背するとした判決（1851年）をはじめとして、事業者の競争手段が不法行為（フランス民法1382条違反）に該当するとした裁判例が相次いだ。これらの司法判断は、事業者の事業活動の自由（自由競争）が競争の「公正さ」の観点から制約されることを示したものである。その意味で、「公正競争」概念は、フランス判例法において形成されたといえる[4]。

　ドイツ、オーストリア、スイスでは、当初フランスで形成された「公正競争」概念は異質なものとしていた。特に、ドイツは、「営業の自由（Gewerbefreiheit）」を保障した1869年の営業令（1条1項）が大きな意味を持ち、公正のみならず不公正な事業活動がドイツ全体を席巻することとなった[5]。その後、フランス法の影響を受けつつ、事業活動の公正・不公正の判断基準を「良俗違反（Sittenwidrigkeit）」に求める不法行為法アプローチに基づく最初の法律である「不公正な競争に対処するための法律」（Gesetz zur Bekämpfung des unlauteren Wettbewerbs、1896年）が制定された。同法は、事業者（競争者）の保護を目的するとともに、事業活動の相手方となる中小事業者と「需要者の保護」を立法趣旨としている点に特徴があり、公正競争の確保が需要者＝消費者の保護という目的に資することを示した初期の立法例といえる[6]。

（4） *Volker Emmerich*, Unlauterer Wettbewerb. 9 Aufl., 2012, S.2, 14.
（5） *Emmerich*, a.a.O. (Fn. 4), S.2. *Köhler/Bornkamm*, Gesetz gegen den unlauteren Wettbewerb UWG. 32 Aufl., 2014, S.37.
（6） *Emmerich*, a.a.O. (Fn. 4), S.3.

(2) ドイツ不正競争防止法の制定

　前記のドイツ1896年法は、「商品または役務の性質、製造方法または価格査定に関し、商品の購入方法または購入源に関し、表彰の保有に関し、販売の動機または目的に関し、特に有利な提供であるかのような印象を惹起するに足る不正表示（unrichtige Angaben）を行う者」に対して、営業活動を行う者（Gewerbetreibende）および団体（Verbände）が、当該不正表示に対する差止請求（同法1条）および当該不正表示を原因とする損害に対する賠償請求を行うことができる旨を定めていた（同2条）。もっとも、同法は競争または事業活動の「公正」に関する定義規定や公正競争の侵害に関するに関する一般条項を持たず、競争手段の一つである表示について、不正な表示の類型の一部を列挙して民事上の規律を定めたものに過ぎない。また、景品・懸賞は、規制対象の類型に含まれておらず、当時景品・懸賞による営業活動が衰える気配がなかったことから、同法の改正の気運が高まった。特に、1905年以降、フランスで広まった「クーポン・商品券システム」（Coupon- oder Gutscheinsystem）がドイツにも普及し、タバコ、代用コーヒー（ersatzkaffee）にクーポン券が添付された[7]。

　このクーポン・商品券付の新しい広告活動に対しては、とりわけ競争業者からの中止・排除の要請が行われたが、さらに消費者に対する不当な誘引行為として、すなわち約束された贈り物を入手できない事例が見られたことに対して、不当な販売活動としての問題があるとの立場からの批判もなされていた[8]。

　ドイツ政府は、1896年法の改正に着手したが、①景品・懸賞付販売については、景品と値引（Rabatt）は、古くからの商慣習であり、これらは商人にとっても大衆にとっても利益であり、これはクーポン・商品券システムにも当てはまる、その一方で②景品・懸賞付販売や誇大広告等は競争者による公正とは言えない企み（unlautere Machenschafen）であり、この種の企みから「礼節のある営業活動を行う者（anständigen Gewerbetreibenden）」を保護する

---

(7) *Johannes Matz*, Die Regulierung der akzessorischen Wertreklame, 2005, S.40.
(8) *Matz*, a.a.O. (Fn. 7), S.44.

必要がある、という景品・懸賞付販売の二つの側面を認識していた。

　1900年にドイツ民法典（BGB）が施行された（公布は1896年）。同法は、故意又は過失による他人の身体、財産その他の権利の侵害に対する損害賠償請求規定（BGB823条1項）を定めるとともに、良俗（Gute Sitten）に違反する法律行為を無効する規定（BGB138条）、また良俗に違反して故意に損害を与えた者に対する賠償義務を定めていた（BGB826条）。礼節ある営業活動を侵害する競争方法に対する法規律のあり方として、BGBのこれらの規定による対応が検討されたが、実現には至らなかった。その主な理由としては、第一に、当時の学説では、フランスにおいて形成された概念である公正競争の侵害がドイツの民法の立場では「他人の権利」の侵害といえる程度に保護法益と認められていなかったことから、公正競争の侵害に対するBGB823条1項に基づく損害賠償責任には消極的な立場が強かったこと、第二に、景品・懸賞付販売や過大な広告等の競争方法について「営業上非難されない形態と非難される形態」の区別することは経験則上不可能である、あるいはこれらの競争方法が故意による良俗違反と証明することはできないことから、BGB826条による損害賠償の立証が困難であるとする見方が示されていたことが挙げられる。

　この結果、事業者の競争方法によってもたらされる相手方の保護と救済のための法制度は、民法ではなく、1896年法の大改正による不正競争防止法（UWG）として誕生した。UWG1条は、良俗に違反する競争行為に対する差止と損害賠償の請求権を定めており、個別の良俗違反類型を持たず、また適用除外となる競争行為の類型を定めなかったことから一般条項（General Klausel）としての特徴を有する。このため、景品・懸賞付販売、値引その他の営業活動については、この一般条項の下で「良俗違反」かどうかの観点から判断されることとなった。

　このドイツUWGを嚆矢として、スイス、オーストリアについては、ドイツの影響を受けた判例と立法の動向が見られる。イギリスでは、競争事業者による事業活動の侵害を不法行為の問題として捉える判例が蓄積される一方、競争に対する公正・不公正の判断には裁判官は介入しないとの考え方が支配的であったことから、公正競争に関する一般的な判断枠組は形成されな

かった(9)。

このように19世紀から20世紀前半の西欧では、フランスにおける不法行為法の下での公正競争に関する判例法の形成、またドイツ、スイス、オーストリアにおける不法行為法の特別法としての公正競争法（Lauterkeitsrecht）といわれる法制度の萌芽が見られ、事業者の自由な事業活動（自由競争）に対する一定の制約法理として公正競争の考え方が良俗違反を保護法益として形成されることとなった(10)。その結果、景品・懸賞付販売に対する法秩序のあり方については、UWGの一般条項の下での裁判例と学説の展開の中で議論されることとなった。

(3) ドイツ景品令の制定

第一次大戦におけるドイツ敗戦後、ヴァイマール帝国期におけるドイツ経済は、天文学的インフレーションに象徴される大混乱期に突入していた。この中で、小売業においても、インフレとデフレの繰り返し中で、個人商人の疲弊・衰退ときわめて厳しい顧客獲得競争が繰り広げられていた。

このような経済状況の中で、景品提供は、いわば「雪崩のような広まり（lawinenartige Ausbreitung）」とも称されるほど、顧客獲得手段として多用され、とりわけ日用品・食料品分野での普及が著しかった(11)。

景品提供をめぐる広告活動の拡大に対しては、一部の団体において、景品に対する規制に向けた動きが見られるようになり、これらの団体による法制化の要望が帝国議会における立法化の誘因となった。こうした議会での動向に対して、産業界の大半、とりわけ大企業が中心となって組織された製造業団体と小売業団体は、景品規制反対の立場にあった。景品規制に賛成する立場は、製造業についてみると、小規模業者を主力構成員とする中心食肉加工業者、製パン業、ケーキ業の団体、靴磨き・ワックス業団体およびタバコ製

---

(9) *Emmerich*, a.a.O. (Fn. 4), S.16.
(10) *Fritz Rittner*, Wettbewerbs- und Kartellrecht, 6. Aufl., 1999, S.6.
(11) 1924年以降に顕著な分野として、コーヒー、紅茶、バター、マーガリン、タバコ、石鹸、クレンザーなどがある。提供される景品としては、陶器・磁器、グラス、時計、アクセサリー、繊維製品、皮革製品等が多かった。*Matz*, a.a.O. (Fn. 7), S.65.

造業団体、および手工業者団体の少数に留まった。小売業では、ドイツ小売業団体は景品禁止の立場を強く主張したが、他方自己の取扱商品が景品としての販路を持つ陶磁器、グラス、時計、繊維製品の販売業者は、景品規制の立法化については消極的な立場にあった。

また、消費者の立場からは、消費者団体、女性を中心とする団体の多くが景品禁止の立法化を推進していたが[12]、広告業界は、「景品提供は消費者利益」として景品規制に反対する立場をとった[13]。

1909年の不正競争防止法の下での景品・懸賞付販売をめぐる裁判例は、景品・懸賞付販売を行った事業者とこれによって営業上の損害を受けた事業者との間で提起された差止請求と損害賠償請求を内容とするものであった。しかしながら、同法の「良俗違反」といった大きな判断枠組において景品・懸賞の提供が「不公正」といえるかという点について、司法の判断は一様ではなかった。このような司法判断のばらつきについて、同時の学説は、違法性すなわち不公正に関する判断の立証度の高さにその最大の原因があるとしていた。すなわち、景品提供を行った者の販売価格と、景品なしで同種・同品質の商品を同時期に同じエリアで販売する競争者の販売した価格を比較して、高いかどうかについての立証を必要とした大審院判決に対しては、「明確かつ模範的な判決」と肯定的に評価する見解もある一方で[14]、かかる立証ないし認定は不可能である、予防的・事前介入の色彩が強くなる等、このような立証を仮に肯定した場合であっても「許容される景品と禁止される景品は区別できない」として批判的にとらえる見解[15]が支配的な状況であった。

学説においても、景品・懸賞付販売に対する規制ないし規律については賛否双方の立場が存在した。規制ないし規律に消極的な立場からは、大衆に支持されている商業広告の一つである景品・懸賞付販売を実業界から奪う誘因

---

[12] ドイツ主婦連（Reichsvereinigung Deutscher Hausfrauen e.V.）は「景品は不当な物価高騰の原因」と主張した（1930年）。この点につき、*Matz*, a.a.O. (Fn. 7), S.97. 参照。
[13] *Matz*, a.a.O. (Fn. 7), S.97.
[14] *Otto Paleczek*, Die volkswirtschaftliche Problematik in Gesetzgebung über das Zugabewesen, 1959, S.50.
[15] 代表として、*Adolf Baumbach*, Das gesamte Wettbewerbsrecht, 1931, S.177.

は存在せず、規制ないし規律の対象とすることは自由競争の侵害であるとする主張が見られた(16)。規制ないし規律に積極的な立場は、UWGの一般条項の下で景品・懸賞付販売を良俗違反とする裁判所の法運用にほとんど期待できず、増加傾向にある景品・懸賞付販売に対する歯止めをかけるためにも新たな規律の必要性を唱えた(17)。

　ドイツ帝国議会では、景品・懸賞付販売に対する規律については、UWGの制定以降の裁判例の動向、産業界、消費者団体等の意見、学説の状況を踏まえて、UWGの一般条項による規制に委ねる立場にあり、景品規制の特別立法化には消極的であった。しかしながら、ドイツ帝国経済委員会（Reichswirtschaftsrat, RWR）の中に、景品問題に関する作業委員会が設置（1926年）されてから、立法化に向けた作業が進展することとなった。同委員会は、産業界、消費者団体、メディア等を母体とする18名の委員で構成され、景品規制に賛成・反対の立場から、委員会報告書を作成した（1930年4月）(18)。

　同報告書が最重視したのが、規制対象となる景品の概念・定義に関してであった。これまでの判例、法改正においても、「景品とは何か」「何をもって景品提供とみるか」についての議論は十分行われておらず、「主たる商品・役務の提供に際して提供される別の商品・役務」が景品であるという共通の認識は一応存在していたものの、主たる商品と景品との関係、別の商品・役務の内容、提供される景品が有償か無償か等については曖昧であった。

　大企業と中小企業、製造業者と販売業者、消費者団体等の各ステークホルダーの立場から景品規制法の立法をめぐる激しい応酬が議会と政府内部で、数度の景品規制立法が提案・審議されるといった動向が展開されていた。しかしながら、当時のドイツの政権をめぐる国情の中で、物価統制、経済保護など関する各種の緊急命令（Notverordnung）が出され、最終的に1932年5月

---

(16) *Christian Finger*, Zugabewesen, DJZ, 1913, S.459.
(17) *Alfred Rosentahl*, Die Gesetzvorschläge betreffend das Zugabewesen, GRUR, 1913, S.92. *Karl Adolf Lobe*, Zur gesetzlichen Regelung des Zugabewesens, MuW 1913/1914, S.426.
(18) „Bericht zur Vorberatung des Gutachtens über die wirtschaftlichen Wirkungen des Zugabewesen", Drucksache des vorläufigen Reichswirtschaftsrats Nr.367v.12.5.1930.

9日、景品令（Verordnung）が発効した[19]。

ドイツ政府は、景品・懸賞付販売の原則禁止を定めた景品令の発効によって、その代替となる価格の割引（値引）に係る競争が激化することが想定されていたことから、その防止策として、小売業者の商品・サービスの価格の割引率の上限を3％に制限するとともに、百貨店の割引販売を禁止することを内容とする割引法（Rabattgesetz）を翌1933年11月25日に制定した。景品令と割引法がほぼ一体のものとして制定されたことは、景品と価格の割引が密接な関係にあることを示したものといえる[20]。

(4) ドイツ景品令の内容

前記のとおり、景品令は、商品又は役務とは別に、ある景品（商品又は役務）の提供を申し出ること、告知すること、又は提供することを原則禁止し（景品令1条1項）、商品又は役務の提供に際して、無料や無償、または贈り物（プレゼント）であることを示すこと（同条3項1文）、また偶然性を利用した抽選等の懸賞による提供を禁止している（同項2文）。

その一方、少額のもの、商慣習上許容される一部の場合（新聞、雑誌など）について景品付提供を容認するいくつかの適用除外を定めている（同条2項）。

以下、景品令によって禁止される景品提供の構成要件について見る。

① 景品（Zugabe）の定義

景品の定義については、同令に規定はない。ドイツ、EUにおいて、景品・懸賞の提供は利益広告（Wertreklame）の一類型とされている。この利益広告は、概念上いわゆる顧客誘引行為もしくはその典型的手段と見ることができよう。この景品令の対象となるのは、主たる商品・役務の提供と景品の提供について、別個性、附随性、無償性の要件を充たす場合である。

---

[19] 景品令は経済政策であり、過熱した景品・懸賞付販売に対して原則禁止と刑罰で対応した営業警察の手法をとったものとの見方もある。H.Fr.Burmann, Das Recht der Wertreklame, 1965, Kennzahl 370II, S.2.
[20] 日本では、公正取引委員会や消費者庁がポイント・サービスに対する規制の考え方として、ポイント・サービス景品の法的性格を割引（値引）の両面から捉えられることを示している。この点について第7章を参照されたい。

② 別個性

　景品令1条は、ある商品・役務（以下「主たる商品」）とは「別に（neben）」景品が提供されることを要件としている。したがって、同一の商品が複数提供される場合には、値引き（割引）の問題となる。また、主たる商品と景品が商品の特性上、密接又は不可分の関係にある場合には対象とはならない。

③ 附随性（Akzessorietät）又は従属性（Abhängigkeit）

　景品令1条1項の文言にはこの要件はないが、景品の提供が、主たる商品の提供に「附随（従属）して」いることが適用上の不文の要件となっている。

④ 無償性（Unentgeltlichkeit）

　主たる商品に附随される景品は、当然無償（無料）で提供されなければならない。実際には主たる商品の価格の一部であったり、景品の価額を含めた一体価格として提供されることは、客観的・真実の提供でない「価格の覆い隠し（Preisverschleierung）」になり、景品令制定の際の最も重要な禁止理由の一つでもあった。かかる脱法的景品提供については、景品令1条1項3文において明示されている。

(5) ドイツ景品令の目的・保護法益と性格

　景品令の保護法益については、法令の中に示されていない。景品令の保護法益は、制定に至る歴史的背景と制定過程における審議状況から、不正競争防止法の保護法益との関係において説明されることが一般的であった。

　公正競争の観点から景品付販売の問題点と景品禁止の理由としては、以下のものが指摘されていた。

　第一は、「客観的とはいえない影響（unsachliche Einfluss）」である。景品・懸賞は、購入者の視線を客観的事実から「そらす」ものであり、購入者が主体たる商品の価格や品質ではなく、むしろ無償である景品に利益を見出す効果がある。購入者の意思を「おびき寄せ手段」によって歪められる事業活動であることから、不正競争防止法の保護法益である「善良な風俗」の観点からも景品付販売の禁止が正当化される、と説明される。

　第二は、「価格の覆い隠し（Preisverschleierung）」効果への対処である。景品の価格（価額）が明示されず、あるいは「無料（無償）」であるかの印象を

購入者に与えることは、主たる商品と景品に関する真実ではない価値で購入を決定させることになる。この効果については、価格に基づく競争を歪める性質であることが指摘されると同時に、商品の価格つり上げ効果と品質低下効果を惹起するという見方もある[21]。

　第三は、「昂進性又は過剰性（Übersteigerung）」への対処である。景品付販売が禁止されなければ、製造業者、販売業者は競争圧力によって、より価値の高い景品の提供に向けた過剰な事業活動を行うことになり、その結果として商品・サービスの価格と品質はこの景品競争の中に埋没することになる。競争が価格と品質に関わるものであるとするいわゆる業績競争（Leistungswettnewerb）の立場からは、景品禁止は当然に肯定される。

　上記の3つの理由のほか、景品令の立法背景と審議過程での議論から、販売店が景品付商品を販売することは、その販売店にとって専門外の景品（商品）を販売することを意味しており、販売者は、顧客に対して客観的な説明ができず、「真剣な相談者」とはいえなくなるという点から景品提供の問題に対する指摘も見られた。こうした観点からの景品禁止は、専門店（その多くは中小の事業者）の保護に連なるものであり、正当な公共の利益（berechtigte Interesse der Allgemeinheit）といえる説明される場合がある。その一方、この考え方には、「営業の自由」の侵害に当たるとする批判がある[22]。

　これらの景品・懸賞付販売の問題点は、いずれも公正競争の観点から抽出されたものであるが、この公正競争が保護される根拠ないし趣旨については、景品令制定当時に中心的であった捉え方と、景品令制定以降の捉え方では違いがある点について着目する必要がある。

　まず、景品令制定当時における公正競争概念については、競争を、一定の力の投入と行動が許されるスポーツ競技に例えて、競技において認められていない他の手段を講じることはルール違反であり、競争についても同様と見る考え方が公正かどうかの基準とされていた[23]。この考え方が「業績競争（Leistungswettbewerb）」である[24]。この業績競争概念は、競争の場に投入さ

---

(21) Nico Abel, Die wettbewerbsrechtliche Beurteilung von Zugaben, 1999, S.16.
(22) ドイツ憲法違反の観点から整理したものとして、Abel, a.a.O. (Fn. 21), S.130.
(23) Lobe, a.a.O. (Fn. 17), S.426.

れる競争要素について、業績といえるか、あるいは非業績（Nichtleistung）かの区別を目安として、学説上、競争の公正をめぐる中心的理論となっていった[25]。この立場からは、景品・懸賞は競争とは異質なファクターとして性格づけられる。また、商品と価格の関係に着目して、景品・懸賞は商品と価格の適切な関係の原則を侵害し、両者の関係を不明確なものにすることから、景品・懸賞付販売対する規制の必要性を唱える見解があるが、この見解も業績競争の考え方と共通する立場といえる[26]。

この景品令制定前後における業績競争論が前提としている競争は、競争事業者間の競争である。公正競争概念は、「営業の自由」の保障の下で競争－自由競争に対する制約を課すことを正当化するための考え方であり、また同時に競争者の利益を確保するための考え方でもあったことから、競争者間の競争を前提としたのはある意味当然の帰結であったといえる。このため、この時期における業績競争概念では、消費者の利益は、かかる事業者間の競争を保護する反射として（rückwirkend）のみ保護される利益に過ぎないものであった。

他方、景品令の制定から同令の廃止（2001年）に至るまでの間、景品令に基づく裁判例の蓄積や学説の展開によって、景品・懸賞付販売を含む事業者の販売促進手段に対する規律の考え方は、それまでの事業者間の競争保護のみならず、事業者と消費者の間の取引の公正確保という視点を重視する傾向を示した。その中で、業績競争概念は、消費者保護の視点が欠如しているという立場から、また市場経済における業績とは何か、また業績競争と非業績競争の区別の曖昧さ又は困難さを指摘する立場から批判されてきた[27]。今日のドイツやEUの公正競争保護立法において、消費者保護が明確な保護法益として明文化されたことから、業績競争は公正競争とは無関係な（fremd）概念であるとする見方が一般的となりつつある[28]。

---

(24) Leistungswettbewerb は「正当効率競争」という訳語が与えられることもある。鈴木孝之「西ドイツ競争制限禁止法の論理（9）」公正取引393号（1983年）55頁。
(25) Nipperdey や Böhm による業績競争と公正競争・自由競争との関係について、舟田正之『不公正な取引方法』（有斐閣、2009年）187頁以下を参照されたい。
(26) Baumbach, a.a.O. (Fn. 15), S.110.
(27) Volker Emmerich, Das Recht des unlauteren Wettbewerbs. 5. Aufl., 1998, S.44.

景品令についても、事業者間の競争を前提とし、さらに中小事業者保護、専門店保護といった経済政策的、営業保護的な色合いが明確であったことから、そもそも同令は消費者法に位置付けられるものではなく、法の運用や学説の展開で消費者保護が法益として説明されることがあるとしても、それは「後付」の説明に過ぎないとする評価は同令の性格を端的に示したものといえよう[29]。

第3節　EUにおける競争と消費者保護をめぐる動向とドイツ景品規制の転換

(1)　利益広告に対する規律の展開と景品規制

　前述したように、景品令においても、また一般法である不正競争防止法においても、景品の定義はなされていない。景品・懸賞付販売は、ドイツにおいて利益広告の一つとされているが、この利益広告（Wertreklame）と総称される販売方法の中には、様々な形態・種類がある。第一に、販売店の広告として、来店者に対して商品を提供する形態、顧客への電話やファクスによる商品の案内の方法で電話をしてきた顧客に商品を提供する形態、見本・サンプル品の提供などがある。第二に、商品の購入者やサービス購入者に対して、商品購入者やサービス申込者に対して「送料無料」「送迎無料」とする形態、商品購入の場合には別の商品の提供を申し出る形態（ある商品を一定量購入すると別の商品が入手／安価で入手できる場合を特に先導的提供（Vorspannabgebot）という。）[30]、商品の購入に併せてその購入額に応じたポイント（マイレージ・ポイントを含む）を提供する形態などがある[31]。また、割引（値引き）も広義の利益広告の一つである。

　第二の形態、すなわちある商品の提供（その広告の場合も含む）に併せて、

---

(28)　*Köhler/Bornkamm*, a.a.O. (Fn. 5), S.134.
(29)　例えば、*Emmerich*, a.a.O. (Fn. 27), S.157.
(30)　「先導的提供」の訳語は、岸井大太郎「西ドイツにおける景品規制（上）」公正取引号456（1988年）27頁に拠った。
(31)　BGH vom 17.09.1998 („Bonusmeilen"), NJW 1999, S.1398. 本章第4節を参照されたい。

他の商品・役務を提供する形態は、カップリング提供（Kopplungsangebot）の問題として捉えられてきている(32)。この概念の中に景品・懸賞付販売も含まれるが、このカップリング提供がそれ自体として問題となるのは、景品令に景品の明確な定義がないことと、景品令が適用除外（許容される景品の形態を定めていること）を定めていたことから、景品令の適用を受けないとされる販売形態が多くみられるようになったことに一つの要因がある。

こうした多様なカップリング提供をめぐる司法判断は、景品令違反と不正競争防止法違反の二つの判断枠組みにおいて行われてきた。ある商品と他の商品を提供する又は告知（広告）をするという販売態様が、景品令の定義に該当しないとされる事案については、不正競争防止法の観点——特に誤認惹起表示（UWG3条）に該当するかどうかの観点から違法性が判断されるというスキームである。かかるカップリング提供に対する不正競争防止法の下での判断に際しては、従来からの保護法益である事業者間の公正競争の保護という観点のほか、購入者・顧客の選択の観点すなわち選択・決定の自由の侵害の有無に着目した、カップリング提供に対する違法性判断の視点が示されたことに特徴がある。この需要者・顧客の選択・決定の自由に対する侵害という観点は、不正競争防止法による誤認惹起表示や比較広告等に対する規制の根拠として形成されてきたが、顧客に対する購入の強制（心理的強制）、過剰な誘引効果の有無といった点から、需要者・顧客の「選択の自由」に対する侵害があったといえるかどうかの判断を行うものである。もっとも、かかる購入強制や過剰な誘引といった判断は、過剰な宣伝文句によって競争者の商品に目を向ける機会が奪われたという場合のように、同時に事業者間の公正競争の侵害の程度を裏付ける性格のものでもある。

カップリング提供については、不正競争防止法上、「明らかなカップリング（offene Kopplung）」と「隠された（verdeckte）カップリング」に分類される。前者は、ある商品と別個の商品についての価格情報が明示されているものを指し、後者はそうではない場合を指す。前者は不正競争防止法上違法で

---

(32) この用語については、他に「結合取引」という訳語がある。川原勝美「競争制限禁止法及び不正競争防止法における結合取引について」一橋法学第1巻第2号（2002年6月）。ここでは便宜上「カップリング提供」という。

第5章　ドイツ・EUの競争法における顧客誘引規制と消費者保護　153

はない。後者については、不正競争防止法上、誤認惹起のおそれが大きいとする見方が強く、判例においてもそれぞれの商品の価格の比較を困難にさせる「価格の覆い隠し」といえるとして許されないとした判決例がある。他方、隠されたカップリングは直ちに違法とされるのではなく、例えば一方の商品のみの価格が示されていた事例や商品の価格情報を容易に持つことが可能な事例などについては「価格の覆い隠し」に該当せず違法ではないとされたものもあり、個別事例ごとの検討がなされてきている。

なお、「明らかなカップリング」であったとしても、「先導的提供」（ある商品の一定量を購入すると、○○が低価格で買える、など）の形態については、それが低価格といった利益による誘引効果が大きいと判断される事例については、不正競争防止法上違法であるとされた場合がある。

ある商品と他の商品のカップリングによる提供、特に後者の型に対する不正競争防止法の考え方について、判例の立場が必ずしも一貫していたわけではなく、また学説においても、厳格な規律を肯定する見解と、消極的ないし否定的な見解が拮抗していたといえる。

こうしたドイツにおける状況は、EUにおける消費者関係法令の展開によって大きな変化を受けることとなった。

(2) EU不公正取引慣行指令のインパクト

EUにおいては、統一的な消費者法典はなかったが、1980年代中期頃から、訪問販売撤回指令（1985年）、消費者信用取引指令（1986年）、パック旅行指令（1990年）、消費者契約に関する不公正条項指令（1993年）、通信取引指令（1997年）などの各種指令によって、消費者保護に関する法制度が形成されてきた[33]。

電子商取引指令（2000年）は、割引やプレゼント、景品や懸賞に関する「情報提供義務」規定（同指令6条）を定め、その中でサービス提供事業者は、その本拠地の加盟国において、これらの提供がその加盟国において許容

---

[33] 1960年代中期に、当時のEEC加盟国に共通する公正競争ルールの制定に向けた準備作業がなされていたが頓挫した経緯がある。*Eugen Ulmer*, Die vergleichende Darstellug, 1965.

されている限りにおいて、消費者がその提供内容・条件等が明確に認識できるものにすること、かつその提供・参加条件に容易にアクセスでき、それが明確かつ一義的に記載されていることを規定した。この指令以前から、ドイツ国内においては、商取引におけるインターネットの普及に伴い、景品令と割引法による厳格な規制によって、ドイツ国内事業者が競争上不利な立場にあることが産業界から強く主張されていた。この2000年の指令によって、ドイツ国内事業者の競争上不利な状況がさらに懸念されるようになった。

こうした産業界からの強い要望と、EU法への調和の必要性という要請から、景品令と割引法の廃止法案が上程され、同法案は2001年に可決されたため、70年近く維持された景品令と割引法は廃止された。これにより、クローズド懸賞を除き、小売事業者が景品付販売や割引を行うことは原則自由化された。

また、EUでは、さらに業種ごとの規制ではなく、事業者－消費者（B to C）間の不公正な取引（商慣行）に関する一般ルール設計が進行していた。

ドイツ国内においては、こうした状況に併せて、2008年に不正競争防止法の大改正が行われた。この改正は、2005年に一般ルールとして制定されたEU不公正取引慣行指令の内容を踏まえて、これに「調和」させるかたちでなされたものであり、事業者－消費者間の規律については、この不公正取引慣行指令の内容が同法に反映されたといえる。とはいっても、不正競争防止法は、事業者間（B to B）取引に関する規律も改正前と同様に定めていたことから、同法の改正による大きな変更点は、消費者取引に関する規律が明確に定められた点にある。

この改正によって、同指令に対応するかたちで公正／不公正に関する概念が新たに導入され、また景品・懸賞付販売に対する規律も新たに同法に定められた。

(3) EU不公正取引慣行指令における景品・懸賞付販売に対する考え方

不公正取引慣行指令は、公正／不公正概念について、ある取引方法が「専門家としての注意義務に違反し」（同指令5条2項a）、かつ「当該商品について、その取引方法が広く知れ渡っているか、もしくは『平均的消費者』の経

済行動を著しく歪曲する、またはそのおそれがある場合」(同2項b)に、「不公正」に該当するとし、不公正な取引は禁止されるとしている(同指令5条1項)。

この概念には、2つの特徴がある。

同指令における具体的な禁止対象は、誤認惹起行為(5条4項a)、攻撃的な取引方法(5条4項b)であり、さらに別表(Anhang I)には、前者に該当する取引方法リストとして23類型が、後者に該当するものとして8類型が掲載されている。この誤認惹起行為のリストの中に、「ある取引方法において、記載されている景品または等価品が実際には提供されないにもかかわらず、コンテストを実施し又は景品付販売を行うこと」(同19)、「「無料」「ご自由に」「料金不要」」等の表記をしながら、実際には消費者に費用を負担させること」(同20)が列挙されている。また、攻撃的リストには、「景品又はその他の利益が存在しないにもかかわらず、あるいは景品又はその他の利益を取得しようとする際に金銭の支払いや費用の負担があるにもかかわらず、消費者がその景品や経済上利益を取得できる旨の誤った印象を有する場合」(同31)が定められている。

同指令は、景品付販売それ自体を禁止するものではなく、その提供について消費者に誤認させる表示等の行為を行う場合や、その提供自体が虚偽である場合にただちに不公正取引として禁止されることを定めたものである。

(4) EU不公正取引慣行指令における公正概念の一般化と景品・懸賞付に対する規律

2008年に大改正されたドイツ不正競争防止法は、1条において消費者保護を明記するとともに、3条において公正／不公正概念を定めている[34]。また、この公正概念は、(3)で見たEUの公正概念と同一の概念であり、またこの概念が「保護される消費者」の概念と結びついて定義されている点もEU

---

(34) EU指令、不正競争防止法はともに同様の文言を用いた公正／不公正概念を規定したが、この職業上の専門的注意義務の判断は、不正競争防止法は自然人を基準として、EU指令は事業者を基準して行う点で相異するという指摘がある。*Helmut Köhler, „Fachliche Sorgfalt" – Der weiße Fleck auf der Landkarte des UWG*, WRP 1/2012, S.23.

と同様である。

具体的な不公正とされる事業活動については4条に列挙されているが、景品・懸賞付販売に関する規律として関係するのは、4条4～6項である。

4項は、その提供条件について明確かつ一義的に記載しない場合に不公正な事業活動に該当するとする（透明性の原則）。5項は、特に広告的性格の懸賞（Preisausschreibung）又はクジ引き（Gewinnspiel）については、参加条件を明確かつ一義的に記載しない場合に、不公正な事業活動に該当する旨を定める。6項は、いわゆるクローズド懸賞を禁止する規定である。また、本改正において、EU指令が付表で掲げていた「攻撃的取引行為」の類型と同内容の原則禁止の行為類型が同法にも付表として定められた。同指令19号に対応するUWGの規定は、付表20号に、また同指令31号に対応する規定は同法付表17号に置かれている。

このように、改正法では、景品付販売は、引渡し条件についての正確な情報提供義務（透明性の原則）に反しない限り、原則違法ではないとされている。他方、懸賞付販売については、旧・景品令の規制と同様に、本体商品・サービスの購入を条件とする「クローズド型」は同法4条6項に基づき原則違法とする内容を定めたものである。

ドイツ国内の事業者（量販店）が、店舗での一定金額以上の購入者に100万Euroが当たる抽選くじを引かせる懸賞企画を実施し、これに対して、不正競争に関する団体が当該事業者に対してその企画の差止を請求した事案において、欧州司法裁判所（EuGH）は、ドイツ最高裁（BGH）からの先決裁定手続の中で、不正競争防止法4条6項による原則禁止の適用は、不公正取引指令とは相容れないとする判断を示した[35]。この欧州司法裁判所の判断は、懸賞付販売が不公正取引指令に違反するかどうかは、「不公正」についての個別の判断を必要とするというものであり、不正競争防止法4条6項の規定はその意味において同指令とは矛盾するとしたものである。

---

(35) EuGH, 14.01.2010 („Plus Warenhandelsgesellschaft"), WRP 2010, S.232, BGH, 05.10.2010 („Millionen-Chance II"), WRP 2011, S.557. 事件解説として、*Helmut Köhler*, Die Kopplung von Gewinnspielen an Umsatzgeschäfte: Wende in der lauterkeitsrechtlichen Beurteilung, GRUR 6/2011, S.478.

ドイツ不正競争防止法は、2015年に改正され、この改正によって同法4条6項は削除された[36]。改正理由書は、上記の欧州裁判所及び同一最高裁の決定により同条項はEU法と相容れないことを理由として挙げている[37]。

　ドイツにおいて原則禁止されてきた景品付販売は景品令の廃止とともに原則自由化され、景品令廃止以降も原則禁止されてきた懸賞付販売についても、2015年UWG改正によって違法とされる明文規定は廃止され、景品・懸賞付販売は、UWGの付表17号（2005年EU指令付表では31号）または20号（同19号）に該当しない限り、消費者の利益保護のための公正概念の下で個別事例ごとに判断されることとなった。このEU不公正取引指令を契機とするEU域内における各国ルールの平準化・近似化の流れの中で、ドイツ及びEU加盟各国では、景品・懸賞付販売は、その企画や提供の際の透明性確保（Transparenzangebot）を中核規律として、原則自由への大転換にシフトしたということができる。

第4節　競争法におけるポイントサービスの捉え方

(1)　ドイツ不正競争防止法におけるポイントサービスに対する規律

　ポイントサービスは、ドイツにおいては顧客拘束システム（Kundenbindungssystem, Treueprogramme, Bonusprogramme）の一形態として把握されており、「景品、値引き、その他優遇措置の提供によって消費者を購入に誘引する販売促進手段」として説明されることが一般的である[38]。また、提供される優遇措置には、キャッシュ・バッグ、マイル・ポイントなどのほか、無償の優遇サービス（例えば、優先搭乗など）が見られる[39]。

　現在、ドイツにおいては、ポイントサービスは、――景品・懸賞付販売、カップリング提供と同様に――不正競争防止法上「原則自由」な事業活動と

---

(36) 同改正の解説として、中田邦博「ドイツにおける広告規制と消費者―2015年UWG改正を踏まえて―」現代消費者法 No.32（民事法研究会、2016年）48頁がある。
(37) 2015年不正競争防止法改正草案理由書（BT-Drucksache18/4535, S.8, und 13.）。
(38) *Hefermehl/Köhler/Bornkamm*, 32. Aufl., 2014, S.346. *Emmerich*, Unlauterer Wettberwerb, 8 Aufl., 2009, S.151.
(39) *Hefermehl/Köhler/Bornkamm*, a.a.O. (Fn. 38), S.346. *Lettl*, Wettbewerbsrecht, 2009, S.164.

されている(40)。しかしながら、ポイントサービスの実施の態様によっては、違法となる場合がある(41)。以下、この点について確認する。

　ポイントサービスについては、今日、本体商品・サービスの購入を条件としてポイント（Punkte）が提供されることが一般的であることから、ポイントを景品と見て、本体商品・サービスとのカップリング提供の一類型と捉える見解が通説である(42)。景品・懸賞付販売とポイントサービスとの違いは、前者が一回限りの提供であるのに対して、後者はポイントを貯めることにより実際の利益を享受できるため、継続して当該ポイントサービス提供事業者と取引する、いわゆる「吸引効果（Sogwirkung）」という性質を持っていることにある(43)。この吸引効果は、ポイントサービス提供事業者の商品を購入するに当たって、消費者に他の競争事業者の商品の価格や品質を比較する機会を失わせる危険を与えるといわれている。この吸引効果の危険性は、ドイツの競争法上、以下のように説明されている。

　第一に、事業者と消費者との取引上の危険である。ポイントサービスによって、他の商品との比較の機会は、提供を約束される利益が魅力的であればあるほど、他の商品の価格や品質を比較しなくなるリスクが高まること(44)、ポイントの価値やそれに付随する権利についての表示によって誤認惹起のリスクが発生するおそれがあること(45)、ポイントの有効期限を比較的短期に設定することにより、ポイント貯蓄を急がせる目的で商品を購入させるおそれがあること(46)、「平均的な消費者」であればポイントサービスの

---

(40) *Lettl*, a.a.O. (Fn. 39), S.164. *Hefermehl/Köhler/Bornkamm*, a.a.O. (Fn. 38), S.346

(41) *Hefermehl/Köhler/Bornkamm*, a.a.O. (Fn. 38), S.346.

(42) *Hefermehl/Köhler/Bornkamm*, a.a.O. (Fn. 38), S.346.

(43) *Hefermehl/Köhler/Bornkamm*, a.a.O. (Fn. 38), S.346. *Fezer*, Modernisierung des deutschen Rechts gegen den unlauteren Wettbewerb auf der Grundlage einer Europäisierung des Wettbewerbsrecht, WRP 9/2001, S.1013. *Cordes*, Die Gewährung von Zugabe uns Rabatten und deren wettbewerbsrechtliche Grenzen nach Aufhebung von Zugabeverordnung und Rabattgesetz, WRP 8/2001, S.877.

(44) *Hefermehl/Köhler/Bornkamm*, a.a.O. (Fn. 38), S.346. *Köhler, Helmut*, Zum Anwendungsbereich der §§1 und 3 UWG nach Aufhebung von RabattG und ZugabeVO, GRUR 2001, Heft 12, S.1077. *Wilhelm Berneke*, Zum Lauterkeitsrecht nach einer Aufhebung von Zugabeverordnung und Rabattgesetz, WRP 6/2001, S.619.

(45) *Hefermehl/Köhler/Bornkamm*, a.a.O. (Fn. 38), S.347. *Lettl*, a.a.O. (Fn. 39), S.165.

利益や不利益を認識できるが、「特別の保護を必要とする消費者」は十分な認識を持たず不要な支出を行うおそれがあること[47]、が挙げられる。これらのリスクについては、不正競争防止法が禁止する誤認惹起に関する規定（5条）や2015年改正で導入された攻撃的取引行為（4a条）、一般条項である3条の下で違法性が判断される。

　第二に、ポイントサービスの吸引効果は、顧客を自己の取引に囲い込む結果、他の競争者の事業活動に影響を与える。ただし、ポイントサービスによる顧客獲得による他の事業者に対する影響が問題となるのは、ポイントサービスが、市場支配的地位にある事業者または市場における強力な事業者が行う場合またはポイントサービスに参加する場合である[48]。能率競争とはいえない手段が投入されることにより、商品または地理的な市場について、競争の基本条件（Grundbedingungen）と競争の存続（Bestand）が脅かされるおそれ（例えば、競争視野の数や規模、競争者の競争的な取引の自由の状況、市場参入の機会などから判断される競争的な市場構造の変化）が認められる場合である[49]。この場合には、不正競争防止法4条が禁止する競争者に対する妨害行為（4条4項）によって取り上げられる。また、競争の自由に対する侵害行為と捉えて、競争制限防止法19条が禁止する「市場支配的事業者による濫用行為」または20条の「妨害禁止」の規定が適用される可能性がある[50]。

　以下では、ポイントサービスが対象となった不正競争防止法に関する判例を見ることにしたい。

　　〔事例1〕Bonusmeilen 事件最高裁判決（1998年）[51]　アメリカのクレジット会社が、カード保有者に対して、口座利用に応じて、提携先企業の無料航空券や宿泊券と引き換え可能なポイントサービスを開始した。ドイツの適格消費者団体が、クレジット会社が提供するポイントが景品令1条で禁止され

---

(46) *Hefermehl/Köhler/Bornkamm*, a.a.O. (Fn. 38), S.347.
(47) *Hefermehl/Köhler/Bornkamm*, a.a.O. (Fn. 38), S.346.
(48) *Hefermehl/Köhler/Bornkamm*, a.a.O. (Fn. 38), S.347.
(49) *Lettl*, a.a.O. (Fn. 39), S.267. *Fezer*, WRP 9/2001, S.1015.
(50) *Lettl*, a.a.O. (Fn. 39), S.278. *Hefermehl/Köhler/Bornkamm*, a.a.O. (Fn. 38), S.348.
(51) BGH vom 17.09.1998 („Bonusmeilen"), NJW 1999, S.1398.

ている景品に該当し原則違法であること、及び禁止されている景品提供が不正競争防止法における不公正＝「良俗違反」に当たるとして、差止を提訴した。

連邦最高裁は、訴えを全面的に容認した。本判決は、ポイントを景品と捉えたリーディングケースといえる。ただし、この2年後に、景品令は廃止されており、このポイント＝景品という捉え方については、その後のドイツの判例における影響と意義は大きいとはいえない。

〔事例2〕「信用ポイント事件」最高裁判決（2003年）[52]　ドイツで日用雑貨と化粧品類を販売する小売店が、商品を10DM（ドイツマルク）分購入するごとに「ゴールドマーク」または「信用ポイント」を提供する企画を広告した。顧客にはポイントカードを発行し、ポイントが一定数貯まると食器と装飾品が入手できる、またはポイント相当額の値引きができる内容であった。この企画に対して、販売業者の団体が不正競争防止法1条に違反するとして差止請求を行った。

ドイツ最高裁（BGH）は、本件広告は、商品の購入に際して有利な特典を付与するものであるが、それ自体違法ではなく、また顧客誘引効果が違法となるのは、ポイントサービスの企画によって、「合理的な判断を行う消費者」が例外的に需要の決定に関する合理性が損なわれる場合であるとした。本件の企画では、商品の価格、また値引によって購入できる商品の価格が示されており、消費者の誤認を惹起する「価格の覆い隠し」は存在しないとして、本件ポイントサービスを内容とする広告は不正競争防止法1条または3条に違反しないと認定した[53]。

本判決は、ポイントサービスに対する不正競争防止法違反の認定に際して、当該企画が消費者にとっての「価格の覆い隠し」に当たるかどうかを基準としており、カップリング提供に対する違法性判断と同じ枠組において判断したものといえる。

〔事例3〕抱き合わせ提供事件（Kopplungsangebot I 事件）最高裁判決（2002年）[54]　ドイツの家電販売店が、東芝製ビデオレコーダーの販売に際して、最低1年間の電力供給契約を締結すれば49ドイツマルク、契約締結がなければ249ドイツマルクでの販売広告を行ったことに対して、ドイツの適格消費者

---

(52) BGH vom 11.12.2003 („Treue Punkt"), GRUR 2004, S.344.
(53) BGH, a.a.O. (Fn. 52), S.345.
(54) BGH vom 13.06.2002 („Kopplungsangebot I"), NJW 2002, S.3403.

団体が不公正な抱き合わせ取引に該当するとして、UWG（1909年法）1条に違反するとして、差止提訴した。

連邦最高裁は、景品令の廃止によって、抱き合わせ取引は原則自由であること、および「消費者の側における購入決定の合理性が背後に潜む程度の誘引効果が抱き合わせ取引に基づく場合」には例外的に禁止される旨を判示した。

本判決は、景品令廃止以後は、景品提供を含む抱き合わせ取引が、例外的場合を除いて、原則自由であることを示したリーディングケースである。

この判決以降、ポイント提供型顧客誘引に対する差止請求については、本判決を引用して、「原則自由」とする基本姿勢を示した判決が続いている。

しかしながら、この判決が示した例外的に禁止に至る場合の解釈をめぐっては、これまでの抱き合わせ取引の違法性について指摘されてきた「隠された抱き合わせ」のケースにおける「価格の覆い隠し」（個別の価格が判別できない）の問題があり、従来から本体商品と景品（ポイント）、本体商品と被抱き合わせ商品のそれぞれの価格開示の義務が事業者に課せられるべきであるとする有力説（例えば、Köhler）がある[55]。もっとも、この点について本判決は、傍論として立法上の問題であって、解釈からは導かれないとする旨を述べている。

(2) ドイツ競争制限防止法におけるポイント提供型顧客誘引

自由競争法（カルテル法）であるドイツ競争制限防止法におけるポイント提供型顧客誘引に対する規制は、基本的には、抱き合わせ取引（Koppulungsangebot）に対する規制の考え方、すなわち「市場支配的地位の濫用」（GWB19条、20条）の下での違法判断の枠組に依拠していると思われる。これまで、ポイント提供型顧客誘引に対するカルテル庁による規制事例はなく、私訴（差止請求権の行使……GWB33条）の事例が散見される。

〔事例4〕「電力＆テレフォン事件」（ドイツ最高裁判決2003年）[56]　地域の電力供給事業者Xが、電力供給契約と電話及びインターネット契約の抱き合わせ取引（当該抱き合わせ取引により、顧客には料金割引等の有利なサービスが提

---

(55) *Helmut Köhler*, Zum Anwendungsbereich der §§1 und 3 UWG nach Aufhebung von RabattG und ZugabeVO, GRUR 2001, Heft 12, S.1067.
(56) BGH vom 04.11.2003 („Strom & Telefon I"), WuW/DE-R1206.

供される）による顧客獲得を展開したことに対して、電気通信事業者であるY（ドイツテレコム）が、Xの行為は、「市場支配的地位の濫用」（GWB19条1項、4項）に該当するとともに、別個のサービスを一つの価格（料金）で提供することは「隠された抱き合わせ取引（verdeckten Koppulungsangebot）」に該当するとして旧UWG1条に該当するとして差止請求した。

　最高裁判決は、「確かにXは地域の電力供給市場においては市場支配的地位にあるが、Xの顧客の大部分はYの顧客であること」から、また「強制的な抱き合わせが存在せず、また競争者にとって電気通信市場への参入が阻害されない限り、市場支配的地位にある電力事業者による電力と電気通信サービスの抱き合わせは、違法ではない」と判示した。なお、旧UWG違反については、前審（高裁）が以下のとおり判示し、Xの抱き合わせ取引は旧UWGには違反しないとした。

　「抱き合わせによる誘引力（Attrakivität）によって提供される商品・サービスの価格評価と品質が高められることは原則として競争法違反ではない。例外的に、隠された抱き合わせが違法となるのは、個々の商品・サービスの個別の価格がわからず、かつ消費者がそれを知ることができない場合であって、それにより他の競争者が提供する商品・サービスとの価格の比較を行う手がかり（Anhaltspunkte）が存在しない場合である。本件はこの限りではない。」

〔事例5〕「モバイル通信ボーナスマイル事件」（デュッセルドルフ地裁判決2003年）[57]　航空会社のボーナスマイルサービスを取り扱う事業者X（被告）が、モバイル通信事業者Aとの間で、XのボーナスマイルシステムにXに参加する排他的合意（他のモバイル通信事業者を参加させない旨）を締結した。有力なモバイル通信事業者Y（原告）は、自らボーナスマイルシステムを展開していたが、XのシステムAと同等の条件で参加できなかったことを理由として、Xはボーナスマイルサービス市場における「市場支配的地位の濫用」（当該市場における他の事業者の競争の可能性を重大な又は正当化できない方法で侵害……GWB19条1項、同4項1号、市場支配的地位事業者による不当な妨害……20条1項）に該当するとして、また、Xの行為は「良俗違反」（旧UWG1条）に違反するとして提訴し、Yが敗訴した。

本判決は、Xがボーナスマイルサービス市場において市場支配的地位にないこと（原告はXが「航空マイルサービス仲介市場における市場支配的地位」を主張していたが、判決は需要者の観点、特にマイル交換可能性から市場画定すべきと判

---

(57) LG-Urteil vom 12.3.2003 („Bonusmeilen fuer Mobilfunkanbieter"), WuW/DE-R1135.

第5章　ドイツ・EUの競争法における顧客誘引規制と消費者保護　　163

示)、またXとAの排他的合意は、モバイル通信市場におけるAとYの競争（有力なYに対するAの追撃競争（Aufholwettbwerb））を促進するものとして評価した[58]。

また、マイルサービスシステムが他の事業者の競争展開に対する侵害となる可能性はあるが、本件はこの限りではないとして旧UWG1条違反とするYの請求を棄却した。

第5節　ドイツおよびEU競争法における景品・懸賞付販売に対する規律からの示唆

　本章では、ドイツとEUにおける景品・懸賞付販売に対する規律について、法制度の沿革と変遷、およびそれぞれの概要について概観してきた。最後に、日本法への示唆の観点から、景品・懸賞付販売に対する規律（日本の場合には行政規制）の意味について整理したい。

(1)　公正概念の下での景品・懸賞付販売に対する規律
　ドイツにおける景品・懸賞付販売の定義は、景品令の定義（別個性、附随性、無償）に依拠していたが、この定義に該当しない「ある商品の提供と他の商品の提供」の様々な形態については、カップリング提供という広義の類型で捕捉されてきている。景品令廃止以降から2015年改正前のUWGにおいては、景品令時代と同様に懸賞付販売は全面禁止されていたが、2015年のUWGでは景品付と懸賞付の法律上の取り扱いの区別はなくなった。

　さらに、景品・懸賞付販売、カップリング提供は、利益広告という上位概念に属する。2015年UWGは、前述のとおり景品・懸賞付販売に関する一切の明文規定を廃止しており、今後の景品・懸賞付販売に対する規制は利益広告の問題として個別事例ごとに判断されることになる。もっとも、ドイツUWGにおける広告は、事業者と消費者との間の取引の場で行われる誤認惹

---
(58)　航空業界における市場支配的地位の濫用をめぐる議論については、柴田潤子「航空分野」（泉水＝柴田＝西村「公益分野における市場支配的地位の濫用に対するEC競争法の適用に関する調査」競争政策研究センター共同研究〔2004年〕10頁以下）に詳しい。

起行為（5条）の問題として扱われ、不当表示としてだけでなく、顧客に対する不当誘引行為の観点から違法判断の対象となる。

　景品令が景品・懸賞付販売に対する原則禁止を定めた法の目的は、中小事業者や専門事業者の営業保護の要請を背景として、景品や懸賞を付ける販売活動が業績競争とは相容れない不公正な競争であるとする考え方に基づき、競争事業者間の公正競争を確保することにあった。しかしながら、様々な態様の販売促進手段が発生する中で、事業者間の公正競争のみを景品・懸賞付販売に対する規律の根拠とするだけでは規律の必要性が十分に説明しきれなくなったこと、特に公正競争概念を消費者保護と結びつけた保護法益の拡充がEU指令を通じて求められたことから、現在のUWGは、事業者間の公正競争概念とは別に、事業者－消費者の間の取引の公正の定義を定めたといえる。

　この消費者保護と結びついた公正概念は、消費者概念との関係において定義されている点に大きな特色があるが、これもEU指令に影響による。EU指令は、消費者について「平均的な消費者」と「脆弱な消費者」の二つのカテゴリーに区分し、後者については格別の保護を必要とするとしている。この典型として子どもが例示されているが、年齢等の消費者特性を踏まえた脆弱な消費者が念頭に置かれている。その上で、特に子どもに対する取引方法のうち、子どもとその親への購入働きかけ行為を「攻撃的取引方法」（EU指令付則28号）としている（この点について、第6章で検討する）。UWGにおいても、2008年改正法でこのEU指令を踏まえた条文が置かれ、2015年改正では消費者取引における公正の定義が別途定められた（UWG3条4項）。こうした消費者特性を考慮した適合性原則を踏まえた公正概念の拡充は、UWGが消費者法としての位置付けを明確にした一つの証左といえる。

(2)　**日本法への示唆**

　日本の景品表示法は、同法制定以来、一般消費者の利益の確保を法目的とし、また消費者庁移管後の現行法上不当表示と景品・懸賞付販売に対する規制の条文にも「一般消費者による自主的かつ合理的な選択」を保護法益として定めている。日本における景品・懸賞付販売に対する規制は、景品表示法が独占禁止法の特例法であった当時には「競争手段の不公正さ」を内容とす

る公正競争阻害性の観点から、その規制の必要性が説明されてきた。独占禁止法の特例としての関係が切断された現在の景品表示法は、改正前と比較して「実体規制（過大な景品類の提供および不当表示規制）の範囲に実質上変更はない」と説明されているが、同時に「新景品表示法は競争政策ではなく、消費者政策のための法律であることが明らかによるように目的規定を改正」したとの改正趣旨が示されている[59]。

　景品表示法の景品・懸賞付販売規制は、違法基準として一定の価額を設定し、基準を超えた場合には過剰な景品・懸賞付販売であるとする一方、基準を下回る場合には原則自由とする運用がなされている。こうした価額基準に基づく制度と運用は、消費者の適正な選択を確保する方法として一定の役割を果たしてきたといえる。しかしながら、基準を下回る景品・懸賞付の提供が、常に消費者の適正な選択を侵害するおそれがないと断定できるものではない。社会問題化する景品・懸賞付販売のブームが起きるたびに、価額の基準を見直すといった制度の補完や治癒がなされてきた運用実態があれば、制度と運用の合理性については一応の説明がつくが、特に問題とされることが多い低年齢層をターゲットとした景品・懸賞付販売に対する見直しの要請についても、これまで具体的な対応はなされてきていない。

　今日、消費者法領域に位置づけられたとされる現行の景品表示法における景品・懸賞付販売に対する規制制度は、ドイツ・EUにおける規律の変革と判例の動向を踏まえて、同法における景品・懸賞付販売の規制の基本的な考え方に関わる問題、すなわち景品表示法の景品・懸賞付販売の「不当性」とは何か（現行の価額基準に基づく過剰規制の基準と「不当性」の考え方は一致しているか）、同法の運用に際して「消費者の年齢その他の特性への配慮」の規定（消費者基本法2条2項）の趣旨はどのようなかたちで考慮されているかという二つの観点から問い直す時期を迎えているのではないかと思われる。

---

[59]　大元・前掲注（2）27頁以下。

第6章　子どもを対象とする顧客誘引に関する法秩序

第1節　問題の所在と検討の視角

　商業広告（commercial advertisement、以下たんに「広告」という。）は、事業者による顧客誘引の最も典型的な手段である。広告の手法には、チラシ、新聞・雑誌、車内広告等の紙媒体の印刷物によるもの、テレビ、ラジオといった放送事業者を媒介とするもの、さらにインターネットを通じて各種の電子媒体・端末からアクセス可能なものまで、今日多様な手法が見られる。個人の利用者の個性を事業者側が情報として把握し、当該個人の過去の購入履歴を踏まえた商業広告が展開されるなど、その技術的進歩は従来の消費者の消費行動・選択に対して急速な変化を与えている。

　様々な態様の広告がマーケティングの有効な手段として活用されることにより企業（メーカー、流通業者等）は販売利潤を獲得し、また消費者は広告を通じて商品・サービスに関する情報を入手し自己の消費選択に活かすことができる。しかしながら、広告の内容・情報、方法のいかんによっては消費者の判断が誤誘導され、その適正な選択が歪められるおそれがある。とりわけ、子どもは、その判断能力は成人に比して十分とはいえず、広告のイメージ、広告による断片的な情報に対する理解力の不十分さゆえに、広告による商品・サービスの購入に誘導されやすい。

　広告に対する法規制については、一般法は定められておらず、広告を表示の典型と捉えて、その内容が一般消費者を誤認させる場合には景品表示法の不当表示規制が、また通信販売等における誇大広告に対しては特定商取引法が適用される。これらの経済法および消費者法においては、特に子どもに配慮した、または子ども保護の観点に基づく法制度・規定はない。

本章は、「子ども＝消費者」とする観点から、日本の消費者関係法を概観するとともに、広告を典型とする顧客誘引に関する法制度設計の理念とあり方を考察することを目的とする。本稿では、「子どもは消費者か」という問題（子どもの消費者性）を検討の出発点とし、その上で、子どもの保護の観点から広告を典型とする顧客誘引に対する法制度に目を向ける。かかる観点から日本の消費者関係法制度を点検するとともに、子どもの保護の立場から事業活動に対する秩序化が先行しているEU及び加盟諸国の法制度との比較を視座とした検討を行う。

第2節　広告と消費者問題——日本における問題の意味の確認

(1) 消費者問題としての子ども向け広告

　国民生活センターや各地の消費生活センターにおいて把握されている消費者トラブルの経年変化を見てもわかるとおり、消費者トラブルにおける低年齢被害件数の増加傾向が近年の特徴である（本書第1章第4節を参照されたい）。この背景には、電子機器（ゲーム機、パソコン、iPodなど）の高度技術化とコンパクト化、さらに通信機器（スマホなど）の低年齢層へのパーソナルな急速普及といった事情があり、消費者トラブルの新たなタイプ・バリエーションの出現に結びついている。また、インターネット活用教育の進展にともない、ネットアクセスの低年齢化は顕著となり、容易にトラブルの当事者となりうるリスクが高まることにもなっている。

　また、従来型メディアを通じた広告による子ども向け商品CM、雑誌・コミック誌面上の懸賞広告も活発であるが、多くはインターネット上の各社HPでの広告活動を伴っていることから、子どもが企業広告に接する利便性は以前よりも高まっていると思われる。

　消費者問題は、企業（事業者）と消費者との間に惹起する問題の全てを指すが、二つの角度から分類・整理することができる。

　第一に、消費者問題には、財産被害、健康被害など現実の被害やトラブルが発生することにより問題当事者であることを認識する場合（被害認識型）と、企業側には情報提供をはじめとする活動に不当性、虚偽や欺まんがある

ことは意識されているが、消費者の側には被害者としての意識や認識がほとんど見られない場合（被害意識不在型）がある。

第二に、消費者問題は、契約型トラブルと非契約型トラブルに分類できる。悪質商法、訪問販売トラブル、インターネット・通信販売トラブルは前者であるが、不当表示、景品・懸賞付販売などによる顧客誘引をめぐる問題は後者に属する。

広告をめぐる問題は、消費者の側に被害意識が明確ではなく、また顧客誘引手段として提供される情報、および情報提供の態様に関わる問題であることから、非契約型の問題として一応整理できよう。

契約型トラブルについては、民法および消費者契約法の整備によりクーリング・オフをはじめとする被害解決のための制度があり、また、インターネット取引における民法95条但書の修正による消費者保護制度（電子消費者契約法3条）が設けられている。未成年者を当事者とする契約問題についても、法定代理人の同意を得ない法律行為の取消権（民法5条2項）が定められている。

他方、非契約型である広告問題については行政規制が中心となる。広告の内容に一般消費者に誤認させるおそれがある場合には当該広告を「不当表示」として規制する景品表示法の適用が、また通信販売等の特定商取引における誇大広告に対する特定商取引法による規制が、それぞれ定められている。したがって、広告として提供される情報が虚偽あるいは誇大である場合に事後規制に服するというのが、顧客誘引手段としての広告に対する国の向き合い方である。子ども向け広告についての特段の配慮規定は存在せず、また子ども向け広告であることに着目した法の運用は念頭に置かれていない。

(2) 子ども向け広告と消費者教育の立ち位置

「消費者教育の推進に関する基本的な方針」（2013年6月28日閣議決定）は、「④情報とメディアに関する領域」において、「ア　高度情報化社会における情報や通信技術の重要性を理解し、情報の収集・発信により消費生活の向上に役立てることができる力」と「イ　情報、メディアを批判的に吟味して適切な行動をとるとともに、個人情報管理や知的財産保護等、様々な情報を読

み解く力を身に付け、活用できる力」を「消費者教育が育むべき力」としている。かかる力を育むための前提として、メディアが発信する情報の典型である商業広告の目的は何か、出演している有名人は宣伝している商品・サービスとどのような関係にあるのか（販売者なのか、ユーザーなのか）などといった広告の基本的知識が修得されていることが不可欠である。

　企業が広告を行うことは企業の営業活動の自由であるが、この自由が無制限・無条件に約束されたものでないことはいうまでもない。憲法上、営業活動の自由については、その根拠を「職業選択の自由」（憲法22条）または「財産権の自由」（同29条）に求める見解が見られるが、いずれの立場をとるにしても、公共の福祉に反しない限りにおいて容認される自由である点では一致する。広告活動の自由がいかなる制約に服するかについては、上記２つの憲法の規定からその具体的な意味内容は明らかにされておらず、個別具体的な問題に応じて、関係する法制度の下で検討される必要がある。

　また、経済法、消費者法の領域においても、前記のとおり、虚偽あるいは誇大な広告に対する規制はあるものの、「消費者の権利」または消費者の適正な選択の確保の観点から広告のあり方についての議論は低調であり、したがって当然のことながら、子どもを対象とする広告に対して何らかの制約が必要であるとの考え方も近時はほとんど議論の対象とされていない[1]。

　消費者教育の基本的方針で重視されている情報・メディアを消費生活に活かし、またこれらを批判的に吟味する力を修得するためには、現在に至る日本の広告の問題の所在を確認し、問題点を抽出作業が先立って行われ、「あるべき広告」について議論と思考がなされることが必要である[2]。

　日本以外の国・地域では、とりわけEUにおいては、以前から子どもを対象とした企業活動に対する制約の必要性と、かかる制約を通じて確保される子どもの保護の重要性については議論が行われ、またその成果としていくつ

---

(1) 1970年代後半から1980年代前半にかけて、テレビCMのあり方を問う運動が展開されていた。加藤真代『子どものためのテレビCM連絡会のとりくみと今後の展望』月刊国民生活〔国民生活センター〕11巻4号（1981年）18頁、佐藤知恭『児童対象テレビCMの規制をめぐって』月刊国民生活〔国民生活センター〕8巻10号（1978年）18頁。
(2) 谷村賢治「企業広告と影響力」岩本論＝谷村賢治編著『消費者市民社会の構築と消費者教育』（晃洋書房、2013年）119頁。

かのEUレベルでの法制度が実現している。そこで、次にEUにおける子どもを対象とした企業活動（主に広告等による顧客誘引、販売活動）をめぐる議論の視点と、実現した法制度について概観することにする。

第3節　EUとドイツにおける子どもを対象とする広告と法秩序

(1)　2005年以前におけるEU及び加盟国の法制度

　欧州においては、1993年の欧州連合設立の以前から、青少年の保護を目的・法益とした法秩序の必要性の議論とルールの形成が、EUレベルにおいて、また加盟国において行われていた。

　EUにおいては、テレビ放送に関する指令（Fernsehrichtlinie89/552、1989年）が、経験不足や軽信を利用して未成年者に直接購入をアピールする広告、未成年者がその親や第三者に広告された商品・サービスの購入を薦めるように仕向ける広告などを禁止する規定（同指令16条）を定めていた[3]。また、通信取引指令（Richtlinie97/7）は、通信取引の契約に際して事業者が消費者に提供すべき情報について、その情報提供に当たっては未成年者等の行為能力がない者の保護を考慮しなければならないことを規定していた（同指令4条2項）。

　テレビ放送に関する指令は、1997年に、テレフォン・ショッピングにおいて未成年者に対して商品・サービスの購入及び賃貸借契約に仕向けることを禁止する条項（16条2項）を追加する改正を行い、新たな指令として発行した（Fernsehrichtlinie97/36）。このテレビ放送に関する指令は、2007年に、放送活動に関する指令（Fernsehtätigkeitricitlinie2007/65）に改正され、これまでの上記条項（16条1‐2項）は削除され、新たにオーディオ・ビジュアルを媒介としたコミュニケーションを行う場合には、未成年者に対する商品・サービスの購入の直接の呼びかけを禁止する規定（3e条）が置かれた。

（3）同指令には、この他に、たばこ広告の禁止（13条）、医薬品広告の禁止（14条）、酒類広告の基準（15条）などが定められていた。

このように、EUにおいては、子ども向け広告に関するルールは、二次法である放送事業分野における指令の中で整備されてきており、また通信指令に見られるように契約前の情報提供の場面における未成年者保護の考慮規定もおかれている。その一方で、最上位法であるEU条約は、EU市場域内における商品・サービスの流通の自由、競争の自由を保護することを至上目的としており、上記の各指令における未成年者（子ども、青少年）の保護に関する規定は、流通と競争の自由に対する制約と見る批判的見方とのせめぎ合いと調和の中で存在しているということができよう。

EU加盟国に目を向けると、基本的には、上記EUの各指令に基づき、各国の国内法を整備している状況にある。例えば、ドイツにおいては、ラジオ等放送に関する州際協定（Rundfunkstaatvertrag、1987年）が、子どもや青少年を対象とした広告はこれらの者の経験不足を利用するものであってはならない旨を定めていた（同条約3条）[4]。この協定は、上記テレビ放送に関するEU指令発効後の1991年に、同指令の内容との整合を図る目的で改正がなされた（改正条約6条1項）。また、2002年には、1997年に改正されたテレビ放送に関する指令（Fernsehrichtlinie97/36）との整合を図るため、同指令16条2項に対応するテレフォン・ショッピング条項を導入する改正がなされた（改正条約7条1項3号）。この州際協定は、有害文書法、旧青少年保護法との統合によって、新たに青少年メディア保護に関する州際協定（Jugendmedienschutz-Staatsvertrag）として2003年に発効した。この2003年州際協定は、子どもや青少年の肉体や精神に害悪をもたらす広告を禁止するほか、子どもや青少年の経験不足や軽信を利用して未成年者に直接購入をアピールする広告、子どもや青少年がその親や第三者に広告された商品・サービスの購入を薦めるように仕向ける広告、子どもや青少年が親、教師等に有する特別の信頼を利用する広告、子どもや青少年を正当な理由がないのに危険を感じさせる状況に置く広告を禁止する規定（6条2項）を定めている。

他方、EU指令等の動向とは別に、子ども向け広告に対する規制を行った

---

(4) 州際協定とは別に、ドイツ連邦法としての青少年保護法（Jugendschutzgesetz）があるが、広告に関するEU指令の内容は同法ではなく、州際協定において具体化されている。

第6章　子どもを対象とする顧客誘引に関する法秩序　173

ケースがある。フィンランドでは、市場裁判所（Marktgericht）が、ハンバーガーチェーンがラジオ放送において、玩具のボートとのセット販売のハンバーガーを子どもが親に買うことを懇願する内容の広告を行うことを禁止した国の処分を妥当とする判決を下した（1987年）。また、イタリアにおいても同様の行政処分がなされている（1998年）。しかしながら、ドイツ、ベルギー、オーストリアでは、同種の広告に対して、フィンランドやイタリアのような対応は取られていない。その理由について、EU 委員会は、これら三国においては、子ども向け広告それ自体や、子どもを広告に登場させることに対しては寛容な対応をとる立場にあるとの見方を示している。

　以上のとおり、放送事業分野に関する EU 指令の中で、広告における未成年者（子ども、青少年）の保護のルールが形成され、加盟各国においても EU 指令に対応した国内法の整備が図られている。これらの EU 及び加盟各国の未成年者保護のルールは、放送事業の秩序化と、いわゆる青少年の健全な育成保護という法益という枠組みの中で形成・整備されてきたものと見ることができよう。別の見方をすると、放送事業分野に限定されない、事業者−消費者の間の取引の公正確保という観点に基づくルール形成とは言いがたい側面があるともいえる。この事業者−消費者の間の公正な取引という観点から子どもを対象とする広告に対する EU の考え方がはっきりと示されたのが、2005年に制定された不公正取引指令（Richtlinie 2005/29/EG über unlautere Geschäftspraktiken、以下2005年指令と略記する。）である。そこで、次に2005年指令について概観する。

(2)　2005年 EU 不公正取引慣行指令の概要と特徴

　一般に欧州において競争法（Wettbewerbsrecht）という場合、市場における「自由な競争（freier Wettbewerb）」の確保を目的とする法律と、「公正な競争（lauterer Wettbewerb）」の確保を目的とする法律を総称することが多い。例えば、ドイツにおいて前者に該当するのが競争制限禁止法（GWB、1957年制定）であり、後者に該当するのが不正競争防止法（UWG、1909年制定）である。前者は連邦カルテル庁が違反行為に対して行政権限を発動するのに対して、後者は民事規律として定められており、違反行為に対しては事業者または消費

者団体による差止訴訟や利益剥奪請求が予定されている。後述するように、日本の独占禁止法は「公正かつ自由な競争」を直接の保護法益としており、公正取引委員会による行政規制が行われる。

EUにおいては、「自由な競争」の確保については、EU条約（現リスボン条約では101条以下）に定めが置かれており、EU競争委員会が違反行為に対して直接権限を行使する制度が採られている一方、「公正な競争」の確保については、前記のとおり、条約の二次法である指令（Richtlinie）に拠る規律に委ねられている(5)。2005年指令は、広告を含む事業者－消費者の間の公正な取引の確保に関する二次法として制定されたものである(6)。以下では、同指令の概要と特徴を整理したのち、子ども向け広告に関する規律について見る。

① 本指令は、条文（1〜21条）から構成される法律本体と、条文に先立つ前文（Preambel）の部分（(1)〜(25)パラグラフ）から構成されている。この前文のうち、(18)パラグラフでは、消費者には「平均的な消費者（Durchschnittsverbraucher、〔英〕average consumer）」と「特に脆弱な（besonders anfällig、〔英〕particular vulnerable）消費者」が存在しており、後者の典型例が子どもであるとしている。かかる脆弱な消費者については、「子ども向け広告の全てが禁止されるものではないが、直接の購入の働きかけ（unmittelbaren Kaufaufforderungen）からの保護」が必要であると述べている。この前文(18)パラグラフの考え方に基づいて、指令の中では具体的な規定が置かれている（後述・4）。

（5）二次法のうち、加盟国に対する拘束力を有するものとしては、規則（Regelung）、指令、決定（Beschluss）がある。規則は、採択されると各国に直接適用されるものである。指令は、それ自体直接適用されるものではないが、指令採択の後、加盟国は指令に対応した国内法の整備を一定の期限内に求められる。決定は、一部の加盟国ないし関係者に対して適用されるものである。EU法の詳細な仕組みについて解説するものとして、中西優美子・EU法を参照されたい。

（6）公正競争法のEUレベルでの一本化の最初の試みは1965年に遡る。当時のEEC委員会からの付託を受け、オイゲン・ウルマー（Eugen Ulmer）を中心とした検討部会が設置され、各国の公正競争概念の統一化試案が公表されたが、その後同試案に基づく公正競争に関する一般条項化には至らず、事業者－消費者間の取引（B to C）に関してその都度問題となった個別の分野毎に二次法レベルでルール化するという方向に向かうこととなった。Ulmer案が各国の国内法の存置を前提としつつ、表示、広告、景品などの部分領域における共通化を前提としていたことが、見送られた一つの要因であるとする見方もあるが、結果として、共同体レベルでの公正競争に関する基本ルール導入の失敗と二次法による複数の個別ルールの乱立という事態に至ることになった。
Eugen Ulmer, Die vergleichende Darstellung, 1965.

②　同指令の立法趣旨として、条文の1条は「本指令は、消費者の経済的利益を侵害する不公正な取引方法に関する加盟各国の法律、規則および規定を近似化されることにより、域内市場を適正に機能させるとともに、高水準の消費者保護を実現することを目的とする。」と規定している。また、3条1項は、本指令が事業者－消費者の間の取引活動（商業慣行）を射程としていることを規定している。

　③　同指令5条1項は「不公正な取引行為（unlautere Geschäftspraktiken）」を禁止している。また、同条2項は、同指令における「不公正」についての定義を示している。ある取引方法が「職業上の注意義務に違反し」（同2項a）、かつ「当該商品について、その取引方法が広く知れ渡っているか、もしくは『平均的消費者』の経済行動を著しく歪曲する、またはそのおそれがある場合、また消費者の特定の集団に向けられた行為であって、この集団の平均的メンバーの経済行動を著しく歪曲する、またはそのおそれがある場合」（同2項b）に、「不公正」に該当するとしている。この5条の規定は、一般原則を示した規定であるが、同条はさらに、特に「不公正」に当たる場合として、誤認惹起行為（5条4項a）、攻撃的取引行為（5条4項b）を挙げている。同指令の付表（Anhang I）には、「いかなる場合にも不公正とみなされる」リストとして、誤認惹起行為に該当する23類型が、攻撃的取引行為に該当するものとして8類型が列挙されている。

(3)　2005年不公正取引慣行指令（付表28号）の「子どもを対象とする広告」に対する規律の特徴

①　不公正取引慣行指令（付表28号）の規定について

　子ども（Kinder）を対象とする広告は、攻撃的取引行為の8類型の一つとして定められている。付表28号の条文は、以下のとおりである。

> 「28号　広告の中で、直接的に子どもに広告された商品を購入するように働きかける行為、または（子どもが）当該商品を自分のために購入するように親、その他成人を説得することを内容とすること」

　ドイツ不正競争防止法は、2008年法改正において、同指令との調和の実現の要請に基づき、指令が定める誤認惹起行為と攻撃的取引行為とほぼ同内容

の30類型を同法の付表に掲げている（この点については第3章を参照されたい）。

　② EUにおける広告の定義について

　2005年指令は、「広告（Werbung）」の定義を定めていないが、本指令とは別に2006年に制定された「誤認惹起広告および比較広告に関するEU指令」(2006/114)が広告の定義規定を定めている。この2006年指令2条1項は広告を「事業、営業、手工業、自由業において、不動産、権利、義務を含む商品の販売、サービスの提供を促進することを目的とするあらゆる表明（jede Äußerung）」として定義している。広告上の「表明」は、商品の販売、サービスの提供を目的とした事業活動と結びついてなされることは明らかであり[7]、この2006年指令の定義は2005年指令についても参考になるとされている[8]。

　この28号の定めは、子ども向けの広告が対象であるが、子ども向け広告自体が「不公正」として禁止の対象とされるのではなく、(i)子どもに「直接」「購入を働きかける」内容の広告、または(ii)子どもが自分のために広告商品を買うように親や成人を説得することを内容とする広告が問題とされる。

　同指令2条(i)は、「購入の働きかけ（Aufforderung zum Kauf）」とは「製品の特徴および価格を表示する商業上のコミュニケーション」であって、「この商業上のコミュニケーションは、適切な手段に基づいて、消費者を購入する状況に置く方法」であると定義している。したがって、28号は消費者＝子どもを対象とする広告そのものを違法とするものではない[9]。

　③ 子どもに対する広告規律（付表28号）の要件

　そこで、28号の要件について見ることにする。

　(i)の「購入への直接の働きかけ」は28号の中核概念であるとされる[10]。この要件として28号が「攻撃的取引行為」と捉えているのは、購入への働きかけが「直接」子どもに対してなされることである。いかなる行為や態様が

---

(7) *Inge Scherer*, Kinder als Konsumenten und Kaufmotivatoren, WRP 4/2008, S.432.
(8) *Helmut Scherer*, a.a.O. (Fn. 7), S.432, *Köhler*, Werbung gegenüber Kindern: Welche Grenzen zieht die Richtlinie über unlautere Geschäftspraktiken ?, WRP 6/2008, S.702.
(9) *Tobias Fuchs*, Wettbewerbsrechtliche Schranken bei der Werbung gegenüber Minderjährigen, WRP 3/2009, S.257.
(10) *Köhler*, a.a.O. (Fn. 8), S.702.

第6章　子どもを対象とする顧客誘引に関する法秩序　　177

購入への「直接の」働きかけに該当するかについて同指令は定めていない。子ども向けの購入の働きかけを問題とする際に、「直接」と「間接」の区別は容易ではないことから「直接」の要件は実質的な意味を持たないのではないかという見方があるが[11]、その一方でこの「直接」の要件は購入への働きかけを決定づける不可欠な要件であるとする見方[12]、また「直接」の子どもへの呼びかけは、当該広告の対象商品に対する「吸引効果（Sogwirkung）」と結びついていることから、「直接」は重要な要件であるとする見解がある[13]。

　学説では、以下のとおり「直接」の捉え方について見解が示されている。「君」「君たち」という親しみを込めた表現を用いる形態（「Du-Form」といわれる。）は、かかる表現が用いられるだけでは「直接」の子どもへの働きかけには該当しないとする見解がある[14]。他方、「子どもなら、今だけ××ユーロ」という表現は「直接」とはいえないが、「君たち、取りにおいで、今だけ××ユーロ」という表現は「直接」の働きかけに該当するという見解がある[15]。また、子どもが広告の中に登場する広告やいわゆる「おねだり広告（Quengelwerbung）」については、「購入への直接の働きかけ」の要件該当性を否定する見解[16]と肯定する見解[17]がある。このように、「直接の働きかけ」の例示については、見解に違いが見られるが、少なくとも、働きかけが「子どもに狙いを定めていること」かつ「購入に向けての働きかけであること」が不可欠であるという点で学説は一致しており、その判断は複数の要因や状況から総合的に判断されるとするのがドイツの学説の立場である[18]。Köhlerは、「直接」の働きかけかどうかの判断は、常に「呼びかけられる

---

(11) *Peter Mankowski*, Was ist eine „direkte Auffordung zum Kauf" an Kinder ? Zum Auslegung der Nr.28 der deutschen und der europäischen black list, WRP 4/2008, S.423.
(12) *Scherer*, a.a.O. (Fn. 7), S.433.
(13) *Christian Meyer*, Der Schutz junger und alter Verbraucher nach der UGP-Richtlinie, 2013, S.88. *Köhler*, a.a.O. (Fn. 8), S.702.
(14) *Fuchs*, a.a.O. (Fn. 9), S.258. *Meyer*, a.a.O. (Fn. 13) S.94.
(15) *Köhler*, a.a.O. (Fn. 8), S.703.
(16) *Köhler*, a.a.O. (Fn. 8), S.702.
(17) *Mankowski*, a.a.O. (Fn. 11), S.423.
(18) *Alexander Stief*, Unlautere Werbung gegenüber Kindern und Jugendlichen, 2013, S.101.

（話しかけられる）子ども」の目線から評価されるべきであり、その評価に際しては、「Du-Form」が用いられているか、子どもにとって典型的な話し言葉であるかどうか、どのような広告の手法・媒体が用いられているか（例えば、子ども向け雑誌誌面かどうか）、また対象となる商品が何か（例えば、玩具かどうか）といった観点が必要であるとする[19]。また、*Fuchs*は、広告が子どもに対する「直接」の働きかけではなく、成人に向けた表現とされる場合であっても、子どもを対象とした広告であるかどうかについてはより広い範囲の状況についての確認が必要とされるとする考え方を示している[20]。

　もう一つの28号の要件である(ii)は、成人（親、その他の成人）を対象とする広告を問題としているのではなく、子どもが欲しい商品を親やその他の成人に対して「自分のために購入するように説得する」内容の広告を対象とするものである。この条文の(i)が「自己取得（Selbsterwerb）」の当事者である子どもを保護することを目的としているのに対して、(ii)の部分は、子どもを「購入の動機となる者（Kaufmotivator）」として捉えて、子どもを通じた購入決定の「策動」から、消費者（親、その他の成人）の経済的利益を保護することを目的としている。

　(ii)の要件が導入された理由について、本指令の趣旨の中では明確に説明されていないが、学説では、本指令が消費者の経済的利益を保護することを目的としており、(ii)の要件のような厳格な禁止規定がなければ、消費者の経済的利益を直接侵害するおそれのある不公正な取引行為から消費者を保護するには十分ではないと考えられていたのではないかと捉える見解がある[21]。

　(ii)の要件である「説得（überreden）」は、子どもが言葉で、または身振りをもって行うなど、親やその他の成人の購入決定に影響を与える場合をいう[22]。この「説得」の意味を考える上で重要な点は、(i)の要件が、子どもに典型的な「取引上の未経験」「軽信」を問題としているのに対し、(ii)の要件は、「成人の購入に関する意思決定」に対する影響を問題としている[23]。

---

(19) *Köhler*, a.a.O. (Fn. 8), S.703.
(20) *Fuchs*, a.a.O. (Fn. 9), S.258.
(21) *Scherer*, a.a.O. (Fn. 7), S.435. *Köhler*, a.a.O. (Fn. 8), S.704.
(22) *Köhler*, a.a.O. (Fn. 8), S.704.

したがって、成人の購入に関する意思決定に対して影響を与える子どもの態様が②の条文の適否の焦点となる。この判断は、一般的経験則[24]、個別の状況[25]を踏まえてなされることになる。

④　ここで、付表28号の特徴を整理したい。

同指令の第一の特徴は、28号の規定がこれまでのテレビ広告に関する指令、州際協定で定められていた未成年者に対する広告による働きかけに関する条項の延長線上に位置付けられるものといえる点である[26]。

第二の特徴は、これまでの指令、州際協定における広告の対象が「未成年」であったのに対して、28号は明確に「子ども（Kinder）」向け広告に限定したことである。この限定は、子どもを脆弱な消費者として捉えた2005年指令の前文(18)パラグラフの基本的考え方からすると自然な帰結といえよう。いずれにしても、以前の各指令において示されなかった「子どもの消費者性」——すなわち、子どもは消費者かという基本的な問いかけ——について、本指令は、明確に子ども＝消費者という認識を出発点とした立法であるといえる。

その一方で、本指令は28号が「子ども」に限定した根拠、および「子ども」の定義について説明していない。このため、同指令に基づいて国内法の整備を求められている各国において、この点が大きな争点となっている。成人年齢が満18歳であるドイツの場合、競争法以外の法律（青少年保護法、労働法、刑事法など）の規定との整合を考慮し、「14歳未満」が「子ども」に該当し、「14歳以上18歳未満」が「青少年（Jugendliche）」に該当するというのが通説であるが[27]、これに対し「18歳未満」を「子ども」と捉える学説もある（この点については、第3章を参照されたい）。

---

(23) *Scherer*, a.a.O. (Fn. 7), S.436.
(24) *Scherer*, a.a.O. (Fn. 7), S.435.
(25) *Köhler*, a.a.O. (Fn. 8), S.704.
(26) *Volker Emmerich*, Unlauterer Wettbewerb 9. aufl., 2012, S.175.
(27) ドイツにおいては、2005年不公正取引慣行指令に合わせて、ドイツ不正競争防止法を2008年に改正している。改正により、同法は、同指令とほぼ同一の内容を持つこととなり、指令28号と同様の規定が「攻撃的取引方法」リスト28号として定められている。同リストは「ブラックリスト」と称されている。

(4) 子ども向け広告に関する裁判例

〔Ⅰ〕　まず、EUの2005年不公正取引慣行指令が発効する以前のドイツ国内の事例についてみる。

① Milky Way 事件、Sammelschnipsel 事件

「Milky Way 事件」デュッセルドルフ高裁判決（1974年）[28]、「Sammelschnipsel-Aktion 事件」ミュンヘン高裁（1983年）[29]は、商品の1か所を切り取り、何種類か集めると景品（玩具）と交換する仕組み（広告、「Sammelaktion」といわれる。）に関わる事案であるが、各高裁判決は、このような広告は「子どもの経験不足（Unerfahrenheit）を利用するもの」として不正競争防止法（2004年改正前）の「不公正」に該当し、同法1条に違反すると判断した。

当該広告は、広告の中で子どもに呼びかける表現を用いていたこと、換言すれば、広告の中に大人を対象とする購入への呼びかけ表現がなされていなかった点が、子どもの「経験不足」を利用して商品の購入を働きかける「不公正」な事業活動に該当するとの判断の決め手となったものである[30]。また、対象となる商品あるいは提供される景品が、子どもを対象とする性質のものであることは、法的評価の手がかりの一つとなる。しかしながら、対象となる商品が圧倒的に成人によって購入されているという事実から、「当該商品の広告は成人のみを対象としている」という事実はただちに導かれず、当該広告がいかなる内容といかなる表現方法を用いているかが、「不公正」の判断の基礎に置かれる（「Lego-Hotline 事件」フランクフルト高裁判決）[31]。

② Klingeltöne 事件

「Klingeltöne 事件」ドイツ最高裁判決（2006年）は、EU指令発効の前年に改正された2004年不正競争防止法が適用された事案である[32]。2004年法は、「特に子どもや青少年の取引上の経験不足、消費者の軽信、不安または

----

(28) OLG Düsseldorf, Urteil vom 17.05.1974 („Milky Way"), GRUR 1975, S.267.
(29) OLG München, Urteil vom 30.06.1983 („Sammelschnipsel-Aktion"), GRUR 1983, S.678.
(30) Fuchs, a.a.O. (Fn. 9), S.258.
(31) OLG Frankfurt a.M „Beschl. vom 24.03.1994 („Lego-Hotline"), GRUR 1994 Heft 7, S.522.
(32) BGH vom 06.04.2006 („Klingeltöne"), WRP 2006, S.885.

強制状態を利用すると認めるに足る競争行為」（4条2項）を「不公正な取引行為」の原則違法類型として規定していた。ドイツ最高裁は、少女雑誌の中の携帯向け着メロ広告について、着メロのダウンロードの1分当たりの料金は記載していたものの、ダウンロードの時間の経過とともに発生することが予見される料金についての記載がなかったことから[33]、本件広告に示された課金システムが子どもの「経験不足」を利用したものであり、本件広告は不正競争防止法4条2項に該当する違法な広告に該当し「不公正」であると判断された。

これらの判決例は、2005年のEU指令発効以前の事案であるが、すでにドイツにおいては、子どもを対象とする事業活動が「不公正」といえるかどうかの判断に際して、子どもの「経験不足」や「軽信（Leichtgläubigkeit）」が利用されたかどうかが、不正競争防止法の「不公正」該当性についての重要な判断要素とされていたことを示すものである。ドイツの判例において蓄積されてきたかかる判断要素は、子どもを対象とする事業活動のみならず、年齢、判断能力等の消費者の特性から「特別の保護を必要とする消費者」を対象とする事業活動に対する不公正該当性の判断基準として、今日においても用いられている[34]。

同指令発効前の事案には、事業者の広告が、「子どもに対する働きかけ」であるとともに、「子どもの親とその他の成人に対する働きかけ」に該当し、「不公正」であると認定されたものがある。

③ Tony Taler 事件

「Tony Taler 事件」（2007年）[35]は、朝食用シリアルの製造販売を業とする事業者が、自己の数種類の朝食用シリアル製品を購入し、同製品の中にあるポイント（Wertpunkt）を集めて、学校を通じて集まったポイントを応募すると、ポイントの点数に応じてスポーツ用品を入手できる企画を内容とする広告を行った。この応募は、有料の電話を通じて、あるいは同社のインターネット上のホームページにおいても行うことが可能であった。

---

(33) BGH, a.a.O. (Fn. 32), S.887.
(34) *Meyer*, a.a.O. (Fn. 13), S.177.
(35) BGH vom 12.07.2007 („Tony Taler"), WRP 2008, S.214.

この広告に対して、ドイツの消費者団体が、当該企画は、子どもと青少年の親に対して、同社の製品の購入を働きかける不当な圧力を行使するものであり、また子どもや青少年の「取引上の経験不足」を利用する事業活動であるとして、いずれも不正競争防止法が禁止する不公正な取引行為に該当するとして、当該企画の実施の差止請求を行った。これに対し、事業者は、当該企画は成人の購入決定の自由を侵害するものではなく、また自社製品の購入を強制するものではなく、「許されるスポンサー活動」に過ぎないと反論した。一審と二審は、原告である消費者団体の請求を棄却した。

ドイツ最高裁（BGH）は、成人が購入する製品の広告は、その広告が子どもや青少年の購入意欲をそそり、子どもが親に当該製品の購入を仕向けることを目的としているのであるから、不正競争防止法上の「不公正」には該当しないとする前提を述べた上で、本件広告は、子どもと青少年が学校内での集団的な力を利用した広告の態様において、いわゆる「購入の動機となる者（Kaufmotivator）」として広告の対象とされたものであり、これによって親や保護監督責任者の購入に関する決定の自由は不当な影響を受けたと認定し、本件広告は不正競争防止法4条1項に該当し違法であるとして、原告の差止請求を認めた[36]。

本最高裁判決の主な判決理由は、以下のとおりである。食品等の日用品を購入するのは通常は親であり、子どもは購入者ではなく「購入の動機となる者（Kaufmotivator）」であるとする。子どもからの購入の働きかけに対して、「情報を与えられ、合理的な判断を行う平均的な消費者」である成人の保護監督責任者は、子どもの希望が常にかなえられないことを教育によって対応するのが一般的である。しかしながら、本件は、子どもは強い意図をもって親に購入を迫っており、保護監督責任者の合理的な意思決定によっては対応できない、特殊な状況に基づく例外的事例である[37]。

また、本件企画は、学校のクラス内でポイントを集めてスポーツ用品を入手する企画であり、クラスの多数の生徒がポイントを集めると少数の生徒も

---

(36) BGH, a.a.O. (Fn. 35), S.218.
(37) BGH, a.a.O. (Fn. 35), S.217ff.

スポーツ用品の獲得に貢献するという圧力にさらされる。本件広告は、生徒に対して、クラス内に成立している集団的な力と生徒間に成立している連帯した力を利用するものである。こうした集団的な力と連帯した力が保護監督責任者である親に対して本件広告製品の購入の働きかけを行わせているのであって、本件の場合、「合理的な判断を行う親」も、子どもの働きかけを容認する。

以上のような理由に基づいて最高裁は、本件広告が、不正競争防止法4条1項の規定すなわち「圧力の行使、人間の尊厳を損なうような方法で、またはその他不当に客観的とはいえない影響力の行使によって、消費者またはその他の市場参加者の決定の自由を侵害するに足る競争行為」に該当し「不公正」であると判断した。

本判決は、EU指令発効前の事案であり、同指令28号の適用事例ではないが、子どもが希望する商品を購入するよう親を説得する行為が学校内での集団的な力を背景に行われたことを考慮要因としており、「説得」の態様についての判断の一例を示したものである。しかしながら、学校における集団的な力や生徒間の連帯は、学校には一般的に存在するものであり、そうであるとすれば、こうした事情を背景に子どもから購入を迫られた場合には、親はもはやその要求を拒絶できないことにより、この場合の広告は親の自由な意思決定を侵害する「力の圧力」の問題として捉えることができるかについては疑義があるとする学説がある[38]。「情報を与えられ、合理的な判断を行う平均的な消費者」である親は、教育によって子どもからの購入の説得を拒絶することが期待されていると述べた判示については、「もはや消費者保護とも、競争指向とも無関係」な価値判断であるとする批判がある[39]。

〔Ⅱ〕次に、EU指令発効後の事例についてみる。
① Sammelaktion-Schokoriegel事件
「Sammelaktion-Schokoriegel事件」（2008年）[40]は、チョコレート菓子の製

---
(38) *Emmrich*, a.a.O. (Fn. 26), S.176.
(39) *Scherer*, a.a.O. (Fn. 7), S.437.
(40) BGH vom 17.07.2008 („Sammelaktion‐Schokoriegel"), GRUR 2009 Heft.1, S.71.

造販売事業者が、同社の製品であるチョコレートに同梱されているポイントを集めると、アマゾンのクーポン券と交換できるとする広告を行ったものであり、これに対してドイツの消費者団体が当該広告は子どもの熱中する性格を利用した広告であり、不正競争防止法4条2項に違反するとして差止請求を行った事案である。ドイツ最高裁は、本件広告は、この種の企画と広告は一般に定着し広まっている性格のものであり広告の形態として疑わしいものではなく、「子どもの経験不足を利用したものとはいえず」、したがって不正競争防止法4条2項の違反類型に該当しないとした[41]。

② Geldbärenbarren 事件

「Geldbärenbarren 事件」(2013年)[42]は、飴やフルーツグミを製造販売する事業者が、自社製品を5つ購入すれば金の延べ板が当たるクジ引き(Gewiinspiel)に参加できる企画を行い、このテレビ放送向けの宣伝広告を作成したものである。テレビ広告は30秒のもので、テレビ司会者がスーパーマーケットの店内で2人の子どもを含む一家族と、2人の子どもを連れた母親に宣伝する内容であった。この広告に対して、ドイツの消費者団体は、当該企画は不正競争防止法4条6項が禁止するクローズド懸賞に該当する、また当該広告は不正競争防止法の付表28号の子どもを対象とする広告禁止に該当するとして、当該企画と広告の差止請求を行った。

前者のクローズド懸賞に関する部分については、既に同法4条6項がEU指令とは相容れない規定であるとする判断がなされており（この点については第5章）、ドイツ最高裁は違法な取引行為ではないと判示した[43]。

後者について、最高裁は、28号の規定は、子どもを対象とする広告を禁止しているのではなく、広告が子どもに向けて話しかけるといった場合に適用される規定であるが、本件広告は、子どもに限定した広告とはいえないとして、28号の適用事例には該当しないとして原告の差止請求の訴えを退けた[44]。

---

(41) BGH, a.a.O. (Fn. 40), S.72.
(42) BGH vom 12.12.2013 („Goldbärenbarren"), NJW 2014, S.2279.
(43) BGH, a.a.O. (Fn. 42), S.2280.

③ Runes of Magic 事件

「Runes of Magic 事件」ドイツ最高裁判決（2013年）[45] は、ドイツ不正競争防止法の付表28号に基づき、オンラインゲームの広告が違法と判断された事例である。本件の対象となったオンラインゲーム（Rune of Magic）は、無料でダウンロードできるが、同ゲームサイトの広告では、ゲームのキャラクターの装備は有料で取得することができ、カード決済または SMS での支払いができることが示されていた。この広告内容は、例えば「君のキャラクターはこれから始まる冒険にとって十分か？」「トボレアの世界の数千の危険が君と君のキャラクターを待っている。十分な準備がなければ最初の曲がり角が最後の一歩となる」「今週君はキャラクターを改良しなくてはならない！」「君に好機をつかませ、装備と武器を確かなものに！」という表現で記載されており、「○月×週の月曜日17時から金曜日17時の間、君はこのチャンスを得ることができる！」と表記しており、この最後の表記には、閲覧者のクリックによって、購入用の装備と武器を提供するリンクページに移動するための下線が引かれていた。

ドイツの消費者団体は、上記の表現による広告が、子どもを対象とした有料でのゲームアイテムの購入を働きかける広告であるとして、当該ゲーム提供事業者に広告の差止を請求した。これに対して事業者は、当該広告は直接の購入の働きかけを内容に含んでおらず、子どもに対して明確に話しかけたものではないと主張した。

ドイツ最高裁は、同ゲーム提供事業者（被告）によるゲーム内広告は、ブラックリスト28号の「子どもに対する直接の購入の働きかけ」に該当し、したがって不正競争防止法が禁止する3条の「不公正な取引行為」に該当すると認定した[46]。

同判決は、当該事業者が提供するロールプレイゲームが、成人も楽しむことができるゲームであること、広告の表現は成人に向けて話しかけるものであることは、28号の適否にとって重要ではなく、当該ゲームと話しかけた表

---

(44) BGH, a.a.O. (Fn. 42), S.2281.
(45) BGH vom 17.07.2013 („Runes of Magic"), NJW 2014, S.1014.
(46) BGH, a.a.O. (Fn. 45), S.1014.

現の性質や方法の全体から、本件の場合には二人称での直接的な話しかけや子どもに特有の表現が広告の中で一環して用いられていることから、未成年者と14歳に達していない子どもを第一のターゲットとした広告表現であるとしている[47]。また、命令法での表現は28号の不可欠な要件ではないが、購入への誘い（Kaufappell）があることを認める上で十分であると判示している[48]。

　本判決については、本件広告が、子どもだけでなく成人ユーザーも多いゲームにもかかわらず、広告で用いられた表現のみを理由として、未成年者と子どもを対象とする広告であると判断した点[49]、15歳以上の未成年者を対象とする広告であることの認定を「子どもに特有の表現」が用いられていることに基づいて行っている点[50]、オンラインゲーム上では二人称表現が用いられることは一般的であり、オンラインゲームのユーザーはそのことを認識していることを理解していない点[51]、またあるサイト画面からクリックして別のサイト画面に移動したことをもって「購入の働きかけ」によって購入の意思決定がなされたものと判断している点[52]、未成年者の平均的集団から、本件広告表現がどのように受け取られたかについての言及がなされていない点などに対する批判[53]がなされている。欧州においても多くのユーザーを抱えるインターネットゲーム内広告が子どもや未成年者を対象とした「攻撃的取引行為」に該当すると判断された事案としてリーディングケースと位置付けられるものであるが、28号の中核的な構成要件である「購入への直接の働きかけ」、特に「直接性」と「働きかけ」の態様に関する解釈は定まっておらず、本判決を契機とした議論の進展が求められよう。

---

(47) BGH, a.a.O. (Fn. 45), S.1015.
(48) BGH, a.a.O. (Fn. 45), S.1015.
(49) *Jahn/Palzer*, Werbung gegenüber Kindern „Dus" and don'ts, GRUR 4/2014, S.335. 原告側は、同ゲームのユーザーの平均年齢が32歳である、ユーザーの85％が成人である等の証拠を提出していたが、最高裁は同証拠を退けた。
(50) *Jahn/Palzer*, a.a.O. (Fn. 49), S.335.
(51) *Jahn/Palzer*, a.a.O. (Fn. 49), S.335.
(52) *Jahn/Palzer*, a.a.O. (Fn. 49), S.336.
(53) *Peter Rott*, Der „Durchschnittsverbraucher" - ein Auslaufmodell angesichts personalisierten Marketings ?, VuR 5/2015,S.167. *Olaf Sosnitza*, Anmerkung, NJW 14/2014, S.1017.

④ Nordjob-Messe 事件

「Nordjob-Messe 事件」(2014年)[54] は、健康保険機関が青少年向けの教育啓発の催し物を行い、開催期間中に、15歳から17歳を対象として、個人情報カードに氏名、年齢、誕生年月日、電話番号、E メールアドレスを記載した者には、無償のくじ引き (Gewinnspiel) に参加できるという企画を実施した事案について、ドイツの消費者団体が不正競争防止法4条2項に該当し違法であるとして差止請求を行ったものである。ドイツ最高裁は、本件企画は4条2項に該当し違法であると判断した。判決は、未成年者を対象とする取引行為がただちに違法となるのではなく、その経験不足、すなわち、未成年者が商品・サービスを批判的に評価する十分な立場にいるとはいえない状況が、提示された提供に関する決定に影響を及ぼし得るかどうかについての判断が決め手となるとする。本件の場合、未成年者は、個人情報がどのように取り扱われるかどうかについて十分に知らされておらず、また成人に比してくじ引きの誘惑に弱いことから、くじ引きと結びついた個人情報の収集について正確に判断できないことを理由として、判決は不公正な取引行為と認定した[55]。

本件について学説では、魅力的なくじ引きを付けて青少年が当該企画に対する批判的な検討を行うことができない中で個人情報を収集する手法は、青少年の意思を事業者の意のままにすることを可能する手法であり、事業者と消費者(青少年)の間の力関係に基づく圧力の行使が問題となった事例として捉えられている[56]。

---

[54] BGH vom 22.01.2014 („Nordjob‐Messe"), NJW 2014, S.2282.
[55] BGH, a.a.O. (Fn. 54), S.2285.
[56] *Inge Scherer*, Die besonders schutzbedürftigen Verbraucher nach der UWG-Novelle 2015, WRP 12/2016, S.1445.

第4節　子ども向け広告をめぐる日本の状況と消費者教育の実質化に向けた課題

　以上のとおり、EUおよびドイツにおける子ども向け広告に対する法の基本的姿勢について概観してきたが、本稿のおわりに、日本における状況を確認し、今後の検討課題を整理したい。

　(1)　広告に対する法規制は、広告を表示の一類型として捉えて、その内容が一般消費者を誤認させるおそれがある場合には、景品表示法による規制対象となり、また広告が誇大である場合には特定商取引法の適用の可能性がある。

　ところで、独占禁止法および景品表示法の保護法益は「一般消費者の利益」（各法1条）であり、特定商取引法は「購入者等の利益」（同法1条）、消費者契約法は「消費者の利益」（同法1条）であるが、一般消費者、購入者等、消費者は、年齢による区別を有しない。比較法的にいえば、日本法における消費者概念には、EU2005年指令前文で示された「脆弱な消費者」に相当する概念はなく、子どもの「消費者性」は、これまでの経済法および消費者法の領域において重要な法価値でない、といえよう。

　(2)　もっとも、日本法において、子どもを保護の対象とした法令は少なくない。例えば、未成年者喫煙禁止法（明治33年）1条、未成年者飲酒禁止法（大正11年）1条、パチンコ店、風俗営業店舗への入場制限を定めた風営法18条（18歳未満の立ち入り禁止の表示義務）と22条5号（18歳未満の客としての立ち入り禁止）、勝ち馬投票券の未成年者への販売禁止を定めた競馬法（28条）などがある[57]。また、成人雑誌に対する販売禁止は、都道府県（長野県は各市町村）の青少年保護育成条例に定められている。映画の上映内容による入場制限は、業界自主基準（映画倫理委員会の映倫規定による制限）によって定められて

---

[57] 未成年者喫煙防止法、未成年者飲酒禁止法は、満20歳未満の喫煙、飲酒を禁止しているが、喫煙者、飲酒者を処罰するのではなく、未成年者の監督者が未成年者の喫煙、飲酒を制止しなかった場合（ともに1条2項）、および未成年者にこれらの商品を供与した者に対する処罰を定めている（同1条3項）。

いる[58]。

　未成年者の喫煙と飲酒を禁止した上記二法の立法趣旨は非行防止にあるが、風俗営業、競馬に関する法律、成人雑誌等の有害図書の販売禁止は「青少年の健全な育成」を保護法益としている（風俗営業法１条など）。

　また、これらの法令の未成年者の対象年齢についてみると、民法上の20歳を基準とするもの、18歳を基準とするものがある。他方、労働基準法の就労最低年齢は15歳を基準といる（同法56条１項、但し、特定業種の場合は13歳を基準とする）。また、少年法における「少年」は20歳に満たない者と定めている。さらに、児童福祉法における定義では、児童は満18歳に満たない者である（同法４条１項）。

　このような法律ごとの保護対象となる未成年者、児童の年齢設定の違いは、それぞれの法の趣旨と規制・禁止内容に拠る違いとして理解できる。換言すれば、これらの法令または業界ルールは、「子どもの消費者性」を前提とした規範ではないということであり、その意味において、EU、ドイツにおける広告、顧客誘引に対する規制とは基本的性格を異にするものといえる。

　(3)　日本法上、上記のとおり個別の青少年育成関係法や業界ルールと、虚偽・誇大広告に対する事後規制としての景品表示法等の規制があるが、消費者としての子どもの保護という観点に基づく広告のあり方をめぐる基本的考え方が十分に議論され確立していない現状にある。本章第２節(2)で見たように、現在日本の消費者教育の推進の中で、情報、メディアを批判的に吟味して適切な行動をとる「育む力」の育成が重要項目として挙げられているが、その達成を図るためには、何よりも、日本における「広告の秩序」が存在していることが必要である。消費者教育が年代、ライフステージごとの実践を基本としている以上、「一般消費者」という大括りでの検討ではなく、年齢をはじめとする消費者の特性と多様性を踏まえた広告の秩序の形成が不可欠といえよう。

---

(58) 映倫規定による制限（rating system）に基づく表記は、G（General Audience）、PG12（Parental Guidance under 12）、R15＋、R18＋（R＝Restricted）である。

(4) 日本における広告の秩序形成を具体化する際に検討すべきことは、EU、ドイツのように、私法ルールによる秩序化を図るのか、現在の日本の独占禁止法、景品表示法、特定商取引法に基づく広告・表示に対する行政規制（事業者規制）による秩序化を維持するのか、という法制度のあり方についての問題である。民法改正による成年年齢の18歳への引下げが決定したことを受けて、子ども・若年消費者への消費者教育の強化策が検討されている中、契約することの意味、契約締結後の被害救済に関する教育内容は充実しているものの、契約締結前の事業者と消費者の間の問題、とくに広告その他の顧客誘引については、教育内容に十分取り入れられていない実態がある。かかる実態の背景には、契約や契約締結後に関する一般的なルールが確立しており、教育内容に反映しやすいのに対して、契約締結前の広告その他の顧客誘引に対するルールや消費者の立ち位置が教育内容として取り込むまでに至っていないことにある[59]。広告その他の顧客誘引に対する規制または規律の基本的な考え方が明確に示され、消費者教育の内容に反映されていくことは喫緊の課題といえる[60]。

---

(59) ドイツの「Rune of Magic 事件」判決（前掲注 (45)）については、「イメージ広告の終わりの始まり」と評する批判的見方（*Jahn/Palzer*, a.a.O. (Fn. 49, S.336.) があるが、消費者教育の領域における子供向け広告のあり方の検討は、イメージ広告を主流とする日本の広告そのものを根本から問い直す契機となりうる。同時に、広告業界をはじめとする産業界からから強い反論がなされることも十分に想起される。

(60) 2016年11月に民間団体が「子どもに影響のある広告およびマーケティングに関するガイドライン」を策定・公表しているが、これは日本が批准している「子どもの権利条約」に対応する国内法の不在を民間レベルにおいて補完しようとする試みである。本書第1章を参照されたい。

第 3 部

日本の競争法における顧客誘引規制と「脆弱な消費者」

第7章　日本における景品・懸賞付販売の実態と競争法による規制

第1節　問題の所在

　景品・懸賞による顧客誘引には、クローズド型（商品・サービスの購入を条件とするもの）と、オープン型（何らの購入を要しないもの）の2つのタイプがある。かつて、日本では、クローズド型、オープン型はともに競争法の規制対象とされていた。前者については景品表示法が、また後者については独占禁止法が、規制の根拠法であった[1]。

　景品表示法は、「不当な顧客誘引」の防止の目的（同法1条）に基づき、事業者が提供する「景品類（景品、懸賞）の価額の最高額若しくは総額、種類若しくは提供の方法その他景品類の提供に関する事項を制限し、又は景品類の提供を禁止することができる」（同法3条）と定めている。この規定からもわかるように、日本においては、一般消費者に対する不当な顧客誘引効果を有する景品・懸賞付販売は制限または禁止されるが、かかる効果を持たないものについては、事業者は自由に景品・懸賞を付して商品・役務の提供を行うことができる。

　日本では、大正期から、景品・懸賞付販売は、ビジネスモデルの一つして、特に食品業界を中心に展開されていた[2]。1962年に制定された景品表示

---

(1) 2006年4月に「オープン懸賞告示」が廃止され、現在はオープン懸賞に関する独占禁止法、景品表示法の提供景品の上限額の制限はない。但し、懸賞企画の内容に消費者を誤認される表示がある場合には、不当表示規制の対象となる。
(2) 天野正子＝石谷二郎＝木村涼子『モノと子どもの戦後史』（吉川弘文館、2007年）199頁。明治から大正期にかけて煙草や菓子類に絵葉書のようなカード類を入れる販売方法は既に存在していたが、「まめ玩具」といわれるオマケ玩具を入れるビジネスモデルはグリコが最初といわれる。日本新聞社『私の履歴書—昭和の経営者群像10』（日本経済新聞社、1992年）（「江崎利一」

法は、高額・高価な当選商品を付した懸賞付販売が過熱し社会問題化したことがその立法の大きな要因の一つであったが（第11章参照）、その後も景品ブーム、懸賞ブームが繰り返し沸き起こり、現在に至っている。今日の景品・懸賞付販売の状況に目を向けると、景品・懸賞の企画、入手・応募方法、付される商品・サービスの内容・種類・品質等の面において、立法当時の状況とは異なる態様が見られる。従来は、本体商品（菓子）に小玩具（景品）が付される形態（ここでは「従来型」と呼ぶことにする。）が多く見られたが、近年には、精巧な玩具に小菓子が付された形態（ここでは「逆転型」と呼ぶことにする。）の商品が、従来型とととともに陳列、販売されている。また、玩具と菓子がともにパッケージされており、パッケージの表面には中に梱包されている玩具が複数のアニメ・キャラクターのいずれかであることが表示されているものの、手にしている商品の中に入っている玩具がどの種類であるかは示されていない商品（いわゆる「ブラインド型商品」）が多く流通しているのも、今日の特徴といえる。

また、懸賞付企画についても、本体商品に応募券・抽選券等が付された典型的な企画のほか、スクラッチ・カード方式や、インターネットまたはスマートフォンのアプリへのアクセスによる応募等によるものも増えており、さらにコンビニエンスストアが一定金額以上の買い物をした顧客にくじ引きの権利を与える企画も見られるなど、懸賞付販売にも様々な企画が存在する。

景品・懸賞付販売は、消費者に対する誘引効果および広告効果があり、企画する事業者にとっては、他の事業者の顧客を自己に誘引することにより収益を上げる効果的な競争手段・取引手段の一つである。その一方で、景品・懸賞付販売は、その態様の如何によっては、商品・役務の選択の場面において、消費者の判断を誤誘導（ミス・リード）するおそれのある販売方法である。アメリカ、イギリスは、効果的な競争手段である点を重視して景品付販売は原則自由（ただし懸賞付販売は禁止されている）であるのに対して、前述したドイツ、オーストリア、フランス、北欧諸国などは景品・懸賞付販売を消費者の誤認惹起につながる競争手段であるとして従来否定的な立場を示して

の章107頁以下）。ヤエスメディアムック『グリコのおまけ型録』（八重洲出版、2003年）参照。

きた。日本は、これらの国の制度とは異なっている。景品表示法は、景品・懸賞付販売が併せ持つ競争促進効果と不当な顧客誘引効果を考慮して、提供される景品・懸賞の価額・総額に関する数値基準を定め、この基準を超えるものを「過大な」景品・懸賞付販売として、その提供を制限または禁止するという規制枠組を有している。

今日の景品・懸賞付販売には、上記のとおり、景品表示法の立法当時に比べて違った要因・状況が見られるところであり、現行法が「不当な顧客誘引」の防止のために過不足なく機能しているかどうかについて検証する必要がある。

第2節　日本の景品・懸賞付販売ルールの特徴と課題

日本の景品表示法の特徴について、第5章で考察したドイツとEUにおける景品・懸賞付販売に対する規律との比較の観点から、整理したい。

景品表示法の制定から今日に至るまで、「景品付販売」と「懸賞付販売」は区別されることなく、同法4条の規制対象となっている。第一の観点は、これら二つの販売形態を同一の規制枠組の中で扱うことは妥当かどうか、という点である。

第二の観点は、「景品付販売」について、実際に陳列、販売される形態に着目・分類することにより、景表法による規制の対象についての整理を試みる。現在、市場ではさまざまな景品付商品・役務が流通しているが、これらの中には、公正取引委員会（以下、公取委という。）が定めた景表法の告示・運用基準において、「景品付販売」に該当しないとされているものがある。かかる公取委の基準が、消費者視点を的確に反映したものとなっていることが、「不当な顧客誘引」規制の実質化の保証につながるが、現行の法運用がこの保証を担保するものであるかどうかが第二の観点である。そこでは、先に述べた「従来型」と「逆転型」の区分に加えて、景品が本体商品に着脱可能な状態で付されているもの（ここでは「分離型」と呼ぶことにする）と、景品が本体商品とともにパッケージされているもの（ここでは「一体型」と呼ぶことにする）の区分、および「ブラインド型商品」の捉え方が重要となる。以下

において、日本型の特徴を整理する。

(1) 景品表示法における景品・懸賞付販売に対する規制制度

景品表示法は、定義規定である「景品類の定義」(2条3項)と規制規定である「景品類の提供の制限及び禁止」(4条)を定めている。

景品表示法の規制対象には、総付景品、一般懸賞、共同懸賞の3種類があるが、同法はこの3つを「景品類」と総称する。同法の定義規定は、以下のとおりである。

> 「2条3項　この法律で『景品類』とは、顧客を誘引するための手段として、その方法が直接的であるか間接的であるかを問わず、くじの方法によるかどうかを問わず、事業者が自己の供給する商品又は役務の取引(不動産に関する取引を含む。以下同じ。)に付随して相手方に提供する物品、金銭その他の経済上の利益であつて、内閣総理大臣が指定するものをいう。」

また、同法の規制規定は、以下のとおりである。

> 「4条　内閣総理大臣は、不当な顧客の誘引を防止し、一般消費者による自主的かつ合理的な選択を確保するため必要があると認めるときは、景品類の価額の最高額若しくは総額、種類若しくは提供の方法その他景品類の提供に関する事項を制限し、又は景品類の提供を禁止することができる。」

具体的な景品類の定義や対象は、「不当景品類及び不当表示防止法第2条の規定により景品類及び表示を指定する件」(昭和37年公正取引委員会指定告示第3号)[3]と「景品類等の指定の告示の運用基準について」(昭和52年事務局長通達第7号)[4]において定められている。

また、総付景品、懸賞による景品の提供のルールは、「一般消費者に対する景品類の提供に関する事項の制限」(昭和52年公正取引委員会告示第5号)[5]とこの告示の「運用基準」(昭和52年事務局長通達第6号)[6]に定められている。

---

(3) 現行の告示は、「平成21年公正取引委員会告示第13号」である。
(4) 現行の運用基準は、「平成26年12月1日消費者庁長官決定」である。
(5) 現行の告示は2007年に改正された「平成19年事務局長通達第9号」である。

(2) 景品表示法の規制基準と日本における景品付販売の特徴

以下では、日本の景品・懸賞付販売の規制基準を確認するとともに、特に景品付き販売の特徴を検討する。ここでの検討は、消費者の目線から見た景品と、景品表示法の規制対象となる景品との間に差異に着目することをとおして、規制の考え方を考察するための前提となる。

① 景品・懸賞付商品の形態の特徴（Ⅰ）――従来型と逆転型

景品付販売は、「おまけ付き販売」と称されることがあるが、両者は同義・同一であるか、という点がまず問題となる。「おまけ」は「御負（け）」と表記されるが、「負ける」とは「値引き」を意味し、値引きの代わりに他の商品を提供することにより値引きと同等の効果を与えようとするものとして説明されてきた。日本での語法からも、景品は値引きと同一または近接する性質を有する。

現行の景品表示法における「景品（総付景品）」の規制は【表1】のとおり

【表1】 総付景品の提供ルール

本体商品・サービスの取引の価額	総付景品の最高額
1,000円 未満	200円
1,000円 以上	本体の20%まで

出典：「一般消費者に対する景品類の提供に関する事項の制限」（昭和52年公正取引委員会告示第5号〔最終改正　平成28年内閣府告示第123号〕）1の規定に基づき、著者が作成した。

【表2】 一般懸賞の提供ルール

本体商品・サービスの取引の価額	懸賞による景品の最高額	懸賞企画の総額
5,000円 未満	本体の価額の20倍	懸賞企画の売上の予定総額の2%
5,000円 以上	10万円	

出典：「懸賞による景品類の提供に関する事項の制限」（昭和52年公正取引委員会告示第3号〔最終改正　平成8年公正取引委員会告示第1号〕）2および3の規定に基づき、著者が作成した。

【表3】 共同懸賞の提供ルール

最　高　額	総　額
取引の価額にかかわらず　30万円	懸賞企画の売上予定総額の3%

出典：「懸賞による景品類の提供に関する事項の制限」（昭和52年公正取引委員会告示第3号〔最終改正　平成8年公正取引委員会告示第1号〕）4の規定に基づき、著者が作成した。

---

(6) 現行の運用基準は、1996年に改正された「平成8年事務局長通達第1号」である。

である。現行の総付景品の提供ルールは、原則として本体商品・サービスの価額の20％までの景品の提供が認められているが、本体商品・サービスの価額が1,000円未満の場合には200円までの景品を提供することができる[7]。この場合には、本体商品が10円でも200円の価額の景品を付けることが可能である。本体の価額よりも景品の価額が大きいことから、ここではこのような景品提供を「逆転型」と呼ぶ。

このような「逆転型」の提供ルールが設定された理由は明らかではないが、こうした態様での景品付販売が行われている、あるいは行いたいとする業界に対する法運用上の配慮がなされていると考えられる。

2005年に、全国の消費者団体を対象として景品・懸賞付販売に対する意識調査[8]を行い、この「従来型」と「逆転型」は「おまけ付き商品」として区別できるかどうかについて質問したところ、「両者には違いがない」とした回答が46.2％、「両者には違いがある」とした回答が45.1％であり、ほぼ拮抗する回答状況が見られた。

② 景品・懸賞付商品の形態の特徴（Ⅱ）——着脱型（分離型）と一体型（梱包型）

景品付き商品の典型は、菓子と小玩具が一体となっている商品【画像1〔右側〕】であるが、近年多く見られるのは、清涼飲料水のペットボトルのネック部分に小玩具や雑貨等が掛けられているタイプ【画像1〔左側〕】である。前者は、定番商品として販売されていることが多いが、後者は期間限定の企画として実施されるもので、当該期間終了後は「おまけ」は外される。

【画像1】の2つのタイプは、一般消費者にとって「おまけ付き商品」と見られるのか、あるいは両者の違いは認識されているかという点について、前記・全国結果では、「ともに景品付販売」とする回答は60.0％であった[9]。

「景品類等の指定の告示の運用基準について」（昭和52年事務局長通達第7号）

---

(7) 2007年3月に、10％から2倍の20％にまで景品付販売が緩和・拡大された。
(8) 2005年に全国の消費者団体2,794団体を対象に実施した（有効回答数は897）。拙稿「今日の競争・取引実態に基づく景品・懸賞付販売に対する法規制に関する研究」（基盤研究（c）課題番号16530038）2007年5月。
(9) その他の選択肢の回答率は、「分離型のみ景品付販売」15.8％「一体型のみ景品付販売」9.2％「ともに景品付販売ではない」3.4％であった。

では、【画像1〔右側〕】は景品表示法上の規制対象には該当しない（この点については後述する）。

【画像1】

着脱型（分離型） 　　　　　　　　　　　一体型（梱包型）

出典：著者が入手の上撮影したものである。

③　景品・懸賞付商品の形態の特徴（Ⅲ）——ブラインド型商品について

一般に流通している「おまけ付き」商品の中には、付される景品の内容・種類が、外から判別できるタイプと、外からは判別できず開封してはじめて確認できるタイプの2種類が見られる。後者のタイプを「ブラインド型商品」という（【画像2】）。

【画像2】

出典：著者が入手の上撮影したものである。

「ブラインド型商品」は、【画像2】のように、外箱に「全18種類」という表記や、18種類の全部または一部が表示されていることがあるが、当該商品の中に梱包されているものについては「これらのいずれかが入っています」という類の記載がされていることが多い。

このタイプの商品について、前記・全国調査結果（脚注（8））では、約55％（有効回答数897のうち、494団体）が「問題あり」と回答している。

この全国調査は2005年に実施したものであり、またアンケートの回答者は調査対象である消費者団体の役員であり、「ブラインド型商品」に身近に接している若年層の意識を把握する必要があると思われたことから、大学2年生を対象としたアンケート調査を実施した。

その結果が、【グラフ7-1】～【グラフ7-3】である。この若年消費者に対するアンケートの質問事項は、実売されていたチョコレート（アニメのキャラクターのシール全12種類入り、これが2ヶ月ごとにモデルチェンジをしていく企画）を例示し、「（当該商品の中に）どのシールが入っているかは、チョコの外側から判断できない。あなたは、このような商品について、どのように考えるか。」である。回答は、「(1)好ましい商品である。この種の商品はもっと増えてほしい。」と「(2)好ましくない商品である。この種の商品は減って／なくなってほしい。」の二者択一である。【グラフ】の「YES」は「(1)好ましい商品である。この種の商品はもっと増えてほしい。」、「NO」は「(2)好ましくない商品である。この種の商品は減って／なくなってほしい。」に対応している。

【グラフ7-1】～【グラフ7-3】から明らかなように、若年消費者は「ブラインド型商品」に違和感がなく、こうした企画商品が今後も続くことに関心・期待を抱いている傾向が見られる。「YES」を選択した理由（自由記述形式）を見ると、「中が見えないから、わくわく、興味刺激」が圧倒的に多く、「見えないからこそ良い」「中が見えると集める楽しみが減る」「ただ菓子を買うよりも楽しい」「チョコもシールも楽しめる」「子どもが大好き」などの回答も複数あった。また、「企業の企画の勝ち」「企業の売上げ増加につながる」「需要があるのだから、こういう商品はあっても構わない」という記述も見られた。

第 7 章　日本における景品・懸賞付販売の実態と競争法による規制　　201

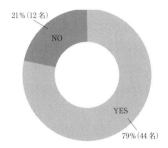

【グラフ7-1】　2015年11月日調査（大学 2 年生56名対象）

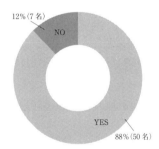

【グラフ7-2】　2016年11月 2 日調査（大学 2 年生57名対象）

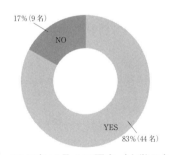

【グラフ7-3】　2017年11月 1 日調査（大学 2 年生53名対象）

出典：上記の【グラフ7-1】～【グラフ7-3】は、著者が佐賀大学 2 年生（著者が担当する教養・インターフェース科目「現代の消費Ⅱ」の受講者）を対象に実施したものである（実施は講義室で行った）。なお、各グラフの回答者数は、受講登録者数ではなく、調査日に出席していた学生数を指す。

　「NO」を選択した理由（自由記述形式）を見ると、「中味がわからないことが問題（揃わない／大量購入／中味が見えるように）」とする記述が多く、「カード目当てでチョコを捨てる人がいる」「チョコがゴミにされる」「チョコはチョ

コだけで売って」「シールだけ欲しがる」とする記述も複数見られた。このほか、「コンプガチャと同じで特典コレクト中毒による消費（特に子どもに影響大）」、「子ども向け企画はダメ（大人向けはOK）」という記述があった。

　前記の2005年の全国調査において「ブラインド型商品」を問題視した回答者が全員成人（消費者団体の役員等）であるのに対して、2015年～2017年度調査対象とした20歳前後の若年消費者は圧倒的比率で好意的な回答をしている。この「ブラインド型商品」に対する意識の違いは、年齢の違いのほか、アンケート設問で取り上げた商品が実売のものであり、かつ回答した若年消費者が当該商品の流行や人気について情報を持っていた世代（主に1995年～1997年の間に出生した世代）であることが要因として考えられる。こうした若年消費者の「ブラインド型商品」に対する違和感・抵抗感の小ささは、換言すれば、この種の商品が若年層の射幸心に作用しており、その販売戦略が一定の効果を上げていることの表れとして見ることもできよう。

(3) 景品・懸賞付販売に対する規制の問題点

　以下では、上記で確認した日本型の景品・懸賞付販売の特徴を踏まえて、景品表示法の規制の課題と思われる点を整理する。

　① 景品規制の対象について

　前述した「おまけ付き」商品のうち、一体型（梱包型）については、現行法上、後者は景品表示法の規制対象とはなっていない。この根拠は、「景品類等の指定の告示の運用基準について」（昭和52年事務局長通達第7号）[10]にある。

　同運用基準（4(5)）は、

>　「ある取引において二つ以上の商品又は役務が提供される場合であっても、次のアからウまでのいずれかに該当するときは、原則として、「取引に附随」する提供に当たらない。
>　（ア、イ……略）
>　ウ　商品又は役務が2つ以上組み合わされたことにより独自の機能、効用

---

(10) 現行の運用基準は、2014年12月1日消費者庁長官決定である。

を持つ一つの商品又は役務になって場合（役務になっている例　玩菓、パック旅行）」

　すなわち、運用基準は、玩菓は景品類の定義（法2条3項）の要件「取引に附随」に該当しないものとされており、同法の規制対象ではないとしている。玩菓（いわゆる食玩）は、「パック旅行」ととともに「商品又は役務が2つ以上組み合わされたことにより独自の機能、効用を持つ一つの商品又は役務」という性質を備えた商品という位置付けがなされている。消費者は、「航空券」と「ホテル宿泊」を別々に購入することができるが、両者がセットになった「パック旅行」商品として購入することもでき、この場合は、別々に購入するよりも価格が安くなるバンドリング効果のメリットがある。他方、玩菓については、消費者は当該商品を構成物である菓子と玩具を別々に購入することは通常できない。パック旅行、玩菓は、ともに「2つ以上組み合わされたことにより独自の機能、効用を持つ1つの商品」ではあるが、商品特性では違いがある。玩菓の特徴は、菓子と玩具が梱包されることにより一体化された「一つの商品」という点にある。したがって、仮に着脱型（分離型）であっても、ペットボトルの清涼飲料水とネック部分に掛けられた玩具類をラッピング等により梱包すれば一体型の商品となり、景品表示法は同じ扱いとなろう。

　景品表示法の主務官庁が消費者庁に移管され、同法の目的が「一般消費者の自主的かつ合理的な選択」の確保に改正されたが、この「一般消費者」には成人だけでなく、若年消費者、さらに低年齢層の消費者が含まれる。成人年齢の引下げに向けた立法動向が伝えられる中、消費者教育の推進のための政策が重視されている。一体型（梱包型）と着脱型（分離型）は、特に低年齢層の消費者（本論文の「脆弱な消費者」）にとっては明確に区別されることのない「おまけ付き」であり、かかる消費者に対する顧客誘引効果という点においても別々の扱いをすることが意味を持たない商品である。低年齢層の消費者において「おまけ付き」と認識される商品と、景品表示法の景品・懸賞付販売との間の距離感を埋めることは、景品表示法の「一般消費者の自主的かつ合理的な選択」の確保という観点から、また消費者教育の内容の充実とい

う観点からも、重要かつ喫緊の課題といえる。

②　ブラインド型商品に対する規制

前記の若年消費者を対象としたアンケート調査の質問項目に例示した事例は「ブラインド型商品」の典型例であるが、この商品の特徴は、商品の中に入っている景品（例えばカード）がいかなる種類・内容であるかが商品の外形から確認できず、また表示もなされていないこと、さらに、景品がシリーズ企画（例えばアニメに登場する複数のキャラクターがそれぞれ景品の内容に関係する）として提供され、その中の一部の景品の数が極端に少なく設定（いわゆる「レアもの」企画）される場合が見られること、にある。

景品表示法の「懸賞による景品類の提供に関する事項の制限」」（昭和52年公正取引委員会告示第3号）[11]規定を定めている。同告示1は、

> 「この告示において「懸賞」とは、次に掲げる方法によつて景品類の提供の相手方又は提供する景品類の価額を定めることをいう。
> 一　くじその他偶然性を利用して定める方法
> 二　特定の行為の優劣又は正誤によつて定める方法」

と定めており、この「懸賞」に該当する場合には、提供する価額等に関する制限の対象となる。

同告示5は、

> 「前三項の規定にかかわらず、二以上の種類の文字、絵、符号等を表示した符票のうち、異なる種類の符票の特定の組合せを提示させる方法を用いた懸賞による景品類の提供は、してはならない。」

と定めている。この告示5は、いわゆる「カード合わせ」型の懸賞といわれ、このタイプの懸賞は、「してはならない」の文言のとおり「全面的な禁止」[12]の取扱いとされている。

---

(11)　現行の告示は、1996年2月16日公正取引委員会告示第1号である。
(12)　大元慎二編著『景品表示法〔第5版〕』（商事法務、2017年）201頁。

この告示5に基づく規制の態様が示された事例として、商品の事例（2005年）[13]とサービス（オンラインゲームのコンプガチャ）の事例（2012年）がある。後者は、消費者庁がオンラインゲーム上の「有料ガチャ」によるアイテム提供の態様が告示5の「カード合わせ」型懸賞に該当する可能性があることを表明し、業界に対する自主規制を働きかけるとともに、同告示「運用基準」の中に新たな基準を導入する対応を行ったものである[14]。なお、コンプガチャおよびガチャポンについては、後述(3)で再度取り上げる。

カード合わせ型懸賞が禁止される商品提供の典型例は、菓子の中に入っているカードを全種類集めて店舗に持っていくと、別の景品が提供され、または別の景品と引き換えてもらえるという企画に係るものであり、この場合に同告示5の「禁止」に該当する。したがって、菓子の中に「カード」を入れること自体は「カード合わせ型懸賞の適用」対象ではなく、「全種類集めることにより、他の景品が入手」できる企画である場合に違法となる。このことから、同告示5は、「ブラインド型商品」そのものの提供を禁止するものではなく、これよりも射幸心を刺激する企画内容を伴った場合に禁止するものである。

ブラインド型商品は、その企画のいかんによって、消費者、特に若年消費者や低年齢層の消費者の射幸心を刺激しやすい特徴があることから、こうした消費者を含む「一般消費者の自主的かつ合理的な選択」を確保するには、景品表示法におけるブラインド型商品の企画そのものの取扱いをあらためて検討する必要があると思われる。第5章で検討したドイツとEUの景品・懸

---

(13) 2005年10月「ペプシツイスト事件」（公取委注意）。
(14) 同運用基準（2012年6月28日消費者庁長官通達第1号）「4 告示第五項（カード合わせ）について」の中に、「(1) 次のような場合は、告示第五項のカード合わせの方法に当たる」として、以下の条項が追加された。
　「携帯電話端末やパソコン端末などを通じてインターネット上で提供されるゲームの中で、ゲームの利用者に対し、ゲーム上で使用することができるアイテム等を、偶然性を利用して提供するアイテム等の種類が決まる方法によって有料で提供する場合であって、特定の二以上の異なる種類のアイテム等を揃えた利用者に対し、例えばゲーム上で敵と戦うキャラクターや、プレーヤーの分身となるキャラクター（いわゆる「アバター」と呼ばれるもの）が仮想空間上で住む部屋を飾るためのアイテムなど、ゲーム上で使用することができるアイテム等その他の経済上の利益を提供するとき。」

賞付販売は原則自由化されているものの、消費者に対する情報提供と透明性確保に反する場合には「不公正取引」とされていることとの比較によれば、日本におけるブラインド型商品への法規制は十分なものとはいえない。

 ③ オンラインゲーム上の「ガチャポン」および「コンプガチャ」に対する規制

 前記②で触れた「コンプガチャ」は「ガチャポン」の一種である。オンラインゲーム上では、ゲームのユーザーに対して、ゲームの進行に合わせて、例えば敵を倒すための武器や分身（アバター）を入手する機会を「ガチャポン」の形式で付与するものであり、有料、無料いずれの場合もあり、有料の場合にはユーザーに対して対価が課金され、その決済は通信料として現金決済される場合のほか、コンビニ等で販売されているプリペイド・カードの利用によって、または現金との交換性を有するゲーム内コインやポイントなどのゲーム内仮想通貨により行われる。より強力な武器になればなるほど課金額は高額となるが、ガチャポン形式での入手になるため、どの武器が獲得できるかは偶然性に左右される。「コンプリートガチャ（以下、「コンプガチャ」）」は、ゲーム内で提供される複数のガチャポンによって入手できる特定の武器やキャラクターを複数集めることにより、さらに強力な武器や特典が入手できるとする企画であり、ギャンブル的要素は1回限りのガチャポン企画より大きく、ユーザーの射幸心への働きかけも強い。このため、オンラインゲーム上のガチャポンをめぐっては、生徒や学生などの若年消費者に対する高額課金が消費者保護の観点から、度々社会問題として取り上げられてきている[15]。

 そこで、消費者庁が、「ガチャポン」および「コンプガチャ」に対していかなる規制の考え方を示しているかについて見ることにする。

 まず、オンラインゲーム上で提供されるガチャポンについては、一般の店頭等に設置されている有料のガチャポンと同様に、「有料のガチャによって一般消費者が得ている経済上の利益は、一般消費者と事業者間の取引の対象

---

(15) 国民生活センター「子どもサポート情報第106号」2016年9月29日、原田由里「事例で学ぶインターネット取引（第1回オンラインゲーム）」国民生活センター編「国民生活」（2012年6月）1頁。

そのもの」であり、したがって、景品表示法の景品類の定義要件である取引附随性を充たすものではないことから、規制の対象とされていない[16]。

　コンプガチャによって提供されるアイテム等は、有料のガチャで得られた異なる種類の複数のアイテム等を揃えることを条件にして提供されるものであり、これについては有料のガチャによってアイテム等を購入することを条件として当該アイテム等とは別のアイテム等を提供するもの」であることから取引附随性が認められる。また、コンプガチャで提供されるアイテムは、オンラインゲーム上で提供される「便益、労務その他の役務」であり、またユーザーは相当の対価を支払って入手するものであることから「経済上の利益」に該当する。これらの要件を充足することから、コンプガチャによって消費者に提供されるアイテム等は、景品表示法2条3項の「景品類」に該当する。

　コンプガチャによるアイテム等の提供に対する規制は、景品表示法4条に基づいて行われるが、同条の規制態様である過剰規制型と原則禁止型のうち、後者に該当する。前記(2)で見たように、コンプガチャで提供されるアイテム等を全部揃えることができた消費者に対して別のアイテム等を提供することは、景品表示法告示5項の「二以上の文字、絵、符号等を表示した符票のうち、異なる種類の符票の特定の組合せを提示させる方法を用いた懸賞による景品類の提供」すなわち「カード合わせ」に該当し、原則禁止される。

　現行法上の規制の考え方は、オンラインゲーム上のガチャポン自体はそもそも規制の対象外であり、「コンプリート」を条件として企画されるコンプガチャは原則違法とするものである。したがって、有料ガチャポンにおいて提供されるアイテム等の中に、入手することが確率上容易ではなく、入手するために相当の対価の支払いを余儀なくさせられる企画であったとしても、規制の対象とはされない。この考え方については、オンラインゲーム提供を本体の役務、ゲーム内で提供されるガチャポンの提供を本体に附随する役務と見て、ガチャポン企画を懸賞付の取引と見て、景品表示法の規制対象に含

---

(16) 消費者庁「オンラインゲームの「コンプガチャ」と景品表示法の景品規制について」(2012年5月18日、一部改定 2016年4月1日」) 4(2)。

めることができるのではないかとする見方も成り立ちうる。上記の消費者庁の考え方はこの見方に依拠していない。その理由として考えられるのは、第一に、店頭に設置されているガチャポンでの取引は「一般消費者と事業者間の取引の対象そのもの」であり景品・懸賞付販売の規制対象ではなく、また従来から規制対象としていなかったことから、オンラインゲーム上で企画されるガチャポンについても独立した取引として捉えていることである。第二に、オンラインゲームの役務は「無料提供」されるものが多く、その無料のオンラインゲームの中で提供されるガチャポンに対して景品類の規制の網をかける場合には、本体の役務の価額を基準とする懸賞景品（提供されるアイテム等）の価額（本体となる商品・サービスの価額の20倍〔最高額は10万円〕まで）を超過しているかどうかが違法判断の対象となるが、本体の価額が無料である場合にはこの過剰型規制は実質的な意味を持たないことから、かかる無料提供オンラインゲーム内で提供されるガチャポンは過剰規制型の規制になじまないものと考えられているのではないかとも思われる。

　こうした射幸心に作用し、また相当の経済的支出を伴うおそれのあるオンラインゲーム上のガチャポン企画については、近年、景品表示法の景品・懸賞付販売に対する規制でなく、不当表示規制の下で法適用がなされている。以下、これらの事例について見る。

(i) ガンホー・オンライン・エンターテイメント株式会社に対する景品表示法に基づく措置命令（2017年7月19日）および課徴金納付命令（2018年3月28日）

・事実の概要

　ガンホー・オンライン・エンターテイメント株式会社（以下X）は、インターネットを利用したゲームの企画、開発、運営、配信等に係る事業を営む事業者である。Xは、自ら供給する「パズル＆ドラゴンズ」と称するオンラインゲーム内において、2017年2月13日から同月26日までの期間に実施した「特別レアガチャ」の企画において、あたかも企画で提供される13種類全てのモンスターが「究極進化」と称する仕様の対象となるかのように示す表示をしていたが、実際には、「究極進化」と称する仕様であったのは2体だ

けであり、他の11体は「究極進化」ではなく「進化」と称する仕様であった。また、Xは2016年11月30以降、動画サイト上のX「公式サイト」において上記期間内に全てのモンスターが「究極進化」することを告知していた。

・法令の適用（措置命令および課徴金納付命令）

　消費者庁は、Xの行為が、「自己の供給する本件役務の取引に関し、本件役務の内容について、一般消費者に対し、実際のものよりも著しく優良であると示すことにより、不当に顧客を誘引し、一般消費者による自主的かつ合理的な選択を阻害するおそれがあると認められる表示」をしていたものであり、この表示は、優良誤認（景品表示法5条1号）に該当するとした。また、消費者庁は、Xの行為が課徴金対象行為（法8条1項）に該当し、また2016年11月30日から2017年2月26日までの間を課徴金対象期間であると認定して、Xに対して当該期間の本件オンラインゲームに係る売上額（33億4696万5567円）の3％に相当する額を課徴金として算定した上で、消費者庁長官に対する不当表示の「自主申告」を行った場合には課徴金額が50％減額される制度（法9条）に基づいてXが自主申告を行ったことから、最終的にXには算定された額から50％減額された額（5020万円）の納付を命じた。

　(ⅱ)　アワ・パーム・カンパニー・リミテッドに対する景品表示法に基づく措置命令（2018年1月26日）

・事実の概要

　アワ・パーム・カンパニー・リミテッド（以下Z）は、国外に所在する事業者であり、ネットオンラインゲーム等インターネットを利用した各種情報提供サービス事業等を営むものである。Zは、自ら供給する「THE KING OF FIGHTERS' 98 ULTIMATE MATCH Online」と称するオンラインゲーム内において、2016年12月31日から2017年1月4日までの間に実施した、本件ゲーム内で使用する「クーラ」と称するキャラクターを提供する「クーラ限定ガチャ」と称する役務を我が国に所在する一般消費者に提供しているところ、本件役務に係る本件ゲーム内の表示内容を自ら決定している。

　この限定ガチャにおいて「クーラ」の出現確率は、本件役務の取引1回ごとに独立したものとして算出されている。Zは、2017年12月31日から2018年

1月4日までの間、この限定ガチャの取引画面において、「クーラ」の画像とともに、「ガチャでピックアップの格闘家があたる」、「クーラ」、「出現確率：3％」、「購入」並びに「万能破片と格闘家確定」及び「10回購入」と記載することにより、あたかも、限定ガチャを1回ごとに取引する場合にあっては「クーラ」の出現確率が3パーセントであるかのように、また、限定ガチャを10回分一括して取引する場合にあっては、「万能破片」と称するアイテムの出現に割り当てられる1回を除く9回における本件役務の取引1回当たりの「クーラ」の出現確率が3％であるかのように表示していた。実際には、「クーラ」の出現確率は、1回ごとの場合も、また、本件役務を10回分一括して取引する場合も、「クーラ」の出現確率は、0.333％であった。

・法令の適用（措置命令）

消費者庁は、Zの行為が景品表示法5条2項（有利誤認）に該当するとして、Zに対して措置命令を行った。

上記の2つの行政処分事例のうち、①はオンラインゲーム上の役務に係る表示が景品表示法の不当表示とされた最初の事例であり、また①②はいずれもゲーム内でのガチャポン（いずれもコンプガチャではない）が不当表示の対象役務とされたものである。これらの法適用事例は、景品・懸賞付販売に対する規制が及ばないガチャポンについては、ガチャポンの企画や提供方法等に関する表示に虚偽が認められる場合には不当表示の問題として規制される可能性があることを示している。

第3節　進化した景品——ボーナスポイント提供型顧客誘引に対する競争法の視点について

今日、マイレージサービスをはじめとするポイント提供型サービスは急速に普及し、事業者間の競争の態様にも新たな展開・変化が見られる。また、ポイントサービスはマーケティングの場面においては今や無視できない顧客誘引手段として広く活用され、消費者に対する囲い込み効果は極めて大きいことが指摘されている[17]。

事業者が提供するポイントをいかなる性格のものと見るかについては、その多面的な機能に着目した分類——例えば、「景品としての機能」、「値引（割引）としての機能」、「電子マネー機能」、「他の商品・サービスとの交換機能」、「プレミアム機能など」——はなされている一方、法的な観点からの検討は必ずしも活発とはいえない。

そこで本節では、マイレージサービスに代表されるポイント提供型顧客誘引手段について、競争法的視点および消費者利益の観点からの規制のあり方について考察するものである。競争法的視点に基づく検討は、①市場における自由競争の確保、②公正競争の確保に二つのアプローチによる。この二つの接近方法が立法上明確となっているEU及びドイツにおける規制制度を比較考察の対象としつつ、①と②が混在した日本の法制度における規制制度の位置づけとあり方を検討する上での手がかりを得たい。

(1) 日本の法制度におけるポイントサービスの捉え方

そこで、日本の法制度において、ポイント、あるいはマイレージサービスを典型とするポイントサービスに対する法規制は存在するのか、その場合には、どのように性格付けされているか、について概観したい。

① 公正取引委員会の考え方

公正取引委員会は、2003年の公正取引委員会委員長の国会答弁（4月23日衆議院経産委員会）に中で、「ポイントは景品ではなく値引である。」であるという見方を示していた。

このポイント＝値引の考え方に基づいて策定・公表されたのが、「家庭用電気製品の流通における不当廉売、差別対価等への対応について」（2009年12月18日）である。

> 「小売業者は、商品を販売する際に、消費者に対し販売価格の一部又は全部の減額に充当できるポイント（1ポイントを一定の率で金額に換算するなどの方法による。）を提供する場合がある。

---

(17) 海保英孝「ポイント・プログラムをめぐる経営上の諸問題について」成城経済研究187号（2010年）119頁など。

家庭用電気製品についてのこのようなポイントの提供は、一般的に、値引きと同等の機能を有すると認められ、『対価』の実質的な値引きと判断される。ただし、①ポイントを利用する消費者の場合、②ポイントの提供条件（購入額の多寡にかかわらず提供されるものなのか、一定金額の購入を条件として提供されるものか等）、③ポイントの利用条件（ポイントが利用可能となるタイミング、ポイントの有効期限、利用に当たっての最低ポイント数の設定の有無等）といった要素を勘案し、ポイントの提供が値引きと同等の機能を有すると認められない場合についてはこの限りでない。」

上記と同一日に策定された「酒類の流通における不当廉売、差別対価等への対応について」（2009年12月18日）においても、同様の考え方が示されている。

上記のことから、公正取引委員会はポイントが値引きに該当するとの認識を示している。

② 経済産業省

経済産業省は、2009年1月に「企業ポイントの法的性質と消費者保護のあり方に関する研究会報告書」（企業ポイントガイドライン）を策定・公表している。

同省が本ガイドラインを策定した背景には、ポイントカードやマイレージクラブに代表される企業ポイントの普及と、B2C 取引における重要度の高まりがあり、ポイントサービスが消費者、事業者の双方にとってメリットがある一方、ポイント発行企業の倒産・合併に伴うポイント消失、ポイント利用条件や有効期限の不利益変更等による消費者からの苦情の増加という実態がある。

本ガイドラインの趣旨は、現状における問題の本質が「企業ポイントに係る消費者期待と発行企業の認識のズレ」にある一方、「ポイントプログラムの内容の詳細のすべてについて、発行企業が消費者に対して説明することは、発行企業にとって困難である場合があると同時に、消費者にとって必ずしも望ましいことでもない」と考えられることから、消費者保護の観点から、ポイント発行事業者に対する自主的な行動としての対応策を示したことにある。

この「認識のズレ」への対応策として、①「消費者がポイントプログラムの内容を正しく理解できるような対応」と、②「内容を正しく理解している消費者の期待に添うような対応」が発行企業に求められている。①の具体的な内容としては、ポイントプログラムの内容を示す約款や書面等の交付、ウェブページでの表示等の適切な情報提供や説明・表示が消費者の目線で行われることが示されており、②については、事業者側からの利用条件の変更の際のポイント保証やポイントカード紛失当等のトラブルに際しての対応が挙げられている。

同報告書は、ポイントそのものの定義や性格については説明していないが、ポイントサービスの法的性格については、「ポイントプログラムは事業者と消費者との間の民法上の契約」であり、「ポイントの権利性や法的性質は当事者間の合意によって決定される」性質のものであり、通例は、事業者が約款等によりその内容を一律に定め、消費者がこれに合意するか否かを選択する「附合契約」であるとする。また、「その内容は、関連諸法等に抵触しない限りにおいて、自由に定めることが可能である。」として、消費者契約法、景品表示法、前払式証票規制法（2010年廃止）との抵触可能性について整理している。

（ⅰ）**消費者契約法の抵触可能性**　まず、同法3条1項の「事業者の努力義務」との関係において、ポイントの提供の内容や利用条件等が事業者によって異なる場合があり、消費者が事業者を選択する際の「重要な動機」となる場合があることから、「明確かつ平易に定める配慮」が必要であることするが述べられている。

また、ポイント発行会社による一方的な利用条件の変更やポイントの失効等が、事業者からの事前通知がなく行われる場合には、消費者契約法10条が定める「消費者の利益を一方的害する条項の無効」に該当するおそれがあることが述べられている。

（ⅱ）**景品表示法の抵触可能性**　景品表示法については、不当表示と景品付販売との関係が示されている。

まず、不当表示については、「実際にはポイントが付与されない商品であるのに付与されるような誤解」を惹起する表示、「実際には一部の商品にし

か適用されない高いポイント付与率が全ての商品に適用される」旨の表示は、有利誤認に該当するとする。

また、景品付販売については、(i)現行の総付景品として提供が認められている範囲内で、例えば「付与されるポイントが特定の物品の交換に用いられる場合等、提供されるポイントが「景品類」に該当すると認められる場合」には、ポイント本体である商品・サービスの価額が1,000円以上であるときは20％に相当する範囲でのポイント提供しか認められないとする。ただし、(ii) 1 ポイント＝ 1 円などとその価値が明示的に表示され、次回以降の自社商品の購入の際にポイントが値引に用いられる場合には、景品表示法上は、「景品類」ではなく、値引に該当するとしている。

(iii)　**前払式証票規制法の抵触可能性**　前払式証票規制法は、「事業者に一定の供託義務等を設けることによって、前払式証票の購入者等の利益を保護し、前払式証票の信用を維持することを目的」とする法律であり、商品券やプリペイドカード等に関する発行、供託等に関する条項を定めていたが、同法は資金決済法の制定に伴い廃止された。ガイドラインは、金銭その他の対価を支払って購入した場合にはポイントであれ電子マネーであれ、前払式証票に該当するが、「商品・サービスの提供に伴って付与される等、消費者が独立の対価を支払わないポイントは、前払式証票規制法の対象には該当しない」と見ていた。資金決済法については、次の③で見る。

③　**金融庁**

金融庁は、「決済に関する論点の中間的整理」(2007年12月18日) において、ポイントサービスを資金決済の手法の一つとしての見方を示しつつ、「ポイントの対価性の有無」と「決済手段としての機能」に着目することにより、その位置付けを図ることを課題として明記していた。前払式証票規制法の後継法として制定された資金決済法 (資金決済に関する法律) では、旧法と同様に前払式支払手段を規制している。前払式支払手段とは、1) 商品券やプリペイドカードやテレフォンカードに金額などの価値が書かれており、2) 金額やサービスに応じた対価を利用者が支払い、3) 上記の〜券や〜カードに紐ついた番号やIDなどが発行され、4) 物の購入やサービスの提供を受けるときなどに提示したりすることで利用できるもので、5) 有効期限が発行

された日から 6 ヶ月以上のものあり、例えば商品券やネット上で使用できるプリペイドカードなどが典型とされる。また、サーバ型の前払式支払手段（金額情報が利用者の手元になく、発行者のコンピューター・サーバで管理されている前払式支払手段のこと）も資金決済方法として追加されたことで、Webmoney や Amazon ギフト券なども法規制の対象とされていたが、ポイントサービスについては、資金決済法の規制対象に盛り込まれず、同法上の「グレーゾーン」の扱いとなっていた。

産業競争力強化法（2013年12月4日制定）に基づくいわゆる「グレーゾーン解消制度」の導入によって、「利用者に対して発行されるポイントは、対価を得て発行されるものではないことから、資金決済法 3 条の「前払式支払手段」には該当せず、発行保証金の供託等の義務が課されない」ことが明らかにされた[18]。

④ 消費者庁

消費者庁は、ポイントの法的性格についての考え方は、消費者庁「Q&A」の中に見ることができる[19]。消費者庁の「Q&A」は、景品・懸賞付販売に関する景品表示法の告示と運用基準に基づいて解説されている。

---

(18) 産業力強化法 9 条 1 項は、「新事業活動を実施しようとする者は、主務省令で定めるところにより、主務大臣に対し、その実施しようとする新事業活動及びこれに関連する事業活動に関する規制について規定する法律及び法律に基づく命令（告示を含む。以下この条及び第十五条において同じ。）の規定の解釈並びに当該新事業活動及びこれに関連する事業活動に対する当該規定の適用の有無について、その確認を求めることができる。」として、同 3 項は、「第一項の規定による求めを受けた主務大臣は、当該求めに係る解釈及び適用の有無の確認が他の関係行政機関の長の所管する法律及び法律に基づく命令に関するものであるときは、遅滞なく、当該関係行政機関の長に対し、その確認を求めるものとする。この場合において、当該確認を求められた関係行政機関の長は、遅滞なく、当該主務大臣に回答するものとする。」と定めている。このポイントサービスの取扱いに関する対応は、美容関連のポータルサイトを運営する事業者からの新たな事業の問い合わせ、（取引先企業〔化粧品メーカー〕に対し当該サイト内の広告掲載用として発行するポイントの一部を、今般、新たに取引先企業から、利用者向けのポイントとして、アンケートへの回答等を行った利用者に対して無償で発行できるポイントサービス事業）が、資金決済法上「グレーゾーン」とされてきたポイントサービスの取扱いに関するものであったため、同 3 項に基づき経済産業省と主務官庁である金融庁との協議がなされたことによるものである。

(19) 消費者庁「Q&A」は、同庁の HP（https://www.caa.go.jp）で公表されている。同趣旨の内容は、大元編著・前掲注（12）185頁および341頁で説明されている。

〔Ⅰ〕「正常な商慣習に照らして値引と認められる経済上の利益」の観点

この観点は、「景品類等の指定の告示の運用基準について」(2014年消費者庁長官決定)に示されており、基本的な判断基準は、次の3つである。

(ⅰ) 「値引と認められる経済上の利益」に当たるか否かについては、当該取引の内容、その経済上の利益の内容及び提供の方法等を勘案し、公正な競争秩序の観点から判断する（同基準6⑴）。

(ⅱ) これに関し、公正競争規約が設定されている業種については、当該公正競争規約の定めるところを参酌する（同基準6⑵）。

(ⅲ) 次のような場合は、原則として、「正常な商慣習に照らして値引と認められる経済上の利益」に当たる。

ア 取引通念上妥当と認められる基準に従い、取引の相手方に対し、支払うべき対価を減額すること（複数回の取引を条件として、対価を減額する場合を含む。）（同基準6⑶）

この基準の下で、ポイントは、取引通念上妥当と認められる基準に従い、取引の相手方に対し、支払うべき対価を減額すること又は割り戻す場合には、値引と認められる経済上の利益に該当し、景品表示法上の景品類には該当しない。なお、対価の減額又は割戻しであっても、①懸賞による場合、②減額又は割戻しをした金銭の使途を限定する場合（例：旅行費用に充当させる場合）、③同一の企画において景品類の提供とを併せて行う場合（例：取引の相手方に金銭又は招待旅行のいずれかを選択させる場合）は、値引とは認められず景品類に該当することとなり、景品規制が適用される（同基準6⑷ア）。

〔Ⅱ〕「自己の供給する商品又は役務の取引において用いられる割引券その他割引を約する証票であって、正常な商慣習に照らして適当と認められるもの」の該当性

この観点は、「一般消費者に対する景品類の提供に関する事項の制限」(最終改正2016年内閣府告示第123号)にある「景品類であっても総付景品の規制の適用を受けない」ものの判断基準（同告示2三）である。ここでの「証票」の意味については、「『一般消費者に対する景品類の提供に関する事項の制限』の運用基準について」(最終改正1996年公正取引委員会事務局通達第1号)の説明がある。この運用基準は、1)「証票」の提供方法、割引の程度又は方法、関

連業種における割引の実態等を勘案し、公正な競争秩序の観点から判断する(同運用基準4⑴)、2)「証票」には、金額を示して取引の対価の支払いに充当される金額証(特定の商品又は役務と引き換えることにしか用いることのできないものを除く。)並びに自己の供給する商品又は役務の取引及び他の事業者の供給する商品又は役務の取引において共通して用いられるものであって、同額の割引を約する証票を含む(同運用基準4⑵)、としている。したがつて、ポイントが、発行事業者の店舗だけでなく他店でも共通して支払いの一部に充当できるポイントである場合には景品類の提供に該当するが、自店及び他店で共通して使用できる同額の割引を約する証票は、正常な商慣習に照らして適当と認められるものであれば、景品類に該当する場合であっても総付景品規制は適用されないものとされている。

以上のように、消費者庁は、ポイントが景品表示法の総付景品に該当する場合と、「正常な商慣習に照らして」値引きに当たる場合の2つの類型があることを示している。

⑵　ポイントサービスに関する判例

ポイントサービスに関する裁判例として、適格消費者団体による差止請求に係る事案がある。

本件は、2009年3月18日に適格消費者団体である「ひょうご消費者ネット」が、旅行ツアー参加者である消費者が、航空会社のマイレージ・ポイントで支払った旅行をキャンセルした際、当該航空会社のツアー会社がキャンセルした分のマイルを返還しなかったのは不当として、消費者契約法10条および9条1項に違反して無効であると主張して当該ツアー会社に対して同社の契約条項の使用の差止請求を行ったものである。一審の神戸地裁判決(2010年12月8日判例集未登載)では原告敗訴となったため、適格消費者団体が控訴した。この控訴審判決(大阪高裁2011年6月7日判例集未登載)は、マイレージポイントの法的な性格に言及した最初の司法判断といえる(なお、一審および控訴審判決は同団体のHPに掲載されている)。

同判決は、「(本件特典は)そもそもの使用方法や使用条件として、××会員である旅行者が△△(航空会社)もしくはその提携企業に対して代金債務を

負担した際に、その支払いに利用できるものの、利用についての短期の有効期限があり、一旦利用した後は払戻しを受けられず、現金との交換はできないといったことが定められたもので、自己宛小切手に類似する金銭債権とは明らかに異なるものである以上、××会員も本件××特典がそのようなものであることを△△（航空会社）もしくは被控訴人から明確に示された上で発行を受け、利用しているということができる。要するに、本件××特典は、△△（航空会社）もしくはその上記有効期限の内に繰り返し利用する旅行者に特典を与えることによって顧客を誘引しようという目的のもとで△△（航空会社）が発行するものにすぎないのであり、これをもって控訴人が主張するように現金化が確実な自己宛小切手に類似する金銭債権と同様のものとみることは困難であるから、それを利用した後に旅行契約が失効し、旅行代金の発生が否定されるとしても、本件××特典そのものや、特典利用額の金銭が不当利得として返還されるべきであるとはいえない。」と判示した。

本判決は、マイレージポイントの法的性格について真正面から言及したものではないが、ポイント（の発行）が小切手に類似する「金銭債権」とは異なることを指摘した点で、先例となるものといえよう。

第4節　本章における論点整理と今後の検討課題

(1)　論点の整理

景品付販売については、消費者から「おまけ付き」といわれる企画・販売と、景品表示法が規制対象とする企画・販売との間には、若干の相違がある。懸賞付販売、ブラインド型商品販売については、偶然性を利用する企画・販売であることから、消費者の商品選択を行う意思決定に射幸心を刺激するかたちで作用する性質がある。こうした商品の企画や販売方法に対する景品表示法の規制が、本体商品と付随する商品それぞれの価額に基づいて行われている点については、消費者庁への移管に伴う景品表示法の目的と規制基準の改正を契機に、評価・検証が行われる必要があると思われる。

また、ポイントの多面的な性格のうち、景品表示法は、ポイントを「景品」と「値引」として捉えつつ、同法の「総付景品」の要件に該当する場合

にはその規制に服するとし、「値引」に該当する場合には同法の適用を受けないとしている。ポイントが「値引」に該当する場合があるという点は、公正取引委員会の考え方と一致しており、この場合に公正取引委員会は不当廉売または差別対価の問題となる可能性があることを示している。

　消費者庁の考え方では、ポイントの「景品」の該当性の判断に際して、「正常な商慣習に照らして値引と認められる経済上の利益」かどうかの観点を示しているが、この「正常な商慣習に照らして」は、景品表示法の「景品類」の定義規定（同法2条3項）、「景品類の制限及び禁止」規定（同法4条）の要件ではなく、独占禁止法（不公正な取引方法）の一般指定9項の「正常な商慣習に照らして不当な利益」の文言である。景品表示法の消費者庁への移管によって、同法は独占禁止法の「特例」ではなくなったが、不当表示や景品・懸賞付販売の規制に関する告示、運用基準等はそのまま消費者庁に引き継がれていることから、景品類の取扱いについての考え方は、「特例」の自体に策定されたものが用いられている。

　消費者庁への移管に伴い、景品表示法の目的（1条）の文言は、「公正な競争」の確保から「一般消費者の自主的かつ合理的な選択」の確保に改正された。したがって、「公正な競争」秩序の観点に基づくポイントサービスの評価と、「一般消費者の自主的かつ合理的な選択」の観点に基づく評価が同一のものであるといえるためには、景品表示法の考え方に示されている「正常な商慣習」であると判断されたポイントサービスは、つねに「一般消費者の自主的かつ合理的な選択」を侵害するおそれがないことの確認が必要とされる。

　また、景品表示法は「値引」自体を問題にしないが、ポイントに関して、景品と値引の区別は必ずしも明確ではない。経済産業省のポイントに関するガイドラインが示している例にある1ポイント＝1円の場合に「値引」に該当するという見方は、ポイントが電子マネーとして利用できることが一般的になっていることから、現金との交換性のないポイントだけが景品表示法の「景品」に該当するという狭い範囲での法規制が想定される。

　ポイントサービスの提供が、事業者による顧客囲いこみ（エンクロージャー）のための競争手段・取引手段であるという基本的な性格を踏まえて、景

品表示法だけでなく、独占禁止法における顧客誘引規制と「一般消費者の利益」の確保という視点から、「値引き」「景品」以外の機能をも併せ持つポイントサービスの多面的な機能に着目することにより、競争政策上の取扱いの方向性が明らかにされることが求められる。

(2) 今後の課題

　景品表示法の適切かつ時代に対応した法運用を行うためには、インターネット取引において増えつつある商品の購入に際して提供される様々な特典や経済的利益の提供の実態に沿った法制度が必要である。多様な企画や販売方法が見られる中で、現在の告示や運用基準に基づくケースごとのルールに基づき個別事案ごとに対応するのか、あるいは景品・懸賞付販売の定義から外れるがこれに類する利益提供型の誘引の類型・態様を包括的に捉えるための「一般条項」を設けることによって対応するのかという規制のあり方は、この種の企画や販売が増加・拡大する方向の中で検討される必要があると思われる。

① ポイントサービスについて

　ポイントサービスをめぐっては、ポイントカードの提供事業者のグループに参加する事業者（提携事業者）が増えることによりグループ化する傾向が顕著となっている。このような共通ポイントの「グループ化（ポイント連合）」の加速傾向を踏まえて[20]、共通ポイント事業者または共通ポイントネットワーク間の競争促進効果、競争制限（抑制）効果に着目する必要がある。差し当たり問題となりうるのは、ポイント＝値引き（価格の一部）と捉えた場合に、ポイントサービスを含む顧客拘束システムが、競争関係にある事業者によって運営される場合には、ドイツ、EUでは「カルテル禁止」（GWB1条、EU法101条）に違反する可能性があることは既に指摘されているが[21]、日本においては、この点についての議論は活発ではない。

　ポイントのグループ化の実態を把握することにより、顧客に対するポイン

---

(20) 野村総合研究所「2010年の企業通貨」（東洋経済新報社、2006年）、同「企業通貨マーケティング」（東洋経済新報社、2008年）参照。
(21) Hefermehl/Köhler/Bornkamm, UWG, 27Aufl., 2009, S.308.

トサービスの提供方法や利用条件・利用内容についての共通化がどのような市場に対して、どのような影響を及ぼすかについての調査・分析が行われる必要があり、その上で共通ポイントのグループ化に対する基本的な考え方が示されることは競争政策上重要な課題といえる。

② 景品表示法における景品・懸賞付販売に対する規制の意味の再確認の要請

　雑誌の懸賞企画が虚偽事実（表示された当選者数よりも少ない景品数しか準備されていなかった）の下で実施された案件については、景品・懸賞付販売に対する規制ではなく、不当表示（有利誤認）に対する規制がなされた事例が見られる（「秋田書店事件」〔2013年8月20日措置命令〕[22]および「竹書房事件」〔2015年3月13日〕措置命令）。

　また、オンラインゲーム内で提供されるガチャポンに対する景品表示法の対応について見てきたとおり、「コンプリート」を要素とするいわゆるコンプガチャについては「カード合わせ」に該当するとして原則禁止が適用される一方、コンプガチャ以外のガチャポンについては——オンラインゲームの取引を開始しなければガチャポン企画に参加できないにもかかわらず「取引附随性」はないという考え方の下で——1個の取引に該当することから景品・懸賞付販売規制の対象外とされている[23]。他方、前記（本章第2節(3)③）のとおりガチャポンの企画の内容や提供方法等に関する表示に問題がある場合には不当表示（優良誤認、有利誤認）に当たるとした措置命令が既に複数存在する。

　景品・懸賞付販売の規制要件に該当しないため法規制が及ばない景品・懸賞の提供企画について、不当表示規制が適用されるという景品表示法の運用は、「一般消費者の自主的かつ合理的な選択の機会」を確保する上で望ましいものであり、また不当表示行為が課徴金納付命令の対象とされたことから、不当表示という徴表を捕らえて措置命令や課徴金納付命令が発動されることは執行力の面からも一般消費者の利益の実現に適ったものといえる。

---

[22] 岩本諭「雑誌懸賞企画の有利誤認表示―秋田書店に対する措置命令」ジュリスト1467号（2014年）82頁。
[23] 大元・前掲注（12）201頁、203頁。

本書第5章で見た、ドイツおよびEUにおける景品・懸賞に対する規律については、景品・懸賞の提供に対して設けられていた従来の厳格な規律は2001年以降廃止または緩和されてきており、今日景品・懸賞の提供それ自体は原則自由となっている。同時に、「透明性の確保」の観点から「不公正」と判断する法的枠組が、EU不公正取引指令およびドイツ不正競争防止法（UWG）の改正法（2015年）によって確立している。ドイツとEUの法制度との比較の観点からは、日本における景品・懸賞付販売に対する規制は、前述のとおり一定の価額を基準とし、定められた価額と率を超えた場合に違法とする「過剰規制」が中心であり、これに射幸性の高さから問題視される「カード合わせ」に対する原則違法類型が付加されたものとなっている。現行のこうした規制制度は、日本における景品・懸賞付販売に対する規制の立法趣旨を十分に説明できるものであるか——すなわち景品・懸賞付販売の「不当性」とは何か——という視点から、あらためて検証が行われ、あるべき制度への見直しが必要といえる。

③　景品・懸賞付販売に対する課徴金制度の導入と民事規律の必要性

景品表示法違反、特に不当表示に対する国の執行力は強化されてきている。消費者庁移管前（公正取引委員会が主務官庁の時期）の2003年には優良誤認の不当表示が疑われる事業者に対して表示の根拠資料の提出を求める不実証広告規制が導入され、また消費者庁移管後の2014年改正では都道府県知事の指示権限を措置命令に格上げするとともに、不当表示に対する課徴金納付命令に係る制度が新設された。景品表示法の執行力の強化は、不当な顧客誘引に対する規制の強化であり、「消費者の自主的かつ合理的な選択の機会」を確保することにつながるものであるが、景品・懸賞付販売に対する規制制度はかかる改正の際の議論の対象とはなっていない。

景品表示法の「不当表示」については、不当表示を行った事業者に対する課徴金納付が命じられ（法8条1項）、また当該事業者は不当表示商品・役務を購入した消費者に対して自主的に返金した場合にはその返金額相当分について課徴金額から減額される（法10条1項）。すなわち、不当表示事件については、個々の消費者の経済的利益の回復が図られる制度が存在する。しかしながら、景品・懸賞付販売については、課徴金納付命令の対象とはされてい

ない。このため、不当な景品・懸賞付販売の企画に誘引されて商品・役務を購入した消費者については個々の経済的な利益の回復を実現する途は開かれていない、という制度上の差異が存在する。かかる制度上の差異を設けることの明確な根拠は、課徴金制度導入の立法趣旨に示されていない。不当な顧客誘引行為に対する規制を行うという点で、不当表示規制と不当な景品・懸賞付販売規制の間に差異はなく、こうした制度上の差異は解消される必要がある。

　もっとも前述のとおり、不当な景品・懸賞付販売に対する不当表示規制を積極的に適用していく方向性が顕著になれば、景品表示法の執行力は一応担保されることになろう。しかしながら、かかる場合であっても、不当な景品・懸賞付販売によって誘引された消費者の経済的損失が当該消費者の手元に戻るかどうかはケース・バイ・ケースとなる。

　景品表示法の課徴金制度は事業者による消費者に対する自主返金制度と組み合わさったかたちで導入された制度であるが（制度の概要については第10章第3節(3)を参照されたい）、自主返金制度を活用するかどうかは事業者の任意であるため、自主返金を実施しない場合には不当表示によって事業者が得た利益は課徴金として徴収され国庫に納められ、消費者には返還されない（オンラインゲーム事業者の不当表示に対する事案には、自主返金事例と自主返金措置を行わず課徴金納付のみが実施された事例が存在する）。

　不当な顧客誘引による消費者の財産的被害の回復を図るためには、第一に、消費者に対する自主返金を事業者に義務付けるとともに、これが行われない場合に国が課徴金として徴収する制度への修正が必要であると思われる。

　第二に、特定適格消費者団体による集団的被害回復請求制度の対象、すなわち消費者裁判手続特例法に基づく訴訟の第一段階である共通義務確認訴訟の対象は、「消費者契約に関して相当多数の消費者に生じた財産的被害」（同法1条）であり、具体的には同法3条1項に定められる「事業者が消費者に対して負う金銭の支払義務」の対象となる消費者契約に関する5つの請求（契約上の債務の履行の請求、不当利得に係る請求、契約上の債務の不履行による損害賠償の請求瑕疵担保責任に基づく損害賠償の請求、民法上の不法行為に基づく損害賠償の請求）であり、不当表示や不当な景品・懸賞付販売による場合は対象とされて

いない。「クロレラチラシ配布事件」最高裁判決（2017年1月24日、民集第71巻1号1頁）は広告が消費者契約法4条の「勧誘」に該当する可能性を示したことを受けて、景品・懸賞付販売による顧客誘引を広告・表示と捉えることにより、これによって生じた消費者の財産的被害回復の対象に含まれるとする解釈に基づく法適用を検討する余地がある。しかしながら、現時点で広告はもとより景品・懸賞付販売やポイント等による顧客誘引が「勧誘」に該当するとする裁判事案は存在しないことから、かかる解釈に基づく特定適格消費者団体による景品・懸賞付販売にかかる事案に対する被害回復の見込みはない。

　特に、消費者庁に移管された景品表示法は、前記のとおり独占禁止法の「特例」としての位置付けが外れ、これに伴い移管前の景品表示法に置かれていた損害賠償請求請求に関する特則——確定した排除命令が存在する場合には景品表示法違反行為は独占禁止法19条違反行為と見なされ、独占禁止法25条の損害賠償請求訴訟制度の対象とされる規定（旧・景品表示法6条）——も廃止された。このため、現行の景品表示法に違反する行為に対する損害賠償請求は民法709条の一般原則に基づく訴訟に拠らざるを得ない。「消費者政策のための法律であること」を明らかにするため景品表示法の位置付けが変更されたという法制度の趣旨を踏まえれば[24]、移管前に比べて、消費者の被害予防と個々の消費者の救済のための法律上の手立てが減少することは、消費者政策として好ましい事態とはいえない。

　国による景品表示法の規制によって不当な景品・懸賞付販売による「消費者の自主的かつ合理的な選択」を阻害する行為を排除することによって「一般消費者の利益」が確保されることとともに、国や自治体の規制が十分に及ばない景品・懸賞付販売を差し止める適格消費者団体の権限や個々の消費者がかかる不当な顧客誘引誘引行為によって受けた経済的利益の回復を図る特定適格消費者団体による損害賠償請求といった民事上の規律が機能することが消費者の権利と利益の実現にとって重要である。景品・懸賞付販売についても、行政規制と民事規律の双方向からの法制度の整備が望まれる。

---

(24) 大元・前掲注（12）27頁。

第 8 章　広告規制と競争法

第 1 節　考察の背景——現代における広告問題の多様性と法の対応状況

　広告に対する競争法による規制を考察する際に、まず確認しておくべきことは、考察対象となる広告とは何かという広告の定義に関わる問題である。日本の法律、とりわけ民法や景品表示法においても、広告に関する真正面からの定義は見受けられないが、広告をそれぞれの法領域の中で捉えるためのアプローチはなされている。広告が法律の定義規定の中に登場するのは、景品表示法 2 条 4 項である。「この法律において「表示」とは、顧客を誘引するための手段として、事業者が自己の供給する商品又は役務の内容又は取引条件その他のこれらの取引に関する事項について行う広告その他の表示であって、内閣総理大臣が指定するものをいう。」この規定は表示の定義であり、この中で広告は表示の典型の一つとされている。
　従来、広告（ここでは商業広告を念頭に置く。）の問題が表示 – 不当表示の問題として取り上げられることが多かったのは、この景品表示法の定義規定を出発点としていることによる[1]。この景品表示法の下で広告＝表示として取り上げる枠組が日本における広告規制の主軸であることは疑う余地はないが、広告問題の全てがこの枠組みの中で取り上げられてきたわけではない。イメージ広告、有名人出演広告、番組タイアップ型広告、子ども対象型広告（主にアニメ番組での CM）、オープン懸賞広告、比較広告、刷り込み広告、サブリミナル広告、特定時間枠での多頻度広告等従来型の問題のほか、近年特に問題視されている行動ターゲティング広告、ミスタッチ誘発型などのインター

（1）　河上正二「広告・表示と情報提供」法学セミナー 2016 年 9 号 120 頁。

ネット上での広告をめぐる問題など、一般消費者が重視し、また問題を指摘する広告に関わる問題には様々なものがある。また、いわゆる「口コミ」を典型とする、一見すると広告ではなく、個人の見解や感想に思われるインターネット上の書き込みやインスタグラムが、実質は事業者の広告として掲載される「ステルス・マーケティング（ステマ）」といわれる手法が急増しており、消費者側の情報に関する錯誤が懸念される事態が発生している[2]。

広告に関する一般的定義が不在の中で、民法では広告＝申込みの誘引として[3]、また経済法では広告＝表示として、すなわち広告を顧客誘引行為（表示行為はこの中に含まれる。）の一類型または勧誘（行為）として捉えられてきた。近年、消費者契約法においては、広告が同法4条の「勧誘」に該当するかという問題が新たに提起されているが[4]、「クロレラチラシ配布事件」最高裁判決は、広告が消費者契約法の「勧誘」に該当する旨を判示した[5]。同判決は、広告による勧誘行為が特定適格消費者団体を訴権者とする集団的被害救済（損害賠償請求）訴訟の対象となる途を開いたものといえる。

（2）林秀弥＝村田恭介＝野村亮輔『景品表示法の理論と実務』（中央経済社、2017年）106頁。
（3）景品表示法の定義とは別に、広告業界における定義がある。日本広告業協会は、「広告とは、明示された送り手が、選択された受け手に対して知識を与えたり、送り手に取って望ましい態度・行動を形成したりする目的で、媒体を介して行う、有料のコミュニケーション活動」として定義している。（日本広告業協会『広告ビジネス入門2016-2017』（2016年）3頁。この定義における広告を「狭義の広告」の定義として、広告の分類と定義の要件を説明するものとして、電通法務マネジメント局編『広告法』（2017年）2頁以下がある。
（4）これまでの消費者庁の公定解釈では、消費者契約法4条の「勧誘」とは「消費者の契約締結の意思の形成に影響を与える程度の勧め方」であり、「特定の者に向けた勧誘方法は「勧誘」に含まれるが、不特定多数向けのもの等客観的にみて特定の消費者に働きかけ、個別の契約締結の意思の形成に直接影響を与えているとは考えられない場合」は「勧誘」に該当せず、広告は勧誘に含まれないとされている。消費者庁消費者制度課編『逐条解説・消費者契約法〔第2版補訂版〕』（2015年）109頁。この解釈に対して、消費者契約法では「広告による表示内容と顧客の意思表示が要件の上で因果関係で結ばれているだけに、当然、射程に収めるべものであった」とし、広告を「勧誘」に含まれないとする解釈は「明らかに不適切」とする見解が示されている。河上正二「広告・表示と情報提供」法学セミナー2016年9号121頁。また、そもそも「勧誘」は特定人に向けられる行為に限定する必要はなく、不特定多数に向けられた広告であっても「消費者の意思決定に直接的な影響を及ぼす可能性のある状況・態様で行われた場合」には広告は勧誘要件を充たすとする見解がある。鹿野菜穂子「広告と契約法理」現代消費者法 No.32（民事法研究会、2016年）16頁。後藤巻則＝齋藤雅弘＝池本誠司「条解消費者三法」（弘文堂、2015年）34頁など。
（5）「クロレラチラシ配布事件」最高裁判決（2017年1月24日民集71巻1号1頁）。

広告の「質」「量」「態様」をめぐる問題を広く射程におくためには、一般法規としての「広告法」の立法が想定されよう。本稿は、かかる一般法規の必要性・有用性を認識しつつ、なお現在する法制度の解釈と法適用を通じて、広範な広告問題の全てではないが可及的部分に網をかけることの可能性について、競争法――主に独占禁止法、景品表示法――の立場から検討することを目的とする。

第2節　景品表示法における広告規制
――「表示としての広告」に対する規制

競争法による広告規制の問題状況として、はじめに景品表示法を取り上げたい。

(1) **景品表示法の規制制度**

最初に景品表示法の規制制度の概要を見ることにする。

① 規制対象となる表示・広告

冒頭に述べたように、景品表示法上、広告は表示の一類型である。したがって、同法で禁止される広告は、不当表示の要件を具備する場合である。不当表示の禁止（同法5条）の対象とされるのは、優良誤認（同条1号）、有利誤認（同条2号）、指定告示（同条3号）である。

優良誤認は、事業者が供給する「商品又は役務の品質、規格その他の内容」について、「一般消費者に対し、実際のものよりも著しく優良である」と示す表示、又は「事実に相違して他の事業者と同種又は類似の商品若しくは役務を供給している他の事業者に係るものよりも著しく優良である」と示す表示である。

有利誤認は、事業者が供給する「商品又は役務の価格その他の取引条件」について、「実際のもの又は当該事業者と同種又は類似の商品又は役務を供給している他の事業者に係るものよりも取引の相手方に著しく有利であると一般消費者に誤認される表示」である。

内閣総理大臣の指定告示としては、「無果汁の清涼飲料水等」、「商品の原

産国」、「消費者庁信用の融資費用」、「不動産のおとり広告」、「おとり広告」、「有料老人ホーム」の表示に関する6つが存在する。

② 不当表示・広告に対するエンフォースメント

(i) **措置命令** 不当表示・広告に対しては、内閣総理大臣（消費者庁）は、当該事業者に対し、その行為の差止め若しくはその行為が再び行われることを防止するために必要な事項又はこれらの実施に関連する公示その他必要な事項を命ずること（措置命令）ができ、この命令は事業者の既往行為に対しても命ずることができる（同法7条1項）。この措置命令の権限は、2014年法改正によって、都道府県知事にも付与された（同法33条11項）。

(ii) **不実証広告規制** 事業者の表示が優良誤認に該当するか否かの判断をするため必要がある場合には、内閣総理大臣は当該事業者に対し、期間を定めて、当該表示の裏付けとなる合理的な根拠資料の提出を求めることができ、当該事業者が当該資料を提出しない場合には、当該表示は不当表示（優良誤認）と見なされる（7条2項）。いわゆる優良誤認不当表示の見なし規定であるが、2014年法改正以前は不当表示の禁止規定（旧4条2項）に置かれていたが、現行法では措置命令規定に配置されている[6]。

(iii) **課徴金納付命令（8条）、返金措置の実施による減額等（10条）** 百貨店、レストラン等での相次ぐメニュー表示の偽装が社会問題化したことを受けて、2014年改正で導入されたものである[7]。課徴金制度は独占禁止法に導入されたのが最初（1977年）である。景品表示法における課徴金は、事業者の不当表示に係る違反行為（課徴金対象行為）の売上額の3％である（同法8条1項）。但し、当該事業者が、当該表示が不当表示であることにつき相当程度の注意を怠った者でないと認められるとき、またはその額が150万円未満である場合には課徴金納付命令は課されない（同項但書）。景品表示法の課徴金制度の特徴は、不当表示を行った事業者が当該不当表示に係る商品・役務の取引を行った消費者に対して内閣総理大臣の認定を受けた返金措置計画に

---

(6) この合理的な根拠資料の提出に係る権限は、2014年法改正で都道府県知事にも付与された。しかしながら、適格消費者団体には認められていない。

(7) 2008年の独占禁止法改正の際に、不当表示に対する課徴金導入が検討されたが、見送られた経緯がある。

第 8 章　広告規制と競争法　229

基づく返金を行った場合には、当該課徴金額から減額され、返金措置額が課徴金額を超える場合には課徴金の納付は要しない（同法10、11条）とされている点にある。

(2)　広告規制における景品表示法の特徴と限界
①　規制対象となる広告の捉え方

景品表示法 2 条 4 項の表示の内容については、2009年告示（「不当景品類及び不当表示防止法第 2 条の規定により景品類及び表示を指定する件」）に列挙されている。具体的には、(i)商品、容器又は包装及びこれらに添付した物による広告その他表示（告示 2 一）、(ii)見本、チラシ、パンフレット、説明書面その他これらの類似物の広告その他の表示及び口頭による広告その他の表示（電話によるものを含む。）（告示同二）、(iii)ポスター、看板、ネオン・サイン、アドバルーンその他これらに類似する物による広告及び陳列物又は実演による広告（告示同三）、(iv)新聞紙、雑誌その他の出版物、放送（有線電気通信設備又は拡声器による放送を含む。）、(v)映写、演劇又は電光による広告（告示同四）、情報処理機器による広告その他の表示（インターネット、パソコン通信等によるものを含む。）（告示同五）である。これらについて、優良誤認又は有利誤認の要件が充足された場合に不当表示（5 条）として禁止される。

同法における広告は「表示」の一類型とされているが、この捉え方が広告の実態をあまねく捕捉するものといえるかどうかという問題は指摘できよう。子ども・未成年者がオンラインゲームやインターネット通信販売のトラブルの当事者となるのは、メディア広告や雑誌・コミック誌の紙面広告などを通じて情報にアクセスすることを契機としていることが多い。子ども向けテレビ番組のスポンサーには玩具メーカーが多く、子どもの購買欲に働きかける広告活動が、日本では依然として健在である。また、景品・懸賞付販売についても、本体商品に附随して提供される食玩などのほか、オンラインゲームの進行に併せて提供される「アイテム」の中には懸賞付販売としての性格を有するものもある（いわゆる「コンプリート・ガチャ〔コンプガチャ〕」）[8]。

---

(8)　オンラインゲーム上のコンプガチャの流行は2011年半ば以降である。コンプガチャに対する

子どもが契約上のトラブルの当事者となる前の段階、すなわち広告や景品・懸賞による購入に向けた心理的な働きかけが、判断能力、意思決定能力、生活上の経験・知識の質と量といった点において成人に比して不足する子どもに対して心理的な購入強制としての効果を有しており、かかる効果をもたらす事業者の広告活動や景品・懸賞付販売は、契約締結に至る前段階の勧誘行為＝広告として捉えられる必要がある。EUにおいては、景品・懸賞付販売が広告問題として位置付けられる判例と立法の動向が見られるが[9]、広告を表示の一類型として規制する日本の法解釈と法運用は、広告の実態と機能の面から再検討される必要がある。

冒頭に述べたように、広告問題とりわけ不当な顧客誘引の観点から見た問題の領域は、表示としての広告の問題にとどまるものではない。広告を優良誤認及び有利誤認の不当表示として規制するのは、広告の「質」の問題に関わる問題領域であるが、広告の「質」に係る問題の全てを捕捉しているとはいえない。その一つが「不表示」問題である。法律上表示義務がある内容について表示をしない場合には当該法律（例えば食品表示法）違反に該当する。かかる表示義務がある事項につき表示しない場合、また消費者にとって有利な条件が提供されたもののその条件を享受できる者の範囲が明確に表示されなかった場合は不作為の不当表示として景品表示法が適用されたケースもある[10]。また、表示されない情報が消費者の選択にとって重要事項である場合には、消費者契約法4条2項（不利益となる事実を故意に告げなかったこと）に違反することになる[11]。

ところで、広告の多くは限られたスペースや時間の中で強調的、断片的な情報を伝達しており、新商品やサービスの特徴・メリット、又はその商品のイメージのみが優先して一般消費者に伝えられる特徴を有する。他方、デメリット情報又は安全に関する情報が併せて提供されることは少ないという特

　景品表示法の考え方については、大元慎二編著『景品表示法〔第5版〕』（商事法務、2017年）201頁以下参照。
（9）　この点については、本書第5章を参照されたい。
（10）　一例として、「九州電力オール電化事件」公取委排除命令（2008年10月15日）。
（11）　伊従寛＝矢部丈太郎『広告表示規制法』（青林書院、2009年）24頁。

徴も見受けられる。いわば、広告は、商品・サービスについて一般消費者が選択する上で不可欠な情報＝表示の観点からすれば、不表示の典型の一つと見ることができる。しかしながら、かかる商品・サービスのメリットのみを伝達する広告の強調的・断片的な情報提供は、優良誤認や有利誤認の不当表示として規制することは困難であり、広告に対する景品表示法による規制の限界事例ということができるが、日本において常態化した広告の在り方（広告の「態様」）の問題として今後検討する余地はあろう。

② 規制対象となる行為・行為者の画定

景品表示法5条1文は、「事業者は、自己の供給する商品又は役務の取引について、次の各号のいずれかに該当する表示をしてはならない。」と定めているとおり、不当表示に対する規制は不当表示行為に対する規制である。すなわち、不当広告に対する行政処分は、かかる広告行為を行った行為者を名宛人とするが、ここで問題となるのは対象となる広告＝表示の行為とは何か、その行為者は誰であるかという点である。5条1文から不当表示行為者は、「自己の供給する商品又は役務の取引について」不当表示を行った事業者であるが、表示行為者としては、当該商品のメーカー、原材料メーカー、販売業者、表示作成業者など複数の事業者が関与している可能性がある。

この点が争点となった事件判決として、「ビームス事件」「ベイクルーズ事件」東京高裁判決がある。同事件は、衣料品販売業者が、仕入先輸入業者から仕入れたイタリア製被服（実際はルーマニアで縫製されていた製品）の品質表示タッグと下げ札の表示について、仕入先輸入業者の説明を信用してこの業者に対して「イタリア製」とする表示作成を依頼したものであり、公取委は衣料品販売業者と仕入先輸入業者を不当表示の主体として排除命令を行ったものである。これに対して、衣料品販売業者が排除命令の取消訴訟を提起したが、東京高裁は同販売業者が不当表示の行為主体であると認定した[12]。以

---

(12)「ベイクルーズ事件」東京高裁判決（2008年5月23日審決集55巻842頁）。なお、最高裁は上告不受理決定（最決2009年6月23日）を行い、同判決は確定している。中川寛子「輸入ズボンの原産国の不当表示と事業者の責任〔ビームス事件、ベイクルーズ事件〕」舟田正之＝金井貴嗣＝泉水文雄編『経済法判例・審決百選』（有斐閣、2010年）270頁。岩本論判批ジュリスト1387号（2009年）170頁など。

下、該当する判示部分を引用する。

> 「一般消費者の信頼を保護するためには、「表示内容の決定に関与した事業者」が法 4 条 1 項の「事業者」（不当表示を行った者）に当たるものと解すべきであり、そして、「表示内容の決定に関与した事業者」とは、「自ら若しくは他の者と共同して積極的に表示の内容を決定した事業者」のみならず、「他の者の表示内容に関する説明に基づきその内容を定めた事業者」や「他の事業者にその決定を委ねた事業者」も含まれるものと解するのが相当である。そして、上記の「他の者の表示内容に関する説明に基づきその内容を定めた事業者」とは、他の事業者が決定したあるいは決定する表示内容についてその事業者から説明を受けてこれを了承しその表示を自己の表示とすることを了承した事業者をいい、また、上記の「他の事業者にその決定を委ねた事業者」とは、自己が表示内容を決定することができるにもかかわらず他の事業者に表示内容の決定を任せた事業者をいうものと解せられる。」（点線は著者挿入。）

　この不当表示の行為者に関する判断は、一般消費者に提示される表示の作成のプロセスや態様――内容決定、決定の委託、関与――の実態を踏まえて表示行為を画定したという点で妥当といえる。広告についても、この判旨に基づき広告＝表示の行為主体が判断されることになる。広告問題の検討に際して検討の俎上に上がる広告代理店、広告媒体事業者についても、景品表示法違反の行為主体となるかどうかは、上記判決の行為者概念の該当性から判断されるが、これらが、不当表示の行為主体とされた事案はない。なお有名人等の広告出演者については、そもそも「事業者」には該当しないので上記判決の及ぶところではない。
　近時、インターネット通信販売の仮想市場モールを運営する事業者（運営事業者）が、この仮想モール市場の出店事業者が不当表示（不当な二重価格表示）を行った場合に、当該運営事業者は表示行為の主体といえるかという問題について、消費者庁は、運営事業者の従業員が出店事業者の表示に関与していた場合には、当該運営事業者が不当表示の行為主体であるとする判断を示した[13]。インターネットを通じた誤認表示や広告が氾濫するいわゆるプ

---

(13) 消費者庁「楽天株式会社への要請について」（2014 年 4 月 30 日）。運営事業者の調査報告で

ラットフォーム事業者に対する景品表示法上の規制を行っていく上でも、実態を踏まえた表示・広告主体の認定が重要であることを示唆する事例といえる。

なお、景品表示法の不当表示は、適格消費者団体の差止請求の対象である。立入調査権を有する行政機関とは異なり、かかる権限を有しない適格消費者団体による不当表示の差止請求においては、その行為主体の画定は必ずしも容易なケースばかりではない。この判決は、適格消費者団体による不当表示を行った事業者に対する差止請求を行う際の「事業者」を判断する際の重要な手がかりとなるといえる。

その一方、特定適格消費者団体による集団的被害回復（損害賠償請求）制度の対象は、現在、消費者契約に係る事案に限定されており、景品表示法はその対象とはされていない。オンラインゲームサービス提供事業者が同社の「公式サイト」で行った広告の優良誤認の事案において、消費者庁は同社に対する措置命令と課徴金納付命令を行った[14]。当該事業者は、自主返金措置（景品表示法10条）を行っておらず、また消費者庁に「課徴金対象行為に該当する事実」を内閣総理大臣に自主申告したことにより、課徴金額が半減される制度（同法9条）の適用を受けた。この事例では、個々の消費者の財産上の損害回復が実現しておらず、また特定適格消費者団体による損害賠償請求訴訟の対象ではないことから、損害回復を求める消費者は民法709条に基づく訴訟を提起する途しか残されていない。「クロレラチラシ配付事件」最高裁判決によって、広告が消費者契約法の「勧誘」に該当する旨の判断が示されたことから、この事例の優良誤認広告を消費者契約法上の「勧誘」と構成することによって、特定適格消費者団体による集団的な損害賠償請求訴訟による解決の可能性は存在する。しかしながら、集団的損害賠償請求の訴訟例は、2017年の制度施行以降2年の間、1件（不正入試に係る事案）のみが存

は、具体的な違反行為は把握できなかったとしていたが、消費者庁は不当表示に該当するおそれがあるとして同社に対して再発防止を含む表示の適正化に関する要請を行った。

(14) ガンホー・オンライン・エンターテイメント株式会社に対する景品表示法に基づく措置命令（平成29年7月19日）および課徴金納付命令（平成30年3月28日）。同事件の概要については、本書第7章を参照されたい。

在するものの、また景品表示法の不当表示広告を消費者契約法の「勧誘」として構成することについての議論も十分になされていないことから、景品表示法違反行為による消費者の経済的損害回復のための実効性のある制度構築は喫緊の課題といえる。

第3節 独占禁止法と広告規制

次に、独占禁止法における広告規制の枠組と規制をめぐる問題状況に目を向ける。

(1) 不当な顧客誘引に対する規制の枠組

表示・広告規制は、独占禁止法の4本柱（私的独占の禁止、カルテル禁止、不公正な取引方法の禁止、M&A規制）のうち、不公正な取引方法（2条9項……定義、19条……禁止規定）の適用対象である。不公正な取引方法の定義「不当な顧客誘引」（2条9項6号ハ）を個別具体化した一般指定8項「欺まん的顧客誘引」は、

「自己の供給する商品又は役務の内容又は取引条件その他これらの取引に関する事項について、実際のもの又は競争者に係るものよりも著しく優良又は有利であると顧客に誤認させることにより、競争者の顧客を自己と取引するように不当に誘引すること。」

と定義している。この「不当に」は、不公正な取引方法の違法要件であり、「公正な競争を阻害するおそれ」（公正競争阻害性）と同義である。公正競争阻害性には、3つのタイプ（自由競争減殺、競争手段の不公正さ、競争基盤の侵害）があるが、一般指定8項の公正競争阻害性は、競争手段の不公正さ（＝能率競争の侵害）と説明される。

不当な顧客誘引が適用された事例として、マルチ商法の不当誘引案件である「ホリディマジック事件」（公取委勧告審決1975年6月13日審決集22巻11頁）がある。この翌年に「訪問販売法」（現在の特定商取引法の前身）が制定され、それ以降は独占禁止法の適用事例はない。一般指定8項と景品表示法との関係

は、1で述べたとおりである。

(2) 「顧客誘引行為としての広告」規制

　欺まん的顧客誘引行為には、「誤認される表示・広告をする行為」だけでなく、表示・広告を通じて一般消費者に誤認を惹起させる行為が広く含まれる。このことは、一般指定8項の文言「顧客に誤認させる」から明らかである。景品表示法5条2号「有利誤認」の文言は「一般消費者に誤認される表示」を対象としていることと比較して、一般指定8項は「誤認させる」事業者の行為を適用対象としている[15]。したがって、景品表示法の不当表示の要件には該当しないが、一般消費者の商品・役務の選択に誤解を与える表示・広告、購入や契約の意思がないにもかかわらず、購入や契約に誘導させる広告についても、広く事業者の「誤認させる」行為として構成することもできる。

　また、「誤認させる」態様についても、事業者がみずから行為を行う場合のほか、他の事業者や事業者以外の者（個人や法人格を持たない団体）との協力や関与を通じて顧客を誤認させる場合も含まれる。したがって、例えば、健康食品の販売事業者が法人格を有しない団体（研究会）の名義で作成した広告チラシを配布した行為についても、その広告が一般消費者の誤認を惹起する内容であれば、当該広告に基づく消費者への勧誘は当該事業者の「誤認させる」行為と捉えることが可能となる[16]。

　もっとも、公正取引委員会は、従来一般指定8項の適用については、当該行為の相手方の数、当該行為の継続性、反復性などの「行為の広がり」を不文の要件とする考え方を基本としている。この考え方については、違反要件

---

[15] 5条1号の「優良誤認」の条文と2号の「有利誤認」の条文のつくりが異なっており前者には「一般消費者に誤認される表示」の文言はない。この違いについては、前者が不実証広告規制の対象であることからする立法上のテクニカルな理由とされているが、なぜテクニカルな文言修正が「必要であるかは、なお明快ではない」とする疑問が示されている。白石忠志『独占禁止法〔第2版〕』（有斐閣、2009年）227頁。

[16] 「クロレラチラシ配付事件」大阪高判（2016年2月25日判時2296号81頁）。河上正二・法学セミナー・121頁は、消費者契約法4条「勧誘に際して」に広告表示を含まないとする消費者庁の解釈の問題点を指摘している。鵜瀞恵子「サンクロレラ事件解説」公正取引8月号（2016年）83頁。

ではなく、あくまで「公取委の事件選択基準」にすぎないとする見解が有力である[17]。公取委の事件選択基準であるとしても、当該行為に対して、消費者が独占禁止法24条に基づく「差止請求」を行うことは妨げられない。

(3) 一般指定8項の立ち位置

景品表示法は事業者－消費者間（B to C）の表示・景品類の提供の問題に適用され、独占禁止法は事業者間（B to B）、B to C の双方に適用される。現在、B to C の表示・広告は景品表示法、B to B の場合は独占禁止法、という運用上の棲み分けがあると説明されることが少なくない一方、基本書の多くが一般指定8項は B to C も当然に適用対象とする。他方で、この棲み分けを肯定する立場からは、一般指定8項不要論が主張されている[18]。

「法律上特例ではないが、運用上は変更ない」とする前記・消費者庁の考え方を一応首肯したとしても、景品表示法の適用から漏れる、または同法が対象としない表示・広告の問題に対して、独占禁止法（一般指定8項）には受け皿として捕捉する役割・機能があることは、前述したとおりである。したがって、一般指定8項及び不当利益型顧客誘引規制を定める一般指定9項については、景品表示法では捕捉しえない表示・広告行為、利益提供型の顧客誘引を法の射程に置く機能があり、とりわけ広告の「質」と「態様」に関わる広範な問題に対処する現行法として果たす意義と役割は再確認される必要があると思われる。

ただ、公正取引委員会の一般指定8項に基づく法運用が低調な実態を鑑みた場合に、同項を適格消費者団体の差止請求の対象とすることにより、広告に対する規律の途を開く可能性を検討することも、広告をめぐる問題領域の急速な広がりの現状を踏まえた場合には、必要な対応策と考えられる。

(4) 「力の濫用行為としての広告」規制

かつては、事業者－消費者の取引問題に対して、不公正な取引方法の一つ

---

(17) 白石・前掲注(15) 108頁。金井隆嗣＝川濱昇＝泉水文雄『独占禁止法〔第5版〕』（弘文堂、2015年）365頁。
(18) 村上正博編『条解独占禁止法』（弘文堂、2014年）215頁、218頁。

である「優越的地位の濫用」による規制が検討されていた時期があった(19)。近似の優越的地位の濫用ガイドライン（2010年）はBtoC適用の可能性は触れられていない（この点については、第9章第3節で検討する）。

　事業者－消費者の間の力の格差（市場力、情報力、交渉力の格差）を所与とすれば、とりわけ広告の「量」に対する規制は、市場力濫用の問題またはＢ２Ｃの間の優越的地位の濫用（独占禁止法2条9項5号）の問題として検討する必要性はあり、かかる観点から広告問題に対する独占禁止法の適用の余地は排除されないといえよう(20)。

第4節　日本における広告規制の視点
──「消費者の年齢その他の特性への配慮」について

　消費者法の領域においては、判断能力不十分者、高齢者等の消費者被害については、いわゆる適合性原則の問題として、重要な位置付けを占めている(21)。

　広告問題としては、特に子どもを対象とする広告問題は以前から指摘されているが、日本では必ずしも十分な理論蓄積があるとはいえない。この問題の出発点となるのは、「子どもは消費者か（子どもの消費者性）」という基本的問いかけであり、今もって子どもを対象とする広告をめぐる考察は喫緊の課題といえる。

　EU・ドイツでは、1970年代からの議論と立法例の蓄積がある（本書第5章）。2005年のEU「不公正取引慣行指令」では、「脆弱な消費者（vulnerable consumer）」の典型例として「子ども」を挙げており、また子どもとその親への購入働きかけ行為を「攻撃的取引方法」としている(22)。また、近時

---

(19) 森貴＝中園裕子「『消費者政策の積極的な推進に向けて―消費者取引問題研究会報告書―』の概要」公正取引627号（2003年）53頁以下。
(20) 正田彬『消費者の権利〔新版〕』（岩波新書、2010年）115頁は、広告の質と量が企業の経済力や資本力と密接な関係にあることから、「公正な競争」の観点から一定の規制を必要とする。
(21) 河上・前掲注（1）129頁
(22) 岩本論「子どもに対する広告規制の理念と展開」日本消費者教育学会『消費者教育〔第35冊〕』2015年（中部日本教育文化会）35頁。同「脆弱な消費者―子どもと法的視座」日本消費者

(2014年)の「Rune of Magic 事件」ドイツ最高裁（BGH）判決は、インターネットゲームのサイト内で、子ども向けの呼びかけ表現によってゲーム内で使用する強い武器の購入の働きかけをドイツ不正競争防止法で禁止されている「子どもに対する直接の購入の働きかけ」（攻撃的取引方法28号）に該当し違法（不公正）であると判示した[23]。

事業者の広告内容が、成年以上の消費者にとっては誤認惹起する性質のものではないが、子どもにとっては誤認惹起の要素を持つ場合に、独占禁止法の顧客誘引規制や景品表示法の不当表示規制は当該広告を法の対象とする余地はあるのかが問題となるが、この問題は両法の保護法益である「一般消費者の利益」が、年齢を始めとする消費者の特性を踏まえた解釈を可能とする概念であるかという問題としての側面を有する。

上記のとおり、EU やドイツでは子どもを典型とする「脆弱な消費者」を対象とする広告規律が行われており、また国際標準化機構が2010年に発効した「ISO26000」では広告活動に際して「児童を含む社会的弱者の最善の利益」を優先することを求め[24]、さらに国際商工会議所（ICC）が2011年に公表した「統合 ICC 規定」も広告等のマーケティング活動に際して子どもや若者への配慮を求めている[25]。日本では、この問題への立法・行政における対応は未着手の状況にある。2016年に、日本の民間団体が「子どもに影響のある広告およびマーケティングに関するガイドライン」（公益財団法人セーブ・ザ・チルドレン・ジャパン）を策定・公表している[26]。民間団体による取組

教育学会編『九州における消費者教育30年の歩み』（花書房、2015年）187頁。
[23] GRUR 3/2013, 298頁以下（確定判決前の本件最高裁判決）。同事件の評釈として、David Jahn/Christoph Palzer, Werbung gegenüber Kindern – "Dus" and Don'ts, GRUR 4/2014, 332頁以下がある。
[24] 天野恵美子『子ども消費者へのマーケティング戦略』（ミネルヴァ書房、2017年）164頁。
[25] 天野・前掲注（24）165頁。欧州には、各国の広告自主規制機関の連合組織として、非営利団体であるヨーロッパ広告基準連合（EASA）が存在する。EASAの組織体制と活動内容については、カライスコス　アントニウス「ヨーロッパ広告基準連合（1）」「同（2）」日本広告審査機構「REPORT JARO」2号（2019年）18頁～19頁、および同3号（2019年）18頁～19頁を参照されたい。
[26] 本ガイドラインは、「子どもの権利とマーケティング・広告検討委員会」（座長・松本恒雄〔国民センター理事長〕）において策定されたものである。ガイドラインでは、子どもは「子どもの権利条約」に基づき「18歳未満」とされている。また、広告は営利・非営利を区別せず広く対

は、子ども向け広告やマーケティング活動が日本においても重要な問題となっている証左であり、競争法と消費者法の問題として行政規制または民事規律の観点から、法的な枠組の検討は喫緊の課題といえる。消費者基本法が基本理念として定める「消費者の年齢その他の特性への配慮」（同法2条2項）は、「消費者の権利」（同法2条1項）とともに、国や自治体が消費者政策を推進する際の基本理念であり、この理念は、広告規制を担う景品表示法および独占禁止法の運用において具体化されることが求められるものである。現行法の運用において対応が困難である場合には立法による解決が必要となる[27]。かかる認識に基づいて、広告規制を点検する作業が待たれる。

象としている。情報の正確性と信頼性の確保、不当、不公正、欺瞞的な広告・マーケティング活動の回避、安全性の確保、多様性の尊重を「基本原則」とし、「広告表現に関する配慮事項」として11項目を列挙し、また「広告手法その他に関する配慮事項」として7項目を挙げている。この7項目の中に子どもの射幸心や購買意欲を影響を懸念して「過度な景品提供企画の実施」を取り上げている。

(27) 吉田克己「『消費者の権利』をめぐって」河上正二責任編集『消費者法研究　創刊第1号』（2016年）26頁は、「消費者の権利」は「立法指針」としての意味を有すると述べる。このことは、基本理念である「消費者の年齢その他の特性への配慮」に関する規定についても当てはまるといえる。なお、「消費者の権利」の行政指標としての機能については、本書第4章を参照されたい。

第9章　日本の競争法における消費者保護機能の射程と課題

　本章では、「一般消費者の利益」の確保を保護法益とする独占禁止法と景品表示法の消費者保護機能について、消費者問題の根本的原因といわれる事業者と消費者との間の3つの「力の格差」——市場力(または価格支配力)の格差、情報量(情報力)の格差、交渉力の格差——の観点から整理することにより、現在の日本の競争法の消費者保護法としての機能と限界を考察する。

第1節　独占禁止法による「力の格差」への対応状況

(1) 独占禁止法の消費者保護機能の変遷

　独占禁止法は「公正且つ自由な競争」の促進によって「一般消費者の利益」を確保することを法目的として1947年に制定され、日本法において最初に消費者保護を法益とした法律である。これまでの公正取引委員会による法適用の状況から、価格カルテルやブランド力のある商品・サービスの再販売価格維持行為に対して、行政処分を中心とした執行力により競争秩序維持と一般消費者の利益の確保に努めてきたといえる。

　その一方、事業者－消費者の間の不公正な取引に対して、不公正な取引方法の一類型である「不当な顧客誘引」(2条9項6号ハ、一般指定8、9項)が適用された事例は極めて少なく、また同じく不公正な取引方法の一つである「優越的地位の濫用(2条9項5号)」が消費者取引の事案に適用された例はない。1962年に景品表示法が独占禁止法の特例として制定され、不当表示や景品・懸賞付販売に対する規制は景品表示法の下で行われるという運用上の仕分けがなされており、一般指定8項が禁止する「欺まん的顧客誘引」の典型である不当表示、一般指定9項が禁止する「不当利益型による顧客誘引」の

典型である景品・懸賞付販売に対する規制は景品表示法の適用に委ねられていることから、独占禁止法によるこれらの顧客誘引に対する法適用の事例が少ないという説明がなされることもある。しかしながら、景品表示法と独占禁止法は特別法と一般法の関係にはなく、また景品表示法は表示や広告が優良誤認または有利誤認の「不当表示」の要件を充たす場合に適用されるものであり、「不当表示」には該当しないものの消費者の誤認を惹起させるおそれのある事業者の表示・広告行為については、独占禁止法の顧客誘引規制の下で対処することが可能であるが、かかる法適用はなされていない。景品・懸賞付販売に対する景品表示法の規制についても、消費者向けの景品・懸賞の提供に関する正式な事例は少なく、独占禁止法による適用事例は景品表示法制定以前に1件[1]、制定後に3件程度見られる[2]。

独占禁止法の「不当な顧客誘引」（旧一般指定6）の適用事例として、マルチ販売に対する初の適用事例（「ホリディ・マジック事件」公取委勧告審決1975年6月13日審決集22巻11頁）[3]があるが、その翌年にマルチ商法に対する事業者規制を含む訪問販売法（現・特定商取引法）が制定されて以降、マルチ商法に対する適用事例はない。

また、「優越的地位の濫用」規制は、事業者－消費者の間の取引に対する法適用を排除するものではなく、消費者取引に対する適用は可能であるとするのが2条9項5号の解釈に関する学説の通説的見解である。しかしながら、これまで適用事例はなく、また優越的地位の濫用規制に関する公正取引委員会の運用基準においても消費者取引に対する適用を念頭に置く考え方は示されていない。

2000年以降の食肉偽装表示事件が多発する中で、公取委は「積極的な消費者政策の推進」（「平成13年度公正取引委員会年次報告」3頁、28頁）を打ち出した

---

(1)「大阪読売新聞社事件」公取委同意審決（1955年12月8日審決集7巻96頁）。
(2)「網島商店事件」公取委勧告審決（1968年2月6日審決集14巻99頁）。
(3) 1982年改正前の旧・不公正な取引方法の一般指定6の条文は、「正常な商慣習に照して不当な利益または不利益をもつて直接または間接に、競争者の顧客を自己と取引するように誘引し、または強制すること。」であった。条文中の「強制」は抱き合わせ取引に関する文言である。同事件は、欺まん的表示であるが、不当利益による顧客誘引と見る見解もある。金井貴嗣＝川濵昇＝泉水文雄編著『独占禁止法〔第5版〕』（弘文堂、2017年）366頁。

が、2009年の景品表示法の消費者庁への移管の時期を境にこの政策遂行は見られない。こうした法運用状況から、独占禁止法による消費者保護には、市場力－価格支配力に対する積極的な法執行と、Ｂ２Ｃ間に存在する情報力格差と交渉力格差の問題については消極的な対応という二つの側面があるといえる。

(2) 消費者取引と表示・広告に対する事業法規制の整備

前記のとおりマルチ商法や訪問販売、通信販売などの取引については特定商取引法が制定されている。また、食品の規格や表示、安全の確保については、食品衛生法と農林物資規格法（JAS法）が、食品以外の家庭用品の規格や表示、安全については家庭用品品質表示法が制定されている。2013年には、食品衛生法と農林物資規格法の中の表示規制に関する制度と条項を一元化する目的の下、食品表示法が制定されている。医薬品や医療機器については、薬機法が存在する。これらの法律は、事業者に対して一定の義務を課すとともに業務に違反する場合には行処処分が予定されている行政規制法であり、一般に事業規制法（業法）といわれる。これらの法律は、立法一般に消費者法として分類されている[4]。

事業法は、国が基準を設定してその遵守を事業者に義務付ける事前規制（予防規制）と、これに違反した場合には行政処分がなされる事後規制から成る。各種事業法が、契約・取引、規格・表示、安全確保などの分野で整備されたことにより、国による事業者規制を通じて被害の拡大防止や未然防止が図られ、国民・一般消費者の利益が確保されることになる。とりわけ、消費者取引については特定商取引法が、マルチ商法、訪問販売、通信販売等の事業者に対する書面交付等の義務付けや誇大広告の禁止を定めており、これに

---

(4) 特定商取引法は、「購入者等が受けることのある損害の防止を図ることにより、購入者等の利益を保護」することを目的（同法1条）としている。この「購入者等」は、基本的に消費者が該当するが、事業者の取引相手として消費者以外の者（法人や団体、個人事業者など）についても、個々の条文上の適用除外に該当しない限り「購入者等」に含まれるとする。例えば長尾治助『レクチャー消費者法〔第3版〕』（法律文化社、2006年）96頁。消化器の訪問販売の相手方である自動車販売会社に特定商取引法に基づくクーリング・オフを容認した事例として、大阪高裁判決2003年7月30日（消費者法判例百選2010年8頁〔大村敦志執筆〕）がある。

違反した場合には業務停止等の行政処分が定められている。また表示については食品表示法や家庭用品品質表示法が、製造業者や販売業者に対する一定の表示義務を課しており、これに違反した場合には「指示」等の行政処分が課されることとなる。

　また、各事業法は、法律ごとに運用する主務官庁が定められており、特定商取引法は経済産業省と消費者庁の共管である。食品表示法は消費者庁、表示規制以外の食品衛生法については厚生労働省、表示規制以外の農林物資規格法は農林水産省が主管である。家庭用品品質表示法は消費者庁と経済産業省の共管である。今日、消費者取引、広告・表示の適正確保は、事業法の事前規制と事後規制の下で担保されており、これらの分野に、公正取引委員会が積極的に独占禁止法を適用するインセンティブは大きいとはいえず、また行政のコストや効率性の面からも重畳適用となるおそれがある法運用は回避される方向にある。

　したがって、事業法の整備によって、独占禁止法が消費者取引や事業法の対象となっている広告・表示に係る問題に適用される機会は少なくなっているが、これらの事業法において補足がなされていない問題については、独占禁止法による対応が検討される必要がある。

第2節　民法領域における民事消費者法の整備の進展

　消費者の財産的被害は、締結した契約の取消・解除、支払った代金の返還、被った被害に対する損害賠償請求によって回復されるが、これらの救済に関する基本原則は民法の定めるところによる。1994年の製造物責任法の制定によって、製品によって消費者が被った二次被害については従来の不法行為責任（主に過失責任）から欠陥責任の立証にあらためられ、損害賠償請求のための消費者の立証負担が軽減された。また、2001年に制定された消費者契約法は、事業者と消費者の間の情報力と交渉力の格差が消費者契約のトラブルの背景にあるという認識の下で、民法の「対等な当事者間のルールの特例」を設けて、「消費者が契約による拘束からの離脱を可能とする救済の手段を与える」ことを目的として制定されたものである[5]。また、消費者契約

法が各種の個別事業法とは別に必要とされる理由について、個別事業法が個別分野におけるトラブルの発生・拡大を防止する者であるのに対して、消費者契約法は「消費者契約に係る広範な分野のトラブルについて、公正かつ円滑な解決に資するもの」であり、両者の関係は「補完的な関係」にあると説明されている[6]。また近年の民法改正作業においても消費者保護規定の拡充の検討がなされていたことからも、民事消費者法（消費者私法）といわれる領域の意義と重要性は日本法制度における重要な関心事となっている[7]。

かかる私法領域における消費者保護制度の整備は、ドイツ民法などにおいても見られることから、日本に特有の状況ではないが、民法の立場から消費者法の「体系化」や「法典化」の必要性が唱えられていること[8]、また実務家サイドからも民法領域における「統一消費者法」の制定の主張[9]があることは、独占禁止法の消費者保護の役割を再確認する上で念頭に置かれる必要がある。ただ、ドイツの競争法のうち、公正競争の確保を目的とするドイツ不正競争防止法は、民事規律を中心とする法律であり、同法は民事消費者法のカテゴリーにも属している点は留意する必要がある。

日本における消費者保護のあり方を検討する場合には、競争法（独占禁止法と景品表示法）による行政規制と、民法・消費者契約法による民事規律の2つの別個の法制度が存在することが前提となる。ドイツの場合、行政規制型の自由競争法（競争制限防止法）と民事規律型の公正競争法（不正競争防止法）が存在し、さらにドイツ民法典を基本法典とする民事消費者法が存在する。また、日本の独占禁止法が規制対象とする顧客誘引と景品表示法が規制対象とする表示・広告と景品・懸賞付販売は、ドイツの場合は民事規律型の公正

---

(5) 消費者庁消費者制度課編『逐条解説消費者契約法〔第2版補訂版〕』（商事法務、2015年）12頁、15頁。
(6) 消費者庁消費者制度課編・前掲注（5）12頁、13頁。
(7) 民法改正作業においては、当初、消費者契約法の実体規定の部分の民法への取り込みが議論されていたが、民法の一般法としての中立的な性格を重視する主張が強く、国会提出法案からは民法における消費者法典の導入は実現しなかった。この経緯について、鹿野菜穂子「消費者法の体系化と法典化」中田邦博＝鹿野菜穂子編『消費者法の現代化と集団的権利保護』（日本評論社、2016年）17頁以下を参照されたい。
(8) 鹿野・前掲注（7）19頁。
(9) 池本誠司「民法・統一消費者法」消費者法ニュース93号（2012年）214頁。

競争法の対象であり、行政規制型の自由競争法には関係する条文規定はそもそも存在しない。すなわち、日本における民事消費者法の拡充が、独占禁止法・景品表示法の規制対象にまで広げられるのかという問題が想定されるのに対して、ドイツ・EU においてはこの問題を想定する必要はそもそも存在しないということになる。したがって、日本法における消費者保護機能の拡充についての検討は、行政規制と民事規律の整合ないし調和のあり方についての検討として見ることができる。

第3節　消費者保護における独占禁止法と景品表示法の機能不全の要因

　しかしながら、独占禁止法の役割は価格支配力への対抗による「一般消費者の利益」の確保にとどまるものではない。現実には、(i)現行の各法制度によっては漏れなく問題を拾い上げることが十分に行いえない「法規制の隙間」、(ii)各法律の守備範囲に交錯が存在することにより、かえって十分な規律がなされない「法規制の交錯」が存在する問題領域がある。この問題領域が、広告を典型とする顧客誘引である。第8章で見たように、広告はこれまで不当表示として景品表示法の規制に服してきたが、行動ターゲティング広告やステルス・マーティング等、広告の質と量そのものが新たな消費者問題を提起しており、この新たな隙間について市場秩序の観点から問題の本質が認識される必要がある。また、景品表示法の不当表示規制の守備範囲とされていた広告問題に対して、「クロレラチラシ配布事件」最高裁判決（2017年1月24日民集71巻1号1頁）を契機として消費者契約法の「勧誘」該当性の下での新たな民事法によるアプローチの途が開けたが、これにより広告に関わる問題がどの程度まで「勧誘」によってカバーされるのかという問題認識を踏まえて、消費者保護の観点から効果的な制度設計——民事規律と行政規制の併存や最適な組み合わせのあり方——についての検討が不可欠な状況にある[10]。

---

(10) この観点の重要性について、中田邦博「総論　日本における広告規制の概要─消費者法の観

そこで、独占禁止法による消費者保護の役割が、今日必ずしも積極的とはいえない要因——独占禁止法の消費者保護機能の不全要因——について検討する。以下に見るように、主に5つの要因が挙げられよう。

(1) 独占禁止法による「3つの格差」への対応状況——第1の要因

独占禁止法は、「公正競争且つ自由な競争」の促進によって「一般消費者の利益」を確保するとともに、「国民経済の民主的な発展」を実現することを目的としている（1条）。この目的規定の理解の仕方については、これまで多くの学説が主張されてきた。同法制定当初は、独占禁止法の保護法益の中心は「公正且つ自由な競争」であり、一般消費者の利益は競争の確保によって得られる反射的利益であるとする見解が見られた。「石油カルテル事件」最高裁判決は、「公正且つ自由競争」は同法の「直接目的」、また「一般消費者の利益の確保」と「経済の民主的発展」は同法の「究極目的」であると判示した。同判決以降、学説では「公正且つ自由な競争」と「一般消費者の利益」の両方の保護法益を重視する見解が支配的となっているが、「一般消費者の利益」を重要な保護法益と見る立場においても、「一般消費者の利益」の意味と内容の捉え方についての説明は一様ではない。経済学における消費者概念に近いとする見方[11]、競争によって得られる消費者利益であるとする見方、競争による経済厚生の向上であるとする見方、効率性の達成とする見方などがある。また、「一般消費者の利益」はいわゆる「消費者の権利」と関係があり、そのうち「選択の権利」、「情報の権利（知らされる権利）」が該当するとする見方がある。学説では、「一般消費者の利益」は、いずれか一つの見方だけが取り上げられることはなく、通常は複数の見方を列挙して説明される。すなわち、「一般消費者の利益」は、様々な意味と内容を持つ保護法益であるということができる。

ここでは、消費者保護の観点から、具体的には、事業者と消費者の間の3つの力の格差－市場力（特に価格支配力）の格差、情報力の格差、交渉力の格

点から」日本消費者法学会編『消費者法第9号』（2017年）8頁がある。
(11) 川口康裕「制定法から見た『消費者』と『消費者法』」河上正二責任編集『消費者法研究創刊題1号』（信山社、2016年）79頁。

差との関係において、この目的規定を概観する。

　第一の事業者の市場力の格差は、特に価格支配力のかたちで消費者に及ぶ。独占禁止法はカルテルの禁止（2条6項）、私的独占の禁止（2条5項）によって、市場支配力の形成・維持・強化に対処することにより、市場の当事者である消費者が対抗できない独占価格の形成や共同行為による価格カルテルに対抗してきた。また、ブランド力や市場力を有する事業者による同一ブランド商品の販売価格を統一して設定し販売業者に値引きを禁じる行為についても、不公正な取引方法が禁止する再販売価格の拘束（2条9項4号、19条）として当該行為を規制することにより、ブランド内競争を確保し消費者の価格に基づく選択の機会を確保してきた。

　第二の情報力の格差は、事業者が提供する商品・サービスに関する情報について事業者と消費者の間に量的かつ質的な不均衡が存在する状況を意味するが、その典型は表示や広告における情報の不完全性の問題である。商品・サービスに関する情報の全ては事業者が保有し、消費者は表示された情報に接するにすぎない。いかなる情報をどの程度・範囲まで事業者に表示させるかは表示制度の問題であるが、消費者の適正かつ合理的な選択に必要な情報が過不足なく表示される制度となっているかについては、事業者規制法の立法や改正に際して問題となることが多い[12]。独占禁止法上は、表示された情報が虚偽である場合には「不当表示」として、不公正な取引方法の欺まん的顧客誘引の対象となるが、景品表示法制定後はもっぱら同法によって規制されている。また、広告は、景品表示法上は「表示」の一類型であり、広告が景品表示法上問題となるのは、広告内容に虚偽がある場合に不当表示規制の対象となる。したがって、独占禁止法および景品表示法では、情報力の格差に起因する問題は、景品表示法5条の不当表示の要件に該当する場合（優良誤認、有利誤認、その他の指定告示に基づくもの）に規制対象とされるにとどまり、不当表示の要件には該当しないが消費者保の誤認惹起や適正かつ合理的な選択を歪めるおそれのある表示や広告に対して独占禁止法の欺まん的顧客

---

(12) 近時の事例では、食品表示法の立法時における事業者に対する表示義務の対象をめぐる問題（外食産業を表示義務の対象とするか等）、表示義務の内容をめぐる問題（遺伝子組換え原料と混入率等）は、立法後の検討課題とされた。

第9章　日本の競争法における消費者保護機能の射程と課題　249

誘引の問題とされることは期待できない（この点は、景品表示法と独占禁止法の関係をどのように捉えるかという問題にも関わる。この点は後述する）。

　また、景品・懸賞付販売は、独占禁止法の不公正な取引方法の不当利益による顧客誘引の規制対象であるが、事業者向けの景品・懸賞の提供は独占禁止法の対象となり、消費者向けのものは景品表示法の対象となる法運用がなされている。景品表示法の景品・懸賞付販売は、同法違反とはならない景品・懸賞付を定め、その数値基準を超えたものを禁止または制限する規制に服する。この数値基準が消費者の適正かつ合理的な選択の観点から定められたものか、また景品・懸賞付販売の定義や範囲が今日の実態を踏まえたものとなっているかについては問題が指摘されている。消費者に提供される本体商品・サービスと、景品・懸賞として付される商品・サービスに関する情報、とりわけ本体商品と景品・懸賞の商品のそれぞれの価格が表示されていない販売実態は、情報の透明性の点からも、情報力の格差の問題といえる。さらに、景品・懸賞付販売の要件である本体商品・サービスに対する景品・懸賞の「附随性」を充足しないため景品表示法の規制対象にはならない利益提供（例えば、サンプル無料提供、ポイント提供など）が、独占禁止法の不当利益による顧客誘引の問題として取り上げられる可能性は、景品表示法と独占禁止法と関係の面から低いといえる。

　第三の交渉力の格差は、取引の場面において、消費者の意思決定の自由が抑圧または制約された状況の下で、購入意思のない商品・サービスを購入させられ、または不利な条件の下で購入または契約するかたちで現れる。これらの取引態様を事業者と消費者の間の地からの濫用と捉えた場合に、独占禁止法の「優越的地位の濫用」（2条9項5号）の適用可能性がある。公正取引委員会は、2001年「21世紀における競争政策のグランド・デザイン」[13]、および総理大臣発言を受けて設置された懇談会[14]の提言[15]を受けて、「優越的地位の濫用」の射程に入る可能性のある消費者取引に関する問題整理を行

---

(13) 公正取引委員会「平成13年度年次報告」3頁以下。
(14) 「21世紀にふさわしい競争政策を考える懇談会」（会長・一橋大学名誉教授・宮澤健一）。
(15) 2001年11月14日公正取引委員会公表。提言の概要については、舟橋和幸「『21世紀にふさわしい競争政策を考える懇談会』の提言の概要」公正取引614号（2001年12月号）15頁。

っていた。こうした可能性が示されていたことは、これらの問題が、事業者との対面での交渉力のアンバランスを背景とした消費者に対する不利益供与の問題であり、市場競争が機能しない場面での力の濫用として捉えることが必要であるとの認識が競争当局に存在していたことを示すものであるが、消費者庁の設置前に、こうした方向性は転換されている（この点については、第12章を参照されたい）。

以上のとおり、独占禁止法は、これまで3つの格差に対して、それぞれの規制制度の守備範囲において「一般消費者の利益」を確保するための機能を有しているが、同法による消費者保護機能のあり方を考える際、現在の守備範囲での法運用で十分といえるか、また消費者保護機能の拡充を図る場合には、いかなる課題を克服する必要があるかが明らかにされる必要がある。特に、情報力の格差と交渉力の格差に起因する問題について、例えば、顧客誘引の一類型である広告を消費者契約法の「勧誘」として捉えることにより同法による消費者の取消権の範囲を拡充する議論が見られる[16]等、民事消費者法の領域が拡充される傾向は、独占禁止法による消費者保護と救済が十分に機能していないことから、民事法による消費者保護機能の充実が図られようとしていることの表れではないかとの推測もできなくはない。

もっとも、独占禁止法は「一般消費者の利益」の確保を競争当局の行政規制によって実現するための法制度であり、消費者契約法は個々の消費者が契約の被害者の立場から自らの被害救済のために契約解除や無効主張をするための根拠法であって、そもそも両者の立法趣旨は異なるものであることから、民事消費者法による消費者保護機能の拡充は独占禁止法にとっては異なる次元の事象であるという見方もあり得る。しかしながら、この見方に対しては、独占禁止法が不公正な取引方法を対象とする差止請求権制度（同法24条）を定めており、消費者が差止の請求権者となることが容認されていること、また独占禁止法違反行為に対する無過失損害賠償請求制度（25条）を定めていることから、同法は行政規制による「一般消費者の利益」の確保だけ

---

(16)「クロレラチラシ配布事件」最高裁判決（2017年1月24日民集71巻1号1頁）は、広告を消費者契約法4条の「勧誘」として捉えることの必要性が消費者法や実務サイドから主張されていた中での判示といえる。

でなく、個々の消費者の救済を実現するための法制度ということができ、これらの消費者救済制度が十分に活用されていないことが、民事消費者法による消費者保護機能の拡充のインセンティブになっているのではないかという実情を踏まえた反論の可能性がある[17]。

(2) 独占禁止法における消費者概念の不在――第2の要因

日本の法律で消費者の定義を有する法律を見ると、制定順に、消費者契約法（2000年制定）、電子消費者契約法（2001年制定）、法の適用に関する通則法（2006年）、消費者安全法（2009年制定）、改正・民事訴訟法（2011年公布）、消費者裁判手続特例法（2013年制定）[18]がある。このうち、電子消費者契約法2条1項の消費者の定義は消費者契約法の定義と同じであり、また法の適用に関する通則法11条1項は「消費者契約の特例」を定めたもので、この中で消費者契約法の定義が引用されている。民事訴訟法の2011年改正は、国際裁判管轄に関する条項導入に関わるものであり、この改正により同法3条の4に「消費者契約及び労働関係に関する訴えの管轄権」に関する条文が置かれたが、同条における消費者の定義も消費者契約法の定義が用いられている。他方、消費者安全法の消費者の定義（2条1項）は、消費者契約法の定義と一部違いがある。消費者契約法と消費者安全法は、事業者の定義も定めているが、それぞれの定義の仕方にも若干の違いがある。

まず、消費者契約法の消費者と事業者の定義は、以下のとおりである。

・消費者の定義（消費者契約法2条1項）

　「この法律において「消費者」とは、個人（事業として又は事業のために契約の当事者となる場合におけるものを除く。）をいう。」

・事業者の定義（消費者契約法（2条2項）

---

[17] 日本弁護士連合会「独占禁止法・景品表示法上の団体訴権に関する意見書」（2007年6月14日）。
[18] 消費者裁判手続特例法2条1号は、「消費者個人（事業を行う場合におけるものを除く。）をいう。」とする定義を規定する。

「この法律（第43条第2項第2号を除く。）[19]において「事業者」とは、法人その他の団体及び事業として又は事業のために契約の当事者となる場合における個人をいう。」

次に、消費者安全法の消費者と事業者の定義は、以下のとおりである[20]。

・消費者の定義（消費者安全法2条1項）

「この法律において「消費者」とは、個人（商業、工業、金融業その他の事業を行う場合におけるものを除く。）をいう。」

・事業者の定義（消費者安全法2条2項）

「この法律において「事業者」とは、商業、工業、金融業その他の事業を行う者（個人にあっては、当該事業を行う場合におけるものに限る。）をいう。」

消費者契約法と消費者安全法が定める消費者の定義は、消費者が「個人」であること[21]、事業を行う者ではないこと、において共通する。両者に見られる違いは、「個人」に関する文言に見られるが、これはそれぞれの法律における「事業者の定義」の違いということができる[22]。消費者契約法の

---

(19) 消費者契約法43条2項は、適格消費者団体の差止請求訴訟の裁判所の管轄に関する定めであり、「次の各号に掲げる規定による差止請求に係る訴えは、当該各号に定める行為があった地を管轄する裁判所にも提起することができる。」と規定している。同項2号は「不当景品類及び不当表示防止法10条　同条に規定する事業者の行為」を掲げている。立法担当者の解説では、「景品表示法の『事業者』を本法の『事業者』と区別する観点」から、この除外規定が事業者の定義に入れられたと説明されている。消費者庁消費者制度課編・前掲注（5）82頁。
(20) 消費者安全法には、事業者団体の定義は置かれていない。また、消費者契約法にも事業者団体の定義はない。
(21) 消費者契約法の「個人」とは自然人である消費者を意味するという見解（長尾・前掲注（4）10頁）がある一方、消費者＝「取引経験の蓄積されていない者」と捉える立場からは消費者の人的適用範囲から法人その他の団体が除外されるべきではないとする見解（谷本圭子「消費者概念の法的意義」鹿野菜穂子＝中田邦博＝松本克美編『消費者法と民法』（法律文化社、2013年）54頁）もある。この見解は、消費者契約法の「消費者」を特定商取引法の「購入者」と同じ意味で捉えようとするものである。
(22) 消費者契約法の「事業」について、法律上の定義はないが、立法担当者解説では「一定の目的をもってなされる同種の行為の反復継続的遂行であるが、営利の要素は必要ではなく、営利の目的をもってなされるかどうかを問わない。また、公益・非公益を問わず反復継続して行われる

「消費者」と「事業者」はいずれも「契約の当事者となる主体」[23]とされているが、消費者安全法の「消費者」と「事業者」は契約の当事者に限定されていない。この定義上の違いは、それぞれの法律の目的の違いに起因する。消費者契約法は「消費者と事業者との間にある情報の質及び量並びに交渉力の格差」（同法1条）を前提として、消費者と事業者の間の契約の締結、取引に関する取消や不当条項の無効に関するルール等を定めたものであることから、消費者を契約の当事者として定義することは、同法の目的と内容から当然に導かれよう。また、消費者安全法は、「消費者の消費生活における被害を防止し、その安全を確保する」（同法1条）ことを目的として、消費者政策の基本方針の策定と消費者行政の事務体制、被害の発生・拡大の防止のための措置を定めたものであることから、消費者は契約当事者に限定することなく、消費生活を営む「個人」[24]として、また事業者の定義は「事業を行う者」として定義されたといえる。

　独占禁止法は、事業者の定義を置く。同法2条1項1文は、「この法律において「事業者」とは、商業、工業、金融業その他の事業を行う者をいう。」と規定しているが、「消費者」の定義は置かれていない。

　　同種の行為が含まれ」ると説明されている。消費者庁消費者制度課編・前掲注（5）79頁。民法の領域では、この消費者契約法における「事業」の意味内容である「一定の目的をもってなされる同種の行為の反復継続的行為」は、事業者と消費者に共通する「概念定義の要」であると捉えられている。谷本・前掲注（21）48頁。すなわち、「一定の目的をもって……反復継続的行為」のは事業者であるが、消費者はこれを行うことはできない点に、「両者の格差が存在する」と説明されている。

　　「事業」概念については、独占禁止法違反事例である「芝浦と畜場事件」最高裁判決（1989年12月14日民集43巻12号2078頁）がある。同最高裁判決の事業（者）概念は「なんらかの経済的利益の供給に対応し反対給付を反復継続して受ける経済活動」であり「その主体の法的性格は問うところではない」とするものである。立法担当者解説による消費者契約法の「一定の目的をもってなされる同種の行為」であって「営利」の要素を伴わない事業活動は、最高裁判決が示した経済的利益にかかる給付と反対給付の関係からなる「経済活動」よりも広い概念である。非営利活動法人（NPO）の活動は、消費者契約法上は「事業」に含まれよう。

(23) 消費者庁消費者制度課編・前掲注（5）79頁
(24) 消費者庁『逐条解説・消費者安全法〔第2版〕』（商事法務、2013年）22頁によると、個人事業主である個人が日常生活のために食料品を購入する場合には「消費者」に該当するが、自己が経営する商店の仕入れとして食料品を購入する場合には「事業者」に該当すると説明しているが、ここでは個人が自然人であることは特段明記されていない。

ドイツの二つの競争法 – 競争制限防止法（GWB）と不正競争防止法（UWG）のうち、前者には消費者の定義規定はないが、後者には消費者の定義規定としてドイツ民法（BGB）13条の消費者の定義規定を準用することが定められている（UWG 2条2条2項）。UWG に消費者の定義規定が設けられたのは2008年法改正の際であるが、定義規定が置かれる以前から、消費者に対する不公正取引に対する事業者の行為責任を認めてきており、また消費者団体訴訟による差止請求が法定されていたが、2005年の EU「不公正な取引指令」に対応する国内法整備の必要性から消費者の定義規定を導入することになったものである[25]。他方、競争制限防止法は消費者の定義を定めておらず、同法＝における消費者には、自然人の消費者（Verbraucher）と、取引の相手方となる需要者についても消費する者（Konsument）とされる。不正競争防止法の消費者は自然人の Verbraucher である。

また、日本の独占禁止法の目的規定（1条）には、「一般消費者の利益」を確保することが述べられているが、この「一般消費者（の利益）」に関する定義はない。また、同様に、景品表示法の目的規定（1条）は「一般消費者の利益」の保護を定めているが、同法も「一般消費者」に関する定義は持たない。消費者庁の設立に伴い、同法の主務官庁は公正取引委員会から消費者庁となり、これに合わせて諸規定の改正が行われ、同法は、競争政策の領域から消費者法の領域へとシフトしたと説明されているが、この時の改正においても消費者の定義の導入に関する議論は起きていない。

独占禁止法と景品表示法における「一般消費者」とは何かについては、これまで経済法学の論点として大きく取り上げられることはなかったといってよい。ただ、独占禁止法の「一般消費者の利益」に関する説明の中で、「消費者利益」という用語が代替的に使われる場合があることから、「一般消費者」と「消費者」とは同じ意味合いで用いられている、ということがいえる[26]。

---

(25) *Volker Emmerich.*, Unlauterer Wettbewerb, 9. Aufl., 2012, S.45.
(26) 独占禁止法の目的規定の「一般消費者」の用語が、同法制定のプロセスの中で、「公衆」（カイム試案）、「消費者利益」（カイム試案に対する日本政府見解）、「最終消費者」（独占禁止法準備調査会）と変遷し、最終的に「一般消費者」とされた経緯が明らかとなっている。この点につい

本論文の視点から独占禁止法（と景品表示法）における消費者概念の不在から派生する論点として、以下のことが挙げられる。

ドイツと EU の公正競争法に見られる消費者の 2 分類、すなわち「平均的消費者」と「脆弱な消費者」は、「消費者像（Verbraucher-Leitbild）」を出発点として生まれた概念であるが、特に重要な意味を持つのは後者の「脆弱な消費者」概念である。後者の概念の下で捕捉されない消費者は前者に該当する。そして、後者については、特別の配慮が必要とされるが、この配慮は──公正競争法が民事規律であることから──基本的に法適用とその解釈において必要とされる。独占禁止法の「一般消費者」は、この「平均的消費者」と「脆弱な消費者」の双方を含むものであるのか、あるいは前者に該当するものであるかについて述べた学説は今のところ見られないが、日本の民事消費者法では後者の保護に関する考察が進められており、消費者保護における日本法の制度設計のあり方を検討するに際して、独占禁止法の「一般消費者」の概念についての検討は今後重要な意味を持つと思われる。

また、日本の消費者保護に関する理念と制度枠組を定める消費者基本法は、「消費者の権利」（2条1項）と「年齢その他の消費者の特性に対する配慮」（2条2項）を消費者行政・政策の基本理念としており、また同法16条は消費者政策に関する施策として「国による公正自由な競争の促進等」を定めていることから、独占禁止法の消費者保護機能の検討に際して「消費者の特性に対する配慮」をどのようなかたちで取り込んでいくかについても、今後検討を要する事項といえよう（消費者基本法の「消費者特性に対する配慮」については第12章を参照されたい）。

て、谷原修身『独占禁止法の史的展開』（信山社、1997年）231頁。谷原教授の整理によると、日本政府は独占禁止法の目的を「国民経済の安定・進歩・発展」とすることに固執しており、「一般消費者の利益」は「補足的に取り扱われていたに過ぎないことが明らか」であるとしている。その上で、谷原教授は、現行の目的規定の「一般消費者の利益の確保」と「国民経済の民主的で健全な発達の促進」は同一の意味内容を「重複して表現したもの」であり、後者は「国民経済全体」を意味するのではなく、国民主権主義の考え方に基づいて、「国民経済を国民一人一人の立場から見て各人の利益に合致するような形において健全な発達をするように促進することを意味して」おり、「一般消費者の利益の確保」を「全体的な視点から見て、別の表現に言い換えたに過ぎない」ものと位置付けており、独占禁止法の究極目的は「一般消費者の利益の確保」のみに求められるとされている（同書・232頁）。

(3) 実定法における「消費者の権利」の取扱い──第3の要因

　本書第4章において、「消費者の権利」の沿革と独占禁止法との関係について考察した。その中で、消費者基本法2条1項が定める8つの「消費者の権利」は、独占禁止法の目的と諸規定との関係から見た場合、権利規定のそれぞれの内容から、「公正かつ自由な競争と関係するもの」、「公正かつ自由な競争を維持するための独占禁止法の諸制度と関係するもの」、広く競争政策に関係するもの」の3つに分類することができるという整理を行った。

　独占禁止法の目的である「一般消費者の利益」の内容については、今日、「消費者の権利」のうち、「選択する権利」と「知らされる権利」を意味するものと捉える見解が見られる[27]。この捉え方には、2つの可能性がある。一つは、「一般消費者の利益」は、「消費者の権利」と無関係ではなく、公正かつ自由な競争の促進によって、消費者の「選択する権利」が確保され、またこの機会を実質的なものにするために、欺まん的ではない取引方法が用いられ、誤認を惹起しない適切な情報が提供されることにより「知らされる権利」が確保されるというものであり、すなわち独占禁止法の適正な運用によって、これらの権利が保障されるとする見方である。もう一つは、消費者が、差止請求権を行使することによって「選択する権利」と「知らされる権利」を実現することが「一般消費者の利益」の意味内容に含まれるとする見方である。また、消費者が、独占禁止法違反行為の「被害者」(25条)として損害賠償請求権を行使する場合には、「救済される権利」の実現と見ることもできる。

　消費者が自ら差止請求権を行使することによって、「選択する権利」と「知らされる権利」を実現することが認められているのは、独占禁止法24条では不公正な取引方法に限定されている。このため、「選択する機会」をもたらす市場における「自由な競争」が制限される場合、典型的には価格カルテルによる価格支配力に対する差止請求権は容認されておらず、「一般消費者の利益」の内容として捉えられる「選択する権利」の実現のための消費者

---

(27) 根岸哲＝舟田正之『独占禁止法概説〔第5版〕』(有斐閣、2015年) 28頁、土田和博＝岡田外司博『演習ノート経済法〔第2版〕』(法学書院、2014年) 3頁 (土田和博執筆)、泉水文雄「展開講座経済法入門 (1)」法学教室 No.415 (2015年4月号) 116頁など。

による直接の権利行使は制約に服している。

さらに、独占禁止法24条の差止請求権は消費者団体（適格消費者団体およびそれ以外の従来型の消費者団体の双方を指す。）には付与されていないため、消費者が個人で差止請求を行うことは容易ではない。独占禁止法の消費者保護機能の拡充は、「消費者の権利」の観点から見た場合には、「一般消費者の利益」との理念的関係は明確であるものの、現実の権利行使という面においては、法制度の見直しを含む克服課題を抱えているといえる。

(4) 独占禁止法の運用上および解釈上の制約——第4の要因

消費者が独占禁止法違反行為による被害を受けるのは、価格カルテルを典型とする市場力の格差（市場支配力の存在）による場合、情報力・交渉力の格差による場合であるが、後者の多くは事業者と消費者の取引の場において発生する。ここでは後者の問題について検討する。

情報力の格差を前提とする取引上の問題は、不当な顧客誘引が典型であり、また交渉力の格差を前提とする取引上の問題は、契約締結の態様に関する問題である。それぞれ不公正な取引方法が禁止する「不当な顧客誘引」（2条9項6号ハ）、「優越的地位の濫用」（2条9項5号）が該当する規定である。

情報力と交渉力の格差に基づく消費者問題については、現在、景品表示法や特定商取引法などの消費者法による解決が主力であり、独占禁止法は、これらの消費者法が適用される領域には適用されないとするのが公正取引委員会の認識である（なお、2002年前後には、これらの問題に対して独占禁止法を積極的適用する考え方を公正取引委員会は示していた点については、第12章を参照されたい）。

公正取引委員会による独占禁止法の適用が行われない場合であっても、消費者が24条に基づいて、「不当な顧客誘引」と「優越的地位の濫用」に対して差止請求を行うことは認められている。消費者が個人で差止請求を行うことが容易ではないことについては前述したが、ここでは、公正取引委員会による2条9項6号ハ、2条9項5号の法適用の考え方・方針が、差止請求を行う際の「障害」にならないかという懸念があることについて述べる。

公政取引委員会がこれらの条文を適用するに際しては、当該の「行為の広がり」が必要であるとされており、この「行為の広がり」がない場合には適

用は見送られる。この「行為の広がり」は各条文の文言にはないため、これをどう捉えるかが問題となる。学説上、この「行為の広がり」は公正取引委員会による法適用を行う際の事件選別基準に過ぎず、行為の成立要件ではないとする説が多数を占めるが、公正取引委員会がかかる認識を示したことはない。したがって、「行為の広がり」が各条文の「不文の要件」としての意味・役割を持っていないとは断定できない[28]。

また、「優越的地位の濫用」規制は、事業者と消費者との間の取引も適用対象とするというのが通説であるが、公正取引委員会が2010年に策定した「優越的地位の濫用ガイドライン」では、「自己の取引上の地位が相手方に優越していることを利用して」の考え方として、「取引の一方の当事者（甲）が他方の当事者（乙）に対し、取引上の地位が優越しているというためには、市場支配的な地位又はそれに準ずる絶対的に優越した地位である必要はなく、取引の相手方との関係で相対的に優越した地位であれば足りると解される。甲が取引先である乙に対して優越した地位にあるとは、乙にとって甲との取引の継続が困難になることが事業経営上大きな支障を来すため、甲が乙にとって著しく不利益な要請等を行っても、乙がこれを受け入れざるを得ないような場合」（波線は著者が付したもの）であることを述べている。この「事業経営上大きな支障」は、優越的地位の濫用行為の相手方が事業者であることを前提とするものであり、このガイドラインの下では消費者を相手方とする場合には適用の余地がないことを示すものである。

上記の「行為の広がり」や、「優越的地位の濫用ガイドライン」は、公取委が法適用を行う際の考え方を示したものにすぎず、消費者個人が差止請求を行った民事事件における裁判所の判断には影響しない、とは断定することはできない。こうした運用や法解釈に関する公正取引委員会の考え方が民事である差止請求訴訟の判断に影響しないとはいえず、独占禁止法における消費者保護機能を考えていく上で、公正取引委員会の運用や解釈に関する基準や考え方が、行政規制のためのものであるのか、一般的な法令解釈上のもの

---

(28) 一般指定9項をめぐる事業者間での差止請求訴訟では、「行為の広がり」は行為成立要件とされてはいない。近時の差止請求事件として、岩本諭「鍵付き鞄事件」判批・ジュリスト1508号（2017年）116頁。

であるかについて明確にされることが不可欠といえよう。

(5) 独占禁止法違反に対する消費者による民事請求の不調——第5の要因

前記のとおり、消費者団体には事業者に対する民事請求（差止請求、損害賠償請求）にかかる訴訟を提起することは認められていなかったが、消費者の被害が訴訟費用と比較して少額の場合が多いこと、訴訟に対するネガティブな意識などが障壁となって、消費者が個人で事業者に対する民事請求を行うインセンティブが働かない状況にあったことから、新たに訴訟提起を行うことのできる消費者団体の要件を法律で定め、この要件を充足した団体を内閣総理大臣が認定し、認定された適格消費者団体に差止請求権を付与する仕組みとして、2006年の消費者契約法の改正によって適格消費者団体訴訟制度が創設された。適格消費者団体の差止請求訴訟の対象は、制度導入当初は、消費者契約法のみが対象であったが、現在は3法律（消費者契約法、特定商取引法、景品表示法、食品表示法）が対象に追加されている。

2013年には、消費者の財産的被害を、事業者によって損害を受けた被害者の「集団」によって回復する制度が、消費者裁判手続特例法によって定められた。この集団的損害賠償請求権は、適格消費者団体のうち一定の要件を具備した特定適格消費者団体にのみ与えられる。

事業者に対する差止請求は、消費者から適格消費者団体への直接または間接の情報提供に基づいて、同団体が対象事業者に対して法律の規定に違反する行為の差止を請求するものであり、集団的損害賠償請求は、消費者に対して財産上の被害を与えた事業者に対して損害賠償請求を行うものである。また、前者は被害に関する情報提供を行った個別の消費者を救済するものではないが、後者は個々の消費者の損害を回復するためのものである。

2006年の消費者契約法の改正の際の衆議院と参議院の付帯決議は、特定商取引法、独占禁止法、景品表示法についても消費者団体訴訟制度（差止請求、損害賠償請求）の導入の「検討を進めること。」を内容としていたが、このうち、特定商取引法と景品表示法については、2008年の消費者契約法の改正によって差止請求の対象に追加された。

ドイツでは、行政規制を中心とする競争制限防止法には団体訴訟制度は存

在するが消費者団体には認められておらず、民事規律を中心とする不正競争防止法には消費者団体訴訟制度が定められている（ただし、消費者個人の請求権は認められていない）。広告・表示、景品・懸賞付を含む利益広告は後者の不正競争防止法の規律対象となっていることから、これらの顧客誘引行為は消費者団体による差止請求の対象となる[29]。

独占禁止法を消費者団体訴訟制度の対象に含めるかどうかについては、不公正な取引方法のみならず、カルテルや私的独占についてまで対象とすべきであるとする意見がある[30]。この意見は、差止請求権については、24条の要件である「著しい損害」が消費者にとって「過度抑制的」であること、消費者は「既に被害を受けてしまった被害者」という立場であることから差止請求の原告適格が認められない可能性が高いことを理由として挙げる。また、損害賠償請求については、消費者被害が少額であることから消費者個人を原告とする訴訟解決のインセンティブが働きにくいことを挙げている。

独占禁止法を適格消費者団体による差止請求権の対象とすることについての検討が行われ、かつ国会付帯決議があるにもかかわらず導入に向けての検討が進まないのは、上記見解が述べる背景事情のほか、24条とは別に消費者団体訴訟制度を必要とすることについての意義が明らかになっていないことに大きな理由がある。消費者が不公正な取引方法を用いた事業者に対して当該行為の差止を請求する場合に、この請求権は当該消費者と当該事業者との間における個別請求権であるのか、当該行為そのものの差止を求めることになる一般差止請求権であるかが必ずしも明らかではなく[31]、一般差止請求

---

[29] ドイツの消費者団体訴訟制度については、宗田貴行『団体訴訟の新展開』（慶應義塾大学出版会、2006年）、同『消費者法の新展開』（慶應義塾大学出版会、2009年）を参照されたい。

[30] 日本弁護士連合会「独占禁止法・景品表示法上の団体訴権に関する意見書」（2007年6月14日）

[31] 公正取引委員会担当者の説明では一般差止請求権としての性格は否定されていない。東出幸一編『独禁法違反と民事訴訟――差止請求・損害賠償制度』（商事法務、2001年）30頁。学説上は、24条の趣旨については、「事後的な金銭賠償では被害者の救済にならない場合もあることから、被害者の救済手段の一層の充実」の観点と、「被害者の救済に必要な範囲で独禁法違反行為の全部または一部を差し止めることによって、公正かつ自由な競争の促進に資し、同時に独禁法違反行為を抑止する効果を持つ」という側面から説明される。根岸哲編著『注釈独占禁止法』（有斐閣、2009年）573頁（泉水文雄執筆）。

権としての性格を有する場合には24条とは別に消費者団体訴権を容認することは「慎重に検討されるべき問題」[32]となる。したがって、消費者による独占禁止法違反行為に対する差止請求の実効性を確保するためには、まず24条の請求権の基本的性格について、「消費者」が請求権者となる場合に焦点を合わせた確認がなされるべきであり、消費者の訴訟インセンティブに抑制に働くその他の諸要因の克服についても併せて考慮されることも必要であり、これらの諸論点の整理を踏まえてはじめて、消費者団体訴訟を導入することの目的と意義が明確に説明されることが求められる[33]。

景品表示法については、同法が消費者庁に移管される以前は、同法違反行為を独占禁止法の不公正な取引方法に違反として「再構成」することによって24条に基づく差止請求が可能であると説明されていたが[34]、同法の同庁への移管に伴って独占禁止法の「特例」でなくなったことにより、同法への適格消費者団体による差止請求制度の導入については、24条請求権の性格をめぐる上記の論点に煩わされることはない。

景品表示法の差止請求権は、優良誤認（5条1号）と有利誤認（同2号）の不当表示を対象とし、告示による不当表示（同3号）と不当な景品・懸賞付販売（4条）は対象外である。本書第8章で見たように、不当な顧客誘引に該当すると考えられる事業者の行為は、インターネット上の新たな広告・勧誘の手法をはじめ増加する傾向にあり、これらの多くは消費者の適正な判断を歪めるおそれがあるものの不当表示の要件該当性では拾い上げることのできない態様を示している。不当表示規制の対象とはならない顧客誘引は、独占禁止法の不公正な取引方法の射程に置かれるものの、これまでの「不当な顧客誘引規制」（2条9項6号ハ）の法運用の状況から、公正取引委員会による積極的な法の適用は期待できない。このような景品表示法による規制の限界と公正取引委員会による独占禁止法の運用に対する現状認識から、民事規

---

(32) 山本豊「独占禁止法・景品表示法への団体訴訟制度の導入について」ジュリスト1342号（2007年）106頁。
(33) 山本・前掲注（32）107頁、林秀弥「独占禁止法による集団的消費者利益の保護」千葉恵美子＝長谷部由紀子＝鈴木將文編『集団的消費者利益の実現と法の役割』（商事法務、2014年）138頁。
(34) 白石忠志『独占禁止法〔第2版〕』（有斐閣、2009年）230頁。

律による消費者の被害予防の実効性確保の手段として、適格消費者団体に独占禁止法の「不当な顧客誘引」に対する差止請求権を付与することは必要であると思われるが、そのための前記・論点整理と24条の差止請求制度に関する評価・検証は不可欠であると思われる。

第10章　顧客誘引規制における規制枠組の論点
——独占禁止法と景品表示法の関係

第1節　問題の所在——広告その他の顧客誘引に対する規制の枠組

　本書第8章で見たように、今日の広告の態様、とくにインターネット上の広告には様々な手法が次々と誕生してきており、景品表示法における従来からの枠組である、広告を「表示」として規制対象とする法の解釈と適用では早急かつ十分に対応できない事態となっている。景品表示法によって取り上げることのできない問題については、日本法上、広告に関する一般法規は存在しないため、独占禁止法による顧客誘引に対する規制制度が、事後規制のかたちで適用されるかたちで業種横断的な一般法としての対応の受け皿となっている。

　景品表示法による景品・懸賞付販売についても、第7章で見たように、一般消費者の目線から「景品付」「懸賞付」と思われている態様についても、同法の規制の対象外とされているものがあり、商品・サービスの購入によって付与される「ポイント」についても、景品表示法上の取扱いは、必ずしも基本的考え方が明確とされていないこともあり、統一的な基準に基づく運用とはなっていない。また、ドイツ・EUでは、近年、景品・懸賞付販売は広告（利益広告）の問題として、個別事例ごとに「不公正」であるかどうかの判断がなされる枠組が、民事規律であるドイツ不正競争防止法やEUの不公正取引慣行指令の下で形成されてきているが、日本においては、かかる視点は今のところ重視されていない。

　そこで、広告その他の顧客誘引に対する規制のあり方を考える上で、独占禁止法が定める顧客誘引規制は、今日の多様な顧客誘引の態様や手法に対して網羅的に対応することが可能な状況にあるかが重要な関心事となる。本章

では、独占禁止法と、同法の特例法として制定された景品表示法について、とりわけ消費者庁設置以降の二つの法律の関係に着目した検討を行いたい。

第2節　独占禁止法と景品表示法における顧客誘引規制をめぐる立法等の状況

(1)　独占禁止法の制定（1947年）から同法・第3次改正前（1953年）まで

独占禁止法は、1947年制定時から顧客誘引に対する規制条項を定めていた。同法の第3次改正（1953年）までは、「不公正な競争方法」という規制制度の中に顧客誘引規制が置かれていた。

「独占禁止法旧2条6項（1947年制定時の条文）
　この法律において不公正な競争方法とは、左の各号の一に該当する競争手段をいう。
　4号　不当に、利益又は不利益を以て、競争者の顧客を自己と取り引きするように勧誘し、又は強制すること」

この時期に、旧2条6項4号が適用された事件は、最初の私的独占事件である「埼玉銀行・丸佐生糸事件」同意審決（1950年7月13日審決集2巻74頁）であるが、本件では事業者－事業者の間での取引における金融上の利益供与が同号に該当するとされたものであって、事業者－消費者の間の事例ではない[1]。

1951年後半頃から、しょう油、みそなど業界において、多額の物品、供応その他を提供するマーケティングが全国的に広まり、また対象商品が生活必需品であったことから、これらの物品等の提供によって価格が高めに維持さ

---

(1) この事件は、私的独占の禁止（独占禁止法2条5項、3条）が適用された最初の事件であるが、不当な顧客誘引行為についても違反行為の認定がなされた。審決該当部分は「被審人丸佐生糸は被審人埼玉銀行と通謀し、不当に金融上の利益を以て競争者である横浜市にある他の輸出生糸問屋の顧客である被審人埼玉銀行の融資先製糸工場を自己と取り引きするよう勧誘するものであって私的独占禁止法第2条第6項第4号の規定に該当し、同法第19条の規定に違反し」と説明されている。

れ、品質の低下も見られたことから、公正取引委員会は「関係事業者のみならず、一般消費者にも不利益を及ぼす」[2] ことから、これらの業界における景品付販売を「不公正な競争方法」に追加指定するかたちで禁止した。景品付販売の禁止を定めた「不公正な競争方法」の追加指定は以下の4業種に係るものである。

・しょうゆ業における不公正な競争方法（1952）※景品、招待付販売の規制
・みそ業　　　　　　　　〃　　　（1952）※　　〃
・ソース行　　　　　　　〃　　　（1953）※　　〃
・カレー粉又はこしょう業　〃　　　（1953）※　　〃

(2) 独占禁止法・第3次改正（1953年）から景品表示法制定前（1962年）まで

　第3次独占禁止法改正によって、「不公正な競争方法」は改正され、名称が「不公正な取引方法」に改められ、また「利益又は不利益を以て」の文言は条文からは削除されたが、新たに設けられた「不公正な取引方法」の行為類型を公正取引委員会が指定した「一般指定」の中に、「不当な顧客誘引」が具体化された（旧・一般指定6）。

　旧・一般指定6の前段の部分（自己と取引するように誘引し）は「不当な顧客誘引」であり、後段の部分（強制すること）は「不当な抱き合わせ取引」である。

　　「独占禁止法旧2条7項（1953年改正時の条文）
　　　この法律において不公正な取引方法とは、左の各号の一に該当する行為であって、公正な競争を阻害するおそれがあるもののうち、公正取引委員会が指定するものをいう。
　　3号　不当に競争者の顧客を自己と取引するように誘引し、又は強制すること
　　（旧）不公正な取引方法・一般指定（1953年）
　　6　正常な商慣習に照して不当な利益又は不利益をもって、直接または間接に、競争者の顧客を自己と取引するように誘引し、または強制すること」

──────────
(2) 公正取引委員会編『独占禁止政策50年史（上巻）』（公正取引協会、1997年）58頁。

この一般指定とは別に、公正取引委員会が特定の事業分野における特定の取引方法について指定する制度（不公正な取引方法の特殊指定、71条）が設けられ、前記のしょう油等の4分野の「不公正な競争方法」の追加指定は「特殊指定」に位置付けられた。また、販売業者や消費者に対する景品や抽選券等の経済上の利益の提供が商品の購入を条件として提供されることが多かった販売ゴム業（1954年）、マーガリン業又はショートニング業（1956年）、マッチ業（1956年）の3業種が特殊指定に追加された[3]。さらに、新聞業においても、専売店制が復活した1952年頃から新聞の販売競争が激しくなり、読者獲得のために景品や福引等の提供が横行したことから、新聞業についても1955年に特殊指定が定められた。

独占禁止法制定時から第3次法改正までの間、独占禁止法による顧客誘引規制は、事業者向けと消費者向けの景品・懸賞付販売に対して、公正取引委員会が特殊指定を通じて一定の制約を課するかたちで行われていた点に特徴がある。他方、この間、不当表示に対する規制は行われていないことも特徴といえる。

(3) 景品表示法制定の目的

景品表示法の制定は、いわゆる「ニセ牛缶事件」（1960年）の発生を契機とする。同事件を受けて、公正取引委員会は、景品・懸賞付販売に対する規制手法と同様に、問題のある業種を対象として表示に関する特殊指定を制定することによる対応を行った[4]。しかしながら、欺まん的表示に対して、特殊指定ではなく一般法による規制の必要性が唱えられるようになり、とくに、独占禁止法による規制は「競争の量的維持に重点」[5] が置かれていること、公正取引委員会の競争維持による消費者保護は直接の消費者保護まで含まれているかは疑問であること、また迅速な法適用が望まれること等の意見が国会審議において出されたことを踏まえて、独占禁止法ではなく特別法の制定

---

(3) 公正取引委員会編・前掲注（2）117頁。
(4) この時指定されたのは、「畜肉、鯨肉等のかん詰業における不公正な取引方法」（1961年2月）、「食品かん詰または食品びん詰業における不公正な取引方法」（1961年12月）であった。
(5) 公正取引委員会編・前掲注（2）136頁。

による規制が求められた。

　さらに、当時は、懸賞付販売が広まり、その波及性と昂進性という特徴とこれが消費者の射幸心を刺激するという性格から、消費者の合理的な選択を誤らせる事業者の販売促進活動についても、「事業者の自粛傾向に法的根拠を与え、商品特性や業界の実情に即応した自主規制」[6] を促す観点からも、新法の制定が必要であるとされた。

　この景品・懸賞付販売に対する公正取引委員会の考え方は、①品質向上、価格引下げ等の企業努力を怠りがちになる、②価格の硬直化と品質低下を招く、③過大な懸賞付販売の放置は中小企業に不利となる、④波及性と昂進性、⑤懸賞付販売の宣伝・広告が欺まん的になりやすい、⑥消費者の射幸心を助長し、正しい商品選択を誤らせるおそれがある、というものであった[7]。この考え方には、事業者間の公正競争の視点と、消費者の選択の視点の両面がある。この考え方は、ドイツの景品令の制定に至る過程で見られた考え方と共通している。また、ドイツ景品令は「公正な競争」の下で中小企業の保護を図るという目的を併せ持っていたが[8]、日本の景品表示法の制定当時に、公正取引委員会が③の中小企業に対する影響の視点を有していたことは、景品・懸賞付販売が大企業の競争優位を惹起するおそれについての実態把握がなされていたことを受けてのものであったと見ることができる[9]。

　制定された景品表示法は、「不当表示の禁止」を定める一方、景品・懸賞付販売については原則禁止ではなく、取引価額を基準として「過大な」景品・懸賞を規制する内容とされ、過大かどうかの判断は公正取引委員会の裁量とされた。この取引価額を基準とする数値基準の範囲内で行われる場合には原則自由に景品・懸賞付販売を行うことが認められるとした点に日本の景

（6）　公正取引委員会編・前掲注（2）137頁。
（7）　公正取引委員会編・前掲注（2）135頁。
（8）　*Volker Emmerich*, Unlauterer Wettbewerb 5. Aufl., 1998, S.158.
（9）　景品・懸賞付販売は顧客獲得の競争を活性化し消費者利益につながり、また景品・懸賞付販売によって実際に競争が阻害されることはほとんど起こりえないとする学説もある。正田彬＝実方謙二編『独占禁止法を学ぶ〔第3版〕』（有斐閣、1995年）280頁〔野木村忠邦執筆〕。景品・懸賞付販売の顧客誘引効果と規制の意義について経済学の立場から説明するものとして、堀江明子「景品・広告による不当な顧客誘引」後藤晃＝鈴村興太郎編『日本の競争政策』（東京大学出版会、1999年）163頁以下、三輪芳朗『日本の取引慣行』（有斐閣、1991年）207頁以下がある。

品・懸賞付販売に対する規制の特色がある[10]。この日本型の景品・懸賞付販売の規制の態様は、基本的に事業者の自主規制に委ねるとする公正取引委員会のスタンスの反映とみることができ、同法が立法時から、事業者・事業者団体の自主的ルールに基づく公正競争規約制度を制定したことからも、景品・懸賞付販売に対するドイツ型の法制度の設計には消極的であったと思われる。

第3節　景品表示法の消費者庁移管と法改正（2009年および2014年）——法律の位置付けをめぐる問題点

　前節まで概観してきた日本の景品・懸賞付販売に対する規制の沿革と制度を踏まえて、本章においては、今日の日本における景品・懸賞付販売に対する規制制度と法運用について、とくに消費者庁に運用が移管された景品表示法と独占禁止法との関係を中心に考察を行う。

(1)　消費者庁設置以前の枠組——独占禁止法の「特例」としての位置付け

　日本でポピュラーな法学領域の呼び名である「経済法」とは競争秩序維持を目的とする独占禁止法とその補完法を指すが、競争法というカテゴリーから整理すると、不正競争防止法を含むとする整理もある。日本の不正競争防止法は、EUやドイツとは異なり、もっぱら事業者間（B to B）の民事規律であることから、ここでは同法は検討対象とはしない。

　独占禁止法は、アメリカのシャーマン法を母法として1947年に制定された。独占禁止法は「この法律は、……公正且つ自由な競争を促進することにより……、一般消費者の利益を確保するとともに、国民経済の民主的で健全な発達を促進することを目的とする。」（同法1条）と定めており、同法の制定当初、独占禁止法は最初かつ唯一の消費者保護を目的に掲げた実定法であったといえる[11]。

---

[10]　日本の景品・懸賞付販売と規制の特徴については、本書第7章を参照されたい。
[11]　丹宗暁信＝伊従寛『経済法総論』（青林書院、1999年）401頁、404頁。

第10章　顧客誘引規制における規制枠組の論点　269

　独占禁止法は、制定時から不当表示や不当な景品・懸賞付販売を典型とする不当な顧客誘引行為を「不公正な取引方法」として規制する条項を有しており、前節で見たように、その後の数次の改正を経て現行法に至るまで受け継がれている[12]。景品表示法は、1962年の制定時から独占禁止法の「特例」として位置付けられ、運用機関は独占禁止法と同様に公正取引委員会とされた[13]。2009年9月消費者庁に移管されるまで、景品表示法は独占禁止法制度（独占禁止政策）の中に位置していた。この「特例」についての理解には、以下のような見解がある。

　①　「……不当な景品類または不当な表示によって顧客を誘引するようなことは、一般消費者の商品等の適切な選択を妨げ、公正な競争秩序を攪乱するものでありますから、従来から、私的独占の禁止及び公正取引の確保に関する法律に規定する不公正な取引方法として、相当に規制されて参ったのであります。（中略）従来の不公正な取引方法の規制手段、すなわち私的独占の禁止及び公正取引の確保に関する法律の規定による審査審判手続によりますと、これ（不当な景品・懸賞付販売と不当表示……筆者注）を差しとめるのに日時を要する上、一部のものに対する措置しかできないことが多く、効果的な規制を行えないうらみがあるのであります。従いまして、公正な競争を確保し、もって一般消費者の利益を一そう保護するためには、私的独占の禁止及び公正取引の確保に関する法律の特例として迅速かつ適切な手続を定めまして、不当な景品付販売及び不当な表示について効果的な規制が行なえることといたす必要があると考えられます。」（第40通常国会・衆議院商工委員会・小平政府委員〔総理府総務長官〕発言）[14]

　②　規制されるべき行為の実質的内容は独占禁止法の不公正な取引方法に包含されていながら、これを規制するための手段については、新しく、簡便で迅速に対応できる制度を創設するという建てまえをとったことから、景品

---
[12]　制定時の原始独占禁止法では「不公正な競争方法」とされていたが、1953年の同法第3次改正によって現行の「不公正な取引方法」の名称に改められた。
[13]　1972年の景品表示法の改正により、都道府県知事に「指示」の権限が付与され、国と自治体による運用体制が確立した。なお、2014年法改正によって都道府県知事の権限は国（消費者庁）の卸売業者など「措置命令」に格上げされた（後述(3)④）。
[14]　公正取引委員会編『独占禁止政策50年史（下巻）』（公正取引協会、1997年）251頁。

表示法は独占禁止法の手続的な補完法という性質を有する（川井克倭・地頭所五男）[15]。

③　欺まん的顧客誘引行為のうち、一般消費者に誤認される虚偽・誇大表示や取引に付随する過大な景品類の提供については、独占禁止法の特例として、迅速かつ適切な手続を定め、効果的な規制を行うため、景品表示法が制定された（田中寿編『不公正な取引方法——新一般指定の解説』）[16]。

④　欺まん的顧客誘引に当たる行為のうち、一般消費者に対する不当表示は、波及性および昂進性が強く、また被害を事後的にすべて回復することは事実上困難なので、迅速に排除する必要がある。そこで、独占禁止法の補完立法として景品表示法が制定された（根岸・舟田〔第5版〕）[17]。

①～④は、景品表示法が独占禁止法の「特例」とされた理由について、景品表示法の執行力、対処の迅速性の意義の面から説明するものである。すなわち、景品表示法が独占禁止法の「特例」として位置付けられた意味は、不当表示・広告や不当な景品類の提供に対しては、独占禁止法の不当な顧客誘引の問題領域には含まれるものの、不当表示・広告や不当な景品類の提供が消費者に向けられた場合には景品表示法の適用が優先されるという運用上の利点・効果にある。事業者向けの表示・広告や景品類の提供が問題となる場合には、景品表示法の適用はなく、独占禁止法のみが対応する。この棲み分けは、法律上定められたものではなく、競争当局の運用上の考え方である。

学説には、景品表示法は独占禁止法の補完法であるとした上で、例えば不当表示規制については、一般指定8項と景品表示法5条は、一般法と特別法の関係にあるとする説がある[18]。この説は、景品表示法の適用が困難な表

---

(15) 川井克倭＝地頭所五男『Q&A 景品表示法【改訂版第二版】』（青林書院、2005年）6頁。
(16) 田中寿編『不公正な取引方法—新一般指定の解説』（商事法務、1982年）58頁。
(17) 根岸哲＝舟田正之『独占禁止法〔第5版〕』（有斐閣、2015年）222頁。
(18) 根岸哲編『注釈独占禁止法』（有斐閣、2009年）41頁（宮井雅明執筆）。白石忠志『独占禁止法〔第2版〕』（有斐閣、2009年）216頁は、景品表示法（改正前）は、独禁法2条9項3号（改正前）と「趣旨を同じくしているだけであり、独禁法2条9項3号の授権を受けて制定されているわけではない」と説明する。ここでの授権が一般法と特別法の関係を説明するものであるとすれば、この説明は一般法－特別法の関係を否定するものといえる。

示や景品・懸賞付販売の事例——例えば景品表示法5条の要件は充足しないが、消費者の誤認惹起のおそれがある広告——については、景品表示法の適用がなされない以上独占禁止法の適用の余地もないとすることを意味するかについては明らかではない。

上記③の「特例」に関する見解は、一般指定と景品表示法との実務上の取扱いの関係について、一般指定は景品表示法の対象とならない行為が対象となると述べている。すなわち、「景品表示法の対象とならない行為」の例として、一般指定8項については、一般消費者に対する表示とはいえない表示（事業者に対する表示）その他の誤認行為（マルチ商法など）が対象となり、一般指定9項については、取引に附随しない景品（オープン懸賞など）その他の利益提供が対象となる、としている[19]。この例として挙げられた「その他の誤認行為」や「その他の利益提供」の中に、いかなる態様や手法の顧客誘引が含まれるかが問題となるが、マルチ商法やオープン懸賞が消費者を対象とする顧客誘引であることから、一般指定8項と9項は、景品表示法の不当表示や不当な景品・懸賞付販売の要件を充たさないものの消費者の誤認を惹起するおそれのある顧客誘引を適用対象とするものである、という考え方は、1982年の不公正な取引方法の改正当時の立法意図の中に示されていたと読むことができる。

さらに、景品表示法（改正前）は、独禁法2条9項3号（改正前）と「趣旨を同じくしているだけであり、独禁法2条9項3号の授権を受けて制定されているわけではない」とする説（白石忠志『独占禁止法』〔第2版〕）とする見解がある。

(2) 2009年改正景品表示法の概要

2009年9月の消費者庁の設置により、景品表示法は、消費者庁に移管された。その際、厚生労働省が所管する食品衛生法及び健康増進法の表示に関する条項、農林水産省が所管する農林物資規格法（JAS法）の表示に関する条項、経済産業省が所管する家庭用品品質表示法のそれぞれの表示に関する条

---

[19] 田中編・前掲注 (16) 58頁。

項の所管も併せて消費者庁に移管されたことにより、薬機法に服する医薬品の表示を除く表示規制が同庁に集約されることとなった。この移管に伴い、景品表示法は、独占禁止法の特例ではなくなり、法目的（1条）、不当表示（5条）や不当な景品・懸賞付販売（4条）の規制基準が改正されたことにより、独占禁止法の領域から消費者法の領域へと位置付けられた[20]。表示規制の一元化に伴い、景品・懸賞付販売の規制も消費者庁に移管された点に

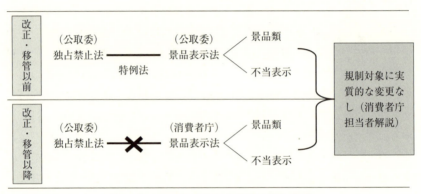

【図1】 2009年消費者庁設置に伴う変更

出典：著者の作成による。

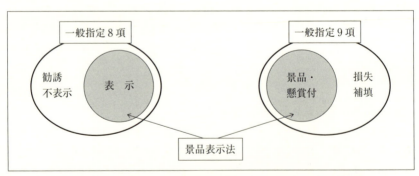

【図2】 2009年9月以前の独占禁止法－景品表示法の射程

出典：著者の作成による。

---

(20) 立法担当者の解説として、大元慎二編著『景品表示法〔第5版〕』（商事法務、2017年）27頁。

も、特色がある。

以下では、消費者庁の設置に伴う景品表示法の主な改正点について確認する。なお、景品表示法の条文番号は特に断りのない限り、現行法（2014年改正）のものである。

① 景品表示法の目的（1条）の変更

1条に定める「目的」は、以下のとおり改正されている。

・改正前の目的（下線は著者が付した。）

「この法律は、商品及び役務の取引に関連する不当な景品類及び表示による顧客の誘引を防止するため、<u>私的独占の禁止及び公正取引の確保に関する法律（昭和二十二年法律第五十四号）の特例を定めることにより、公正な競争を確保し</u>、もつて一般消費者の利益を保護することを目的とする。」

・改正後の目的（下線は著者が付した。）

「この法律は、商品及び役務の取引に関連する不当な景品類及び表示による顧客の誘引を防止するため、<u>一般消費者による自主的かつ合理的な選択を阻害するおそれのある行為の制限及び禁止について定めることにより</u>、一般消費者の利益を保護することを目的とする。」

② 定義規定（2条）

景品表示法2条は、同法の規制対象である「景品類」と「表示」の定義を規定している。改正によって新たに盛り込まれたのは、「事業者」（1項）と「事業者団体」（2項）の定義規定であり、これらの定義は独占禁止法の関係定義と同内容となっている。「消費者」と「一般消費者」の定義は定められていないが、この点も独占禁止法と同じである。

また、「景品類」（3項）と「表示」（4項）の定義の中で、「公正取引委員会が指定するもの」の文言は「内閣総理大臣が指定するもの」に変更された。

③ 景品類の制限及び禁止規定（4条）

景品・懸賞付販売が景品表示法の規制対象であることは変更されていない。ここでの変更は、規制権限の主体の変更である。なお、景品表示法の権限は、法律上は内閣総理大臣に属するが、この権限は消費者庁長官に委任さ

れている（33条1項）。また、規制の発動要件の中に、「一般消費者による自主的かつ合理的な選択を確保するため」の文言が追加されている。

　景品表示法上、不当表示が原則禁止であるのに対して、景品・懸賞付販売は一定の基準を遵守するかぎり自由に行いうる事業者の行為であり、本条の「制限し、又は……禁止することができる。」という文言はこのことを示している。

　　・改正前（下線は著者が付した。）
　「<u>公正取引委員会</u>は、不当な顧客の誘引を防止するため必要があると認めるときは、景品類の価額の最高額若しくは総額、種類若しくは提供の方法その他景品類の提供に関する事項を制限し、又は景品類の提供を禁止することができる。」
　　・改正後（下線は著者が付した。）
　「<u>内閣総理大臣</u>は、不当な顧客の誘引を防止し、<u>一般消費者による自主的かつ合理的な選択を確保するため</u>必要があると認めるときは、（以下、同文）」

④　不当な表示の禁止（5条）

　不当表示の禁止規定は、優良誤認（5条1号、旧4条1号）、有利誤認（5条2号、旧4条2号）、指定告示によるもの（5条3号）の3つの類型を定めており、この点に変更はないが、各号の禁止の要件は、改正前に「公正な競争を阻害するおそれ」とされていたものが、改正後には目的規定の文言に合わせて「一般消費者による自主的かつ合理的な選択」の文言に改正されている。また、当該事業者と他の事業者の比較に関する文言も「競争関係にある他の事業者」から、「同種若しくは類似の商品若しくは役務を提供する事業者」に改められ、「競争」の用語は削除されている。競争政策から消費者法の領域にシフトしたとする景品表示法の位置付けの変更は、この文言の修正にも表れている。

　以下では、優良誤認に関する規定の対比箇所（下線は著者が付したものである。）を記載する。

　　・改正前の優良誤認規定（旧4条1項1号）

「商品又は役務の品質、規格その他の内容について、一般消費者に対し、実際のものよりも著しく優良であると示し、又は事実に相違して当該事業者の競争関係にある他の事業者に係るものよりも著しく優良であると示すことにより、不当に顧客を誘引し、公正な競争を阻害するおそれがあると認められる表示」

・改正後の規定（5条1号）

「商品又は役務の品質、規格その他の内容について、一般消費者に対し、実際のものよりも著しく優良であると示し、又は事実に相違して当該事業者と同種若しくは類似の商品若しくは役務を供給している他の事業者に係るものよりも著しく優良であると示す表示であって、不当に顧客を誘引し、一般消費者による自主的かつ合理的な選択を阻害するおそれがあると認められるもの」

⑤　行政処分の名称と異議申立て制度の廃止

本改正により、公正取引委員会が行っていた排除命令は、内閣総理大臣が行う「措置命令」（7条1項）に変更された。命令に対する不服申立てについては、改正前には独占禁止法の排除措置命令に対する不服申立てに関する制度（旧6条3項）が準用されていたが、改正後には旧条文は削除され、一般の行政処分と同様の扱いによることとされた。

また、改正前には不当表示の規定の中に置かれていた不実証広告規定（旧4条2項）は現行法では、措置命令の規定の中に位置付けられているが、「合理的な根拠を示す書類の提出」の命令権者が「公正取引委員会」から「内閣総理大臣」に変更された部分に以外は変更されていない。

なお、課徴金納付命令制度の新設（後述）に伴い、事業者が「合理的な根拠を示す書類」を提出しなかった場合に当該事業者の行った表示は「不当表示」とみなされ、課徴金納付命令の対象となる（8条3項）。

⑥　公正競争規約制度

事業者または事業者団体の規約等（公正競争規約）の認定、変更又は認定の取消は、改正前は公正取引委員会の権限であったが、改正後は、内閣総理大臣と公正取引委員会がともに権限主体とされている。このため、改正前の認定に係る要件とされていた「事業者間の公正な競争を確保するための協定又は規約」は、「一般消費者の自主的かつ合理的な選択及び公正な競争を確保するための協定又は規約」に変更されている（31条1項）。

(3) 2014年景品表示法改正によって導入された新たな制度と規定

　2013年以降に相次いだ百貨店やホテル等のメニュー等の不当表示事案を受けて、2014年に景品表示法は執行力を強化中心とする法改正がなされた。以下、主要な改正点を取り上げる。

① 不当表示を行った事業者に対する課徴金納付命令（8条1項）

　不当表示を行った事業者に対する内閣総理大臣による課徴金納付命令は、8条1項に定められている。

> 「8条1項　事業者が、第5条の規定に違反する行為（同条第三号に該当する表示に係るものを除く。以下「課徴金対象行為」という。）をしたときは、内閣総理大臣は、当該事業者に対し、当該課徴金対象行為に係る課徴金対象期間に取引をした当該課徴金対象行為にかかる商品又は役務の政令で定める方法により算定した売上額に百分の三を乗じて得た額に相当する額の課徴金を国庫に納付することを命じなければならない。ただし、当該事業者が当該課徴金対象行為をした期間を通じて当該課徴金対象行為に係る表示が次の各号のいずれかに該当することを知らず、かつ、知らないことにつき相当の注意を怠った者でないと認められるとき、又はその額が百五十万円未満であるときは、その納付を命ずることができない。」

　課徴金納付命令の対象とされる不当表示は、優良誤認（5条1号）と有利誤認（同2号）であり、指定告示にかかるものは納付命令の対象とされていない。課徴金納付金額は、不当表示行為に拠る売上額の3％であるが、課徴金額が150万円未満の場合には課徴金納付は命じられず、すなわち不当表示行為に係る売上額が5千万円以上の事案に限って課徴金納付命令の対象となる。

　また、事業者が、自己の行った表示が優良誤認または有利誤認に該当することを知らず、また知らなかったことについて「相当の注意」を払っていた場合には課徴金納付は命じられない。

　この課徴金納付命令の特徴は、以下の2つの「減額等」についての特則を定めている点に見られる。

② 課徴金の減額――内閣総理大臣に対する違反事実の申告による場合（9条1項）

課徴金納付命令の対象となる事業者が、当該不当表示行為に該当する事実を内閣総理大臣に報告したときは、算定された課徴金額は50％減額される。ただし、「その報告が、当該課徴金対象行為についての調査があつたことにより当該課徴金対象行為について課徴金納付命令があるべきことを予知してされたものであるとき」は減額対象とはならない（9条1項ただし書）。

課徴金額の減免制度（リニエンシー制度）は、独占禁止法7条の2第10項に定められているが、景品表示法の場合は、共同行為であるカルテルと異なり、通常単独の事業者による行為であり、複数事業者の申告を想定した順位による減額率等の考慮をした制度は不要である。

③ 課徴金の減額等――消費者に対する返金措置による課徴金減免制度（10条、11条）

不当表示行為を行い課徴金納付命令の対象となった事業者が、当該不当表示に係る商品・サービスの購入者に対して返金を行った場合に、返金額分を納付を命じられた課徴金額から減額する（11条2項）制度である。この場合の減額が実施される事業者は、内閣総理大臣に対する実施予定返金措置計画を策定して認定を受ける必要がある（10条1項）。実施予定返金措置計画には、実施予定返金措置の内容及び実施期間（10条2項1号）、実施予定返金措置の対象となる者が当該実施予定返金措置の内容を把握するための周知の方法に関する事項（同2号）、実施予定返金措置の実施に必要な資金の額及びその調達方法（同3号）が記載される必要があり、計画認定の前に返金を実施していた場合には、認定の申請前に既に実施した返金措置の対象となつた者の氏名又は名称、その者に対して交付した金銭の額及びその計算方法その他の当該申請前に実施した返金措置に関する事項を記載することができる（10条3項）。

認定を受けた返金計画に基づき返金を実施した結果、「課徴金の額が一万円未満となつたとき」は、課徴金納付は命じられない（11条3項）。

申し出がなされた消費者に返金し、その返金額分を課徴金額から減額する制度は、独占禁止法の課徴金制度にはない新しい制度である。独占禁止法違

反事業者から徴収された課徴金は国庫に納入され国の財源とされるのに対して、景品表示法の課徴金制度は、不当表示商品・サービスの購入代金が購入者に直接返還される制度と一体となっている点に特色がある。現在消費者法としての景品表示法の位置付けから課徴金制度全体を見た場合、不当表示によって得た事業者はその利得を取引の相手方である消費者に返還すべきであり、本課徴金制度は消費者への返金を実施させ、または返金を促すことを目的とした制度として捉えられる必要があり、独占禁止法の不当利得の徴収と制裁的な意味合いを有する課徴金制度とは目的と性格を異にするといえる[21]。対象事業者が消費者への返金を実施しない場合や返金対象となる消費者を特定することができない場合など、事業者側に残る不当表示行為による利得は課徴金として徴収されるが、課徴金対象となる事案は不当表示に係る売上額が5千万円以上の事案であることから、返金措置が講じられる事案も限定されることになる。課徴金制度の対象となる事案であるから返金措置が求められるのではなく、本来課徴金制度の有無にかかわらず事業者には返金等を含めた消費者への対応が考慮される必要があることから、不当表示に係る売上額が5千万円以上の事案に限定する現行制度は対象範囲を広げる方向で見直される必要があると思われる。

④ 都道府県知事の権限強化

法改正前は、都道府県知事は、不当表示または不当な景品・懸賞付販売を行った事業者に対して「指示」(改正前の景品表示法7条)を行うことができると定められていたが、この改正によって、都道府県知事に対しても内閣総理大臣が行う措置命令(現行法7条)の権限が付与された(同33条1項)。また、調査・立入検査権限(同29条)と不当表示(優良誤認)であるかどうかを判断

---

[21] 泉水文雄「景表法の実現方法の多様性―独禁法の観点から」法律時報90巻11号(2018年)82頁は、景品表示法の課徴金制度について「世界的にも珍しい」と評している。不当表示に対する課徴金制度の導入に否定的な見方を示す論稿として、小畑徳彦「消費者庁移管後の景品表示法の運用と改正」ノモス(第35号)[関西大学法学研究所紀要、2014年] 1頁。その論拠として、課徴金制度の導入の結果、事業者が表示に過度に慎重になり、消費者の購買意欲を高める有用な情報が提供されなくなる可能性、画期的な新製品の効能・効果の表示が消費者庁に根拠不十分と判定されて課徴金が課されればヒット商品であるほど大きな損害が発生し、かえって消費者利益が損なわれることを挙げている。

するための、いわゆる不実証広告規制に係る合理的根拠資料提出要求の権限（同7条3項）も都道府県知事に与えられた。

⑤ **事業者におけるコンプライアンス遵守制度**

景品表示法の執行力強化の一環として、「事業者が講ずべき景品類の提供及び表示の管理上の措置」（26条）が定められた。

> 「26条1項　事業者は、自己の供給する商品又は役務の取引について、景品類の提供又は表示により不当に顧客を誘引し、一般消費者による自主的かつ合理的な選択を阻害することのないよう、景品類の価額の最高額、総額その他の景品類の提供に関する事項及び商品又は役務の品質、規格その他の内容に係る表示に関する事項を適切に管理するために必要な体制の整備その他の必要な措置を講じなければならない。」

また、「内閣総理大臣は、前条1項の規定に基づき事業者が講ずべき措置に関して、その適切かつ有効な実施を図るため必要があると認めるときは、当該事業者に対し、その措置について必要な指導又は助言をすることができる。」（27条）とする「指導及び助言」に関する規定を定めている。

さらに、事業者がコンプライアンスの策定等を怠った場合に、「内閣総理大臣は、事業者が正当な理由がなくて第26条第1項の規定に基づき事業者が講ずべき措置を講じていないと認めるときは、当該事業者に対し、景品類の提供又は表示の管理上必要な措置を講ずべき旨の勧告をすることができる。」（28条1項）とする勧告規定と、「内閣総理大臣は、前項の規定による勧告を行った場合において当該事業者がその勧告に従わないときは、その旨を公表することができる。」（28条2項）とする公表規定が定められている。

このコンプライアンスの強化に向けた制度は、自己の供給する商品・サービスの取引に係る表示、景品・懸賞付販売に関する事業活動を行う全ての事業者を対象とする。ただし、この制度に関する権限は都道府県知事には与えられていない。

第4節　改正景品表示法の性格をめぐる問題点の整理

(1)　景品表示法の「位置付け」の変化

　消費者庁への移管に伴う景品表示法の改正によって、改正前の条文にあった「公正な競争を阻害するおそれ」の文言が削除され、代わって「一般消費者による自主的かつ合理的な選択を阻害するおそれ」の要件が新たに置かれた。また、「特例」ではなくなったことにより、消費者庁の措置命令に対する取消訴訟、事業者や消費者による損害賠償請求訴訟に関する規定の準用がなくなった。「特例」としての位置付けの変更、景品表示法の目的と違法要件の改正から、両法の関係性はどのように理解されるかが問題となる。

　立法担当者の説明によると、公正取引委員会から消費者庁へ運用機関が変更されたこと、またこれに合わせて景品表示法の諸規定が改正されたことから、同法は「競争政策ではなく、消費者政策のための法律」[22]であることが明らかであるように、目的規定が改正されたこと、また同法の諸規定も「競争法としての位置づけから外れたことから、必然的に」改正されたことが示されている[23]。

　消費者政策のための法制度（消費者法）は、「消費者保護に関する法律の複合体」である[24]。消費者法の中心的な法律には、消費者契約法、割賦販売法等の民事規律と、特定商取引法による行政規制がある。後者の領域には、2013年に制定された食品表示法が含まれる[25]。景品表示法は、特定商取引

---

(22)　大元・前掲注（20）27頁。
(23)　大元・前掲注（20）28頁。
(24)　中田邦博＝鹿野菜穂子編著『基本消費者法〔第3版〕』（日本評論社、2018年）4頁以下（中田邦博執筆）。
(25)　食品表示法は、消費者基本法の「消費者の権利として位置付けられた消費者の安全の確保や消費者の自主的かつ合理的な選択の機会の確保などを図る上でも、また、消費者の自立を図る上でも、適切な情報の提供が前提となる」（消費者庁「食品表示一元化検討会報告書」〔2012年8月〕4頁）との考え方に基づいて、事業者規制法である食品衛生法、農林物資規格法、健康増進法の表示規制を一元化する目的で制定された法律である。
　同法の目的は、1条に定められている。
　「1条　この法律は、食品に関する表示が食品を摂取する際の安全性の確保及び自主的かつ合理的な食品の選択の機会の確保に関し重要な役割を果たしていることに鑑み、販売（不特定又は

法と食品表示法とともに行政規制法制度の一角を占める。

　行政規制法の領域における表示規制を見ると、特定商取引法では「誇大広告等の禁止」規定（同法12条、36条、43条、54条）および主務大臣による「合理的な根拠を示す資料の提出」命令の規定（同法12条の2、36条の2、43条の2、54条の2）が定められており、また食品表示法は事業者に対する「食品表示基準の遵守義務」の規定（同法5条）および「不適正な表示」に対する関係主務大臣による「指示」（6条1項）と「商品の回収等の命令」（6条8項）および「公表」措置（7条）を定めている。また、特定商取引法、食品表示法

多数の者に対する販売以外の譲渡を含む。以下同じ。）の用に供する食品に関する表示について、基準の策定その他の必要な事項を定めることにより、その適正を確保し、もって一般消費者の利益の増進を図るとともに、食品衛生法（昭和二十二年法律第二百三十三号）、健康増進法（平成十四年法律第百三号）及び農林物資の規格化等に関する法律（昭和二十五年法律第百七十五号）による措置と相まって、国民の健康の保護及び増進並びにを目的とする。」
　この目的規定は、「一般消費者の利益の増進」、「国民の健康の保護及び増進」、「食品の生産及び流通の円滑化並びに消費者の需要に即した食品の生産の振興に寄与すること」の3つの目的を掲げていることから、食品表示法の性格をどのように捉えるかが問題となる。そこで同法の「基本理念」規定（3条）を見ると、2つの理念が掲げられている。
　3条1項は、「第三条販売の用に供する食品に関する表示の適正を確保するための施策は、消費者基本法（昭和四十三年法律第七十八号）第二条第一項に規定する消費者政策の一環として、消費者の安全及び自主的かつ合理的な選択の機会が確保され、並びに消費者に対し必要な情報が提供されることが消費者の権利であることを尊重するとともに、消費者が自らの利益の擁護及び増進のため自主的かつ合理的に行動することができるよう消費者の自立を支援することを基本として講ぜられなければならない。」と規定しており、こごては同法が消費者政策の一環として制定された法律であることが明らかにされている。
　3条2項は、「販売の用に供する食品に関する表示の適正を確保するための施策は、食品の生産、取引又は消費の現況及び将来の見通しを踏まえ、かつ、小規模の食品関連事業者の事業活動に及ぼす影響及び食品関連事業者間の公正な競争の確保に配慮して講ぜられなければならない。」と規定しており、ここでは食品表示規制は食品事業の現況・将来の見通しを踏まえること、事業活動への影響、食品事業者間の「公正な競争の確保」への配慮を必要とする旨が謳われている。この「公正な競争」概念が、独占禁止法における「公正競争」とどのような関係性があるかは触れられておらず、その意味内容は明らかではない。食品表示法の消費者法領域における位置付けは、1項の理念規定から一応首肯することはできるものの、「公正な競争の確保」を含む2項の配慮条項を捉え方によっては、より詳細な説明を要するともいえる。
　なお、同法1条の目的に掲げられる「食品を摂取する際の安全性の確保」と「自主的かつ合理的な食品の選択の機会の確保」の関係について、立法担当者の解説では、前者は後者に対して「より優先度の高い役割」として位置付けられている。蓮見友香「食品表示法の概説」NBL1009号（2013年）9頁。この解説に対しては、前者と後者はいずれも重要な目的であり、「後者を軽視するような制度設計や運用解釈がされることがあってはならない」とする批判がある。石川直基他『食品表示の法律・実務ガイドブック』（レクシスネクシスジャパン、2014年）53頁。

は、いずれも適格消費者団体による事業者に対する差止請求権に関する規定を定めており、特定商取引法の誇大広告（同法58条の19など）、食品表示法の不適正な表示（同法11条1項）は差止請求の対象となる。

　食品表示法と景品表示法との関係については、食品表示法14条が「この法律の規定は、不当景品類及び不当表示防止法（昭和三十七年法律第百三十四号）の適用を排除するものと解してはならない。」とする規定を定めていることから、「食品表示基準」を充たし食品表示法上は問題とならない表示（「適正な表示」）であっても、景品表示法が禁止する「優良誤認」「有利誤認」に該当する場合には景品表示法の適用は可能である。

　特定商取引法と景品表示法との関係についての明文規定はない。特定商取引法の「誇大広告等の禁止」規定（同法12条、36条、43条、54条）は、事業者の広告等の事項が「著しく事実に相違する表示をし、又は実際のものよりも著しく優良であり、若しくは有利であると人を誤認させるような表示をしてはならない。」と定めており、この要件は景品表示法の「優良誤認」「有利誤認」の要件と共通する文言を用いている。また、特定商取引法においても、「不実証広告規制」条項（同法12条の2、36条の2、43条の2、54条の2）が置かれていることから、特定商取引法が規制対象とする業種（通信販売、連鎖販売取引、特定継続的役務提供、業務提供誘引販売取引）において誇大広告等が行われた場合には、特定商取引法が景品表示法に先立って適用されることになる。かかる場合であっても、全ての業種に適用される景品表示法の適用は排除されることはないが、消費者庁が二つの法律の運用主体であることから、実際には特定商取引法の適用が優先されることになろう。

　ここでは、景品表示法の消費者法の領域における行政規制法としての位置付けを確認したが、次に景品表示法が「競争政策ではなく、消費者政策のための法律」として位置付けが改められたことの意味について検討する。

(2) 独占禁止法と景品表示法の「適用」をめぐる問題

　景品表示法が競争法から消費者法にシフトしたとされる説明は、法体系における「位置付け」の変化の問題にとどまるのか、実際の法の運用、特に法適用の面で、同法の改正前と改正後で変化が生じるのかという点について検

討する。
　景品表示法の改正の担当者の説明は、以下のとおりに集約される。
① 消費者庁設置関連三法の立法作業において、景品表示法を公正取引委員会から消費者庁に移管するためには、新景品表示法は競争政策ではなく、消費者政策のための法律であることが明らかになるように目的を改正する。
② 「公正な競争の確保」と「消費者の自主的・合理的選択を行う意思決定環境の創出・確保」という目的は表裏一体であるので、改正後の実体規制（過大な景品類の提供規制、不当表示規制）の範囲に実質上変更はない。
③ 目的規定が変更され、競争法としての位置付けから外れたことから、特例法の位置付けが変更される（立法担当者の解説）[26]。

　したがって、改正後の景品表示法の「適用」については、「改正後の景品表示法の実体規制……の範囲に実質上変更はない。」とするものである[27]。

　そこで確認されるべき点は、「実体規制の……範囲」に含まれない広告・表示、あるいは景品・懸賞付販売の定義に含まれない顧客誘引については、独占禁止法の適用範囲の問題として取り上げることが可能であるかという点である。すなわち、消費者法である景品表示法によって規制されない消費者を対象とする顧客誘引は、競争法である独占禁止法において規制することが可能となるのか、あるいは位置付けは変更されたものの、法適用の面においても「実質的上変更はない」ものとして独占禁止法では取り上げられないことになるのかという問題といえる。

　この問題については、従来においても景品表示法を公取委の所管とすることを説明する方便として「公正な競争」が掲げられていたに過ぎず、実際には改正後と同様のことが考えられていたことから、さほど大きな変化が起きるとは考えにくいとする見解がある[28]。

　また、不当表示と不当な景品・懸賞付販売の禁止要件が「公正な競争を阻

---
(26) 大元・前掲注（20）27頁。
(27) 大元・前掲注（20）27頁。伊従寛＝矢部丈太郎編『広告表示規制法』（青林書院、2009年）65頁以下。
(28) 白石・前掲注（18）217頁。

害するおそれ」から「一般消費者の自主的かつ合理的な選択を阻害するおそれ」に変更されたことについて、これまでも競争への影響は立証不要であったことから規制基準の変更はないものと解されるとする見解がある[29]。

その一方で、独占禁止法と景品表示法の「位置付け」と「適用」の問題については、特例の関係がなくなった現在において、「理論的位置づけないし法体系の捉え方として景表法を独禁法から切り離すかどうかは、なお検討の余地があるとも思われ」るとする考え方が示されている[30]。

消費者庁への移管以前は、独占禁止法と景品表示法は公正取引委員会が一元的・一体的に運用していたこと、独占禁止法の欺まん的顧客誘引（一般指定8項）と不当表示規制の要件はともに「公正な競争を阻害するおそれ」（公正競争阻害性）であったことから、問題となる表示・広告に対していずれの法律を適用するかの判断の整合確保は明確に担保することができたが、改正・移管後は運用官庁が異なること、また法目的と違法要件が改正されたことから、法制度上も法適用上も基本的には別個の法律と見ることができるという点が指摘できる。すなわち、ある表示・広告に対して景品表示法上は不当表示とはいえない判断が消費者庁においてなされた場合であっても、独占禁止法の欺まん的顧客誘引に該当するおそれがあることについての判断が公正取引委員会において行われる機会が確保されるのかという問題ということができる。その意味で、消費者庁担当者の「実体規制……の範囲に実質上変更はない」とする考え方は、「特例」の関係切断後も景品表示法が独占禁止法に優先適用されることを含意するものではなく、従来から不当表示とされてきたものは今後も同様の扱いを受けるという規制対象の範囲について確認したものとして限定的に理解する必要があると思われる[31]。また、景品表示法の消費者庁への移管に際して、公正取引委員会の所管時代に策定された不当

---

(29) 金井貴嗣＝川濱昇＝泉水文雄『独占禁止法〔第5版〕』（弘文堂、2015年）369頁。
(30) 根岸＝舟田・前掲注(17) 222頁。
(31) 雑誌誌面上の懸賞企画の虚偽事案に対して、消費者庁は不当表示として排置置命令を行った事例（「秋田書店事件」措置命令2013・8・20）がある。景品表示法の不当な景品類規制では虚偽の企画自体を違法する根拠規定がなく、こうした事案については、併せて独占禁止法の不当な顧客誘引の問題として取り上げる余地があった点について。岩本論「判批」ジュリスト1467号（2014年）82頁で指摘した。

表示と景品・懸賞付販売に関する規則、運用基準、ガイドラインは内容変更されることなく、消費者庁に引き継がれていることからも「実質上の変更はない」のは「実体規制の……範囲」であることは明らかである[32]。

立法担当者の説明に見られるように、改正・移管による実体規制の「範囲」に変更はないことから、当面は「さほど大きな変化が起きるとは考えにくい」ともいえる。

それでは、「改正・移管によって、独占禁止法と景品表示法は別個の法律となったが、運用は従前どおり」という整理で結論づけてよいのであろうか。あるいは、ある不当表示の事案に対して、景品表示法と独占禁止法一般指定8項、9項）がともに適用される場合がある、といえるのであろうか。

消費者庁に移管される以前の学説では、一般指定8項及び9項と景品表示法との実務上の取り扱いの関係については、不当表示と不当景品類の規制は主として景品表示法により行われることとなるので、実務上、8項は景品表示法の対象とならない行為、例えば一般消費者に対する表示とはいえない表示（事業者に対する表示）その他の誤認行為（マルチ商法など）が対象となり、また9項は取引に付随しない景品（オープン懸賞など）その他の利益提供が対象となるとする見解[33]、景品表示法は、独占禁止法の特例法であるから事実上優先的に適用され、景品表示法が適用されない行為に対してのみ一般指定（8、9項）が適用される見解[34]が、適用関係についての一般的な考え方であった。

景品表示法の改正・移管により、2つの法律の「切り離し」がなされて、また景品表示法の法目的、規制要件がそれに対応して改正されたということを前提とすれば、同一の不当表示事案に対して、それぞれの法が個別に適用される可能性は存在するといえる。すなわち、これまで両法の対象とする違反行為の範囲（射程）は包含関係にあったが【図2】、優先適用の根拠となっていた特例の関係が切り離されたことで、それぞれの法律が表示行為に対し

---

[32] 公正取引委員会時代に策定された規則、運用基準等は、消費者庁移管後も効力は有している。林秀弥＝村田恭介＝野村亮輔『景品表示法の理論と実務』（中央経済社、2017年）5頁。
[33] 田中編・前掲注（19）58頁。
[34] 根岸＝舟田・前掲注（17）231頁。

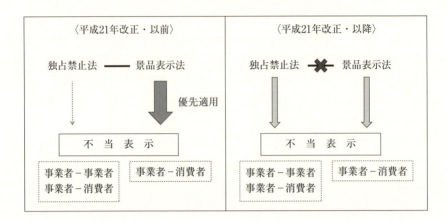

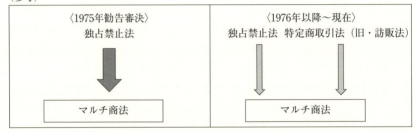

【図3】 独禁法と景品表示法の適用関係（例：不当表示）

出典：著者の作成による。

※ 「ベルギーダイヤモンド事件」東京高裁判決（1993年3月29日審決集39巻608頁）は、マルチ商法は一般指定8項及び旧訪販法に抵触する可能性について言及している。

て適用されるとする見方である【図3】。その場合には、景品表示法は事業者－消費者の間に、独占禁止法（一般指定8、9項）は事業者－消費者、事業者－事業者の間の取引（違反となる行為）に適用されることから、両者に共通する事業者－消費者間において2つの法律の適用の可能性がある。

　立法担当者の「実質上変更はない」とする解説によれば、例えばある表示が景品表示法の「一般消費者の自主的かつ合理的選択を侵害するおそれ」に該当し、同時に一般指定8項の不当性（公正な競争を阻害するおそれ）の要件も充足する場合に、従来どおり景品表示法のみが適用され、一般指定8項を別途適用する必要はないことになるが、それは公正競争阻害性の意味内容に

「一般消費者の自主的かつ合理的な選択を侵害するおそれ」を読み込むことを前提として成立するといえよう。一般指定8項の公正競争阻害性は、3分類説にいわれる「競争手段の不公正さ（能率競争の侵害）」を意味するとされているが、「一般消費者の自主的かつ合理的な選択を侵害するおそれ」は、「競争手段の不公正さ（能率競争の侵害）」の概念に包摂されるのか、この概念の拡張によって含まれることになるのか、あるいはこれらの概念に並列して新たに位置付けられるのか、について学説等は見られない。

立法担当者の「実質上変更はない」とする考え方に基づく法適用に関わるもう一つの問題点は、消費者向けの広告・表示の問題に対しては、消費者庁移管前は、景品表示法が優先適用されるのが通例であり、景品表示法が「不当表示」に該当しないとした事例は一般指定8項の適用対象となることはないとする運用がなされていたが、これは2つの法律の運用機関が同一であったことから可能な運用であったといえる。現在は、景品表示法は消費者庁が、独占禁止法は公正取引委員会が運用機関であり、景品表示法の「優良誤認」「有利誤認」の要件を充足しないが、消費者の誤認を惹起させる広告・表示は独占禁止法の「欺まん的顧客誘引」の問題となる可能性はあるが、この場合の独占禁止法の適否についても「実質上変更がない」とする消費者庁の考え方が前面に出ると、公正取引委員会による独占禁止法の適否をめぐる判断が制約されるおそれがないとはいえない。その意味においても、消費者庁移管の前後で、法適用の全ての面について「実質上変更はない」とする考え方が及ぶものではないことを確認する必要がある。

第5節　一般指定8項及び9項の射程と課題

ここでは、景品表示法による捕捉が困難な事案について、独占禁止法の不公正な取引方法、特に一般指定8項および9項の適用の可能性について検討する（なお、適格消費者団体の差止請求との関係については、第11章で検討する）。

(1) **一般指定8項と9項の射程——景品表示法との関係**
特定商取引法の拡充によって、特定商取引（訪問販売、通信販売、連鎖販売取

引、業務提供誘引販売、特定継続的役務提供取引）の勧誘行為に対する規制、また訪問販売業者を除く特定商取引業者の誇大広告の禁止などの規制が整備されている。また、2013年には食品表示法が制定され、食品表示に関する表示規制が一元化された。これらの消費者法における表示や勧誘に対する規制の整備によって、個別の法律による広告・表示に対する規制が及ぶ範囲は広がっており、相対的に景品表示法と独占禁止法・一般指定8項の規制対象は狭まっているかのようにも見える。しかしながら、食品表示法においても景品表示法の適用は排除されない旨が定められており（食品表示法15条）、このことは特定商取引法や家庭用品品質表示法、薬機法についても同様であり、全ての業種を適用対象とする事後規制法としての景品表示法の役割に影響はない。

　景品表示法が適用される不当表示（優良誤認、有利誤認、指定告示によるもの）の要件を充足せず、同法の規制対象とはならない広告・表示については、独占禁止法・一般指定8項が「不当な顧客誘引」として規制対象とすることが可能である。前述したように、現行の景品表示法と消費者庁移管前の景品表示法の運用には実質上変更はないとする見方があるが、この見方では景品表示法が規制できない広告・表示については、一般指定8項の適用の可能性は消極的または否定的に捉えられる可能性がある。ただ、消費者庁に移管される前の景品表示法についても、同法の規制対象とはならないものは一般指定8項の適用を受けるとするのが学説において示されていたことから、現行景品表示法と一般指定8項の適用関係についてもこの点には変わるところはない。このことは、一般指定9項についても当てはまることである。消費者庁に移管されたことによって、「特例」関係が遮断されたことにより、また景品表示法の規制基準が変更されたことにより、一般指定8項と9項は、景品表示法でカバーできないものを拾う「受け皿」としての補完的役割から、「不当な顧客誘引」に対する一般規定としての役割に復帰したと見ることもできる。消費者庁移管後にも実質的な変更はないとする見方に立つ場合であっても、一般指定8項と9項による「補完的役割」は必要な状況にあると思われる[35]。

　改正・移管以前から、公正な競争秩序の確保の観点から問題点が指摘され

てきた表示（不表示＝不作為の表示／デメリット不表示、イメージ広告、等々）が存在しているが、これらについては景品表示法上の不当表示の問題として取り上げられてきていない実態がある。これは、何が不当な「表示（または表示行為）」であるかという対象をめぐる問題であるが、同時に何が「不当な」表示であるかという違法要件に関わる問題でもある。景品表示法の対象となる表示の範囲が拡充することによって解決する問題ともいえるが、かかる手当てがなされていない現状において、一般指定8項による補完的役割はなお意味を持つ[36]。また、景品・懸賞付販売についても、従来の景品・懸賞付の考え方では捕捉できないビジネスモデルが存在することから、この場合には、一般指定9項による補完的役割が意味を持つことになる[37]。

(2) 消費者取引に適用する場合の「公正競争阻害性」の捉え方

一般指定8項および9項の「不当性」は、公正競争阻害性を「自由競争減殺」「競争手段の不公正さ（能率競争の侵害）」「自由競争基盤の侵害」と捉える立場では、「競争手段の不公正さ（能率競争の侵害）」として説明されている。また、消費者庁移管前の景品表示法の不当表示と景品・懸賞付販売に対する規制条文の中に「公正な競争を阻害するおそれ」の文言があったことから、同法の公正競争阻害性については一般指定8項と9項の「不当性」と同

---

[35] 学説の中には、「独占禁止法は消費者保護法としての役割をなくし」ており、連鎖販売取引等を対象とする欺まん的顧客誘引による規制権限やオープン懸賞等を対象とする不当な利益による顧客誘引も「実質的に消費者庁に移管されている」ことから、一般指定8項と9項は「適用されることのないもの」と見る「不要論」を唱える見解がある。村上政博「不公正な取引方法の理論上の脆弱性」国際商事法務 Vol.41. No.10（2013年）1478頁。この見解は、不公正な取引方法のうち、「自由競争減殺型」の行為類型と、3条とを一体的に把握する必要があるとの立場に立っており、したがって、「競争手段の不公正さ（能率競争の侵害）」を公正競争阻害性とする行為類型である一般指定8項と9項は、独占禁止法を自由競争法として再構成する際には不要となる。ただし、この見解は、景品表示法のみならず、一般指定8項と9項の顧客誘引規制も「実質的に」消費者庁に移管されたものと見ており、消費者庁が公正競争法の主務官庁である旨を示唆するものといえる。

[36] この補完的役割と同趣旨の記述は、馬場文「マルチ商法における不当誘引〔ホリディ・マジック事件〕」舟田正之＝金井貴嗣＝泉水文雄編『経済法判例・審決百選』（有斐閣、2010年）133頁に見られる。

[37] この点については、本書第7章第3節を参照されたい。

じものとして理解されてきた。移管後の景品表示法は「一般消費者の自主的かつ合理的な選択を阻害するおそれ」に改正されている。改正の前後で実質上変更はないとする前記・立法担当者の見方（以下、便宜上「実質的同一説」という。）からは、明確な説明はされていないが「一般消費者の自主的かつ合理的な選択を阻害するおそれ」も公正競争阻害性の一つである「競争手段の不公正さ（能率競争の侵害）」と同じものと捉えている可能性がある。

例えば、インターネット上の広告（行動ターゲティング広告、ステルスマーケティングなど）が景品表示法の不当表示の要件を充足しないものの、契約や商品選択に際して消費者の誤認を惹起している場合、これらの広告が一般指定8項の対象となるかどうかは、「競争手段の不公正さ（能率競争の侵害）」といえるかどうかの判断による。実質的同一説によれば、「競争手段の不公正さ（能率競争の侵害）」＝「一般消費者の自主的かつ合理的な選択を阻害するおそれ」であることから、従来からの「競争手段の不公正さ（能率競争の侵害）」の意味内容に「一般消費者の自主的かつ合理的な選択を阻害するおそれ」を読み込む必要がある。

そこで、目を向ける必要があるのは、競争手段の不公正さ＝能率競争の侵害という一般的な説明である。能率競争については、米国の「competiton on the merits」概念、ドイツの業績競争（Leistungswettbewerb）概念に由来するといわれているが、いずれにしても能率競争の意味は「価格、品質を中心とする競争」として説明される。第6章で見たように、ドイツ不正競争防止法（UWG）の保護法益についての考え方（「公正競争とは何か」）は、同法制定当時の主流であった業績競争から、健全な競争（unverfälschten Wettbewerb）へとシフトしてきている[38]。その背景には広告（景品・懸賞付などの利益提供型広告を含む。）による事業者の事業活動と広告競争が「価格、品質」を要素とする業績競争の概念では捕捉できず、また業績競争は違法判断基準として通用性を持たないという批判的見方が拡大してきたことがある。2004年のUWG改正によって、「消費者保護」が明確に同法の目的に位置付けられた

---

(38)「健全な競争」の訳出は、舟田正之『「公正な競争」と取引の自由』舟田正之＝土田和博『独占禁止法とフェアコノミー』（日本評論社、2017年）7頁に倣った。

ことを受けて、同法の「不公正」は、「事業者としての注意義務に反して」かつ「消費者の経済的な行動に重要な影響を与える」という内容として定義されている（同法3条2項）。ドイツにおける業績競争は、自由競争と公正競争に共通する「競争」の規範であり、この規範に基づいて行われる事業者間の競争と取引が経済社会の公序（ordre Pulic）とされてきたが[39]、業績競争概念は基本的に事業者間の競争と取引に適合する概念である[40]。消費者保護の目的が不正競争防止法に掲げられたことにより、これまでの業績競争を規範とする「公正」ではこの目的を達成できないと考えられたことから、「消費者の経済的な行動に重要な影響を与える」とする要件が追加されたと見られる[41]。

日本の学説に見られる「競争手段の不公正さ」の説明には、「能率競争の侵害」と同義とするもの、「能率競争の侵害」を典型とするものなど論者による若干の差異がある。広告活動、広告競争を独占禁止法の射程において捉えることについては、「欺瞞的な表示ないし誇大広告を防止することだけでは、公正な競争を実現するために不十分であることは明らか」であるとする考え方が示されている[42]。したがって、広告活動や広告競争については、通説である「能率競争を本位として行われることを妨げるような、競争手段自体が非難に値する」かどうかの観点[43]だけでなく、「取引の客体をめぐる営業活動に固有な行為による競争」かどうかの観点[44]が、一般指定8項の公正競争阻害性の判断の中で考慮される必要があると思われる。

また、UWGの「不公正」の定義（3条2項）の「消費者」は「平均的な消費者」であると説明されているが、同条4項では「脆弱な消費者」すなわち

---

[39] *Volker Emmerich*, Unlauterer Wettbewerb 9. Aufl., 2012, S.51.
[40] ドイツにおける「業績競争概念による規制の主要な動機ないし目的が実質的には中小企業の競争上・取引上の地位向上にあることは否定できない事実」であるという指摘（岸井大太郎「ドイツ競争法における『業績競争（Leistungswettbewerb）』理論（1）」法学志林83巻1号44頁）、またGWBにおける市場支配的地位の濫用規制と競争規約制度に業績競争概念が浸透しているとする指摘（岸井・同（2）83巻4号61頁）がなされている。
[41] *Emmerich*, a.a.O. (Fn. 39), 9. Aufl., S.54.
[42] 根岸＝舟田・前掲注（17）228頁。
[43] 金井＝川濵＝泉水・前掲注（29）265頁。
[44] 正田彬『全訂独占禁止法Ⅰ』（日本評論社、1980年）361頁。

年齢等の消費者特性に対する配慮条項が定められており、これらの者に対する広告を初めとする事業者の行為の「不公正」の判断に際しては、「脆弱な消費者の集団の平均」を基準とする旨（3条4項）が定められている。この消費者概念を前提とする判断枠組は日本の競争法にはないが、消費者基本法の中には「年齢その他の消費者の特性への配慮」が消費者行政・政策の理念として定められており（同法2条2項）、同法が競争政策を消費者政策の一つとして位置付けていることから、独占禁止法の法適用に際して、かかる視点がいかなるかたちで考慮されていくかという点も課題の一つといえる。

第4部
競争法と消費者行政の課題
——「消費者の権利」の視点からの考察

第11章　競争法と消費者行政

　日本の競争法——ここでは独占禁止法と景品表示法を念頭に置く——は、「消費者の定義」を持たず、またドイツや EU の競争法が有する消費者像 (Verbraucherleitbild) としての消費者概念との接点を持つことなく、競争法の体系と性格が説明されてきた。本書におけるこれまでの考察においては、「消費者の権利」の実現も独占禁止法の目的である「一般消費者の利益」の意味内容に含まれているということ、しかしながら競争当局による独占禁止法の運用、とりわけ広告その他の顧客誘引に対する行政規制の面では、今日の多様な顧客誘引の態様や手法に十分に対応できない立法上のすき間が存在するものの、必ずしも「消費者の権利」の実現を念頭に置いた法執行がなされているとはいえないことが明らかになった。このことは、同時に、消費者基本法が基本理念とする「消費者の年齢その他の特性への配慮」(同法 2 条 2 項) についても、競争法の運用面において考慮がなされる段階を迎えていない、ということになる。

　本書第 1 章で考察したように、消費者基本法は、競争政策を消費者政策の一つとして位置付けている。基本法の理念が競争法の運用において反映されていないとすれば、同法における競争政策の位置付けと意義を確認する必要がある。また、消費者政策は国が主導するだけではなく、自治体が重要な担い手である。個々の消費者の救済の大部分は、司法ではなく、消費者行政——特に自治体の消費生活センター——が大きな役割を果たしてきている。そこで、第 4 部では、消費者政策としての競争法・競争政策をテーマとした考察を行うことにしたい。本章では、基本法における競争政策と消費者政策の関係について取り上げる。また、次章では、消費者行政の「現場」といわれる自治体の現状と課題について検討することにしたい。

第1節　問題の所在と検討範囲

　消費者行政をめぐる環境は、21世紀に入り著しい変化の様相を見せ続けている。その要因の一つは、技術、特にインターネットによる通信技術の高度化・複雑化や、それに伴う取引方法の多様化によって、従来の思考方法の枠組では容易に解決できない消費者被害もしくは消費生活をめぐる問題が出現したことにより、生活基盤の安全に対する侵害と消費者と事業者の間の情報格差の広がりが加速化の傾向を強めており、かかる状況への適切かつ迅速な対応の要請が求められていることにある。

　もう一つの要因は、政府による規制改革が、「消費者・生活者本位の経済社会システムの構築」を目的としたことにより、消費者政策が、規制改革の重要な施策の一つとされたことである。

　規制改革は、市場原理と自己責任原則の観点から、公的な規制を見直し、日本の経済構造の変革を図る国家政策である。かかる変革の実現のため、規制改革推進計画は、公的規制の緩和策と競争政策を「車の両輪」として、行政のあり方の抜本的な見直し――事前規制型行政から事後チェック型行政へのシフト――を図るとともに、民のフィールド――事業者、消費者・生活者――についても、新たな社会の枠組――市場原理と自己責任原則に基づく事後監視型社会へのシフト――の構築を目指すものとして推進されてきた。

　こうした大がかりな構造転換の中で、消費者・生活者本位の経済社会システムが実現できるかどうかは、消費者・生活者の視点に基づく政策の立案および施策の展開の如何に係わっている。国レベルにおける消費者行政と、消費者相談業務とあっせん業務による個々の消費者トラブルの解決を行う「現場」－消費生活センターを中核機関として有するといわ自治体における消費者行政が、かかる視点に立脚した政策の策定と、政策施行を容易にするための制度的基盤を構築しているかどうかは、重要な課題である。

　ところで、国および自治体の消費者行政のあり方を考察していく上で、目を向ける必要のある行政環境の変化には、以下のものがある。

　第一に、2004年に、日本における消費者行政の大枠を定めた消費者保護基

本法（1968年制定）が改正され、新たに「消費者基本法」として施行されたことである[1]。この基本法の改正は、従来からの消費者行政の理念を大きく転換し、「消費者の権利」に関する規定を定めるとともに、「消費者の自立」を支援することを行政目的に掲げるものである。また、自治体についても、都道府県には消費生活センターの設置を義務づける等、国と自治体による消費者行政の基盤整備を推進する内容を含んでいる。基本法の制定にあわせて、複数の自治体においては、消費生活に関連する条例、条例関係規則・要綱等の見直しが行われた[2]。

第二に、2009年9月に新たな行政機関として消費者庁が設置されたことである。消費者取引、表示、安全などの広範な消費者問題に対して、複数の関係行政機関がそれぞれ所管する関係法律によって対応していたが、かかる消費者行政体制では十分に諸問題を解決することができず、消費者行政の一元化をめぐる議論がなされていた[3]。また反対に複数の行政機関の間に規制の

---

(1)「基本法」の公定解釈や定義はないが、その特色に基づく整理がなされることがある。それによると、①国政の重要な分野についての基本政策や基本方針を示す、②基本法と同一の分野に属する他の法律に対して優越した性格を持つ、③基本法に基づいて個別が制定されることが多い、④基本政策の事務を諸所管する行政機関が設置されることが多い、直接に国民の権利義務に影響を及ぼすことはまれであり、大半が訓示規定かプログラム規定で構成されるという特色があるとされる。この分類・整理については、西川明子「基本法の意義と課題」国立国会図書館調査及び立法考査局「レファレンス」2015年2月号44頁を参照した。
(2) 消費者基本法では消費生活センターの設置に関する条項が、都道府県と市町村それぞれについて置かれ、前者については設置義務、後者については設置の努力義務とされたが、この役割の明確化の背景には、地方分権化の進展が挙げられる。地方分権推進計画は、日本の中央集権型の行政体系を見直し、「地方自治の本旨」（憲法94条）に基づく国と自治体、自治体相互間に対等・協力を基本する関係を構築するものであり、地方分権一括法（1999年制定）の施行により、自治体行政は新たな法制度の下で運営されていくこととなった。この制度の下では、国、自治体それぞれの役割分担が明確化されるとともに、国による自治体への関与は必要最小限に留められ、自治体行政の自主性・自立性が保障されることとなった。かかる制度改革と消費者基本法の制定によって、自治体による消費者行政が自主的かつ独自性をもって展開されているとはいえない実態がある。その大きな要因の一つとして、消費者行政に関する自治体の独自の財源が確保できず、国からの交付金等による支援に依存せざるを得ない状況があり、これを「地方消費者行政の限界」と捉える見解がある。柿野成美「地方行政論・地域政策論──『コーディネーター』が必要とされる2つの理由」西村隆男編著『消費者教育学の地平』（慶應義塾大学出版会、2017年）249頁。
(3) 行政組織の一元化は、行政管理の視点からは、スクラップ・アンド・ビルト効果を享受できる。法政策の観点から、行政の一元化のメリット・デメリットを検証・評価する場合には、消費者行政については、事業者規制を中心とする「規制型行政」と、消費者基本法の理念と具体的施

「隙間」となる事案が生じ、この「隙間」事案に対する迅速かつ効果的な対応がなされないことで消費者の生命・健康が脅かされる事態が発生したことを受けて、消費者問題に対する司令塔の役割を果たす行政機関が求められた。そこで、従来の関係行政機関が所管する法律・権限を検証し、可能な限り一行政機関に集約・一元化することを目的として、設置されたのが消費者庁である。また、同時に、消費者庁に対して勧告や建議を行う権限を有する独立行政委員会である消費者委員会が内閣府に設置された。

この消費者庁の設置に伴い、新たな消費者行政に関する法律として、消費者安全法が2009年に制定され、消費者基本法に定められていた消費者行政の組織に関わる関係規定の一部が消費者安全法に移し替えられた。

第3に、消費者庁の設置を契機として、政府規制改革の一環として推進していた競争政策の積極的展開が、消費者政策に関する部分について、事実上撤回されたことにある。公正取引委員会は、規制改革推進計画に合わせて、競争政策のグランド・デザイン（後述）を策定したが、この中で「ルールある競争社会の推進」を政策の三本柱の一つとして掲げており、具体的には、「市場参加者としての消費者に対する適正な情報提供の推進及び公正な取引慣行の促進により、消費者が安心して商品選択できる環境……の整備を図る。」ことを、今後の競争政策の運営方針としていた。しかしながら、消費者庁の設置に伴い、公正取引委員会が所管してきた景品表示法が、消費者庁が所管する法律として権限移譲されたため、同法の積極的運用によって「消費者に対する適正な情報提供の推進……を図る。」という政策遂行が困難になったことによる。公正取引委員会は、都道府県ごとに出先機関を持っていないが、全国の8ブロックごとの地方事務所を設置しており、このため公正取引委員会による消費者政策が地方において展開されていくことが期待されていた。他方、消費者庁は、都道府県やブロックに出先機関をもっていない

策に掲げられる「支援型行政」のそれぞれについて行われる必要がある。細川幸一『消費者政策学』（成文堂、2007年）242頁以下。このことは、自治体の消費者行政についても当てはまる。後者の支援型行政は、消費者教育・啓発に関する新たな企画や取組が中心となり、これには国や自治体独自の予算措置を伴うが、前者については、消費者トラブルに直接対応する消費生活相談員の人員削減・雇止めや外部委託（多くは入札によって委託先の選定が行われる）の実態があり、予算削減の傾向にある。柿野・前掲注（2）249頁。

ため、自治体における消費者行政が、消費者庁の設置を契機として、どのように変化するかどうかが課題となる。

　第4に、2012年に消費者教育推進法が制定され、国と自治体がその責務を担うこととされた。また、2013年6月に内閣府が「消費者教育の推進に関する基本方針」を閣議決定し、この基本方針に基づき、自治体において「消費者教育基本計画」の策定が義務付けられた。消費者政策の柱の一つに消費者教育の推進が位置付けられたことは、日本における消費者行政・政策の新たな局面を迎えたと見ることができる。

　そこで本章では、公正取引委員会による独占禁止法に基づいて行われる競争政策が、国と自治体の二元体制を基本とする消費者行政・政策といかなる関係にあるかという観点から、消費者基本法の下での消費者行政の意味と性格について考察したい。本章では、日本における消費者行政の理念とは何か、またこの理念の下で展開される消費者行政が、消費者の「利益」の確保と「権利」の実現に向けてどのようなかたちで作用するかについて考察を行うものである。

第2節　消費者基本法と消費者行政の展開

(1) 消費者基本法の理念

　1968年から36年間にわたって、日本における「消費者政策の憲法」として機能してきた消費者保護基本法が改正されることとなったのは、はじめにも述べたように、①規制改革による経済社会構造の変革、②取引の複雑化、IT化の影響を受けた消費者問題の変質、③消費生活の前提となる安全確保、正確な商品情報を反故にする企業不祥事の発生、④消費者のライフスタイルの変化等、消費者をとりまく状況の変化を契機とする[4]。そこで、こうした状況に応える必要から、消費者保護基本法（以下、旧法という。）を抜本的に見直し、国および自治体による消費者政策を充実・強化していくことを目

---

(4) 立法担当者による解説として、吉田尚弘「消費者保護基本法の一部を改正する法律」ジュリスト1275号（2004年）87頁、同「新しい『消費者政策の憲法』─消費者基本法」時の法令1721号（2004年）6頁がある。

的として、名称変更を含めた法改正が行われた。この法改正の基本的方向性は、2002年に国民生活審議会消費者政策部会が策定した「21世紀型の消費者政策の在り方について」(以下、「グランド・デザイン」という)において示された。この「グランド・デザイン」の大きな特徴は、日本の消費者行政の理念の転換と、これに伴い導入された「消費者の権利」に関する規定の導入にあった。消費者基本法2条は、(i)8つの権利を「消費者の権利」(同条1項)として掲げ、これらの権利を「尊重」するとともに、(ii)「消費者の年齢その他の特性への配慮」(同条2項)を基本理念として定めており、国と自治体はこの基本理念を踏まえて競争政策をはじめとする消費者政策を推進することが求められている。

(2) 「消費者の権利」規定の導入

「消費者の権利」の内容と性格および競争法における意味づけについては、本書第4章で見た。

8つの権利が「消費者の権利」として実定法において明確にされたことは、それまで日本の行政、司法において「消費者の権利」が消極的・否定的に捉えられていた状況を一変させた大きな特色といえる。

消費者の権利が明示されたのは、ケネディ大統領の消費者保護に関する特別教書(1962年)においてであり、そこでは「安全である権利」「知らされる権利」「選択する権利」「聞かれる権利」の四つの権利が示された。日本では、1963年の国民生活向上対策審議会(後に、国民生活審議会に改組)の「消費者保護に関する答申」において、日本の行政の場では初めてとなる3つの「消費者の権利」が示された。しかしながら、1968年の消費者保護基本法の制定過程において、消費者の権利規定は導入されず、その代わりに「消費者の利益の擁護」が法目的規定(1条)に盛り込まれていた[5]。日本における「消費者の権利」規定は、21世紀に入り消費者基本法の改正・制定によって、はじめて実定法上明確にされたものである。

消費者基本法の改正以前には、「消費者の権利」の実定法上の位置付けに

---

(5) 及川昭五=田口義明『消費者事件 歴史の証言』(民事法研究会、2015年)13頁以下。

ついては、学説上、これを積極的または直接的なものとして捉える立場と、消極的ないし限定的に理解する立場との相違が見られた[6]。改正基本法に8つの権利が法定された現在、「消費者の権利」は、司法、行政、立法にとって規範または指標としての意義・機能を有するものとして説明されている[7]。

(3) 消費者行政に現れる「消費者像」と「消費者の定義」

「消費者の権利」の意味と内容は、時代によって、また発生する消費者問題の中味によって、修正や拡充を必要とするものである。その際に、根源的に問われるのは、「消費者とは何か」という消費者の定義あるいは消費者概念をめぐる問題である。本稿の関心事からは、この問題は、消費者行政は誰のために行われるのか、また消費者問題とはいかなる問題を指すのかという問題に置換することができ、消費者行政領域の外延を画定する手がかりを検索する上では避けて通れない問題である[8]。

① 消費者基本法における「消費者の定義」の不在

消費者基本法の制定時に、日本法で消費者の定義を設けていたのは、消費者契約法（2001年制定）および電子消費者契約法（2001年制定）である[9]。消費

---

(6) 前者の立場は、「消費者の権利」は抽象的なものではなく、「直接に消費者が生活を守るために事業者に対して主張できるものであり、そのための法的な根拠が具体的に認められるもの」として捉えるものである。正田彬『消費者基本法運動と自治体行政』（法研出版、1989年）13頁以下、37頁。これに対して、後者の立場は、「消費者の権利」は「消費者の利益」と大差はなく、また消費者自身についても、権利行使の主体というよりは保護の客体としての側面が強いことから、理念としての権利性は認められるものの、ただちに実定法の権利とは言い難いとする見解に代表される。北川善太郎・及川昭伍編『消費者保護基本法の基礎』（青林書院、1977年）22頁以下。

(7) 吉田克己「『消費者の権利』をめぐって」河上正二責任編集『消費者法研究　創刊第1号』（信山社、2016年）16頁以下。本書もこの立場にあることについては、本書第4章を参照されたい。

(8) 消費者基本法の改正時（2004年）に社会問題化されていたのは、携帯サイト等に絡む料金の不当請求・架空請求、あるいは振り込め詐欺（おれおれ詐欺）の事案であった（架空請求に関する消費生活相談は67.6万件で、相談全体の35.2％を占めていた）。2004年度をピークに、架空請求に関する相談は大きく減少（2011年は1.9万件）したが、再び増加傾向に転じ、2016年は7.7万件に達しており、総件数が減少する傾向の中、架空請求に関する相談は2016年も前年と同水準の件数である。消費者庁「平成29年度消費者白書（第1部第1章第3節(1)）」。スマートフォンの普及により様々なアプリがダウンロードできるようになりインターネット上のアクセスの利便性が飛躍的に向上したことが、架空請求事例の増加の要因となっている。

者契約法2条1項は、消費者を「個人（事業として又は事業のために契約の当事者となる場合におけるものを除く。）」と定義しており、電子消費者契約法も同様の定義規定を置いている。消費者基本法に、消費者の定義規定が置かれなかった経緯は不明であるがいくつかの理由が推測できる。一つには、この消費者契約法の中に消費者の定義規定が置かれていたことから、基本法の中に別途の定義規定を定めなかったことが推測される。民事法である消費者契約法の「消費者の定義」が消費者行政・政策の大枠を定める行政法規的要素を多分に含む消費者基本法に――仮に「準用」のかたちであっても――置かれることから生じる可能性のある煩雑さを回避するという立法技術上の理由ということができよう[10]。第二に、消費者基本法は、契約・取引に関する施策（基本法12条）のほか、広告・表示に対する施策（基本法15条）も定めていることから、契約の当事者として消費者を捉える消費者契約法の「消費者の定義」では、契約の前段階である広告・表示に関わる問題が「消費者問題」には該当しないという理屈が生じるおそれがある[11]。この点を回避するために

---

(9)「法の適用に関する通則法」（2006年制定）は、「消費者契約法の特例」に関する規定である11条1項に消費者の定義を置くが、この定義は消費者契約法の定義規定の準用である。

(10) 消費者契約法の立法担当者（もっとも、執筆された論説は組織の立場ではなく個人の立場でのものである。）からは、制定法に消費者の定義をおくことは「容易ではなく」、その理由として2点が挙げられている。第一点は、制定法に定義をおくことは法律効果を発生される要件となるため明確な要件であることが求められることにある。第2点は、「法学の研究者の間では、民事実体法の要件は、裁判所の判断を通じて具体化されるべきものであり、多様なケースに適切に対応できる柔軟な内容にすることを優先すべきという考え方が主流であるが、政府提出のいわゆる閣法ではそうした考え方と採られていない。」とされる。川口康裕「制定法から見た『消費者』と『消費者法』」河上正二責任編集『消費者法研究創刊第1号』（信山社、2016年）80頁。

(11) この点については、行政事件訴訟における消費者の「原告適格」（行政事件訴訟法9条1項）の問題がある。リーディングケースとして、主婦連合会を原告とする「ジュース事件」最高裁判決（1978年3月14日民集32巻2号211頁）があり、最高裁は、「一般消費者が受ける利益は、公益の保護の結果として生ずる反射的利益ないし事実上の利益」にすぎず、「権利主体の個人的な利益を保護することを目的とする法規により保障される法律上保護された利益とはいえない」として、取消訴訟における一般消費者の原告適格を否定する考え方（いわゆる「反射的利益論」）を示している。一方、2004年に行政事件訴訟法9条が改正され、「法律上の利益」の有無については、裁判所が、「当該処分又は裁決の根拠となる法令の規定の文言のみによることなく、当該法令の趣旨及び目的並びに当該処分において考慮されるべき利益の内容及び性質を考慮するものとする。この場合において、当該法令の趣旨及び目的を考慮するに当たっては、当該法令と目的を共通にする関係法令があるときはその趣旨及び目的をも参酌」する定め（同条2項）が置かれたが、これにより消費者の原告適格の判断枠組がどのような影響を与えることになるかについては

は、契約の当事者としての消費者に限定されない、より広義の消費者の定義が必要となるが、基本法の中に新たな消費者の定義を置くことは、既に制定されている個別法の定義に屋上屋を重ねることになることから、基本法での「消費者の定義」の導入が避けられたのではないかと推測される。なお、2009年に制定された消費者行政法である消費者安全法には契約の当事者に限定されない「消費者の定義」（同法2条1項）が規定されている（本節（5）③参照）。第三に、基本法が、消費者に関する規定（7条）を定めており、消費者の定義規定が──消費者契約法の定義を準用する場合も含めて──同条の意味や捉え方に影響を及ぼすおそれを回避したという可能性も考えられる。

② 消費者基本法における「消費者」に関する規定の内容と性格

消費者基本法には、消費者の定義規定でないが、消費者に関する規定（7条）が置かれている。同条は以下のとおりである。

> 「7条1項　消費者は、自ら進んで、その消費生活に関して、必要な知識を修得し、及び必要な情報を収集する等自主的かつ合理的に行動するよう努めなければならない。
> 　2項　消費者は、消費生活に関し、環境の保全及び知的財産権等の適正な保護に配慮するよう努めなければならない。」

改正前の旧・消費者保護基本法5条は、「消費者の役割」というタイトルを付した規定を定めていた。同条文は以下のとおりである。

> 「旧5条（消費者の役割）　消費者は、経済社会の発展に即応して、みずからすすんで消費生活に関する必要な知識を修得するとともに、自主的かつ合理的に行動するように努めることによって、消費生活の安定及び向上に積極的な役割を果たすものとする。」

現行の基本法の7条には条文のタイトルは付されていない。現行法の第5条が事業者に関する規定、第6条が事業者団体に関する規定、第8条が消費者団体に関する規定が定められており、第5条にのみ「事業者の責務等」と

注視が必要である。

いうタイトルが付されていることから、第5条から第8条までの規定はいずれも「責務等」に関する定めであり、5条のタイトルは「共通見出し」として付されたものである(12)。したがって、7条のタイトルは「責務等」の読み方次第で、消費者の「責務」や「役割」と理解することも可能であり、また同条が「消費者は……努めなければならない。」とされていることから、消費者の努力義務を定めたものと理解することも可能であるが、タイトル無しとされたことには「政治的に上手く解決した」という立法過程での背景事情がある(13)。

　7条の条文の内容は、1項が消費生活における消費者の行動について、2項が消費者の消費生活における環境の保全及び知的財産権等の適正な保護に配慮についての記述であって、事業者との関係性から導かれる消費者の「責務」または「役割」に関するものではない。旧基本法5条の内容と、現行の基本法7条1項の内容とは、字句の違いはあるものの、その意味する記述内容はほぼ一致するものといってよい。本条にタイトルが付されなかった経緯と事情から見ると、本条を日本における「消費者像」の規定ということには困難を伴うが、消費者を事業者との関係性と切り離し、別の次元から消費者を捉えることの可能性を示したものと見ることはできよう。今日の高度に発達した経済社会における消費者像あるいは消費者の特性は、古典派経済学が前提にしている「合理的人間像」から、現実の消費社会を前提とした「法が予定する人間像の転換」を必要とするという考え方があり、この考え方の下では、消費者は、経済主体としてだけではなく、「国や地球規模で倫理や経済、環境にも配慮しながら公正で持続可能な社会を担う構成員」であり、「相応の社会的責務を果たしていくべき存在」として評価されるべき存在と

---

(12) 同法の立法担当者から、6～8条の見出しがないことについては、いくつかの条文をまとめてカバーする「共通見出し」という立法テクニックが用いられたことが明らかにされている。及川＝田口・前掲注（5）133頁。
(13) 7条のタイトルをめぐっては、同法の改正・立法作業の中で、与党内部においても、「消費者の責務」案と「消費者の役割」案が対立していたことから、いずれも明記しないことで決着したとされる。事業者に関する5条1項が「事業者は……責務を有する。」とされているのに対して、7条1項および2項がいずれも「消費者は……努めなければならない。」とする文言になったとされる。及川＝田口・前掲注（5）129頁以下。

いうことになる[14]。

③ 消費者基本法における消費者の特性への配慮に関する２つの規定
── ５条１項３号（適合性の原則）

　本書で取り上げてきた年齢、性別等の属性によって考慮されるべき消費者の特性については、基本法７条ではなく、事業者の責務に関する規定（５条）と、「消費者の権利」を定める基本法の理念規定２条２項に定めがある。まず、５条１項を取り上げる。

「５条１項　事業者は、第２条の消費者の権利の尊重及びその自立の支援その他の基本理念にかんがみ、その供給する商品及び役務について、次に掲げる責務を有する。
　３　消費者との取引に際して、消費者の知識、経験及び財産の状況等に配慮すること。」

　５条１項３号は、事業者と「消費者との取引に際して」の配慮条項であり、配慮事項として「知識、経験及び財産の状況等」が列挙されている。この中には「年齢」は含まれていない。

　学説および消費者行政の実務上は、５条１項３号が、いわゆる「適合性の原則」に関する基本法上の根拠既定であるとされる。適合性の原則は、金融商品の取引における「自己責任原則」すなわち、投資家が自らの判断に基づき行った投資についてその利益を享受するとともに、その損失についても自らが負担するという原則に対する修正原理であり、金融商品の取引事業者が投資勧誘を行うに際して、顧客の知識、経験、投資目的及び財産状況に照らして不勧誘を行ってはならないとするものである[15]。適合性原則に関する

---

(14) 日本弁護士連合会『消費者法講義〔第５版〕』（日本評論社、2018年）19頁以下。この考え方は、消費者は、経済主体としてだけではなく、「国や地球規模で倫理や経済、環境にも配慮しながら公正で持続可能な社会を担う構成員」であり、「相応の社会的責務を果たしていくべき存在」として評価されるべき存在であると記述するが、こうした消費者の捉え方は、内閣府「平成20年度国民生活白書」８頁以下に示された、いわゆる消費者市民の役割についての考え方と共通するものである。

(15) 潮見佳男「証券取引における適合性原則違反と不法行為の成否」私法判例リマークス33（2006年〔下〕）67頁、荻野昭一「適合性原則の意義」北大経済学研究64-1（2014年）３頁。

法律上の規定として、金融商品取引法40条がある[16]。また、金融商品の販売等に関する法律3条2項[17]、同9条1項および2項[18]、商品取引所法215条および218条[19]に適合性原則に関する条文が置かれている。これらの法律の規定は、金融商品取引に関わるものであり、金融商品の取引事業者が顧客に対して不適当と認められる勧誘を行ってはならないとし、かかる不適当な勧誘が行われた場合に、監督官庁が当該事業者に対して行政処分を行うこと

---

(16) 金融商品取引法の「適合性の原則等」を定めた40条の条文は以下のとおりである。
「40条　金融商品取引業者等は、業務の運営の状況が次の各号のいずれかに該当することのないように、その業務を行わなければならない。
1号　金融商品取引行為について、顧客の知識、経験、財産の状況及び金融商品取引契約を締結する目的に照らして不適当と認められる勧誘を行つて投資者の保護に欠けることとなつており、又は欠けることとなるおそれがあること。」
(17) 金融商品の販売等に関する法律3条の条文は以下のとおりである。
「3条1項　金融商品販売業者等は、金融商品の販売等を業として行おうとするときは、当該金融商品の販売等に係る金融商品の販売が行われるまでの間に、顧客に対し、次に掲げる事項（以下「重要事項」という。）について説明をしなければならない。（1～7号……略）
2項　前項の説明は、顧客の知識、経験、財産の状況及び当該金融商品の販売に係る契約を締結する目的に照らして、当該顧客に理解されるために必要な方法及び程度によるものでなければならない。」
(18) 同法9条1項および2項の条文は以下のとおりである。
「9条1項1文　金融商品販売業者等は、業として行う金融商品の販売等に係る勧誘をしようとするときは、あらかじめ、当該勧誘に関する方針（以下「勧誘方針」という。）を定めなければならない。
2項　勧誘方針においては、次に掲げる事項について定めるものとする。
　一　勧誘の対象となる者の知識、経験、財産の状況及び当該金融商品の販売に係る契約を締結する目的に照らし配慮すべき事項
　二　勧誘の方法及び時間帯に関し勧誘の対象となる者に対し配慮すべき事項
　三　前二号に掲げるもののほか、勧誘の適正の確保に関する事項」
(19) 商品取引所法215条および218条の条文は以下のとおりである。
「215条　商品先物取引業者は、顧客の知識、経験、財産の状況及び商品取引契約を締結する目的に照らして不適当と認められる勧誘を行つて委託者等の保護に欠け、又は欠けることとなるおそれがないように、商品先物取引業を行わなければならない。
218条1項　商品先物取引業者は、商品取引契約を締結しようとする場合には、主務省令で定めるところにより、あらかじめ、顧客に対し、前条第1項各号（著者注……217条1号は金融先物取引事業者に対する契約締結前の書面交付義務を定めたもの。）に掲げる事項について説明をしなければならない。
2　前項の説明は、顧客の知識、経験、財産の状況及び当該商品取引契約を締結しようとする目的に照らして、当該顧客に理解されるために必要な方法及び程度によるものでなければならない。」

を内容としている。

　適合性の原則は、金融商品取引の分野における法理であり、判例を通じて発展してきた[20]。同原則には、狭義の適合性原則と広義の適合性原則がある。前者は顧客の状況や意向に照らして「不適当と認められる勧誘を行ってはならない」という不作為義務を指すのに対して、後者は顧客の状況や意向に照らして「適当と認められる勧誘を行わなければならない」という作為義務を意味する[21]。特に、前者の不作為義務に違反する勧誘活動を行った事業者に対しては各法律の所管行政庁による行政処分が行われるため、適合性原則は公的規制（事業者規制）を伴うかたちで実効性が担保されている。証券会社による水産会社への日経平均株価オプション付き商品の販売をめぐる民事事件（損害賠償請求訴訟）において2005年の最高裁判決[22]は、適合性原則に違反した勧誘が、事業者規制に服するだけでなく、損害賠償請求の対象となる場合があることを明確にしたものであり、同判決を契機として金融商品取引法40条が制定されることとなり、また下級審判決にも大きな影響を与えた[23]。また、2008年法改正によって特定商取引法の訪問販売（7条3項）、電話勧誘販売（22条3項）、連鎖販売（マルチ商法）規制（38条4項）、特定継続的役務提供（46条3項）、業務提供誘引販売取引（56条4項）にも適合性原則に該当する条文が導入されており[24]、事業者に対する消費者の特性への配慮義

---

(20) 最判1986年5月29日（判例時報1196号102頁）、大阪高判1999年4月23日（判例集未搭載）、東京高判1999年7月27日（判例セレクト14巻1頁）、最判1999年10月12日（判例集未搭載）、大阪高判2000年5月11日（同左）、東京高判2000年8月21日（同左）、大阪高判2000年8月29日（同左）、東京高判2000年12月20日（同左）、福岡高判2001年3月28日（同左）、最判2003年10月23日（同左）など。
(21) 中田邦博＝鹿野菜穂子『基本講義消費者法〔第3版〕』（日本評論社、2018年）202頁（上柳敏郎執筆部分）。
(22) 最判2005年7月14日民集59巻6号1323頁は、「顧客の適合性を判断するに当たっては、……具体的な商品特性を踏まえて、これとの相関関係において、顧客の投資経験、証券取引の知識、投資意向、財産状況等の諸要素を総合的に考慮する必要があるというべきである。」として、証券会社の担当者が適合性原則から著しく逸脱した証券取引の勧誘を行い販売した当該行為は「不法行為法上も違法となる」と判示した。
(23) 中田＝鹿野・前掲注（21）200頁以下。
(24) 特定商取引法における適合性原則に相当する配慮規定は、法律の関係条文中に
「同法施行規則（経済産業省令）に定めるもの」とされており、この条文構成は共通したものなっている。ここでは、訪問販売規制を例として挙げる。まず条文は以下のとおりである。

務は、金融商品取引の分野の特殊な法理ではなくなっている状況にある。

　さらに、2016年の消費者契約法の改正に際して、成人年齢の引き下げ等を内容とする民法改正の動向を踏まえて引き続き検討を行うこととする付帯決議がなされ、これらの論点について内閣府消費者委員会に設置された消費者契約法専門調査会において審議が行われ答申が公表されている[25]。同答申書は、「ぜい弱な消費者の保護の必要性等現下の消費者問題における社会情勢、民法改正及び成年年齢の引下げ等にかかる立法の動向等を総合的に勘案した結果、特に以下の事項を早急に検討し明らかにすべき喫緊の課題として付言する。」として、次の３点を挙げている。

1　消費者契約における約款等の契約条件の事前開示につき、事業者が、合理的な方法で、消費者が契約締結前に、契約条項（新民法第548条の２以下の「定型約款」を含む。）をあらかじめ認識できるようにつとめるべきこと。
2　合理的な判断をすることができない事情を利用して契約を締結させるいわゆる「つけ込み型」勧誘の類型につき、特に、高齢者・若年成人・障害者等の知識・経験・判断力の不足を不当に利用し過大な不利益をもたらす契約の勧誘が行われた場合における消費者の取消権。

「７条　主務大臣は、販売業者又は役務提供事業者が第３条、第３条の２第２項若しくは第４条から第６条までの規定に違反し、又は次に掲げる行為をした場合において、訪問販売に係る取引の公正及び購入者又は役務の提供を受ける者の利益が害されるおそれがあると認めるときは、その販売業者又は役務提供事業者に対し、必要な措置をとるべきことを指示することができる。
　一～二　（略）
　三　正当な理由がないのに訪問販売に係る売買契約であって日常生活において通常必要とされる分量を著しく超える商品の売買契約の締結について勧誘することその他顧客の財産の状況に照らし不適当と認められる行為として主務省令で定めるもの
　四　前三号に掲げるもののほか、訪問販売に関する行為であつて、訪問販売に係る取引の公正及び購入者又は役務の提供を受ける者の利益を害するおそれがあるものとして主務省令で定めるもの。」
同法の主務官庁である経済産業省令である同法施行規則は以下のように定めを置く。
「第７条　法第七条第三号の経済産業省令で定める行為は、次の各号に掲げるものとする。
　二　老人その他の者の判断力の不足に乗じ、訪問販売に係る売買契約又は役務提供契約を締結させること。
　三　顧客の知識、経験及び財産の状況に照らして不適当と認められる勧誘を行うこと。」
(25) 内閣府消費者委員会「答申書」(2016年８月８日府消委第196号)。

3　消費者に対する配慮に努める事業者の義務につき、考慮すべき要因となる個別の消費者の事情として、「当該消費者契約の目的となるものについての知識及び経験」のほか、「当該消費者の年齢」等が含まれること。

　この答申書は、現行の消費者契約法３条１項が定める「事業者の努力」規定にある事業者の情報提供に関する部分「事業者は、……消費者契約の締結について勧誘をするに際しては、消費者の理解を深めるために、消費者の権利義務その他の消費者契約の内容についての必要な情報を提供するよう努めなければならない。」）について、消費者の年齢や知識・経験等の個別の消費者の事情を考慮した上で必要な情報を提供する内容に改める必要性を示すものであり、消費者契約法における消費者の特性への配慮をより明確にすることを念頭に置いたものといえる。この答申書は、脆弱な消費者のとしての子ども－若年消費者の「保護」の観点に基づくものである点において、また民法の特例を定める消費者契約法の中に「年齢」「知識」「経験」「判断力（の不足）」等の消費者の特性に基づく配慮条項を導入する必要性を明記している点において特徴がある。日本における適合性原則は、前記のとおり行政規制（事業者規制）として発展していたが、この答申書は、民事規律の中に適合性原則の考え方を取り入れる契機となりうるものといえよう。
　④　「消費者の年齢その他の特性への配慮」に関する規定──２条２項
　消費者基本法における消費者の特性への配慮規定として、さらに２条２項がある。同条項は以下のとおりである。

　　「２条２項　消費者の自立の支援に当たつては、消費者の安全の確保等に関して事業者による適正な事業活動の確保が図られるとともに、消費者の年齢その他の特性に配慮されなければならない。」

　この条項は、改正前の旧・基本法にはない。基本法５条１項３号にある消費者の特性への配慮が「事業者の責務」として定められているのに対して、２条２項は、消費者行政・政策に際しての配慮規定であり、このため「消費者の年齢その他の特性」という文言となっている。本条項における消費者の特性への配慮は、「消費者の自立の支援に当たって」なされるものとして位

置付けられている。改正された基本法における消費者行政・政策は、前記のとおり、「消費者の保護」から「消費者の自立」の支援へのシフトという理念転換をベースに推進されることとされており、したがって、「消費者の自立の支援」のための行政・政策がいかなる内容と体制を備えたものであるか、それらの行政・政策において消費者の特性への配慮が具体的にどのようなかたちで条文化され政策として具体化されることになるかについては、個別の立法や政策に着目して検討される必要がある。2012年に制定された消費者教育推進法は、消費者教育が「消費者が自らの利益の擁護及び増進のため自主的かつ合理的に行動することができるようその自立を支援する上で重要であることに鑑み」推進されることを目的として掲げており（同法1条）、また消費者教育の定義として消費者の自立を支援するために行われる消費生活に関する教育（消費者が主体的に消費者市民社会の形成に参画することの重要性について理解及び関心を深めるための教育を含む。）及びこれに準ずる啓発活動をいう。」と定めていることから、消費者教育が「消費者の自立の支援」に関する政策であるといえる。ただし、基本法が「消費者の自立」に関する定義や説明規定を有しておらず、また消費者教育推進法においても「消費者の自立」に関する定義はないことから、今日の日本の消費者行政・政策の中心的理念である「消費者の自立」の意味内容を明らかにすることは重要な課題といえる（消費者教育推進法の「自立概念」については、第15章について検討する）。

⑤ 消費者安全法（2009年制定）における消費者概念

消費者庁の設置に伴い2009年に制定された消費者安全法は、「消費者の定義」（同法2条1項）を規定している（11-2参照）。同法に消費者の定義が置かれた理由については明らかではないが、消費者基本法と消費者安全法の性質の違いから、以下のことが指摘できよう。消費者基本法が、消費者行政・政策の理念と基本的施策、およびこれらを推進する行政体制等を定めた「基本法」であるが、同法に基づいて消費者や事業者が司法上の救済や請求を行うことが予定されていないプログラム規定としての性格を有するのに対して、消費者安全法は消費者行政・政策に関する基本法的な性格を有しているものの、「消費者に対する注意喚起」（同法15条）、「事業者に対する勧告及び命令」（17条）、事故製品等の「回収等の命令」（19条）、事業者に対する「報告、立

入調査等」(21条)や「罰則」(27条以下)などの行政処分その他の執行力に関する規定を定めた消費者行政法である[26]。このことから、訴訟当事者となりうる消費者、事業者(定義規定は同法2条2項)の要件と範囲を明確にする必要性があったため、消費者安全法には別途定義規定が置かれたと見ることができる。

(4) 消費者行政理念の中核概念としての「消費者の自立」

消費者基本法の大きな特徴として、「消費者の自立」の支援が理念として定められたことが挙げられる。この「消費者の自立」という概念は、基本法の立法趣旨にいわれる「保護される消費者」から「自立する消費者」へと消費者の位置付けの転換に由来するものといえる[27]。

消費者が、事業者間の競争によってもたらされる利益を受動的に享受する主体にとどまらず、自ら生活者としての権利を認識し、これを積極的に行使しうる主体となることは、市場メカニズムを成り立たせる必要条件である。他方、たんに消費者を「恩恵的に保護されるべき対象」とみた消費者保護のための政策を行うのではなく、「(消費者が)本来もっていた自由に活動できる領域の侵害の排除・回復、いいかえれば、対等に取引できる力を保障する」という観点からの政策を遂行することが、消費者行政の理念であるとする立場からは、新法における消費者の位置付けの転換は、消費者行政の本旨に適うものといえよう[28]。

基本法には「消費者の自立」に関する定義がないことから、この意味内容をどのように捉えるかは、「自立」の意味内容の理解の仕方に関わる問題ということができ、基本法の立法趣旨にいわれる「保護から自立へ」というスローガンの文脈から「自立」の意味を解き明かすアプローチもあれば、他の日本法で用いられている「自立」との比較からその意味を考えるという方法もありうる(なお、消費者行政における自立の捉え方については、第14章において、ま

---

(26) 森雅子監修『消費者庁設置関連三法』(第一法規、2009年)86頁。
(27) 吉田・前掲注(4)・ジュリスト88頁、同・時の法令8頁、12頁以下。
(28) 鈴木深雪「消費者行政と法」宮坂富之助=谷原修身=内田耕作=鈴木深雪『消費生活と法〔現代経済法講座5〕』(三省堂、1990年)276頁以下。

た消費者教育推進法における「自立」については第15章で検討している）。もっとも、全ての消費者が「自立した消費者」となることは望めない実態があることも否定できない事実である[29]。新法の制度設計が、「自立できない消費者」「保護を必要とする消費者」が当然に存在することを前提として行われたことは、その点についての手当てが図られていることからも見ることができる。前記のとおり、基本法2条2項は、「消費者の自立の支援に当たっては、消費者の年齢その他の特性に配慮されなければならない。」としており、消費者の特性に関する行政による配慮義務が定められている。

この行政上の配慮が、あくまでも「自立の支援」に向けた行政施策の中で読み込まれるのか、あるいは「自立の支援」以外の行政上の政策——消費者保護のための施策——の場面においても考慮される旨であるかどうかという点については立法趣旨からは明らかではない。ただし、消費者基本法制定の原動力となった前記（本章第2節(1)）の「グランド・デザイン」は保護から自立に向けた政策の重点のシフトと、従来からの保護領域への行政の積極的関与の二つの行政の方向性を認めている[30]。したがって、2条2項の行政上の配慮は、「自立の支援」に向けた施策——消費者教育の推進が典型である——の中で考慮されるとともに、消費者の保護に関する法制度の全体に共通する消費者行政の理念の一つとして捉えることは可能であろう。基本法が定める理念と政策は、いわゆるプログラム規定であり、理念規定に置かれた2条2項の消費者の特性への配慮は、消費者保護を目的とする個別の関係法律の制定を通じて具体化される必要がある[31]。

---

(29) 江口公典『経済法研究序説』（有斐閣、2000年）281頁。木間昭子「知的障害者、精神障害者、痴呆性高齢者の消費者被害の実態と未然防止の課題」実践成年後見 No.8（2003年）15頁以下。
(30) 「グランド・デザイン」10、11頁。
(31) 中田＝鹿野・前掲注(21) 11頁（中田邦博執筆）。西川・前掲注(1) 44頁。

第3節　消費者基本法における消費者行政の枠組

(1)　消費者政策のカテゴリーと国の実施体制——2009年8月まで

　消費者政策のカテゴリーには、安全確保、消費者取引の適正化、規格・計量の適正化、表示の適正化、消費者啓発・消費者教育の各分野があり、改正された基本法ではさらに、環境への対応、IT化への対応の二つが加えられた。

　また同法は、「公正自由な競争の促進等」に関する条項（16条）を定めている。競争政策条項は、旧法にも定めがあったが、改正法では、先に挙げた「消費者の権利」との関係で、「国は、商品及び役務について消費者の自主的かつ合理的な選択の機会の拡大を図るため、公正かつ自由な競争を促進するために必要な措置を講ずるものとする」という表現に改められている。

　消費者が自主的かつ合理的な選択権を行使するためには、商品・役務および取引に関する情報が正確であることと、これらの情報が過不足なく提供されることが必要条件といえる。これまで、独占禁止法の補完法である景品表示法を通じて、商品・役務の品質、内容、取引条件等に関する情報については、これが「表示」というかたちで消費者に提供される場合には、景品表示法の対象とされ、優良誤認表示又は有利誤認表示の要件を充足する場合には「不当表示」として規制されている。基本法の競争政策条項が改正されたことは、表示の適正化を図る表示規制行政の拡充を図るとともに、消費者に対する正確かつ過不足なき情報の提供のために必要な措置が競争政策の一環として講じられる要請があることを示唆するものといえる。

　こうした多分野にわたる消費者政策を企画・立案し遂行する行政主体は、旧・基本法の時代から国と自治体である。日本では、消費者庁設置以前には、一括して消費者政策を担当する国の行政機関はなく、個々の消費者政策は関係行政機関に事務配分され、配分された行政機関がそれぞれの所管官庁（省庁）——競争政策を担当する公取委を含めて——として並列的に消費者政策を実施する体制であった。また、自治体レベルでは、都道府県（広域自治体）と市町村（基礎自治体）とが消費者行政の担い手となっている。したがっ

て、日本における消費者行政は、国と地方の二元体制を前提(32)として、国の行政機関ごとに個別の政策が並列的に展開されるという枠組から成り立っている。

基本法の改正では、消費者行政の枠組の見直しが、消費者の権利規定の導入、理念規定の新設とともに大きな争点となった。日本の消費者行政が、現実の消費者問題・消費者被害に対して有効に機能していないという批判は、BSE問題に端を発する一連の食品表示事件の以前から見られた。これらの批判は、行政による対応が迅速性、統一性を欠くという点に集約されるが、換言すれば、これらはいわゆる「タテ割り行政」の弊害といえる(33)。

特に、消費者政策の場合、このタテ割り行政が、「分野別の産業育成省庁を前提に付随的に消費者保護権限を兼務させる体制」(34)との組み合わさったかたちで展開されてきた履歴は無視できない。国レベルでの消費者行政のタテ割りを是正し、消費者政策に関わる法と制度を一元化することが消費者の権利ないし利益の擁護にとって不可欠とする主張は、基本法改正の議論で見られたが、一元化した組織の設立は2009年の消費者庁の設置により結実した(35)(36)。

---

(32) 消費者基本法は、3条で「国の責務」を、また4条で「地方公共団体の責務」を定めている。
　「3条　国は、経済社会の発展に即応して、前条の消費者の権利の尊重及びその自立の支援その他の基本理念にのっとり、消費者政策を推進する責務を有する。」
　また、4条は「地方公共団体の責務」を定めている。
　「4条　地方公共団体は、第2条の消費者の権利の尊重及びその自立の支援その他の基本理念にのっとり、国の施策に準じて施策を講ずるとともに、当該地域の社会的、経済的状況に応じた消費者政策を推進する責務を有する」。
　地方公共団体は、「国の施策に準じて」施策を講ずることが予定されており、この文言からは国の政策立案の先行が自治体施策の前提であるかのようにも読めるが、自治体が独自にかつ主体的に政策を企画・立案することが妨げられる趣旨ではなく、自治体の条例制定権が本条によって制約を受けることもない。。
(33) 日本弁護士連合会「消費者保護基本法改正のあり方についての意見書」(2003年) 12頁。
(34) 松本恒雄「消費者保護行政の新たな展開」公正取引625号 (2002年) 2頁。
(35) 行政組織の一元化は、行政管理の視点からは、スクラップ・アンド・ビルト効果を享受できる反面、法政策の観点からは、本来の基準よりも低い次元での規制基準の設定が行われる可能性があり、結果として規制後退につながるデメリットがある。
(36) 一元化の先例として、食品安全委員会の設置 (2003年5月) がある。しかしながら、同委員会の設置は、食品安全行政におけるタテ割り行政の実質的な解消には繋がらないとする見方がある。この根拠とされるのは、食品安全委員会の位置付けと委員会構成である。当時の立法官によ

消費者基本法は、結果として、旧消費者保護基本法の枠組を引き継いだものとなっており、その意味において、国と自治体の二元体制を前提とする消費者行政の組織体制は変わっていない。改正前と比較して変更された点は、(i)消費者政策会議の設置と、(ii)苦情処理体制における自治体機能の強化の二点である。前者の消費者政策会議は、旧法の消費者保護会議とは異なり、「消費者基本計画」を作成するほか、消費者政策の「実施の状況を検証し、評価し、及び監視する」ものである（27条）。同会議の設置によって、消費者政策の総合調整機能を高めることにより、タテ割り行政の弊害に対処しようという狙いがあると思われるが、総合調整が十全に機能しているかどうかについては消費者庁設置後の現在も観察が重要となる。

後者の苦情処理体制の改正は、旧法での苦情処理を市町村に限定する趣旨であった点を見直し、都道府県と市町村がともに苦情処理のあっせん等を行う主体であるとし、その際都道府県が主として高度の専門性又は広域の見地への配慮を必要とする苦情処理のあっせん等を担当することを定め、自治体間の役割分担の明確化を図ったものである（同19条）。旧法が苦情処理を市町村に限定し、都道府県はこれをバックアップする趣旨であったことと比較すると、新法での苦情処理体制は、自治体での苦情処理の実態を踏まえた改善が計られたものといえる。

れば、同委員会は、その所掌事務に鑑み、国家行政組織法（国組法）8条が定める機関（審議会等）に相当すると説明されている。実際には、同委員会は、内閣府に置かれる「審議会等」の一つとして位置づけられている（内閣府設置法37条3項）。中央省庁改革基本法およびその他の附属法令から、国家行政組織法8条の審議会と内閣府設置法37条の審議会とは基本的に同じものとされており、したがって、食品安全委員会が、審議会として位置づけられていることになる。また、委員会の構成員についても、専ら学識経験者を中心とする専門家から構成され、消費者代表は含まれていない。この点については、国会での審議において、省、委員会および庁（国組法3条が定める機関）に置かれる機関としての審議会に相当するものとしてではなく、独立性の確保の面から委員会（国組法上の3条機関、内閣府設置法では49条と64条）とすべきとする見解が見られたように、食品安全委員会における意思決定が、他の行政機関からの干渉を排除しつつ、透明・中立な行政運営をおこなうことができるかどうかという点、また、消費者の視点に基づく行政の実現が可能かどうかという点で課題を抱えている。食品安全基本法の制定過程と内容についての立法担当者による解説として、岩淵豊「食品安全基本法」ジュリスト1251号（2003年）12頁、植村悌明「新たな食品安全行政の確立」時の法令1706号（2003年）6頁がある。

(2) **消費者庁設置による政策執行に係る業務仕分け──2009年9月以降**

　2009年9月に新たな行政機関として消費者庁が設置されたことは、これまで国レベルにおいて複数の官庁が、それぞれ所掌する関係法律の運用機関となっていた体制を改め、またこのタテ割り行政の中で惹起していた「すき間事案」[37]の発生を防止するため、消費者行政・政策を一元的に実施する司令塔としての行政機関を設置する必要性にもとづくものであった。2009年の国会審議の結果、消費者庁と消費者委員会の二つの機関を設置する法案──消費者庁設置関連3法──が可決・成立し、消費者庁を消費者行政・政策の司令塔と位置付ける体制は一応構築されたといえる。

　しかしながら、従来からの複数行政機関が個別に関係法律を運用するタテ割り行政が完全になくなったわけではなく、これまでの規制・法執行権限が元の官庁にそのまま残された政策領域もすくなくない。消費者政策のカテゴリーごとに整理すると、以下のとおりである。

　表示規制については、これまで公正取引委員会が所掌してきた景品表示法の執行および関連事務は、消費者庁に移管された。また、食品表示規制については、厚生労働省が所掌する食品衛生法および健康増進法のうち「表示規制」に関する部分、および農林水産省が所掌する農林物資規格法（JAS法）のうち「表示規制」に関する部分は消費者庁に移管され、表示規制以外の規制権限（食品衛生法の安全規制の部分など）は消費者庁に移管されず、元の権限が確保されている。家庭用品品質表示法については、消費者庁と従来からの所掌機関である経済産業省がともに運用する所掌の共管体制となっている。他方、薬機法が定める医薬品等の表示については、消費者庁に移管されず、従前通り厚生労働省が全ての権限を有している。

　契約・取引規制については、経済産業省が所掌していた特定商取引法に関する権限は消費者庁に移管されているが、経済産業省にも一部権限が留保されている。また、消費者契約法は民事法であるが、2005年法改正によって同法の中に適格消費者団体に関する権限が規定され内閣府が所掌していたが、

---

[37] この「すき間事案」の象徴となったのが2007年頃から社会問題となった「こんにゃくゼリー事件」である。

この権限は消費者庁に移管された。

　安全規制については、厚生労働省と農林水産省が食品安全に関する権限を、また食品や医薬品を除く製品の安全については経済産業省が所掌していたが、消費者庁設置以降も、この体制は維持された。

　このように、消費者庁設置後の消費者行政の体制を見ると、表示規制のように消費者庁にほとんどの権限が集約された政策領域がある一方、取引規制や安全規制の分野のように、消費者庁と従来からの規制官庁がともに担当官庁となる「共管」領域が多い分野があり、消費者庁設置によって、国レベルでの消費者行政が完全に一元化されたということはできない。その背景には、消費者庁の組織規模と体制に係る制約がある。同庁の設置の目的は消費者行政の司令塔としての役割であり、消費者行政の全てを同庁に移管・集約することにあったわけではない。共管とされた取引や安全の分野には、これまでの主務官庁が行ってきた行政の経験・ノウハウがあるとともに、国内ブロックごとの地方局や都道府県単位の地方事務所といった出先機関が配置されており、執行体制の面でも新たに体制整備を行う必要がなかったといえる。

第4節　消費者基本法と競争政策

(1) 基本法における競争政策

　前述のように、「公正自由な競争の促進等」に関する条項は、改正された基本法にも規定されている。「公正自由な競争の促進等」というタイトルを付された基本法16条の規定は以下のとおりである

> 「16条　国は、商品及び役務について消費者の自主的かつ合理的な選択の機会の拡大を図るため、公正かつ自由な競争を促進するために必要な施策を講ずるものとする。」

　同条のとおり、競争政策は消費者政策の一環に位置づけられており、その施策の実施主体は「国」である。競争政策の中核となる法律は独占禁止法であり、国＝公正取引委員会が同法の主務運用機関として位置付けられている

(同法27条)。また、公正取引委員会の所掌事務として、①私的独占の規制に関すること、②不当な取引制限の規制に関すること、③不公正な取引方法の規制に関すること、④独占的状態の規制に関すること、⑤所掌事務に係る国際協力に関すること、⑥前各号に掲げるもののほか、法律(法律に基づく命令を含む。)に基づき、公正取引委員会に属させられた事務が列挙されている(同法27条の2)。これらの所掌事務の全てが、独占禁止法の目的である「一般消費者の利益」の確保に資するものであり、また同時に基本法16条の「商品及び役務について消費者の自主的かつ合理的な選択の機会の拡大」と密接に関わるものということができる。

(2) 基本法制定当時の公正取引委員会の考え方(1)——競争政策のグランド・デザイン

公正取引委員会は、独占禁止法と消費者基本法との関係について直接言及はしていないが、2001年5月7日に小泉純一郎総理大臣(当時)が所信表明演説において「市場の番人たる公正取引委員会の体制を強化し、21世紀にふさわしい競争政策」を確立する旨の発言を行ったことを受けて公正取引委員会が策定した「21世紀における競争政策のグランド・デザイン」(以下「競争政策GD」という。)[38]、および総理大臣発言を受けて設置された懇談会[39]の提言(以下、「懇談会提言」という。)[40]の中に、同委員会における両者の関係についての考え方を見ることができる。

競争政策GDは、1) 構造改革の流れに即した法運用、2) 競争環境の積極的な創造、3) ルールある競争社会の推進の3つを柱とする。この3)の中で、「市場参加者としての消費者に対する適正な情報提供及び公正な取引慣行の促進により、消費者の商品選択の適正化及び中小企業が活躍できるフェアな競争環境の整備を図る。」ことが述べられている。その具体的な推進項目として、「景品表示法による消費者行政の推進」が掲げられ、その内容

---

(38) 公正取引委員会「平成13年度年次報告」3頁以下。
(39) 「21世紀にふさわしい競争政策を考える懇談会」(会長・一橋大学名誉教授・宮澤健一)。
(40) 2001年11月14日公正取引委員会公表。提言の概要については、舟橋和幸「『21世紀にふさわしい競争政策を考える懇談会』の提言の概要」公正取引614号(2001年12月号)15頁。

は、(ア)景品表示法違反行為の積極的排除、(イ)消費者取引の適正化、(ウ)公正競争規約の見直しの3点である[41]。

懇談会提言は、「独占禁止法の執行力の強化」、「規制改革をめぐる政策提言機能の強化」、「消費者政策の積極的推進」、「競争政策の運営基盤の強化」の4つから成る。この3番目の提言内容は、

・消費者の適正な選択を歪める行為の規制範囲の拡大、消費者が適正な選択を行う上で重要な一定の情報の積極的な提供の義務付けなど、現行の不当表示規制に係る法改正を検討。
・公正取引委員会が消費者政策に積極的に取り組んでいくために、消費者政策に係る専門スタッフの外部からの登用を含めた大幅な充実が必要。
・競争政策の観点から消費者政策に係る調査・提言を行うことが公正取引委員会の役割であることを法律上明文化する必要。
・内閣府国民生活局をはじめ、消費者政策を二重打刻鍵ナス他の関係行政機関との間での効果的な連携・協働が必要。

とされていた。

競争政策GDと懇談会提言に共通するのは、消費者政策が競争政策の一つとして位置付けられること、政策の中心となるのが景品表示法に基づく不当表示規制であること、そのため2001年当時の不当表示規制の対応力には限界があることから、不当表示規制の強化に向けた法改正が必要であるとしていた点である[42]。

(3) 基本法制定当時の公正取引委員会の考え方(2)――消費者取引と競争政策

公正取引委員会は、2001年11月から、「消費者取引問題研究会」を設置し、競争政策の観点から消費者取引問題に積極的に取り組むための検討を開始し、2002年11月に同研究会報告書（以下、「報告書」という。）[43]を作成・公

---

(41) 公正取引委員会「平成13年度年次報告」8頁以下。
(42) 公正取引委員会「平成13年度年次報告」9頁。舟橋和幸・前掲注（40）20頁。
(43) 「消費者政策の積極的推進へ向けて―消費者取引問題研究会報告書―」の概要は、森貴＝中園裕子「公正取引」627号（2003年1月）53頁以下に掲載されている。

表した。

　同報告書は、消費者利益の確保という競争政策の目的を達成するためには、競争政策と消費者政策の「一体的取組」が必要であるとの認識に基づいて、「事業者間の競争を維持・促進することにより市場メカニズムを有効に機能させることを主眼とする、いわば『狭義』の競争政策」と、「消費者が主体的・合理的に意思決定できる環境を創出・確保するという『広義』の競争政策」の視点が重要であると述べて、公正取引委員会が「公正かつ自由な競争を促進する競争政策と一体のものとして、消費者が適正な選択を行える意思決定環境の創出・確保する（ママ）消費者政策を積極的に推進する必要性」を唱えるものである[44]。

　報告書が示した具体的施策は、主に、ⅰ）景品表示法の実体規定と執行力の強化、ⅱ）消費者の適正な選択を歪める行為の規制に向けた考え方の整理、ⅲ）民事的救済手段の強化の3点である。これらの具体的施策については、立法等の措置が講じられたものと、検討はされたものの施策の実現には至らなかったものがある。

　ⅰ）については、2003年の景品表示法の改正によって、実体規制として不実証広告規制制（景品表示法4条2項）が導入され、また執行力強化の面では都道府県知事の違反行為に対する指示権限の内容を公正取引委員会が行う排除命令の内容と同じ範囲に拡大するとともに「既往行為」まで指示の対象を広げ（同法9条の2）、さらに「指示」に先立ち実施することができる事業者に対する立ち入り等の調査妨害に対する罰金刑の上限額を3万円から50万円に引き上げる（12条1項）等の改正が行われた[45]。

　ⅱ）「消費者の適正な選択をゆがめる行為の規制」については、a）欺まん的勧誘行為、b）、一方的不利益行為、c）困惑行為の3つの行為態様が検討対象とされた。

---

(44)　森＝中園・前掲注（43）53、54頁。
(45)　ここで引用した条文は2003年改正時の景品表示法の該当条文である。不実証広告規制制度は、現在の景品表示法（2014年改正法）7条2項に定めがある。また、2003年改正による都道府県知事の指示権限は、2014年法改正により、消費者庁と同等の「措置命令」（7条1項、33条1項）に格上げされている。また、立入検査等の妨害に対する刑事罰は「1年以下の懲役又は300万円以下の罰金」に改正されている（37条）。

a）はセールストークを伴う勧誘行為を念頭に置き、当該行為が景品表示法の不当表示規制によっても、独占禁止法の欺まん的顧客誘引（一般指定8項）によっても規制できない行為とされ、「新たな法的枠組みを導入する必要があると考えられる」ものとされた[46]。

　b）については、有料老人ホームや資格取得講座を例に「消費者が長期間、継続的にサービスの提供を受ける取引においては、消費者の事業者に対する交渉力が限定されていたり、事業者の選択が事実上、取引開始時点においてしか働かず、消費者の取引先（事業者）の変更可能性が制約される取引」であり、かかる取引の場面において消費者が一方的不利益行為を受け入れざるを得ない状況に置かれる問題とされている。かかる状況については、景品表示法では対応できず、独占禁止法の優越的地位の濫用（2条9項5号）の問題として「対応が可能か、また、十分対応できないとすればどのような法的枠組みが適切かを検討すること」が必要であるとされた[47]。

　c）の困惑行為は、事業者が契約締結過程において威迫、不退去、監禁等の強引な勧誘によって消費者を困惑させて契約させようとする行為であるとして、かかる行為について「公正取引委員会の現行の調査権限で十分に対応可能か、また、実効性のある排除措置を採れるかという執行面での問題がある」という見方を示した上で、困惑行為に対する措置について引き続き検討するとした[48]。

　iii）の民事的救済手段の強化については、独占禁止法の差止請求制度の対象に景品表示法を含めること、この場合に適格消費者団体にも差止請求権を付与することによって実効性を確保すべきこと、損害賠償請求制度の活用[49]、ADR（裁判外紛争解決）の担い手として公正取引協議会が考えられる

---

[46]　森＝中園・前掲注（43）56頁。
[47]　優越的地位の濫用規制の適用可能性あるいは「新たな法的枠組みを設けることも適当」とする考え方が示され、いずれにしても、①消費者取引における優越的地位の濫用の根拠となるべき公正競争阻害性の捉え方、②消費者取引における優越的地位の捉え方、③規制対象となる行為の範囲、④実効性ある排除措置等の検討課題があるとされている。森＝中園・前掲注（43）57頁。
[48]　森＝中園・前掲注（43）57、58頁。
[49]　損害賠償請求について2009年の消費者庁設置に伴う法改正以前には、景品表示法違反行為は独占禁止法の「不公正な取引方法とみな」され（旧・景品表示法6条2項）、独占禁止法25条の無過失損害賠償請求制度の対象であったが、2009年改正によって、この規定が削除されたことに

こと、が挙げられていたが、このうち立法により実現したのは、景品表示法の不当表示（優良誤認と有利誤認）が適格消費者団体による差止請求の対象とされたこと（景品表示法30条１項、消費者契約法12条の２）である。

以上のように、消費者基本法の改正・制定当時において、公正取引委員会は、競争政策と消費者政策を一体的に推進するという基本的考え方を立ち、景品表示法改正による実体規制と執行力の強化を行うとともに、景品表示法によってはカバーできない消費者取引に関わる問題領域を取り上げて、これに対する「新たな法的枠組み」の検討の必要性を公表していた。

競争政策 GD や懇談会、報告書の内容のうち、現実の立法等の対応がなされた以外の事項については、2009年の消費者庁の設置を契機として、事実上棚上げとなっている。この時期以降、消費者政策にかかる施策そのものが、公正取引委員会の競争政策として取り上げられることはほとんどなくなったといってよく、消費者基本法16条の「公正自由な競争の促進等」の政策は、前記・消費者取引問題研究会報告書で述べられた「狭義の競争政策」にとどまっているのが現状であるといえよう。

第５節　消費者庁設置を契機とする競争政策と消費者政策の関係性の変容

(1)　表示規制を接点とする競争政策と消費者政策

消費者庁の設置に伴い、それまで独占禁止法の「特例」として位置付けられてきた景品表示法は、消費者庁の所管となり、この「特例」としての独占禁止法との関係は切断された。また、消費者庁に移管後の景品表示法は、競争政策の領域から消費者法の領域へのシフトしたものとして説明されている[50]。

そこで、ここでは、この景品表示法の位置付けのシフトについて、公正取引委員会が消費者基本法制定当時に政策理念としていた「競争政策と消費者

より、独占禁止法に基づく損害賠償請求訴訟の提起はできなくなった。
(50)　大元慎二編『景品表示法〔第５版〕』（商事法務、2017年）27頁。

政策一体的推進」の観点から検討する（なお、2009年の改正景品表示法の概要については第8章で検討した）。

独占禁止法は、1条の目的規定に定められているように、公正かつ自由な競争秩序の維持をとおして、「一般消費者の利益の確保」と「国民経済の民主的で健全な発達の促進」を達成することを目的とする法律である。

この目的を達成するため、独占禁止法は、市場における競争の実質的制限に対する規制制度と、公正な競争を阻害するおそれのある取引方法に対する規制制度を定めている。前者の規制としては、不当な取引制限・入札談合の禁止（2条6項、3条後段）、私的独占の禁止（2条5項、3条前段）、企業集中（M&A）に対する規制、独占的状態に対する規制（8条の4）、および事業者団体に対する規制（8条）がある。また、同調的値上げに対する公取委の報告徴収制度（18条の2）も定められている。後者のものとしては、不公正な取引方法に対する規制（2条9項、19条）がある。また、事業者団体による不公正な取引方法に対する規制（8条）についても定めがある。

2009年改正前の景品表示法は、「商品及び役務の取引に関連する不当な景品類及び表示による顧客の誘引を防止するため、私的独占の禁止及び公正取引の確保に関する法律の特例を定めることにより、公正な競争を確保し、もつて一般消費者の利益を保護することを目的」（1条）として定められた。同法の規制対象は、独占禁止法が禁止する不公正な取引方法のうち、欺まん的顧客誘引（一般指定8項）の一形態である不当表示、および不当な利益による顧客誘引（一般指定9項）の一形態である景品・懸賞付販売である。

先に検討した競争政策GD、懇談会提言、消費者取引問題研究会報告書では、「消費者に対する適正な情報提供の推進」[51]が競争政策の重要課題として位置付けられ、景品表示法による表示の適正化がそのための具体的施策であるとともに、必要な見直しの検討と提言が行われていた。

そこで、「消費者に対する適正な情報提供」の観点から、表示規制を検証する。

まず、表示とは何かについて検討する。

---

[51] 公正取引委員会「平成13年度年次報告」3、8頁。舟橋・前掲注（40）20頁。

一般に、商品、容器、包装等の広告、見本、チラシ、パンフレット、ダイレクトメール、口頭による広告、ポスター、看板、ネオン、新聞、雑誌等による広告、インターネットによる広告と「ありとあらゆる表示」[52]が景品表示法と対象となることが想定されており、「事業者が自己の供給する商品・役務の取引に関する事項について行う表示であれば、そのほとんどは直接または間接に顧客誘引効果を持つので、顧客を誘引する手段でないと判断されることはほとんどない」といわれる[53]。また、この定義の中の「広告その他の表示」については、景表法の規制の対象となる表示には、「広告である表示」と「広告でない表示」があると説明される[54]。前者は、広告媒体または他の商品を媒体として、商品または役務に関して表現されるものであり、また後者は、商品およびそれとともに相手方に引き渡される物に表現されているもの、または商品、役務の取引の際に渡される取引約款書や説明書等に表現されているもの、である[55]。

　景品表示法上の表示の意味について、上記のように「表現」として捉える説明のほか、「表示とは、内にあるものを外に示すためのすべての方法」であり、「広告はそのうち広く世間に示すためのもの」とするもの[56]、「『表示』とは何らかの意思や事実を外部の者に知らせるためのものであり、そのうち『広告』とは、これらを（不特定）多数の者を対象に広く知らせるためのもの」という説明がある[57]。また表示行為とは、「内心の意思を外部に表出すること」と解説してい。ここでの内心の意思は、「どのような内容をどのように表示するか」を意味する。

　表示・広告が景品表示法の規制対象となるためには、同法の表示の定義すなわち「顧客を誘引するための手段として、事業者が自己の供給する商品又は役務の内容又は取引条件その他これらの取引に関する事項について行う広

---

(52) 中田＝鹿野・前掲注（21）298頁（南雅晴執筆）。
(53) 伊従寛＝矢部丈太郎編『広告表示規制法』（青林書院、2009年）76頁（横田直和執筆）。
(54) 吉田文剛『景品表示法の実務』（ダイヤモンド社、1970年）193頁、川井克倭＝地頭所五男『Q&A 景品表示法〔改訂版第2版〕』（青林書院、2009年）150頁。
(55) 川井＝地頭所・前掲注（54）150頁。
(56) 川井＝地頭所・前掲注（54）150頁。
(57) 伊従＝矢部・前掲注（53）77頁（横田直和執筆）、吉田・前掲注（54）193頁。

告その他の表示であって、内閣総理大臣が指定するもの」（2条4項）に該当する必要がある。そして、同法において不当表示として規制されるためには、同法が定める禁止要件（5条1号の「優良誤認」、2号の「優良誤認」、3号の「指定表示」）を充足しなければならない。

　事業者は自己の供給する商品・役務について大量の情報を持つが、当然のことながら、これらの情報が全て表示というかたちで提供されることは不可能であり、またその必要もない。問題となるのは、こうした事業者と消費者の情報量の絶対的な格差ではなく、消費者の自由で合理的な選択にとって必要な情報の提供が、事業者の情報支配力——いかなる情報をどのように表示するかについての決定権——によって阻まれている点である。かかる情報支配力の行使の弊害が、情報が表示された場面に現れた場合には、景品表示法による不当表示に対する規制が及ぶことになるが、情報が表示されない場面に現れた弊害は、表示に対する規制の枠組において取り上げることができるかどうかが問われることになる。「表示されない情報」が消費者の選択を歪める事例として、(a) 消費者が求める情報が表示されない場合と、(b) 事業者が表示によらないで情報を提供する場合がある。また、(c) 表示・広告の内容には消費者の誤認惹起の要素はないが、表示・広告の態様そのものが消費者の適正な選択を歪めるおそれのある場合がある。

　(a) は、不表示の事例である。不表示に対しては、景品表示法が適用された事例（公正取引委員会が同法の運用官庁であった時のもの）が数件ある[58]。これらはいずれも、欠陥事項の不記載の事例であり、当該欠陥事項の不記載によって表示全体が不当表示に該当するという判断がなされている。したがって、かかる判断基準に該当する場合には、不表示についても現行の規制が及ぶことになる。しかしながら、不表示は、こうした欠陥事項の不記載に限られない。欠陥には至らない欠点を表示しないデメリット情報の非開示から、何らかの事情で情報が開示されない場合——例えば、食品衛生法で表示義務

---

(58)「日本住宅事件」公正取引委員会排除命令（1963年排集1巻40頁）、「東通興業観光事件」同・排除命令（1966年排集2巻120頁）、「三和総合住宅に対する件」同・排除命令（1982年排集14巻29頁）。「日本電池事件」同・排除命令（1992年排集19巻3頁）、「九州電力事件」同・排除命令（2008年公正取引702号62頁）。

が課せられる指定添加物である物質を、同一の商品に別の用途で使用しても用途を表示しなくてよい場合——まで、不表示の範囲は広い[59]。こうした不表示に対する規制の網をどのようにかけるかについては、「表示」の弾力的な解釈により対応できるものについては景表法の規制が可能である一方、他の表示規制に関する法律との関係を踏まえた解釈や運用上の調整が求められる場合がある[60]。このことは、不表示に対する景品表示法の適用に際して、適否の判断基準がどのように設定されており、この判断基準が他の表示規制に関する法律における表示義務の検討に際して考慮されているかという問題として捉える必要がある。公正取引委員会時代の法運用担当者は、「一般消費者の持つ常識を前提とする判断に狂いを生じさせ、誤認を与えることとなるならば、積極的に誤った表示をすることによって一般消費者に誤認されることと同じ効果を持つ場合」に不当表示とされると解説している[61]。また、消費者庁担当者も「表示物全体を総合的に勘案して得られる一般消費者の認識」を基準とした不表示の取り扱いを述べている。この不表示についての景品表示法上の基本的考え方が、一般消費者の適正な選択を確保する上で不可欠な表示規制全般に共通する認識であるということが、表示行政において共有されていないことが、不表示に対する規律の中に「すき間」を作り出している点が指摘できよう。

　(b) は、商品の購入や契約の際に行われる口頭説明による情報の提供のケースである。口頭での情報提供は、消費者に直接に向けて行われることか

---

[59] 清涼飲料水（日本茶）の原材料表示については、「緑茶、ビタミンC」と表示するタイプと、「緑茶、ビタミンC（酸化防止剤）」と表示するタイプがある。前者のビタミンCは食品衛生法上の指定添加物としてのビタミンCを利用しているのではなく、いわゆる「日持ち向上剤」としてビタミンCを利用している、と事業者が説明すれば問題ない。前者の表示のタイプが圧倒的に多い。しかしながら、かかる不表示が消費者の適正な選択にとって全く問題ないとはいえない。

[60] コンビニのレジカウンターで販売されている（コンビニが調理した）食品（例えば、おでん、唐揚げ）には食品表示法の表示義務はなく、コンビニで販売されている（食品会社が製造した）おでん、唐揚げには表示義務がある。また、食品表示法上、レストラン等の外食産業のメニューには食品表示法の表示義務にはないが、任意に原産地表示をしている事例はきわめて多い。これらは、食品表示法の表示義務にかかる立法の問題であるが、表示義務がない場合であっても、虚偽の場合には当然景品表示法の不当表示規制が及ぶ。例として「株式会社木曽路に対する件」消費者庁措置命令（2014年10月15日）。

[61] 川井＝地頭所・前掲注 (54) 168頁。

ら、不実告知や不利益の不告知によって消費者の選択が歪められたとしても、その立証が容易ではない場合が多いことが指摘されている。

口頭で提供された情報が、商品の表示またはパンフレットの内容と異なることが立証される場合には、商品やパンフレットの表示を手がかりとして景表法の規制が可能であり、これまでにも「おとり広告」に対する規制事例がある[62]。しかしながら、立証が困難な事例については規制が及ばないことになる。こうした場合については、前記の消費者取引問題研究会報告書においても新たな法的枠組みによる規制の導入が必要であるとする見方が示されていた[63]。

さらに、(c)は、消費者の過去のインターネット取引による購入履歴に関する情報を元に、当該消費者向けにインターネット画面に過去の購入商品に関連する情報を提供を行う広告（行動ターゲティング広告）や、広告主である事業者が第三者（ユーザーや購入者）に依頼して自己の商品に関する情報をインターネット上に書き込ませたり、広告主である事業者がインターネットのサイト運営事業者に便宜を図って、例えば上位にランキングすることを依頼することによって人気商品であるかのように見せる等の広告（ステルス・マーケティング）がその典型である。これらの広告手法によって一般消費者が接する商品・サービスの価格や品質等に関する情報そのものには虚偽の要素がなくとも、その商品・サービスの人気度や売れ行きに関する情報は人為的に作出されたものであり、消費者の適正な選択を歪めることになる。こうした手法による広告に対する景品表示法の適用事例は現時点で見当たらない。

(2) 景品表示法の移管後の競争政策と消費者政策の課題

上記で検討したように、事業者の情報支配力の行使によってもたらされる弊害については、景品表示法の弾力的運用によって解決可能な場合と、現行法の枠組では対応が困難な場合がある。こうした不当表示の要件に該当しない勧誘や顧客誘引の態様については、独占禁止法の「特例」とされる景品表

---

[62]「九州ミシンセンター福岡店に対する件」公正取引委員会排除命令（1995年7月17日排集20巻78頁）。
[63] 森＝中園・前掲注（43）57頁。

示法ではなく、独占禁止法本体が定める不公正な取引方法－欺まん的顧客誘引の適用の射程に置くことによって対応するという方法が考えられよう。消費者庁への移管に伴う法改正によって、景品表示法は独占禁止法と切り離されており、また景品表示法の目的規定や規制要件が変更されたが、これについては、前記のとおり、運用上の変更はないとする見方が景品表示法の運用担当者から示されている[64]。この考え方の下では、景品表示法が射程とする領域には独占禁止法の適用の余地ないし必要性はないということになり、景品表示法による規制が及ばない事例に対して別の法的枠組み——ここでは独占禁止法——による対応ができないという結論が導かれよう。他方、景品表示法と独占禁止法とは別個の法律であるという見方をすれば、景品表示法の規制対象に含まれない問題に対して、独占禁止法の欺まん的顧客誘引規制を適用することによって、広く問題を射程に置くことが可能となり、また重畳適用に関わる問題にもなりえない。特に、前記（c）で見たインターネット上の様々な広告・表示の態様については、景品表示法の不当表示該当性から違法される可能性は乏しく、「手段の不公正さ」という公正競争阻害性から当該顧客誘引を違法とすることが可能である独占禁止法・不公正な取引方法の規制の射程に置くことが考慮される必要がある（広告規制については、第8章でも検討する）。

また、(a) の不表示に対する規制については、景品表示法による弾力的な法適用が必要とされるとともに、同法の規制が及ばない事例については、独占禁止法の欺まん的顧客誘引による規制対象とすることも考えられる。

景品表示法以外の他の表示規制に関する法律によって表示義務の対象外とされている事項については、景品表示法における不表示についての判断基準——一般消費者の持つ常識を前提とする判断に狂いを生じさせ、誤認を与えることとなるならば、積極的に誤った表示をすることによって一般消費者に誤認されることと同じ効果を持つ場合」[65]——が、他の法律の表示規制において共有される必要があり、一般消費者の適正な選択の確保の観点から不表

---

(64) 大元・前掲注（50）27頁。
(65) 川井＝地頭所・前掲注（54）168頁。

示の範囲を狭めることが求められる。消費者庁設置に伴い、事後規制である景品表示法と、表示義務を課す他の表示規制法が（医薬品等の表示に関する薬機法を除いて）同じ行政機関に一元化されたことから、こうした表示規制の共通観点の共有化のための障壁は低くなっていると思われる。

「消費者に対する適正な情報提供」の観点からは、不当表示に対する規制というこれまでの弊害規制に加えて、事業者に対して適正な情報提供を促すためのある種の予防規制が有効ではないかと思われる。正確な情報、過不足ない情報の内容、及びこれらの提供方法についての具体的な要件を定め、この要件での表示を義務づけ、違反に対しては一定のサンクションを設けることにより、表示の適正化を図るとともに、消費者の自由で合理的な選択の機会を確保する方法も考えられる。

もっとも、こうした表示の義務化による表示の適正化は、予防規制という性格上、事前規制にならざるをえないことから、そもそも事後規制を思想とする規制改革の趣旨に反することになり、また規制コストの増加を招くという批判にもさらされることになる。

景品表示法は、不当表示に対する規制のみならず、事業者または事業者団体が表示に関して締結した協定または規約について公取委が認定する制度（31条）を定めている。認定された協定または規約（公正競争規約）は、不当表示の禁止に関する項目のほか、必要表示事項、特定事項の表示基準に関する項目について、それぞれの業種に応じて定めるものであることから、表示の適正化に関する業界ルールとしての性格をもつものである。

公正競争規約制度が事業者または事業者団体の自主規制であることから、表示の適正化が業界に委ねられており、また、規約に加入していない事業者（アウトサイダー）に対して規約の効力が及ばないことから、同制度が表示の適正化に必ずしも有効に機能しているとはいえない。そこで、公正競争規約制度を見直し、消費者の適正な選択制度の運用を強化することは当面の課題となる。

景品表示法31条1項は、公正競争規約制度の趣旨について、「景品類又は表示に関する事項について、……不当な顧客誘引を防止し、一般消費者による自主的かつ合理的な選択及び事業者間の公正な競争を確保するための協定

又は規約を締結し、又は設定することができる。これを変更しようとするときも、同様とする。」と定めている。消費者庁設置後も、同制度の運用は消費者庁と公正取引委員会が行うこととされている（同法31条1～4項）。

同制度に基づく公正競争規約が「一般消費者による自主的かつ合理的な選択」を確保するための実質的な機能を果たすためには、同規約の締結、設定および変更に対して、消費者が参加する機会が確保されるとともに、その運用に対する評価・検証のチェックの機会が法的に保障される必要がある[66]。また、規約に加入していないアウトサイダー事業者に対する情報提供や啓発は、消費者庁と公正取引委員会の主導によって行われる必要があり、表示と景品・懸賞付販売に対する法秩序の浸透を図ることが必要といえる。

(3) 消費者取引に対する独占禁止法のスタンス

競争政策と消費者政策の一体的推進のための検討課題として、前記・消費者取引問題研究会報告書は、一方的不利益行為と困惑行為に対する規制をめぐる認識と方向性について述べていた。報告書は、一方的不利益行為については、景品表示法による不当表示としての規制で対応できない場合には、独占禁止法の優越的地位の濫用の問題としての対応の可能性を含む法的枠組み検討の必要性を指摘しており、また困惑行為については、公正取引委員会の調査権限での対応可能性と執行力の問題（実効性のある排除措置は可能か）点を踏まえた検討の継続を指摘していた。

報告書は、一方的不利益行為の例として、有料老人ホームや資格取得講座などの取引に際して「消費者が長期間、継続的にサービスの提供を受ける取

---

[66] 日本弁護士連合会編・前掲注（14）265頁。全国公正取引協議会連合会は、「公正競争規約の運用、不当表示の是正という問題だけではなく、およそ表示広告全般について、消費者からの苦情や相談の受付窓口としての機能を果たすべき」、「公正取引協議会は、会員企業と、消費者、さらには公正取引委員会との懸け橋として、その連携を図っていくことこそが会員企業の消費者問題への的確なたいおうに寄与することになる」との考え方を示している。糸田省吾「消費者問題への更なる取組み―公正取引協議会の果たす役割―」公正取引676号（2007年）31頁。この考え方は、消費者の規約の締結、設定、変更の場への参画機会の確保といった具体的取と相容れないものではない。

引においては、消費者の事業者に対する交渉力が限定されていたり、事業者の選択が事実上、取引開始時点においてしか働かず、消費者の取引先（事業者）の変更可能性が制約される取引」であり、かかる取引の場面において消費者が一方的不利益行為を受け入れざるを得ない状況に置かれる問題とされている。

　また、報告書は、困惑行為について、事業者が契約締結過程において威迫、不退去、監禁等の強引な勧誘によって消費者を困惑させて契約させようとする行為として説明している。

　ところで、消費者契約法は、「事業者が消費者契約の締結について勧誘をするに際し」て行った不公正な取引方法適切な行為によって消費者が誤認をして契約した場合の取消規定を定めている[67]。取消権行使の対象となるのは、事業者が「重要事項について事実と異なることを告げ」た場合（不実告知、消費者契約法4条1項1号）、事業者が「物品、権利、役務その他の消費者契約の目的となるものに関し、将来におけるその価額、将来において当該消費者が受け取る金額その他の将来における変動が不確実な事項につき断定的判断を提供すること」によって、「当該提供された断定的判断の内容が確実であるとの誤認」をして契約した場合（断定的判断の提供、同2号）、事業者が「当該消費者に対してある重要事項又は当該重要事項に関連する事項について当該消費者に利益となる旨を告げ、かつ当該重要事項について当該消費者の不利益となる事実（当該告知により当該事実が存在しないと消費者が通常考えるべきものに限る。）を故意に告げなかったこと」によって、当該消費者が誤認をして契約した場合（不利益事実の不告知、同法4条2項）である。また、同法は、2つの困惑型類型についても消費者の取消権を認めている。一つは、事業者に対して「当該消費者がその住居又はその業務を行っている場所から退去すべき旨の意思表示をしたにもかかわらず、それらの場所から退去しない」場合（不退去、同法4条2項1号）であり、もう一つは、「当該事業者が当該消費者契約の締結について勧誘している場所から当該消費者が退去する旨の意思表示を示したにもかかわらず、その場所から当該消費者を退去させな

---

[67]　中田＝鹿野・前掲注(21) 80頁（鹿野菜穂子執筆）。

い」場合(同2号)である。さらに、消費者契約法は、不当条項の無効に関する3つの規定を定めているが、その一般条項が消費者契約法10条である。同条は、「民法、商法(明治32年法律第48号)その他の法律の公の秩序に関しない規定の適用による場合に比し、消費者の権利を制限し、又は消費者の義務を加重する消費者契約の条項であって、民法第1条第2項に規定する基本原則に反して消費者の利益を一方的に害するものは、無効とする。」と定めている。個別条項規定として、「事業者の損害賠償の責任を免除する条項の無効」を定めた同法8条、「消費者が支払う損害賠償の額を予定する条項等の無効」を定めた同法9条がある。

　消費者契約法4条1項および2項は、「事業者が消費者契約の締結について勧誘をするに際し」て、不実告知、断定的判断の提供、不利益事実の不告知といった消費者に対して一方的な不利益を与える場合と、不退去や退去妨害によって消費者に対して一方的不利益を与える場合に、当該消費者契に取消権を認めており、また同法10条(8条、9条も含めて)は不当条項を用いた契約を無効とするものであるが、報告書が取り上げた一方的不利益行為と困惑行為の態様と、これらの消費者契約法の対象である契約締結における事業者の行為の態様とは、質的に同じものと見ることができる。報告書の公表時点(2002年11月)で、既に消費者契約法は施行されている(2001年4月)。一方的不利益行為や困惑行為といった消費者取引における問題について、消費者契約法の民事規律(取消権、無効)による対応だけでなく、景品表示法と独占禁止法による行政規制による対応の考え方と方向性が示されていたことは、競争政策の新たな展開の可能性を示唆するものであったといえる。

　消費者契約法は、「消費者と事業者との間の情報の質及び量並びに交渉力の格差に鑑み、事業者の一定の行為により消費者が誤認し、又は困惑した場合について契約の申込み又はその承諾の意思表示を取り消すことができることとするとともに、事業者の損害賠償の責任を免除する条項その他消費者の利益を不当に害することとなる条項の全部又は一部を無効とする……ことにより、消費者の利益の擁護を図り、もって国民生活の安定向上と国民経済の健全発展に寄与することを目的とする。」(1条)と定めている。消費者の取消権を定めた同法4条1項および2項、また契約条項の無効を定めた8条か

ら10条の諸規定は、「消費者と事業者との間の情報の質及び量並びに交渉力の格差」に起因する消費者取引に対処する民事規律である。報告書が一方的不利益行為に対する独占禁止法の対応として、「優越的地位の濫用」（2条9項5号）の適用可能性を示しているが、同号は事業者と消費者との間に適用されるか、また適用される場合には消費者との関係において事業者の「優越的地位」はいかなる考慮要因に基づいて認定されるか、という独占禁止法上の論点がある。

　まず、独占禁止法の優越的地位の濫用規制が事業者と消費者の間の取引について適用されるかどうかという論点について学説と公正取引委員会の考え方を見る。優越的地位の濫用の定義は、「自己の取引上の地位が相手方に優越していることを利用して、正常な商慣習に照らして不当に、次のいずれかに該当する行為をすること。」（2条9項5号1文）と規定されている[68]。学説上、同条の「相手方」には事業者に限定されていないことから、同条は事業者と消費者の間の取引を対象外とはしていないとする見解が通説といえる[69]。第二の論点である事業者と消費者の間の力関係、すなわち事業者が消費者に対して「優越的地位」にあることをいかなる基準に基づいて判断するかについては、いくつかの見解がある[70]。

　一つは消費者が事業者の表示等に依拠して商品の選択・取引を行わざるを

---

(68) 「次のいずれかに該当する行為」は、「継続して取引する相手方（新たに継続して取引しようとする相手方を含む。ロにおいて同じ。）に対して、当該取引に係る商品又は役務以外の商品又は役務を購入させること。」（「購入強制」といわれる。2条9項5号イ）、「継続して取引する相手方に対して、自己のために金銭、役務その他の経済上の利益を提供させること。」（「利益供与」、同号ロ）、「取引の相手方からの取引に係る商品の受領を拒み、取引の相手方取引に係る商品を受領した後当該商品を当該取引の相手方に引き取らせ、取引の相手方に対して取引の対価の支払いを遅らせ、若しくはその額を減じ、その他取引の相手方に不利益となるように取引の条件を設定し、若しくは変更し、又は取引を実施すること。」（「一方的取引条件の不利益変更等」、同号ハ）である。イとロの相手方は「継続して取引する相手方」に限定されるが、ハの行為にはこの限定はなく、一回限りの取引の相手方も含まれる。

(69) 金井貴嗣＝川濱昇＝泉水文雄『独占禁止法〔第5版〕』（弘文堂、2015年）350頁、根岸哲＝舟田正之『独占禁止法概説〔第5版〕』（有斐閣、2015年）277頁、白石忠志『独占禁止法〔第3版〕』（有斐閣、2016年）421頁、正田彬『全訂独占禁止法Ⅰ』（日本評論社、1980年）412頁など。

(70) この学説の詳細な整理を行う文献として、内田耕作「消費者取引と優越的地位の濫用規制」(1)～(3・完)彦根論叢（346号、347号、349号）がある。

得ない立場にあることに着目して、事業者の優越的地位を認めるものである。消費者は「商品について自らの力で認識する力を持たないのが原則であり、事業者の表示その他の措置に依存して商品を識別するというかたちで事業者に依存しているという事実」から、事業者の取引上の力の優越性を認めるという見解である[71]。また、消費者が「事業者の行う表示等による取引対象の特定に依存せざるを得ない地位」にあることを前提として、消費者契約法1条の「消費者と事業者との間の情報の質及び量並びに交渉力の格差」から「一般的に、事業者は消費者に対し優越的地位にある」とする見解がある[72]。

もう一つは、中途解約の困難な継続的な消費者取引に際して、消費者が一方的な不利益を受ける場合に優越的地位の濫用の適用の余地があるとする見解である[73]。

また、表示等に見られる情報のアンバランスと消費者取引の特殊性に着目した見解がある。すなわち、「一般消費者向けの取引では情報非対称性とともに、事業者の側が取引の標準枠組みをもち、不確実性下の意思決定の脆弱性を相まって、情報開示などでは改善されないような態様で、一般消費者に不利益な条項が置かれる可能性」があり、このような場合には独占禁止法による「直接的是正」の余地があると説明される[74]。

さらに「優越的地位の濫用規制は「市場支配的状態の究極形態としての、行為者による相手方からの搾取それ自体に着目した」[75]制度であり、「相手方が事業者であるか否かを問わ」ず、「事業者であってもなくとも、搾取の被害者として保護する意味がある」[76]とする見解がある。

消費者取引に対する独占禁止法の適用可能性について、優越的地位の濫用の親規定である「取引上の地位の不当利用」の捉え直しの観点から説明する

---

(71) 正田彬『経済法講義』(日本評論社、1999年) 163頁、同『全訂独占禁止法Ⅰ』前掲注 (69) 413頁。
(72) 根岸＝舟田・前掲注 (69) 277頁。
(73) 金井＝川濱＝泉水・前掲注 (69) 350頁。
(74) 川濱昇「競争秩序と消費者」ジュリスト1139号 (1998年) 25頁。
(75) 白石・前掲注 (69) 417頁。
(76) 白石・前掲注 (69) 421頁。

見解もある。この見解は、独占禁止法2条9項6号ホの「取引上の地位の不当利用」の規定を、「情報の不完全性による市場の失敗の規制」のための一般条項と捉え直し、この規定に基づいて具体的な一般指定や特殊指定を設けることにより、欺まん的顧客誘引だけでなく勧誘や取引内容等についての広範かつ直接的な消費者保護が可能となる見解がある[77]。この見解は、立法論としての提言という面があるが、契約締結に至るプロセスにおいて起こりうる消費者問題を事業者の力の行使の観点から独占禁止法の射程に置くものといえる。

学説上、事業者の「優越的地位」の認定の方法をめぐる見解には諸説見られるものの、消費者取引に対する優越的地位の濫用規制の適用可能性は排除されていないといえるが、公正取引委員会の法運用において、これまで消費者取引に対して優越的地位の濫用規制を適用した事例はなく[78]、その理由も明らかではない[79]。公正取引委員会の「優越的地位の濫用に関する独占禁止法上の考え方」[80]（以下、「優越的地位ガイドライン」という。）は、2条9項5号の「自己の取引上の地位が相手方に優越していることを利用して」についての考え方を以下のように述べている。

> 「取引の一方の当事者（甲）が他方の当事者（乙）に対し、取引上の地位が優越しているというためには、市場支配的な地位又はそれに準ずる絶対的に優越した地位である必要はなく、取引の相手方との関係で相対的に優越した地位であれば足りると解される。甲が取引先である乙に対して優越した地位にあるとは、乙にとって甲との取引の継続が困難になることが<u>事業経営上大きな支障</u>を来すため、甲が乙にとって著しく不利益な要請等を行っても、乙がこれを受け入れざるを得ないような場合である。」（下線は、著者挿入。）

優越的地位ガイドラインに述べられた優越的地位の判断要因には、取引上

---

(77) 大録英一「優越的地位の濫用と取引上の地位の不当利用について」公正取引626号（2002年）13頁。
(78) 根岸＝舟田・前掲注(69) 277頁。
(79) 根岸＝舟田・前掲注(69) 277頁では、「実際には、各種の消費者法や公益事業規制などによって処理されることが多」いという見方が示されている。
(80) 2010年11月30日（2017年6月16日改正）。

の地位が劣位にある相手方（上記「乙」）について「事業経営上大きな支障」の惹起の可能性が含まれている。このことから、相手方である乙に該当するのは「事業経営上」の判断を行いうる者であり、通常の場合、消費者はこれに該当しないといえる[81]。したがって、公正取引委員会による優越的地位の濫用規制においては、消費者取引は、今後も規制の対象外とすることが予想される[82]。2002年の消費者取引問題研究会報告書の中に示されていた消費者取引に対する優越的地位の濫用規制の適用の可能性は、上記・優越的地位ガイドラインの考え方を見る限り、公正取引委員会自身によって否定されたということになり、「競争政策と消費者政策の一体的推進」という方向性も既に転換されたといえる。

第6節　行政規制と民事規律による競争秩序の確保

　これまで見てきたように、現在、消費者基本法16条の「公正自由な競争の促進等」は、消費者取引問題研究会報告書で述べられていた2つの競争政策、すなわち事業者間の競争を維持・促進することにより市場メカニズムを有効に機能させることを目的とする「狭義の競争政策」と、消費者が主体的・合理的に意思決定できる環境を創出・確保するための「広義の競争政策」のうち、前者の競争政策として推進されているといえる。
　公正取引委員会による独占禁止法の運用は、全ての独占禁止法違反事件を取り上げるものではない。人的・組織的な行政資源の制約上、法適用対象は選別される。公正取引委員会は、欺まん的顧客誘引、不当な利益による顧客誘引、優越的地位の濫用規制については、「当該行為を放置すれば当該行為

---

(81)　消費者であっても、これから事業者との取引・契約を行おうとする消費者はこの「事業経営上大きな支障」を来すかどうかの判断の主体となりうることから、かかる消費者は「乙」に該当する可能性はある。

(82)　この「事業経営上」の要件の必要性に疑義を唱える見解として、白石・前掲注（69）424頁。また、「優越的地位の濫用規制の展開」をテーマとする日本経済法学会・平成26年度大会のシンポジウムにおいて、白石忠志教授は「これまで消費者向け取引については、優越的地位の濫用として公取委が規制した事例はなく、相手方の事業経営上という言葉が付いているが、私も、それも余計ではないかと考えています。」と発言されている。齊藤高広「『優越的地位の濫用』平成26年度シンポジウムの記録」日本経済法学会年報第36号（有斐閣、2015年）138頁。

の他への波及性・伝播性が認められる場合に、……規制することが適用である」という考え方、いわゆる「行為の広がり」が認められる場合に、これらの適用を行うという考え方を示してきた[83]。にこの「行為の広がり」は、前記・優越的地位ガイドライン（3頁）にも見られる。この「行為の広がり」については、「行為の広がり」がなければ公正競争阻害性そのものがないという「不文の」違法要件とする見方と、公正取引委員会による「事件選別の基準」にすぎないという見方がある[84]。学説は、後者の「事件選別基準」として捉えるべきという立場にある[85]。行政資源の制約上、ある程度の事件選別が求められることは一定の合理性があるといえるが、どの程度の質的または量的な「行為の広がり」があれば法適用に至るかについて、公正取引委員会は明らかにおらず、また適用事例がないことから、先例から読み取ることもできない。

公正取引委員会による消費者取引に対する独占禁止法適用の消極的または否定的な立場は、消費者取引に対しては、他の法律に基づく行政規制——例えば特定商取引法——があり、また消費者契約法に基づく消費者による契約に対する取消権の行使が可能であることから、独占禁止法による消費者取引分野への介入についての抑制が働いているのではないかとの推測もできる。

特定商取引法の適用対象は、訪問販売、通信販売・電話勧誘販売、マルチ商法、特定継続的役務提供、業務提供誘引販売取引、訪問購入といった販売・業態に限定されているが、消費者取引をめぐる問題はこれらの分野に限定されない。独占禁止法は業種横断的に適用され、不当な顧客誘引に対する規制、優越的地位の濫用規制は、全ての事業者に適用される一般法である[86]。独占禁止法が「一般消費者の利益」を確保することを目的としてお

---

(83) 田中寿編『不公正な取引方法—新一般指定の解説—』（商事法務、1982年）59、86頁。
(84) 白石忠志『独禁法講義〔第5版〕』（有斐閣、2010年）118頁、同『独占禁止法〔第2版〕』（有斐閣、2009年）108頁。
(85) 金井＝川濱＝泉水・前掲注（69）357、365頁。白石・前掲注（84）〔第5版〕119頁、根岸哲編『注釈独占禁止法』（有斐閣、2009年）413頁（宮井雅明執筆）および499頁（根岸哲執筆）など。
(86) 内田・前掲注（70）21頁は、顧客誘引規制から外れる問題領域を優越的地位の濫用規制によってカバーできるとする。

り、この目的実現のために不当な顧客誘引と優越的地位の濫用が不公正な取引方法として禁止されていることが日本の市場経済社会の一般的かつ共通のルールであることは、独占禁止法の制定以降に誕生した全ての消費者法に通底している。したがって、独占禁止法が消費者取引を射程に置く法律であることは明確であり、しかしながら、行政資源の面からの制約上、十分な法適用ができていない、とする見方もできなくない。また、仮にこの見方が正しいとすれば、先に掲げていた「競争政策と消費者政策の一体的推進」という基本方針が修正されたことの理由が、かかる事情にあることをもって説明されるのであれば、国民目線からも合理的理由として理解されうるといえよう。

　学説では、消費者契約法などの民事規制は、取引上劣位にある消費者のイニシアティブによる訴訟提起等を通じて初めて実現するものであり、優越的地位の濫用からの保護を民事規制に委ねるだけでは「大きな限界」があることから、競争当局による優越的地位の濫用規制の積極的な規制が要請されるとする見解がある[87]。消費者取引に対する行政規制である独占禁止法の適用が、消費者契約法等による民事規制を支援する「両規制の相互補完」の要請の観点から、優越的地位の濫用規制による消費者利益の保護の必要性を唱えるものである。

　独占禁止法、同法を母法として制定された景品表示法は、市場経済システムの維持維持法であり、公正取引委員会（および消費者庁）による行政規制（刑事告発を含む。）による違反行為の排除による市場機能の回復を執行力の中核としているものの、これら2つの法律が定める禁止・規制規定は、市場経済システムの担い手である事業者と消費者にとって規範としての意味を持つ。このことは、独占禁止法が、不公正な取引方法を用いた事業者に対する行為の差止請求に関する規定（独占禁止法24条）を定めていること、また独占禁止法が規定する無過失損害賠償請求訴訟に関する制度（同法25条）とは別に、独占禁止法違反行為による損害を不法行為責任として構成して民法709

---

(87) 根岸哲「優越的地位の濫用規制に係る諸論点」日本経済法学会年報第27号（有斐閣、2006年）29頁。

条に基づく損害賠償請求訴訟の提起が司法において排除されていないことからも裏付けることができる。

　独占禁止法24条の差止請求は、「第8条第5号又は第19条の規定に違反する行為によってその利益を侵害され、又は侵害されるおそれがある者」が請求適格を有する者となるが、この「者」には自然人、法人のほか、法人格のない社団が含まれ、したがって事業者と消費者は当然に該当する[88]。しかしながら、消費者団体には請求権者としての適格性は認められていない[89]。

　このような市場経済システムにおける一般的な公序としての役割・機能を備える独占禁止法と景品表示法に違反する行為は、全てが行政規制の対象として捕捉されているわけではない。また、広告・表示、消費者取引をめぐる問題は、地域にかかわらず惹起しているものの、公正取引委員会は全国5ブロックに地方事務所を置くものの広域自治体に出先機関を持たず、消費者庁は地方組織を有しない。2008年に、景品表示法の不当表示（優良誤認、有利誤認）に対する適格消費者団体の差止請求権は認められているが、独占禁止法については、公正取引委員会の研究会報告書[90]において「独占禁止法への導入については、次の段階での課題として位置付け、引き続き検討」すべき旨が記述されているにとどまる。消費者問題の領域における行政規制と民事規制の「相互補完」が実現されるためには、独占禁止法の差止請求制度自体の拡充が不可欠である。2000年の独占禁止法24条の差止請求制度の導入以降、事業者間での差止請求事案は見られるものの、消費者による対事業者請求事案はない。消費者による差止請求訴訟が提起されていない実態については、同条の訴訟要件（著しい損害要件）などの充足ないし立証が困難であるなど差止請求適格を充たすためのハードルが高いといった制度上の障害が考えられるが、消費者側の被害額が訴訟提起に踏み切るインセンティブとはならない、いわゆる「少額訴訟」一般に共通する訴訟コストとの関係などを含めて原因分析がなされる必要があるが[91]、かかる制度に対する評価と検証を

---

(88) 根岸編・前掲注（85）578頁（泉水文雄執筆）、金井＝川濱＝泉水・前掲注（69）554頁。
(89) 金井＝川濱＝泉水・前掲注（69）574、578、579頁。
(90) 公正取引委員会「独占禁止法・景品表示法における団体訴訟制度の在り方について」（2007年7月12日）。

行いつつ、適格消費者団体を原告とする不公正な取引方法に対する差止請求訴訟制度の構築は必要である[92]。不公正な取引方法の各行為類型のうち、消費者取引に関わる規定、すなわち事業者ではない「相手方」を行為要件とする欺まん的顧客誘引（一般指定8項）、不当な利益による顧客誘引（一般指定9項）、および優越的地位の濫用（2条9項5号）について、適格消費者団体の差止請求権行使の対象とする法制度の整備は喫緊課題であるとともに、かかる法整備は「競争政策と消費者政策の一体的推進」の重要な政策課題の実現につながるものといえよう。

　独占禁止法の保護法益である「一般消費者の利益」は、競争当局による行政規制を通じて実現される「公正且つ自由な競争」による利益に限定されるものではなく、適格消費者団体等による差止請求権の行使によって実現される「一般消費者の利益」も存在する。消費者基本法が定める「消費者の権利」の1つである「救済される権利」が行使できるインフラ整備も、消費者政策としての競争政策の役割ということができ、消費者の利益の保護と、消費者の主体的な権利行使の両面からの政策実現に資することになるといえる。

---

(91) 独占禁止法24条の個人差止請求権の存在は適格消費者団体による差止請求権制度の導入の障害とはならないが、「24条のような規定を置いてはみたものの、ほとんど機能しないので、24条の議論を脇において、独禁法への消費者団体訴権の導入を急ぐべきだというのでは、手順を尽くした立論とはいえない。」とする批判（山本豊「独占禁止法・景品表示法への団体訴訟制度の導入について」ジュリスト1342号〔2007年〕106頁）に応えるためにも、24条に基づく消費者個人による差止請求訴訟制度の機能についての検証が求められる。

(92) 適格消費者団体による消費者契約法および景品表示法に基づく差止請求事案であった「クロレラチラシ配付事件」最高裁判決（2017年1月24日民集71巻1号1頁）は、事業者の広告が消費者契約法4条の「勧誘」に該当する可能性を示唆した（判決の結論自体は、適格消費者団体の差止請求を棄却した大阪高裁判決を容認している）。この消費者契約法の「勧誘」は、契約締結に至る過程において行われるものであるが、独占禁止法上は「勧誘行為」と見ることができ、この場合に、行為を適用対象とする独占禁止法は、広告＝勧誘を「顧客誘引行為」と捉えて欺まん的顧客誘引、または情報格差に起因する優越的地位の濫用による対応が可能となる。同判決がエンフォースメントの複線化の意義を示したものであることについて、千葉惠美子「適格消費者団体による差止請求制度の保護法益とエンフォースメントの流動化─私法・公法領域における集団的利益論の展開のために」加藤新太郎＝太田勝造＝大塚直＝田髙寛貴編『21世紀民事法学の挑戦（加藤雅信先生古稀記念）下巻』（信山社、2018年）297頁を参照されたい。

第12章　自治体における競争政策と消費者政策

　第11章では、国レベルにおける消費者行政が消費者基本法の目的と理念に基づいて構築している行政の枠組と、消費者の「利益」の確保と「権利」の実現を図るための政策の理念と方向性について概観してきた。本章では、自治体レベルにおける消費者行政の枠組と理念と行政・政策の現状について目を向けたい。自治体における消費者行政の問題について、今日取り上げられることが多いのは、自治体の消費者行政の「強化」に関わる問題であり、これは消費者行政全体における「最重要の課題」と位置付けられている[1]。その「強化」のための施策として検討されきているのは、自治体の消費者行政に対する国からの財政支援と自治体独自の財政獲得の方策に関する「財源のあり方」である。今日の財源確保を含む体制の見直しや再構築をめぐる検討の方向性は喫緊の課題であるが、これらの財源が確保され不足している人材が配置されることにより課題が克服されたとしても、その成果の証として自治体の消費者行政は質的な変革を伴うことになるのか、という課題に向き合うこととなる。そして、この課題は、自治体消費者行政が始まって以来、常に問われ続けている自治体の消費者行政の「本旨」は何かという問題と密接に関わっている。

　消費者基本法の制定および消費者庁の設置は自治体の消費者行政にいかなる影響を与えたのか——あるいは影響を与えていないのかを含めて——について検討することにより、今日の日本における自治体の消費者行政の特色と課題を整理することが本章の目的である。

　そこでまず最初に、自治体における競争政策とは何かについて見ていくことにしたい。

（1）　河上正二「地方消費者行政の強化とその課題」ジュリスト1507号（2017年）72頁。

第1節　自治体における競争政策

　独占禁止法が保護法益とする市場における競争秩序の確保は、国内の5つのブロックに地方事務所を置く公正取引委員会によって担われており、この体制は、一般に公正取引委員会中心主義といわれることがある。前記の「公正自由な競争の促進等」というタイトルを付された消費者基本法16条の規定も「国は、商品及び役務について消費者の自主的かつ合理的な選択の機会の拡大を図るため、公正かつ自由な競争を促進するために必要な施策を講ずるものとする。」と定めているとおり、自治体がその担い手となることは予定されていない。

　独占禁止法による競争秩序の確保——独占禁止政策（競争秩序維持政策）——は、日本における競争政策の中核をなすが、規制改革の一環として推進される競争促進政策や、ライフライン事業や旅客運送分野などの公益事業における許認可行政に関係する競争抑制政策も、広く競争政策の中に位置づけられる。かかる競争促進政策ないし競争抑制政策は、複数の省庁に属する規制権限に委ねられており、各種の事業法を通じた運用が地域ブロックごとに又は自治体ごとに設置された国の出先機関を通じて行われている。また、自治体が、国の権限に属する一部を自治体の事務として行使する場合（法定受託事務、地方自治法2条9項）があり、また自治体が条例に基づいて競争に関わる政策・事務を実施する場合もある。

　自治体が所管する「競争」に関係する施策の例として、ライフライン事業である水道事業とガス事業、公共交通事業であるバス事業等の公益事業の経営、事業活動に対する開設・出店等に対する許認可による規制、中小企業支援・融資や事業転換等、広範なものが挙げられる。

　ライフライン事業や交通事業の経営は、自治体がみずから事業活動の主体となるものであり、このほかの例として、畜事業、病院事業、市場事業などがある。また、自治体が直接の事業主体とはならないが、民間事業者に対する補助金等を支出する場合がある。自治体がこれらの事業経営の主体となって事業活動を行うことには、「財政収入を目的とする経済活動であっても、

雇用の創出や地域振興など住民の福利増進の目的をも持つ」[2] 公共性のある事業である場合があり、正面から禁止されるものでないが、市場と競争の観点から見た場合には、自治体を経営主体となる事業は、市場に競争者として参入することを意味する[3]。独占禁止法における「事業者概念」（2条1項）は、民間であるか行政機関であるかの「法的主体を問わない」[4]ため、自治体も当然独占禁止法上の事業者に該当し、私的独占、カルテル、不公正な取引方法の各禁止規定に該当する行為を行った場合には独占禁止法違反の対象となる[5]。事業経営の主体としての自治体は、独占禁止法の適用対象に含まれるかたちで、競争政策との関わりを持つ。

また、自治体は、事業者または事業活動を行おうとする者に対する許認可権限を通じて当該者の事業者の市場参入や料金設定に対する規制を行うかたちで、競争政策との関わりを持つ。行使自治体が有する許認可権限の例を挙げると、公衆浴場の営業許可[6]、薬局開設の許可[7]、医薬品販売業の許可[8]、病院および診療所の開設の許可[9]、温泉の掘さくの許可[10]などがあ

---

(2) 斎藤誠「地方公共団体の経済活動への関与―その許容性と限界―」高木光＝交告尚史＝占部裕典＝北村喜宣＝中川丈久編著『行政法学の未来に向けて』（有斐閣、2012年）185頁。
(3) 独占禁止法制定以来、電力、ガスや水道などの公益事業はいわゆる「自然独占」として同法の適用除外（旧21条）とされてきたが、2000年法改正によって、同条は廃止された。現在、事業の特性上、事実上の地域独占となっている分野においても新規参入が排除されているわけではない。
(4) 「お年玉付き年賀葉書事件」最高裁判決（1998年12月18日審決集45巻467頁）。
(5) これまで自治体が独占禁止法違反に該当する行為を行ったとして、民間事業者から当該違反行為を理由とする損害賠償請求がなされた訴訟（前記「芝浦と畜場事件」）において、自治体は独占禁止法上の事業者に該当しないと主張したが、最高裁判決は自治体が事業者に該当するとした。
(6) 公衆浴場法2条1項「業として公衆浴場を経営しようとする者は、都道府県知事の許可を受けなければならない。」
(7) 薬機法5条1項「薬局は、その所在地の都道府県知事の許可を受けなければ、開設してはならない。」
(8) 薬機法24条1項「薬局開設者又は医薬品の販売業の許可を受けた者でなければ、業として、医薬品を販売し、授与し、又は販売若しくは授与の目的で貯蔵し、若しくは陳列（配置することを含む）してはならない。ただし、医薬品の製造業者又は輸入販売業者が、その製造し、又は輸入した医薬品を、薬局開設者又は医薬品の製造業者若しくは販売業者に販売し、授与し、又はその販売若しくは授与の目的で貯蔵し、若しくは陳列するときは、この限りでない。」
(9) 医療法7条「病院を開設しようとするとき、医師法の規定による登録を受けた者及び歯科医師法の規定による登録を受けた者でない者が診療所を開設しようとするとき、又は助産婦でない

る。また、旧・大規模小売店舗法の下で、百貨店や大型量販店の出店に関して、自治体が法律に基づく審議会を設置し、大型店舗の出店する地域に所在する中小事業者の保護の観点から、出店規制を行う権限が認められていた。日米構造問題協議や政府規制改革によって同法は廃止され、現在は都市計画に関する政策の一環として制定された大規模小売店舗立地法に基づき、自治体は、大規模小売店舗の新設に係る届出者に対する勧告等の措置[11]を行うこととされている。

　これらの自治体による事業活動に対する許認可は、それぞれの法律や条例の目的に基づいて定められたものであるが、当該許認可の申請者が関係市場に参入できるかどうかという参入規制という側面を、また価格・料金に関する判断は料金規制という側面を有するものであることから、競争に対する抑制効果をもたらす政策としての性格を有する。法律上公衆衛生や安全確保の観点から事業者に対する許認可権限が定められている場合には、競争抑制とは無関係の政策ということができる。

　その一方で、自治体が、独占禁止法およびその運用機関である公正取引委員会と直接の関わりを持つのが、入札制度に関する事務である。公共入札適正化法（公共工事の入札及び契約の適正化の促進に関する法律、2000年制定）に定められた公正取引委員会への情報提供に関する規定[12]、また入札関与行為等

　　者が助産所を開設しようとするときは、開設地の都道府県知事（診療所又は助産所にあっては、その開設地が保健所を設置する市の区域にある場合においては、当該保健所を設置する市の市長）の許可を受けなければならない。」
(10) 温泉法3条1項「温泉をゆう出させる目的で土地を掘さくしようとする者は、環境省令の定めるところにより、都道府県知事に申請してその許可を受けなければならない。」
(11) 大規模小売店舗立地法9条1項「都道府県は、前条第七項の規定による届出又は通知の内容が、同条第四項の規定により、都道府県が述べた意見を適正に反映しておらず、当該届出又は通知に係る大規模小売店舗の周辺の地域の生活環境に著しい悪影響を及ぼす事態の発生を回避することが困難であると認めるときは、市町村の意見を聴き、及び指針を勘案しつつ、当該届出又は通知がなされた日から二月以内に限り、理由を付して、第五条第一項又は第六条第二項の規定による届出をした者に対し、必要な措置をとるべきことを勧告することができる。」
(12) 同法10条「公正取引委員会への通知」の条文は以下のとおりである。
　「10条　各省各庁の長、特殊法人等の代表者又は地方公共団体の長（以下「各省各庁の長等」という。）は、それぞれ国、特殊法人等又は地方公共団体（以下「国等」という。）が発注する公共工事の入札及び契約に関し、私的独占の禁止及び公正取引の確保に関する法律（昭和二十二年法律第五十四号）第三条又は第八条第一号の規定に違反する行為があると疑うに足りる事実がある

防止法(入札談合等関与行為の排除及び防止並びに職員による入札等の公正を害すべき行為の処罰に関する法律、2002年制定)におけるいわゆる官製談合に対する諸規定[13]があり、独占禁止法で禁止されている入札談合(入札カルテル)に対するサンクションと再発防止のための取組が自治体の責務として位置付けられていることから、入札制度に関する業務は、自治体と競争政策との接点の一つといえる。

　自治体と競争政策とのもう一つの接点は、消費者庁が設置される以前の景品表示法(旧景品表示法という。)の運用であった。旧景品表示法は、独占禁止法の「特例」として位置付けられており、同法の目的規定にも、また不当表示規制と景品・懸賞付販売に対する規制の要件にも「公正な競争を阻害するおそれ」が置かれていたこと、また都道府県知事に同法違反に対する「指示」権限が付与されていたこと等の制度[14]が定められていたことから、自治体は競争政策の一環としての景品表示行政の担い手であった。2009年の消費者庁設置に伴う景品表示法の位置付けの変更によって、景品表示法は競争政策から消費者法の領域に位置付けられ、また運用機関が公正取引委員会から消費者庁に変更されたことから、自治体と公正取引委員会の景品表示法を通じた関わりは、今日存在しない。

　このような状況は、自治体行政における「競争政策の不在」といわれることがある[15]。自治体における「競争政策の不在」は、例えば、地方におけ

　ときは、公正取引委員会に対し、その事実を通知しなければならない。」」
(13) 同法1条の目的・趣旨の条文は以下とのおりである。
　「1条　この法律は、公正取引委員会による各省各庁の長等に対する入札談合等関与行為を排除するために必要な改善措置の要求、入札談合等関与行為を行った職員に対する損害賠償の請求、当該職員に係る懲戒事由の調査、関係行政機関の連携協力等入札談合等関与行為を排除し、及び防止するための措置について定めるとともに、職員による入札等の公正を害すべき行為についての罰則を定めるものとする。」
　2条3項は、「この法律において「各省各庁の長等」とは、各省各庁の長、地方公共団体の長及び特定法人の代表者をいう。」と規定されており、前条の「各省各庁等」には自治体の長が含まれる。
(14) 知事は、事業者が指示に従わない場合、不当表示の取りやめされるためまたは再発防止のため必要がある場合に、公取委に適当な措置をとることを請求でき(9条の3)、また指示、措置請求を行う上で必要な場合に、事業者からの報告徴収、事業者への立入調査等を行うことができる(9条の3)と定めていた。

る入札談合の多発、競争制限的な基準設定による地域への参入制限、大型店出店の際の競争制限的指導による調整等の事例となって現れることになる[16]。

しかしながら、自治体の消費者行政の現場においては、競争政策上重要な規制対象である「不当表示」に関わる問題は、自治体が取り扱う消費者問題の中で重要な位置付けにあり、公正取引委員会との関係において行われる不当表示に対する規制、表示の適正化のための施策は、自治体における競争政策として認識されていたといえる。消費者庁設置以前の行政の実態から見れば、自治体における競争政策は、景品表示法を通じた消費者政策の一環として、すなわち不当表示と景品・懸賞付販売に対する規制を接点として、位置付けられていたということができよう。

第2節　自治体における消費者行政の特徴
——（1）法律に基づく委任行政

(1) 自治体の消費者行政の沿革と現状

消費者保護基本法（1968年制定）は、国と自治体の消費者行政の責務を規定しており、同法の下で今日に至る二元体制の基礎が作られた。同基本法の制定に合わせて地方自治法が1969年に改正され、「自治体の固有事務」（3条）の中に「消費者保護」が明記されたが、1999年の地方分権改革推進法の制定およびこれを受けた同年の地方自治法改正によって自治体事務に関する変更により「消費者保護」の文言は条文とともに削除されたが、消費者行政は「自治事務」の位置付けとされた。

1965年に兵庫県に設置された「神戸生活科学センター」が今日の消費生活

---

(15) 米丸恒治「地方行政と地域経済における競争政策の現状とその問題点」公正取引646号（2004年）2頁。
(16) これらの問題については、前掲注(15)の論文を含む「特集　地方［規制、行政、経済］について考える」公正取引646号2頁～29頁を参照されたい。なお、自治体における独占禁止政策の意識の欠如と「競争秩序マインド」の醸成の必要性について、岩本諭「自治体における競争政策への内省：我が国の競争政策の『底上げ』に向けて」九州法学会「九州法学会会報2010年」（2010年）71頁以下において検討した。

センターの第1号であり、同センターの設置を皮切りに、その後各地に消費生活センターが次々と設置されることとなった[17]。また、1975年の東京都消費生活条例をはじめ、都道府県レベルでの条例制定がこの時期以降整備され、1970年代半ば頃までに自治体における消費者行政の「基本的な形」が作られていった[18]。

1972年には、公正取引委員会の権限の一部を都道府県知事に機関委任する景品表示法の改正が行われ、都道府県知事に、景品表示法違反行為者に対する指示に関する権限が付与され、公正取引委員会と自治体による景品表示法の枠組が設けられた。

2004年の消費者基本法の改正・制定では、国と自治体を基本とする二元体制は維持されたが、2009年の消費者庁の新設に係る関連3法の一つである消費者安全法において、都道府県について消費生活センターの設置が義務付けられ（10条1項）、市町村については設置の努力義務が定められた（10条2項）。また、消費生活センターにおいて相談業務を行う「消費生活相談員」に関する規定が置かれ、その法的な役割と資格要件が明確化された（10条の3）。

自治体消費者行政に対する国からの財政支援は、旧・消費者保護基本法の制定の前年（1967年）から地方交付税の項目の中に「消費者行政経費」が盛り込まれ、「補助金」や「交付金」名目により財政面での支援が行われていたが、2005年のいわゆる三位一体改革[19]を契機として、かかる支援は廃止

---

(17) 西村隆男編著『消費者教育学の地平』（慶應義塾大学出版会、2017年）28頁、田口義明「地方消費者行政と消費生活センターの役割」国民生活（2014年6号）1頁。細川幸一『消費者政策学』（成文堂、2007年）168頁。
(18) 田口・前掲注（17）2頁。
(19) 1993年から本格化した地方分権改革は、地方分権推法（1995年制定）および地方分権一括法（1999年制定）によって、国と自治体、および都道府県（広域自治体）と市町村（基礎自治体）との間の関係（政府間関係）の抜本的な見直しを図ることを目的する改革（第一次推進計画）であり、現在、さらに国と自治体の行財政改革の見直しを目的とする第二次推進計画（いわゆる三位一体改革）が推進されている。

　第一次推進計画の基本理念は、地方自治の本旨に基づき、国と自治体との間、および自治体間に「対等・協力」を旨とする基本関係を確立することにある。この基本関係の確立のため、おもに、①国と自治体のそれぞれの役割の明確化、②機関委任事務の廃止、③自治体事務の再構成、④国による自治体への関与および自治体間の関与の基準と手続のルール化、⑤国と自治体の間の

された。2009年の消費者庁設置により、2009年から2011年の３年間が消費者行政の「集中育成・強化期間」とされ、新たに「地方消費者行政活性化基金」が設けられ、また2014年度から単年度精算方式による「地方消費者行政推進交付金」が投入されている。

　2014年度の「地方消費者行政強化作戦」と財政支援によって、2015年度には自治体の「消費者相談窓口」が全ての自治体に設置され、消費生活相談員数も消費者庁設置前の2,800名（2009年４月１日）から3,393名（2016年４月１日）に増員されている[20]。

　このような国からの財政支援に基づく自治体の消費者行政の体制強化が図られる一方で、自治体の独自予算の確保の「呼び水」として設けられた前記・活性化基金等の投入にもかかわらず自治体の消費者行政関連予算の確保は厳しい状況が続いており、国からの支援と自治体財源の確保の両面から地方消費者行政の整備と充実をいかに図っていくかが課題とされている[21]。

　このような自治体における消費者行政の沿革と現状を踏まえて、自治体の消費者行政がいかなる理念に基づいて、どのような行政・政策を行っているかについて目を向けたい。

(2) 自治体における法律に基づく行政の現状

　前記のとおり第１次地方分権推進およびこれに対応した地方自治法の改正（1999年）によって、自治体の消費者行政は「自治事務」[22]（地方自治法２条８

係争処理に関するルール整備を基本方針とする制度改革が行われた。この点につき、「地方分権推進計画」（1998年５月29日閣議決定）の中の「第２　国と地方公共団体との役割分担及び国と地方公共団体の新しい関係」。横道清孝編著『地方制度改革』（ぎょうせい、2004年）33頁以下（加藤主税執筆部分）。

(20) 消費者庁「平成28年度消費者白書」（2017年）250頁。
(21) 消費者庁「地方消費者行政の充実・強化に向けた今後の支援のあり方等に関する検討会」報告書（2017年７月）３頁。消費者委員会「地方消費者行政の体制整備の推進に関する建議」（2013年８月６日）28頁。
(22) この基本方針の中で特に重要なのは、機関委任事務の廃止である。これまで自治体行政の事務は、機関委任事務、団体事務と行政事務から構成されており、都道府県で処理される事務の７～８割が、市町村では３～４割が、国の事務を自治体に負担される機関委任事務で占められていた。佐藤文俊「地方分権の推進を図るための関係法律の整備等に関する法律（いわゆる地方分権一括法）について」ジュリスト1165号（1999年）34頁以下。地方分権推進計画、これを受けた地

項)とされた。この分権改革を契機として、自治体が、自主的かつ自立した消費者行政の担い手であることが明確になったと同時に、消費者・生活者に密着した消費者政策を広範に展開することが、自治体固有の役割であることが確認されたといえよう[23]。他方において、自治体における消費者行政には国の法律に基づく権限が委任された分野が広汎に存在し、その中の一部は地方自治法の「法定受託事務」（2条9項および「別表1」と「別表2」）に明確な根拠既定を持つものがあるが、かかる規定がないものもある。こうした国の権限委任は、安全、取引、表示、教育など消費者政策全般にまたがっている。

方分権一括法により、自治体の事務は、機関委任事務を整理・廃止されることとなり、法定受託事務と自治事務の二つに区分された。具体的には、かつての区分であった団体事務と行政事務は自治事務に統合され、また機関委任事務については、存続する事務、国の直接執行事務ならびに廃止する事務に分け、存続する事務は法定受託事務（但し、一部は自治事務に振り分けられている。）とされた。また、これまで機関委任事務に区分される領域について条例制定権は及ばないとされていた（旧地方自治法14条1項）が、機関委任事務の整理・廃止により、自治体の条例制定権は、法定受託事務と自治事務の双方に及ぶこととされた。

　この機関委任事務の整理・廃止および事務区分の再構成によって、自治体の事務は自治事務を原則とし、法定受託事務は例外（地方自治法2条8項、9項）となり、「住民に身近な行政はできる限り地方公共団体にゆだねる」（地方自治法1条の2）とする自治体行政の基本原則の下で、自治体が自主的かつ自立して行う行政の範囲が広がることとなった。もっとも、自治体が地方分権化によるメリットを活かすためには、組織体制と職員意識の改革が急務である。この点について、北村喜宣編著『ポスト分権改革の条例法務―自治体現場は変わったか―』（ぎょうせい、2003年）81頁以下（田口一博執筆部分）を参照されたい。

[23] こうした地方分権化推進の影響の一例として、消費者庁移管前の景表法を取り上げる。機関委任事務が廃止されたことに伴い、都道府県知事に対する指揮監督権に関する規定（旧9条の5）は削除され、これに代わって新たに、公取委が知事に対して、また同様に知事が公取委に対して技術的な助言、勧告ならびに資料の提供を請求できる規定（9条の5）が定められた。また、知事が違反行為に対する指示、公取委への措置請求、立入調査等を適切に行わない場合には、公取委が知事に対して是正を要求し、知事はこの是正を受けて必要な措置を講じなければならないとする規定（9条の6）が定められた。

　これらの改正は、地方分権化の下での景表法による表示規制を担う自治体の役割を明示し、都道府県がその担い手として積極的に法の運用を行うために必要な強化を施したものということができる。また、2003年改正では、さらに自治体による立入調査、報告徴収を妨害もしくは忌避した者に対する罰則規定（12条）について、罰金刑の上限を3万円から50万円に引き上げる改正も行われているように、自治体による執行力の確保が図られたが、同改正により導入された「優良誤認」の不当表示に対する「みなし規定」は、公取委（当時）の権限のみに属し、これについては自治体への権限配分はされなかったが、2014年改正によって、消費者庁と都道府県知事の権限は同じものとされていた。

こうした権限委任に基づく自治体の消費者行政は、消費者庁の設置以前から続いており、また新たな法制度が誕生するたびに自治体が行う行政の量は増える傾向にある。そこで、「消費者行政の一元化」による推進体制の強化を目的とした消費者庁の設置を契機として、自治体の消費者行政がどのように変化したのかについて簡単に整理したい。

まず、自治体の表示規制に関する権限は、景品表示法、食品表示法、家庭用品品質表示法に定められている。

景品表示法については、消費者庁の設置に伴い主務官庁が公正取引委員会から消費者庁に変更されたが、自治体（都道府県知事）の指示（2014年改正前の同法旧7条）等の権限はそのまま維持されていた。2014年の景品表示法の改正によって都道府県知事の権限はこれまでの指示から国と同じ権限である措置命令（6条）に強化された。また、都道府県の1つの自治体における不当景品類の提供や不当表示の事案については、当該自治体の知事が措置命令を行使するが、事案が2以上の自治体にまたがる場合には消費者庁が対応することができる（12条11項）。現行法上、自治体に所在する事業者の不当表示等景品類事案と不当表示事案であって影響が広域化しないものについては、当該自治体における景品表示法の適切な執行に委ねられているといってよい。

家庭用品品質表示法については、消費者庁設置以前は、経済産業省が所掌していたが、現在は、消費者庁と経済産業省が共管している[24]。消費者庁

---

(24) 同法19条1項は、消費者庁（内閣総理大臣）と経済産業省の執行上の共管に関する規定である。
「19条1項　内閣総理大臣又は経済産業大臣は、この法律の施行に必要な限度において、政令で定めるところにより、製造業者、販売業者（卸売業者に限る。）若しくは表示業者から報告を徴し、又はその職員に、これらの者の工場、事業場、店舗、営業所、事務所若しくは倉庫に立ち入り、家庭用品、帳簿書類その他の物件を検査させることができる。」
同条2項は、消費者庁（内閣総理大臣）のみの執行権限の規定である。
「2項　内閣総理大臣は、この法律の施行に必要な限度において、政令で定めるところにより、販売業者（卸売業者を除く。）から報告を徴し、又はその職員に、これらの者の工場、事業場、店舗、営業所、事務所若しくは倉庫に立ち入り、家庭用品、帳簿書類その他の物件を検査させることができる。」
　1項と2項の違いは、立入検査の対象先に「製造業者」が含まれるかどうかの違いである。製品の品質表示の適法性の判断は、当該製品の原材料等の品質内容に及ぶことから、製造業者を対象とする場合については消費者庁だけでなく経済産業省に検査等の権限が付与されている。経済産業省は、同省の外郭団体である「独立行政法人製品評価技術基盤機構（以下「機構」という。）

および経済産業省の権限の一部は、都道府県知事に、また都道府県知事の権限の一部は、市町村の長に委任することができるとされている[25]。都道府県知事の権限を市町村長に委任することは、「地域主権戦略大綱」（2010年6月22日閣議決定）に基づく「地域の自主性及び自立性を高めるための改革の推進を図るための関係法律の整備に関する法律」（2011年8月30日公布、一般に「第2次一括法」といわれる。）に基づくものである[26]。

　食品表示に関する規制権限については、従来、食品表示に関する法律が食品衛生法（厚生労働省）、農林物資規格法（農林水産省）、健康増進法（厚生労働省）と複数の所管にまたがって存在したが、同庁の設置後に食品表示法（2013年制定）として一元化されたものである。酒類については財務省が所管する酒税法に種別ごとに原材料表示が法定されており、これらは課税のための表示であったが、酒類表示も食品表示の対象とされた。

　食品表示法の「食品表示基準」の策定（4条）と「不適正な表示」（5条）を行った違反事業者に対する「指示」（6条）、「公表」（7条）および「立入検査等」（8条）の執行権限は、消費者庁（内閣総理大臣）にあるが、法の一定の要件のもとで農林水産省と財務省（金融庁）に付与されている[27]。酒類表示については、財務省（金融庁）が所掌するものとされているが（4条5項、6条3項、8条3項）、酒類を除く食品についての表示基準の策定や執行権限については消費者庁と農林水産省の権限はほとんど同一である。さらに、農林水産大臣の権限の一部は、都道府県知事および政令指定都市の長に（15条4

　　に、同項の規定による立入検査を行わせることができる。」（20条）ことが定められている。
(25) 同法24条は、「前条第一項の規定により消費者庁長官に委任された権限及びこの法律に規定する経済産業大臣の権限に属する事務の一部は、政令で定めるところにより、都道府県知事が行うこととすることができる。
　　2項　前項の規定により都道府県知事が行うこととされた事務の一部は、政令で定めるところにより、市長が行うこととすることができる。」と定める。
(26) 家庭用品品質表示法を含む47法律で都道府県から市町村への権限移譲がなされ、また市町村への義務付けや都道府県と市町村の間にあった同意や協議事項の廃止などを内容とする160法律について改正が行われた。
(27) 食品表示法上、厚生労働省の執行権限はほとんどなくなり、厚生労働大臣が内閣総理大臣の食品表示基準の策定に際して「販売の用に供する食品に関する表示の基準が定められることにより、国民の健康の保護又は増進が図られると認めるときは、内閣総理大臣に対し、当該基準の案を添えて、その策定を要請することができる。」（4条3項）とする規定のみが置かれている。

項)、また消費者庁長官の権限の一部は、都道府県知事および「保健所を設置する市」の長または特別区の区長に（15条5項）、それぞれ委任されている。

　表示規制（ただし、薬機法の対象となる医薬品等の表示を除く。）は消費者庁に一元化されたといわれるものの、食品表示法の場合には、国レベルにおいて規制権限が「複線化」[28]した状況にある。その背景には、消費者庁が地方に支局等の組織を持たないため、地方支局を有する農林水産省の従来からの所掌事務体制を活用せざるを得ないことにある。また、自治体レベルにおいても、厚生労働省が所掌する食品衛生法に関する事務を執行する組織体制が整備されており、また農林水産物の表示・規格や検疫等に関する自治体の体制が存在することから、これらの自治体担当部門が食品表示法に関する事務を行うことが、同法の立法時に予定されていたものといえる。この執行体制については、消費者庁設置前の「従来の制度と変わらない」とする見方がある[29]。

　また、特定商取引法は、通信販売業者（同法12条）、連鎖販売取引業者（36条）、特定継続的役務提供業者（43条）、業務提供誘引販売取引業者（54条）に対して「誇大広告等の禁止」を定めている。同法の執行権限は消費者庁、経済産業省であり[30]、また消費者庁の権限の一部は金融庁に委任することができるとされている（67条2項）。また、主務大臣の権限（消費者庁と経済産業省）の一部は、都道府県知事に委任されている（68条）。このため、特定商取引法の対象となる業種における誇大広告に対する規制権限は、従来から同法を所掌していた経済産業省にあったが、消費者庁も権限主体となり、この二つの国の機関から委任されるかたちで、都道府県知事の権限が定められている。かかる執行体制は「誇大広告等の禁止」だけではなく、同法の規制を受ける訪問販売、通信販売等の取引全般に関わるものである。

　以上見てきたように、現在の国レベルにおける表示規制は、薬機法の表示

---

(28) 石川直基他『食品表示の法律・実務ガイドブック』（レクシスネクシスジャパン、2016年）65頁。
(29) 石川他・前掲注 (28) 66頁。
(30) 特定商取引法の主務省令は消費者庁（内閣総理大臣）と経済産業省が「共同して発する命令とする。」と定められている（67条4項）。

規制を除いて、消費者庁は、所掌する表示に関するすべての法律に執行権限を有するが、消費者庁以外の官庁に調査権限や執行権限が認められているものもあり、また自治体への権限が委任されているものも存在する。こうした法規制と執行機関が複数にまたがる国の規制の「複線化」は、表示分野だけではなく、契約・取引の分野、安全規制の分野にも当てはまる。

　消費者庁の設置によって、自治体の消費者行政のうち、国からの権限委任がなされた領域における執行体制については、上で確認したように、表示分野に限らず、基本的に従前からの大きな変化はないといえる。ただし、第2次地方分権改革の推進の影響によって、都道府県の権限が市町村に移譲されたものもあり、都道府県と市町村の消費者行政の体制について従来から指摘されていた「二重行政」[31]が、この影響によりその色彩が強くなる可能性も考えられる。また、景品表示法上の権限強化や食品表示法の執行権限の追加によって自治体の所掌事務は増加しつつあるが、従来からの執行権限の分もあわせて、これらの委任された法律に基づく自治体の法の執行件数は低い水準にあり、また自治体ごとの「ばらつき」が顕著であることがわかる[32]。その原因を分析するための根拠資料となるものはないため詳細な検討は別稿に譲るが、それぞれの自治体における消費者行政・政策に対する意識や立ち位置の違いが、こうした「ばらつき」の背景にあるのではないかと推測を示しておきたい。

---

(31) 沼尾波子「地方消費者行政における県と市町村の役割分担―神奈川県の事例を手掛かりに―」自治総研通巻397号（2011年）36頁。
(32) 消費者庁「平成30年度地方消費者行政の現況調査」（2018年）88頁から89頁は都道府県について、9頁から91頁は政令市の消費者関係法および消費生活条例の執行状況（2017年度の執行状況について、2018年4月1日現在で回答を求めたもの）を示している。景品表示法の執行状況を見ると、都道府県知事による措置命令については、静岡で2件、北海道、栃木、東京、永野、兵庫、福岡で各1件が行われている。同法に基づく行政指導については、東京が45件と最も多く、静岡95件、岐阜62件、埼玉55件と続くが、5県では0件となっている。また、食品表示法に基づく抜き打ち検査に係る収去（同法8条）の実施状況については、東京、愛知、長野、愛媛、福岡が100件以上行っているが、23の自治体は全く実施していない。特定商取引法に基づく業務停止命令の件数は、東京が11件、埼玉が5件、青森が2件、北海道、群馬、石川、長野、広島、徳島、福岡が各1件となっている。消費者庁の調査は毎年実施・公表されており、過去の状況についての経年変化の動向から、積極的な法執行を採る自治体は同じ顔ぶれであり、執行件数がきわめて少ない自治体についても毎年ほぼ変わりがない。

第3節　自治体における消費者行政の特徴
―― (2) 条例に基づく自治行政

　消費者基本法の成立にあわせて、多くの自治体において、基本法の新たな理念と枠組に沿った自治体における消費者行政のルール整備が進められた。ところで、新旧の基本法では、国・自治体の二元体制に基づく消費者行政の枠組を定めているが、基本法の諸規定からは、自治体固有の消費者行政の実体は見えにくい。これは、基本法の諸規定がいわゆる「プログラム規定」としての性格を有することと関係する。消費者庁の設置に関わる関係3法の一つとして制定された消費者安全法は、自治体の消費生活センターの設置義務（10条）や消費生活センターに配置される消費生活相談員の資格等（10条の3）に関して定めているが、具体的な自治体の所掌事務については、国の法律による委任がある場合を除き、その多くが個々の自治体の決定に委ねられている。自治体の消費者行政が「自治事務」と位置付けられる中で、自治体が、いかなる観点から条例の制定・改正を行ってきたか、また制定された条例に基づき消費者政策が具体性をもって実施されているかという点は、それぞれの自治体の住民＝消費者にとって大きな関心事であると同時に、条例に基づく消費者行政の展開のあり方は、自治体にとって大きな課題といえる。「消費者政策の憲法」と称される基本法の見直しとの関係において、消費生活条例の意義、およびその果たすべき役割について検討することは、自治体における消費者行政の「本旨」とは何かを問い直すことを意味する。

(1)　**消費生活条例に定められている主な内容**

　現在の消費生活条例は、消費者基本法の内容を踏まえて制定されていたことから、基本法の改正の動向に併せて、多くの自治体が、消費生活条例の改正・見直しを行った。そこで、消費生活条例が定める内容を確認することによって、その特徴と傾向を把握する。

① 条例における「消費者の権利」規定の意義

　前記のとおり、新基本法は、「消費者の権利」として、1) 消費生活におい

て基本的な需要が満たされる権利」、2)「健全な生活環境が確保される権利」、3)「消費者の安全が確保される権利」、4)「商品・役務について消費者の自主的かつ合理的な選択の機会が確保される権利」、5)「消費者に対し必要な情報が提供される権利」、6)「消費者に対し教育の機会が提供される権利」、7)「消費者の意見が消費者政策に反映される権利」、8)「消費者に被害が生じた場合に適切かつ迅速に救済される権利」の8つの権利を定めている（同法2条1項）。

基本法に「消費者の権利」が明記されたことを受けて、多くの自治体条例において、「消費者の権利」の確立または尊重を自治体行政の理念として位置づけた条例改正が行われている。そこで、以下では、いくつかの条例を見ることにする。

現行の東京都消費生活条例（1994年改正）は、「目的」規定（1条）において、「この条例は、都民の消費生活に関し、東京都（以下「都」という。）が実施する施策について必要な事項を定め、都民の自主的な努力と相まって、次に掲げる消費者の権利（以下「消費者の権利」という。）を確立し、もって都民の消費生活の安定と向上を図ることを目的とする。」と述べて、以下の6つの権利を定めている。

「一　消費生活において、商品又はサービスによって、生命及び健康を侵されない権利
　二　消費生活において、商品又はサービスを適切に選択し、適正に使用又は利用をするため、適正な表示を行わせる権利
　三　消費生活において、商品又はサービスについて、不当な取引条件を強制されず、不適正な取引行為を行わせない権利
　四　消費生活において、事業者によって不当に受けた被害から、公正かつ速やかに救済される権利
　五　消費生活を営むために必要な情報を速やかに提供される権利
　六　消費生活において、必要な知識及び判断力を習得し、主体的に行動するため、消費者教育を受ける権利」

大阪府消費生活条例（2005年改正）は、「目的」（1条）とは別に、以下の「基本理念」（2条）を定めている。

「2条　消費者の利益の擁護及び増進に関する総合的な施策（以下「消費者施策」という。）の推進は、府民の消費生活における基本的な需要が満たされ、その健全な生活環境が確保された上で、次に掲げる消費者の権利の確立及びその自立の支援を図ることを基本として行われなければならない。」

同条の消費者の権利は、以下の8つである。

「一　商品及び役務並びにこれらの提供を受ける権利（以下「商品及び役務等」という。）によって生命、身体及び財産に危害を受けない権利
　二　商品及び役務等について、並びに事業者が消費者との間で行う物品及び権利の購入及び交換（以下「物品の購入等」という。）において、自主的かつ合理的な選択の機会が確保される権利
　三　商品及び役務等について、並びに物品の購入等において、不当な取引条件及び取引方法を強制されない権利
　四　消費生活において消費者の個人情報が侵害されない権利
　五　消費生活において必要な情報が提供される権利
　六　消費生活において必要な知識及び判断力を習得し、主体的に行動するための教育を受ける機会が提供される権利
　七　消費生活に関する意見を表明し、その意見が消費者施策に反映される権利
　八　商品及び役務等並びに物品の購入等によって不当に受けた被害から適切かつ迅速に救済される権利」

また、佐賀県の消費生活条例（2005年改正）3条では、「消費者の権利」として、以下の9つの権利を定めている。

「一　生命・健康・財産を侵されない権利
　二　適正な選択のための表示・計量・広告を求める権利
　三　必要な情報を提供される権利
　四　不当な取引行為を強制されない権利
　五　適切かつ迅速に救済される権利
　六　消費者教育を受ける権利
　七　消費者契約に関し、必要な福祉的支援を受ける権利
　八　消費者団体を組織し行動する権利
　九　意見が自治体行政に反映される権利」

このほか、神奈川県消費生活条例（2018年改正）も9つの消費者の権利を定めている（同条例1条）。これらの条例の規定を見ると、消費者基本法の「8つの権利」と重複する権利規定と、自治体独自の権利規定が定められていることがわかる[33]。これらの自治体の権利規定は、それぞれの自治体のこれまでの行政の経験から、あるいは今日の消費者問題を解決していく上での社会的要請を踏まえて、条例上の権利として盛り込まれたものといえる。

ところで、基本法の制定を契機として、消費生活条例の中に「消費者の権利」の定めが置かれていることの意味については、(i)自治体条例の基本的性格の観点から、また(ii)基本法との関係の視点から、以下のことを確認する必要がある。

(i)日本国憲法92条は、自治体の組織および運営に関する事項は「地方自治の本旨に基づいて」法律で定めると規定している。また自治体の条例制定権は、日本国憲法94条において自治体の「権能」として認められている。この憲法の規定に基づいて、地方自治法が自治体の条例制定権に関する定めを置く（同法14条）。

条例に基づく消費者行政は、「規制行政、支援行政の双方において消費者の権利の確立を目指すように求めたもの」とする見解がある[34]。さらに、「消費者の権利」との関係から自治体の消費者行政の意義と役割を詳述したものが以下の見解である。すなわち、自治体が消費生活条例を制定し、その中に「消費者の権利」を定め、その権利を尊重することを目的・理念として行政・政策を行うこととしていることは、自治体が「地方自治の本旨に対応して、地域住民の権利の用語を基本的な責務」として、「地域住民の生存・生活をめぐる権利、人権を擁護するために必要な対応を図ることを」責務としていることを示しており、生存・生活に対する侵害を排除するために対応するものと捉える見解である[35]。地域住民の生存・生活にかかる権利を擁護するものであり、その権利の侵害の排除に対応することが消費生活条例の

---

(33) 坂東俊矢「消費者基本法と21世紀型消費者政策の展開」法学教室307号（2006年）165頁においても、基本法では明確に規定されていない権利を自治体が定めていることが指摘されている。
(34) 細川幸一『消費者政策学』（成文堂、2007年）164頁。
(35) 正田彬『消費者運動と自治体行政』（法研出版、1989年）171頁。

基本的役割であるとする考え方を前提とすれば、消費生活条例は、地域住民がその権利に基づき、侵害排除のために必要な施策を自治体に直接求めることができるための仕組みを備えている必要がある。また、消費生活条例は、「地方自治の本旨に基づいて」制定・改正されなければならないが、その際に、各自治体が、消費者行政・政策を「地方自治の本旨」との関係でどのように捉え、位置付けているかという点から問われることになる、ということができる。

(ⅱ)基本法が権利を定め、その権利のための施策を国の行政機関(同法3条)と自治体(同法4条)の「責務」としたことにより、国の関係機関と自治体には当然のことながら、その責務を果たすことが求められる。もっとも、この基本法の諸規定は「プログラム規定」であると説明されるのが一般的であり、したがって、国と自治体は、基本法に定められた「責務」を果たすための具体的な法令を制定する必要がある。自治体の消費生活条例は、その具体的な法令としての性質を有するものであり、したがって、基本法の下で自治体が条例を制定し、その中に権利に関する規定を定めたことは、条例の中の「消費者の権利」規定が、たんなる「宣言」でなく、またいわゆる「プログラム規定」でもないこと、すなわち自治体には、「消費者の権利」のための施策を行う条例上の義務があることを意味する[36]。

このこととの関係で取り上げるべき権利の一つとして、ほとんどの自治体が定めている「消費者教育を受ける権利」が挙げられる。住民＝消費者が、条例の定めに基づき、消費者教育を受けることの請求を行った場合には、当該自治体は、消費者教育を行う義務を負うこととなる。また、消費者教育に関する権利を定めている自治体の条例には「教育」と「啓発」を区別・明記しているものが少なくないが、このような定めを持つ自治体は、「啓発」とは内容や態様を異にする「消費者教育」を実施する必要がある。

2012年に消費者教育推進法が制定され、翌年には「消費者教育推進に関する基本計画」が閣議決定され、これに基づき都道府県を中心に各自治体が「消費者教育推進計画」を定めたことは、消費者基本法の「消費者教育」に

---

[36] 正田・前掲注(35) 149頁以下。

関するプログラム規定が、国と自治体にける個別具体的な施策として定められたことを意味する（なお、消費者教育推進に関わる問題点については、本章第15章を参照されたい）。

② 条例における「消費者」規定と「消費者の特性への配慮」規定の取扱いの傾向

(i) 「消費者」規定について　消費者基本法7条は、消費者が「自ら進んで、その消費生活に関して、必要な知識を修得し、及び必要な情報を収集する等自主的かつ合理的に行動する」ことについて（同条1項）、また「消費生活に関し、環境の保護及び知的財産等の適正な保護に配慮する」ことについて（同2項）、それぞれ「努めなければならない」と定めている（前章12-2-3(2)参照）。この規定の趣旨について、立法担当者は、本条は消費者の行動について訓示的に規定した努力規定であって、具体的な権利・義務関係に影響を及ぼすものではないと解説している[37]。

複数の消費生活条例では、この基本法の「消費者」規定を受けたと思われる規定が設けられている（大阪府消費生活条例6条、神奈川県消費生活条例5条の3、佐賀県条例8条など)[38]。また、自治体によっては「消費者の義務」を定めているものもある。

消費者と事業者との間は、情報量の面において、また交渉能力の面で、厳然かつ大きな格差が存在していることは、基本法改正の前提とされており、新基本法の目的（1条）にも述べられている。この目的規定と「消費者の権利」を定めた理念（2条）との関係において、同法7条1項に規定される消費者の努力規定はどのように理解されるべきかが問題となる。消費者が権利を有する以上、その見返りとして当然に義務を有することの反映として同規定を理解すべきか、あるいは消費者が本来有する責務を示したものか、その見方をめぐる議論はほとんど見られない。ただ、本条項において国が「必要な知識の修得と必要な情報の収集」のための努力を消費者に負わせる以上、国は消費者が必要とする知識を修得すること、または必要な情報収集を行う

---

(37) 吉田尚弘「消費者保護基本法の一部を改正する法律」ジュリスト1275号（2004年）89頁以下。
(38) 東京都消費生活条例には、「消費者の役割」に関する規定は置かれていない。

ことができない場合に、知識の習得または情報収集を妨げる要因を排除し、必要な知識と情報を消費者に提供する責務を負うことになる。このことは、基本法 7 条 1 項と同趣旨・同内容の規定を条例に定める自治体についても当てはまる。基本法の下で制定された条例の「消費者規定」は、その内容にある「消費者は、自ら進んで……自主的かつ合理的に行動するよう努め（る）」（例えば、前記・大阪府条例および神奈川県条例）のために必要な情報収集や教育の機会の確保が容易に行うことができることを前提として実質的な意味をもつ。消費者が必要とする情報を入手できること、また教育の機会が確保されることは、基本法および各条例が定める「消費者の権利」であり、これらの「消費者の権利」を行使可能とする自治体における基盤整備が、「消費者規定」の実質化にとって不可欠である。

　基本法 7 条 2 項のうち「環境の保護」への配慮は、消費生活における過剰包装、あるいはリサイクルについての消費者の意識を高め、資源の有効活用を促進する社会的要請が背景にあることとの関係で理解することができよう。その一方、同項の「知的財産の適切な保護」への消費者の配慮に関する文言についての理解は容易ではない。知的財産基本法（2003年制定）は、国民経済の健全な発展と豊かな文化の創造の観点から（同法 3 条）、また産業の国際競争力の強化と持続的な発展の観点から（同法 4 条）、国、地方公共団体、大学等、事業者に対して知的財産の保護、管理、利活用等に関する責務（同法 5 ～ 11 条）を定めている。同法の定めからもわかるように、知的財産の保護についての責任主体に関して消費者についての言及はない。消費者基本法が消費者に対して「知的財産の保護」についての配慮努力を規定していることが、知的財産基本法と関連するかどうかは立法解説からも明らかではないが、知的財産——発明、考案、植物の新品種、意匠、著作物その他の人間の創造的活動により生み出されるもの（発見又は解明がされた自然の法則又は現象であって、産業上の利用可能性があるものを含む。）、商標、商号その他事業活動に用いられる商品又は役務を表示するもの及び営業秘密その他の事業活動に有用な技術上又は営業上の情報（「知的財産の定義」知的財産基本法 2 条）——についての事業者と消費者の知識・情報の格差は極めて大きく、またこの格差は消費者の努力によって埋めることは通常困難であろう。したがって、消費者基

本法が、このような趣旨の下で本条における「知的財産」に係る条項を置いたとする理解ではなく、例えば、消費者が購入した著作物をデジタル化し、著作権者の許諾を得ることなくインターネット上にアップロードする行為など、急速に普及し拡大する情報化社会の中で消費者が加害者となるリスクへの啓発の目的から、この規定が置かれたとする趣旨と見ることもできよう。いずれにしても、本条と同内容の条項が多くの条例に定められており、当該規定を条例に置く自治体はその規定の趣旨と具体的な施策を明らかにする必要がある。

　(ⅱ)　「消費者の年齢その他の特性への配慮」規定について　　消費者基本法2条2項は、「消費者の自立の支援に当たつては、消費者の安全の確保等に関して事業者による適正な事業活動の確保が図られるとともに、消費者の年齢その他の特性に配慮されなければならない。」と定めているが、この規定と同趣旨・同内容の定めを有する消費生活条例はきわめて少ない。

　消費生活条例の中には、「事業者の責務」規定の中に消費者の特性に対する配慮事項を定めているものがあるが、「事業者の責務」規定における配慮条項は、消費者基本法5条3項に規定されており、これはいわゆる「適合性原則」に関する条項であり、基本法2条2項の配慮事項とは基本的な性格を異にする（この点については、前章12-3-4を参照されたい）。2条2項は、基本法の理念に関する規定の一つであり、1項の「消費者の権利」規定との関係において理解される必要がある。基本法は、「消費者の権利」の尊重と消費者の自立の支援を消費者行政・政策の理念としており、この行政・政策の推進に際して「消費者の年齢その他の特性」への配慮を求めている。基本法の諸規定がプログラム規定であることから、消費者行政の責務を有する国と自治体は本条項について具体的な施策の内容を定める必要がある。とりわけ、消費者行政の「現場」である自治体は、この配慮規定を条例に定めて、条例が掲げる「消費者の権利」に対応した配慮に関する具体的な施策を明らかにする必要がある。

　多くの消費生活条例が、前述したとおり、消費者が主体的な行動に努める旨の「消費者」規定を定めているが、知識の修得、情報の収集、環境保護への配慮のいずれにおいても、消費者の特性による対応上の差異が生じること

は避けられず、主体的な行動が個々の消費者の特性と不可分に結び付いていることから、消費者特性に関する配慮条項が条例に定められるとともにその趣旨が明確にされる必要性はあるといえる。

③　条例による規制内容

消費生活条例が適用対象とする消費者問題として、どのような事業者の行為規制対象とされているか、またいかなる執行力を有しているかについて見ることにする。

多くの自治体条例に共通して見られる規制領域は、1）表示、包装、計量の適正化、2）生活関連品の価格、3）不当な取引行為の禁止、4）危害の防止である。

1）の表示、包装および計量の適正化に関する規定は、表示規制の一部を成すが、品質、品質保証、単位価格（ユニットプライス）と販売価格について、知事は表示すべき事項・内容等について指定できる旨、また知事が指定した事項についての遵守義務を定めている。包装を対象としているのは、過大または過剰な包装による消費者の判断を歪めることを防止する目的から、その適正化を図るものである。その一方で、「広告」について、表示の適正化の対象としている自治体条例はほとんどない傾向も見られる。この適正化に関する遵守事項に違反した事業者に対する措置について、立入検査と公表の対象としている自治体もある一方、執行力の定めがない自治体が条例もある。

2）の生活関連品の価格に関するものとしては、価格の動向、需給状況、流通実態に関する調査を行うことについての定めのほか、価格の異常な上昇に対する特別調査を行うことの定めが置かれているのが各条例に共通している(39)。一部の条例には、これらの調査の結果、「事業者が指定生活関連商品の買占め又は売惜しみをしていると認定したときは、その事業者に対し、売渡しをすべき期限、数量その他必要な事項を定めて、適正な価格で、その指

---

(39) 生活関連品の価格動向に関する自治体の調査等が条例に定められているのは、いわゆる石油危機の際に制定された国民生活安定緊急措置法との関係がある。同法1条は「この法律は、物価の高騰その他の我が国経済の異常な事態に対処するため、国民生活との関連性が高い物資及び国民経済上重要な物資の価格及び需給の調整等に関する緊急措置を定め、もつて国民生活の安定と

定生活関連商品の売渡しをすべきことを勧告することができる。」(神奈川県消費生活条例18条)の規定を設けているものもある。

3) の不当な取引行為は、契約に至る過程における事業者の不当な態様(消費者の意に反する訪問、不退去や退去妨害等、断片的情報提供、威圧・困惑等、契約取消の妨害、等)による取引行為を「不当な取引行為」として条例違反とするものである。消費者契約法において取消の対象や無効とされる行為、特定商取引法において行政規制の対象とされる行為について、条例上禁止される行為と位置付けて、これに対する立入検査や公表等の措置が定められており、各条例に共通する規定が整備されている。

4) の危害防止については、商品・サービスの安全が損なわれ または損なわれるおそれがあり、これによって消費者の健康や財産に危害が発生するおそれがある場合に、自治体が調査を行い、消費者に情報提供を行うとともに、場合によっては事業者に販売中止や商品撤去等の勧告措置を行うことが定められている。

　自治体の消費者行政の中核組織は消費生活センターであり、センターの相談業務として取り上げられる事例は、契約・取引トラブルが多いことから、条例の内容を見ても、上記3) に関する条例の対象となる行為は、消費者契約法や特定商取引法の行為についてより詳細に規定し、また当該行為に対する立入検査や公表等の執行力を明確に定めている自治体が多い一方、表示規制については、表示内容の「適正化」に関する規定はすべての都道府県条例に定められているものの、これらに対する執行力の面では自治体によって違いがある。特に、景品表示法上は表示の典型とされる広告について、「適正化」の対象している条例は一部(福岡県消費生活条例16条3号、佐賀県消費生活条

　国民経済の円滑な運営を確保することを目的とする。」、同法3条1項は「物価が高騰し又は高騰するおそれがある場合において、国民生活との関連性が高い物資又は国民経済上重要な物資(以下「生活関連物資等」という。)の価格が著しく上昇し又は上昇するおそれがあるときは、政令で、当該生活関連物資等を特に価格の安定を図るべき物資として指定することができる。」とし、主務大臣は事業者に対して立入検査を行い、場合によっては公表措置を行うこととされている。この主務大臣の権限については、「この法律による権限に属する事務の一部は、政令で定めるところにより、地方公共団体の長が行うこととすることができる。」(33条)とされており、自治体に権限委任されていることから、各自治体は消費生活条例の中に定めている。

例20条）にとどまり、さらに条例の「適正化」に反する広告に対して立入検査や公表の措置の対象としている自治体はさらに少ない（佐賀県消費生活条例42条、43条）[40]。

　自治体の消費生活条例は、上記で見た表示、価格、取引および安全の広範な分野について、多くの定めを置き、執行力を確保しているといえる。こうしたルールを定めた条例に基づく消費者行政がどの程度機能しているかという点については、前記の条例の執行件数の面から見た場合には、低調な傾向があり、また自治体によって差があるといえる。

(2) 消費生活条例の特徴と傾向

　上記で見た消費生活条例の内容から、改正された消費者基本法の目的・理念や内容に対応して条例の諸規定が改められている状況が全国的な傾向として見ることができる。その結果、条例の構成、目的・理念、内容の面においても、各自治体の条例が横並びに見えるという点も指摘できる。もっとも、基本法のプログラム規定の弱点を補強するための工夫をこらし、独自の規定を設ける条例も存在する。

　消費生活条例が均質化されている状況は、外形上、全国的な条例の質が同程度に確保されていると見ることもできる。また、自治体の消費者行政は、自治体の長の積極性、苦情処理を担う相談員の人材確保と資質、自治体の予算配分等、複数の要因によって左右されている現状から、条例の内容、条例の執行力等の規制の強弱の面のみを取り上げた評価を行うことは適切ではないとする見方もある[41]。

　消費生活条例の全国的な均質化な傾向が、自治体間または地域間に条例上

---

(40) 佐賀県消費生活条例21条は、「広告代理業又は広告媒体業を行う者は、明らかに事実と相違しており、又は明らかに誇大な表現が用いられている等消費者を著しく誤認させることが明白である広告宣伝については、これを行わないようにしなければならない。」と規定しているが、広告代理業等の広告活動を対象とした条例はほかに見当たらない。

(41) 消費者庁設置以降、国から自治体には「活性化基金」等の財政支援が集中的に行われているが、この基金に応募するかどうかは自治体の判断に委ねられており、また自治体に入った基金等の財源をどのように利活用するかについても、それぞれの自治体に委ねられており、自治体の消費者行政の取組状況には地域差が生じている。この点について、色川卓男「地方消費者行政表紙表による実態把握の試み」日本消費者教育学会『消費者教育第34冊』(2014年) 1頁以下参照。

の規制の質的差異が生じることを懸念して、国が法令の「規律密度」を高め、その結果としてかかる均質化が図られたとすれば、条例制定権が事実上拘束されるおそれはないとはいえない[42]。改正以前もそうであったように、消費者基本法の諸規定が「プログラム規定」であることから、所管官庁による業法による規制が強化され、あるいは法定受託事務として自治体に事務配分されることになれば、消費者行政の現場である自治体の条例をとおした政策の決定・実現の自主性・自立性は損なわれるおそれがあり、したがって、条例に対して規律密度が高められることと、条例の制定・改正プロセスにおける自治体の自主性・自立の確保はつねに緊張関係にあると見ることができる。

また、自治体の消費者行政が「自治事務」と位置付けられている中で、各種法律による自治体への権限委任の領域が増える傾向にあることは、自治事務として自治体が行うべき消費者行政の範囲が狭められることとなり、また自治体独自の消費者行政関連予算の確保が困難となっている状況を踏まえた場合には、自治事務としての行政を展開する余裕はさらに少なくなる。かかる状況が継続し改善が見込まれないことにより、法律に基づく委任行政が消費生活条例に基づく行政に優先されることとなり、その結果として、法律の規制を補完し、または法律の規制の「すき間」を埋める条例の機能が低下し、条例に基づく行政の「形骸化」が進行する可能性があることが指摘できよう。

条例に基づく自主的・自立的な消費者行政は、国による規制が十分であるとはいえない領域、とくに広告を含む表示規制において推進される必要がある。前記とのおり、都道府県条例の全てが表示に関する条項を定めており、その中心となる施策は「表示の適正化」のための取組である。他方、不当表示に対する条例の執行力の面について見ると、不当表示を行った事業者に対する何らかの措置を定めているものは小数にとどまり、多くは訓示的な規定となっている。事業者に対する措置として採られるものとして、立入検査、

---

[42] 分権化による国の法令の規律密度について論じるものとして、斎藤誠「分権時代における自治体の課題と展望（上）—条例論を中心に」ジュリスト1214号（2001年）23頁以下。

勧告・指導があるが、事業者が立入検査を妨害ないし忌避する場合、また文書による勧告・指導が行われてもこれに従わない場合がある。こうした悪質な事業者に対する措置として、公表措置を定めている条例があるが、消費生活条例上の公表が行われた事例はほとんどない[43]。また、消費生活条例で刑事罰に関する規定を定めている自治体が見られないことから、こうした場合に罰則を対処するための決め手を欠いている実態がある。また、表示の「不当性」を判断するための専門的知識と技術の質と量の面でも、景品表示法に基づく規制と同程度の執行能力が確保されている自治体はほとんどないといってもよい。

　自治体における不当表示に対する規制の実効性という点では、景品表示法上、都道府県知事に付与された「措置命令」が適切に行使されることが最も効果的といえる。特に、消費者庁は地方組織や出先機関を持たないため、自治体内で提供される広告、商品・サービスの表示の全てを監視の対象とすることは事実上困難であり、都道府県知事が消費者庁と同等の執行権限を行使する役割を担うことの意味は大きい。2014年の景品表示法改正によって不当表示の影響が広域にまたがらず１つ自治体にとどまる事案については当該自治体の知事が景品表示法の措置命令権を行使することが事実上基本とされていることから（景品表示法12条11項）、景品表示法に基づく不当表示規制における自治体の役割は改正前に比して大きくなっている。

　都道府県における表示行政は、景品表示法の執行だけでなく、その他の表示関係法と条例に基づく表示規制から構成されている。食品表示法や家庭用品品質表示法は事業者に対して一定の表示義務を課すものであり、これらの法律についてもその権限の一部は自治体に委任されているが、例えば食品表示法は外食や内食には適用されず、また家庭用品品質表示法は　政令で指定された繊維製品（35品目）、合成樹脂加工品（８品目）、電気機械器具（17品

---

[43] 不当な取引行為を行った事業者が、自治体の勧告に従わなかったため事業者名の公表措置が採られた事例としては、静岡県消費生活条例違反の１件（2002年）が確認されているのみである（2004年９月時点）。事業者公表は、罰則を持たない消費生活条例にとって最も効果的な制裁手段となりうるが、誤って行われた公表によって受ける不利益は甚大かつ事後回復の困難な程度に至る場合がある。このため、公表措置に際しては、対象者に対する事前の聴聞と弁明の機会を付与することが不可欠である。宇賀克也「行政制裁」ジュリスト1228号（2002年）60頁。

目)、雑貨工業品（30品目）を対象とするが、これらの品目以外には適用されない。これらの国の法律によっては規制されない空白域に対しては、条例が定める「表示の適正化」条項に基づき、表示すべき事項を定め、これに基づき事業者に対する指導や指示規制が行われることにより、その空白域をカバーすることができる。また、法律があるにもかかわらず、適切かつ迅速な運用が行なわれない場合にも、条例による対応が可能である。

　その一方で、自治体が条例に定めのある「表示の適正化」条項における「適正化」のそれぞれの意味をどのように捉えるかによって、自治体の表示規制の役割には広狭の違いが生じるおそれがある。上述した景品表示法やその他の法律について自治体が規制権限を有する場合にその権限を発動することは当然であるが、それらの法律の要件——例えば、景品表示法の場合であれば「優良誤認」と「有利誤認」の要件——に該当しないが消費者の誤認を惹起させるおそれのある広告に対して、そのおそれを除去することが自体における「表示の適正化」である。また、景品表示法2条4項は「広告のその他の表示」を同法の「表示」の定義としているが、この表示の定義は、景品表示法の表示の定義であって、これを広告の一般的な定義と見るかどうかについては明確にはなっていないことがあり、広告を表示の一形態として条例の「表示の適正化」の対象とすることについて共通認識が醸成されているとはいえない[44]。都道府県知事が広告を景品表示法の措置命令の対象とすることは当然であるとしても、条例の対象とするかどうかは自治体の判断に委ねられており、事業者からの反論や処分等の取消請求等のリスクを念頭に置く場合には、広告に対する自治体の規制は消極的にならざるを得ない。

　したがって、景品表示法上の自治体の権限と執行力が国と同等に確保された現在において、自治体が条例に基づく表示と広告に対する適正化を実現するための規制を「自治事務」として展開することの意義は再確認される必要

---

(44) 日本の場合、広告・表示を包括的に規制する法律がなく、また広告に対する規律が分散している状況があり、またこれらを一つの法律に統合することは容易でないものの、このことは一般的な広告規制法が不要であることにはならないとする指摘がある。中田邦博「日本における広告規制の概要—消費者法の観点から—」現代消費者法 No.32（民事法研究会、2016年）6頁。国法レベルでの広告概念の分散は、自治体レベルでの広告と表示の関係の認識や広告そのものを条例の射程に置くことへの消極的対応の一因となっている可能性は否定できないといえる。

がある。商品・サービスの情報としての表示よりも、顧客誘引そのものを目的とする広告に対する規律が、消費生活の場である自治体の条例によって十分に確保されていないことは、日本における顧客誘引に対する法制度上の大きな課題の一つということができる。

第4節　消費生活条例の意義と自治体行政の本旨

(1)　自治体消費者行政の「本旨」と消費生活条例

　消費者保護基本法の制定以来、自治体は、消費者行政の直接の担い手として、個々の消費者の現実の被害に対する具体的な解決に向けた対応と被害予防のための取組を行ってきており、かかる取組が、今日の自治体における消費者行政の中心的な業務となっている。消費者行政の「現場」である自治体の取組が被害の救済と予防を中心として行われ、そのための知識・情報・経験が蓄積されていること、また自治体の取組が消費生活センターを拠点して行われており、そのことが住民＝消費者の意識の中に定着していることは、これまでの自治体の消費者行政が消費者保護の担い手として、一定の役割を果たしてきたことを示すものである[45]。自治体が今後も、消費者の「被害救済」と「被害からの予防」の二つを柱とする取組を継続していくことは、自治体行政に対する住民からの要請の一つといえる。とりわけ、契約・取引をめぐる消費者被害に対応することが、自治体から見た消費者問題の中核であるとする見解もあるように[46]、自治体の消費者行政は、現実に消費者において発生した被害を解決することにあるとする考え方が自治体の現場には強い[47]。

---

(45)　同旨、正田・前掲注（35）152頁以下、同「消費生活と条例」正田彬＝鈴木深雪『消費生活関係条例〔条例研究叢書4〕』（学陽書房、1980年）16頁以下、大村敦志『消費者法〔第2版〕』（有斐閣、2003年）250頁。村千鶴子「行政による消費者支援」法律時報75巻10号（2003年）37頁以下。

(46)　内閣府消費者委員会「地方消費者行政の体制整備の推進に関する建議」2013年8月6日3頁以下。

(47)　例えば、グレーゾーン金利と貸金業法の改正が社会問題となった平成17年度から数年間は、多重債務問題に関する相談事例が増加し、過払い金返還に関する相談と多重債務者の生活再建に関する対応が消費生活センターにおける業務に大きなウエイトを占めていたが、近年はインター

しかしながら、消費者行政における消費者の「被害救済」と「被害からの予防」を、自治体における消費者行政の「本旨」として捉えることについては、市民法の原則すなわち「市民社会の法の原則によって市民の権利が具体化される」ことを前提とした「被害救済の問題は裁判を通して解決する」という原則から見た場合には、被害救済を消費者行政の基本的な内容として捉えることは適切ではなく、消費者行政の本質は「消費者の権利」を確保・実現していくことであるとする見解がある[48]。この見解からは、現在の「被害救済」と「被害からの予防」を中心とする自治体の取組は「日本社会に固有な問題」であるが、その現状を踏まえた上で、日本の消費者行政のあり方と方向性を考えることが重要な課題となる[49]。

「被害救済」と「被害からの予防」を中心とする国と自治体の取組を「消費者保護」のための行政であるとすれば、消費者基本法における「消費者の権利」の擁護が理念として明記されたことの意味は、これまでの「消費者保護」に加えて、権利の「主体」のための消費者政策——自立の支援行政——が日本における消費者行政のあり方と方向性として示されたということができる。また、自治体の条例の中に、基本法と同趣旨・同内容の規定が定められたことは、自治体がかかる政策の直接の担い手となることを宣言したものと理解することができよう。

他方、本章第2節で見たように、自治体における国から委任された行政領域は拡大されてきている。かかる状況において、条例に基づく消費者行政は自治体の中でいかなる意義と重みをもって展開されているのかが問われることになる。以下、この点について検討する。

(2) 消費生活条例に関わる問題整理

消費生活条例は、自治体——広域自治体（都道府県）および基礎自治体（市町村）——における消費者行政にとって基本ルールであり、消費者保護基本

　　ネット取引における架空請求または不当請求に関する相談が上位にあり、自治体におけるあっせん等の業務、相談員のスキルアップ研修もこうした動向に対応したかたちで行われている。
(48) 正田彬『消費者の権利　新版』（岩波新書、2010年）159頁。
(49) 正田・前掲注(48) 160頁。

法の制定以後、多くの自治体が消費生活条例を持つようになり、現在都および政令指定都市の全てが消費生活条例を制定している。このほか、東京都の特別区、政令指定都市以外の県庁所在都市、その他の市町村にも、消費生活条例を制定している事例が見られる。こうした現在の条例の制定状況から、日本における消費者行政については、法律に基づく消費者行政の展開に加えて、自治体が独自に制定した条例に基づく自治体の取組が予定されており、国と自治体の二元体制を骨格とする基本法の構図どおりの体制は整備されているといってよいであろう。

ただ、法律と条例が制定され、消費者行政の構造・組織体制が整備されていることと、消費者行政の理念に基づく政策が展開されていることとは、それぞれ点検されるべき事項である。自治体の消費者行政は、自治体の住民にとって最も身近な窓口であり、住民からの被害についての相談と被害からの救済のための取組と、被害予防のための啓発活動の取組が消費生活センターを中心に行われている。こうした取組は、情報力と交渉力の格差に起因する消費者問題に対処する上で不可避の取組であり、自治体の消費者行政の中で大きなウエイトを占めていること、またそのために必要とされる消費生活相談窓口の開設や有資格者相談員の配置のための財源確保が大きな行政課題とされていることも事実である。

前記のとおり、消費者基本法に定められた消費者行政の理念から導かれる自治体の役割——消費者行政の本旨——は、「消費者の権利」のための基盤の確保・整備にあり、自治体はそのための具体的な施策を実施する責務を有する。被害の救済と被害からの予防という恒常的な業務と、「消費者の権利」のための基盤整備が、自治体における消費者行政の二本柱といえる。新旧の基本法の目的に即していえば、消費者の救済・予防を内容とする「消費者の保護」のための行政と、権利の主体である消費者の「自立の支援」のための行政が、自治体の消費者行政の本旨であるといえる[50]。

そこで、かかる自治体の本旨に即した消費者行政が展開される上で、いか

---

(50) 消費者基本法の改正過程における「(消費者の) 保護から自立へ」の二者択一的スローガンが、自治体レベルにおいて保護行政の廃止であるとの誤解や混乱が見られたことについて、及川昭五・田口義明『消費者事件　歴史の証言』(民事法研究会、2015年) 94頁、138頁参照されたい。

なる課題があるかについて、条例の内容の問題と、条例の運用上の問題の二つの観点から整理する。

〔Ⅰ〕 条例の内容に関わる問題——①条例の「消費者の権利」の具体化・明確化について

　旧基本法は、国の消費者行政に関する基本方針と基本政策を宣明した法律であり、同法の個々の規定はいわゆる「プログラム規定」であるとされてきたが、現行の基本法についてもこの点の理解には変更はない[51]。その具体的な施策の展開は、個別の法律または条例に委ねられており、自治体の条例が、その具体的施策をどのような内容をもって明らかにしているかが問われることになる。都道府県で制定されている全ての消費生活条例が、前記のとおり複数の「消費者の権利」を掲げており、その権利を尊重・擁護し、または確立することを自治体の消費者行政の目的・理念として定めるとともに、自治体の責務としている。自治体の個々の施策は、条例に規定された複数の「消費者の権利」との関係において推進されていることが求められる。

　消費者基本法の「救済される権利」を例にとると、「消費生活において、事業者によって不当に受けた被害から、公正かつ速やかに救済される権利」（東京都消費生活条例1条4号）、「商品及び役務等並びに物品の購入等によって不当に受けた被害から適切かつ迅速に救済される権利」（大阪府消費生活条例2条8号）、「消費生活において被つた不当な被害から速やかに救済される権利」（神奈川県消費生活条例1条5号）などの権利内容が条例で定められている。消費者の救済については、事業者との契約・取引に際して用いられた不当条項による不利益や、意に反した訪問販売等や不退去・退去妨害等の困惑行為による不利益からの救済と、商品の欠陥や商品の安全が損なわれたことによる健康等の被害からの救済があるが、自治体が「救済」の対象とする被害やトラブルには、どのような態様まで含まれるのかについて、明確に定めたものはない[52]。契約・取引による被害については、契約解除と全額または一部

---

(51) 中田邦博＝鹿野菜穂子『基本講義消費者法〔第3版〕』（日本評論社、2018年）11頁（中田邦博執筆）。
(52) 近年増加しつつあるインターネット・オークションをめぐるトラブル、またいわゆる「フリマ」サイトやアプリを通じて行われる個人売買について、これを消費者取引の一類型として自治

の返金等による救済がなされているが、広告あるいは表示に関する問題については、「救済」の範疇に含まれるのか、あるいは「苦情の受付」として処理されるかは条例の規定からは把握することはできない。

　また、自治体条例における「救済」の手法に関すると見られる規定には、「あっせん、仲介」の業務に関する規定と「訴訟援助」に関する規定があるが、後者は実質的には救済ではなく、訴訟費用の貸付を内容とする支援制度である。

　また、基本法の「消費者に対し必要な情報……の機会が提供」される権利については、東京都の条例上、「消費生活において、商品又はサービスを適切に選択し、適正に使用又は利用をするため、適正な表示を行わせる権利」（東京都条例1条2号）と「消費生活を営むために必要な情報を速やかに提供される権利」（同5号）が、大阪府条例では「消費生活において必要な情報が提供される権利」（大阪府消費生活条例2条5号）が、神奈川県条例では「消費生活に係る商品等に適正な表示を行わせる権利」（神奈川県消費生活条例1条2号）と「消費生活に必要な情報を速やかに提供される権利」（同5号）が、対応する規定として定められている。東京都と神奈川県の条例には「表示を行わせる権利」と「情報が提供される権利」の二つの規定があるが、大阪府は「情報が提供される権利」のみとなっている。「情報が提供される権利」については、その情報が国や自治体の情報であるのか、事業者が保有する情報であるのかは、それぞれの条例の諸規定からは読み取ることはできない。また、住民・消費者が、どのような手段と手続を経て、情報が提供されるのかについての規定はなく、自治体が保有する情報である場合には自治体が定める情報公表または開示に関する諸規定に拠ることが想定されるが、事業者が保有する商品等の情報の提供を権利の対象としている場合に、どのようなプロセスを経て消費者に当該事業者の情報が提供されるのかは不明である。

　また、東京都と神奈川県をはじめとして多くの条例に見られる「適正な表

体による救済の対象としている事例は少なく、消費者問題として取り扱わない自治体は、（統計データはないがヒアリング調査によると）多い。この問題は、個人間の取引の関係と、取引に参加する個人と場を設定する事業者（プラットフォーム事業者）との関係が組み合わさったビジネスモデルであり、このうち前者は消費者問題に該当しないという考え方が一般的である。

示を行わせる権利」は、事業者や事業者団体に対して主張されるのか、事業者が適正な表示を行わない場合に自治体に対して当該事業者に「適正な表示」を行うように「させる」権利を含むものか、について、条例の諸規定から明らかではない[53]。事業者に対する「表示の適正化」に関する条例上の規定があることから、後者の自治体に対する請求権が、「表示させる権利」に含まれるかどうか、含まれるとする場合には、いかなるプロセスと方法によるかについて条例または規則等において明確にされる必要がある。

　基本法制定を契機として改正された条例の諸規定が、条例が掲げた「消費者の権利」規定の関連付けにおいて明確性や具体性を欠いていることの要因として、消費者問題とは何かという点が明確でないこと、すなわち消費者問題の定義が確立していないことが挙げられる。この消費者問題の定義の未確立の指摘は、日本において消費生活条例が誕生し始めた1980年代から主張されていた。消費者問題を、消費者取引上の問題であるとする見方、消費生活上の問題を広く射程とする見方、商品・サービスの利用者としての消費者の問題という見方、消費者情報のギャップに起因する力の格差の問題とする見方、などの様々な見方があることが同時期の研究において整理されているが[54]、今日においても消費者問題の確立した定義があるとはいえない[55]。

---

(53)　「表示させる権利」を日本において必要とされる「消費者の権利」の1つと位置付けた正田教授は、「事業者に対して、商品・サービスについて正確に表示させる権利」の必要性を説く（正田・前掲注（48））。その説明において、エアゾール製品の表示（同書75頁）、遺伝子組換え食品の表示（同書77頁）、食品（ハム製品等、同書81頁）などを例に挙げているが、これらの不正確な表示が行われる原因について、「日本の法制度における表示は、消費者が商品・サービスを正しく認識するためのものにはなって」おらず、「ただ単に、製造業者が表示に関する規定に従っていることを示すものになってしまっている」として、「少なくとも消費者に理解されることを念頭に置いた表示義務へ改善すべき」と述べられている（同書82頁）。この文脈から、同書の「事業者に対して……正確に表示させる権利」とは、正確な表示を行わない事業者に対して直接向けられる場合だけでなく、国や自治体等に対して「事業者に対して……正確に表示させる」ための請求権を含んでいると見ることができると思われる。
(54)　国民生活センター編『消費者運動の現状と課題』（勁草書房、1981年）111頁（君塚宏執筆）。
(55)　現代社会における消費者問題は「個別に不満や被害が発生しているというより、構造的な問題といえる」とする見解がある。細川・前掲注（17）5頁。また、消費者問題とは、事業者が供給する商品等により、さらに広く事業者が消費者と接する行動によって「消費者の人間としての尊厳や生活上の正当な諸利益が侵害されているという事実が社会の一般現象にまでなった」ものであり、「人類が直面している重要な社会問題」と見る立場がある。長尾治助＝中田邦博＝鹿野

このため、自治体が消費者問題をどのような事象として捉えているかによって、自治体が取り上げるべき消費者問題の範囲が確定することになり、また自治体が具体的な事案として対応し蓄積してきた問題領域が当該自治体にとっての消費者問題ということになる。これまで、自治体が取り上げてきた事例の大半が契約・取引をめぐる事例であるが、携帯電話を利用した架空請求への対応が多かった時期、また貸金業法のグレーゾーン金利をめぐる法改正とその後の過払い金返還に関する相談が多かった時期には、これらも消費者問題に含まれることになる。その一方で、広告に関する相談や景品・懸賞付販売に関する事案は、この種の相談が少ない自治体においては消費者問題の範疇に含まれていない可能性がある。

消費生活条例の改正・制定に際して、基本法の新たな理念と「消費者の権利」規定は条例の中に導入されたが、個々の権利規定を含む諸規定の明確化・具体化の作業においては、それまでの各自治体における消費者問題に関する取組の経験値が反映されたと見ることもできなくない。

各自治体の消費生活条例の概観からいえることは、表示規制の中に広告規制が明確に対象として定められていないこと、また景品・懸賞付販売が規制対象とされていないことは、条例の傾向として明らかである。したがって、自治体の消費者行政において、顧客誘引に対する規制は、消費生活条例に基づく政策として行われる可能性はきわめて乏しいということができ、法律に基づく委任行政として取り上げられる問題にすぎないといえる。

〔Ⅱ〕 条例の内容に関わる問題──②条例の執行力について

前述のとおり、消費生活条例の内容は、平準化が図られており、一定の「質の確保」が達成されているといえる。条例の平準化が保たれていることにより、全国規模で商品・サービスを製造・流通・販売する事業者にとっては、自治体ごと地域ごとに規制やルールが異なることを考慮した事業活動をしなくても済むであろうし、他の自治体への転出または旅行を企図する住民＝消費者にとっても、自治体・地域によってルールが異なることに気遣いをしなくてもよいというメリットもある。

菜穂子編『レクチャー消費者法〔第5版〕』（法律文化社、2011年）2頁。

条例が画一的であることは、その運用や法執行について平準化が約束されていることを意味しない。東京都などの一部の自治体を除いて、条例に基づく条例所定の執行力の発動はきわめて低調な状況となっている[56]。法律と条例の適用事例が少ないことの理由としては、適用法令に違反する行為がなかった、正式な処分以外の対応により柔軟に対処している、執行権限を発動した場合の反訴リスクを危惧している、執行する人的・財政的な資源が不足している等々が可能性として挙げられるが、ここで決定的要因を特定することはできない。

消費者庁は、「担当行政職員の不足等」を執行実績の少なさの要因と見ており、また実績面での自治体間の格差が存在するとの認識を示している。その克服に向けて、消費者庁は、特に執行実績の少ない地方公共団体に対する必要な体制整備等を図ること、また、「その際、法と証拠に基づく適正な手続による法執行を確保する観点から、たとえば、各地域レベルで警察当局との一層の連携、警察職員であった者や地方の法曹関係者等の活用を図るなど、地域の実情に即した取組を進めること」を必要な施策案として挙げている[57]。

多くの消費生活条例に定められているのが、条例違反に対する立入検査、勧告および公表の措置である。消費生活条例の中に、不当取引行為や不当表示等の違反行為に対して刑事罰は定められていない[58]。消費者庁の執行力

---

[56] 条例上の措置である「指導」「勧告」「公表」「禁止命令」のうち、いずれか一つでも講じたことのある都道府県は、2017年度で21団体（全く講じていないのが26団体）、2016年度で20団体（同27団体）である。全く講じていない自治体の多くは同じ団体である。各年度で最も多く措置を講じているのは東京都（2017年度150件（指導148件、勧告1件、公表1件）、2016年度128件（全て指導））である。2017年度のデータについて、消費者庁・前掲注（32）89頁、2016年度について、消費者庁「平成29年度地方消費者行政の現況調査」（2017年）89頁を参照。

[57] 消費者庁「地方消費者行政の充実・強化に向けた今後の支援のあり方等に関する検討会報告書」（2017年7月）15頁。

[58] 条例への刑事罰の導入の態様としては、条例上の実体規定（義務規定）に違反した事業者または事業者団体に対して科す場合、違反行為に係る立入調査に際して妨害行為あるいは虚偽資料の提出を行った場合に科す場合、または違反行為に対して行われた勧告等の行政処分に従わない間接強制の効果を意図する場合などがある。現時点で消費生活条例の中に刑事罰の定めを置く自治体はないが、いくつかの自治体では刑事罰の導入が消費生活審議会等の場で検討された経緯が見られる。佐賀県消費生活条例の改正に係る同県消費生活審議会答申（2004年12月）は、違反行

強化のための上記施策案は、これらの行政上の措置を行うに際して、警察関係者や法曹関係者との連携・活用により、違反行為の摘発の面で立証の精緻化、また勧告や公表の措置の面での法令適用と手続の適正化を図ることにより、処分件数の増加と事業者側の訴訟等のリスクの回避につながることが期待される施策といえるが、自治体の中にはこうした人員の配置を既に行っているところも少なくない。こうした取組が先行する自治体を対象とした成果に関する検証結果が明らかになれば、自治体における執行力の強化につなが

為に対する立入調査妨害等の行為に対して罰金刑（30万円以下）を科す内容を盛り込んでいる（導入は見送られ、継続審議となっている）。また、東京都の場合、消費生活審議会の中に刑事罰導入の検討委員会が設置されている（2006年）。

消費生活条例の中に刑事罰規定を導入することについて、佐賀県弁護士会が全都道府県と全政令指定都市を対象に行ったアンケート調査の結果を見ると、行った47都道府県のうち6自治体が導入の必要性を認めているものの、大部分は必要としていない。佐賀県弁護士会「都道府県・政令指定都市アンケート結果一覧」（2006年）2006頁以下。アンケート調査の解説として、「消費生活条例の現状」（大和幸四郎・執筆部分）95頁、同（福島直也・執筆部分）135頁以下参照。その理由としては、事業者に対する勧告・指導、または事業者名の公表といった措置を講じることによって足りる、刑事罰よりも公表措置の方が対事業者効果および抑止効果が大きい、あるいは違反行為の大部分が特商法違反であり同法が定める刑事罰行使で対応できる等が挙げられている。

また、学説においても、条例の規定は、法律との関係においては、「国の法律の補完的性格」および「一定の訓示規定的性格」を有するものとして捉えられるものであり、かかる性格を有する自治体条例が刑事罰という強制力をもって制定される場合には、法律と条例との間のバランスに影響するおそれがあるとして、条例への刑事罰規定の導入に慎重な立場が見られる。正田・前掲注（35）177頁以下。

また条例への刑事罰導入については地方自治法14条3項の規定に基づき可能であるが、国の法律よりも重い規制を課す場合に問題となる、いわゆる「上乗せ規制」にならないことへの配慮は当然のこととして、さらに条例上の規定の策定の際の構成要件の明確化、および刑事罰規定導入後の執行・適用のあり方についての配慮が重要であるとする見解がある。小早川光郎編著『地方分権と自治体法務―その知恵と力』（ぎょうせい、2000年）124頁以下（第2章・中原茂樹執筆部分）。

他方、上記の佐賀県弁護士会のアンケート調査の結果（135頁以下）によると、自治体が刑事罰の導入を必要とする根拠として、自治体の行政処分のみでは対応できない悪質な事案がある、刑事罰の定めを置く特商法の適用対象となる事業形態は限定されており、同法でカバーできない取引行為のうち悪質な事案に対しては罰則が必要であるといった理由が挙げられている。消費生活条例への刑事罰の導入が必要かどうかの議論に際しては、前記の学説に示された考え方とともに、自治体における「必要度」または「緊急度」という視点も取り上げられる必要があろう。刑事罰を必要としない自治体は、その他の条例の規定で十分に事案解決が行われているであろうし、必要とする自治体は、勧告・指導、事業者名の公表といった措置によっては、被害救済および被害予防の観点からは十分に対応できない事態に接している、もしくはそのような経験の蓄積を有していることと思われる。

るグッド・プラクティスとなり得る。

　自治体における法律と条例の執行件数が全国的に低調であることと、自治体間に明確な格差があるという二つの実態を踏まえた場合、消費者庁の述べる「体制」に原因があることは否定できないが、その克服を考える上で重要な点は、消費者行政における条例に対する自治体の認識、とりわけ条例の「補完的役割」の理解をめぐる問題である。法律の適用が条例の適用に優先するのは、同一の要件事実に対する適用の場合であり、この場合、法律が適切に適用されない場合に条例が適用されることによって法の運用の不備を補完する役割を果たすことが期待される。条例が法律を補完するもう一つの場合として、法律の規制から漏れた事案に対して、条例が受け皿となって、当該事案を拾い上げる場合がある。法律による委任行政が増加する中で、法律の条例の規制対象が重複する場合も増える一方、国の規制が及ばない事例や適切な執行が可能であるにもかかわらず法の適用がなされない事例について、自治体が条例を適用することが可能な場合もある。条例の「補完的役割」が、前者の意味で捉えられている場合には条例適用の件数は少なくなる可能性がある一方、後者の意味で条例の役割が認識されている場合には、条例の積極的適用が期待される。条例の適用が低調であり、また自治体間の格差がある事態からは、後者の意味における条例の役割についての認識が自治体において十分ではないことが推測される。

　また、国の法律の委任に基づく執行の場合も、自治体の条例の執行についても、執行権限は、当該自治体の長（首長）に付与されている。したがって、法律の委任、条例の執行のいずれについても、その執行権限を有する自治体の首長の判断のいかんに左右される。こうした執行権者である首長の消費者行政に対する意識と立ち位置に左右される状況の改善は容易ではないが、当該自治体が他の自治体との比較において、すなわち日本の消費者行政において、どのような立ち位置にあるかを客観的に示すことによって、当該自治体の消費者行政の改善を図るという手法がある。かかる手法は、客観的なデータと指標を設定して評価することにより、評価対象とされた自治体の全体における位置付けを示すことによって、次なる取組の企画と実施を促す効果（影響効果）を利用するものである。かかる評価手法は、首長、自治体

そのものに内在する消費者行政に対す認識の誤謬や消極的姿勢を改善するための有効な手法であるとともに、客観的な指標とデータをもって自治体の位置付けを明らかにすることができる手法であり、消費者行政のステークホルダーである住民と議会に対する説明責任を果たす重要なツールにも成り得る点が指摘できよう。

〔Ⅲ〕 条例の運用に関わる問題

　前記のとおり、消費生活条例には「表示させる権利」や「情報の権利」が掲げられ、「表示の適正化」に関する条項が定められている。また景品表示法の措置命令権限が都道府県知事に付与されており、法律と条例に基づく表示規制は整備されている。

　しかしながら、消費者庁に表示規制は一元化したものの、自治体における表示規制の権限と執行体制は、国に対応したかたちで一元化されていない状況にある。食品表示の問題は、自治体では衛生部門・保健所・検疫部門と一体として食品・衛生安全行政の中に位置付けられている。また、農林物資の加工段階にか関する規格・表示については、自治体の農林水産部門に権限・事務がある。表示規制・事務は消費生活センターに一元化されていない。このため、消費者からの表示に関する相談・苦情処理は、消費生活センターから、食品衛生や農林規格部門に回されることが少なくなく、また各部門での相談者に対する対応（回答内容、解決等）が消費生活センターにフィードバックされているかどうかは不確実である[59]。

　自治体の消費者行政は、自治体の長の積極性、相談・苦情処理を担当する相談員の人材確保と資質、組織体制の整備、予算の適切な配分等の複数の要因によって左右されがちな現状にあり、条例自体の質が確保されている場合であっても、自治体による条例の運用の如何によっては、条例に基づく行政の機能は滞るおそれがある。

　特に、機関委任事務が廃止され、消費者行政が自治事務に位置付けられた

---

(59) 著者が委員として関わった二つの広域自治体に置かれた消費生活審議会では、食品表示に関する当該年度取組の報告や次年度の取組方針に関する提案等は行われていない。これは食品表示が当該審議会を所掌する部局とは別のセクションの所掌に属していることによる。消費者・住民の消費者問題への関心と、自治体における消費者問題の捉え方に祖語が生じている一例といえる。

ことにより、自治体の政策決定・立案・遂行の自由度が高まったが、同時に行財政改革による補助金制度の見直しを契機とする自治体財源の緊縮化により、地方自治法において付与された自治事務は厳しい制約の下にある[60]。加えて、自治体の長の消費者行政についての認識と意欲、また担当部局における政策決定・立案・遂行の如何によって、条例の運用、ひいては消費生活に係る行政全般が左右される可能性は、現在どの自治体にも内在する。

　財政面に関する要因が行政運営に消極的に働いた場合に、その影響が、消費者被害の救済と予防の業務に及ぶことは避けられなければならないが、現実には今日の自治体財政の悪化が、消費者行政の縮小という実態をもたらしている[61]。地域に密着した消費生活センター業務の予算とりわけ人件費の削減により、消費生活課・センターの専任職員の数、および専門的知識と経験を有する消費生活相談員の数が削減され、あるいは被害救済委員会の開催が滞ることにより、相談業務、事業者との交渉等の業務の質が低下する傾向にあることは既に指摘されているとおりである[62]。同様のことは審議会についてもいえることであり、開催回数がきわめて少ないことから、自治体の消費者政策に関する基本計画の策定等の重要な役割を果たすこととされている審議会の本来の機能が形骸化していることも以前から問題とされている点である。

---

(60) 柿野成美「地方行政論・地域政策論―「コーディネーター」が必要とされる2つの理由―」西村隆男編著『消費者教育学の地平』（慶應義塾大学出版会、2017年）249頁。
(61) 消費者庁設置直後の2009年から国は地方消費者行政活性化基金や交付金による自治体に対する財政支援を実施してきたが、2018年度からは財政支援は大幅に削減されており、また自治体における消費者行政関連の自主財源は横ばいの傾向にあることから、自治体の消費者行政を自治事務として位置付けることには限界があるとの指摘がある。柿野・前掲注（60）249頁。また、こうして自治体における消費者行政の厳しい状況は、消費者教育を始めとする自立支援行政の後退を招くおそれがあるとの指摘がなされている。この点について、色川卓男「全国都道府県における消費者教育施策の実態と課題―予算、事業数と講座状況を中心に―」日本消費者教育学会『消費者教育第36冊』（中部日本教育文化会、2016年）53頁。
(62) 池本誠司「地方消費者行政の課題」（九州弁護士会連合会＝佐賀県弁護士会編『市民を守る消費生活条例の活用―高齢者・障がい者の消費者被害を例に―』〔2006年〕）197頁以下。消費者庁の設置以降も、状況に大きな変化はない。及川和久「消費者庁の発足と課題―国民生活センター一元化論・地方行政・消費者教育を中心として―」国立国会図書館調査及び立法考査局『レファレンス（2011.8）』83頁以下。

また、首長・部局の消費者行政に対する認識と意欲の如何が、条例の運用面に消極的に作用する場合がある。これまで既に多くの自治体が、条例の規定に違反した事業者に対する措置として、事業者名・商品名の「公表」措置を条例に定めていたが、基本法改正が行われた2006年頃までに自治体が「公表」措置を講じた例はほとんど見られなかった。実態として、条例上の「公表」措置の代わりに、条例に定めのない注意や指導といった、いわゆる行政指導による事案解決が図られることが多いが、一般に対する周知効果を伴う「公表」と、当該事業者のみを名宛人として非公式に行われる指導との間には、被害救済と予防の面での効力には格段の差が見られる。「公表」措置がもたらす当該事業者に対する制裁的な効果は大きく、場合によっては当該事業者の経営破綻に至ることもあることから、「公表」措置の発動が慎重に行われる必要があることは言うまでもない[63]。しかしながら、かかる対事業者効果が過剰に考慮され、その結果として「公表」措置が採られないことは、消費者の被害からの救済と予防を目的として条例に定められた措置が、条例の目的とは無関係の価値判断によって、不当に歪められることを意味する。

　また、条例に定めがあるものの、当該施策を行うための体制が十分に整えられていない場合もある。現行の基本法は、苦情処理と紛争解決が効率的・弾力的に行われるようにするため、都道府県は市町村と連携を図りつつ、高度の専門性または広域の見地への配慮を必要とする苦情処理のあっせんに努めなければならないとする定め（同法19条1項）を置いているが、この定めを受けて、現在多くの都道府県の条例において、都道府県と市町村の連携または協力に関する規定が盛り込まれている。都道府県と市町村の間に具体的な連携・ネットワークの構築が行われ、かつ必要な人員が配置されてはじめて、基本法が定める「消費者の権利」の一つである「消費者に被害が生じた場合に適切かつ迅速に救済される権利」の実現が可能となる。一部の自治体では、かかる連携・ネットワークの構築についての行政上の措置が採られて

---

[63] 宇賀・前掲注（43）60頁。小早川光郎編著『地方分権と自治体法務―その知恵と力』（ぎょうせい、2000年）134頁以下（第2章・中原茂樹執筆部分）。

いるものの、自治体によって対応状況に差異が見られる[64]。同種被害の広域化をくい止め、同種紛争を迅速かつ統一的に解決するためには、広域自治体である都道府県と基礎自治体である市町村のそれぞれの役割が明確にされるとともに、複数の市町村にまたがって発生する被害・紛争に対する都道府県レベルでの統一的処理を可能とする体制づくりが必要であり、居住する地域によって自治体から受けることのできる行政サービスに差異が生じることのない体制づくりが求められる。

第5節　おわりに——自治体における消費者行政の喫緊課題の確認

　本章では、自治体の消費者行政の理念とは何かという問いかけについて、「消費者の権利」と消費生活条例の関係を軸に検討してきた。「消費者の権利」規定が各条例の中に盛り込まれながらも、条例自体が「プログラム規定」化している実態があり、特に「消費者の権利」の実現と密接な関係がある「消費者の特性への配慮」を実現するための具体的な規定を持たないこと、条例の規制の対象が契約・取引への対応を中心としており、表示については「適正化」のための政策が掲げられているものの、表示の一類型である広告を明文によって条例の規制対象としている条例は限られていることが明らかとなり、国の法律や規制を補完する機能を有する消費生活条例の射程と限界が確認された。
　ここで取り上げられた問題は、自治体の消費者行政の本旨との関係において確認を必要とした問題の一部に過ぎず、自治体の消費者行政は、国からの交付金・補助金や期限付きの基金等への依存と自主財源の減少・不足の状況の改善に見通しが立たないこと、その影響で組織的・人的な体制整備が進捗しないことといった、恒常的な課題を抱えている。とりわけ、消費者行政の財政的基盤の脆弱化の問題は深刻な状況にあり、地方分権推進と国・自治体の行財政改革の進展のいかんによっては現状に拍車がかかるおそれがある。

---

(64) 例えば、佐賀県は、2006年度から県内の全市町（同県は市町村合併により村は存在しない）に消費生活相談窓口を設置するとともに専門職員を配置したが、これは全国で唯一の事例といえる。

こうした状況を反映して、自治体の中には、担当専任職員、消費生活相談専門員の数を減らす、あるいは再任無しの任期制やいわゆる「雇い止め」の対策をとる自治体が見られる一方、消費生活相談業務については、自治体の公共入札制度を利用して民間団体（消費生活相談員から成る組織）に委託することにより[65]、現場の質の確保のための取組を行っている自治体もある。後者の取組例は、自治体予算の恒常的削減の中で消費者行政の質を確保するためのオプションの一つである[66]。ただ、外部に委託された相談・あっせん等の業務は「外注」ではなく、自治体の消費者行政担当部局がその責任主体であり、民間委託先に対する監理・監督をもって消費者行政の責務を果たすという仕組みが消費者行政の本旨として認識される必要がある[67]。「消費者の保護」と「消費者の権利の擁護」のための取組は、本来、市場に委ねられる性質のものではなく、外部委託方式が自治体の消費者行政に係る財源不足に対応するための一時的な選択肢と捉えて、消費者行政が自治体に固有の行政領域であることの認識に基づいて安定した自主財源が恒常的に確保されることが求められる[68]。

以下では、自治体の消費者行政にとって喫緊の課題と思われる事項を取り上げ、若干の整理を行いたい。

---

[65] 消費生活相談員の有資格者を構成員とする団体には、消費生活専門相談員資格者による組織である全国消費生活相談員協会（全相協）と、消費生活アドバイザー資格者による日本消費生活アドバイザー協会（NACCS）などがある。前者は、適格消費者団体として認定されている。なお、福岡市は、民間企業に委託したが、これについては、事業者－消費者の間の問題解決に、事業者である企業に相談業務を行わせることについて、疑問や異論が提起されている。望月知子「消費者安全法と民間委託」消費者法ニュース No.102（2015年）48頁。

[66] 佐賀県は2004年からNPO法人に相談業務を委託している。また沖縄県をはじめ複数の自治体において、民間への業務委託の事例が見られる。

[67] 2014年に改正された消費者安全法は、民間委託の適正化を図るため、同法8条の2を新設したが、立法担当者は、同法改正は「消費生活相談等の事務の委託を推進することを意図するものではな」い旨を述べている。望月・前掲注（65）48頁。

[68] 市場化テストの一類型として「協働化テスト」を実施している自治体がある（例えば、佐賀県）。ここでの「協働化」は、官から民への切り離しではなく、官と民の両者による協働の手法である。協働化についての責任の主体が官すなわち自治体にあることが前提であるとすれば、一つの興味深い手法となる可能性はあろう。

(1) **自治体における「消費者の年齢その他の特性への配慮」規定の具体化の要請**

既に見てきたように、消費者基本法は、その目的（同法1条）および理念（同法2条）として、「消費者の権利の尊重」と「消費者の自立の支援」を掲げている。旧基本法の制定時には、「消費者の権利」について、その権利性、権利の位置付けをめぐる議論があり、これを積極的に肯定する立場と否定的ないし消極的に捉える立場が見られたが、現行の基本法において、「消費者の権利」が法定され、および国、自治体、事業者は「消費者の権利」を尊重する責務を有することが定められている[69]。

基本法のもう一つの特徴は、旧法の柱であった「消費者の保護」という基本理念を削除し、「消費者の権利の尊重」と「消費者の自立の支援」を新たな理念として位置づけた点である。法の理念として、消費者を「保護の対象」から「権利の主体」と「自立支援の対象」へ転換することが必要であった根拠、別の言い方をすれば、消費者が「保護の対象」であることと「権利の主体」「自立支援の対象」であることが、いかなる観点から二者択一の関係に置かれたかについては、基本法の改正経過の議論からも明らかではない[70]。旧基本法では「消費者利益の擁護及び増進」に関する対策の総合的推進を図ることを目的（旧法1条）とし、国および自治体が「消費者保護」に関する施策を行う責務を有する（旧法2、3条）と定められていたが、この「消費者利益の擁護及び増進」が1962年のケネディ教書（「消費者利益の保護に関する大統領特別教書」）において明示された「安全である権利」「知らされる

---

[69] 消費者基本法の改正経緯と主要な改正点については、吉田尚弘「消費者保護基本法の一部を改正する法律」ジュリスト1275号（2004年）87頁以下を参照されたい。

[70] 基本法の理念の転換の方向性は、国民生活審議会消費者政策部会「21世紀型の消費者政策の在り方について」（座長・落合誠一東京大学教授、2003年5月）9頁が示したが、転換の必要性については明確に述べられていない。もっとも、同座長である落合教授の論文（落合誠一「消費者法の課題と展望」ジュリスト1139号〔1998年〕6頁以下）は、消費者保護基本法の改正の必要性については、同法は「制定当時のわが国の状況を反映して相当にパターナリズムの色彩が強いといわざるを得ず、従って市場メカニズムを重視する経済社会と整合するよう大改正の必要があ」り、「基本的発想を消費者保護から消費者の自立の支援・確立へと転換し、消費者の利益を権利として具体化することを目指す必要がある。」とされており、ここに保護法改正の基本的考え方を見ることができよう。

権利」「選択する権利」「意見を聞いてもらえる権利」に由来することは周知のとおりであることを想起すれば、消費者がその固有の権利の行使の主体となることと、行政による「保護の対象」であることが二律背反の関係にないことは、明らかといえよう[71]。

　現行の基本法は、みずから権利の主体であることを認識し、必要な知識と情報の獲得をとおして自主的かつ合理的に行動する消費者（同法7条）を「消費者像」として描いており、こうした消費者となるべき努力義務に関する定めを置いている。しかしながら、膨大な量の知識と情報が提供されている現実の消費生活において、「自立した消費者」と「自立できない消費者」との間の差異を見出すことが可能かどうかは別にしても、全ての消費者が自立した消費者とはなりえない実態があり、深刻な消費者被害が数多く存在すること、とりわけ高齢者や障がい者をターゲットとする悪質な事業活動が日常的に行われており、かかる場合に生じる被害の態様はきわめて深刻となる事例が多いという現実の状況は認識される必要がある。基本法の理念は、自立の支援に際しては「消費者の年齢その他の特性に配慮」（同法2条2項）を要するとしているものの、国レベルにおいてこの配慮条項が年齢以外の消費者のいかなる「特性」を念頭に置き、また「特性」に応じてどのようなかたちで配慮を実現するかについては、現在明確にはされていない。

　したがって、多くの自治体条例の中に、消費者の役割ないし責務といえる規定とともに、「消費者の年齢その他の特性に配慮」に対する規定が定められているものの、自治体において、そのための施策が具体的な内容を伴って実現される可能性が現段階では乏しいと思われるとともに、住民からの請求がなされた場合であっても、これに対応する根拠既定が条例に存在しないこ

---

(71) 国民生活向上対策審議会（国民生活審議会の前身）の第1次答申（1963年）には、「消費者の権利と消費者保護」の章があり、「消費者は取引の場において、……（三つの）権利をもっているが、これらの権利は次のような三つの理由によって、本来極めて侵害されやすい状態におかれているばかりでなく、とくに最近の生産・販売技術の進歩ならびに消費生活の複雑化、多様化によってますます侵害されやすくなりつつある。ここに消費者を保護する必要が生じてくる。」と記述された箇所がある。また、消費者保護基本法は衆議院議員25名による議員立法であるが、同法が成立した第58国会（1968年）の物価対策特別委員会（参議院）および物価問題等に関する特別委員会（衆議院）における同法案の審議において、ケネディ特別教書で示された消費者の四つの権利を確保するための消費者保護法の必要性が立法趣旨として示されている。

とを理由として必要な施策が実施されないおそれがある。

　消費者の特性への配慮は、年齢だけでなく、判断能力についても必要とされ、高齢者・障がい者等の判断能力不十分者の消費者被害の救済と予防の実効性確保のための取組は生活と密着した地域社会における重要な課題である。周知のとおり、訪問販売、リフォーム詐欺をはじめとして近年の消費者トラブルは、高齢者、障がい者をターゲットとしている点に特徴がある[72]。これらの消費者トラブルは、そもそも事業者と契約した当事者の側に被害認識が欠如していることに起因している場合が多く、消費者被害として把握される事案が少なく、消費者トラブル・事件として表面化しにくい点、同様の被害に連続して巻き込まれる次々被害の事案が少なくなく、このため被害額が高額化する等、被害救済が困難となりやすい点にある[73]。

　こうした判断能力不十分者の消費者被害の救済と予防のためには、成年後見制度の活用が有効な解決策の一つである。成年後見制度（民法7条、838条、843条など）に基づき、裁判所への申立を行い後見人を選任することにより、成年被後見人（被害当事者・契約当事者）の法律行為の取消、消費生活センターへの相談等を通じた救済の糸口が得られる。しかしながら、親族の協力が得られない事情が存在する場合には、そもそも裁判所への申立自体が困難となる。

　申立困難な事例に対処する方法として、例えば老人福祉法32条の定めに従い、市町村長が家庭裁判所に対して申立権の行使（審判請求、民法876条の4、同876条の9）を行う方法がある。同様の定めは、知的障害者福祉法27条の3、精神保健福祉法51条の11の2に置かれている。こうした申立権の行使が市町村長によって積極的に活用されることになれば、成年被後見人の消費者トラブル、消費者契約の被害からの適切な救済の途が開かれることになるが、この制度の活用状況はかなり低調な実態がある。

---

[72] 国民生活センター「知的障害者、精神障害者、痴呆性高齢者の消費者被害と権利擁護に関する調査研究」（2003年）参照。消費者庁「『平成25年度版消費者白書』」（2013年）24頁以下。
[73] さしあたり、日本弁護士連合会『「高齢者・障害者の消費者被害110番」結果報告』（2006年）、独立行政法人国民生活センター「訪販リフォームに係る消費者トラブルについて―悪質業者による深刻なトラブルが続発―」（記者説明資料、2005年7月20日）を参照されたい。

また、介護サービス利用の重度の痴呆性高齢者等の場合、市町村長が後見等の申立を行う場合、また申立費用、後見人等の報酬について助成を受けなければ成年後見制度の利用が困難な場合については、厚生労働省が所掌する「成年後見制度利用支援事業」に基づく成年後見制度の利用に係る費用の助成を受けることができる。さらに、判断能力不十分の程度が軽度の者のために、日常生活上の金銭管理サービスの提供、福祉サービス利用の援助を行う「地域福祉権利擁護事業」の制度があり、同制度は都道府県におかれる社会福祉協議会がその担い手である。しかし、利用支援事業、権利擁護事業のいずれについても、その利用状況は低迷している。
　判断能力不十分者の消費者被害の救済と被害予防が効果的に行われるためには、消費者行政の部局のみの対応では限界があり、福祉行政担当部局との連携が不可欠である[74]。しかしながら、部局ごとの施策の展開と部局内での情報独占を特性とする「タテ割り行政」が、かかる連携を困難にしている現状はほとんどの自治体共通の課題といえる。関係部局の調整、協力により対応すべきであるにもかかわらず、たんに必要な対応が迅速・適切にとられないばかりか、相反する対応がとられる場合があるほか、関係部局のいずれもが対応しない場合（「お見合い」現象または「キャッチボール」現象）が見られる。
　成年後見制度とこれを経済的に支える利用支援事業および権利擁護事業が自治体において積極的に活用されるためには、判断能力不十分者の消費者被害の救済と被害予防が、一行政部局の専権事項ではなく、自治体として取り組むべき共通問題としての認識が確立することが必要であり、そのための自治体内部における組織と意識の基盤整備が求められよう[75]。

(2)　**自治体消費者行政を補完する適格消費者団体に対する認識の必要性**
　消費者の特性を踏まえた救済や権利の行使が自治体条例に基づいて行うこ

---

(74) 佐賀県条例が消費者の権利の一つとして「必要な福祉的支援を受ける権利」を定めたのは、同県がここで取り上げた問題を消費者問題として認識していたことの現れといえよう。
(75) この点を強く主張する論文として、上山泰「『成年後見の社会化』の進展と立法課題」『融合する法』〔筑波大学50周年記念〕（2006年）207頁、209頁以下、同「『成年後見の社会化』について」みんけん（民事研修）No.552（2003年）3頁以下、がある。

とが危惧される中で、消費者が採り得る選択肢として考えられるのは、自ら救済のために必要な行動をとることであるが、一個人として、訴訟等をつうじて解決を求めることは容易ではない。

　自治体には消費生活センターが設置されており、同センターの消費相談と「あっせん」による個別の解決有効な手段である。しかしながら、都道府県には消費生活センターが全て配置されており、また市町村では消費生活相談窓口はほとんどの自治体に存在するものの、消費生活センターの全市町村の配置には至っておらず、また専門の有資格相談の配置と確保が困難な自治体もあり、自治体間の体制面の格差が生じている状況にある[76]。

　この自治体の体制の不足を補ってきたのが、地域に存在する消費者団体であったが、その数は減少傾向にあるとともに、その活動・機能についても活発であるといえる状況にはない[77]。他方、適格消費者団体は増加する傾向にあるととに、広域自治体の不在地域をなくすための方向性が消費者庁によって示されている[78]。

　適格消費者団体の差止請求権の行使は特定の消費者のための救済を図るものではないが、適格消費者団体の業務には「消費者110番」の実施が義務とされており[79]、消費者相談の「もう一つの窓口」としての役割が期待されている。また、適格消費者団体の差止請求権の対象は、消費者契約法、特定商取引法に関わるもののほか、景品表示法と食品表示法が対象とする「不当表示」と「不適正な表示」である。消費生活センターで取り扱われる相談・あっせん業務が、主に契約・取引に関する事案であるのに対して、適格消費者団体の対象は広告を含む表示が対象である。自治体条例が定める「表示の適正化」のための施策が不十分な状況である中で、適格消費者団体の差止請

---

(76) 消費者安全法上、都道府県には消費生活センターの設置が義務付けられているが（法10条1項）、市町村についてはセンターの設置は努力義務とされている（同条2項）。
(77) 拝師徳彦「消費者団体の役割と活動」国民生活（2016年6号）1頁。
(78) 消費者庁「平成28年度消費者白書」252頁は、「適格消費者団体の空白域の解消」を「地方消費者行政強化作戦」の一つに掲げている。この政策の意味については、本書第13章を参照されたい。
(79) 内閣府「適格消費者団体の認定、監督等に関するガイドライン」（2007年6月7日施行）「2(2)ア②」。

求がこれらの広告・表示を対象としていることは、自治体による表示規制の空白部分を補完する機能を持つ。すなわち、適格消費者団体の差止請求権は、条例が規制対象とする契約・取引、表示の領域の全てに及んでおり、自治体の消費者行政の不足する部分をカバーする役割を果たしているものといえる。

適格消費者団体制度の立法趣旨には、自治体の消費者行政の不足を補い補完する役割は挙げられておらず、このため、法律上、自治体と適格消費者団体との間には直接の関係はなく[80]、また実態も同様である。消費者庁は、近年、地方消費者行政における適格消費者団体の位置付けと重要性についての認識を示している[81]。地方に所在する適格消費者団体の多くは、活動のための財源不足という共通課題を抱えているが、国からの財政支援はなく、団体の会員が納入する会費をほとんど唯一の活動財源としているため、専任の事務職員の雇用もできず、結果として消費者からの相談に十分に対応できず、訴訟による解決ができない場合もある[82]。

自治体が、特定の団体に対して何らかの経済支援を行うことは自治体の支出という点において公平性・公正性の観点から適切ではない。しかしながら、適格消費者団体は、「消費者の特性への配慮」や広告規制などの条例の不足部分を自治体の消費者行政の不足を補完する「公益実現の担い手」としての役割を担っていることから[83]、自治体が適格消費者団体のかかる役割を認識し、団体の機能が発揮できるための基盤を確保することが求められる。

---

(80) 現在存在する適格消費者団体は、全国消費生活相談員協会を母体とするものを除いて、特定非営利活動法人（NPO）の法人格を有しているが、このNPO法人格を認証するのは都道府県であり、したがってこのNPO法人の認証に係る業務が自治体と適格消費者団体の唯一の接点である。
(81) 消費者庁・前掲注（57）11頁。
(82) 田中菜採兒「適格消費者団体の現状と課題―大阪府・京都府・兵庫県の3団体を事例に―」国立国会図書館調査及び立法考査局『レファレンス』（2015年）93頁。
(83) 田中・前掲注（82）94頁。

(3) 消費者教育推進政策の実効性の確保

　自治体による消費者に向けた啓発活動ないし教育活動は、これまですでに多くの自治体において実施されており、自治体の消費者行政全般に占める比重は小さくない。新旧基本法いずれにも「啓発活動及び教育の推進」（旧法12条、新法17条）の規定があるが、旧法と鍼法の違いは、旧法では国が啓発と教育の実施主体とされていたのに対し、新法では国（新法17条1項）と自治体（同2項）がともに施策主体となっている点にある。新基本法の中に、「消費者に対し必要な情報が提供される権利」と「消費者に対し教育の機会が提供される権利」を「消費者の権利」（同法2条）として掲げていること、これに対応して消費生活条例が消費者教育の機会を確保することを権利規定に定め、消費者教育の実施が具体的施策として規定されている。これらの権利の実現のために規定された具体的施策が実施されるためには、次の二つの点を確認することが重要である。

　第一に、「啓発」と「教育」それぞれの意味内容を確認するとともに、それぞれについての政策が別個に必要であることを認識すべきことが挙げられる。これまでの自治体の取組の中で、啓発と教育を明確に区別した上で、独立した政策として遂行されてきたといえる事例は多くはなく、通常は、消費者への被害情報、予防・対策情報の提供、出前講座・公開講座として実施されている。2012年に制定された消費者教育推進法は、消費者教育の定義規定（同法2条1項）において「この法律における『消費者教育』とは、……教育（略）及びこれに準ずる啓発活動をいう。」と定めているが、この規定からも「啓発」と「教育」の関係や区分の基準が明確になったとはいえない。したがって、この定義規定の「準ずる」の意味は、各自治体の解釈に委ねられることとなり、その上で、自治体における「啓発」と「教育」の施策を行うことが求められる。

　第二に、消費者教育の実施体制に関する課題が挙げられる。消費者教育推進法は、消費者教育の内容と体系について、幼児、児童（小学校）、生徒（中学校、高校）、学生（大学等）の学校教育において実施されるもの、市民向けのもの、職域におけるものなど、ライフステージごとに実施することを定めている[84]。

消費者教育推進に関する国の主務官庁は消費者庁と文部科学省であり[85]、自治体では消費生活センターと教育委員会が中心的な役割を担うことが期待されている[86]が、学校教育段階での消費者教育については自治体の教育委員会との連携や協力が不可欠である。消費者教育推進の基本計画が都道府県で策定される経過の中で、消費生活センターが基本計画の原案を作成し、同案が自治体の消費生活審議会での審議・了承される過程を経て自治体の消費者教育推進計画が決定されているが、この過程での教育委員会の関与が自治体によって異なっている状況がある[87]。また、自治体の教育委員会との間の協働が十分ではない実態がある中で、学校教育の中で実施される消費者教育のための十分な時間が確保されないなどの課題が明らかになっている[88]。自治体の教育委員会は文部科学省の指揮系統には服さないが、文部行政の担い手でとして同省との関係が深い。また、前記のとおり消費者庁と自治体の消費生活センターは指揮監督の関係にはなく、さらに地方組織（出先機関）を持たない消費者庁と自治体の教育委員会との関係は希薄であ

---

(84) 消費者教育推進法3条4項は「消費者教育は、学校、地域、家庭、職域その他の様々な場の特性に応じた適切な方法により、かつ、それぞれの場における消費者教育を推進する多様な主体の連携及び他の消費者政策（消費者の利益の擁護及び増進に関する総合的な施策をいう。第九条第二項第三号において同じ。）との有機的な連携を確保しつつ、効果的に行われなければならない。」と定めている。また、同法11条1項は、教育の具体的な施策について、「国及び地方公共団体は、幼児、児童及び生徒の発達段階に応じて、学校（学校教育法〔昭和二十二年法律第二十六号〕第一条に規定する学校をいい、大学及び高等専門学校を除く。第三項において同じ。）の授業その他の教育活動において適切かつ体系的な消費者教育の機会を確保するため、必要な施策を推進しなければならない。」と定めている。
(85) 消費者教育推進法4条2項は、「内閣総理大臣及び文部科学大臣は、前項の施策が適切かつ効率的に策定され、及び実施されるよう、相互に又は関係行政機関の長との間の緊密な連携協力を図りつつ、それぞれの所掌に係る消費者教育の推進に関する施策を推進しなければならない。」と定めている。
(86) 消費者教育推進法5条は、「地方公共団体は、基本理念にのっとり、消費生活センター（消費者安全法〔平成二十一年法律第五十号〕第十条第三項に規定する消費生活センターをいう。第十三条第二項及び第二十条第一項において同じ。）、教育委員会その他の関係機関相互間の緊密な連携の下に、消費者教育の推進に関し、国との適切な役割分担を踏まえて、その地方公共団体の区域の社会的、経済的状況に応じた施策を策定し、及び実施する責務を有する。」と定めている。
(87) 審議会等に陪席（オブザーバー）参加するケース、そもそも参加しないケースもある。
(88) 消費者庁消費者教育推進会議「学校における消費者教育の充実に向けて」（2016年4月28日）5頁。

る。このため、文部科学省の消費者教育への取組の姿勢が、自治体における消費者教育に関する教育委員会の役割のいかんに影響する。さらに、自治体の内部において、教育委員会は独立行政委員会としての性格を具備しており、委員会の下に教育庁という事務組織を有することから、自治体における組織の位置付けの点で消費生活センターと教育委員会とは指揮系統と意思決定の過程が異なる[89]。このため、自治体における消費者教育の実践と展開が、消費者教育推進法の目的と理念に沿って実現するためには、自治体が消費者教育の実施の主体であり、消費者教育が自治事務であることを自治体内部で共有されることが不可欠である。消費者行政の本旨が「消費者の権利」のためにあるとする考え方[90]から俯瞰すれば、自治体の消費者行政は、自治体の内部におけるタテ割り体制の克服と、首長や行政職員の意識の改革に取り組むべき段階を迎えている。特に、成年年齢が現在の20歳から18歳に引き下げられる改正民法が2018年6月に成立し、消費者教育の意義と役割が重視されていることからも[91]、教育の実施体制の整備は急務であるといえる。

(4) 自治体の消費者行政に対する評価・検証と説明責任——自主財源の確保のための視点

既に見てきたように、自治体の消費者行政の財源が国の補助金・交付金または基金等に大きく依存している反面、自治体独自の財源が削減され続ける傾向があり、この結果、自治体における人的・組織的な体制整備が進捗していない実態がある[92]。

自治体の消費者行政は、基本的に自治事務として位置付けられるが、国の法律に基づく自治体への委任行政のウエイトは小さくなく、特に第二次地方分権推進政策の下で、都道府県だけでなく、市町村レベルの所掌事務も増えている。このため、本来の自治事務の領域と、国からの委任領域の区分に基

---

(89) 都道府県の公務員採用試験は行政職と学校事務職の区分を設けている。
(90) 正田・前掲注(48)159頁。
(91) 成年年齢の引下げに対応した消費者教育推進の動向については、本章第15章を参照されたい。
(92) 内閣府消費者委員会「地方消費者行政の持続的な展開とさらなる充実・強化に向けた支援策についての建議」2012年7月24日3頁以下。

づき、自治体における財源のあり方を考えていく必要がある。ただし、その際には、自治体の消費者行政の本旨と目的は何かという基本的視座に基づく検討が求められる。

　自治体における消費者行政の財源の減少傾向または一定の水準を確保できないことの原因については、様々な角度からの考察が可能であると思われるが、ここでは住民に対する説明責任の観点から指摘したい。自治体の予算全体が縮減されていることによって消費者行政関連予算が削減されている場合は別にして、ここでは、自治体の他の政策関連予算に比較して、消費者行政予算が削減されている、または一定水準確保できない場合を対象とする。この場合の要因の一つとして、自治体における消費者行政・政策の意義やウエイトが、住民と議会に対して十分説明されていない、また自治体行政の内部においても理解・認識されていないことにあると考えられる(93)。

　国レベルでの各省庁の行政・政策は、総務省による行政評価、会計検査院による予算支出等に対する検査の対象となっており、また各省庁における毎年度の自己評価もなされており、これらの評価は予算配分に影響する。自治体については、予算・決算等に関する議会での審議と説明義務はあるが、ここの政策と取組実績に対する第三者評価は義務付けられておらず、また自己評価についても同様である。自治体の消費者行政関連予算の削減や一定水準の維持が困難な背景には、適切な評価と検証に基づく住民と議会に対する説明責任が十分に果たされていない結果、政策の意義や重要度が――他の政策との比較において――過小評価されたため、政策実施に必要とされる予算確保に至っていない実情が推測される。定量的データと定性的なデータに基づく、いわゆる P（Plan）→ D（Do）→ C（Check）→ A（Action）のサイクルに基づく評価と検証の結果が住民と議会、自治体内部に明示されることが、消費者行政担当部局に求められる。

　自治体の消費者行政に対する評価の指標となるのは、各自治体が定めた消費生活条例の「消費者の権利」の各規定である(94)。各条例が「消費者の権

---

(93) 同旨、柿野・前掲注 (60) 250頁。
(94) 「消費者の権利」が政策指標として意味を持つことは、国と自治体に共通する。この点の学説および本書の立場については、本書第4章を参照されたい。

利」の擁護、確立を目的または理念として定めていることから、それぞれの権利のための施策が実施されたことについて評価がなされることが消費者行政の評価の基本となり、評価の検証に基づき、次年度の政策が策定されることになる。こうした客観的な指標に基づく評価・検証が実践されることが、自治体の消費者行政関連予算の水準を引き上げるための基礎的取組といえる。

　こうした評価は自治体の自己評価だけではなく、第三者による外部評価として実施されることも重要である。その担い手は、消費者問題に専門的知見を有する消費者団体が適しているが、地方における消費者団体の組織や活動の状況を鑑みた場合、増加する傾向にある適格消費者団体が、今後その担い手となる必要がある[95]。

---

(95) 消費者運動の担い手であった消費者団体の現状と適格消費者団体の地域的偏在を解消する消費者庁の政策の趣旨と動向については第13章を参照されたい。

第13章　適格消費者団体の役割と制度上の課題
―― 「消費者の権利」と「消費者の年齢その他の
特性への配慮」からの問題整理

第1節　考察の目的および視角

　2006年に開始した適格消費者団体制度は、一定の要件を充足した消費者団体に差止請求権を付与し、消費者トラブルの救済を図る訴訟制度である（2018年6月現在、全国で16団体が存在している）。また、2016年には、適格消費者団体のうち、一定の要件を具備した特定適格消費者団体について、消費者被害の財産的損害を回復するための請求権を付与する新たな被害救済制度（集団的被害回復制度）が法制化され、現在3団体が特定適格消費者団体としての認定を受けている。事業者と消費者の間に惹起する契約・取引、不当表示の問題について、適格消費者団体が差止請求権を行使することによりトラブルの抑止を図る制度の定着に加えて、消費者の財産的被害回復を実現する制度が導入されたことにより、消費者問題に対する民事規律の制度的な面での拡充はなされたと評価することができる一方、これらの制度が実質的かつ効果的に機能し続けることができるかどうかについては、消費者の立場すなわち「消費者の権利」と「消費者の利益の擁護」の観点からの検証が必要である。

　現在、国（消費者庁）は、消費者基本計画に基づいて、地方における適格消費者団体の設立を後押ししており、団体が存在しない地域（空白域）の解消に向けた取組を行っている[1]。適格消費者団体の設立と運営をめぐる状況に目を向けると、首都圏や関西の大都市部に存在する規模の大きい一部の団体の例を除けば、多くの団体は構成員数や活動資金の面で小規模であり、設立地域の自治体による支援がなければ設立自体容易ではなく、また設立後の

---

(1) 平成27年3月24日閣議決定「消費者基本計画」31頁。

団体の活動も円滑に行いえない状況が見られる。また、自治体は、自治体固有の事務として消費者行政を担ってきているが、その消費者行政の基盤は人的かつ財源面で脆弱であるため、自治体住民にとって必要な消費者行政サービスが十分に提供されていないことについては、自治体における消費者行政の理念の観点から、以前から問題の所在が指摘されている。

適格消費者団体制度は、そもそも自治体との連関を念頭に置いて制度設計がなされたものではなく、したがって同制度の運用が自治体の消費者行政に何らかの影響をもたらすとしても、その影響は間接的・副次的なものにとどまるはずであった。しかしながら、現状において、適格消費者団体の設立と活動にとって、関係自治体による支援と自治体との協力・連携は不可欠となってきている。

本章では、かかる現況を踏まえて、適格消費者団体が自治体に存在することの意義と、両自治体と適格消費者団体との関係と方向性について、消費者基本法の二つの理念――「消費者の権利」と「消費者の年齢その他の特性への配慮」――の観点から課題の整理を行うことを目的とする。

第2節　消費者問題の質的・量的な領域拡大と消費者行政の限界――本考察の背景事情

「消費者問題の解決は行政（国および自治体）の基本的役割である」とする見方は、これまで国民の意識に定着していた。しかしながら、21世紀に入って以降、インターネットの発展の中で、国民一人ひとりがモバイルフォン（スマートフォン）を保有するようになり、氾濫する情報と容易な個別取引を可能にする個人環境が形成されたことにより、今日の消費者問題は、その「質」と「量」の面において大きく様変わりした問題領域が従来からの消費者問題に追加され、あるいは組み込まれたかたちで変質しつつある。

日本の消費者行政は、新たな消費者問題が惹起する毎に立法や規制の強化によって対応してきたが、かかる立法や規制強化の取組は消費者問題が発生した「事後」の対応であり、インターネットを介在させた消費者問題の領域拡大に対して、今後どの程度まで迅速かつ適切な対応が可能かどうかについ

ては明確ではない。

　近年、こうした時代と消費者問題の変化を念頭に、国家規制（行政規制）だけではなく、個人（消費者）が能動的に消費者問題の回避や被害の救済に向けたアクションを取ることによって問題に対処していくためのインフラ整備が必要であるとする考え方が重視され始めている。その一つは消費者教育の重要性と充実を唱える考え方であり、もう一つは個人が法的アクションを取るための基盤整備（消費者問題に対する民事規律の強化）の必要性を唱える考え方である。これらの考え方は、最近出現したものではなく、日本においても以前から主張されていた。これらの考え方の出発点は、1962年のケネディ特別教書において提唱された「消費者の権利」（Consumer Bill of Rights）である。日本では2004年に制定された消費者基本法において8つの権利が法定されたが、同法の制定以降、消費者教育の実現に向けた動きが活発化し、2012年に議員立法によって消費者教育推進法が制定された。同法は「消費者の主体性」を涵養することにより、「他者尊重」「自らの行動の自覚」「消費者市民社会の形成への参画」を実現することを教育理念として掲げるものである[2]。

　2000年に制定された消費者契約法は、「消費者と事業者の間の情報の質及び量並びに交渉力の格差」を所与として、消費者が事業者との取引において「事業者の一定の行為により誤認し又は困惑した場合等」について、契約の申込みまたはその承諾の意思表示を取り消すことができるようにする規定を定めたものであり、民法の原則を修正することにより、消費者の利益の保護を図ることを目的とした法律である。同法は、個人が法的アクションを取るための民事規律の中核となる法律であるが、同法は契約トラブルを対象としており、契約締結に至る前の広告、表示、顧客誘引等を対象としていない。民事規律の制度の拡充を図る上では、とりわけインターネット取引に至る前段階で消費者が自主的かつ合理的な選択を行いうる環境と、望まない契約に至った場合の救済を容易に行うことができる仕組みを確保することが求めら

（2）消費者教育推進法の目的・理念と消費者市民社会の意味内容については、本書第14章において検討する。

れる。

　そこで、以下においては、個人が法的アクションを取るための基盤を整備することが、消費者行政の強化とともに重要な課題となっている社会的背景について整理する。

(1) 競争法規制が及ばない問題領域の増加

　国家（行政）規制として、市場における「公正且つ自由な競争」を促進することにより「一般消費者の利益」の確保と経済の民主的発展を目的とする独占禁止法（1947年制定）、不当表示の禁止および景品・懸賞付販売に対する規制を行う景品表示法（1962年制定）、訪問販売、通信販売、マルチ商法等を規制する特定商取引法（旧訪問販売法〔1976年制定〕、2000年に法律名称変更）、食品表示を規制する食品表示法（2013年制定）などが存在し、事業者による不当な顧客誘引、契約・取引、表示・広告などの広範な問題領域に行政規制が及んでいる。

　しかしながら、商取引の態様、インターネット技術の高度な進展に伴い、それぞれの法律の規制要件を充足しないため規制の及ばない、消費者の「自主的かつ合理的な選択」を歪める／誤認惹起に連なる問題領域が次々と発生している（行動ターゲティング広告、ステルスマーケティングなど）[3]。国家（行政）規制を拡充するための立法その他の対応は、時間と行政コスト（リソース充実）を必要とするが、迅速かつ効果的な治癒への過剰な期待は持てない状況にある。

　かかる立法その他の国による規制の充実が早急に実現することが困難な中で、消費者行政の「現場」である自治体が、自ら付与された権限の範囲内で、または自治体が定めた消費生活条例を適用することによって、国の規制の不備や「すき間」を補完する機能を担うことは、法執行上の限界および自治体の消費者行政に係るリソースの制約の現状を踏まえればさらに困難といえる。

（3）　契約締結前の段階における消費者の選択の自由を侵害するおそれのある広告による顧客誘引に対する法規制に関する問題については、本書第7章と第10章を参照されたい。

このような行政規制の不備は、迅速な立法による手当てによって治癒されることが求められるが、同時に、消費者が消費者問題と解決・救済のための知識と情報を完備することも重要な克服手法といえる。国家（行政）規制のみならず、民事規律の拡充を図ることにより、消費者の利益の擁護を実現する「規制と規律の複線化」は、消費者問題に対峙する法制度のあり方を模索する上で重要かつ不可欠な考え方といえる。

(2) 消費者の「特性」ないし「多様性」への対応の要請

消費者問題の典型例の一つは、高齢者や障害者をターゲットとしたいわゆる「悪質商法」であるが、かかる商法は消費者の年齢や判断能力の不十分さを悪用した取引である。しかしながら、消費者問題は高齢者、子ども、障害者を対象とした問題に限定されるわけではなく、全ての国民（個人、消費者）がその対象となる。インターネットの進展により、また個々の消費者を対象とする市場の創出と取引の量的拡大が見られる中で、消費者トラブルも個別化する傾向にある。

市場経済の基本ルールを定めた独占禁止法は、事業者および事業者団体による「自由な競争」または「公正な競争」を侵害する行為を規制し「一般消費者の利益」を確保することを目的としているが、同法の保護法益である「一般消費者」とは何かについては、諸説がある。また、同法の主務官庁である公正取引委員会は、同法が禁止する不当な顧客誘引規制（不公正な取引方法・一般指定8項および9項）については、当該行為について一定の「行為の広がり」が認められて初めて法適用がなされるという考え方に元で法運用がなされている。インターネット技術の発展とスマートフォンの急速な普及により、事業者との取引はより簡便になり、個々人は容易に事業者との取引の主体となる環境が整備されてきている中で、インターネット上の広告・表示や勧誘の質的・量的な規模とアクセスした個人を対象とした広告手法の技術の多様化は、広告・勧誘に対する規制発動の要件である「行為の広がり」の充足についての判断を困難にする可能性があり、その限りにおいて、インターネット上の広告・表示に対する規制発動を消極的にさせるおそれがある。また、個人を対象とする広告手法の普及は、多様な消費者をターゲットとした

ビジネスモデルの創出につながり、従来型の不特定多数を対象とした広告に対する規制ではカバーできない新たな問題を惹起させるそれがある。

EUやドイツでは、消費者を「平均的消費者」「脆弱な消費者」に二分化し、この二つの概念を踏まえた判例、立法、行政における消費者保護の転換が図られている[4]。日本の場合ネ消費者政策の展開に際して国および自治体が消費者の特性ないし多様性、すなわち消費者の個性について配慮する義務があることは、消費者基本法に定められている（同法2条2項、後述2参照）。問題となるのは、この規定がいわゆる「プログラム規定」としての性格を有すること、この規定の趣旨と内容が、既存の法律の解釈と運用ならびに執行体制の面で実質化されておらず、消費者の特性を踏まえた行政規制と被害救済の制度設計が十分とはいえないという点である[5]。

2018年6月に成立した改正民法は、現在の成年年齢（満20歳）を18歳に引き下げるものであるが、同法改正に当っては、契約当事者となることができる者の低年齢化により若年層の消費者被害が拡大することの懸念が指摘されており[6]、消費者教育の推進と充実による対応のほか[7]、消費者契約法や特定商取引法などの法律について「年齢」という消費者の特性を踏まえた法制度の拡充に向けた検討が進められている。

「消費者の特性」には、年齢のみならず、性別、障害、判断能力の差、取引経験の有無などの様々な配慮要因があるが、多様な特性を有する個々の消費者の利益を確保するためには、行政における法の運用や解釈の面での実質

（4）菅富美枝『新消費者法研究—脆弱な消費者を包摂する法制度と執行体制』（成文堂、2018年）21頁。また、EUとドイツの消費者概念については本書第2章と第3章で、「脆弱な消費者」の典型と位置付けられる「子ども」の消費者特性については第6章を参照されたい。

（5）菅・前掲注（4）203頁。

（6）法制審議会「民法成年年齢部会」最終報告書「民法の成年年齢の引下げについての意見」2009年10月。

（7）消費者庁、文部科学省、法務省及び金融庁による「若年者への消費者教育の推進に関する4省庁関係局長連絡会議」が開催され（2018年2月20日）、同会議において、2018年度から2020年度までの3年間を集中強化期間として、関係省庁が推進する取組を内容とする「若年者への消費者教育の推進に関するアクションプログラム」（以下「アクションプログラム」という。）が決定された。また、消費者庁は同庁の審議会である消費者教育推進会議に2017年10月に「若年者の消費者教育分科会」を設置して、成年年齢引下げに伴う消費者被害の防止等のため、若年者への実践的な消費者教育のあり方についての提言を策定・公表した（2018年6月30日）。

化が求められるとともに、個々の——多様な——消費者が被害救済や損害回復に向けて自立的・能動的なアクションを取るための法的・社会的基盤の整備が不可欠である[8]。自立的・能動的なアクションによる消費者被害の救済を可能にするためには、立法を通じて、その拠りどころとなる民事規律の拡充が求められる。また、この消費者のアクションを容易にするための基盤整備は、消費者行政の最も重要な役割であり、国の責務であると同時に消費者の生活の場である自治体の責務である。

(3) 小括——「消費者の自立」支援行政の推進と民事規律の制度拡充

現行の消費者保護を目的とする行政規制は、高度技術の進展が急速なインターネット取引における「情報力と交渉力の格差」に起因する消費者トラブルに迅速に対応できず、また既存の規制では捕捉できない取引の態様が次々と発生しており、これらに対する規制は新たな立法を必要とする。また、スマートフォンの普及により、消費者の取引上の利便性は飛躍的に向上する反面、トラブルや損害発生のリスクも高まり、インターネット取引に係るトラブルが増加する傾向にある。このことは、行政による規制が、ある種の限界を示していると見ることができる。

したがって、消費者の被害回復が迅速に行われるためには、個々の消費者が自立的・能動的な被害救済に向けたアクションを取ることが不可欠であり、また消費者の特性・多様性を前提として個々の消費者の自立的行動を支援する体制も不可欠である。個々の消費者の自立的・能動的アクションを可能にするための法的・社会的な基盤（消費者の自立のためのインフラ整備）は、消費者基本法の目的と理念に基づき、立法と行政（国および自治体の消費者行政）が取り組まなければならない重要な課題といえる。

---

(8) 国レベルでは、障害者や高齢者の消費者被害の防止策（見守りネットワークの仕組みづくり）、弱視・視覚障害者への配慮の取組（国民生活センターのウェブサイトの音声読み上げソフトへの対応等の実施）などが開始されている。消費者庁「平成28年度消費者政策の実施の状況（第193回国会〔常会〕提出）」323頁。

第3節　消費者行政のフレームワークとしての消費者基本法の2つの理念

そこで本節では、消費者基本法の2つの理念——「消費者の権利」および「消費者の年齢その他の特性への配慮」——とは何かについて確認するとともに、この理念の観点から、国および自治体の消費者行政の責務について整理したい。

(1) 日本における消費者行政の沿革と転換

第二次大戦終結後の戦後復興期に、食料不足や不良マッチ販売などの消費生活に関わる問題が発生し、女性・主婦を中心にこれらの問題に対する運動体が形成されたが、高度経済成長期に入り、食品公害・薬品公害といわれた事件（1955年の森永ヒ素ミルク事件、1962年のサリドマイド事件）や、「ニセ牛缶事件」（1960年）を発端とする食品不当表示事件が相次ぎ、消費者問題に対する行政（国、自治体）の姿勢が問われることとなった。1962年3月に米国・ケネディ大統領の特別教書における「消費者の権利（4つの権利）」の宣言がなされたこともあり、日本においても消費者行政の構築に向けた施策が進められ、1968年に消費者保護基本法が制定された。同法は、国と自治体を「消費者保護」のための行政の責任主体として位置付け、消費者保護のために必要な施策の内容を定めたものであった。1969年に改正された地方自治法において、消費者行政は自治体の事務として明記された。

消費者保護基本法に基づく国レベルでの消費者政策は、食品表示や衛生確保については厚生労働省、農林物資・水産物の規格と表示については農林水産省、医薬品については厚生労働省、食品と医薬品以外の製品については経済産業省、宿泊・交通等のサービスについては国土交通省、市場における公正かつ自由な競争確保および全ての表示・景品・懸賞付販売については公正取引委員会をそれぞれ主務官庁とし、またそれぞれ個別の規制法に基づく事前規制または事後規制を行うという、いわゆる「タテ割り」行政の下で展開されていた。

また、自治体レベルにおいては、消費者保護基本法の制定以降、設置され始めた消費生活センターが自治体の消費者行政の担い手となっていったが、必ずしも広域自治体（都道府県）の全てに設置されていたわけではなく、基礎自治体（市町村）における消費生活センターの設置は政令指定都市や中核都市以外には多くはなかった。

　2000年代に入り、BSE問題の発生、相次ぐ食品表示や期限表示の偽装、消費者の生命や健康を脅かす安全上の問題の多発を受けて、これまでの消費者行政の体制そのものの見直しと強化が国の重要課題とされた。2003年の国民生活審議会の報告書[9]は、従来からの消費者保護を目的とする保護行政から、「消費者の自立」のための支援行政への転換を図る「消費者行政の理念の転換（パラダイム・シフト）」と、消費者を「権利の主体」として位置付けることを提言し、これを受けて2004年に改正・制定されたのが消費者基本法である。すなわち、同法の改正を契機として、日本の消費者行政は、従来からの消費者保護」の行政から、消費者を権利の主体と位置付けることにより行政は消費者の自立を支援する「支援行政」への転換を図ったということができる。

　しかしながら、その後も同種の消費者問題の発生が続き、また2007年頃に複数の行政規制によっては対応できない「すき間事案」となった「こんにゃくゼリー事件」が社会問題となったことを受けて、消費者行政の「タテ割り」の是正が急務とされた。2009年9月に、消費者行政の司令塔での役割を担う消費者庁が新たに設置され、取引・契約の規制、表示規制（医薬品を除く。）は同庁が一元的に担うとともに、安全規制については従来の担当官庁と消費者庁が「共管」する体制の見直しが図られた[10]。また、都道府県には消費生活センターの設置が義務付けられた（なお、市町村については、消費生活センターの設置は努力義務とされた）。

---

(9) 国民生活審議会消費者政策部会報告書「21世紀型の消費者政策の在り方について」（2003年5月）。

(10) 山口由紀子「消費者市民社会における消費者行政」岩本諭＝谷村賢治編著『消費者市民社会の構築と消費者教育』（晃洋書房、2013年）81頁。

(2) 日本における「消費者の権利」と「消費者の年齢その他の特性への配慮」規定の意味と内容

前記のとおり、消費者基本法の改正・制定作業の中で、消費者行政の理念の転換、すなわち従来の消費者を保護の対象と位置付ける消費者保護行政から、消費者を「自立の主体」と捉えて国家は消費者の自立を支援する行政にシフトする基本的な考え方の転換が図られたが、その際に重要な検討課題となったのが、消費者の位置付けであった。長らく日本では、消費者は市場メカニズムの恩恵を享受する存在であり、市場に対する規制や事業者の行為に対する国家規制によって「反射的利益」を受けるにすぎない存在として見られていたが[11]、「ジュース表示事件」最高裁判決（1975年）が「反射的利益」論を採ったことから、立法と行政においても、消費者を「権利の主体」と捉えることには消極的であった。しかしながら、消費者基本法の制定に際して、消費者は「保護の対象」ではなく「自立の主体」であるとされ、また「自立の主体」＝「権利の主体」であることが確認された。

ケネディ特別教書の４つの「消費者の権利」（①安全性への権利、②選択の権利〔「競争が機能せず、政府規制が行われている業種においては、満足できる品質とサービスが公正な価格で保証される権利」を含む〕、③知らされる権利、④意見表明の権利）[12]は、その後、国際消費者機構（現在のコンシューマー・インターナショナル〔CI〕）が提唱した８つの「消費者の権利」へと発展したが、消費者基本法はこの８つの権利を取り入れている（【表１】）。

消費者基本法における８つの「消費者の権利」は、同法の「理念」規定（２条１項）の中に、個別の権利ごとに明記されるかたちではなく、一文の中に示されているが、立法担当者解説に述べられているように、同条項はコンシューマー・インターナショナルが提唱する８つの権利を全て含んでいる。また、同条２項は、消費者の自立の支援に際して、「消費者の年齢その他の特性への配慮」規定を定めている（【表２】）。同項は、子どもや高齢者といった年齢のみに着目した配慮だけではない。「その他の特性」への配慮とは、

---

(11) 北川善太郎＝及川昭伍編『消費者保護法の基礎』（青林書院、1977年）22頁。
(12) 1975年にフォード大統領は、「消費者教育を受ける権利」を追加した。これにより、現在の米国の「消費者の権利」は５つの権利であると説明されている。

【表1】 日本における「消費者の権利」に関する規定

消費者基本法2条1項（条文）	8つの権利
消費者の利益の擁護及び増進に関する総合的な施策（以下「消費者政策」という。）の推進は、国民の消費生活における基本的な需要が満たされ、その健全な生活環境が確保される中で、消費者の安全が確保され、商品及び役務について消費者の自主的かつ合理的な選択の機会が確保され、消費者に対し必要な情報及び教育の機会が提供され、消費者の意見が消費者政策に反映され、並びに消費者に被害が生じた場合には適切かつ迅速に救済されることが消費者の権利であることを尊重するとともに、消費者が自らの利益の擁護及び増進のため自主的かつ合理的に行動することができるよう消費者の自立を支援することを基本として行われなければならない。	①消費生活の基本的需要が満たされる権利 ②健全な生活環境が確保される権利 ③安全が確保される権利 ④選択の機会が確保される権利 ⑤必要な情報提供を受ける権利 ⑥教育の機会が確保される権利 ⑦意見を反映する権利 ⑧被害を救済される権利

【表2】 消費者の自立支援における配慮規定

消費者基本法2条2項
消費者の自立の支援に当たつては、消費者の安全の確保等に関して事業者による適正な事業活動の確保が図られるとともに、消費者の年齢その他の特性に配慮されなければならない。

　すなわち全ての消費者が何らかの特性を有する「生身の人間」であることを前提として、国や自治体の消費者政策が推進されることを定めたものであり、同条1項の「消費者の権利」の規定とともに日本の立法、行政、司法において基本的な消費者概念として位置付けられる必要がある。

　消費者基本法の各規定は、いわゆる「プログラム規定」であり、これらの規定を根拠として行政に対して作為または不作為の請求を裁判上主張することはできないと説明されている[13]。したがって、消費者基本法に定められている個々の消費者政策は、具体的な施策を定めた個別の立法を通じて実現されることが求められる。消費者基本法の目的は「消費者の自立の支援」

---

(13) 中田邦博＝鹿野菜穂子編著『基本講義消費者法〔第3版〕』（日本評論社、2018年）11頁（中田邦博執筆部分）。

(同法1条)にあることから、この8つの権利と配慮規定は、日本の消費者行政と全ての消費者政策の推進に際しての基本理念として理解される必要があり、この2つの理念に基づく立法がなされることが求められる。

(3) 小括

現在の日本における消費者行政と政策の基本的枠組は消費者基本法を出発点としており、国と自治体の二元体制に基づく消費者行政の体制についても同法が定めている。消費者基本法が掲げる消費者行政の理念は「消費者の権利」の尊重（同法2条1項）および「消費者の年齢その他の特性への配慮」（同条2項）であり、国および自治体はこの理念の下で個別具体的な立法を通じて政策を展開することが求められているということができる[14]。

第4節 消費者団体と適格消費者団体制度の関係性
——消費者運動の変容の視点から

8つの権利が基本法に明記された今日、個々の消費者が自ら権利の主体として事業者と対峙して表示の適正化を要請することや被害回復を求めることは、現実には容易ではない。個人である消費者が自立的に行動するためには、消費者行政による支援、具体的には自治体に設置されている消費生活センターの相談業務や「あっせん」制度の利用による支援が効果的であるが、全ての市町村にセンターが設置されているわけではなく、また事業者により受けた損害額が少額である場合には被害救済そのものを放棄・断念する「泣き寝入り」に終わる消費者も少なくない。こうした行政機関の利用の機会が付与されていない消費者や救済の意思を喪失する消費者の権利行使を可能にするためには、行政機関の役割を補完するための組織的機能の存在が重要となる。その機能の担い手として存在するのが消費者団体である。消費者基本法8条は、消費者団体に関する定めを置いている。同条は、

「消費者団体は、消費生活に関する情報の収集及び提供並びに意見の表

---

(14) 正田彬『消費者の権利〔新版〕』（岩波新書、2010年）158頁。

明、消費者に対する啓発及び教育、消費者の被害の防止及び救済のための活動その他の消費者の消費生活の安定及び向上を図るための健全かつ自主的な活動に努めるものとする。」

と規定している。8条にいわれる消費者団体の諸活動についても、「消費者の権利」と「消費者の年齢その他の特性への配慮」という基本法の二つの基本理念の下で行われることが求められているということができる。

現在、日本には、差止請求権と集団的被害回復制度に基づく損害賠償請求権の二つの訴権を有する適格消費者団体と、かかる訴権を有しない消費者団体の二種類が存在する。前者は2006年に創設された制度に基づく団体であるが、後者の多くはそれ以前から存在するものである。そこで、本節では、適格消費者団体制度の創出に至る背景と、以前から存在する消費者団体（以下の記述において「従来型消費者団体」と表記することがある。）の現状について目を向けることにしたい。

(1) 適格消費者団体制度創出に至る背景

日本における消費者団体の急増は、1970年以降の時期である。いわゆる1974年前後に発生した石油危機（オイルショック）による石油関連製品の高騰や企業による買い占め・売り惜しみによる品薄状態の創出により国民生活は大きく混乱し、またかかる混乱の一因が石油元売り会社による価格カルテル・生産調整カルテルであったことから、消費者の側における自衛意識と企業に対する不信感が原動力となって全国各地で消費者団体の設立が相次いだ。1948年に結成されていた主婦連合会を始めとする複数の全国組織が企業に対する是正措置や各種の申入れ活動、国や自治体に対する立法や規制の強化等の活動を先導し、各地の消費者団体がこの動きに呼応することにより、1990年代までの時期、中央と地方が一体性を持ちつつ消費者運動が展開されていたといえる。2000年以降、特定非営利活動法人法（NPO法）が施行されたことに伴い、消費者団体の中にもNPO法人格を取得する団体が増えることとなり、この時期再び消費者団体の設立件数は増加している。

(2) 消費者団体の設立件数、設立形態の動向

　日本における消費者団体は、消費者運動の主体となり主導してきたが、その役割は時代とともに変化してきている。現在（消費者庁の2014年調査時点）で存在する消費者団体の数は、2,121団体であるが、2008年調査において確認された団体数2,475団体と比較すると、354団体減少している【表3】。これらの消費者団体の設立年代ごとの団体数【表4】を見ると、消費者保護基本

【表3】　消費者団体の年代別設立件数

	広域団体 (N = 294)	県域団体 (N = 477)	地域団体 (N = 1,350)	計 (N = 2,121)	年平均
1944以前	9	6	30	45	—
1945～1949年	10	30	31	71	14.2
1950年代	16	32	49	97	9.7
1960年代	25	60	89	174	17.4
1970年代	37	55	248	340	34.0
1980年代	22	43	156	221	22.1
1990年代	23	35	112	170	17.0
2000年代	79	103	300	482	48.2
2010年代	49	61	118	228	46.8
不明	24	52	217	293	—

※本資料は消費者庁が平成27年1月23日から同年2月13日に実施したアンケート調査に基づくデータであり、平成26年10月1日時点の回答内容を集計したものである（同書5頁）。
※アンケート調査の対象には認定された適格消費者団体も含まれている。
出典：消費者庁「平成26年度消費者団体名簿――消費者団体の現状について――（増補版）」359頁から引用。

【表4】　消費者団体の設立形態の動向

	広域団体 (N = 294)	県域団体 (N = 477)	地域団体 (N = 1,350)	計 (N = 2,121)
公益社団法人	40	72	13	125
一般社団法人	5	14	7	26
公益財団法人	21	39	22	82
一般財団法人	7	15	6	28
NPO法人	135	162	269	566
その他	7	10	13	30
合計	215	312	330	857
取得の割合	73.1%	65.4%	24.4%	40.4%

※「その他」は、社会福祉法人、生活協同組合内連合会等である。
出典：消費者庁「平成26年度消費者団体名簿――消費者団体の現状について――（増補版）」359頁から引用。

法が制定され自治体に消費生活センターが設立されはじめた時期でありかついわゆる「石油ショック」による石油関連製品の買い占め・売り惜しみが社会問題となった1970年頃と、NPO法人法が制定された2000年頃に増加している。

また、消費者団体の設立形態についても、時代に対応した変化が見られる。全国規模での活動を行う広域活動団体には、主婦連合会、日本消費者協会等があり、こうした広域団体（215団体）の73.1％が社団法人（公益型、一般型）、財団法人（公益型、一般型）、非営利活動法人（NPO）などの法人格を有する団体である。県域活動団体（312団体）についても65.4％が法人格を有するが、地域団体（330団体）のうち法人格を取得しているものは24.4％に過ぎない。

(3) 近年（2008年および2014年）の消費者団体の状況

消費者団体の総数は、内閣府の調査によると、2008年度において2,475団体が存在していたが、2014年度には2,121団体となっており、6年間に354の団体数の減少が見られる【表5】。

【表5】 消費者団体の数および加入会員数の動向

	2008年度	2014年度
消費者団体の数	総数 2,475	総数 2,121
（内訳）		
・ 広域団体	161	294
・ 県域団体	363	477
・ 地域団体	1,951	1,350
加入会員数		
・ 広域団体	約 1,690万人	約 3,714万人
・ 県域団体	約 186万人	約 3,157万人
・ 地域団体	約 236万人	約 1,446万人

出典：消費者庁「平成26年度消費者団体名簿―消費者団体の現状について―（増補版）」および内閣府国民生活局「平成20年度消費者団体基本調査結果」のデータを参考に著者が作成したものである。なお、平成26年度調査における団体加入者数は重複加入者を含んだ調査方法に変更されたため、平成20年度調査における加入者数より多く集計される結果となっている。

現在の消費者団体の数、団体加入会員数および団体数の減少数をどのように捉えるかについては意見が分かれるところであり、ここではこの点について言及しない。むしろ、消費者団体の活動状況が国民（一般消費者）にとって、上記の団体数や会員数の量的規模との関係においてどのように受け止められるかが重要である。この点について、「実際の活動はこの数字ほど活発にできていないというのが消費者問題にかかわる多くの人の実感」とする見解[15]、「日本の消費者団体は数こそ多いものの、質的な充実が伴っていない」とする見解[16]が見られる。

(4) 消費者団体の活動内容の変化

これらの見解に示される消費者団体の件数と活動実態の乖離は、消費者団体の役割の変化に起因しているとするのではないかと思われる。2014年内閣府基本調査に見られる消費者団体の活動（表4）は、広域団体、県域団体、地域団体のいずれも「講習会・見学会等の開催」が6割を超えており、次いで「機関紙の発行等、HP開設」がそれぞれ広域団体で55.1％、県域団体で44.2％であり、地域では32％の団体が「レジ袋削減・マイバッグ持参」を主な活動内容としている。「苦情相談窓口・相談ダイヤルの開設」は、広域団体11.9％、県域団体14.7％、地域団体4.1％と低い割合となっている。また関心事項については、「環境問題」が全体で51.8％、「食品問題（安全、表示、食育）」が50.6％、「消費者教育」が48.4％の順に多く、「誇大広告・不当表示」は13.8％、「苦情相談窓口の開設、弁護士等の紹介」は9.1％で、これらへの関心度は低い。

他方、1978年の国民生活センターの調査では、消費者団体の活動内容について、多い順で見ると、「学習会・講演会」（86.3％）、「共同購入」（65.3％）、「商品テスト・調査」（63.8％）、「不買・不払い」（46.3％）、「不用品交換・過剰包装」（45.7％）、「栄養・生活改善」（34.9％）、「苦情相談」（24.4％）となっている。

---

(15) 拝師德彦「消費者団体の活動と役割」国民生活センター編『国民生活』（2016年6月号）1頁。
(16) 田中菜採兒「適格消費者団体の現状と課題―大阪府・京都府・兵庫県の3団体を事例に―」国立国会図書館調査及び立法考査局『レファレンス』（2015年2月号）93頁。

「講習会等の開催」は、1978年当時と2014年当時を見比べても活動内容の中心となっているが、それ以外の活動内容を見ると、大きく様変わりしている状況があるが、この変化については、以下の点が指摘できる。

1978年当時の消費者団体の活動は、いわゆる「消費者運動」としての団体の活動としての特徴がある。この点について、国民生活センターは、1965年以降から消費者運動は、「賢い消費者」「勉強する消費者」を目指した啓発活動から、「考えながら行動する消費者」へ転換したとされ、その背景には「消費者の権利」への自覚があり、消費者運動はこの権利を脅かす企業に対する批判を強めるかたちで展開されるようになったと分析している[17]。すなわち、当時の消費者団体は消費者運動の担い手であり、1978年当時には「消費者運動の定着」が見られたと分析している[18]。

現在の消費者団体の活動が1978年当時と様変わりしているのは、今日の消費者と消費生活を取り巻く問題状況に対応した活動が行われていることによるものであり、その変化は時代への対応の証といえる。2014年時点で消費者団体の加入者数が広域団体で約3,713万人、県域団体で約3,156万人、地域団体で約1,446万人に達しているが、この加入者数の多さについて、「この数字ほど活発に活動できていない……という実感」が団体加入者の中にもあるのではないかという指摘[19]があるが、これは国民に共通する意識ではないかと推測される。現在の日本にも「消費者運動は存在する」ということを前提としても、その運動は、1978年当時とは同質のものといえるか、という点については、以前の消費者団体は「抗議型・運動型」が多く「それなりの役割を果たしてきた」という評価[20]があり、また、「消費者運動をめぐる一連のコンテクストは、高度経済成長の終焉を迎えることで、徐々に空洞化」してきているとする捉え方[21]がある。これらの見方から、消費者運動の変容とともに、消費者団体の役割が変化してきたということができる。

---

(17) 国民生活センター編『消費者運動の現状と課題』（勁草書房、1988年）214頁（花原二郎執筆）。
(18) 国民生活センター編・前掲注（17）214頁。
(19) 拝師・前掲注（15）1頁。
(20) 大村敦志『消費者法〔第4版〕』（有斐閣、2011年）414頁。
(21) 原山浩介『消費者の戦後史』（日本経済評論社、2011年）299頁。

高度経済成長期の中で発展し定着していた消費者団体は消費者運動の担い手としての役割を担ってきたが、今日の消費者団体の中には消費者運動の担い手としての意識が希薄な団体が混在しており、消費者運動そのものが変遷の過程にあると思われる。この変遷の過程に登場した適格消費者団体は、新たな担い手として捉えることができるかどうか。この問いかけが、次に検討する問題となる。

【表6】 消費者団体の活動内容（2014年）

	広域団体 (N＝294)		県域団体 (N＝477)		地域団体 (N＝1,350)		合計 (N＝2,121)	
	団体数	比率(%)	団体数	比率(%)	団体数	比率(%)	団体数	比率(%)
機関紙・誌の発行、HPの開設	162	55.1%	211	44.2%	337	25.0%	710	33.5%
パンフレット類の発行	89	30.3%	105	22.0%	163	12.1%	357	16.8%
講習会・見学会等の開催	181	61.6%	293	61.4%	856	63.4%	1,330	62.7%
共同購入	32	10.9%	43	9.0%	204	15.1%	279	13.2%
バザー（不用品即売会含む）、フリーマーケット	39	13.3%	50	10.5%	416	30.8%	505	23.8%
あっせん（商品・サービス）	24	8.2%	35	7.3%	79	5.9%	138	6.5%
産地直売	25	8.5%	37	7.8%	203	15.0%	265	12.5%
自主企画商品（化粧品等）	19	6.5%	16	3.4%	59	4.4%	94	4.4%
福祉、介護等のサービス	29	9.9%	53	11.1%	163	12.1%	245	11.6%
資源回収（古紙・空缶・牛乳パック・トレイ等）	22	7.5%	35	7.3%	262	19.4%	319	15.0%
廃食用油回収	8	2.7%	28	5.9%	160	11.9%	196	9.2%
商品テスト	15	5.1%	8	1.7%	38	2.8%	61	2.9%
調査活動	90	30.6%	117	24.5%	257	19.0%	464	21.9%
苦情相談窓口、相談ダイヤルの開設	35	11.9%	70	14.7%	55	4.1%	160	7.5%
弁護士、消費生活センター等の紹介	33	11.2%	73	15.3%	114	8.4%	220	10.4%
レジ袋削減・マイ袋の推進	34	11.6%	79	16.6%	432	32.0%	545	25.7%
その他	33	11.2%	53	11.1%	145	10.7%	231	10.9%

出典：消費者庁「平成26年度消費者団体名簿―消費者団体の現状について―（増補版）」360頁から引用。

(5) 適格消費者団体の存在意義――「消費者の組織化」の観点からの諸見解

日本における消費者団体をめぐる現状、とりわけ従来からの消費者団体の

活動状況の変化と適格消費者団体の設立が国によって後押しされる傾向が見られる中で、従来の消費者団体が牽引していた消費者運動は、今後は適格消費者団体がその担い手となっていくのかについては、適格消費者団体（および特定適格消費者団体）の活動状況と団体そのものに対する市民、消費者の認識や受容の如何が重要な観察の手がかりとなる。

8つの「消費者の権利」を世界に示した国際消費者機構（現・CI）は、1982年に「消費者の責務」として、「批判的意識を持つ責任」、「自己主張し行動する責任」、「社会的関心を持つ責任」、「環境への自覚を持つ責任」、消費者の「連帯する責務」の5つを提唱した。これは、CIが1984年にまとめた「消費者教育の5原則」の内容となっている。

また、国際連合は、1985年に「消費者保護に関するガイドライン」を策定し、7つの消費者保護に関わる政策項目の一つとして「団体・組織を結成する自由」を挙げていた。この国連ガイドラインは、制定20年経過を契機に、これまでの目的や必要性について見直し、2015年12月に改訂されたが、この改定ガイドラインの「目的」の1(e)として「独立した消費者団体の発展」を促すことが項目に含まれている。

2010年のEU機能条約（リスボン条約）169条1項は、

> 「消費者の利益を促進し、高い水準の消費者保護を確保するため、EUは、情報の権利、教育についての権利および消費者の利益を保証するために消費者自身を組織化する権利を促進するとともに、消費者の健康、安全および経済的利益を保護することに貢献する。」

として定めており、1975年の5つの「消費者の権利」には含まれていなかった「消費者団体を組織化する権利」を盛り込んでいる。この権利は国際消費者機構（現CI）の8つの権利には含まれておらず、したがって、日本の消費者基本法の8つの権利にもない。日本において、消費者の「組織化する権利」が、基本法の権利にも含まれていない理由は、すでに多くの消費者団体が自由に設立することができたためであり、この権利を明記する必要性がなかったのではないかと推測される。

消費者が「連帯」し、または「組織化」することの意義と重要性について

は、日本でも主張されている。消費者運動の原点は生命、健康、安全の確保にあるとする見解[22]、事業者・事業者団体の力に個々の消費者が対抗することは困難であることから消費者の組織化や消費者団体の結成によって社会的な力を形成することが重要であるとする見解[23]などである。

しかしながら、消費者が組織化することの意味、団体として結集することの意義や重要性が国民に共有されているとはいえない状況にあり、また前述のとおり、消費者運動が活発化していた時期の消費者団体の活動内容とは異なる活動・取組をしている消費者団体が増えており、消費者団体の構成員が消費者運動の担い手としての意識が希薄化している状況が確認できる一方で、「専門家集団」としての適格消費者団体の誕生と増加によって、今日の日本には発生・形成の面においても、役割・機能の面においても異なる二種類の団体が存在している[24]。従来型の消費者団体に代替する存在として適格消費者団体を捉える場合には、その「専門家集団」としての性格と特徴ゆえに、適格消費者団体は消費者が「連帯」し「組織化」した存在とはいえず、消費者が組織化することの意義と重要性は希薄化していくおそれがある。

高度経済成長における事業者と消費者との間の力の歪みに対抗する「抗議型消費者運動の担い手」としての存在と役割が希薄になりつつある「消費者団体の変容」が、日本における消費者団体の存在意義を変化させており、加えて消費者の側にも、消費者を「集団」として捉える必要性が消費者自身の中で認識されなくなるという「消費者の変容」が見られ、消費者の意識の変化が消費者団体の存在意義に対する捉え方に影響を与えているとする見解が

---

(22) 国民生活センター編・前掲注(17) 228頁（花原二郎）。
(23) 正田・前掲注(14) 181頁。
(24) 原山・前掲注(21) 300頁は、社会全体を覆うような集団性を「消費者」のイメージが解体し、その過程において消費者団体は、大衆的な要求を代弁するよりも、「消費生活に関わる専門家集団」として情報の発信や行政への関与、一般消費者への啓発を行う方向へシフトしたという見方を示している。そして、例えば有機農業運動のような「消費者の部分集合」を基礎とする消費者運動と、「専門家集団」による消費者運動という二つのパターンに分岐してきているが、前者の運動自体も社会運動の基礎としては成立しにくい状況にあるという。「消費者運動の担い手としての意識が希薄な団体」という適格消費者団体についての印象は、原山の「消費者の部分集合」と基本的に重なり合う。

ある[25]。また、この見解は、消費者運動の視点から消費者を見た場合、消費者は「既に共通の利益を訴えるための基盤から離れて」おり、高度経済成長下に特異な形で出現した「『消費者』という集団性」は、「産業社会の構造に根ざす形で運動のなかで可視化させることができていた状態」から、「それを可能にしていた諸条件の解体」へ向かう「社会の全体状況の変化と連動している」とも捉えている[26]。消費者運動が社会全体の変化との連動する中で、従来の「共通の利益」を実現するための基盤から離れてしまったと見るこの見解からは、今日存在する消費者団体は、適格消費者団体を含めて、消費者運動の担い手としては捉えることが困難な存在ということになろう。

他方、消費者団体は、「抗議型・運動型」から「組織型・企画型の団体・ネットワーク」へとシフトしていく必要性があるとする見解がある[27]。この見解は、消費者が「生産→消費」という「一方通行の閉じた構造」から脱すること、すなわち「受動的な役割から脱却する」必要があり、「協同の思想」に向かうことを説くものである[28]。この見解からは、適格消費者団体をハブとして様々な活動を行う消費者団体やその他の団体がネットワークを構築することが、新たな消費者団体の存在モデルの一例となる可能性が見出されよう。

第5節　適格消費者団体制度と「消費者の権利」

(1) 適格消費者団体制度の趣旨

前節で見た消費者運動と消費者団体の変遷の中で、2006年に新たに創設されたのが消費者団体訴訟制度であり、その担い手に位置付けられたのが適格消費者団体である。この適格消費者団体制度の創設については、学界とくに私法の分野からその制度導入の必要性は以前から主張されてきていたものであり、また国民生活審議会が2003年に公表した消費者政策部会「21世紀型の

---

(25) 原山・前掲注 (21) 299頁。
(26) 原山・前掲注 (21) 303頁。
(27) 大村・前掲注 (20) 414頁。
(28) 大村・前掲注 (20) 413頁。

消費者政策の在り方について」においても、既に諸外国に例が見られる消費者団体訴訟制度を日本に早期導入する必要性が唱えられていた。従来、消費者団体は、司法において原告適格を否定され[29]、また立法と行政において訴権者となることを否定されてきた[30]。適格消費者団体制度の創設は、消費者問題の増加と行政による救済の限界への対応の要請に基づくものであり、消費者契約法の中に新たな制度を導入することによって、政策的に原告適格を有する消費者団体を創出したものである[31]。

ただ、適格消費者団体は、従来からの消費者運動の担い手であった消費者団体が変化したものではなく、2004年に改正・制定された消費者基本法の理念を踏まえて、消費者政策の一つとして創設された訴訟制度における訴権者としての団体であり、かつ国家による「認定」を成立要件とする団体である。認定要件には、NPO法人または一般社団法人・一般財団法人であること（消費者契約法13条3項1号）、消費生活に関する情報収集・被害防止・被害救済を主たる活動目的として現にその実績があること（同2号）、関連業務規程が整備されていること（同3号）、専門的な知識経験を有すると認められる者を構成員とすること（同5号）等が掲げられている。これらの法定要件の他に、団体の正会員数が一定数に達していること、団体財産が一定額以上保有されていること等が認定の際の斟酌基準（不文の要件）とされている（消費者庁「適格消費者団体の認定、監督等に関するガイドライン」）。これらの適格消費者団体の設立に関わる法定要件等の存在から、適格消費者団体は、法的な性格という点においても、任意に設立し活動目的を自由に設定することができる一般の消費者団体とは、基本的にその性格を異にするものといえる。

(2) 適格消費者団体の権限と「消費者の権利」

適格消費者団体制度の趣旨は、「一定の消費者団体に消費者全体の利益擁

---

(29)「ジュース表示事件」最高裁判決（1978年3月14日民集32巻2号211頁）。同事件の解説として、高橋滋「公取委の処分に対する不服申立て―原告適格〔ジュース表示事件〕最高裁昭和53年3月14日第三小法廷判決」経済法判例・審決百選〔第2版〕（有斐閣、2017年）220頁がある。
(30) 消費者団体は独占禁止法24条の差止請求権の原告適格になることはできない。
(31) 国民生活審議会報告書の中で、諸外国の先行事例の紹介とともに、日本における消費者団体訴権の導入の必要性が提言されている（前掲注（9）報告書54頁、57頁）。

護のために訴訟を提起する権利（団体訴権）を認める制度（消費者団体訴訟制度）」の実現にあると説明されてきた[32]。ここでの権利は、消費者基本法に掲げられた「消費者の権利」との関係では、8つの権利のうち、いずれの権利に該当するといえるのであろうか。この点については文献上必ずしも明らかにされていない。

適格消費者団体は、消費者からの相談や情報提供に基づいて、対象事業者に対して、契約や取引に係るトラブルの場合には契約条項の修正・変更や当該条項の不使用の申入れを行い、また不当表示の場合には表示の修正・使用停止等の申入れを行い、これらの申入れに事業者側が対応しない場合に、差止請求に係る訴訟提起をすることが多い。かかる差止請求権の行使は、適格消費者団体に相談や情報提供を行った特定の消費者を救済することを目的としたものではなく、当該事業者の違法な行為による被害の抑止と被害拡大の防止のために行われるものである。その意味において、団体による差止請求権の行使は、特定の個人のトラブルを直接救済するものではない。しかしながら、当該差止請求権の行使の結果、当該事業者が用いていた契約条項の使用停止や改善、または不当表示の撤回や改善が実現すれば、不特定多数の消費者の被害予防が図られることになる。その意味で、差止請求に係る適格消費者団体の権利は、消費者基本法が定める8つの権利の一つである「消費者に被害が生じた場合には適切かつ迅速に救済される（権利）」（いわゆる「救済される権利」、同法2条1項）を実現する個別具体的な権利として捉えることは可能である[33]。

他方、2013年に新たに制定された「消費者の財産的被害の集団的な回復のための民事の裁判手続に関する特例法律」（消費者裁判手続特例法）に基づく特定適格消費者団体による集団的損害賠償請求制度は、事業者との契約・取引において発生した消費者の財産的被害を回復するための制度であり、「救済

---

[32] 前掲注（9）報告書55頁。
[33] 千葉恵美子「適格消費者団体による差止請求制度の保護法益とエンフォースメントの流動化—私法・公法領域における集団的利益論の展開のために」加藤新太郎＝太田勝造＝大塚直＝田髙寛貴編『21世紀民事法学の挑戦（加藤雅信先生古稀記念）下巻』（信山社、2018年）294頁は、適格消費者団体の差止請求権は、適格消費者団体が集団的消費者全体を代表して行使される「拡張した私権」として捉えている。

される権利」の実現のための仕組みといえる。

　もっとも、消費者基本法の「救済される権利」の実現は、第一に消費者行政、特に自治体の役割であるとする見解がある[34]。すなわち、消費者トラブルに関する情報は、自治体の消費生活センターを通じて行政が最初に入手する場合が多く、したがって行政機関が当該事業者に対する違法行為の差止めを行うべきであるとする。契約・取引に対する行政規制法である特定商取引法、不当表示に対する規制法である景品表示法は、いずれも、国の主務官庁および自治体に行政処分の権限が付与されており（特定商取引法については消費者庁、経済産業省および都道府県、景品表示法については消費者庁および都道府県）、違反行為に対して命じられる措置として差止めに相当する内容を盛り込むことによって対応することは可能と思われる。本見解は、適格消費者団体による差止請求制度が、自治体の消費者行政の機能とは全く異なる新たな機能を有しているということではなく、自治体が第一義的に果たすべき役割を行政とは別のセクターに行わせることについての意味を問いかけるものと見ることができよう。

　自治体の消費者行政が「救済される権利」の実現のための施策を十分に行うことができていない実態があり、他方において適格消費者団体の差止請求権が多く行使されることによる消費者被害の予防効果が期待されているとすれば、適格消費者団体の活動は自治体行政を補完する役割を果たすもの、ということができる。

　財産上の被害回復は、加害者である事業者に対する損害賠償請求を通じて図られる。損害賠償請求は、その意思を有する個人が原告となって加害者に対して請求することが市民社会の原則（民法709条）であり、損害回復の意思を持たない者は当然のことながら加害者からの賠償を得ることはない。もっとも、損害回復の意思を持たない者の中には、損害回復のための知識・情報がないために、実際には損害回復の希望を有していても必要な行動をとることができない、いわゆる「泣き寝入り」とならざるをえない者もいる。また、個々の消費者の財産的損害の回復についても、自治体が制定した消費生

---

(34) 及川昭伍＝田口義明『消費者事件　歴史の証言』（民事法研究会、2015年）124頁（及川発言）。

活条例の多くが住民（消費者）への訴訟費用の援助（貸付）のための制度を定めているが、その利用状況は低調であること、また制度の存在自体の周知が不十分であることから、消費者が能動的に被害救済に向けた行動をとるためのインセンティブとはなっていない。特定適格消費者団体による集団的な被害回復の制度は、消費者個人が訴訟当事者となって自らの財産的被害を回復することが容易ではなかった課題を克服する制度ということができる。しかしながら、特定適格消費者団体は3団体（2018年6月現在）にとどまる[35]。このため地方の消費者が、特定適格消費者団体が提起する集団的な被害回復のための訴訟にアクセスするための情報と機会の提供は、「消費者の権利」の1つである「知る／知らされる権利」に対応した自治体の重要な役割であり、「救済される権利」を実現する上で不可欠なプロセスといえる。この2つの権利の実現のためには、適格消費者団体と自治体による被害者の「掘り起こし」のための有効な施策が講じられる等、年齢その他の消費者の特性を踏まえた情報提供や救済へのアクセスの確保が不可欠である。

　また、地方の消費者が適格消費者団体にアクセスすることを容易にするためには、アクセスに関わる利便性と簡便性の観点から、特定適格消費者団体が首都圏と関西大都市圏のみに存在する現在の偏在の状況を克服し、例えば全国の8つのブロック（高等裁判所の所在する地域）ごとに最低1つの特定適格消費者団体の設置を促す等の施策が必要と思われる。

第6節　適格消費者団体制度の存続と実質化に向けた課題

　これまでの検討を踏まえて、ここでは、適格消費者団体の設立が自治体の消費者行政にもたらす影響とは何かについて言及したい。

　国は、適格消費者団体に関して、適格消費者団体の「空白域）」（図1の黄色部分）を解消するための支援策の推進である（平成27年3月24日閣議決定「消費者基本計画」31頁）。この基本計画に基づき、消費者庁において「地方消費者

---

[35]　消費者機構日本（所在地・東京都、2016年12月27日認定）、消費者支援機構関西（所在地・大阪市、2017年6月21日認定）、埼玉消費者被害をなくす会（所在地・さいたま市、2018年4月24日認定）の3団体である。

～日本全国　適格消費者団体分布図～

【図1】　適格消費者団体の設立状況と「空白域」

出典：消費者庁提出資料　http://www.cao.go.jp/consumer/iinkai/2016/214/doc/20160309_shiryou2_1.pdf（2017年12月7日取得）

行政強化作戦」（平成27年3月）が策定され、その中の政策目標として「適格消費者団体の空白地域の解消」が掲げられており、「適格消費者団体が存在しない3ブロック（東北、北陸、四国）における適格消費者団体の設立支援」が具体的施策とされている[36]。この施策の特徴は、適格消費者団体の設立の推進と空白域の解消が「地方消費者行政強化」ための政策として位置付けられているという点にある。本報告書で述べてきたように、適格消費者団体は制度趣旨において自治体の消費者行政とは無縁の存在であり、団体の設

---

[36]「消費者市民ネットとうほく」が2017年4月25日に、「消費者支援ネットワークいしかわ」が2017年5月15日に、また「えひめ消費者ネット」が2018年6月19日にそれぞれ適格消費者団体として認定されたため、東北、北陸、四国の「空白域」は解消されており、消費者庁の政策目標は達成されている。2019年1月1日時点で全国に19の適格消費者団体が認定（更新認定を含む。）されているが、山陰地域と沖縄には団体はない。

立、活動等についても自治体の介在は予定されていない。平成27年閣議決定「消費者基本計画」より以前の「消費者基本計画」の中には、かかる政策は示されていないことから、本政策は新たな方向性を示したものということができる。この政策の意図は何か。本報告書は、消費者基本法の理念、すなわち「消費者の自立を支援する」行政の実現に向けた施策の一つとして立案されたのがこの政策であり、消費者の自立的・能動的な被害救済に向けたアクションを可能にする基盤整備は自治体においてを実現されることが政策の趣旨ではないかと推測する。

　自治体の消費者行政の施策は、消費者相談およびあっせん等を通じた個別の消費被害への対応と、情報提供・啓発による消費者トラブルの予防の取組を中心とする。こうした自治体の取組の現状について、「市民社会の法の原則によって市民の権利が具体化されるということを前提とすれば、本来は、被害救済の問題は裁判を通して解決することを原則とする問題」であり、消費者行政としては消費者の「権利をいかに確保、実現していくかが課題」であり、「被害の救済を消費者行政の基本的な内容であるということはできない」とする学説がある[37]。消費者行政の本旨が「消費者の権利」を実現する基盤の確保にあるとすれば、適格消費者団体の設立の推進を自治体消費者行政の一環に位置付ける国の政策は、自治体において本来期待されている役割と実態としての取組の乖離を埋める目的があることが見て取れる。

　上述した国の方向性は、自治体に対して、「消費者の権利」を実現する自治体消費者行政の本旨に則った行政理念の再確認の機会と、そのために必要な基盤整備のインセンティブを自治体に付与することにある、と捉え直すこともできよう。

　しかしながら、適格消費者団体の設立と活動を自治体の消費者行政の中に位置付けることについては、検討すべき以下の課題がある。

(1)適格消費者団体は、自治体の消費者行政に対して、どのような関わりを持つことが求められるのか、また自治体は適格消費者団体にどのような関わりを持つことになるのかという両者の間のコミットメントのあり方と内容に

---

[37]　正田・前掲注(14) 159頁。

関する問題である。

　適格消費者団体が取り上げる消費者トラブルの事案は、個人からの情報提供や相談が契機となるが、自治体の消費生活センターから直接情報が提供されることになれば、より効果的な差止請求による被害予防が可能となる。しかしながら、個人情報保護の観点から、自治体からの情報提供は円滑になされているとはいえず、自治体と適格消費者団体との間で情報提供に関する協定や覚書等を締結することにより対応している事例があるが、少数にとどまっている状況にある。また、協定や覚書が締結されていても、自治体の側からの情報提供がスムーズになされていない実態があり、その仕組みについて改善の余地がある。

　また、前記・消費者基本計画（28頁）には、「4(3)消費者団体、事業者・事業者団体等による自主的な取組の支援・促進」の施策として、「消費者団体は、消費者の埋もれがちな声を集約し、具体的な意見として表明するほか、消費者への情報提供、啓発等の活動を行っているが、構成員の高齢化等による活動の停滞も一部に見られることから、その活動の活性化は、消費者行政の推進に当たり重要である。消費者を取り巻く環境の変化により、消費者の関心・問題意識は多様化しているが、消費者政策は幅広い分野に関わるものであり、特定の関心・問題意識に基づく活動を行う団体も含め、その自主的な取組を支援・促進する。また、地域において公益的な活動を行う消費者団体の育成及び支援の在り方を検討する。特に地方においては、高齢者等の地域の見守りネットワークの構築・推進など、地域の様々な主体との連携・協働により、消費者団体が十分に力を発揮できるよう支援する。」ことが掲げられている。ここでの消費者団体には適格消費者団体も含まれるとされる[38]。適格消費者団体は差止請求権の行使が法律上定められた基本的役割であり、それ以外の取組は適格消費者団体自身の判断に委ねられる。この施策の中の取組が、一般の消費者団体だけではなく、適格消費者団体に委ねら

---

(38) 本章の元になった論稿の作成に先立ち、佐賀大学経済学部・地域経済研究センター主催のワークショップ（2018年2月20日、於・佐賀大学）において、本報告書の内容に関わる中間報告を行ったが、その際、討論者である田口義明・名古屋経済大学教授から、消費者基本計画（28頁）の消費者団体の中には適格消費者団体も含まれているという貴重な御教示を頂いた。

れるとすれば、適格消費者団体の本来業務への支障はないか、また地方の小規模な適格消費者団体は人的・財源上の制約が深刻な中で担い手となりうるのか、という現実的課題に直面する。

さらに、適格消費者団体の設立の認定、および適格消費者団体の3年ごとの更新認定に際して、自治体との協働等の実績が考慮要因とされることになるかという点も関心事となる。適格消費者団体制度の趣旨と目的（消費者契約法12条以下）の中に、「自治体の消費者行政・政策」との関係は謳われておらず、この点が設立や更新の際の「不文の要件」となるおそれがある。かかる事態については、法律の改正による対応が必要となろう。

(2)そのコミットメントの内容と態様によっては、自治体の財源の確保が必要となる場合があるが、自治体の消費者行政関連予算のうち自主財源は年々削減傾向にある中で、その確保は可能かどうか、あるいは国による財政上の支援はありうるかどうかという問題が存在する。2018年度の地方消費者行政推進交付金の額が自治体要求額の3分の2（約30億円）にとどまっており、自治体の中には前年度の活動・施策を維持できず中止あるいし縮小したところもある（【表7】）。

【表7】 平成30年度予算の削減に伴う適格消費者団体への委託事業の動向

		A県	B県	C県	D県	E県	F県	G県	H県
1.来年度の委託事業について	H30年度事業予定	概ね同規模	休止、廃止		半額から2/3	概ね同額か拡充も		事業費が2割になる	
	行政から言われた時期	H29、10月	H29、12		H30、1月			H29、夏	
2.設立に係る補助について	H30年度予定							なし（今年度もなし）	

※本アンケート調査は、適格消費者団体・NPO法人「消費者支援ネットくまもと」が九州7県と沖縄県に所在する4つの適格消費者団体および4つの「適格消費者団体をめざす団体」を対象に実施された（実施期間：平成30年1月23日～26日）。調査結果は消費者庁主催「平成29年度地域フォーラムin宮崎」（平成30年1月31日、宮崎市）で、宮崎県に所在する団体から消費者庁へ報告されている。
※C県、F県、H県の団体（いずれも「めざす団体」）はアンケートへの直接回答をしていない。
※質問事項2.は「適格消費者団体をめざす団体」のみを回答者とした質問である。

適格消費者団体の設立の推進が国による自治体の消費者行政の拡充のための政策として位置付けられる以上、そのための財政上の手当てと支援を行うことは国の役割といえる(39)。また、適格消費者団体を有している、または有することになる自治体においても、適格消費者団体の役割を認識し、適格消費者団体の機能を最大化するための施策――例えば、消費生活センターから適格消費者団体への情報提供のあり方(40)――を検討する等、現在の行政体制と政策内容を検証し改善する必要があろう。「消費者の権利」を実現するための社会基盤の整備は、国と自治体が担う消費者行政の本旨であると思われる。

　上記(1)と(2)の問題点は、本報告書の取りまとめ作業の中で抽出されたものである。これらについては、今後の検討課題としてあらためて考察の機会を持ちたい。

---

(39) ここでの国による財政上の支援は、自治体に対するものを指す。なお、適格消費者団体は、首都圏や大都市部に所在する一部の団体を除き、団体の運営費はきわめて乏しい現況にあり、差止請求請求訴訟に係る費用（弁護士費用を含む。）の捻出すら厳しい状況が見られる。この点については、中田＝鹿野編著・前掲注（11）341頁〔長野浩三執筆部分〕を参照されたい。この適格消費者団体の脆弱な財政基盤に対する支援、とりわけ訴訟費用の援助については、民間企業、事業者団体、生協連合会、消費者団体やその連合会、司法書士会を始めとする各種団体適格消費者団体を会員として2017年に設立されたNPO法人「消費者スマイル基金」が広く国民から寄付を募り、訴訟業務を行う適格消費者団体に助成するという仕組みが作られている。

(40) 佐賀県の場合、同県で活動する適格消費者団体と佐賀県との間で消費者被害情報に関する情報提供に関する協定を締結している。かかる協定は、消費者被害に関する円滑な情報提供により適格消費者団体の差止請求が効果的に行われ、これにより同種の被害の拡大防止を図ることを担保するものといえる。ただし、協定締結が存在することと、実際に協定に基づいて自治体からの情報提供がどの程度行われるか、いかなる範囲の情報が提供されるかという実効性が確保されているかどうかは別の問題である。

第5部

消費者政策としての消費者教育の意義と展開

第14章　消費者の「保護」と「自立」
——消費者政策の方向性と課題

第1節　問題の所在と考察の視点

　「消費者利益」や「消費者の権利」の確保のための消費者政策が、国家の基本政策の一つとして位置付けられるようになったのは、20世紀中後期以降である。それ以前については、「消費者」が法制度や政策の直接の保護対象とされたことはなく、「事業者」または「事業活動」を対象とする国家規制や民事規律が行われ、その恩恵として消費者の利益が間接的に保護される場合がみられたにすぎない。もっとも、事業者や事業活動に対する規律についても、その目的や手法をめぐる多くの見解の相違や議論の対立を経て、それぞれの国の歴史、社会慣習、既存の法制度の上に成立した過程が見られる。

　事業者や事業活動に対する国家規制や民事規律の設計に際して、また司法判断の場面において見られた価値の対立は、市民法秩序の基本原理である契約の自由を前提とした「自由な競争」とその修正ないし制約の法理としての「公正な競争」の捉え方であった。この競争の「自由」と「公正」をめぐる問題は、19世紀のドイツでは「営業の自由」に基づく事業活動に対して、主に同業者が差止請求や損害賠償請求を行い、裁判所が当該請求の訴えを「公正／不公正」の観点から判断する枠組において明らかになってきた（本書第2章）。欧州では、ドイツ不正競争防止法（1909年）を始めとする「公正な競争」の立法や秩序形成が先行した。「自由な競争」の確保を目的とするシャーマン法（1890年）がアメリカ合衆国で誕生し、同法を母法とするドイツ競争制限防止法が制定されたのは1957年である。

　競争制限防止法は、国家規制による「自由な競争」の確保によって消費者利益を実現することを目的とする法律である。他方、不正競争防止法は、同

法で禁止される「不公正な競争行為」を規定し、当該行為に対する差止請求や損害賠償請求の定めを置く民事規律である。前者は国家規制によって消費者利益が実現するのに対し、後者は当事者の権利行使を必要とする。

日本の独占禁止法は、国家規制によって「公正且つ自由な競争」を確保することによって、「一般消費者の利益」を確保する法律である。独占禁止法違反行為に対する損害賠償請求制度（同法25条）は同法制定当初（1947年）から定められていたが、同法違反行為――2条9項各号の「不公正な取引方法」に限られる――に対する差止請求制度（同法24条）が導入されたのは2000年である。現在まで消費者による差止請求事例はない。

競争の保護を目的とする立法の仕組みは、競争による利益または不利益の享受の主体である消費者の保護のあり方に影響することになり、その意味で競争法に基づく競争政策と消費者政策とは、表裏一体の関係にあるということができる。

消費者政策は、この消費者と事業者の関係性と前提として、「事業者規制型政策」（主に事業者規制を内容とする行政）と、「非規制型政策」（事業者規制を内容としないもの）に大別される。前者はさらに、(1)事業者の行為であって市場秩序の侵害にかかわるもの、(2)事業者と消費者との取引を対象とするもの、(3)事業者の提供する商品・サービスの安全確保に関わるもの、に分けられる。後者は、啓発活動や消費者教育の取組がその典型である。

従来からの日本の消費者政策、特に「事業者規制型政策」に対しては、産業保護行政の一部である、消費者保護は事業者規制の反射的利益にすぎないとの批判を受けることが少なくなく、その消極的立ち位置や消費者政策の独自の意義の希薄さが指摘されていた。こうした消費者政策に対する消極的な評価、および多発し反復される消費者問題への解決・対応能力への反省から、2004年に消費者基本法の改正・制定、2008年に国民生活白書（白書として初めて「消費者」に焦点を当てたもの）の策定、そして2009年に消費者庁と消費者委員会の設置をはじめとする消費者行政の理念と組織の再設計がなされた。この消費者政策の再設計は、後者の「非規制型行政」に重心を置くものであり、行政における消費者の位置付けを「保護の対象」から「自立の主体」へ転換させ、行政の理念を事業者規制によって恩恵的に消費者保護をな

す行政から、非規制型に重心を置くことによって消費者の「自立」を促し支援する行政への理念の転換を主眼とするものである。本章では、新たな消費者政策の理念の核となる概念である消費者の「自立」とは何か、また消費者の「保護」と「自立」はいかなる関係にあるかについて検討することを通じて、日本における競争政策を含む消費者政策の方向性を考察するものである。併せて、今日の非規制型の政策として重みを増す消費者教育の基本理念が消費者の「自立」や「主体性」に深く関わる「消費者市民社会」という新たな考え方の下で説明されてきており、またこの考え方は消費者教育の場面だけではなく消費者政策の方向性を示す概念として用いられていることから、本章の後半で取り上げることにしたい。

第2節　日本の消費者政策の理念としての「自立」の意味

　消費者基本法は、「消費者の自立」を目的規定に掲げているが、自立の定義規定を置いていないため、その意味と内容は明らかとはされていない。そこで、本節では、この消費者の「自立」の意味について検討したい。

(1)　消費者政策の理念と消費者──「保護」と「自立」の関係について

　2009年9月の消費者庁と消費者委員会の新設は、それまでの複数の主務官庁と所管法律に基づく消費者行政の「タテ割り」の体制を是正し、司令塔となる一行政機関を設置することにより体制の一元化を図ることを目的としていた点において、国民本位の行政に転換する一つの象徴的出来事といえる。消費者庁設置関連三法（2009年制定）の一つである消費者庁及び消費者委員会設置法3条は、「消費者庁は、消費者基本法第2条の消費者の権利の尊重及びその自立の支援その他の基本理念にのっとり、消費者が安心して安全で豊かな消費生活を営むことができる社会の実現に向けて、消費者の利益の擁護及び増進、商品及び役務の消費者による自主的かつ合理的な選択の確保並びに消費生活に密接に関連する物資の品質に関する表示に関する事務を行うことを任務とする。」と定めており、新たな消費者行政が消費者基本法の理念に基づくものであることが示されている。

2004年に消費者保護基本法の改正法として成立した消費者基本法が理念とする「消費者の自立」とその自立支援を旨とする行政は、それまでの「消費者保護の行政」からの脱却とパラダイムの転換を図ったものと説明されている[1]。この消費者基本法の性格と同法の理念の転換については第11章において考察したので、本章では、消費者の「自立」概念を手がかりとして、日本の消費者政策の展開と方向性を検討する。

消費者保護基本法の見直しは、消費者問題の複雑化や多様化に対して従来の法制度や政策の考え方や枠組では十分に対応できない状況を背景として、21世紀にふさわしい消費者政策・行政を再構築する必要性から行われた[2]。その再構築の青写真は、国民生活審議会消費者政策部会が策定した『21世紀型の消費者政策の在り方について』（2003年5月、以下「グランドデザイン」と略する。）である。

同グランドデザインは、消費者政策理念の転換に関して、「消費者の位置付けの転換——保護から自立へ」の中で基本的考え方を示している。

> 「これまでの消費者政策は、事業者を業法等に基づき規制するという手法を中心に展開されてきた。そこでは、一般的には消費者は行政に「保護される者」として受動的に捉えられてきた。
> 　一方、近年、規制緩和が進展し、市場メカニズムの活用が進められている。市場メカニズムの活用は、消費者が市場に置いて主体的に行動し、自由で多様な選択行うことを可能とするものである。市場メカニズムを十分活用するためには、事業者間において自由で活発な競争が行われ、市場の公正性及び透明性が確保されるとともに、消費者は、「自立した主体」として市場に参画し、積極的に自らの利益を確保するよう行動する必要がある。同時に、行政は消費者の自立のための環境整備を行う必要がある。」（グランドデザイン9頁）

このグランドデザインの意図と、これを青写真とした消費者基本法の立法

---

(1) 立法担当者解説として、吉田尚弘「消費者保護基本法の一部を改正する法律」ジュリスト1275号（2004年）87頁、同「新しい『消費者政策の憲法』—消費者基本法」時の法令1721号（2004年）6頁がある。
(2) 細川幸一『消費者政策学』（成文堂、2007年）22頁参照。

趣旨は、市場メカニズムの活用が進展している中で「従来からの事前規制を中心とする行政手法にのみ依存することは困難となった」状況を背景として、「事業者に対する規制を中心とした政策手法から、消費者と事業者が市場において自由で公正な取引を行うためのルール（市場のルール）を整備し、市場メカニズムを活用する政策手法に重点をシフトする必要」があり、あわせて「事後のチェック機能を拡充させることが一層重要である」と述べているように、事前規制型から事後規制型への重心移行に主眼がある。この行政・政策の方向転換のためには、政策の名宛人である消費者が「保護される者」から「自立の主体」に変わる必要がある、というのが、グランドデザインにおける方向転換への入口の約束事項であった[3]。しかしながら、グランドデザインの中では、「保護」と「自立」の定義について述べていないので、まずはその意味・内容に目を向けることにより「保護から自立へ」の主旨を検討したい。

　一つには、競争法や業法が事業者規制をとおして「消費者利益」を保護するという考え方を前提として「自立」の意味に接近する試みがある。消費者政策が国家の政策として明確に位置付けられる以前から、アメリカ合衆国や西欧諸国や共同体において、競争法——自由競争と公正競争の確保——による消費者利益の確保が国家（行政）規制によって、又は民事規律によって行われてきたことは、前章で見たとおりである。この意味で保護を捉えた場合、消費者の「自立」とは、自ら市場の利益を求めることを意味しよう。

　もう一つは、「保護」を「自立（independent）」の対義語である「依存（dependent）」として捉えるアプローチがある。この場合、「保護」は消費者の行政への依存という趣旨で理解できよう[4]。消費者のトラブル解決の選択肢として活用の機会が多いのが、自治体の消費生活センター等における消費者相談である。消費者相談は、専門資格を有する消費生活相談員を担い手としており、「あっせん」による解決が主流である。近年、国及び自治体にお

（3）　グランドデザイン10頁。
（4）　学説等には、「保護」と「自立」を対立概念と見る立場も見受けられる。大村敦志＋東大ロースクール大村ゼミ著『18歳の自律—東大生が考える高校生の「自律プロジェクト」』（羽鳥書店、2010年）215頁。

ける緊縮財政傾向の中で、国及び自治体の双方において関係予算が伸び悩んでおり、そうした厳しい予算状況の中で影響も受けやすいのが相談業務の取扱いであり、相談員の数の削減、雇い止め等の人件費削減、入札による外部団体等への外注化など、多くの自治体で相談業務の規模の縮減傾向が見られるが、相談窓口開設日・時間帯の縮小、一人の相談員の複数窓口の掛けもちなど、消費者相談の業務の質と量に対する直接的な影響は、国においても把握されている[5]。消費者の行政依存の傾向をあらため、行政に依存せず自ら問題解決を行う「自立した消費者」への意識変化を図るという意味で、「保護から自立へ」を捉えることもできる。

「保護」の意味から「自立」の意味に接近する上記いずれの立場をとるにしても、グランドデザインと消費者基本法が求める「自立の主体」としての消費者は、市場メカニズムの中で、自ら市場プレイヤーとして経済的利益を求める主体として行動し、不利益との遭遇に際しても自ら解決する主体として位置付けられている。こうした消費者モデルは、一つの消費者像といえる。消費者は事業者との関係において存在する主体であり、これまで行政との関係において意味づけられる存在ではなかった。

本書第1章で考察したように、市場経済システムにおいて、消費者は、市場における事業者間の競争がもたらす利益の享受者であるとともに、事業者との取引当事者である。しかしながら、市場における事業者の力(市場支配力)と、取引の場における力の格差は、消費者が自らの主体的な行動によって克服できる性質のものではないことは、既に19世紀以降の西欧における経験則(Erfahrungssatz)であり、その証左として自由競争と公正競争を確保し、消費者利益を保護するための法制度が存在している。EUと加盟各国において、事業者規制と消費者保護政策が両立しているのは、こうした消費者

---

(5) 2009年度から時限で予算化された「地方消費者行政活性化基金」や「住民生活に光を注ぐ交付金」等の各種支援措置による自治体消費者行政の"集中育成・強化期間"が設定されたのは、まさに国によるテコ入れを必要としていた自治体の実態を反映したものであった。消費者委員会「"集中育成・強化期間"後の地方消費者行政専門調査会報告書」(2011年4月)参照。しかしながら、消費者庁設立から10年が経過した2018年度から自治体消費者行政関連予算は大幅に削減されており、この影響は自治体の消費者行政のみならず、地域に活動基盤を有する多くの適格消費者団体の取組にも影響を与えている。この点については本書第13章を参照されたい。

と事業者との間の力の格差を前提とした場合、いわば当然の帰結といえる。

　日本においても、こうした事業者と消費者の力の格差の存在を前提としており、消費者基本法1条にも、「消費者と事業者との間の情報の質及び量並びに交渉力等の格差にかんがみ」との文言が含まれている。市場支配力や取引上の力の格差から生じる不利益から消費者を保護するために事業者に対する事前規制と事後規制が行われることと、消費者の自由、すなわち意思決定の自由が発揮されるための環境整備を行うことは、——その時々の状況に応じて重心の置き方については政策的裁量の余地はあるとしても——行政によって選択されるべき二者択一の関係にはない。

　2009年の消費者行政の見直し・一元化は、「従来の消費者行政」が事業者の保護育成を主目的とする各省庁によって縦割り組織の中で消費者行政が行われてきたこと、「消費者の保護」は事業者の育成・保護を通じた国民経済の発展を図る中で事後的かつ個別的に行われてきたこと、各消費者保護法は必ずしも消費者保護のみを念頭に置いて策定されたものでなく、効率的・横断的に規制がなされておらず、結果として規制の「すき間」が生じていたことについて従来の消費者行政を検証することを出発点とする取組であった[6]。

　成立した消費者庁及び消費者委員会設置法は、消費者庁の任務に関して、同法3条において、「消費者の権利の尊重」と「消費者の自立支援」の基本理念を掲げて、「消費者の利益の擁護と増進に関する基本的な政策の企画及び立案並びに推進」(同法4条1号)、そのための「関係行政機関の事務の調整」(同2号)、「消費者の利益の擁護及び増進を図る上で必要な環境の整備に関する基本的な政策の企画及び立案並びに推進」(同3号)を所掌事務として定めており、また消費者保護に関する個々の法律の運用についてもその事務とすること(同4〜23号)を規定している。

　以上のことから、消費者の自立性は、事業者と消費者との関係から当然に導かれる概念ではなく、事業者と消費者の間に格差が存在することを所与として推進される消費者政策に関する法律——基本法や消費者庁の設置等に関

---

(6) 内閣官房消費者行政一元化準備室「消費者庁関連3法の概要」ジュリスト1382号(2009年)6頁。

する法律における「消費者像」の鍵概念である、とひとまず整理することができる。

(2) 「消費者の権利」と消費者の自立性

前記グランドデザインにおける消費者の「保護される者」から「自立した主体」への転換は、消費者基本法の立法段階では「保護の対象から権利の主体への転換」として説明された。この転換の意味と問題点については前述のとおりであるが、制定された消費者基本法は、「消費者の権利」に関する定めを置いたという点で重要である[7]。

この「消費者の権利」は、第4章で見たように、1962年の米国大統領特別教書で述べられた4つの権利——1) 安全の権利、2) 選択の権利、3) 意見表明（聞かれる）権利（right to be heard）、4) 知らされる権利（情報提供）——が原点となっている（1975年フォード大統領が5つ目の権利として「消費者教育を受ける権利」が追加された）。

国際消費者機構（CI）は、このアメリカ合衆国の5つの権利に、国連等での議論を踏まえて、「最低限の需要を充たす権利」「救済を受ける権利」「健康的環境を求める権利」を追加し、8つの権利を主唱している[8]。

EUでは1975年の消費者政策予備計画において5つの権利が提案された。「消費者の権利」は2000年のニース条約に盛り込まれ、2010年のリスボン条約（AEUV）に引き継がれている。同条約169条1項は、

> 「連合は、消費者の利益を促進し、高水準の消費者保護を確保するため、消費者の健康、安全、経済的利益を保護するために貢献するとともに、また情報と教育に関する消費者の権利及び消費者の利益を守るために消費者自身を組織化する権利を促進するために貢献する。」

として、「情報」「教育」および「組織化」に関する3つの権利を条約上の

---

(7) 「消費者の権利」と、経済学用語である「消費者主権」とは別個のものである。
(8) CIの概要を含めた同機構の「消費者の権利」の解説について、細川・前掲注（2）18頁参照。また、フォード大統領の「消費者教育を受ける権利」の追加に関するエピソードに関する同書の脚注（同書18頁脚注（33））は興味深い。

「消費者の権利」として定めた。

このほか、韓国は8つの、中国は9つの、タイは5つの「消費者の権利」規定を定めている(9)。

消費者基本法で定められた「消費者の権利」は、次の8つの権利である。

①消費生活における基本的需要が充たされる権利
②健全な生活環境が確保される権利
③安全である権利
④選択の機会が確保される権利
⑤必要な情報を知らされる権利
⑥消費者教育を受ける権利
⑦意見を反映され参画できる権利
⑧被害救済と補償を受ける権利

これらの権利は、国際消費者機構(CI)の8つの権利が「その内容が余すところなく位置づけられることとなった」とする立法関係者の解説のとおり、CIが掲げる権利がそのまま導入されたものである。各国の権利規定がそれぞれの国で内容と権利の数が異なるように、いかなる「消費者の権利」が法律で定められるかは、その国において、どのような「消費者の権利」が必要であるかという観点が重要である。世界規模で活動するCIが、国際的な視点から「消費者の権利」として必要と考えられる権利を整理したのが前記CIの8つの権利であって、これらの権利が自国にとって意味のある権利かどうかは、それぞれの国が、歴史、文化はもとより、市場経済や消費生活の実態等を総合的に勘案して判断されるべきことである。例えば、上記①「消費生活における基本的需要が充たされる権利」が、日々の生活において最低限の生活基盤が確保されていない国においては不可欠の権利である可能性が認められる一方、世界有数の経済大国において、かかる権利を法律上のものとして位置付ける意味と必要性があるかについては、立法段階で十分に説明されるべきであったと思われる。その意味において、消費者基本法の8

---

(9) 諸外国の「消費者の権利」についてまとめた報告書として、国立国会図書館「諸外国における『消費者の権利』規定」田辺智子・横内律子「調査と情報」第448号(2004年3月)がある。

つの権利については、それぞれの権利の意味と内容について、日本の実態を踏まえてあらためて検証する機会が求められよう。

　日本において最低限必要とされる「消費者の権利」について、かねてから主張されてきたのは、①安全の権利、②表示の権利（商品を正しく特定させる権利）、③取引条件の決定に参加する権利、④消費者が組織化する権利の4つの権利である（以下「4つの権利説」という。）[10]。

　この4つの権利説は、「生身の人間」である消費者を出発点とし、「消費者の立場から」「現在の経済構造あるいは社会的関係の中で、消費者のおかれている地位」を明らかにすることから導かれたものとする。そして、「消費者の権利」の性格については、「直接消費者の生存、生活に結びつく場をめぐって問題となり、とりわけ、現代社会における労働者の地位とからみ合った場合に、生活を支える権利として把えられ、いわば、生存権的な権利としての評価を受けることになる」と説明されている。同説は、憲法との関係については明確に述べられていないものの、人権の一つと捉える余地を残している。

　4つの権利説は、「消費者の権利」が、その国の経済社会構造の実態を前提した消費者の地位に着目して、生身の人間である消費者の生存と生活にとって必要な権利として理解されるものであることを示している。また同時に、「消費者の権利」は、法と行政に対する指導理念という意義を有しているといえよう。その意味においても、憲法上の権利として位置付けていく可能性もある[11]。

　この4つの権利のうち、CIの8つの権利には見られないものが、③取引条件の決定に参加する権利である[12]。この権利は、市場経済システムの中

---

[10] 正田彬『消費者の権利』（岩波新書、1972年）、同『消費者の権利　新版』（岩波新書、2010年）、同『現代経済と市民の権利』（成文堂、1974年）19頁以下。

[11] 細川幸一「人権としての消費者の権利」江橋崇編著『グローバル・コンパクトの新展開』（法政大学出版局、2008年）223頁以下。

[12] アメリカ合衆国の「消費者の権利」の一つである「選択の権利」は、消費者が商品・サービスを自由に選択できる機会を確保されるという内容として説明されるのが一般的であるが、同権利はさらに「競争が機能せず、政府規制が行われている業種においては、満足できる品質とサービスが公正な価格で保証される権利」を併記して掲げていることに留意する必要がある。ここで「競争が機能せず、政府規制が行われている業種」として、同特別教書は、政府が事業主体とな

にあって、独占的な事業活動が法律（事業法）で容認されているライフライン事業（電力、都市ガス、水道などの事業）の料金の設定に際して、消費者がその料金決定の場に参加することによって価格形成に対する意見を表明し反映する仕組みを求めるかたちで行使される権利であり、今日の日本にとっては特に大きな意味を持つ[13]。

また、米国を除き、CI、EU（1975年のもの）などに置かれている「救済を受ける権利」は、この4つの権利に含まれていない。救済、その典型である損害賠償は、その救済を受けたいという意思を有する者が訴訟を通じて請求すべ私法的な性格のものであるという考え方が同説の根底にある。

グランドデザインや消費者基本法の立法趣旨の考え方、すなわち消費者の権利を付与された者＝自立の主体といった一義的な説明は、「消費者の権利」を付与されていない消費者は、すべからく自立した存在ではないという言説に等しく、権利規定が基本法で定められる以前の日本の消費者は自立した消費者ではなかったという見方につながる。法律上の根拠既定の有無にかかわらず全ての消費者は権利の主体であること、また法律、条約、特別教書等において明文化された権利は、それぞれの国や共同体において必要であると判断された権利の種類と内容を示したものであり、消費者の「自立」の証を示したものではない。消費者の自立性は、消費者の権利主体性と同義ではない。むしろ、消費者自立性は、消費者が自ら有する諸権利を行使するための基盤の存在を前提として議論されるべきテーマであり、また「消費者の自立の支援」は保護行政から自立支援行政の転換を理念とする国家の政策課題と見ることができる[14]。

る事業―例として、郵便事業など―として説明している。日本では、電力、水道、ガスなどの公益事業サービスの料金、バス、タクシー、航空、鉄道、船舶の交通運賃は、各事業法の所定の認可要件に基づき公益事業者が料金を決定する仕組みとなっている。こうした法制度下での事業は、上記のアメリカ合衆国の「競争が機能せず、政府規制が行われている業種」に相当すると見られる。日本では、正田教授が主唱された4つの権利の一つである「取引条件の決定に参加する権利」が公共料金の決定の場に消費者が参加する権利として説かれている。正田・前掲注（10）〔新版〕33頁、123頁以下。

(13) 正田・前掲注（10）〔新版〕130頁以下。ここでは「公共事業の料金決定に参加する権利」と書かれている。

(14) 同旨、近藤充代「経済法と消費者法」日本経済法学会編『経済法の理論と展開〔経済法講座

第2節　日本の消費者政策の理念・方向性と課題

そこで本節では、主要な消費者政策について、「消費者の自立」の観点から現状と課題について確認することとしたい。

(1) 「消費者の自立」から見た独占禁止法に基づく消費者政策

消費者基本法は、消費者政策の一つとして「公正自由な競争の促進等」を定めている（16条）。16条は、1項と2項から成る。

> 「1項　国は、商品及び役務について消費者の自主的かつ合理的な選択の機会の拡大を図るため、公正かつ自由な競争を促進するために必要な施策を講ずるものとする。」
> 「2項　国は、国民の消費生活において重用度の高い商品及び役務の価格等であつてその形成につき決定、認可その他の国の措置が必要とされるものについては、これらの措置を講ずるに当たり、消費者に与える影響を十分に考慮するよう努めるものとする。」

2項は、公共料金や交通運賃等の価格に関する国の「決定、認可その他の措置」という作用を必要とする事項であり、広義の競争政策に関するものである。

1項は、「公正かつ自由な競争を促進するために必要な施策」を要する消費者政策であり、独占禁止法に基づく競争政策（いわゆる競争秩序の維持のための政策）がこれに相当する。独占禁止法は基本法制定以前から存在することから、この規定は独占禁止法の目的規定の趣旨を踏まえたものといえる。独占禁止法の目的規定（1条）は以下のとおりである。

> 「1条　この法律は、私的独占、不当な取引制限及び不公正な取引方法を禁止し、事業支配力の過度の集中を防止して、結合、協定等の方法による生産、販売、価格、技術等の不当な制限その他一切の事業活動の不当な拘束を排除

第1巻』（三省堂、2002年）71頁。

することにより、公正且つ自由な競争を促進し、事業者の創意を発揮させ、事業活動を盛んにし、雇傭及び国民実所得の水準を高め、以て、一般消費者の利益を確保するとともに、国民経済の民主的で健全な発達を促進することを目的とする。」(下線は著者挿入)

　同条は、「公正競争」と「自由競争」をともに促進することをとおして(「以て」)、「一般消費者の利益の確保」と「国民経済の民主的で健全な発達の促進」を達成することを目的としている[15]。この目的の担い手は国家（公正取引委員会）であり、公正取引委員会（公取委）による事業者規制によって消費者（一般消費者）の利益が確保される法制度は、消費者保護行政の一つの態様といえる[16]。同法は、日本の法制度において、「一般消費者の利益の確保」を法目的に掲げた最初の法律であり、のちに個別の消費者法が制定されるまでは、まさに消費者保護の唯一の法制度であったといえる[17]。

　同法における「自由競争」の確保は、事業者または事業者団体の行為が「一定の取引分野」における「競争を実質的に制限する」場合に禁止され、公取委が当該行為に対する行政処分を行うことによって図られる。禁止の対象は、カルテル（入札談合を含む。）私的独占といった市場における自由な競争を制限する行為である。合併や株式取得等のM&Aは当該結合によって関係市場において「競争の実質的制限」が惹起することが予測される場合に規制対象となる。また、次に述べるように、不公正な取引方法の中にも自由競争確保の観点から禁止されるものがある。

　公正競争の確保は、「公正な競争を阻害するおそれ（公正競争阻害性）」がある事業者又は事業者団体の行為（不公正な取引方法）に対して、公取委が行政処分をもって対処する。不公正な取引方法に該当する行為は、不当な取引拒絶・差別、不当廉売、不当な顧客誘引、再販売価格の拘束などの不当な事業

---

[15] 「石油カルテル事件刑事事件」最高裁判決（1984年2月24日刑集38巻4号1287頁）が「一般消費者の利益を確保するとともに、国民経済の民主的な発達を促進する」目的を独占禁止法の『究極の目的』と示したことから、学説においては「公正且つ自由な競争」を直接目的として両目的を説明することが多い。
[16] 公正取引委員会による独占禁止法に基づく競争政策（独占禁止政策）と消費者政策との関係については、本書第1章および第11章を参照されたい。
[17] 丹宗暁信＝伊従寛『経済法総論』（青林書院、1999年）414頁、401頁。

活動の拘束、優越的地位の濫用などを典型とする。

　独占禁止法上の公正競争の意味・内容には諸説があるが、通説及び公取委は、公正競争とは、①自由競争、②公正な手段に基づく競争（能率競争）、③自由な競争基盤の三つの側面があるとしている。したがって「公正競争阻害性」とは、①自由競争の減殺、②不公正な手段に基づく競争（能率競争の侵害）、③自由競争基盤の侵害のいずれかに該当する。現行法が規定する不公正な取引方法には、行政処分の一つである課徴金賦課の対象とはならないものとして15類型（2条9項6号に基づき公取委が指定した一般指定）、課徴金賦課の対象として5類型（2条9項1〜5号）が定められているが、そのほとんどが①のタイプに分類されるもので、②に該当するのは、「欺瞞的顧客誘引」（一般指定8項）、「不当な利益による顧客誘引」（同9項）と「抱き合わせ取引」（同10項）、③に該当するのが「優越的地位の濫用」（2条9項5号、一般指定13項）のみである。

　独占禁止法には、不公正な取引方法を用いた事業者と事業者団体に対する差止請求に関する規定（24条）、また全ての同法違反行為に対する損害賠償請求訴訟に関する規定が定められている。いずれも、事業者、消費者が請求権者となりうるが、適格消費者団体にはこの請求権は付与されていない。

　本書第11章で確認したとおり、消費者基本法上、競争政策は消費者政策の重要な施策の一つと位置付けられているが、独占禁止法に基づく競争政策は「一般消費者の利益」を確保するものである一方、消費者が当事者として差止請求（同法24条）や損害賠償請求（同法25条）の権利行使を行う制度は存在するものの、差止請求権行使の事例はこれまでになく、また損害賠償請求の事例も極めて少ないことから、「消費者の自立」の観点から見た場合、独占禁止法に基づく競争政策は、消費者の自ら救済に向けた権利の行使がしにくい側面を有するといえる。

(2) 「消費者の自立」から見た景品表示法

　不当表示・広告や不当な景品・懸賞付販売は、独占禁止法が定める不公正な取引方法の規制対象であり、前者は「欺瞞的顧客誘引」（一般指定8項）、後者は「不当な利益による顧客誘引」（同9項）に該当する。当初は独占禁止法

の適用がなされていたが、1960年のいわゆる「にせ牛缶事件」を契機として、不当表示事件に対する迅速かつ効果的な法と運用が求められたことから、不当表示規制と景品・懸賞付販売規制に特化した法律として、1962年に独占禁止法の特例法である不当景品表示法が制定され、公取委が同法の法執行機関となった（1972年に都道府県知事に対しても「指示権限」が付与された）。制定時の不当景品表示法1条が、

> 「この法律は、商品及び役務の取引に関連する不当景品類及び表示による顧客の誘引を防止するため、私的独占の禁止及び公正取引の確保に関する法律（昭和二十二年法律第五十四号）の特例を定めることにより、公正な競争を確保し、もつて一般消費者の利益を保護することを目的とする。」（点線と二重線は著者挿入）

と定めているとおり、同法は、競争手段の一つである表示や広告、景品・懸賞付販売をめぐる競争の公正さを確保することによって、「一般消費者の利益の保護」を目的とするものである。表示・広告、景品・懸賞付販売の公正確保が民事規律となっているEUのUGP指令やドイツ不正競争防止法とは異なり、景品表示法は国家による規制に委ねられている。

　独占禁止法と同様に「一般消費者の利益」の保護を法目的に掲げている点、消費者の消費生活に直接関わる不当表示と景品・懸賞付販売を規制対象としていた点、特に不当表示については業種横断的に適用されるものであった点から、同法は競争法と消費者保護法という二つの役割を担うものであった。

　2009年の消費者行政一元化の見直しのなかで、各行政機関で個別に行われていた表示規制（公取委以外では厚生労働省〔食品衛生法〕、農林水産省〔農林物資規格法〕、経済産業省〔家庭用品品質表示法、特定商取引法〕など）を一元的に実施する目的の下、不当景品表示法をはじめとする各表示規制の運用は公正取引委員会から消費者庁に移管された。但し、法律自体は一元化されていない。また、虚偽表示規制条項を有する不正競争防止法（経産省）については、前述のとおり消費者保護法ではないことから、移管対象とされていない。

　改正された景品表示法については、執行機関の移管に加えて、法の目的が

変更されている。上掲の不当景品表示法1条の条文のうち、点線部分は削除され、「公正な競争を確保し、もつて」(二重線の部分)が「一般消費者による自主的かつ合理的な選択を阻害するおそれのある行為の制限及び禁止について定めることにより」の表現に改められた。

　また、同法が禁止する不当表示は、「優良誤認表示」(5条1号)、「有利誤認表示」(同2号)、その他の表示(同3号)の三類型であり、この点は改正前と変更はないが、違法要件が旧法の「不当に顧客を誘引し、公正な競争を阻害するおそれがあると認められる表示」から、「不当に顧客を誘引し、一般消費者による自主的かつ合理的な選択を阻害するおそれがあると認められるもの」に変更された。景品・懸賞付販売に対する規制についても、同様の違法要件があらたに挿入されている(4条)。

　この改正によって、景品表示法は、その位置付けにおいても、また上記の違法要件の改正の点においても、独占禁止法(特に不公正な取引方法)の特例法という関係から切り離され、純粋に消費者保護法として位置付けられた。なお、景品表示法の目的と違法要件が変更されたことについては、「公正な競争を阻害するおそれ」を違法要件とする独占禁止法と、「一般消費者の自主的かつ合理的な選択」を要件とする景品表示法は、それぞれの保護法益を持つ別の法律であり、不当表示や景品・懸賞付販売に対する規制において、景品表示法と独占禁止法の適用と交錯をめぐる新たな問題が惹起したということは指摘できよう(この問題については第10章を参照されたい)[18]。

　独占禁止法の「特例」ではなくなる直前の2008年に、景品表示法の不当表示(優良誤認、有利誤認)は、適格消費者団体による差止請求権の対象とされており、同法における行政規制と民事規律の複線化が実現している。これにより、消費者が主体性をもって適格消費者団体にアクセスすることにより、問題と思われる不当表示に対して適切な情報提供を求める権利の行使するためのルートが確保されたといえる。

---

(18) 根岸哲＝舟田正之『独占禁止法概説〔第5版〕』(有斐閣、2015年) 222頁。

(3) 「消費者の自立」から見たその他の広告・表示規制——個別法における事前規制型

　景品表示法は、全ての業種に適用される事後規制法であるが、消費者の商品・サービスの適正な選択の機会を確保するためには、事業者に対して、予め表示すべき内容や基準・規格に関する事項を法令で定めて遵守させる必要がある。基本法15条は、「広告その他の表示の適正化等」を定めており、景品表示法による事後規制だけではなく、表示の適正化に対する事前規制（予防規制）による積極的な施策を行うことを定めたものである。

> 「15条　国は、消費者が商品の購入若しくは使用又は役務の利用に際しその選択等を誤ることがないようにするため、商品及び役務について、品質等に関する広告その他の表示に関する制度を整備し、虚偽又は誇大な広告その他の表示を規制する等必要な施策を講ずるものとする。」

　日本では食品、医薬品、家庭用品等について、個別の表示に関する立法が制定されている。これらの法律は、業種毎に制定され、業種に属する事業者に対する規制を行うことから、一般に事業法（業法）といわれる。医薬品については「医薬品、医療機器等の品質、有効性及び安全性の確保等に関する法律（薬機法）」が、また繊維製品、合成樹脂加工品、電気機器器具、雑貨工業品の家庭用品については家庭用品品質表示法が定められている。表示の一類型である広告については、特定商取引法において、通信販売の広告事項（同法11条）と通信販売の誇大広告等の禁止（同法12条）、連鎖販売取引（マルチ商法）の広告事項同法（35条）と誇大広告等の禁止（同法36条）等が定められている。また、医師、歯科医師等の事業に関する広告事項に関する制限は医療法6条の5が定めている。弁護士の広告については弁護士法に定めはないが、長らく日本弁護士会会則の下で原則禁止とされていたが、インターネット広告の普及に伴い、2000年3月の同会会則が変更され広告は原則自由とされている[19]。

---

(19) 日弁連が定める「弁護士の業務公告に関する規程」（会規第44号）に基づき、弁護士及び弁護士法人が行う業務公告の目的、内容等について定めがある。

食品の表示については、2013年以前は、食品の安全確保と公衆衛生の確保を目的とする食品衛生法（主務官庁・厚生労働省）、農林物資の農林物資規格法（主務官庁・農林水産省）、健康増進法（主務官庁・厚生労働省）の3法がそれぞれ表示制度を定めていたが、2013年のいわゆる食品表示制度の一元化に伴い、これら3法の表示規制の部分については、新たに制定された食品表示法に統合された。

これらの個別の法律に定められた広告・表示規制は、事業者に対して一定の事項についての表示を義務づけるものであり、消費者の安全確保の権利、知らされる権利の確保との関係では事前規制型の規制である。個別の法律で義務付けられた表示が行われない場合には、主務官庁は当該表示義務を遵守するよう事業者に対する指示を行うものとされている。義務付けられた表示の内容や価格・取引条件が、不当表示（優良誤認、有利誤認）の要件を充足した場合には、事後規制法である景品表示法が適用されることになる。広告・表示規制では、事前規制と事後規制が組み合わさったかたちで法制度が構成されているといえる。しかしながら、現行法制度が万全というわけではなく、表示制度が消費者にとってわかりやすい制度となっているかどうか、また現行の法制度の下で捕捉することができない広告・表示に対してどのように対するかといった課題が存在する。

特定商取引法は2008年に適格消費者団体による差止請求の対象となり、また食品表示法は制定当初から差止請求権制度を定めていることから、これらの法律に定めのある広告・表示については消費者から情報提供に基づき適格消費者団体が差止請求権を行使する途が開かれている。また弁護士法など事業法上の広告・表示については、景品表示法に基づく適格消費者団体による差止請求が及ぶこととなる。

(4) 「消費者の自立」から見た消費者取引と安全確保の法制度

消費者基本法12条は「消費者契約の適正化等」に関する消費者政策を定めている。

「12条　国は、消費者と事業者との間の適正な取引を確保するため、消費者と

の間の契約の締結に際しての事業者による情報提供及び勧誘の適正化、公正な契約条項の確保等必要な施策を講ずるものとする。」

　事業者と消費者との取引を規律する主な法律には、独占禁止法と不当景品表示法以外に、特定商取引法（1976年）と消費者契約法（2001年）がある。
　特定商取引法は、1976年に訪問販売や無店舗販売を規制する訪問販売法として制定されたが、多種多様な消費者トラブルが発生する中で、それぞれの取引の形態に対応していくことが求められ、法がカバーする対象は次第に拡大されてきた。現行法は、訪問販売のほか、通信販売、電話勧誘販売による取引、連鎖販売契約（マルチ商法）、特定継続的役務提供取引及び業務提供誘引販売取引を対象とする。特定商取引法の法目的は、これらの商取引の「公正」を確保し、及び「購入者等が受けることのある損害の防止を図ることにより、購入者等の利益を保護」するとともに、「商品等の流通及び役務の提供を適正かつ円滑に」することによって、「国民経済の健全な発展に寄与すること」を目的としており、（同法1条）この目的規定は当初から変わってない。
　この目的規定は、保護の対象を消費者ではなく「購入者等の利益」としている。これは、同法が規制対象とする取引類型の中には、自然人である消費者のほか、営業にも商行為にも該当しない法人や個人（非営利事業者）が相手方となる場合があることから「購入者等」の表現を用いており、「消費者の利益」は同法による保護のもっとも重要な対象である[20]。
　特定商取引法は、国（主務大臣）と都道府県知事による行政規制が法執行力の中心であり、規制の実効性を確保するための刑事罰が定められている（70条）。訪問販売を含む6つの取引類型ごとに事業者の遵守事項、禁止行為等が定められており、これらに違反した事業者に対して、主務大臣と知事による指示、業務停止・取引停止命令の行政処分、行政調査（報告徴収、立入検査）、合理的根拠を示す資料提出（主に不実告知や誇大広告案件）といった行政上の措置が規定されている。
　また、同法は、その制定当初から、当時すでに割賦販売法（1961年制定）に

---

[20] 後藤巻則＝齋藤雅弘＝池本誠司『条解消費者三法』（弘文堂、2015年）236頁。

導入されていたクーリング・オフ制度を取り入れており、通信販売を除く5つの取引類型に適用がある。その他、5つの取引類型に取消権、2つの取引類型に中途解約権に関する定めが置かれている。このように、同法は、行政規制、間接強制としての刑事罰と民事ルールを併せ持つ点に特徴がある。

　消費者契約法は、当時の規制緩和・撤廃という潮流の中で制定された。国民生活審議会は、「政策の基本原則を事前規制から市場参加者が遵守すべき市場ルールの整備」への転換を目指して、時代にふさわしい「消費者のための新たなシステムづくり」を行う必要性を背景として、(i)行政規制は事業者－消費者間の契約の効力に影響を及ぼさず紛争解決ルールとしては不十分である、(ii)契約当事者が対等であることを基本とする民法には、情報と交渉力の格差に起因する消費者の契約トラブルの解決ルールとしては限界がある、という問題認識を示していた。そこで、事業者と消費者との間の情報と交渉力の格差が消費者トラブルの背景であることを前提として、契約取消し、契約条項の無効を「消費者自らが主張できる場合を民法よりも拡大するルール」として消費者契約法が制定された[21]。

　同法は、消費者契約の申込み又はその承諾の意思表示の取消し（4〜7条）と、消費者契約の条項の無効（8〜10条）という消費者契約に関する民事ルールとして施行されたが、2007年改正では、適格消費者団体による差止請求権（12条）と適格消費者団体の認定等に関する条項（13条以下）が定められ、同法には新たな役割が付加された。

　同法は、その立法経緯と目的（1条）から明らかであるように、「消費者と事業者との間の情報の質及び量並びに交渉力の格差」を所与として、消費者及び適格消費者団体が自ら権利の行使することを定めている点に特徴がある。

　独占禁止法、不当景品表示法、特定商取引法といった行政規制は、事業者規制により一般消費者の利益の保護を図るものであるが、かかる行政規制が個別の消費者と事業者との間の契約の効力に対して、すなわち個々の消費者トラブルに対する直接的な救済機能を十分に持ち得なかったことは事実であ

---

(21) 国民生活審議会消費者政策部会報告（1999年1月）。

る。その意味で消費者契約法が、消費者自らが救済に向けたアクションをおこすための法律上の根拠を与えたことは、消費者の自己決定の機会を確保したものということができ、EU やドイツにおける消費者の意思決定の自由の保証と通底するものがある。しかしながら、このことは、日本の消費者政策において重要な役割を果たしてきている消費者保護のための行政規制の意義と必要性に対する消極評価につながるものではない。

　次に、安全規制について見ることにしたい。基本法11条は「安全の確保」のための施策を定めている。

> 「11条　国は、国民の消費生活における安全を確保するため、商品及び役務についての必要な基準の整備及び確保、安全を害するおそれがある商品の事業者による回収の促進、安全を害するおそれがある商品及び役務に関する情報の収集及び提供等必要な施策を講ずるものとする。」

　消費者保護のための行政規制の必要性は、安全確保については、特に顕著である。製品やサービスに関する情報は圧倒的に事業者側に存在し、一般消費者は表示をとおして限られた情報に接するのが通常の態様である。消費者が自ら事業者に対して情報の開示・提供を行う場合もあるが、消費者が製品やサービスを選択するうえで必要な情報（過不足なき情報）が適切なかたち──消費者が容易に理解可能なかたち──で開示・提供される保証はなく、企業秘密を理由とする情報の開示・提供を拒絶される場合もある。また、もっぱら製品やサービスのブランド・イメージが情報として伝達されるメディア広告については、メーカーと消費者との関係のみならず、広告を作成する広告会社（広告代理店）、広告を伝達するメディアと消費者との関係があることを前提として、消費者はみずから情報開示のためのアクションを行うことが求められる。

　製品やサービスの安全について、消費者がみずから採りうる行動と選択肢には限界と制約があることは明らかであり、安全に関する法律に基づき、国や自治体による事業者に対する一定の義務付けと違反行為に対する事前規制による行政措置が不可欠である。EU において、「安全確保」は市場への信頼の前提と位置付けられ、また個々の消費者では対応できない事項と認識さ

れており、共同体と加盟国における安全規制の必要性・重要性は消費者政策の基本となっている(22)。製品やサービスに欠陥がある場合に、その欠陥を立証し損害賠償を求めることができる製造物責任法（PL法、1993年）は、EUおよび加盟国にも定められており、事後的な損害賠償請求による救済が中心であり、民法709条に基づく事業者側の不法行為に関する「故意又は過失」の立証から「欠陥」の立証に証明負担が軽減されているものの、製造物責任法の存在をもって安全に関する事前の規制行政の役割を消極的に理解するための根拠にはなりえないことは指摘できよう。

第3節　消費者の「自由」と「権利」のための基盤整備の必要性

　本章では、消費者の「自立」という用語を手がかりとして、消費者政策のあり方について若干の考察を行ってきた。最後に、消費者政策の方向性について触れておきたい。

(1)　「消費者の権利」のための消費者行政の構築

　消費者政策における消費者保護と消費者の自立のための政策が両立しうるものであることは比較法的見地からも肯定的に評価することができる。ところで、「消費者の自立」という用語または表現は、EUや加盟諸国においては見受けられない。「自立」が「独立」または「非依存」という意味であるとすれば、「消費者の意思決定の自由」という用語と同じ意味・内容ということができ、これは「事業者の自由」といわれる「事業活動の自由（営業の自由）」や「競争の自由（Wettbewerbsfreiheit）」と対置される。では、この消費者の自立性が実質的に確保されるために必要な条件は何かについて考える必要があるが、この問題は、消費者の自立支援行政の方向性に関する問題といえる。

---

(22) 欧州委員会「消費者計画2014-2020」提案（2011年11月9日）3頁以下。国立国会図書館「拡大EU―機構・政策・課題―総合調査報告書」（2007年）143頁以下（横内律子執筆「8 消費者政策―消費者保護の質的強化―」）を参照。

消費者行政の一元化以降、消費者庁は、各種の支援行政に取り組んでいる。支援行政の中心は、「情報提供・啓発活動」と「消費者教育」に関する取組である[23]。この二つの取組は、消費者の自由な意思決定を行う上で、また「消費者の権利」の行使する上で不可欠な基盤構築（支援インフラ）に関わるものである[24]。行政一元化以前から、国レベルでは国民生活センターが、また地方レベルでは自治体の消費生活センター等が行っていたが、消費者庁設置の背景には「窓口の一元化」と「情報の一元化」という消費者庁設置の目的を踏まえ、現在積極的な取組状況が伺える。

　諸外国においては、「消費者の権利」として、情報提供・啓発については「知らされる権利」、「消費者教育の権利」が定められており、また消費者基本法の中にも置かれている。他方、4つの権利説の説く権利の中に、この2つは盛り込まれていない。この2つの権利が、日本において真に必要な権利といえるかどうかについて、確認しておきたい。

　情報提供や啓発は、そもそもその内容が消費者に関わるものである、ないにかかわらず、国と自治体の基本的な行政の一つであり、4つの権利説の立場から、日本において「消費者の権利」として盛り込む必要性は大きくなかったということがいえよう。しかしながら、かかる消費者や消費生活に関わる情報提供や啓発が適切に行われない法制度や行政、またはそれを妨げる経済社会の状況が認められる場合には、「消費者の権利」として主張する必要がある。

　消費者教育に関しては、それが教育に関する権利であることから、既に日本国憲法において容認されていることが理由として挙げられる。CIの権利にも列挙されている「消費者教育を受ける権利」は、教育の機会が十分保障されていない国において、消費者として、また消費生活を営む上で必要最低限の教育を求めることは、生身の人間である消費者が生存する上で不可欠であるという場合には、当然に必要な権利といえる。日本の場合、憲法上の教育の義務と権利が定められているが、その教育が実際には適切に行われてお

---

[23] 支援行政には、これ以外にも「専門家育成」を含む整理がある。大村敦志『消費者法〔第4版〕』（有斐閣、2011年）255頁以下参照。
[24] 消費者基本法と消費者教育、消費者啓発の関係については本書第14章で再度取り上げる。

らず、また教育内容が消費者と消費生活にとって必要な教育内容となっていない場合には、「消費者の権利」であることを行使していくことが求められる。

(2) 消費者教育推進法の目的・理念と「消費者の権利」の関係

消費者の自立を支援する行政・政策の中心となるのが、消費者に対する啓発と教育に関する取組である。ケネディ大統領の「消費者の権利」に関する特別教書の後、日本では国民生活対策審議会において消費者教育の意義と必要性が検討され、1968年制定の消費者保護基本法に「消費者啓発及び教育」が基本施策の一つに明記されたが、この啓発と教育に関する条項は、消費者基本法にも引き継がれている。

日本では、国民生活審議会の答申を受けて、学校教育や生涯学習における消費者教育が実施されてきてはいたが、教育の内容や実施体制が必ずしも明確にされておらず、また自治体間での取組にも温度差が見られていたことから、消費者教育を体系的に実施するための根拠法律が必要とされていた。

1968年制定の消費者保護基本法は「啓発活動及び教育の推進」（同法2条）を消費者保護の施策と定めていたが、改正された消費者基本法にも引き継がれている（17条）。消費者基本法に定められている各施策はプログラム規定であることから[25]、消費者教育の政策としての具体化のためには個別の立法の必要性が唱えられていた[26]。

日本における消費者教育については、2012年に「消費者教育推進法」が制定された。この推進法の目的と理念は、今後の日本の支援行政のあり方と方向性を考える上で重要と思われる[27]。

同法は、目的（1条）において、「消費者教育の機会が提供されることが消費者の権利であることを踏まえ」ている旨を明らかにし、基本理念（3条2項）において、「消費者教育は、消費者が消費者市民社会を構成する一員と

---

(25) 中田邦博＝鹿野菜穂子『基本講義消費者法〔第3版〕』（日本評論社、2018年）11頁。
(26) 西村隆男編著『消費者教育学の地平』（慶應義塾大学出版会、2017年）55頁。
(27) 立法視点も含めた消費者教育の意義と課題について、西村隆男「消費者教育の新たな展開と課題」現代消費者法 No.5（2009年）53頁以下参照。

して主体的に消費者市民社会の形成に参画し、その発展に寄与することができるよう、その育成を積極的に支援することを旨として行わなければならない。」と述べている。

消費者教育の定義（2条1項）は、「消費者の自立を支援するために行われる消費生活に関する教育（消費者が主体的に消費者市民社会の形成に参画することの重要性について理解及び関心を深めるための教育を含む。）及びこれに準ずる啓発活動をいう。」と定めている。また、「消費者市民社会」の定義（2条2項）は、「消費者が、個々の消費者の特性及び消費生活の多様性を相互に尊重しつつ、自らの消費生活に関する行動が現在及び将来の世代にわたって内外の社会経済情勢及び地球環境に影響を及ぼし得るものであることを自覚して、公正かつ持続可能な社会の形成に積極的に参画する社会」と規定されている。

同法の特徴は、消費者教育が「消費者市民社会の形成」を理念としている点にある[28]。「消費者市民社会」という考え方は、「平成20年度国民生活白書」で示されたものであり、「個人が、消費者・生活者としての役割において、社会問題、多様性、世界情勢、将来世代の状況などを考慮することによって、社会の発展と改善に積極的に参加する社会」と説明されている。また、「消費者市民」の二つの役割として、企業などから示された情報に基づいて革新的かつ費用に比べて効用や便益の大きい商品・サービス、そして企業を選択する「経済主体」としての役割と、社会の問題解決や困窮者支援、人と社会とのつながりを重視する等の社会的価値行動を担う「社会（構造）変革の主体」としての役割を挙げている。そして、「この消費者市民」が、「と連帯していく」社会が「消費者市民社会」であるとする。

「消費者市民」が主体的、自立的な存在であり、他方において「一般的な生活者・消費者」が消費者行政の保護の対象であるという見方が白書の含意であるとすれば、白書の「消費者市民社会」は「消費者市民」と二級市民的な「一般的な生活者・消費者」から構成される社会である、という見方を成

---

(28) この視点からの消費者教育の必要性を述べたものとして、花城梨枝子「消費者シティズンシップ教育試案―よりよい社会のための責任ある経済投票権の行使―」国民生活研究49巻3号（2009年）43頁以下、がある。

り立たせるおそれもある(29)。

　この「消費者市民」という用語は、消費者＝市民という単純な関係性を示すものであるのか、あるいはそれ以上の内容を意味するものであるかについては明らかではないが、従来からの競争法や消費者法における消費者－事業者という関係を前提とした消費者概念の枠組では捉えられない新たな用語であると思われる。また、消費者市民が「消費者市民社会」の構成員または社会構築の担い手であるとする説明がなされていることから、消費者市民は「市民権ないし市民性（Citizenship）」の視点からの検討を必要とする概念と見ることもできよう。

　白書が掲げた「消費者市民社会」という概念は、今後の日本の消費者政策の方向性に関わる重要な考え方ないしは政策の指標となる可能性がある。支援型行政において大きな比重を占める消費者教育に関する推進政策は、「消費者市民社会」の形成を理念とする。消費者教育推進法は「消費者市民社会」に関する定義を規定しているが、その中には、「消費者市民」の用語も、また白書が述べた二つの消費者市民の役割に関する記述はない。そこで、次章では、消費者教育推進法に定義された「消費者市民社会」という概念を取り上げ、その意味内容についての考察を試みることにしたい。

---

(29) 消費者の捉え方の如何によって惹起することがある消費者2級市民的スローガンに対する批判的見方を示したものとして、河上正二「民法と消費者法」河上正二責任編集『消費者法研究創刊第1号』（信山社、2016年）8頁を参照されたい。

第15章　消費者基本法と消費者教育の意義

第1節　本章の目的——法学の視座からの問題整理

　消費者教育は、日本において近年行われるようになった新たな教育ではなく、高度成長期以降今日に至るまで、学校教育や市民教育の場において実践されてきた。その一方で消費者教育は、「未確立のフィールド」[(1)]と称されていたように、その目的や理念、体系性、教育の対象、教育内容、教育方法、実施体制や教育主体、担い手の存在や要請などをめぐる課題を克服することが求められていた分野でもあり、かかる課題を克服する上で、消費者教育に関する法制度の整備が必要とされていた。

　2012年に制定された消費者教育推進法（以下、推進法）は、これまで教育学、家政学・生活経営学、法学、経済学などの様々な学問領域から考察され、また国や自治体、消費者団体などの担い手によって実践されてきた消費者教育の目的と理念を明確化し、教育の対象、内容・体系性、教育の実施主体等について法定したものであり、日本における消費者教育の基本法としての性格を有する。

　推進法の特筆すべき点は、これまで明確化の要請が強かった消費者教育の目的と理念が条文化されたところにある。同時に、消費者市民社会という概念は、消費者教育の領域において、また法学の領域においても、それが法律の中に定義されたことを契機としたある種のインパクトをもたらしたという

（1）　西村隆男『日本の消費者教育——その生成と発展』（有斐閣、1999年）2頁。消費者教育学という学問領域に関する言及は既に第1回国民生活審議会（1966年）に見られるが、消費者教育学へのアプローチが教育学に留まらず、法学、経済学などの他分野からなされたことから、その独自の学問領域という点において、消費者教育推進法が制定された現在においても、その問いかけがなされている。西村隆男編著『消費者教育学の地平』（慶應義塾大学出版会、2017年）1頁。

ことができる。本章では、「消費者の権利」の視角から、この二つの学問領域における消費者市民社会の概念の受容の意味を確認する。また、民法改正による成年年齢の引下げ（2022年4月施行）に伴い、若年消費者保護を対象とする消費者教育の実施が政府の重要な取組と位置付けられたが、この動向の中から見えたいくつかの課題を整理し若干の検討を行いたい。

第2節 「消費者の権利」と消費者教育

　消費者教育に関わる法律の規定が初めて置かれたのは、消費者保護基本法（1968年制定）であり、同法12条で、消費者啓発と消費者教育に関する規定が定められたが、啓発と教育の区別や各々の目的や理念が明確でないこと、また同法の諸規定はいわゆるプログラム規定であり、同条を根拠として消費者教育の実施が義務とされていたわけではなかったことから、この法律を契機に本格的な消費者教育の開始に至ったわけではない[2]。

　消費者保護基本法の改正によって成立した消費者基本法（2004年制定）においても、改正前の基本法の定めを引き継ぐかたちで消費者教育と啓発の規定は置かれていたが、その目的と理念が示されるとともに実施体制等が具体的に定められたのは、推進法においてである。

　そこで、本節では、消費者行政・政策の基本法の中に、消費者教育に関する定めが置かれていることの意味について整理する。

(1) 「消費者教育を受ける権利」と消費者教育推進法

　ケネディ・アメリカ合衆国大統領が1962年3月の特別教書において4つの「消費者の権利」を主唱したことを受けて、当時の日本においても3つの「消費者権利」の用語が前記・国民生活向上対策審議会の答申（1963年）にも記されたが、「消費者の権利」が法律上の権利として認められたのは2004年の消費者基本法（以下、基本法）であった。この40年以上の間、研究者や消費

（2）消費者教育の理念の明確化の必要性については、法学の立場からも主張されていた。正田彬『消費者運動と自治体行政』（法研出版、1989年）196頁。

者団体の側から「消費者の権利」が主張される一方、司法・行政・立法の側では「消費者の権利」は存在せず、消費者には国が法律を整備し事業者を規制することによって受ける利益（反射的利益）のみが存在するという立場が維持されてきた[3]。

　基本法は、政府規制改革の潮流の中で、また繰り返される食肉偽造表示事件やBSE問題等の食の安全を脅かす事件の多発を受け、それまでの消費者保護行政の立ち位置を転換させたことと、「消費者の権利」を法律に定めたことに特徴があった。

　基本法に明記された「消費者の権利」は8つの権利である。この8つの権利は、前記・ケネディの4つの権利を契機として、国際消費者機構（現・コンシューマー・インターナショナル〔CI〕）が提唱したものである。もっとも、アメリカ合衆国では1975年にフォード大統領が「消費者教育を受ける権利」を追加したことにより5つの権利が認められており、欧州共同体では1975年に5つの権利が欧州理事会の「消費者政策保護と情報政策の予備計画」の中に盛り込まれ、その後2010年のEUリスボン条約169条では3つの権利が明記されている。また、韓国ではCIの8つの権利が消費者保護法に規定され、中華人民共和国の消費者権益保護法では9つの権利が定められている。このように、CIが示した8つの権利のカタログを指標としつつ、各国は自国に必要とされる「消費者の権利」を提唱している[4]。

　基本法は8つの権利を定めたが、同法の立法過程ではCIの8つの権利を導入する方針の下で条文案が審議され、法定された。同法の基本理念と「消費者の権利」についての関係については後述するが、ここでは8つの権利の一つである「消費者教育を受ける権利」と日本の消費者教育の関係について触れておきたい。

　日本における消費者教育の必要性とその実施に向けた要求は、日本消費者

---

[3]　「ジュース表示事件」最高裁判決（1978年3月14日民集32巻2号211頁）。また、消費者保護基本法の制定過程において「消費者の権利」の導入に消極的であった行政と立法の状況について、及川昭五＝田口義明『消費者事件　歴史の証言』（民事法研究会、2015年）14頁。本書第4章でも検討した。
[4]　岩本諭・谷村賢治編著『消費者市民社会の構築と消費者教育』（晃洋書房、2013年）137頁（岩本諭執筆部分）。アメリカとEUの5つの消費者の権利の内容は異なっている。

教育学会からの要望や消費者団体の運動を通じてなされていたが、2012年の消費者教育推進法は、学会や消費者団体による議会への要請が、内閣提出法案ではなく議員提出法案として結実し立法に至ったものであり、その意味において「消費者教育を受ける権利」の行使の成果とみることができる。消費者教育推進法１条にも「消費者教育の機会を提供することが消費者の権利であること」を踏まえて、国や自治体の責務を定めて消費者教育に係る施策を総合的に実施することが目的として定められている。

　2013年６月に「消費者教育の推進に関する基本方針」が閣議決定され、これを受けて自治体は消費者教育に関する計画を策定することとされた。「消費者教育を受ける権利」に呼応するのが、消費者教育を実施し、消費者教育を受けさせる国の義務である。推進法には消費者教育の義務に関する条項はないが、消費者教育の推進に関する国の責務（４条）と自治体の責務（５条）の規定が事実上それに対応する。各自治体が消費者教育に関する計画を策定した段階は消費者教育の実施でなく、法が予定しているライフステージごとの教育が行われて初めて「消費者教育を受ける権利」の内容が実現したといえる。消費者は、権利の行使の主体として、その権利の内容が実現されたどうかについて判断し、それが不十分であると判断された場合には権利の内容の適切な実現を請求することができる。かかる請求を行うのは、一個人である消費者には現実にはハードルの高い所為であり、この担い手となるのは消費者を構成員とする消費者団体である。

　推進法６条の「消費者団体の努力」に関する規定は、消費者団体が「消費者教育の推進のための自主的な活動」と「消費者教育への協力」について努力することを定めている。この規定には、消費者団体自身が消費者教育の担い手として取り組む役割と、消費者教育の実施や内容に関する評価と検証を行う役割があることを定めた趣旨を読み取ることができる。

　消費者行政の目的は、「消費者の権利」のための基盤を整備することにある[5]。その基盤が整備されたかどうか、換言すれば「消費者の権利」の行使を可能とする消費者政策が立案され施行されているかどうかは、現実の政策

（５）　正田彬『消費者の権利〔新版〕』（岩波新書、2010年）153頁。

や行政を評価し検証することに関わる。これは消費者行政にかかわらず、全ての行政に共通する行政評価という所為である。一般に、Plan（立案）→ Do（施行）→ Check（評価・検証）→ Action（次の行動）というプロセスはPDCAサイクルと言われるが、この工程は政策の立案（Plan）それ自体が、または政策を実施すること（P→D）が目的化するリスクを回避するために創出されたものであり、評価・検証を不可避のプロセスとすることによって、法律や政策が企図していた本来の目的の実現（成果〔outcome〕）を促すための効果的手法の一つである。教育現場や教育行政においては教育効果を測定することは容易ではないといわれることがあるが、消費者教育は消費者行政において実施される政策の一つであり、また「消費者の権利」の行使に基づくものであることから、消費者教育に関する評価・検証は消費者教育の実質化と向上のための不可欠な作業といえる。前記のとおり、かかる評価・検証は「消費者の権利」の主体である消費者が個人として行いえる作業ではなく、個々の消費者の代弁者である消費者団体が消費者に成り代わって担うものといえる。消費者教育が推進法に基づいて適切に行われているかどうかの評価を行い検証する作業は、推進法6条が定める「消費者教育の推進のための自主的な活動」であり、また、その検証結果を消費者教育の実施者に還元することを通じて消費者教育の「質の確保と向上」に資することが「消費者教育への協力」である。「消費者の権利」が法律に明記されるために長年にわたり多大な運動を推進してきた消費者団体は、「消費者の権利」が法律に明記された以降についても、各々の権利が適切に行使されるための基盤が整備されているか、また必要な施策が立案・実施されていることについて評価・検証することが求められるのであり、消費者教育の推進についての取組が継続していることを確認する必要があろう。

そこで次に、「消費者の権利」が消費者教育の本質に関わるものであることについて、基本法が目的と理念に掲げる「消費者の自立」と「消費者の権利」について検討する。

(2) 消費者行政の理念と消費者教育

消費者教育が消費者政策の一環として推進されることから、消費者教育の

目的・理念は、消費者政策を展開する行政の目的・理念と不可分の関係にある。基本法は、消費者行政の理念を、旧法の「消費者の保護」から「消費者の自立の支援」にシフトにした法律である[6]。旧法が産業界重視の中で制定された法律であり、国による恩恵的な消費者保護であったとの反省に基づき、消費者の「保護から自立へ」のパラダイム転換を理念として、法改正が行われ、現行の基本法の制定に至った経緯がある[7]。

　この「保護から自立へ」の消費者行政の理念の転換（パラダイムの転換）については、欧米における消費者保護の強化とは逆行するものである、保護と自立は択一関係にはなく両立が可能であるなどといった指摘がなされた[8]。また自治体の行政においても、この点をめぐって混乱が生じたともいわれている[9]。その要因は、法改正作業で見られた「権利の主体は保護の対象ではない」という立法時の法改正趣旨に起因している[10]。

　全ての市民は、自由である権利、対等に扱われる権利の主体であるが、かかる市民の自由や対等を脅かす事態が生じたときに、国家がその事態から市民を保護することは、近代国家の基本である。権利主体であることと、国家による保護が必要とされることは、いわば次元を異にする事柄である。このことは、消費者と国家−行政との関係についても当然当てはまる。すなわち、権利の主体である消費者の生命や財産の安全が損なわれるおそれがある場合に、消費者行政が事業者に対する規制や消費者への情報提供や啓発を行うことによって消費者を危害から保護するのは行政の当然の役割である。市民−消費者が権利の主体であることと、国家−行政の保護という次元を異にする価値を同じ秤にかけたかのような説明が立法時になされたことが、自立の意味内容を適切に捉える機会を見失わせた感がある。

（6）消費者の自立概念に関する消費者教育分野の研究として、川崎孝明・川口恵子「学生支援の現場から見た消費者市民社会の消費者像に関する一考察」消費者教育第36分冊2016年203頁、後藤誠二「消費者の自立に関する一考察—消費者政策における基本理念に着目して—」消費者教育第31分冊2011年11頁がある。
（7）国民生活審議会消費者政策部会が策定した『21世紀型の消費者政策の在り方について』（2003年5月）。
（8）「保護」と「自立」をめぐる議論については本書第14章を参照されたい。
（9）及川＝田口・前掲注（3）94頁。
（10）吉田尚弘「消費者保護基本法の一部を改正する法律」ジュリスト1275号（2004年）273頁。

ところで、日本の法律の中には、「自立」の用語が、法律名称や条文として使われている例は複数存在する。生活保護法における生活に困窮するすべての国民に対する「自立の助長」（1条）、生活困窮者自立支援法における「生活困窮者自に対する自立の促進」、旧・障害者自立支援法における「自立した日常生活」などである(11)。人間が自立しているかどうかの判断は容易ではなく、その判断基準についても、法制度の垣根を超えた統一的・共通的に測る基準・尺度は見られない(12)。したがって、「自立」の用語は、それぞれの法律の趣旨に基づいて意味内容が理解される必要があるといえる(13)。

　消費者基本法における「消費者の自立」の意味は、消費者の保護という消費者行政の態様との関係から明らかにされるのではなく、同法が「消費者の権利」規定を導入したこととの関係で理解される必要がある。すなわち、消費者が権利の主体であることを認識し、行動することが、消費者の自立の意味内容として捉えられる。

　同法が示す消費者の自立を支援する行政とは、「消費者の権利」が実現するための社会基盤を構築することを本旨とする行政である。国や自治体の消費者行政の現場では、消費者の被害救済と、被害からの予防が中心となっているが、これらの施策も、それ自体が消費者の自立を支援する行政作用の一つとして性格付けられる必要がある。消費者政策の一つである消費者教育の目的と理念も、かかる消費者行政の本質との関係において理解される必要がある。

---

(11) 旧・障害者支援自立法1条は「この法律は、……障害者及び障害児がその有する能力及び適正に応じ、自立した日常生活又は社会生活を営むことができるよう、……支援を行い、……もって障害者及び障害児の福祉の増進を図る……ことを目的とする。」（下線は著者挿入）と定めていたが、この下線部は同法の改正において「基本的人権を享有する個人としての尊厳にふさわしい」に文言が修正され、併せて法律名称も障害者総合支援法（2013年制定）に改められた。

(12) 社会保障・福祉制度における自立概念の多義性について、伊藤周平「障害者の自立と自律権─障害者福祉における自立概念の批判的一考察」季刊社会保障研究28巻4号（1993年）426頁、吉川かおり「障害者『自立』概念のパラダイム転換─その必要性と展望」東洋大学社会学部紀要40-2号（2002年）17頁を参照されたい。

(13) 法務省の外国語データベースサービスでは、生活保護法の「自立の」は self-support、旧・障害者自立支援法の「自立した日常生活」は independent daily or social lives と英訳されている。消費者基本法と消費者教育推進法の「自立」は self-reliance と訳されている。自立の英訳が法律によって異なっていることは、自立が多義的であることを示唆するものといえる。

460　第5部　消費者政策としての消費者教育の意義と展開

推進法1条の目的規定にいわれる「消費者教育が、……消費者が……自主的かつ合理的に行動することができるようその自立を支援する上で重要であること」は、消費者が自主的かつ合理的に行動することを「その（消費者の）自立」としており、消費者教育は消費者の権利の主体性を涵養するものであることを示したものといえる。

第3節　消費者教育領域における消費者市民社会の意味と位置付け

本節では、「消費者の権利」の観点から、日本の消費者市民社会概念について検討する。

(1) 消費者教育推進法制定以前の「消費者市民社会」

消費者市民社会の用語が国民に周知されたのは、国民生活審議会「消費者・生活者を主役とした行政への転換に向けて（意見）」（2008年4月）、及び内閣府「平成20年度国民生活白書」（2008年12月）である。これらの消費者市民社会の説明を見ると、前者は「「消費者市民社会（Consumer Citizenship）」とは、個人が、消費者としての役割において、社会倫理問題、多様性、社会情勢、将来世代の状況等を考慮することによって、社会の改善と発展に参加する社会を意味している。」（意見書3頁・脚注1）、また後者は「欧米において「消費者市民社会（Consumer Citizenship）」という考えが生まれている。これは、個人が、消費者・生活者としての役割において、社会問題、多様性、社会情勢、将来世代の状況などを考慮することによって、社会の発展と改善に参加する社会を意味している。」（白書2頁）とされており、一部の用語や語の配列に若干の差異は見られるものの、両者の用語の説明と内容は同一といえる[14]。

前者（意見）の後に策定された「消費者行政推進基本計画」（2008年6月閣議

---

[14] 欧米における消費者市民社会概念については、柿野成美「消費者市民社会の国際的潮流」岩本＝谷村・前掲注（4）3頁を参照されたい。

決定）は、消費者市民社会について、「個人が、消費者としての役割において、社会倫理問題、多様性、社会情勢、将来世代の状況等を考慮することによって、社会の改善と発展に参加する社会を意味しており、生活者や消費者が主役となる社会そのものと考えられる。」（同・計画2頁脚注1）と述べている。ここでは消費者市民社会の説明として Consumer Citizenship の英語は書かれていないが、その内容は国民生活審議会の「意見」と同内容となっており、その部分に「生活者や消費者が主役となる社会」を追加した説明を行っている[15]。

前記・白書は、消費者市民社会の「消費者・生活者の役割」として、経済主体としての役割と、社会を変革していく主体としての役割という二つの役割を挙げている（同・白書3頁以下）[16]。もっとも、この二つの役割が、消費者行政推進基本計画における消費者・生活者の「主役」の意味内容と同一であるかどうかについては定かではない。

このように、消費者教育推進法以前には、Consumer Citizenship の訳出である消費者市民社会の用語は、消費者・生活者が「役割」の担い手や「主役」となる社会というイメージと一体的に理解されていたと見ることができるが、同時に、この用語の基本的語義——消費者、市民、消費者市民の関係、従来からの市民社会と消費者市民社会との関係——が明らかではなく、その意味についても具体的な内容をもって定立していなかったことから、この用語と概念をめぐる捉え方——消費者教育との関係性を含めて——は、一様ではなかった。

(2) 消費者教育推進法における「消費者市民社会」概念

消費者教育推進法の特色は、消費者市民社会を法定した点にある。そこで、まず関連する規定について見ることにする。

---

[15] この基本計画の主な内容は、消費者行政の一元化の必要性と消費者庁設置案を骨子としていた。この基本計画を契機として、全国各地で消費者＝主役をキャッチコピーとする講演会や集会等が開催されていた。

[16] 同白書の消費者市民社会について政府規制改革の思想との関係性から批判的考察を行ったものとして、近藤充代「「消費者市民社会」論の批判的検討」広渡清吾＝浅倉むつ子＝今村与一編『日本社会と市民法学 清水誠先生追悼論集』（日本評論社、2013年）265頁がある。

同法は、まず消費者教育について定義している。

「この法律において「消費者教育」とは、消費者の自立を支援するために行われる消費生活に関する教育（消費者が主体的に消費者市民社会の形成に参画することの重要性について理解及び関心を深めるための教育を含む。）及びこれに準ずる啓発活動をいう。」（同法2条1項）

消費者市民社会の定義は以下のとおりである。

「この法律において「消費者市民社会」とは、消費者が、個々の消費者の特性及び消費生活の多様性を相互に尊重しつつ、自らの消費生活に関する行動が現在及び将来の世代にわたって内外の社会経済情勢及び地球環境に影響を及ぼし得るものであることを自覚して、公正かつ持続可能な社会の形成に積極的に参画する社会をいう。」（同法2条2項）

また同法は、消費者教育の基本理念について、

「消費者教育は、消費者が消費者市民社会を構成する一員として主体的に消費者市民社会の形成に参画し、その発展に寄与することができるよう、その育成を積極的に支援することを旨として行わなければならない。」（同法3条2項）

と定めている。

ところで、消費者教育推進法における消費者市民社会は、法務省の日本法令外国語訳データベースシステムでは、Consumer Citizen Society と英訳されている。これは、前記の国民生活審議会の「意見」、国民生活白書で見られた Consumer Citizenship とは異なっている。消費者教育推進法制定以前には、市民権と訳される Citizenship が「市民社会」と訳出されたが、法律の英訳に際しては、市民社会の英訳として通常用いられる citizen society が用いられた、ということになる[17]。

---

[17] 日本法令外国語データベースサービスHPでは、本法令の英訳が公定訳ではない旨の注釈が付されている。市民社会の英訳には civil society がある。citizen society との違いについては、植村邦彦『市民社会とは何か──基本概念の系譜』（平凡社新書、2010年）22頁以下を参照されたい。

推進法において消費者市民社会の定義が法定され、その英訳がConsumer Citizen Societyであることから、同法は、消費者市民社会という新しい概念を法律に定めた世界的にも稀有な法律であるといえる。また、推進法制定以前には不明確であった消費者市民社会と市民社会の関係性について、同法の定義とその英訳を通じて、消費者市民社会が市民社会との関係において考察されるべき概念であることが教示されたということができよう。

　この概念の関係性についての検討は、伝統的な市民社会論における考察のみならず、消費者教育の領域においても求められる作業である。この概念の関係性についての研究は、現在その萌芽を待つ段階にあるが、推進法以前から、両者の関係性についての問題提起はなされており、推進法の制定を契機として、その問いかけに対する応答は求められよう。とりわけ、その応答は、消費者教育の実践場面において、より切実な急務の要請といえる[18]。

　推進法を契機とするもう一つの課題は、Citizenshipとの関係である。推進法の制定を契機として、シチズンシップの本来の意味である「市民権」が、消費者市民社会の意味・内容において、どのように理解されるかは、消費者教育の教育内容に大きく影響を与えることになることから、この点について消費者教育の領域における認識の共有は不可欠である。

(3) シチズンシップの前提としての市民社会と日本の状況

　市民権－シチズンシップの考え方は、欧米においては、自分たちが生きる社会が市民社会であることを前提として定着している。人間が生まれながらにして自由（freedom）、対等であることは、支配者と被支配者の間で繰り広げられた対立の超克－市民革命の経験の末に獲得されたものであり、議会と憲法は国家の支配からの自由（liberty）と平等が二度と失われないために作り出された産物である。憲法の下での国家による自由と平等の保障と、市民法（民法）の下での個人間の自由と対等の確保は市民社会の基盤であるとともに、自由と平等・対等は人間＝市民の権利であることは、市民社会の構成

---

[18] 熊谷司郎「消費者法における国家の責任」日本法哲学学会年報『市民／社会の役割と国家の責任〔法哲学年報2010〕』（有斐閣、2011年）35頁。

員である市民の意識に定着している。

　日本では「市民社会」をめぐる多くの言説が見られ、市民社会論といった学問・研究分野が存在する[19]。これらの考察の中から発せられる問いかけの一つが、「日本に市民社会は存在するか」である。「日本社会は市民社会としての十分な展開を見ないまま現代社会へと進展してきた。」「近代社会において、西欧諸国のような市民革命の経験もなく、市民の意識に市民社会の基本原則が定着することがないまま、……民主主義体制に突入した。」とする見解は、市民革命の不在という明治維新以降の日本社会の生い立ちの特徴を挙げて、現在に至る日本の市民社会の未成熟に言及したものである[20]。

　日本国憲法の制定によって、日本国民の自由と平等は基本的人権として保障されたことは周知であるが、この見解は、そのことを所与とした日本における市民社会の所在の問いかけということができる。欧米における市民革命の経験がない日本において、自由、平等という権利は、憲法によって付与されたものであると同時に、憲法の下での教育を通じて教えられたものと見ることができ、その意味において、日本における自由権と平等権は、いわば「付与された権利」であり「教えられた権利」という側面を有するといえる。

　留意すべきことは、かかる欧米と日本における権利意識の差異は、優劣の問題として捉えられるものではなく、市民革命の経験の有無に発した権利意識の醸成の「違い」にすぎないという点である。この「違い」を前提として、日本における自由と平等、権利に関する市民の知識と意識を涵養すること、すなわち「教えられた権利」という知識の枠を超えた「権利の主体」であることを体得する機会が、教育をはじめとする現実社会の様々な場面において確保されることが必要である。推進法は、今日の日本社会においてかかる機会が消費者教育を通じて付与されたと見ることができる。

(4) 消費者市民社会を理念とする日本の消費者教育の役割

　推進法が「消費者市民社会の形成」を掲げたことは、日本における市民社

---

(19) 名和田是彦「現代の政策概念としての『市民社会』の歴史的位置」大野達司編著『社会と主権』（法政大学出版局、2014年）164頁。
(20) 正田・前掲注（5）17頁。

会の不在、もしくは日本の市民社会の未成熟さを基本認識として、消費者教育を通じて市民社会を形成することを含意しているのではないかと推測することができる[21]。

日本における権利意識の希薄さは、既に多くの文献で指摘されているが、今日の日本における権利の主体性としての意識の成熟がどの程度の水準にあるかについては本章で明確に述べることはできない[22]。しかしながら、前記のとおり、自由、平等及び権利に関する市民意識の形成の面で欧米と日本の差異があることを考慮すると、推進法の下での消費者市民社会に関する教育は、消費者が市民権の主体であることの学びを基本とする。市民権の教育は法教育の分野でも実践されているが[23]、推進法における市民権教育は、消費者市民社会の定義（同法2条2項）に見られる「相互尊重」「自覚」「参画」に関する学びを中心に行われる点に特色がある。

推進法には、消費者に関する定義規定はない。消費者の定義は他の法律にあることから、推進法にあえて定義規定を置かなかったとも考えられるが、別の見方をすると、消費者は、消費生活の場における権利の主体であり、モノを自由に又は無自覚に消費するだけの存在ではないことについて、学びの機会を付与する意図があるのではないかとも思われる。この消費者とは何かという問いかけは、消費者教育の領域における根源的な問題であると同時に、消費者の定義を有する法学領域における新たな問い直しということができる。

---

(21) 岩本諭「『日本型』消費者市民社会と自治体を基点とする消費者教育の推進」消費者法ニュース83号（2010年）314頁。
(22) 川島武宜『日本人の法意識』（岩波新書、1966年）15頁以下。
(23) 大村敦士『「法と教育」序説』（商事法務、2010年）63頁では、法教育と消費者教育が交錯するのは、主に契約ルールに関する事項とされている。消費者教育の体系性を確保するためには、法教育との仕分けによらず、消費者教育の中で市民教育や法教育が独自に構築されることも必要と思われる。

466　第5部　消費者政策としての消費者教育の意義と展開

第4節　推進法制定後の消費者教育政策の課題

(1)　民法「成年年齢引下げ」に対応した消費者教育の実質化の要請

　日本における成年年齢は、1876年の太政官布告41号の定め「満弐拾年ヲ以テ」とされ、現行の民法（1896年制定）4条において満年齢20歳と定められていたが、2018年6月13日に成立した「民法の一部を改正する法律」によって「満18歳」に引き下げられることとなった（2022年4月1日から施行）。併せて、現行の民法731条の女性の婚姻開始年齢を16歳から18歳に引き上げる改正も行われている。この民法改正に合わせて、満20歳とする成年年齢を要件として定めている各種の法律についても、民法改正に合わせて引き下げるか、または現行の年齢規定を維持するかについて、それぞれの法律の趣旨に合わせて検討が行われている[24]。

　成年年齢の引下げに伴い、18歳、19歳の者の消費者被害が拡大するおそれがあることについては、法制審議会「民法の成年年齢の引下げについての最終報告書」（以下「最終報告書」という。）[25]が指摘していた[26]。最終報告書は、その解決のための施策として、(ア)消費者保護施策の充実、(イ)消費者教育関係教育の充実を挙げていた[27]。この動向を踏まえ、2008年から2009年にかけて小学校、中学校および高校の学習指導要領の改訂が行われて消費者教育に関する内容の充実が図られたが、さらに成年年齢引下げの法案審議状況と改正法の施行時期に関する動向を視野に、2017年3月31日に幼稚園、小学校および中学校の新学習指導要領等が公示されている[28]。

　消費者庁は、同庁に置かれた消費者教育推進会議において成年年齢引下げ

---

[24] 笹井朋昭「成年年齢の引下げ等を内容とする民法一部改正法の概要」法律のひろば2018年10号4頁。
[25] 法制審議会民法成年年齢部会第15会議「民法の成年年齢の引下げについての最終報告書」2009年7月19日。
[26] 最終報告書第4・1「契約年齢を引き下げた場合の問題点」。
[27] 最終報告書第4・3(1)「消費者被害が拡大しないための施策の充実について」。
[28] 幼稚園教育要領は2018年度から、小学校については2020年度、中学校については2021年度、高校についてはは2022年度からそれぞれ新指導要領が実施される。

に対応した消費者教育の課題と取り組みの提言（以下「取りまとめ」という。）を策定している[29]。この「取りまとめ」では、消費者教育を担う教員や教員養成系大学における指導内容の現状と課題を分析し、法定研修や教員免許更新等の機会を活用して消費者教育科目を充実させること、自治体の教育現場における人材の不足を補完し教育体制と内容を充実させるため消費者教育コーディネーターを配置すること等が提言されており、成年年齢引下げが実施されるまでの期間を集中強化期間と設定し消費者教育体制の整備を加速化させるとしている[30]。

この成年年齢引下げは、2012年に成立した消費者教育推進法に基づく消費者教育が実質的に展開するための好機となったといえる。前述したように、国レベルで消費者教育推進の基本方針が決定され、これに基づき各自治体が消費者教育に関する基本計画を策定していたが、計画どおりに消費者教育が展開されているとはいえない状況が「取りまとめ」に示された現状からも明らかになったが、消費者教育の担い手の不足や財源の問題、授業カリキュラムの時間的制約等、さまざまな問題が教育現場である自治体に内在していることがその要因として把握できる。このことは、消費者教育が消費者政策の一環であることについての、特に自治体における認識と理解の不足にあり、自治体の消費者行政の本旨についての再確認が、成年年齢の引下げを契機とする消費者教育の実質的な推進の機会に行われる必要がある[31]。

国および自治体による消費者教育の推進は、前記のとおり消費者基本法に定められた基本施策であり、その推進に当たっては「消費者の年齢その他の特性への配慮」（同法2条2項）が求められる。消費者庁担当者は、「若年者への消費者教育に加え、年齢、性別、障害の有無のほか、消費生活に関する知

---

(29) 消費者庁消費者教育推進会議「若年者消費者教育分科会取りまとめ」2018年6月。著者は会議委員としてこの取りまとめ作業に関わる機会を得た。
(30) 消費者庁における「取りまとめ」策定に先立ち、消費者庁、文部科学省、法務省および金融庁の関係4省庁の局長連絡会議において「若年者への消費者教育の推進に関するアクションプログラム」（2018年2月20日）が策定され、高校および大学等の消費者教育の推進、全ての都道府県および政令指定都市における消費者教育推進計画と消費者教育推進地域協議会の策定・設置、社会教育における消費者教育の指針の見直し等について関係省庁が連携・推進するとしている。
(31) 自治体の消費者行政の本旨については、本書第12章を参照されたい。

識の量や情報通信機器の利用状況などの消費者の特性」に配慮した教育の機会を提供すること、そのために自治体の消費生活センターを消費者教育の拠点として、消費者教育コーディネーターの育成・配置のための支援、消費者安全確保地域協議会の構築を促進し、その枠組みを活用した消費者教育の実施と担い手の育成を進める旨を示している[32]。この国の方向性に沿った施策を実質的な意味と内容をもって実施するのは自治体であり、消費者の特性に配慮した学びの機会の提供が自治体の責務であることについて認識させることは国の責務として捉えられる必要がある。

(2) 教育内容の充実化の要請

　消費者教育として教えられる内容は広範である。また、消費者教育の対象は全ての国民であり、ライフステージごとに教育すべき内容は国の消費者教育基本計画に挙げられており、自治体の消費者教育プログラムは国の計画に基づいて策定されている。

　消費者庁は、全国の諸機関・団体が作成した消費者教育テキストを同庁が開設する「消費者教育ポータルサイト」に掲載することにより、一般に広く周知しているが、同庁も消費者教育のモデル教材を作成しており、一部の自治体において同教材は利用されている[33]。同教材は、主に高校生を対象として作成されたものであるが、「若年者を中心により幅広い世代」での活用が期待されている[34]。

　この教材（全11頁）は、「契約」（3～6頁）、「お金」（7～9頁前段）、「暮らしの安全」（9頁後段）、「消費生活センター」（10頁）を主単元とする内容で構成されている。「契約」については「契約をする」「契約を守る」「契約をやめる－未成年者取消権」「契約をやめる－クーリング・オフ」の4項目、「お金」については「お金を支払う（カード払い）」「お金を借りる」「将来のためのお金」の3項目があり、「暮らしの安全」は欠陥責任に関する説明が書か

---

[32] 米山眞梨子「消費者教育の現状と課題」法律のひろば2018年5号9頁。
[33] 消費者庁「社会への扉」2017年3月発行（同年12月改定）。また、この教材の「教師用解説書」2017年3月発行（同年12月改定）も作成されている。
[34] 前掲注（33）「教師用解説書」1頁。

れている。また、「消費生活センター」については、センターの概要（相談無料の記載を含む）と消費者ホットライン（188番）が内容となっている。

　この教材の中心は、民法、消費者契約法、特定商取引法を事例とする契約に関する内容にウエイトが置かれており、今日の消費者問題が契約トラブルに関するものが多いことから、実態に対応したものといえる。また、「お金」の単元では、割賦販売法のクレジット利用と金融商品取引法の金融商品のリスクについて、安全の単元では、製造物責任法の欠陥責任が取り上げられている。他方、広告・表示（ただし、インターネット通販の画面表示の見方については記述がある。）、景品・懸賞付販売、マイレージ・サービス（ポイントサービス）などの顧客誘引に関する項目、価格に関する項目は取り上げられていない。すなわち、日本の競争法（独占禁止法、景品表示法）に関する内容は、消費者教育のモデル教材の対象に含まれていない。この理由については明らかではないが、以下の点が推測できる。

　第一に、消費者教育が取り上げる消費者問題は、契約締結後に起こりうる問題であり、契約締結前の顧客誘引や、契約締結の際の最も重要な商品・サービスの選択に影響に与える価格・料金についての情報や知識は、消費者教育の範疇に含まれないか、あるいは契約締結後の問題ほどは重視されていないという点である。

　第二に、広告や表示については、景品表示法に基づく事後規制（措置命令）の対象であるものの、消費者教育として教授すべき内容について十分に検討がなされておらず、このため教材に反映されていない可能性がある。同様のことはポイントサービスにも該当すると思われる。広告に関して、またポイントサービスやマイレージ・サービスに関して一般法規がなく、消費者目線の規範が確立していない問題領域について、消費者教育においてどのように取り上げるかは、今後の課題といえる。景品表示法が規制の対象とする景品・懸賞付販売については、本体商品・サービスの価額に基づく規制（いわゆる過剰規制）がいかなる根拠に基づいて定められているのか、景品・懸賞付販売の提供自体は違法ではないが一定の価額に基づく基準を超えた場合に「不当」とされる理由は何かという、景品・懸賞付販売に対する規制の本質部分が消費者教育において教授される重要な部分である。雑誌の懸賞企

画(35)やオンラインゲーム上のガチャポンや懸賞企画(36)については、景品・懸賞付販売規制ではなく不当表示規制によって対応されている景品表示法の運用が蓄積されつつあることから、消費者教育として教授すべき景品・懸賞付販売に関する内容についても工夫が必要となろう。

第5節　法学領域における消費者市民社会の受容と検討課題

(1)　「消費者の権利」と消費者概念
①　消費者の二つの性格——消費者概念の捉え直しについて

日本法における消費者の定義が最初に定められたのは、消費者契約法（2001年）である。同法2条1項は、「「消費者」とは、個人（事業として又は事業のために契約の当事者となる場合におけるものを除く。）をいう。」と定めている。この定義は、電子消費者契約法2条2項、法の適用に関する通則法11条1項に準用されている。また、消費者行政法では、2009年制定の消費者安全法2条1項の「個人（商業、工業、金融業その他の事業を行う場合におけるものを除く。）」と定義がある。これらの法律に共通しているのは、消費者が事業者との関係において定義されているということである。かかる消費者の定義は、日本特有ではなく、ドイツ、EUの立法においても見られる。

すなわち、法制度において、消費者は個人であると同時に、事業者に対置して位置付けられている概念といえる。日本の法制度や消費者政策は、こうした事業者－消費者の関係（B to C関係）を所与として構成され立案されているが、消費者基本法の下での消費者法や消費者政策が「消費者の権利」の擁護に基づき展開されることを前提とした場合に、B to Cに基づく消費者

---

(35) 秋田書店に対する措置命令（2013年8月20日）」および竹書房事件に対する措置命令（2015年3月13日）は、いずれも雑誌誌面上で企画された懸賞に対して不当表示（有利誤認）が適用されたものである。前者の事件の評釈として、岩本論「雑誌懸賞企画の有利誤認表示——秋田書店に対する措置命令」ジュリスト1467号（2014年）82頁がある。

(36) オンラインゲーム上の役務に関する不当表示事件として、ガンホー・オンライン・エンターテイメント株式会社に対する措置命令（2017年7月19日）および課徴金納付命令（2018年3月28日）、グリー株式会社に対する措置命令（2017年7月19日）、アワ・パーム・カンパニー・リミテッドに対する措置命令（2018年1月26日）がある。これらの事例の概要については、本書第7章を参照されたい。

概念において、消費者教育を含む消費者政策の内容と方向性が適切に説明できるかどうかが問われることになる。

　消費者基本法が定めた8つの「消費者の権利」は、(i)消費生活の基本的需要が充たされる権利、(ii)健全な生活環境が確保される権利、(iii)安全が確保される権利、(iv)選択の機会が確保される権利、(v)必要な情報提供を受ける権利（知る／知らされる権利）、(vi)教育の機会が確保される権利、(vii)意見を反映する権利（意見が反映される権利）、(viii)被害を救済される権利、である（基本法2条1項）。これらの権利の中で、事業者−消費者の関係で整理できる権利は、(iii)、(iv)、(v)、(vii)、(viii)の5つである。これらの権利は、事業者に対する請求権であるが、その権利の内容が事業者において実現されない場合に、消費者は、国家に対して必要な法律の制定や法律の執行を求めることを通じて、間接的にその権利の内容の実現を図ることになる。

　他方、(i)、(ii)、(vi)は、第一義的に、消費者が事業者に対してその権利内容の実現を求め、事業者のその内容を実現する性質のものではない。(vi)については、推進法は消費者教育に関する事業者と事業者団体の努力に関する規定（法7条）を置いているが、消費者教育の実施主体は基本的に国家（国、自治体）であることから、「消費者教育を受ける権利」の相手方は事業者ではない。(i)と(ii)の権利についても同様である。

　このように、8つの「消費者の権利」の内容から、権利の主体である消費者は、事業者との関係において捉えられる存在であるとともに、国家との関係において捉えられる存在であるということができよう。これは、日本法における事業者と対置を基本とする消費者の定義では捕捉されない消費者のもう一つの性格である。ケネディ特別教書の冒頭の一文「Consumers by definition include us all.（私たちはみな消費者である。）」は、たんに事業者との関係において捉えられる消費者ではなく、自然人である人間と消費者を同義とするものである。また、日本においても、消費者が「生身の人間」であることを前提とした「消費者の権利」が主唱されている[37]。その意味で、法

---

(37) 正田彬『消費者の権利』（岩波新書、1972年）、同『消費者の権利〔新版〕』（岩波新書、2010年）の一貫した立場である。後藤巻則『消費者契約と民法改正』（弘文堂、2013年）33頁。

学上及び法実務上の消費者概念については、国家との関係で把握するアプローチが必要であるといえよう。

② 消費者の多様性と「脆弱な消費者」概念

消費者概念の捉え直しは、消費者の多様性の観点からも、考慮が求められる。消費者は、その生まれ持った背景（消費者のバック・グラウンド）によって、様々な特性を示している。日本において今日重要な取組課題は、高齢者の消費者被害である。年齢やそれに伴う判断能力の衰えにつけ込む事業者は後を絶たず、国と自治体による消費者政策においても重点的な取組事項となっている。また、消費者法の分野においては、個々の消費者の特性に対応した法の解釈と運用が、適合性原則という考え方の下で検討されており、すでに金融商品販売法などにおいて規定が置かれている。

こうした消費者の多様性や個々の特性を考慮した消費者政策は、特に EU において積極的に掲げられている。EU の「不公正取引慣行指令」（2005年）は、Vulnerable Consumer（脆弱な消費者）のカテゴリーを示して、同指令及び各国の国内法の運用に際してかかる消費者に対する考慮を求めている。この指令が脆弱な消費者の典型例としているのが、「子ども」であるが、高齢者についてもこの概念に当然含まれるとする見方が一般的である[38]。

基本法では、消費者の役割に関する規定（7条）の中に消費者の特性に応じて消費者が役割を果たすことが記述されているが、この規定は事業者－消費者間の問題に対する法の適用に関するものではない。民法や消費者法の分野では、前記のとおり適合性原則の考え方が見られるが、市場における競争秩序のための法制度（独占禁止法）や景品表示法の分野においては、かかる視点はほとんど取り上げられない。独占禁止法、景品表示法の法目的は「一般消費者の利益」の確保であるが、この一般消費者の利益の確保を目的とする行政規制の中で、消費者の多様性や特性がいかなるかたちで考慮されることになるかの問題は、成年年齢引下げを契機として、議論と検討を要する重要な論点といえる。

---

[38] EU 指令における子どもは14歳未満を対象とする。14歳以上18歳未満は青少年とされているが、これらも脆弱な消費者に含まれるとする学説がある。本書第3章および第6章を参照されたい。

また、消費者政策や消費者法の中で、高齢者の保護のための施策や法運用は取り上げられているが、子どもや、年齢以外の多様性を踏まえた消費者の保護や権利行使の態様——例えば、視覚障がい者のための食品表示の在り方など——については、総合的な考察と制度設計が求められる。消費者基本法2条2項が定める「消費者の年齢その他の特性への配慮」が、たんなる理念の掲示ではなく、本条をはじめとする同法の諸規定がプログラム規定であることの確認がなされることが必要であり、同法成立から5年以上経過した今日、競争法の運用を含むすべての消費者政策において、消費者の特性に配慮するための施策の立案と執行は急務といえる。

(2) 消費者市民社会と市民社会の関係性について

　消費者は、しばしば市民と同義であるといわれてきた。この消費者＝市民の構図を前提とすれば、消費者と消費者の関係は、市民と市民の関係であり、この場合には市民のルールである市民法の秩序（私法的秩序）が、同時に消費者間のルールであるということになる。この市民法秩序の下で成立するのが「市民社会」であるとすれば、推進法の「消費者市民社会」は「市民社会」と同義であると断定してよいのであろうか。「市民社会」については様々な見方があり、また日本における「市民社会」の存在そのものを問う見解が見られることは前述したとおりである。

　「消費者市民社会」の定義（推進法2条2項）に現れる「消費者」は、消費者の「相互の尊重」、自己の行動が影響を及ぼし得ることの「自覚」、「社会の形成への参画」を旨とする主体である。推進法は消費者の定義を定めていない（消費者契約法、消費者安全法の「消費者の定義」を準用する規定も置かれていない）。このため、「消費者市民社会」の消費者について考える場合に、他の法律が規定する消費者の定義、すなわち事業者との関係で定義される消費者であることを前提として良いかという点が問題となるが、以下の記述では、ひとまず消費者が事業者と対置して捉えられる存在であることを前提とする。

　推進法が定義する「消費者市民社会」は、消費者と市民が人的範囲において重なることを捉えて、「市民社会」の市民を消費者または消費者市民という用語に置き換えたものとして説明されたものであろうか。あるいは、市民

社会とは「私法的秩序の前提としての平等関係の規律」を基本として成立する社会であるが、事業者と消費者の関係は市民社会の規律とは「質的に異なる」規律を必要とするという考え方(39)に依拠すると、市民社会と事業者と消費者を構成員とする社会は、それぞれ異なる規律と秩序を有する社会ということになる。この後者の社会が「消費者市民社会」ということになるのであろうか。

　消費者市民社会の定義（推進法2条2項）には事業者が登場せず、自立的または自律的な役割——相互尊重、自覚、社会形成への参画——を担う存在として消費者が位置付けられている。この定義の消費者は、事業者と対置される消費者であるのか、そうではなく、この定義は、従来からの事業者との対置の枠組に拠らない新たな消費者概念の提示なのであろうか。

　さらに、消費者市民社会に関する議論の中には、「消費者市民」という概念(40)が存在することを前提とするものもある。この場合には、市民、消費者（一般消費者）、消費者市民それぞれの定義や概念、三者の関係性をどのように捉えるかという論点が抽出されることになる(41)。本論文ではこの論点を検討する余裕がない。今後、消費者市民社会と市民社会の関係について

---

(39) 正田彬『経済法の性格と展開』（日本評論社、1972年）151頁。
(40) 消費者市民という用語は消費者教育推進法には用いられていないが、「平成20年度国民生活白書」8頁に登場する。「消費者市民がいきいきとした社会を築くことこそが重要であり、消費者市民社会を築けるかはこころの中の問題でもあると言える。」とする。また同じ段落で、「消費者市民社会は「消費者市民」が多い程、社会を変える力が増すとはいえ、困窮者や高齢者などに鞭打って「主体的役割を果たせ」という社会でもない。事業者や行政の役割を回避するものでもない。むしろ「消費者市民」がやさしい眼差しを持って一般的な消費者・生活者と連帯し、また企業で働く人も消費者・生活者の視点を持って事業活動を見直し、社会構造を良くしていく社会でもある。」と記述されている。また、消費者教育学では、消費者市民の用語は、消費者教育によって育成されるべき人材として定着しているといってよい。代表的な学説である西村隆男編著『消費者教育の地平』（前掲注（1））の中で、消費者市民は次のように説明されている。「消費者市民とは、消費生活の向上を目指して日々商品選択を行う『消費者』としての性格と、消費行動を通じて社会や国家への影響力を行使しうる『市民』としての性格を併せ持った主体的な消費者像を意味する。消費者市民によって構成される社会こそ消費者市民社会と表現できるものである。」同書60頁。
(41) 日本法哲学会編『市民／社会の役割と国家の責任〔法哲学年報2010〕』（有斐閣、2011年）の中の「シンポジウムの概要（大野達司執筆）」118頁における井上達夫・東京大学教授と、熊谷士郎・金沢大学教授との質疑に、かかる論点が提起されている。

は、「市民社会論」をはじめとする様々な学問的立場における考察によって明らかにされよう[42]。

(3) 「消費者の権利」と「事業者の権利」について

推進法は、消費者教育が「職域」においても行われること（3条4項）、事業者や事業者団体による消費者教育への支援（14条）を定めている。事業者や事業者団体が消費者教育への協力や支援を行うに際して留意されるべきことは、「消費者の権利」に関する適切な理解が前提とされる点である。

「消費者の権利」は、消費者主権の意味で取り上げられることが少なくない。消費者主権は経済学上の考え方であり、消費者の選好や行動が企業活動に重要な影響を及ぼすことについて説明したものである[43]。しかしながら、主権という用語から国民主権が想起され、ひいては権利との混同がもたらされた可能性があるが、かかる概念の混同や理解の誤謬は解消を要する事柄である。

職域における消費者教育の実践において、両者の混同または両者を同意味として捉られることの弊害は、企業における消費者に対する対応の基本意識と対応の仕方が消費者の目線や感情との乖離の惹起をもたらすだけでなく、企業における消費者そのものの捉え方を誤らせることにつながり、その結果として消費者と事業者の間の格差形成を助長させることにある。

消費者と事業者は、権利という点で、市民法上は対等な存在であり、消費者が「主権者」であるとする位置付けは法の世界には存在しない。現実の経済社会には両者間に市場力（価格支配力）・情報力・交渉力の格差が存在するため、消費者と事業者の市民法上の対等性は形式的なものにとどまる。経済

---

(42) こうした角度からの視点の提起は、日本法哲学会編・前掲注（41）において統一テーマとして設定されている。その中で、熊谷・前掲注（18）37頁は、「消費者の自立支援ということのみが強調され、従来型の福祉国家的な保護が有していた意義が簡単に切り捨てられることには強い警戒感」が示されているとして、「福祉国家の功罪を適正に評価」することの必要性に言及する。国家の支援のあり方の「正当性」（熊谷・同書、37頁）をどこに求めるかの議論の中で、日本法の定義を持つ消費者市民社会の意味と内容の検証が今後に求められる。

(43) 西村・前掲注（1）2頁、西村編著・前掲注（1）2頁、岩本＝谷村編著・前掲注（4）137頁。

法や消費者法は、格差に起因する消費者の権利や経済上の利益の侵害に対処する法制度であり、消費者と事業者の実質的な対等性の確保するための市民法の補完法といえる。ただ、両者の実質的対等性は、事業者と消費者の利益の調整によって図られる性質のものではないことに注意が必要である[44]。権利の比較衡量に基づく判断を行うことができるのは、最高裁判所だけである。

(4) 法学における「消費者」と「権利」の新たな位置付けに向けて

本章では、消費者市民社会という概念が消費者教育学と法学の領域において考察されるべき課題について整理してきた。消費者が権利の主体であるという認識は、基本法に明文化された今日において、市民の中に定着しているとはいえない。消費者教育は、市民と権利に関する意識の涵養の大きな担い手となろう。

消費者の権利の主体としての意識を最も向上させるためには、消費者が国家と向き合う存在であるという新たな位置付けの確保が必要と思われる。本章では、考察の余裕はなかった国家の枠組み、すなわち Constitution－憲法における位置付けを明らかにすることが、消費者教育学と法学の次なる課題の一つといえよう。

---

(44) 正田彬『経済法講義』(日本評論社、1999年) 17頁、23頁。

結　章　消費者のための法秩序の構築に向けて

第1節　「脆弱な消費者」の法理の意味

　本書では、人間としての様々な特性——年齢、性別、障害など——を有する消費者を「脆弱な消費者」という概念で捉えて競争法——公正競争法——における保護の枠組を定めるEUとドイツの制度に着目し、法制度の沿革、二つの消費者概念——「脆弱な消費者」と「平均的な消費者」——とそれぞれの消費者像に対応した「公正さ」の判断基準について、判例の動向も踏まえつつ概観してきた。EUとドイツの「脆弱な消費者」を基点とする公正競争法の展開が日本法に示唆するものは何か。以下において競争法において今後考慮されるべき二つの視点というかたちで簡単に述べてみたい。

(1)　消費者基本法の基本理念と競争法の整合確保の視点

　日本において、EUやドイツに見られる「脆弱な消費者」という概念を前提とした立法の形成、行政・政策の展開、司法の判断は存在するのか、あるいは現在は見られないとしても、消費者の特性を踏まえた法律の整備や政策形成の方向性を示すことは可能であるのか。この問題に対する考察の視座となったのは、「一般消費者の利益」を法目的に定めた最初の法律である独占禁止法、および同法を中核とする競争法制度であった。日本の競争法が消費者とどのように対峙しているか、様々な特性を有する消費者は競争法制度において何らかの理念や理論に基づいて保護されているのか、換言すれば、日本の競争法の領域に「脆弱な消費者」の法理は存在するかという問題が、本書の重要な考察課題であった。

　この課題についての考察の手がかりとなったのは、日本の消費者に関する法と政策の大枠を定めた消費者基本法であり、同法の「消費者の権利」と

「消費者の年齢その他の特性への配慮」という二つの基本理念の規定であった。この二つの基本理念に基づいて国と自治体は消費者政策を推進することとされている。「消費者の権利」が21世紀に入って基本法に定められたことは、諸外国の例と比較すれば、きわめて遅れた対応であったといえる。他方、「消費者の年齢その他の特性への配慮」に関する規定は、「脆弱な消費者」概念を示したEU不公正取引慣行指令の制定（2005年）よりも1年早く基本法に定められている。

「消費者の年齢その他の特性への配慮」の規定と、EUとドイツの「脆弱な消費者」の概念は、消費者の年齢などの特性に対する法律上の配慮を内容としている点で共通する。しかしながら、両者の決定的な差異は、EUとドイツの「脆弱な消費者」が「平均的な消費者」と対置して性格付られているのに対して、基本法の「消費者の年齢その他の特性への配慮」は対立または対置される概念を持たないという点にある。基本法は、「消費者の権利」（2条1項）と「消費者の年齢その他の特性への配慮」（2条2項）を併置しており、同法の目的と規定ぶりから、「消費者の年齢その他の特性への配慮」の消費者は、「消費者の権利」の主体である消費者であり、すなわち全ての「生身の人間」である、ということになる。

インターネットの普及は、個々人がスマートフォンを始めとするモバイル通信機器を手にしたことで様々な変化をもたらし、生活環境や人間関係などにも急速な変化が及んでいる。生活上の利便性が向上するだけではなく、生産、流通、消費という構造自体も対応と変革を求められている。もっとも、こうした変化は、突然出現したわけではなく、これまでの社会情勢の変化や通信・ネットワーク技術の進展、権利意識の浸透など、日常生活のあらゆる局面にわたって起きてきた変化の歴史を辿って至る事象である。こうした生活上の変化はその営みの主体である人－消費者に及ぶ。それとともに、人－消費者を常に射程に置く国家と企業もその変化に対応することを求められる。この「消費者の変容」に対して国家と法制度はいかなる視座をもって対応すべきであろうか。その考察の手がかりの一つと思われるのが、「消費者の多様性（diversity）」という視点である[1]。

この視点は、「脆弱な消費者」であるかどうかの審査は、個々の消費者の

特性の分析を必要とすること[2]、また機能障害（impairment）や能力障害（disability）を有する消費者の全てが「脆弱」ではないことの認識の重要性を説く[3]。そして、EU が「平均的消費者」と「脆弱な消費者」という 2 つのカテゴリーに基づく消費者の概念化を図ることを通じて法制度の構築を試みたことは、EU が掲げる「高水準の消費者政策」を実現するための「消費者の擬制」にすぎず、2 つのカテゴリーによって「消費者の多様性」に対応することはできないとする[4]。EU 法に求められるのは、障害ゆえに「脆弱な消費者」を保護する必要性により大きな注意を払うことだけでなく、「脆弱な状況にある全ての消費者」の保護の必要性に目を向けることであり[5]、「全ての消費者の多様性へのさらなる認識（Greater recognition of the diversity of all consumers）」に基づく制度のフレーム構築であるとする[6]。この Waddington の見解は、「消費者の多様性」への配慮とは、すなわち個々の消費者の特性への配慮であり、かかる視座を前提とする法制度の構築の必要性に言及したものと見ることができる。この視点から、日本の消費者基本法の「消費者の年齢その他の特性への配慮」の規定の意味を考えると、「消費者の多様性」への配慮と同義として理解することができる。

EU とドイツにおける「脆弱な消費者」として考慮されるべき消費者の特性について、年齢という要素は、子どもに対する広告その他の顧客誘引を「攻撃的取引方法」とする立法やかかる顧客誘引行為の「不公正さ」の認定をめぐる判例において取り上げられてきており、また広告・表示の言語の違いが不公正とされた事例があるが、その他の要素——例えば性別、LGBT、経済的状況など——のうち、いかなる基準で考慮の対象とされるかどうかについては、学説上一致した見解はなく議論が続いている。考慮要因を限定的

---

(1) Lisa Waddington, Vulnerable and Confused: The Protection of "Vulnerable" Consumers under EU Law, 38 European Law Review. December 2013, p. 780.
(2) Waddington, supra note (1), p. 775.
(3) Waddington, supra note (1), p. 780.
(4) Waddington, supra note (1), p. 780.
(5) この「脆弱な状況」の具体的な意味内容については明確ではないが、「消費者の状況」を「特別な保護を必要とする消費者」の判断枠組みとしている点で、この判断枠組みを否定とするドイツの Scherer の立場とは異なるものといえる。この点については、第 3 章を参照されたい。
(6) Waddington, supra note (1), p. 782.

に捉えるべきとする考え方がある一方で、消費者の脆弱性とは、「消費者の置かれた状況」によって判断されるべきであるとする考え方もある。このEUとドイツの「脆弱な消費者」をめぐる考え方の相異は、「脆弱な消費者」を「平均的な消費者」と対置させて捉えるか、消費者を二つのカテゴリーに類型化することなく、消費者が「生身の人間」であり様々な特性を有する存在として捉えるかという議論の出発点の違いと見ることもできる。日本では、基本法の「消費者の年齢その他の特性への配慮」の規定を出発点として、競争法における消費者の立ち位置が明らかにされていくことが望まれる。この基本法の消費者の「特性」とは何かを考える上で、「消費者の脆弱性」をめぐるEUとドイツの議論は、重要な視点と検討材料を提供しているといえる。

(2) 競争法における行政規制と民事規律の複線化の視点

基本法の「消費者の権利」と「消費者の年齢その他の特性への配慮」の二つの理念に基づく競争法制度のあり方を考察するにあたって重要なもう一つの視点は、個々の消費者すなわち多様な消費者の権利と利益を実現するための手段・方法である。

基本法の諸規定はプログラム規定であるといわれているとおり、個々の規定の内容が具体化されていくためには、個別の法律の立法上の手当てが必要とされる。独占禁止法に基づく競争政策、景品表示法その他の表示規制法に基づく広告・表示政策は、いずれも基本法が定める消費者政策の中に位置付けられていることから、これらの政策についても、二つの基本理念に基づき実施されていくことが必要となる。

8つの「消費者の権利」のうち、「消費者教育を受ける権利」は、消費者教育推進法の制定によって具体化された。「救済を受ける権利」は、適格消費者団体の差止請求制度、特に集団的被害回復制度の創設によって、消費者の財産的被害救済が可能となった。また、景品表示法における事業者の自主返金制度の導入も、「救済される権利」のための新たな施策である。

「消費者の年齢その他の特性への配慮」については、金融商品販売法や特定商取引法における適合性の原則の導入によって具体化されているものがあ

る。また消費者契約法の中にも「経験不足」を取消の要素とする法改正もなされている。独占禁止法において、「消費者の権利」と「消費者の年齢その他の特性への配慮」の二つの理念が法運用において、あるいは立法のあり方として検討される余地はあるのであろうか。

　独占禁止法は、公正取引委員会による行政規制に基づく運用が中心であるが、無過失損害賠償請求訴訟制度と不公正な取引方法を対象とする差止請求制度という民事規律も存在する。カルテル法といわれる自由競争の確保の法制度はEUおよび加盟各国において行政規制が中心であるが、公正競争法であるドイツ不正競争防止法は（UWG）民事法であり、「脆弱な消費者」の法理も民事規律の規範として形成されてきている。ドイツでは消費者個人の訴権は認められておらず、一定の資格要件を備えた消費者団体が民事請求の担い手となっている。他方、日本の独占禁止法は消費者個人の原告適格は認められているものの、適格消費者団体を含む消費者団体は差止請求の当事者となることができない。そして、実態として消費者が差止請求の原告となった事例はなく、損害賠償請求訴訟制度の活用も低調で勝訴判決の事例はない。

　「選択する権利」と「知らされる権利」については、近時の学説において独占禁止法の「一般消費者の利益」の内容に含まれるとする考え方が示されている。公正取引委員会が2018年に示した「携帯電話市場における競争政策上の課題について（平成30年度調査）」[7]は、携帯端末の契約態様が消費者の自由な選択や適切な情報に基づく選択を侵害するおそれがあることを指摘し、「2年縛り」や「4年縛り」契約の問題点と独占禁止法による対応についての考え方を明らかにしている。この考え方は、競争当局の行政規制において、「消費者の権利」に基づく法執行が行われる可能性を示したものといえる。

　ところで、本書が特に検討の対象とした、消費者に対する広告その他の顧客誘引に対する独占禁止法に基づく行政規制については、不公正な取引方法（一般指定8項および9項）の適用事例は1975年の勧告審決を最後にそれ以降見

---

[7] 公正取引委員会「携帯電話市場における競争政策上の課題について（平成30年度調査）」（2018年6月28日）。

られない。消費者に向けられる広告・表示、景品・懸賞付販売に対する規制は景品表示法に基づいて行われるものであり、独占禁止法は事業者−事業者の間の取引を射程とする、という見方は、景品表示法が公正取引委員会の所管であった当時の運用・執行力面での迅速性に基づく説明である。景品表示法の実体規制の要件を充たさない広告問題を独占禁止法の一般指定8項によって捕捉することは当然可能である。仮に景品表示法が適用されない広告は独占禁止法の適用対象にもならないという一般法−特別法の関係を法執行上の便宜として肯定したとしても、景品表示法が消費者庁に移管され、同法の目的と実体規制要件が改正された現在、両法の関係をこの趣旨で説明することは適切とはいえない。

　広告その他の顧客誘引に対して独占禁止法の積極的適用が行われないもう一つの要因は、競争当局の法適用上の「行為の広がり」という考え方の存在がある。競争当局の行政資源上の制約がこの考え方が生まれた背景にあることは既に指摘されてきたことであり、限られた資源の中で競争秩序の確保にとって最適のパフォーマンスを発揮することは行政機関の使命といえる。しかしながら、「行為の要件」は法の発動要件にとどまらず、一般指定8項や9項の成立要件（不文の要件）であるという理解の下で、これまで法適用がなされてこなかったとすれば、これらの規定の存在意義は再確認される必要がある。景品表示法では十分に対応できない問題領域が拡大していく中で、今後もこの理解が前提とされていく場合には、これらの規定の行政規制の道具としての存在意義はさらに小さくなる。独占禁止法の無過失損害賠償請求訴訟は、確定した排除措置命令の存在が訴訟提起要件となっている。行政規制の不在は、この点にも影響する。

　行政規制が十分に機能しない場合、問題となる行為に対する抑止・予防は誰が担うことになるか。自治体の消費者行政がその担い手としての役割を果たすためには、根拠となる法律と所管官庁による当該法律の運用が前提となる。自治体の条例の適用に際しても同様の実態がある。個々の消費者が差止訴訟を提起することによって、司法判断がなされ判例が蓄積することも意味がないわけではない。しかしながら、前述のとおり、かかる訴訟は期待できない。

適格消費者団体による差止請求は、——特定適格消費者団体の集団的被害回復制度と異なり——同種の被害の拡大に対する抑止・予防という公益の実現にある。景品表示法の不当表示は適格消費者団体の差止請求の対象となったが、独占禁止法の違反行為は対象外である。広告その他の顧客誘引に対する行政規制が機能せず、その結果として行政による抑止・予防機能が果たされない状況は決して好ましいとはいえない。一般指定8項と9項に該当する行為を適格消費者団体の差止請求とすることは、同種の行為に対する抑止と被害拡大の防止を実現する手段の一つになると思われる。

　「消費者の年齢その他の特性への配慮」の理念が独占禁止法において実現される局面を想起した場合、広告その他の顧客誘引の規範そのものの見直しと、違反行為の抑止・被害の防止や財産的被害の回復にかかる制度の見直しが考えられるが、行政規制が機能しない現状においては、後者の見直しが現実的な選択肢と思われる。

　ただし、このことは、独占禁止法における広告その他の顧客誘引について、現在の行政規制を廃止して、民事規律にのみ委ねることを述べたものではない。行政規制が及ばない問題領域や行政資源の制約によって網をかけることができない問題領域について、適格消費者団体による民事規律を導入することによって、多様な消費者の権利と利益を実現する制度の可能性を取り上げたものにすぎない。別の表現を用いるとすれば、独占禁止法における行政規制と民事規律の複線化は、基本法の二つの理念の実現という同法が長年抱えてきた「宿題」に対する一つの回答となりうるもの、ということになろう。

第2節　消費者概念の変容——今後の検討課題として

　「消費者とは何か」という序章での問いかけに対して、本書では「脆弱な消費者」概念を手がかりとして、競争法および消費者保護に関する法と政策の観点から消費者概念についての考察を行ってきた。たが、その考察は、法制度における消費者の意味を考える試みであったといえる。本考察の前提は、事業者との関係において捉えられる消費者であり、EUとドイツにおけ

る「脆弱な消費者」もこの関係性を前提としている点で同様である。また、日本における現行の法制度においても、事業者との関係で定義される消費者を前提として行政規制（消費者安全法）と民事規律（消費者契約法）が存在している。

　また、消費者が「権利」の主体であることについては、日本における「消費者の権利」をめぐる国会、行政、司法の三権それぞれにおける議論の展開と、改正・制定された消費者基本法に明記された権利規定の競争法と消費者保護法の観点から内容と性格について検討を行った。

　今日、日本において消費者政策の課題とされる消費者問題は、これまでの事業者と消費者の間の格差に起因する、多くは両者の間の取引に関わる問題だけではなく、倫理性や他者の尊重・他者への配慮を認識して行動することが求められる、消費者の「自立性」の涵養と発揮に関わる問題を広く包含している。消費者基本法は「消費者の自立」を支援する消費者政策の方向性を提示し、また消費者教育推進法（以下、「推進法」という。）は、その教育の目的・理念の中で「自立」の主体としての消費者の育成を掲げている。

　また、2008年の「平成20年度国民生活白書」が「消費者市民社会」の構築を日本の消費者政策の方向性として位置付け、推進法も「消費者市民社会の形成」を消費者教育推の目的に掲げている。「消費者市民社会」は国の進むべき方向性であり、消費者教育がその形成に参画する消費者を育成するというテキストにおける消費者とは、事業者と対峙する消費者なのであろうか。あるいは、従来からの消費者概念では十分に説明できない新たな消費者の像を意味するのであろうか。本書の最後に、今後の日本の消費者政策における消費者の位置付けについて、今後の考察の視点となるものを整理しておきたい。

(1)　「消費者の自立」についての理解の試論

　第15章で見たように、「自立」という用語は複数の法律の中で用いられているが、それぞれの法律において「自立」に関して定義規定は置かれておらず、推進法においても同様である。法務省の外国語データベースサービスでは、生活保護法の「自立の」は self-support、旧・障害者自立支援法の「自

立した日常生活」は independent daily or social lives、消費者基本法および消費者教育推進法で用いられる「自立」は self-reliance と訳されている。自立の英訳が法律によって異なっていることは、日本法で用いられる「自立」の意味内容については、それぞれの法律の趣旨に沿って理解される必要があることを示唆している。

第14章において、「消費者の自立の支援」は、消費者基本法に基づく消費者政策を展開していく上での国の政策課題である、との見方を示した。この見方は、同法の制定を契機として転換された行政理念が消費者の自立の支援に求められている以上、当然のことを述べたという意味において誤りではないが、では基本法改正以前の消費者は自立していなかったのかという問いに対する答えとしては、的を射たものとはいえない。消費者が自らの判断に基づいて商品・サービスを選択し、購入する、しないの意思決定に基づく日常の生活行動をあえて「自立」と呼ぶ必要はなく、またそれに対して国が「支援」する政策を講じる、ということも、ことさら立法を通じた確認を要する事項でもない。消費者が団体を組織化し、展開してきた消費者運動は、自立的・主体的な行動の典型である[8]。

「消費者の自立」という考え方は、1990年代以降の規制改革の潮流の中で主張されたいわゆる「自己責任論」と同義とみなされる場合があり、こうした立場からは、この考え方は消極的に受け止められ、あるいは強く批判されてきた[9]。この批判は、基本法における「保護から自立へ」という消費者行政の理念の転換そのものに対する批判でもあった。「消費者の自立」=「消費者の自己責任」という図式が規制改革および消費者基本法改正の意図にあったとすれば、その批判は正鵠を射たものといえる。

---

(8) 近藤充代「経済法と消費者法」日本経済法学会編『経済法の理論と展開〔経済法講座第1巻〕』(三省堂、2002年) 76頁。

(9) 正田彬「規制緩和と国民生活」ジュリスト1044号(1994年) 36頁。鈴木深雪「安全・表示と規制緩和」ジュリスト1044号(1994年) 116頁。土田和博「憲法と経済法」日本経済法学会編『経済法の理論と展開〔経済法講座第1巻〕』(三省堂、2002年) 36頁は、規制改革が憲法の保障する基本的人権との隔たりがあるとすれば、その隔たりを解消していく方向に改革することが真の規制改革であると述べる。同旨を述べたものとして、土田和博「市場と規制改革の基礎理論に向けての一試論」法律時報75巻1号(2003年) 48頁以下がある。

国と自治体は、消費者基本法の2つの基本理念、すなわち「消費者の権利の尊重及びその自立の支援その他の基本理念にのつとり」「消費者政策を推進する責務を有する」とされている（同法3条、4条）。基本法が定める基本的施策（11条～23条）は、この基本理念に基づき推進される。消費者の「自立」そのものの意味内容は、立法趣旨においても明らかにされていないが、「消費者の権利を尊重することと、そのような権利の主体である消費者が自らの利益の擁護及び増進のため自主的かつ合理的に行動することができるようにその自立を支援することは、相互に密接な関連を有し、一体のものである」という立法担当者解説から、「消費者の自立」は「消費者の権利」との関係から説明される概念であるといってよい[10]。

　したがって、国と自治体の消費者政策の理念と目的である「消費者の自立の支援」は、既に本書第4章と第11～14章で検討してきたように、「消費者の権利」が実現されるために必要な行政基盤を整備することを意味する。しかしながら、かかる行政基盤が整備されたとしても、権利の主体であることの意識と知識が消費者に備わっていることが権利実現の前提条件となる。消費者教育を政策の一つに掲げる基本法17条1項は「国は、消費者の自立を支援するため、……消費生活に関する教育を充実する等必要な施策を講ずるものとする。」と規定し、この規定を受けて制定された推進法が「消費者が自らの利益の擁護及び増進のため自主的かつ合理的に行動することができるようその自立を支援する上で重要であることに鑑み、消費者教育の機会が提供されることが消費者の権利であることを踏まえ」て消費者教育を推進することを目的に掲げている。このことから、「消費者の自立の支援」は、国民が「消費者の権利」の主体であることを、消費者教育を通じて涵養することをも意味すると思われる。

(2) 消費者市民社会における「消費者」の捉え方——今後の考察のための視点

　「消費者の自立の支援」のための政策の一環として推進される消費者教育

---

[10] 吉田尚弘「新しい『消費者政策の憲法』─消費者基本法」時の法令1721号（2004年）13頁。

は、「消費者が消費者市民社会を構成する一員として主体的に消費者市民社会の形成に参画し、その発展に寄与することができるよう、その育成を積極的に支援することを旨として行わなければならない。」（同法3条2項）ことを目的とする。この目的規定に見られる「消費者市民社会」は「消費者が、個々の消費者の特性及び消費生活の多様性を相互に尊重しつつ、自らの消費生活に関する行動が現在及び将来の世代にわたって内外の社会経済情勢及び地球環境に影響を及ぼし得るものであることを自覚して、公正かつ持続可能な社会の形成に積極的に参画する社会をいう。」（同法2条2項）と定義されている。

「消費者市民社会」は、前記の「平成20年度国民生活白書」に登場した用語であり、その中で消費者市民社会（Consumer Citizenship）という訳語とともに紹介されたものである。白書には、経済主体としての役割と、社会を変革していく主体としての役割という二つの役割を担う「消費者市民」と、「消費者市民」がやさしい眼差しを持って連帯していく「一般的な消費者・生活者」「消費者市民社会」の構成員として描かれている。

推進法の「消費者市民社会」は法務省の日本法令外国語訳データベースシステムでは、Consumer Citizen Society と訳出されており、「国民生活白書」の訳語とは異なる。この両者の英訳での違いは、それぞれの意味内容が異なることを受けたものであると推測できる（この点については第15章で検討した）。また、推進法の上記定義に見られる「消費者市民社会」の3つのメルクマール（消費者の特性と消費生活の多様性の相互尊重、自らの消費生活に関する行動に関する自覚、社会の形成への積極的な参画）は、白書の「消費者市民社会」の中には表されておらず、また白書の消費者市民という用語も、消費者市民の2つの役割も推進法の定義には見られない。

白書の「消費者市民社会」という用語に対しては、「『消費者市民社会』という政策スローガンには、規制緩和、構造改革の矛盾、ひずみ、しわ寄せとしての消費者被害・事故が多発している現状に対し、来るべき消費者が主役のバラ色の社会を描いてみせ、上層の、意識の高い市民を消費者市民社会の担い手として国民を統合しようという方向性」が見られるとする批判がある[11]。

推進法の「消費者市民社会」が、白書のそれと同内容の定義や説明を伴うものであるとすれば、上記の批判は推進法の目的・理念に対しても向けられよう。しかしながら、本書は白書と推進法の「消費者市民社会」はそれぞれ異なる概念であると捉えたい。

　その上で、本書は、推進法2条2項の定義の「消費者」に注目したい。上記の3つのメルクマールの主体である消費者は、いかなる存在なのか。これまで検討してきた競争法——独占禁止法、景品表示法——の「一般消費者」、消費者行政法である消費者安全法の「消費者」、民事規律である消費者契約法の「消費者」は、事業者と対峙する存在として位置付けられ、また法律で定義される存在であった。推進法の「消費者市民社会」における「消費者」は、事業者との関係において説明される従来の消費者概念に包摂されるのか。あるいは、これまでの消費者概念の範疇には含まれない存在、ないしはその消費者概念の拡張によって把握される存在なのか。

　この問題について、本書において考察する余力は持ち合わせていない。

　「消費者の権利」の主体である消費者は、「生身の人間」であり、様々な特性を有する存在である。その点において、国民と消費者は同義である。しかしながら、「国民の権利」すなわち基本的人権と、8つの「消費者の権利」は同じ内容ではない。すなわち、「消費者の権利」の主体は、消費者である。先に「消費者の自立の支援」は、国民が「消費者の権利」の主体であることの涵養にあるとする試論を述べた。「消費者の権利」の主体であることは、「生身の人間」の役割であり、推進法の「消費者市民社会」の消費者の3つのメルクマールは、その役割を述べたものではないかと思われる。

　法学の立場からこの推測の正誤を検証するためには、「消費者の権利」と基本的人権との関係について、さらに詳細に立ち入った検討が求められる。本書第4章で概観したように、経済法や消費者法の分野において「消費者の権利」が基本的人権から導かれるとする見解が有力に唱えられているが、他方憲法学における生存権に関する学説の中で、生存権の主体としての消費

---

(11) 近藤充代「『消費者市民社会』論の批判的検討」広渡清吾・浅倉むつ子・今村与一編『日本社会と市民法学　清水誠先生追悼論集』（日本評論社、2013年）207頁。

者、生存権の基盤としての消費生活が取り上げられる機会は、管見の限りきわめて乏しい状況といえる[12]。憲法学の中で消費者の権利性ないし権利主体性が取り上げられない背景にいかなる事情があるかについて、現時点では窺い知ることはできない。

　本書の冒頭に記した「消費者とは何か」という問題は、「消費者市民社会」という新たな概念との対峙により、競争法の視座だけでは解明できない問題の広がりを示していると思われる。今後の研究における重要なテーマとして多面的な視角の下で考察を続けていきたい。

---

[12] 宍戸常寿＝曽我部真裕＝山本龍彦編著『憲法学のゆくえ―諸法との対話で切り拓く新たな地平』（日本評論社、2016年）では、「憲法上の財産権保障と民法」をテーマに憲法学の立場から山本龍彦「イントロダクション」（201-209頁）、民法学の立場から水津太郎「憲法上の財産権保障と民法」の２つの論文と、水津・宍戸・曽我部・山本の４名の教授による座談会（228-267頁）から構成される。この中で、民法と消費者契約法の関係について、一般法・特別法、基本法・一般法という２つの捉え方があることを踏まえて、「現行の消費者契約法は、一般的な見方によれば、私的自治・契約自由の原則を排除・制約する社会法的な弱者保護立法ではなく、消費者の自己決定基盤の整備を指向した自立支援立法であると性格づけられて」おり、消費者契約法は「『基本法としての民法』が定める原理――私的自治・契約の自由から出発する立場を前提としますーーと矛盾するものではなく、むしろそれを貫徹するものとみるべき」であるとしている（座談会256頁・水津発言）。

主要参考文献一覧

【外国語文献】

Abel, Nico, Die wettbewerbsrechtliche Beurteilung von Zugaben, , Peter Lang, 1999 S.16.

Augenhofer, Susanne, Aktuelle Entwicklungstendenzen im Europäischen Verbraucherrecht, in: Verbraucherrecht (Herausgegeben von Augenhofer) Mohr Siebeck 2012.

――Kopplungsangebot im Spannungsverhältnis zwischen Lauterkeits-, Kartell- und Vertragsrecht, GRUR 12/2016, S.1243.

Alexander, Christian, Die Rechtsprechung des EuGH zur Richtlinie 2005/29/EG bis zum Jahr 2012, WRP 1/2013, S.17.

Baumbach, Adolf, Kommentar zum Wettbewerbsrecht, O. Liebman 1929.

Beater, Axel, Unlauterer Wettbewerb, Mohr Siebeck 2011.

Bechtold, Rainer, Kartellgesetz 4. Auflage, C. H. Beck 2006.

――Kartellgesetz 5. Auflage, C. H. Beck 2008.

Berlit, Wolfgang, Wettbewerbsrecht 7. Auflage, C. H. Beck 2009.

Berneke, Wilhelm, Zum Lauterkeitsrecht nach einer Aufhebung von Zugabeverordnung und Rabattgesetz, WRP 6/2001, S.615.

Böhler, Christian, Wettbewerbsrechtliche Schranken für Werbemaßnahmen gegenüber MinderJährigen, Chancen und Risiken des absoluten Verbot in Nr.28 Anhang UWG i.V.m. § 3 Ⅲ UWG, WRP 7/2011, S.827.

――Wettbewerbsrechtliche Schranken für Werbemaßnahmen gegenüber MinderJährigen, Einfluss der UGP-RL auf die kinderschützenden Beispielstatbestände des § 4 UWG, WRP 8/2011, S.1028.

Casebook Europäisches Verbraucherrecht, NOMOS 1999.

Cordes, Christoph, Die Gewährung von Zugabe uns Rabatten und deren wettbewerbsrechtliche Grenzen nach Aufhebung von Zugabeverordnung und Rabattgesetz, WRP 8/2001, S.867.

Denkinger, Fleur, Der Verbraucherbegriff, De Gruyter Recht 2007.

Emmerich, Volker, Das Recht des unlauteren Wettbewerbs, 5. Auflage, C.H.Beck 1998.
　――Kartellrecht 12. Aufl, C.H.Beck 2012.
　――Unlauter Wettbewerb 6. Aufl, C.H.Beck 2002
　――Unlauter Wettbewerb 8. Aufl., C.H.Beck 2009.
　――Unlauter Wettbewerb 9. Aufl., C.H.Beck 2012.
Feser, Karl-Heinz, Das wettbewerbsrechtliche Irreführungsverbot al sein normatives Modell des verständigen Verbrauchers im Europäischen Unionsrecht, Zugleich eine Besprechung der Entscheidung „Mars" des EuGH vom 6.Juli 1995, WRP 1995, S.671.
　――Modernisierung des deutschen Rechts gegen den unlauteren Wettbewerb auf der Grundlage einer Europäisierung des Wettbewerbsrecht, WRP 9/2001. S.989.
Fikentscher, Wolfgang, Wirtschaftsrecht Band I & II, C.H.Beck 1983.
Finger, Christian, Zugabewesen, DJZ, 1913, S.459.
Fritzsche, Jörg, Aggressive Geschäftspraktiken nach dem neuen §4a UWG, WRP 1/2016, S.1.
Fuchs, Tobias, Wettbewerbsrechtliche Schranken bei der Werbung gegenüber Minderjährigen, WRP 3/2009, S.255.
Geyer, Rolf, Der Gedanke des Verbrauchersschutzes im Reichsrecht des Kaiserreichs und der Weimarer Republik (1871-1933), Peter Lang 2001.
Henning-Bodewig, Frauke, Der "ehrbare Kaufmann", Corporate Social Responsibility und das Lauterkeitsrecht, WRP 8/2011, S.1014.
Hefermehl/Köhler/Borkmann, Gesetz gegen unlauteren Wettbewerb UWG 24. Auflage 2006.
Hefermehl/Köhler/Borkmann, Gesetz gegen unlauteren Wettbewerb UWG 27. Auflage 2009.
Daid Jahn/Christoph Palzer, Werbung gegenüber Kindern „Dus" and don'ts, GRUR 4/2014, S.332.
Köhler, Helmut, Zum Anwendungsbereich der §§1 und 3 UWG nach Aufhebung von RabattG und ZugabeVO, GRUR 2001, Heft 12, S.1067.
　――BGB Allgemeiner Teil, C.H.Beck 2003.

——Werbung gegenüber Kindern: Welche Grenzen zieht die Richtlinie über unlautere Geschäftspraktiken ?, WRP 6/2008, S. 700.

——Neujustierung des UWG am Beispiel der Verlaufsförderungsmaßnahmen, GRUR 2010, Heft 9, S.767.

——Die Kopplung von Gewinnspielen an Umsatzgeschäfte : Wende in der lauterkeitsrechtlichen Beurteilung, GRUR 6/2011, S.478.

——„Fachliche Sorgfalt" - Der weiße Fleck auf der Landkarte des UWG, WRP 1/2012, S.22.

——Dogmatik des Beispielskatalog des § 4 UWG, WRP 6/2012, S.638.

——Das neue UWG 2015 : Was ändert sich für die Praxis ? NJW 9/2016, S.593.

——Behördliche Durchsetzung des Lauterkeitsrecht - eine Aufgabe für das Bundeskartellamt, WRP 5/2018, S.519.

Lange/Spätgens, Rabatte und Zugaben im Wettbewerb: Das neue Recht nach Wegfall von RabattG und ZugabeG, C. H. Beck 2001.

Lettl, Tobias, Der Schutz der Verbraucher nach der UWG-Reform, GRUR 6/2004, S.449.

Lobe, Karl Adolf, Zur gesetzlichen Regelung des Zugabewesens, MuW 1913/1914, S.426.

——Wettbewerbsrecht, C. H. Beck 2009.

Mankowski, Peter, Wer ist ein „Kind" ? Zum Begriff des Kindes in der deutschen und der europäischen black list, WRP 12/2007, S.1398.

——Was ist eine „direkte Aufforderung zum Kauf" an Kinder ? Zum Auslegung der Nr.28 der deutschen und der europäischen black list, WRP 4/2008, S.421.

Meyer Christian, Der Schutz junger und alter Verbraucher nach der UGP-Richtlinie, Verlang Dr.Kovač 2013.

Menke, Simon, Wettbewerbsrechtlicher Verbracherschutz, Bedarf es seiner Aktivlegitimierung des Verbrauchers im UWG ?, Peter Lang 2011.

Möller, Silke, Verbraucherbegriff und Verbraucherwohfahrt im europäischen und amerikanischen Kartellrecht, NOMOS 2008.

Nordemann, Wettbewerbsrecht Markenrecht.11.aufl, Nomos, 2012.

Ohly, Ansger, Das neue UWG in Überblick, GRUR 1/2016, S.3.

Ohly / Sattler, 120 Jahre UWG Im Spiegel von 125 Jahren, GRUR 12/2016, S.1229.

Paleczek,, Otto, Die volkswirtschaftliche Problematik in Gesetzgebung über das Zugabewesen 1959, S.50.

Rittner, Fritz, Wettbewerbs- und Kartellrecht, 6., völlig neubearbeitete Auflage, C. F. Müller 1999.

Rosentahl, Alfred, Die Gesetzvorschläge betreffend das Zugabewesen, GRUR, , S.92.

Rott, Peter, Der „Durchschnittsverbraucher" – ein Auslaufmodell angesichts personalisierten Marketings ?, VuR 5/2015, S.163.

Scherer, Inge, Kinder als Konsumenten und Kaufmotivatoren, WRP 4/2008, S.430.

――Die „wesentliche Beeinflussung" nach der Richtlinie über unlautere Geschäftspraktiken, WRP 6/2008, S.708.

――Neuregelung der aggressiven geschäftlichen Handlungen in § 4a UWG, GRUR 3/2016, S.233.

――Die besonders schutzbedürftigen Verbraucher nach der UWG-Novelle 2015, WRP 12/2016, S.1441.

――Unternehmerische Freiheit contra Verbraucherschutz ? GRUR 6/2017, S.580.

Schmoeckel/Rückert/Zimmermamm, Kommentar zum BGB, Mohr Siebeck 2003.

Sosnitza, Olaf, Anmerkung zur Rechtsprechung, NJW14/2014, S.1017.

Steinbeck, Anja, Die Zukunft der aggressiven Geschäftspraktiken, WRP 7/2008, S.865.

Stief, Alexander, Unlautere Werbung gegenüber Kindern und Jugendlichen, Peter Lang 2013.

Ulmer, Eugen, Das Recht des unlauteren Wettbewerbs in den Mitgliedataaten der Europäischen Wirtschaftsgemeinschaft, Band I Vergleichende Darstellung mit Vorschlägen zur Rechtangleichung, C. H. Beck 1965.

Lisa Waddington, Vulnerable and Confused: The Protection of "Vulnerable" Consumers under EU Law, 38 European Law Review. December 2013, P.757.

【日本語文献】

芦部信喜『憲法〔第5版〕』（岩波書店、2011年）

【日本語文献】 495

天野恵美子『子ども消費者へのマーケティング戦略―熾烈化する子どもビジネスにおける自制と規制―』（ミネルヴァ書房、2017年）
天野正子＝石谷二郎＝木村涼子『モノと子どもの戦後史』（吉川弘文館、2007年）
アンスガ・オーリー（原田昌和・訳）「ヨーロッパ不正競争防止法―消費者保護の平準化、競争法者保護の多様性」中田邦博＝鹿野菜穂子編『消費者法の現代化と集団的権利保護』（日本評論社、2016年）
安藤節子『子どもはなぜスナック菓子が好きなのか？』食べもの文化221号〔生活問題研究所〕（芽ばえ社、1996年）
池本誠司「民法・統一消費者法」消費者法ニュース93号（2012年）
石川直基＝的早剛由＝川合裕之『食品表示の法律・実務ガイドブック』（レクシスネクシス・ジャパン、2016年）
伊藤周平「障害者の自立と自律権―障害者福祉における自立概念の批判的一考察―」季刊社会保障研究 Vol28. No.4（1993年）
糸田省吾「消費者問題への更なる取組み―公正取引協議会の果たす役割―」公正取引676号（2007年）
井上仁『子どもの権利ノート』（明石書店、2002年）
今村成和＝丹宗昭信＝実方謙二＝厚谷襄児編『注解経済法（上巻）』（青林書院、1985年）
伊従寛＝矢部丈太郎編『広告表示規制法』（青林書院、2009年）
色川卓男「地方消費者行政表紙表による実態把握の試み」日本消費者教育学会『消費者教育第34冊』（中部日本教育文化会、2014年）
――「全国都道府県における消費者教育施策の実態と課題―予算、事業数と講座状況を中心に」日本消費者教育学会『消費者教育第34冊』（中部日本教育文化会、2016年）
岩淵豊「食品安全基本法」ジュリスト1251号（2003年）
岩本諭「自治体における消費者行政の展開と競争政策―消費者基本法の制定を契機として」片岡寛光先生古希祝賀記念『行政の未来』（成文堂、2006年）
――「『消費者の権利』と消費者行政の再構築」佐賀大学経済論集第39巻4・5合併号（2007年）
――「『消費者の権利』と消費者行政の再構築」日本消費者問題基礎資料集成6―別冊解題・資料（すいれん社、2007年）
――「景品・懸賞付販売に対する規制の再検討―景品規制と懸賞規制の分離に

ついて」公正取引703号（2009年）
———「不当表示行為概念と表示主体—㈱ビームスによる審決取消請求事件」ジュリスト1387号（2009年）
———「『日本型』消費者市民社会と自治体を基点とする消費者教育の推進」消費者法ニュース83号（2010年）
———「たばこ用粉末剤不当表示事件」公正取引713号（2010年）
———「経済法における広告規制—法制度の枠組みと審・判決の動向—」現代消費者法第6号（民事法研究会、2010年）
———「競争当局による企業結合承認と第三者異議申立て制度に関する比較法的視座」奥島孝康先生古稀記念論文集第一巻『現代企業法学の理論と動態』（成文堂、2011年）
———「消費者の「保護」と「自立」—経済法学の立場から」菅冨美枝編著『成年後見制度の新たなグランド・デザイン』（法政大学出版局、2013年）
———「雑誌懸賞企画の有利誤認表示—秋田書店に対する措置命令」ジュリスト1467号（2014年）
———「脆弱な消費者—子どもと法的視座」日本消費者教育学会編『九州における消費者教育30年の歩み』（花書房、2015年）
———「子どもを対象とする広告規制の理念と展開」消費者教育第35分冊（中部日本出版文化会、2015年）
———「広告規制と経済法—広告問題に対する射程の考察」現代消費者法32号（民事法研究会、2016年）
———「地方の適格消費者団体の役割」消費者法ニュース108号（消費者法ニュース発行会議）（2016年）
———「法学—消費者と市民を架橋する消費者教育」西村隆男編著『消費者教育学の地平』（慶應義塾大学出版会、2017年）
———「適格消費者団体による景表法違反に対する差止請求」平成28年度重要判例解説（ジュリスト増刊）1505号（2017年）
———「『消費者の権利』」と独占禁止法」舟田正之先生古稀記念論文集（有斐閣、2017年）
———「鍵付き鞄の販売業者による取引妨害、不当利益による顧客誘引等の差止め請求事件」ジュリスト1507号（2017年7月）
———「EU・ドイツにおける景品規制」舟田正之＝土田和博編著『独占禁止法と

フェアコノミー』(日本評論社、2017年)
　　──「日本における広告規制と経済法」日本消費者法学会『消費者法』(民事法研究会、2017年)
　　──「独禁法25条訴訟と民法709条訴訟の関係」経済法審決・判例百選〔第2版〕(ジュリスト別冊No.234)(2017年)
岩本諭＝赤星礼子「シンポジウム『消費者の展開と自治体の役割』」佐賀大学経済論集第39巻第6号(2007年)
岩本諭＝谷村賢治編著『消費者市民社会の構築と消費者教育』(晃洋書房、2013年)
植田勝博「『消費者の権利』が崩壊する日」現代消費者法No.31(2016年)
植村邦彦『市民社会とは何か──基本概念の系譜』(平凡社新書、2010年)
植村悌明「新たな食品安全行政の確立」時の法令1706号(2003年)
宇賀克也「行政制裁」ジュリスト1228号(2002年)
内田耕作「消費者取引と優越的地位の濫用規制(1)～(3・完)」彦根論叢346号1-26頁、同347号21-40頁、同349号
鵜澤恵子「サンクロレラ事件解説」公正取引8月号(2016年)83頁
江口公典『経済法研究序説』(有斐閣、1999年)
及川昭五＝田口義明『消費者事件　歴史の証言』(民事法研究会、2015年)
及川和久「消費者庁の発足と課題──国民生活センター一元化論・地方行政・消費者教育を中心として──」国立国会図書館調査及び立法考査局『レファレンス(2011.8)』
大村敦志『「法と教育」序説』(商事法務研究会、2010年)
　　──「自動車販売会社への消火器の訪問販売とクーリング・オフ」廣瀬久和＝河上正二編『消費者法判例百選』(有斐閣、2010年)
　　──『消費者法〔第4版〕』(有斐閣、2011年)
大村敦志＝東大ロースクール大村ゼミ『18歳の自律──東大生が考える高校生の「自律プロジェクト」』(羽鳥書店、2010年)
大村敦志＝横田光平＝久保恵美子『子ども法』(有斐閣、2015年)
大録英一「優越的地位の濫用と取引上の地位の不当利用について」公正取引626号(2002年)
岡田与好『経済的自由主義──資本主義と自由』(東大出版会、1987年)
荻野昭一「適合性原則の意義」北大経済学研究64-1(2014年)

奥島孝康「価格決定と消費者の権利」法律時報48巻3号（1976年）
奥谷めぐみ＝鈴木真由子「子どもをとりまく消費文化の実態とリスク」消費者教育第30冊（中部日本出版文化会、2010年）
落合誠一「消費者法の課題と展望」ジュリスト1139号（1998年）
小畑徳彦「消費者庁移管後の景品表示法の運用と改正」ノモス第35号（関西大学法学研究紀要、2014年）
海保英孝「ポイント・プログラムをめぐる経営上の諸問題について」成城経済研究187号119頁（2010年）
柿野成美「消費者市民社会の国際的潮流」岩本諭・谷村賢治編著『消費者市民社会の構築と消費者教育』（晃洋書房、2013年）
──「地方消費者行政における消費者教育推進の人材に関する研究」消費者教育第36冊（中部日本出版文化会、2016年）
──「地方行政論・地域政策論─『コーディネーター』が必要とされる2つの理由」西村隆男編著『消費者教育学の地平』（慶應義塾大学出版会、2017年）
加藤真代「子どものためのテレビCM連絡会のとりくみと今後の展望」月刊国民生活〔国民生活センター〕11巻4号（1981年）
金井重彦＝山口三恵子＝小倉秀夫編著『不正競争防止法コンメンタール』（レクシスネクシスジャパン、2004年）
金井貴嗣「現代における競争秩序と法」正田彬＝金井貴嗣＝畠山武道＝藤原淳一郎著『現代経済社会と法』現代経済法講座1（三省堂、1990年）
──「アメリカ独占禁止法」正田彬編著『アメリカ・EU独占禁止法と国際比較』（三省堂、1996年）
──「独占禁止法の目的と体系」（日本経済法学会編『独禁法の理論と展開』経済法講座第2巻）2002年
金井貴嗣＝泉水文雄＝武田邦宣編『経済法判例・審決百選〔第2版〕』（有斐閣、2017年）
金子晃「消費者の権利と広告・表示」法律時報48巻3号（1976年）
鹿野菜穂子「『勧誘』要件のあり方・第三者による不当勧誘」法律時報88巻12号（2016年）
──「消費者法の体系化と法典化」中田邦博＝鹿野菜穂子編『消費者法の現代化と集団的権利保護』（日本評論社、2016年）
──「民法改正と消費者契約・惹起型錯誤の取扱い」中田邦博＝鹿野菜穂子編

『消費者法の現代化と集団的権利保護』（日本評論社、2016年）
――「不特定多数の消費者に向けられた事業者等による働きかけと消費者契約法12条の『勧誘』」私法判例リマークス56（2018〈上〉）
――「広告と契約法理」現代消費者法 No.32（民事法研究会、2016年）
上山泰「『成年後見の社会化』の進展と立法課題」（『融合する法』〔筑波大学50周年記念〕〔2006年〕）
――「『成年後見の社会化』について」みんけん（民事研修）No.552（2003年）
カライスコス　アントニウス「ヨーロッパ広告基準連合（1）」「同（2）」日本広告審査機構「REPORT JARO」2号（2019年）、同3号（2019年）
川井克倭・地頭所五男『Q&A 景品表示法【改訂版第二版】』（青林書院、2009年）
川口康裕「制定法から見た『消費者』と『消費者法』」河上正二責任編集『消費者法研究　創刊第1号』（信山社、2016年）
河上正二「条項使用者不利の原則・その他の論点」法律時報88巻12号（2016年）
――「民法と消費者法」河上正二責任編集『消費者法研究　創刊第1号』（信山社、2016年）
――「広告・表示と情報提供」法学セミナー2016年9号
河上正二責任編集『成年年齢引下げ（若年成人）と若年消費者保護立法（消費者立法シリーズ2）』（信山社、2017年）
――「人間の『能力』と未成年者、若年消費者の支援・保護について」河上正二責任編集『消費者法研究　第2号』（信山社、2017年）
――「地方消費者行政の強化とその課題」ジュリスト1507号（2017年）
川崎孝明・川口恵子（2016）「学生支援の現場から見た消費者市民社会の消費者像に関する一考察」消費者教育第36分冊
川島武宜『日本人の法意識』（岩波新書、1966年）
川名功子「消費者像についての一考察」（一）同志社法学63巻3号、同（二・完）同志社法学64巻4号（2011年）
――「広告と消費者の誤認に関する一考察」（一）同志社法学68巻3号83-102頁、同（二・完）同志社法学68巻4号（2016年）
川濱昇「競争秩序と消費者」ジュリスト1139号（1998年）
川原勝美「競争制限禁止法及び不正競争防止法における結合取引について」一橋法学第1巻第2号（2002年）
岸井大太郎「ドイツ競争法における「業績競争（Leistungswettbewerb）」理論」

（一）法学志林第83巻第1号（1985年）
―――「ドイツ競争法における「業績競争（Leistungswettbewerb）」理論」（二）法学志林第83巻第4号（1986年）
―――「西ドイツにおける景品規制（上）」公正取引456号（1988年）
―――「西ドイツにおける景品規制（下の1）」公正取引458号（1988年）
来生新「消費者主権と消費者保護」『岩波講座現代の法13　消費生活と法』（岩波書店、1997年）
北川善太郎＝及川昭五編『消費者保護法の基礎〔実用編〕』（青林書院、1977年）
北村喜宣編著『ポスト分権改革の条例法務―自治体現場は変わったか―』〔田口一博執筆部分〕（ぎょうせい、2003年）
木間昭子「知的障害者、精神障害者、痴呆性高齢者の消費者被害の実態と未然防止の課題」実践成年後見 No. 8（2003年）
熊谷司郎「消費者法における国家の責任」日本法哲学学会年報『市民／社会の役割と国家の責任〔法哲学年報2010〕』（有斐閣、2011年）
―――「『能力』法理の縮減と再生・契約法理の変容」河上正二責任編集『消費者法研究　第2号』（信山社、2017年）
経済企画庁国民生活局消費者行政第一課編『消費者問題に対する提言』（大蔵省印刷局、1987年）
経済産業省知的財産政策室編『逐条解説不正競争防止法―平成27年度版―』（商事法務、2016年）
公正取引委員会編『独占禁止政策50年史（上巻）』『同（下巻）』（公正取引協会、1997年）
公取委景表課「消費者保護基本法と独禁政策」公正取引214号（1968年）
国民生活センター編『消費者運動の現状と課題』（勁草書房、1981年）
国立国会図書館「諸外国における『消費者の権利』規定」田辺智子・横内律子「調査と情報」第448号（2004年）
―――「拡大 EU―機構・政策・課題―総合調査報告書」（横内律子執筆「8　消費者政策―消費者保護の質的強化―」）（2007年）
後藤誠一「消費者の自立に関する一考察―消費者政策における基本理念に着目して―」消費者教育第31分冊（中部日本教育文化会、2011年）
後藤巻則（司会）＝石戸谷豊＝角田真理子＝中里功＝林康史「【座談会】消費者法の今日的課題」法律時報75巻10号（2003年）

後藤巻則（司会）＝石川健治＝瀬川信久＝只木誠＝町村泰貴「《座談会》法における人間像を語る」法律時報「特集＝法は人間をどう捉えているか」80巻1号（2008年）
後藤巻則「消費者法のパラドックス」法律時報80巻1号（2008年）
―――「困惑類型の追加・不招請勧誘」法律時報88巻12号（2016年）
―――『消費者契約と民法改正』（弘文堂、2013年）
―――「クロレラチラシ配布差止請求事件」平成29年度重要判例解説（ジュリスト1518号）
後藤巻則＝齋藤雅弘＝池本誠司『条解消費者三法』（弘文堂、2015年）
小早川光郎編著『地方分権と自治体法務―その知恵と力』〔第2章・中原茂樹執筆部分〕（ぎょうせい、2000年）
近藤充代「経済法と消費者法」日本経済法学会編『経済法の理論と展開〔経済法講座第1巻〕』（三省堂、2002年）
―――「『消費者市民社会』論の批判的検討」広渡清吾・浅倉むつ子・今村与一編『日本社会と市民法学　清水誠先生追悼論集』（日本評論社、2013年）
齊藤高広「『優越的地位の濫用』平成26年度シンポジウムの記録」日本経済法学会年報第36号（有斐閣、2015年）
斎藤誠「分権時代における自治体の課題と展望（上）―条例論を中心に」ジュリスト1214号（2001年）
―――「地方公共団体の経済活動への関与―その許容性と限界―」高木光＝交告尚史＝占部裕典＝北村喜宣＝中川丈久編著『行政法学の未来に向けて』（有斐閣、2012年）
笹井朋昭「成年年齢の引下げ等を内容とする民法一部改正法の概要」法律のひろば2018年10号
佐藤知恭『児童対象テレビCMの規制をめぐって』月刊国民生活〔国民生活センター〕8巻10号（1978年）
佐藤文俊「地方分権の推進を図るための関係法律の整備等に関する法律（いわゆる地方分権一括法）について」ジュリスト1165号（1999年）
実方謙二「競争秩序維持と消費者の権利」法律時報48巻3号（1976年）
潮見佳男「消費者基本法について」月報司法書士393号（2004年）
―――「証券取引における適合性原則違反と不法行為の成否」私法判例リマークス33（2006年（下））

潮見佳男編「諸外国の消費者法における情報提供・不招請勧誘・適合性の原則」（別冊 NBL．No.121、2008年）
宍戸常寿＝曽我部真裕＝山本龍彦編著『憲法学のゆくえ―諸法との対話で切り拓く新たな地平』（日本評論社、2016年）
柴田潤子「航空分野」（泉水＝柴田＝西村「公益分野における市場支配的地位の濫用に対する EC 競争法の適用に関する調査」競争政策研究センター共同研究（2004年）
嶋田道子『母親から見た子ども向け CM』月刊国民生活〔国民生活センター〕8巻10号（1978年）
正田彬『消費者の権利』（岩波新書、1972年）
　　――『現代経済と市民の権利』（成文堂、1974年）
　　――「消費者運動と財産権秩序」法律時報48巻3号（1976年）
　　――『全訂独占禁止法Ⅰ』（日本評論社、1980年）
　　――『消費者運動と自治体行政』（法研出版、1989年）
　　――「規制緩和と国民生活」ジュリスト1044号（1994年）
　　――『経済法講義』（日本評論社、1999年）
　　――『消費者の権利　新版』（岩波新書、2010年）
正田彬＝鈴木深雪『消費生活関係条例〔条例研究叢書4〕』（学陽書房、1980年）
正田彬＝実方謙二編『独占禁止法を学ぶ〔第3版〕』（有斐閣、1995年）
消費者庁編『逐条解説・消費者安全法〔第2版〕』（商事法務、2013年）
消費者庁消費者制度課編『逐条解説消費者契約法〔第2版補訂版〕』（商事法務、2015年）
菅冨美枝『法と支援型社会―他者指向的な自由主義へ』（武蔵野大学出版会、2006年）
　　――「『脆弱な消費者』と包摂の法理（上）―イギリス法、EU 法からの示唆―」現代消費者法 No.33（民事法研究会、2016年）
　　――『新・消費者法研究―脆弱な消費者を包摂する法制度と執行体制』（成文堂、2018年）
消費者庁『逐条解説・消費者安全法〔第2版〕』（商事法務、2013年）
　　――『逐条解説消費者契約法〔第2版補訂版〕』（商事法務、2015年）
白石忠志『独占禁止法』（有斐閣、2006年）
　　――『独占禁止法〔第2版〕』（有斐閣、2009年）

――『独占禁止法〔第3版〕』（有斐閣、2016年）

鈴木孝之「西ドイツ競争制限禁止法の論理（1）」公正取引384号、「同（2）」公正取引385号、「同（9）」公正取引393号

――「不正競争防止法と独占禁止法の交錯」白鷗大学法科大学院紀要第6号（2012年）

鈴木みどり『行動する視聴者－アメリカの子ども向け広告をめぐる市民の動き』月刊国民生活〔国民生活センター〕8巻10号26頁（1978年）

――『テレビ広告と子ども―その実態と問題点―』月刊国民生活〔国民生活センター〕11巻4号（1981年）

鈴木深雪「消費者行政と法」宮坂富之助＝谷原修身＝内田耕作＝鈴木深雪著『消費生活と法〔現代経済法講座5〕』（三省堂、1990年）

――「安全・表示と規制緩和」ジュリスト1044号（1994年）

――「生命・健康の安全と消費者の権利」法律時報48巻3号（1994年）

――『消費者政策　消費生活論〔第5版〕』（尚学社、2010年）

全国消費者団体連絡会『これからの消費者の権利＝消費者保護のための「国連のガイドライン」制定によせて＝』（1987年）

泉水文雄「展開講座経済法入門（1）」法学教室 No.415（2015年4月号）

――「景表法の実現方法の多様性―独禁法の視点から」法律時報90巻11号（2018年）

宗田貴行『団体訴訟の新展開』（慶應義塾大学出版会、2006年）

――『消費者法の新展開』（慶應義塾大学出版会、2009年）

――「景表法上の適格消費者団体の差止請求権に係る『現に行い又は行うおそれ』の要件」私法判例リマークス55（2017〈下〉）

高橋岩和『ドイツ競争制限禁止法の成立と構造』（三省堂、1997年）

高橋滋「公取委の処分に対する不服申立て―原告適格〔ジュース表示事件〕最高裁昭和53年3月14日第三小法廷判決」経済法判例・審決百選〔第2版〕（有斐閣、2017年）

竹内昭夫『消費者保護法の理論』（有斐閣、1995年）

田中誠二編『コンメンタール独占禁止法』（頸草書房、1981年）

田中寿編『不公正な取引方法・新一般指定の解説』（商事法務、1982年）

田中菜採兒「適格消費者団体の現状と課題―大阪府・京都府・兵庫県の3団体を事例に―」国立国会図書館調査及び立法考査局『レファレンス』（2015.2.）

棚村政行『子どもと法』（日本加除出版、2012年）
谷みどり「『弱い消費者』に関する海外の認識と対応」河上正二責任編集『消費者法研究　第2号』（信山社、2017年）
谷原修身『独占禁止法の史的展開』（信山社、1997年）
谷本圭子「消費者概念の法的意義」鹿野菜穂子＝中田邦博＝松本克美編『消費者法と民法』（法律文化社、2013年）
──「消費者概念の外延」河上正二責任編集『消費者法研究　創刊第1号』（信山社、2016年）
谷村賢治「企業広告と影響力」岩本諭＝谷村賢治編著『消費者市民社会の構築と消費者教育』（晃洋書房、2013年）
田村善之『不正競争防止法概説』（有斐閣、1994年）
──『競争法の思考形式』（有斐閣、1999年）
丹宗暁信＝伊従寛「経済法総論」（青林書院、1999年）
千葉恵美子「適格消費者団体による差止請求制度の保護法益とエンフォースメントの流動化―私法・公法領域における集団的利益論の展開のために」加藤新太郎＝太田勝造＝大塚直＝田髙寛貴編『21世紀民事法学の挑戦（加藤雅信先生古稀記念）下巻』（信山社、2018年）
津田玄児『少年法と子どもの人権』（明石書店、1998年）
土田和博「憲法と経済法」日本経済法学会編『経済法の理論と展開〔経済法講座第1巻〕』（三省堂、2002年）
──「市場と規制改革の基礎理論に向けての一試論」法律時報75巻1号（2003年）
──「『競争法は、競争者ではなく、競争を保護するものである』という格言について」舟田正之＝土田和博編著『独占禁止法とフェアコノミー』（日本評論社、2017年）
土田和博＝岡田外司博『演習ノート経済法〔第2版〕』（法学書院、2014年）
寺川永「消費者契約における『情報提供』、『不招請勧誘』および『適合性の原則』に関するドイツの法制度」（財）比較法研究センター＝潮見佳男編『諸外国の消費者法における情報提供・不招請勧誘・適合性の原則』（商事法務、2008年）
電通法務マネジメント局編『広告法』（商事法務、2017年）
富山康吉「消費者の権利の概念」法律時報48巻3号（1976年）
鳥山恭一「事業者間の経済的従属関係の濫用に対するフランス競争法による規制」

【日本語文献】

舟田正之＝土田和博編著『独占禁止法とフェアコノミー』（日本評論社、2017年）
内閣官房消費者行政一元化準備室「消費者庁関連3法の概要」ジュリスト1382号（2009年）
中井美雄「消費者法制と民法上の『成年年齢』引下げの是非」現代消費者法No.316（民事法研究会、2009年）
永井和之編『法学入門』（中央経済社、2014年）
長尾治助編『レクチャー消費者法〔第3版〕』（法律文化社、2006年）
長尾治助＝中田邦博＝鹿野菜穂子編『レクチャー消費者法〔第5版〕』（法律文化社、2011年）
中川寛子「輸入ズボンの原産国の不当表示と販売事業者の責任〔ビームス事件、ベイクルーズ事件〕」舟田正之＝金井貴嗣＝泉水文雄編『経済法判例・審決百選』（有斐閣、2010年）
中田邦博「ドイツ不正競争防止法の新たな展開―新UWGについて」立命館法学2004年6号（2004年）
────「ドイツにおける広告規制と消費者―2015年UWG改正を踏まえて―」現代消費者法No.32（2016年）
────「総論　日本における広告規制の概要―消費者法の観点から」日本消費者法学会編「消費者法第9号」（2017年）
────「消費者契約法・景品表示法における差止めの必要性―クロレラチラシ事件を素材に」ジュリスト1517号（2018年）
中田邦博＝鹿野菜穂子編著『基本講義消費者法〔第3版〕』（日本評論社、2018年）
中西優美子『EU法』（新世社、2012年）
名和田是彦「現代の政策概念としての「市民社会」の歴史的位置」大野達司編著『社会と主権』（法政大学出版局、2014年）
西川明子「基本法の意義と課題」国立国会図書館調査及び立法考査局「レファレンス」2015年2月号
西村隆男『日本の消費者教育―その生成と発展』（有斐閣、1999年）
────「消費者教育の新たな展開と課題」現代消費者法No.5（2009年）
西村隆男編著『消費者教育学の地平』（慶應義塾大学出版会、2017年）
日本経済新聞社『私の履歴書―昭和の経営者群像10』（日本経済新聞社、1992年）
日本広告業協会『広告ビジネス入門2016-2017』（日本広告業協会、2016年）

日本弁護士連合会編著『子どもの権利ガイドブック』（明石書店、2006年）
── 『消費者法講義〔第5版〕』（日本評論社、2018年）
日本法哲学会編『市民／社会の役割と国家の責任〔法哲学年報2010〕』（有斐閣、2011年）
沼尾波子「地方消費者行政における県と市町村の役割分担―神奈川県の事例を手掛かりに―」自治総研通巻397号（2011年）
根岸哲「優越的地位の濫用規制に係る諸論点」日本経済法学会年報第27号（有斐閣、2006年）
根岸哲編『注釈独占禁止法』（有斐閣、2009年）
根岸哲＝舟田正之『独占禁止法概説〔第5版〕』（有斐閣、2015年）
野村総合研究所『2010年の企業通貨』（東洋経済新報社、2006年）
── 『企業通貨マーケティング』（東洋経済新報社、2008年）
ノルベルト・ライヒ／角田美穂子訳「EU法における『脆弱な消費者』について」（翻訳）一橋法学第15巻第2号（2016年）
拝師徳彦「消費者団体の役割と活動」国民生活センター編『国民生活』（2016年）
蓮見友香「食品表示法の概説」NBL1009号（2013年）9頁
長谷部恭男『憲法〔第6版〕』（新世社、2014年）
花城梨枝子「消費者シティズンシップ教育試案―よりよい社会のための責任ある経済投票権の行使―」国民生活研究49巻3号（2009年）
原田昌和「ドイツ不正競争防止法の最近の展開」現代消費者法No.7（民事法研究会、2010年）
原田由里「事例で学ぶインターネット取引（第1回オンラインゲーム）」（国民生活センター編「国民生活」2012年6月）
原山浩介『消費者の戦後史』（日本経済評論社、2011年）
馬場文「マルチ商法における不当誘引〔ホリディ・マジック事件〕」舟田正之＝金井貴嗣＝泉水文雄編『経済法判例・審決百選』（有斐閣、2010年）
林秀弥「独占禁止法による集団的消費者利益の保護」千葉恵美子＝長谷部由紀子＝鈴木將文編『集団的消費者利益の実現と法の役割』（商事法務、2014年）
林秀弥＝村田恭介＝野村亮輔『景品表示法の理論と実務』（中央経済社、2017年）
坂東俊矢「消費者基本法と21世紀型消費者政策の展開」法学教室307号（2006年）
── 「消費者被害救済法理としての未成年者取消権の法的論点」河上正二責任編集『消費者法研究　第2号』（信山社、2017年）

東出幸一編著『独禁法違反と民事訴訟──差止請求・損害賠償制度』（商事法務、2001年）

平田健治「消費者保護と EU 法」阪大法学56巻4号（2006年）

廣瀬久和＝河上正二編『消費者法判例百選』（有斐閣、2010年）

舟田正之『不公正な取引方法』（有斐閣、2009年）

舟田正之＝金井貴嗣＝泉水文雄編『経済法判例・審決百選』（有斐閣、2010年）

舟田正之＝土田和博編著『独占禁止法とフェアコノミー』（日本評論社、2017年）

舟橋和幸「『21世紀にふさわしい競争政策を考える懇談会』の提言の概要」公正取引614号（2001年）

細川幸一「人権としての消費者の権利」江橋崇編著『グローバル・コンパクトの新展開』（法政大学出版局、2008年）

細川幸一『消費者政策学』（成文堂、2007年）

堀江明子「景品・広告による不当な顧客誘引」後藤晃＝鈴村興太郎編『日本の競争政策』（東京大学出版会、1999年）

本城昇「EU における不公正な消費者取引行為の規制（上）（中）（下）」国民生活研究48巻1、3、4号（2008年）

──『不公正な消費者取引の規制』（日本評論社、2010年）

牧山嘉道ほか「不正競争防止に関する各国の法制度〔16～17〕」国際商事法務 Vol.37、38（2009年）

松本恒雄「消費者保護行政の新たな展開」公正取引625号（2002年）

──「成年年齢引下げと消費者取引における若年成年者の保護」河上正二責任編集『消費者法研究　第2号』（信山社、2017年）

圓山茂夫「詳解特定商取引法の理論と実務」（民事法研究会、2010年）

満田重昭『不正競業法の研究』（発明協会、1985年）

宮坂富之助「現代の消費者問題と権利」宮坂富之助＝谷原修身＝内田耕作＝鈴木深雪著『消費生活と法』（現代経済法講座5）（三省堂、1990年）

宮下修一「合理的な判断をすることかできない事情を利用した契約の締結」法律時報88巻12号（2016年）

──「若年者の契約締結における適合性原則の配慮について」河上正二責任編集『消費者法研究　第2号』（信山社、2017年）

三輪芳朗『日本の取引慣行』（有斐閣、1991年）

向田直範『子供向けテレビ CM の規制を考える』月刊国民生活（国民生活センタ

一）11巻4号（1981年）
――「21世紀の消費者法と消費者政策」日本経済法学会年報第29号（有斐閣、2008年）
村千鶴子「行政による消費者支援」法律時報75巻10号（2003年）
村上正博「不公正な取引方法の理論上の脆弱性」国際商事法務 Vol.41.No.10（2013年）
村上正博編『条解独占禁止法』（2014年）
望月知子「消費者安全法と民間委託」消費者法ニュース No.102（2015年）
森貴＝中園裕子「『消費者政策の積極的な推進に向けて―消費者取引問題研究会報告書―』の概要」公正取引627号（2003年）
森雅子監修『消費者庁設置関連三法』（第一法規、2009年）
ヤエスメディアムック『グリコのおまけ型録』（八重洲出版、2003年）
山口由紀子「消費者市民社会における消費者行政」岩本諭＝谷村賢治編著『消費者市民社会の構築と消費者教育』（晃洋書房、2013年）
山里盛文「消費者保護と「消費者の権利」―消費者基本法2条1項の8つの権利の考察を通して」明治学院大学法律科学研究所年報29号（2013年）
山下純司「高齢者消費者の保護のあり方」法律時報83巻8号（2011年）
山田茂樹「スマホゲームに関する未成年者のトラブルの現状と課題―いわゆる電子くじ（ガチャ）を中心として―」河上正二責任編集『消費者法研究　第2号』（信山社、2017年）
山本豊「独占禁止法・景品表示法への団体訴訟制度の導入について」ジュリスト1342号（2007年）
横道清孝編著『地方制度改革』（ぎょうせい、2004年）
吉川かおり（2002）「障害者『自立』概念のパラダイム転換―その必要性と展望―」東洋大学社会学部紀要40-2号（2003年）
吉田克己『市場・人格と民法学』（北海道大学出版会、2012年）
――「『消費者の権利』をめぐって」河上正二責任編集『消費者法研究　創刊第1号』（信山社、2016年）
吉田尚弘「消費者保護基本法の一部を改正する法律」ジュリスト1275号（2004年）
――「新しい『消費者政策の憲法』―消費者基本法」時の法令1721号（2004年）
吉田文剛『景品表示法の実務』（ダイヤモンド社、1970年）
米丸恒治「地方行政と地域経済における競争政策の現状とその問題点」公正取引

646号（2004年）

米山眞梨子「消費者教育の現状と課題」法律のひろば2018年5号

若林亜理砂「電気通信サービスと消費者―スマートフォン時代における安心・安全な利用環境の在り方に関するWGにおける議論を中心に」ジュリスト1461号（2013年）

和田健夫「独占禁止法と消費者」日本経済法学会年報第29号『21世紀の消費者法と消費者政策』（有斐閣、2008年）

事項索引

あ行

アフィリエイト広告………………………42
安全が確保される権利………………131
意見を聞かれる権利…………………130
一般消費者……………………………122
　——の意味……………………………254
　——の利益………………24, 119, 247
映倫規定…………………………………188
おまけ（オマケ）付き…………193, 203
オンラインゲーム………41, 43, 206, 470
　——景品表示法違反……………208

か行

ガチャポン………………………206, 221, 470
カップリング提供（Kopplungsangebot）
　………………………………………152
勧誘………………………………233, 246
規制と規律の複線化………7, 131, 480
欺まん的顧客誘引（一般指定8項）…235, 270, 284, 288
救済を受ける権利……………128, 340, 417
行政規制と民事規律……………………133
業績競争（Leistungswettbewerb）……290
競争制限防止法（ドイツGWB）……54, 161
競争政策………………………………345
　——と消費者政策……………106, 317, 322
　——のグランド・デザイン……22, 298, 318
競争法（Wettbewerbsrecht）……57, 62, 68
　——の体系………………………………47
　——の定義………………………………48
クロレラチラシ配布事件……66, 133, 224, 226, 233, 246
競馬法……………………………………188

景品………………………………………194
　——一体型と着脱型……………198, 203
　——従来型と逆転型……………194, 197
景品・懸賞付販売…………193, 249, 267
　——に対する規制……………164, 202
景品表示法…………………………268, 280
　——課徴金制度……………222, 228, 276
　——措置命令………………228, 275, 366
景品令（Zugabeverordnung）……140, 267
　——の制定……………………………144
　——の内容……………………………147
　——の廃止……………………………154
行為の広がり………………126, 337, 482
攻撃的取引行為……………………………164
　子どもに対する——……………175, 237
広告規制…………………………………237
　景品表示法の——……………………229
　独占禁止法の——……………………234
　特定商取引法の——…………282, 352
公正競争（unlauterer Wettbewerb）……51, 57
公正競争…………………………………64
　——阻害性……………41, 64, 139, 289
公正競争規約………………………275, 329
行動ターゲティング広告………225, 327
国民生活白書（平成20年度）……5, 451, 460
子ども………………………………6, 37, 71
　——と消費者概念………………………97
　——の定義……………………………41, 91
子どもを対象とする広告………169, 175
　——裁判例……………………………180
コンシューマー・シチズンシップ……462, 487
コンプガチャ…………………206, 221, 229

さ行

雑誌懸賞 …………………………… 43, 469
事業者の定義 ……………………… 251, 252
自治体 ………………………………… 342
　──の消費者行政 …… 341, 346, 348, 354, 418
若年消費者 …………………………… 30
自由競争（freier Wettbewerb）………… 53
ジュース表示事件 ………………… 119, 404
消費者 …………… 1, 25, 303, 359, 472, 486
　──の多様性 ……… 14, 122, 399, 479
　──の自立 … 311, 404, 429, 438, 459, 484
　──の定義 ………… 72, 114, 251, 301
消費者安全法 ……………………… 252, 310
消費者運動 ……………………… 17, 406, 411
消費者概念 ……… 3, 7, 71, 75, 98, 113, 483
　日本の── ……………………… 251
消費者基本法 ………… 4, 19, 103, 299, 438
消費者教育 ………… 10, 19, 34, 169, 358, 389
　──の定義 ……………………… 451
　──を受ける権利 ……… 131, 358, 454
消費者教育推進法 ……… 35, 299, 358, 453
　──の目的、理念 ……………… 450, 462
消費者行政 …………… 295, 396, 402, 457
　──の本旨 ……………………… 368
消費者契約法 ………… 244, 308, 331, 397
消費者裁判手続特例法 …… 223, 259, 417
消費者市民社会 ……… 5, 460, 464, 486
　──の定義 ………………… 451, 462, 473
消費者像（Verbraucherleitbild）…… 3, 75, 98, 295, 301
消費者団体 ……………… 10, 406, 410, 456
消費者庁設置 ……… 106, 268, 297, 314, 322
消費者の権利 …… 4, 71, 109, 113, 247, 256, 300, 354, 371, 392, 397, 404, 406, 416, 434, 448, 475, 488
消費者の年齢その他の特性への配慮 …… 4, 9, 39, 237, 255, 309, 361, 383, 404, 467, 478
消費者保護基本法 ………………… 17, 402
消費者問題 ……………………… 15, 168
消費生活条例 ……………… 354, 361, 368
消費生活センター … 295, 363, 378, 387, 390
食品表示法 ………………… 243, 288, 351
知らされる権利 ………………… 127, 247
ステルス・マーケティング …… 43, 226, 327
脆弱な消費者 …… 3, 27, 60, 174, 255, 477
　──の概念 ………………… 7, 79, 472
製造物責任法 ……………………… 244
成年年齢引下げ ………………… 5, 29, 466
石油カルテル事件 ………………… 119
選択の権利 ……………………… 124, 247

た行

通信販売 …………………………… 243
適格消費者団体 ………… 129, 259, 386, 395
　──差止請求 …………… 40, 129, 259, 417
適合性の原則 ………………… 4, 123, 305
透明性の確保（原則）…………… 156, 222
独占禁止法 ………… 2, 63, 66, 247, 264, 330
　──の目的 ……………………… 119
特定商取引法 ……… 243, 282, 307, 337, 352
特定適格消費者団体 …… 223, 233, 259, 417
　──による集団的被害回復 …… 40, 223, 233
豊田商事事件 ……………………… 120

な行

ニセ牛缶事件 …………………… 67, 266
２年縛り契約 ……………………… 23
能率競争 …………………………… 290

は行

表示行為 ……………………… 231, 324
　──と表示の主体 ……………… 231

風営法……………………………………188
不公正取引慣行指令（EU2005年指令）…3,
　74, 76, 153, 173
不実証広告規制………………228, 275, 282
不正競争防止法（ドイツ UWG）……53, 84,
　142, 157
不正競争防止法（日本）…………………63
不当な利益による顧客誘引（一般指定9
　項）……………………………………288
不当表示…………………………227, 231, 248
ブラインド型商品……………194, 199, 204
平均的な消費者………3, 60, 174, 255, 477
　——の概念………………………………77
ベイクルーズ事件………………………231
ポイント・サービス………44, 157, 220, 469
　日本の法制度における——…………210
　——に関する判例（日本）……………217
訪問販売…………………………………243
ホリディ・マジック事件……106, 125, 234,
　242

ま行

マイレージ・ポイント（サービス）……151,
　210, 217, 469
マルチ商法………………………………243
未成年者飲酒禁止法……………………188
未成年者喫煙禁止法……………………188
民事消費者法……………………………244

や行

優越的地位の濫用（2条9項5号）……258,
　321, 333

ら行

利益広告（Wertreklame）…………151, 163

わ行

割引法（Rabattgesetz）…………………154

著者紹介

岩本　諭（いわもと　さとし）

1961年札幌生まれ。早稲田大学政治経済学部政治学科卒、早稲田大学大学院政治学研究科修了（政治学修士）、上智大学大学院法学研究科法律学専攻博士後期課程単位取得退学。佐賀大学経済学部講師、佐賀大学経済学部助教授を経て、佐賀大学経済学部教授（現職）。

競争法における「脆弱な消費者」の法理
顧客誘引に対する規制と規律の複線化の考察

佐賀大学経済学会叢書第21号

2019年9月1日　初版第1刷発行

著　者	岩　本　　　諭	
発行者	阿　部　成　一	

〒162-0041　東京都新宿区早稲田鶴巻町514番地
発行所　　株式会社　成文堂
電話 03(3203)9201(代)　FAX 03(3203)9206
http://www.seibundoh.co.jp

印刷　藤原印刷　　　　　　製本　弘伸製本
　　　　　　　　　　　　　　検印省略

☆乱丁本・落丁本はおとりかえいたします☆
©2019　S. Iwamoto　Printed in Japan
ISBN978-4-7923-2737-8 C3032

定価（本体11,000円＋税）